Das Jugendkriminalrecht vor neuen Herausforderungen?

Jenaer Symposium
9.–11. September 2008

veranstaltet vom
Bundesministerium der Justiz

gemeinsam mit der
Friedrich-Schiller-Universität Jena
Lehrstuhl für Strafrecht und Kriminologie

Bibliographische Information der Deutschen Bibliothek

Die deutsche Bibliothek verzeichnet diese Publikation in der deutschen Nationalbibliographie; detaillierte bibliographische Daten sind im Internet über **http://dnb.ddb.de** abrufbar

1. Auflage, Juli 2009, 2.000 Exemplare
© Forum Verlag Godesberg GmbH, Mönchengladbach
Alle Rechte vorbehalten.
Gesamtherstellung: DZA Druckerei zu Altenburg GmbH, Altenburg
Printed in Germany.

ISSN 0172-7575
ISBN 978-3-936999-64-8 (Printausgabe)
ISBN 978-3-936999-65-4 (Onlineausgabe/PDF-Dokument)

Die Onlineausgabe steht zum kostenlosen Download auf der Internetseite des Bundesministeriums der Justiz (www.bmj.bund.de) zur Verfügung.

Das Jugendkriminalrecht
vor neuen Herausforderungen?

INHALTSVERZEICHNIS

Brigitte Zypries
Begrüßung durch die Bundesministerin der Justiz ... 1

Frank Neubacher
Einführung: Das Jugendkriminalrecht vor neuen Herausforderungen? ... 5

Aktuelle Entwicklungen im Jugendkriminalrecht
Heinz Schöch
Neue Punitivität in der Jugendkriminalpolitik? ... 13

Wolfgang Heinz
Zunehmende Punitivität in der Praxis des Jugendkriminalrechts? Analysen aufgrund von Daten der Strafrechtspflegestatistiken ... 29

Franz Streng
Aktuelle Entwicklungen im Jugendkriminalrecht – Diskussion ... 81

„Intensiv-" und Mehrfachtäter
Wiebke Steffen
Junge Intensiv- und Mehrfachtäter – eine neue Herausforderung? Überblick über kriminologische Befunde zu intensiv und dauerhaft auffälligen jungen Menschen ... 83

Klaus Boers
Kontinuität und Abbruch persistenter Delinquenzverläufe ... 101

Michael Winkler
Erziehung sinnlos? – Zum sozialpädagogischen Umgang mit jungen Mehrfachauffälligen ... 135

Dieter Rössner
Junge „Intensiv-" und Mehrfachtäter – Diskussion ... 153

Kriminalität junger Menschen mit Migrantionshintergrund

Britta Bannenberg
Kriminalität bei jungen Migranten (insbesondere Spätaussiedlern) und Präventionsansätze ... 155

Haci-Halil Uslucan
Riskante Bedingungen des Aufwachsens: Erhöhte Gewaltanfälligkeit junger Migranten? ... 187

Bernd Holthusen
Straffällige männliche Jugendliche mit Migrationshintergrund – eine pädagogische Herausforderung ... 203

Thomas Bliesener
Kriminalität junger Menschen mit Migrationshintergrund – Diskussion ... 233

Rolle der Kriminologie und internationale Standards

Michael Walter
Kriminalpolitik in der Mediengesellschaft: Was kann die Kriminologie ausrichten? ... 239

Andreas Beelmann
Prävention von Kinder- und Jugendkriminalität: Aktuelle Probleme und Ergebnisse der internationalen Erfolgsforschung ... 257

Frank Neubacher
Internationale Menschenrechtsstandards zum Jugendkriminalrecht – Quellen, Inhalte, Relevanz ... 275

Frieder Dünkel, Andrea Baechtold, Dirk van Zyl Smit
Die Europäische Empfehlung für inhaftierte und ambulant sanktionierte jugendliche Straftäter („European Rules for Juvenile Offenders Subject to Sanctions and Measures", ERJOSSM) ... 297

Hans-Jörg Albrecht
Rolle der Kriminologie und internationale Standards – Diskussion ... 317

Zusammenwirken von Jugendhilfe und Justiz

Reinhard Wiesner

Jugendhilfe und Justiz – Möglichkeiten und Grenzen der Kooperation aus der Sicht der Jugendhilfe ... 323

Heribert Ostendorf

Zunehmende Hemmnisse einer wirkungsvollen Kooperation von Jugendhilfe und Justiz in der Rechtswirklichkeit ... 335

Bernd-Dieter Meier

Zusammenwirken von Jugendhilfe und Justiz – Diskussion ... 345

Verzeichnis der Autorinnen und Autoren ... 349
Danksagung ... 352

BRIGITTE ZYPRIES

Begrüßung durch die Bundesministerin der Justiz

Sehr geehrter Herr Prorektor Witte,
sehr geehrte Frau Kollegin Walsmann,
sehr geehrter Herr Professor Neubacher,
meine sehr geehrten Damen und Herren!

Anfang dieses Jahres war das Thema Jugendkriminalität mal wieder in aller Munde. Der Angriff zweier Jugendlicher auf einen Rentner in der Münchner U-Bahn hat dazu geführt, dass darüber nicht nur im hessischen Wahlkampf heiß diskutiert wurde. An der nötigen Ernsthaftigkeit hat es dabei häufig gefehlt. Es hat damals viele polemische Forderungen gegeben. Ich meine, es würde der Rechtspolitik ganz gut tun, gelegentlich auch auf den Rat der Fachwelt zu hören. Wir wollen das heute tun, und deshalb freue ich mich, dass Sie gekommen sind. Wir wollen frei von tagespolitischer Polemik darüber diskutieren, wie wir die Straffälligkeit von Jugendlichen noch besser verhindern und damit etwas für die Sicherheit im Land tun können. Zu dieser Diskussion begrüße ich Sie alle ganz herzlich. Mit dieser Veranstaltung führen wir eine gute Tradition fort, und ich danke Ihnen, sehr geehrter Herr Witte, vielmals für die freundliche Aufnahme an Ihrer Universität. Ich danke auch Herrn Professor Neubacher und seinen Mitarbeiterinnen und Mitarbeitern für die gute Organisation.

Meine Damen und Herren,

wenn irgendwo eine Straftat Jugendlicher für Aufsehen sorgt, dann sind meistens immer einige Politiker zur Stelle, die genau wissen, was zu tun ist. Ihr Patentrezept ist stets gleich und besteht meistens aus genau drei Zutaten:

- Strafrahmen rauf,
- Strafmündigkeitsalter runter und
- schneller in den Knast rein.

Schärfere Strafen – diese Vorstellung verbirgt sich häufig hinter der Forderung, das allgemeine Strafrecht regelmäßig bereits auf Heranwachsende anzuwenden. Ich halte davon nichts, denn ich kann darin keinen Vorteil erkennen. Das Erwachsenenstrafrecht kann schon heute angewandt werden, aber mehr Möglichkeiten bietet einfach das Jugendstrafrecht. Im Erwachsenenstrafrecht würde, wenn das Verfahren nicht bereits eingestellt wird, in der Mehrzahl der Fälle eine Geldstrafe verhängt werden. Diese würde angesichts der finanziellen Verhältnisse vieler Täter häufig uneinbringlich sein. An die Geldstrafe würde dann eine Freiheitsstrafe treten und nach der Devise "Schwitzen statt Sitzen" würde den jungen Erwachsenen dann gestattet, die Ersatzfreiheitsstrafe durch freie Arbeit abzuwenden. Zu diesem Ergebnis kann man auch ohne Umwege kommen, nämlich durch die Anwendung des Jugendstrafrechts und die Weisungen oder Auflagen, die es ermöglicht. Gerade das Jugendstrafrecht kennt nicht nur Geld- oder Freiheitsstrafe, sondern eine breite Palette an Maßnahmen, mit denen weiteren Straftaten wirksamer vorgebeugt werden kann.

Auch von der Forderung nach einem sogenannten Warnschuss-Arrest halte ich wenig. Die hohe Rückfallrate spricht nachdrücklich dagegen, junge Menschen leichtfertig in den Jugendarrest zu nehmen. Außerdem geht der Euphemismus "Warnschussarrest" häufig an der Realität vorbei. In vielen Ländern dauern Jugendstrafverfahren so lange und beginnt die Vollstreckung so spät, dass so etwas kein Warnschuss, sondern eher das leise Echo einer lange zurückliegenden Tat wäre. Im Übrigen wäre eine Ausweitung der Arrestplätze auch nicht zum Nulltarif zu haben. So etwas kostet Geld. Geld, das besser investiert wäre für eine Beschleunigung der Verfahren in der Justiz und für den Ausbau ambulanter Maßnahmen.

Meine Damen und Herren,
diese Beispiele zeigen, dass mit Populismus keine Sicherheit zu schaffen ist. Neue Vorschläge brauchen stets eine solide empirische und kriminologische Grundlegung. Auch deshalb haben wir heute zu dieser Konferenz eingeladen, denn wir wollen klären, vor welchen Herausforderungen das Jugendkriminalrecht steht und wie wir sie meistern können. Zwei Bereiche, die häufig im Zentrum der öffentlichen Aufmerksamkeit stehen, die die populäre Wahrnehmung von Jugendkriminalität prägen und so kriminalpolitische Forderungen beeinflussen, sind die Delinquenz junger Menschen mit Migrationshintergrund und die sogenannten Intensivtäter. Wir wissen, dass die Ursachen für eine solche gesellschaftliche Desintegration vielfältig sein können: Mangelnde Sprachkenntnisse, schlechte Bildungschancen, kaum Zugang zum Arbeitsmarkt, wenig wirtschaftliche Perspektiven – hier sind mehr Politikbereiche gefordert, als nur Justiz und Strafrecht. Deshalb bleibt es richtig, für die Politik einen doppelten Auftrag zu fordern: Sie muss konsequent gegen die Kriminalität vorgehen, und genauso konsequent gegen deren Ursachen. Für mich heißt das vor allem: Schnelle Strafverfahren und einen schnellen Strafantritt – das ist beim Jugendstrafrecht besonders wichtig. Wohin eine gesellschaftliche Desintegration von Jugendlichen mit Migrationshintergrund führen kann, haben vor einiger Zeit die Gewaltausbrüche in den französischen Vorstädten in erschreckender Art und Weise gezeigt. Es ist deshalb kein Zufall, dass ich gerade mit meiner französischen Kollegin einen gemeinsamen Erfahrungsaustausch beschlossen habe. Aus beiden Ländern tauschen sich Staatsanwälte, Richter sowie weitere Praktiker und Experten darüber aus, wie sich Maßnahmen zur Bekämpfung von Jugendkriminalität entwickeln und umsetzen lassen. Dabei geht es insbesondere um eine bestmögliche gesellschaftliche Integration junger Straftäter.

Bereits das erste Treffen hat gezeigt, dass die Fachleute in Frankreich und Deutschland in ihren Analysen der Ursachen weitgehend übereinstimmen. Was die Reaktionen des Staates auf Jugendkriminalität betrifft, gelten hier wie dort die gleichen internationalen Mindeststandards. Die Erkenntnisse der Kriminologie und die von ihr geprägten internationalen Empfehlungen der Vereinten Nationen oder des Europarats sprechen gegen eine größere Härte des Staates gegenüber Jugendkriminalität. Trotzdem haben entsprechende Forderungen in Frankreich ebenso politische Konjunktur wie in Deutschland. Es handelt sich also um ein Phänomen, das wir nicht nur in Deutschland finden, sondern auch in anderen Ländern. Eine Bilanz der Rolle der Kriminologie und der internationalen Standards in der jüngeren Kriminalpolitik wird deshalb ebenfalls Gegenstand dieser Konferenz sein.

Meine Damen und Herren,

ein Thema dieser Tagung liegt mir ganz besonders am Herzen, und das ist das bessere Zusammenwirken von Jugendhilfe und Justiz. Manche Entwicklung in diesem Bereich sehe ich mit Sorge: In vielen Städten und Kreisen werden die Mittel der Jugendhilfe und der Jugendgerichtshilfe gekürzt. Ich meine, es ist ein verheerendes Signal an die jugendlichen Straftäter, wenn das Gericht eine bestimmte Maßnahme anordnet und diese dann nicht vollzogen wird, weil die kommunale Jugendgerichtshilfe nicht die entsprechenden Maßnahmen vorsieht. Wir brauchen auch eine engere Verzahnung von Justiz und Jugendhilfe vor Ort. Das bedeutet, dass nach einer Entscheidung des Gerichts auch wirklich alle an einem Strang ziehen, um seine Entscheidung umzusetzen. Da sollte sich niemand zurückziehen und sagen können, diese Gerichtsentscheidung bindet ja nicht mich als Behörde.

Wenn der Gesetzgeber hier etwas zur Verbesserung beitragen kann, dann werden wir das tun und im Bundesjustizministerium einen Gesetzentwurf erarbeiten. Allerdings bleibt auch hier wieder eines ganz klar: Die besten Gesetze nützen nichts, wenn nicht auch für ihre Umsetzung gesorgt ist. Diese Erkenntnis gilt für Polizei, Justiz und Jugendhilfe und Jugendgerichtshilfe gleichermaßen. Hier sind vor allem die Länder gefordert, denn sie tragen die Verantwortung für diese Institutionen. Es liegt in ihrer Hand dafür zu sorgen, dass bei den kommunalen Jugendhilfen nicht der Rotstift angesetzt wird; sie müssen sicherstellen, dass es genug und fachlich bestens qualifiziertes Personal in Justiz und Jugendhilfe gibt. Und in den Ländern muss auch dafür gesorgt werden, dass die Verfahrensabläufe zwischen den einzelnen Akteuren weiter optimiert werden. Es gibt in Sachen Jugendkriminalität also ein breites Betätigungsfeld für die Landespolitik, und ich denke, dort etwas zu tun, wäre wichtiger, als bei jeder Gelegenheit nach neuen und schärferen Bundesgesetzen zu rufen.

Was der Bund in seiner Zuständigkeit tun kann und soll, das nimmt er in Angriff. Ich will dafür nur zwei Beispiele nennen. Anfang dieses Jahres ist eine wichtige Änderung des Jugendgerichtsgesetzes in Kraft getreten. Mit ihr haben wir erstmals das Ziel des Jugendstrafrechts ausdrücklich bestimmt: "Die Anwendung des Jugendstrafrechts soll vor allem erneuten Straftaten eines Jugendlichen oder Heranwachsenden entgegenwirken. Um dieses Ziel zu erreichen, sind die Rechtsfolgen und unter Beachtung des elterlichen Erziehungsrechts auch das Verfahren vorrangig am Erziehungsgedanken auszurichten." Dies ist der Wortlaut des neuen § 2 Abs. 1 des Jugendgerichtsgesetzes, und ich denke, wir sind uns einig, dass diese Betonung des Erziehungsgedankens eine richtige Entscheidung des Gesetzgebers war, die auch eine Klarstellung für die tägliche Rechtsanwendung beinhaltet.

Meine Damen und Herren,

wie wir Jugendkriminalität noch besser vorbeugen können, das wollen wir bei diesem Symposium diskutieren. Wir erhoffen uns dabei auch wertvolle Anregungen für die Gesetzgebung und für unsere Gespräche mit den Ländern. Dazu brauchen wir aber auch die Erfahrung, den Sachverstand und den Rat der Wissenschaft und die Erkenntnisse aus der Praxis. Ich bin deshalb auf die Ergebnisse dieser Beratungen sehr gespannt und wünsche uns allen ein erfolgreiches Symposium.

FRANK NEUBACHER

Einführung: Das Jugendkriminalrecht vor neuen Herausforderungen?

A. Begrüßung

Sehr verehrte Frau Ministerin Zypries, sehr verehrte Frau Ministerin Walsmann, sehr geehrter Herr Oberbürgermeister, Herr Prorektor, Herr Dekan, liebe Kolleginnen und Kollegen, meine Damen und Herren! Es ist mir eine große Freude und Ehre zugleich, Sie zu begrüßen: Seien Sie alle herzlich willkommen in Jena, der schmucken Saale- und Universitätsstadt! Beide, Stadt und Universität, blicken auf eine lange und stolze Tradition zurück. Es ist der Ort, an dem Goethe, Schiller, Hegel, Fichte, Schelling und Feuerbach gewirkt haben. Dass unser Symposium gerade in diesem Jahr in Jena stattfindet, scheint wie von langer Hand vorbereitet zu sein. Denn Jena darf sich 2008, es ist schon gesagt worden, mit der Auszeichnung „Stadt der Wissenschaft" schmücken und feiert zugleich sein 450jähriges Universitätsjubiläum.

B. Jugendgerichtstag in Jena

Es gibt jedoch noch zwei weitere Jahrestage, und diese sind auf das Engste mit dem Jugendkriminalrecht verbunden. Sie werden wissen, dass vor genau 100 Jahren die ersten Jugendgerichte Deutschlands tätig wurden, und zwar in Frankfurt am Main, Köln und Berlin.[1] Sie waren Wegbereiter für das Reichsjugendgerichtsgesetz (RJGG), das 1923 folgen sollte. An dieser Entwicklung hatte die Deutsche Zentrale für Jugendfürsorge entscheidenden Anteil. Sie gründete 1917, auf dem 4. Jugendgerichtstag in Berlin, einen Ausschuss für Jugendgerichte und Jugendgerichtshilfen, aus dem später die uns allen bekannte Deutsche Vereinigung für Jugendgerichte und Jugendgerichtshilfen (DVJJ) hervorging. Bei Inkrafttreten des Gesetzes hatte die Deutsche Zentrale für Jugendfürsorge bereits mehrere Jugendgerichtstage abgehalten: 1909 in Berlin, 1910 in München, 1912 in Frankfurt a.M. und 1917 erneut in Berlin. Der 5. Jugendgerichtstag, der letzte vor Verabschiedung des Jugendgerichtsgesetzes, befasste sich intensiv mit dem Gesetzentwurf, und fand am 27. und 28. September 1920 in Jena statt.[2] Als Tagungsleiter fungierte anstelle des verstorbenen Franz von Liszt Staatsse-

---

[1] Vgl. die Beiträge von *Goerdeler* und *Kreuzer* in: ZJJ 2008, S. 120-122 bzw. 122-131.

[2] Siehe das Sonderheft des DVJJ-Journals zur Geschichte der Jugendgerichtsbewegung: Heft 3/2001, S. 227 ff. sowie *Deutsche Zentrale für Jugendfürsorge* (e.V.) (Hrsg.), Die Verhandlungen des fünften deutschen Jugendgerichtstags in Jena 1920 nebst den bisherigen Entwürfen für ein deutsches Jugendgerichtsgesetz, Schriften des Ausschusses für Jugendgerichte und Jugendgerichtshilfen, Heft, 4, Berlin 1922.

kretär a.D. Lisco, der etwa 400 Teilnehmer begrüßen konnte, unter ihnen Vertreter der Reichsministerien, der Regierungen der größeren Länder, Wissenschaftler, zahlreiche Jugendrichter sowie Mitglieder von Jugendfürsorgevereinen. Die Versammelten begrüßten den Gesetzentwurf in einer Entschließung „als Verwirklichung der auf dem 3. Jugendgerichtstag in Frankfurt a.M. aufgestellten Forderungen" und betrachteten ihn als „geeignete Grundlage eines neuen Rechts, weil er den Erziehungsgedanken in den Vordergrund stellt, der das Verfahren durchaus beherrschen muss." Ein Streitpunkt war das Strafmündigkeitsalter: Im Entwurf war die Heraufsetzung von 12 auf 14 Jahre vorgesehen; Prof. Klumker aus Frankfurt a.M. setzte sich für eine Strafmündigkeit erst ab 18 Jahren ein. Ein zeitgenössischer Chronist der „Jenaischen Zeitung" hielt in der Ausgabe vom 30. September 1920 hierzu fest: „Der gute Eindruck, den der Antrag auf die Versammlung machte, veränderte sich leider infolge eines Zwischenspiels zwischen den Referenten des Tages und Prof. Klumker, der nicht ohne persönliche Reibereien abging. Im Kampfe dieser beiden Anschauungen blieb die erste Richtung Sieger. Die Versammlung sprach sich dafür aus, daß der vorgelegte Gesetzentwurf betr. Jugendgerichte eine geeignete Grundlage für die Regelung der Angelegenheit sei."

Auch wenn der Jugendgerichtstag damals, nicht weit von hier, im Volkshaus stattfand[3], werden die Teilnehmer vielleicht diese Aula besucht haben, um das monumentale Gemälde von Ferdinand Hodler zu sehen, welches sich hinter mir befindet und Ihnen schon aufgefallen sein wird. Es hat die Maße 3,58 x 5,46 Meter und trägt den Titel „Aufbruch der Jenenser Studenten zum Freiheitskampf 1813". Hodler erhielt den Auftrag 1907 von der Gesellschaft der Kunstfreunde von Jena und Weimar. Das Werk wurde der Universität dann aus Anlass ihres 350-jährigen Jubiläums, zu dem sie auch dieses Universitätsgebäude bezog, feierlich überreicht.[4] Auf einer Bahnreise bin ich einmal einer kunstsinnigen Dame aus dem Süddeutschen begegnet, die, als sie von Jena hörte, sofort von diesem Gemälde schwärmte. Ich hoffe, Sie stimmen mir zu, wenn ich nach alledem sage: Dieses Symposium musste einfach in Jena stattfinden!

Als ich hierhin kam, flüsterte mir ein Kollege zu, man müsse hier in jeder Rede mindestens einmal Goethe oder Schiller zitieren, am besten beide. – Wohlan, Sie hören jetzt Schiller, und natürlich geht es um das Schöne, Gute, Wahre: „Das Schöne tut seine Wirkung schon bei der bloßen Betrachtung, das Wahre will Studium. Wer also bloß seinen Schönheitssinn übte, der begnügt sich auch da, wo schlechterdings Studium nötig ist, mit der superfiziellen Betrachtung und will auch da bloß verständig spielen, wo Anstrengung und Ernst erfordert wird. Durch die bloße Betrachtung wird aber nie etwas gewonnen. Wer etwas Großes leisten will, muß tief eindringen, scharf unterscheiden, vielseitig verbinden und standhaft beharren."[5] Gewiss: Es geht hier um den Künstler und Dichter, und doch möchte ich diese Worte als Leitspruch unseres Sym-

---

[3] Siehe die Berichterstattung im „Jenaer Volksblatt" vom 28.09. und 29.09.1920; für mühevolle Recherchen danke ich Frau Hartleb, Universitätsarchiv, und meiner Mitarbeiterin Nicole Kolatzki.

[4] Die Übergabe erfolgte am 14.11.1909, s. August Macke • Cuno Amiet, Ausstellungskatalog der Kunstsammlung im Stadtmuseum Jena, hrsg. von Erik Stephan für die Städtischen Museen Jena, 2007, S. 232.

[5] *Friedrich Schiller*, Werke und Briefe in zwölf Bänden, hrsg. von Otto Dann u.a., 1992-2004, Band VIII: Theoretische Schriften, S. 696.

posiums vorschlagen. Denn wenn die Sprache auf die Entwicklung der Jugendkriminalität und die Qualität des Jugendstrafrechts kommt, vermissen viele von uns an der öffentlich geführten Diskussion eben jene Ernsthaftigkeit und Tiefgründigkeit.

C. Kriminalpolitik und Medien

Ich brauche Sie nur an den hessischen Wahlkampf zu erinnern oder an einen früheren Hamburger Justizsenator, der von sich reden machte, indem er nicht weniger als die Abschaffung des Jugendstrafrechts forderte.[6] Inzwischen hat sich diese Person auf das Thema „Sterbehilfe" verlegt und Hamburg die Folgen seiner verfehlten Vollzugspolitik hinterlassen.[7] Aber lassen Sie mich auf den Wahlkampf in Hessen zurückkommen: Auslöser war die widerliche Gewalttat eines Jugendlichen und eines Heranwachsenden, beide mit Migrationshintergrund, die einen alten Mann in einer Münchener U-Bahn-Station fast zu Tode geprügelt haben. Obwohl die Tat kurz vor Weihnachten geschah, zog sie in der Folgezeit immer weitere Kreise, nicht zuletzt weil das Geschehen von einer Überwachungskamera festgehalten worden war und die Bilder immer und immer wieder im Fernsehen abgespielt und sogar auf einem Plakat der bayerischen CSU eingesetzt wurden. Die politische Debatte liest sich im Rückblick wie die Chronik eines inszenierten Skandals: Am 3.1.2008 meint Bundesinnenminister Schäuble noch, die bestehenden Gesetze seien ausreichend. Diese Aussage zieht er nur einen Tag später wieder zurück und fordert Gesetzesverschärfungen. Den Höhepunkt erreicht die Auseinandersetzung, als die Bundeskanzlerin die Positionen des hessischen Ministerpräsidenten unterstützt und eine härtere Gangart bei der Aburteilung junger Gewalttäter fordert. Dass es gelungen ist, diese Fragen zum Top-Thema der politischen Agenda zu machen, zeigt sich spätestens am 6. Januar, als sie von einer Runde aus Politikern und sog. Experten zur besten Sendezeit im Fernsehstudio bei Anne Will erörtert werden. Die CDU greift die Forderungen in ihrer „Wiesbadener Erklärung" auf. Die Wissenschaft reagiert ablehnend. Für sie verfasst Kollege Heinz aus Konstanz eine ausführlich begründete Stellungnahme, die in wenigen Tagen von rund 1.000 Wissenschaftlern und Praktikern des Jugendrechts unterstützt wird.[8]

Roland Koch hat mit seiner Kampagne nicht den erhofften Erfolg gehabt. Sie wissen aber ebenso gut wie ich, dass der politische Streit um das Jugendstrafrecht bei nächster Gelegenheit wieder entbrennen wird. Kriminalität im Allgemeinen und Jugendkriminalität im Besonderen haben sich in den letzten Jahren zu Dauerthemen der politischen Auseinandersetzung entwickelt. Daran wird sich mit Blick auf die Medienlandschaft und das öffentliche Interesse nichts ändern. Politiker werden auch weiterhin versuchen, das Wahl entscheidende Feld der Inneren Sicherheit zu dominieren und die Deutungshoheit über Begriffe wie Prävention, Sicherheit, Opferschutz, Gerechtigkeit

---

[6] *Kusch*, Plädoyer für die Abschaffung des Jugendstrafrechts, in: NStZ 2006, S. 65 ff.; s. dagegen die Erwiderung von *Ostendorf*, Gegen die Abschaffung des Jugendstrafrechts oder seiner Essentialia, in: NStZ 2006, S. 320 ff.

[7] Dazu *Plewig*, Jugend- und Justizpolitik in Hamburg, in: ZJJ 2008, S. 180 ff.

[8] Dokumentiert in: ZJJ 2008, S. 87 ff.; s. ferner die Kritik von *Kreuzer*, Falsche Annahmen, in: ZEIT online 02/2008.

u.ä. zu erringen, damit die Wählerschaft entsprechende Kompetenz bei ihnen und nicht anderswo verortet.

Massenmedien wählen Nachrichten aus. Allein dadurch informieren sie nur über einen Ausschnitt der Wirklichkeit. Medien bewerten Nachrichten aber auch nach ihrem Stellenwert. Auf diese Weise bestimmen sie über die politische Tagesordnung mit (sog. Agenda-Setting). Medien können sogar regelrechte Kampagnen starten. Zu diesem Zweck berichten sie nicht nur über gleichartige neue Fälle, die unter anderen Umständen keine Nachricht wert gewesen wären, sondern sie greifen auf alte Fälle mit gleichem Muster zurück und stellen sie in eine Reihe mit dem aktuellen Vorfall (sog. Re-Thematisierung). Dadurch entsteht der Eindruck einer bedrohlichen Welle von gleichartigen Ereignissen, denen entschlossen Einhalt geboten werden muss, und politischer Handlungsdruck.[9] Im Juli 2008 berichtete der Fernsehsender RTL, in Anspielung auf den Münchener Fall, über die „Frankfurter U-Bahn-Schläger". Die Tatsache, dass die beiden wegen Körperverletzung erstinstanzlich verurteilten Täter während des Rechtsmittelverfahrens auf freiem Fuß blieben und erneut eine Tat begingen, wurde als skandalöses Versagen der Justiz gedeutet. Einer der Tatverdächtigen wurde mit den Worten zitiert „Mir tun die Richter nichts". Diese Aussage wurde vom Sender für „bare Münze" genommen – eben wie die reale Beschreibung einer weltfremden und „laschen" Justiz. Kein Wort davon, dass es sich auch um die irrtumsanfällige Sicht des auf „Coolness" bedachten Jugendlichen handeln könnte. Ein letztes Beispiel: Im Sommer wurde in Köln ein Jugendrichter medial an den Pranger gestellt, indem sein Bild mit vollem Namen in Zeitungen abgedruckt wurde. Er hatte die Tatschuld eines in den Zeitungen als „Koma-Schläger" bezeichneten jungen Mannes festgestellt, die Verhängung der Jugendstrafe jedoch gemäß § 27 JGG ausgesetzt, weil nicht mit der erforderlichen Sicherheit „schädliche Neigungen" festgestellt werden konnten. Es kann schlicht nicht hingenommen werden, dass Richter eingeschüchtert werden! Im Übrigen ist, obwohl es immer wieder dazu kommt, die Identifizierung durch volle Namensnennung in den Medien auch bei Tatverdächtigen und Verurteilten in der Regel unnötig und rechtswidrig.[10]

---

[9] Vgl. *BMJ* (Hrsg.), Kriminalität in den Medien, 5. Kölner Symposium, 2000; *Pfeiffer/Windzio/Kleimann*, Media use and its impacts on crime perception, sentencing attitudes and crime policy, in: European Journal of Criminology 2005, S. 259 ff.; in der amerikanischen Kriminologie sind solche Kriminalitätswellen (*crime waves*) schon in den siebziger Jahren untersucht worden, s. *Fishman*, Crime waves and ideology, in: Social Problems 1978, S. 531 ff.; s. auch *Scheerer*. Der politisch-publizistische Verstärkerkreislauf, in: KrimJ 1978, S. 223 ff.

[10] *Peters*, Kriminalitätsberichterstattung in den Medien: Wann dürfen Roß und Reiter genannt werden?, in: BMJ (Hrsg.), Kriminalität in den Medien, 5. Kölner Symposium, 2000, S. 150 ff., 167; s. auch *Keiser*, Jugendliche Täter als strafrechtlich Erwachsene? Das Phänomen der „Adulteration" im Lichte internationaler Menschenrechte, in: ZStW 2008, S. 25 ff., 61. Ferner Nr. 16 der European Rules for Juvenile Offenders Subject to Sanctions or Measures von 2008: „The juvenile's right to privacy shall be fully respected at all stages of the proceedings. The identity of juveniles and confidential information about them and their families shall not be conveyed to anyone who is not authorised by law to receive it."

D. Die Rolle wissenschaftlicher Symposien

Was hat das nun mit unserem Symposium und der Wissenschaft zu tun? Unsere Tagung steht in einer Reihe von Symposien, die bis in die achtziger Jahre zurückreichen und die das Bundesjustizministerium jeweils in Kooperation mit einem kriminologischen Lehrstuhl veranstaltet hat. 1999 fand das 5. Symposium an der Universität zu Köln statt und befasste sich mit dem Thema „Medienkriminalität". Ich erinnere mich gut an den Vortrag von Detlev Frehsee, in dem er zum Teil hanebüchene Verzerrungen in der Medienberichterstattung über Jugendkriminalität analysierte. Michael Walter erhob damals die Forderung nach einer „Medienkriminologie", die sich offensiv mit den Funktionsbedingungen, der Rolle der Massenmedien und ihren Wirkungen auseinander zu setzen habe. Diese weitsichtige Forderung ist heute berechtigter denn je. Meines Erachtens verliert die Kriminologie in den öffentlichen Diskussionen um Kriminalität zusehends an Boden. Sie droht zwischen den Mahlsteinen von Politik und Medien zerrieben zu werden – mit negativen Konsequenzen für die Gesetzgebung wie auch für die Wissenschaft selbst. Kriminologie und Jugendstrafrechtswissenschaft müssen sich diesem Bedeutungsverlust entgegenstemmen und sich Gehör verschaffen. Und weil es so wichtig ist, dass sich Wissenschaftler wie Praktiker zu Wort melden, ist es ein ermutigendes Signal, dass sich hier auch Teilnehmer aus der Richterschaft, der Staatsanwaltschaft, der Polizei, den Jugendbehörden und dem Justizvollzug versammelt haben.

E. Aktuelle Entwicklung

Angesichts der Daten der Polizeilichen Kriminalstatistik muss man sich über die zuweilen alarmistische Stimmung wundern. Während in den neunziger Jahren die registrierte Jugendkriminalität deutlich anstieg, können wir nach einer Trendwende um 1998 herum (übrigens ein Jahr, in dem die Jugend- und die sog. Kinderkriminalität den Bundestagswahlkampf beherrschte) einen Rückgang beobachten. Dieser fällt bei den registrierten Kindern stark aus und ist bei den Jugendlichen und Heranwachsenden mäßig, aber kontinuierlich. Die Zahl der nichtdeutschen Tatverdächtigen nimmt in allen Altersgruppen ab. Eine Ausnahme in diesem Bild stellt die Jugendgewalt dar. Dahinter verbergen sich qualifizierte Körperverletzungen, die zwei Drittel aller registrierten Gewaltdelikte ausmachen, insbesondere die gefährliche Körperverletzung (§ 224 StGB), die auch in den letzten Jahren weiter ansteigt. Hintergrund ist eine erheblich angewachsene Anzeigebereitschaft in der Bevölkerung, die sich seit den neunziger Jahren verdoppelt hat und in kriminologischen Studien in Deutschland, England und zuletzt in der Schweiz eindrucksvoll nachgewiesen werde konnte. Angewachsen ist demnach also nicht das Ausmaß gewalttätigen Verhaltens junger Menschen, sondern das seiner sozialen Kontrolle.[11]

---

[11] Vgl. *Neubacher*, Das deutsche Jugendstrafrecht - ein Vorbild für Europa?, in: Archiv für Wissenschaft und Praxis der sozialen Arbeit 2007, S. 14 ff. sowie *Neubacher*, Jugendgewalt: weder häufiger noch brutaler! – Zur Deutung des kriminalstatistischen Anstiegs der Gewalt- und Betrugsdelikte, in: ZRP 2008, S. 192 ff. jew. m.n.N.

Ich spreche übrigens wie andere auch lieber vom „Jugendkriminalrecht" und nicht vom „Jugendstrafrecht", um zu betonen, dass die Rechtsfolgen des Jugendgerichtsgesetzes neben Jugendstrafe und „Zuchtmitteln" (Verwarnung, Auflagen, Arrest) auch Erziehungsmaßregeln umfassen, deren vorrangiges Ziel die künftige Legalbewährung des jungen Menschen ist und nicht seine umgehende Inhaftierung. Das Gesetz selbst ist es also, welches gleichsam spricht „Strafe ist nur das allerletzte Mittel, sie ist nicht auf Vergeltung aus und schon gar kein Selbstzweck". Mein Eindruck ist nun, dass diese gesetzgeberischen Entscheidungen immer weniger akzeptiert werden, dass sich ein stärkeres Kontrollverlangen auch bei der Anwendung des Jugendkriminalrechts zeigt – und zwar obwohl bzw. eben weil Gesetzesverschärfungen politisch nicht durchzusetzen waren. Sie wissen, dass die Koalitionsvereinbarung (von der Einführung der nachträglichen Sicherungsverwahrung bei Anwendung des Jugendstrafrechts abgesehen) keine Verschärfungen des Jugendstrafrechts vorsah. Die Regierungsparteien folgten damit den Empfehlungen vieler Fachverbände, u.a. des Deutschen Juristentages 2002, die der 27. Jugendgerichtstag 2007 in Freiburg bekräftigte.[12] Gibt es nach der „Reform von unten" der achtziger Jahre, die einen Ausbau der alternativen Sanktionen brachte, nun eine Gegenreform „von unten", die auf frühzeitiges Eingreifen und auf Einsperren setzt? Könnte es nicht sein, dass, weil sich die Koalitionäre blockieren, eine Verschärfung unterhalb der gesetzlichen Ebene abläuft – im Stillen, durch die Rechtsanwender? Ein Beispiel: Man kann die sog. Schülergerichte (*teen courts*), die nach amerikanischem Vorbild derzeit bei uns in Mode kommen, als fantasievollen Weg loben, straffälligen Jugendlichen durch ihresgleichen die Grenzen aufzeigen zu lassen.[13] Man kann sie aber ebenso als *net widening*, also als Ausweitung des Netzes sozialer Kontrolle, kritisieren, weil im Verfahren nach § 45 Abs. 2 JGG übermäßig auf harmlose Erst- und Bagatelltaten reagiert wird, die früher als normales und episodenhaftes Fehlverhalten lediglich zu einer folgenlosen Einstellung des Verfahrens gemäß § 45 Abs. 1 JGG geführt hätten.

Eines ist gewiss: Die weitaus schwerer wiegenden Vorschläge zur Verschärfung des Jugendstrafrechts, die seit Jahren über Bundesratsinitiativen in die parlamentarische Beratung gelangen, sind nicht vom Tisch: Ob „Warnschussarrest" oder die Erhöhung der Höchststrafen für Heranwachsende – sie alle zielen erkennbar auf eine Ausweitung der Inhaftierungsmöglichkeiten und auf eine Angleichung der strafrechtlichen Behandlung von jungen Straffälligen mit jener von Erwachsenen ab. Dabei ignoriere ich die abwegige Forderung des ehemaligen Hamburger Justizsenators Kusch nach völliger Abschaffung des Jugendgerichtsgesetzes, die als Maximalforderung ohne wirkliche Umsetzungschancen lediglich weniger tief greifenden Richtungsänderungen den Boden bereiten sollte. Aber ist eine „Verstrafrechtlichung" nicht bereits im Gange? Erwähnt seien die Einführung der Nebenklage im Jugendstrafrecht (§ 80 Abs. 3 JGG) durch das Zweite Justizmodernisierungsgesetz vom Dezember 2006 und die

---

[12] Dokumentation der Leitthesen und Ergebnisse in: ZJJ 2007, S. 431 ff.

[13] *Sabass*, Schülergremien in der Jugendstrafrechtspflege – Ein neuer Diversionsansatz, Das „Kriminalpädagogische Schülerprojekt Aschaffenburg" und die US-amerikanischen Teen Courts, 2004; krit. *Breymann*, Schülergerichte – für wen eigentlich?, in: ZJJ 2007, S. 4 ff.; *Rautenberg*, Schülergerichte: Kriminalpolitischer Verhältnisblödsinn!, in: NJW 2006, S. 2749 f.

Einführung der nachträglichen Sicherungsverwahrung im Juli 2008.[14] Die Zurückdrängung des § 105 JGG würde ebenfalls eine Annäherung an das Erwachsenenstrafrecht bringen. Und schließlich erwähne ich den Vorschlag einiger Bundesländer, der insbesondere Jugendstrafverfahren betreffen würde, bei „Hasskriminalität" keine Strafaussetzung zur Bewährung mehr zuzulassen.[15] Kann es ein eindeutigeres Beispiel dafür geben, dass es nicht mehr um positive Spezialprävention im Sinne der Wiedereingliederung, sondern um Proportionalität gehen soll, die als Prinzip des Erwachsenenrechts dem Grundgedanken des JGG widerstreitet?

F. Ziele und Konzeption des Symposiums

Wissenschaft lebt wie die Politik vom Streit um Sachfragen. Der Kritische Rationalismus stützt seine ganze Wissenschaftstheorie darauf, dass Irrtümer erstens möglich sind und wissenschaftlicher Fortschritt zweitens nur durch beständige Überprüfung von Annahmen erfolgt. Es liegt also in der Natur der Wissenschaft, auch solche Annahmen zu hinterfragen, die weithin geteilt werden. Dieses Symposium verfolgt das Ziel, das Jugendkriminalrecht auf den Prüfstand zu stellen. Wir wollen uns den Fragen, die die Öffentlichkeit bedrängen, nicht entziehen und packen deshalb auch „heiße Eisen" an. Ob das Jugendkriminalrecht taugt, muss sich nicht nur bei normaler unspektakulärer Kriminalität junger Menschen erweisen, sondern auch bei wiederholter schwerer Kriminalität von sog. Intensivtätern. Aber wir wollen auch nicht, dass die Relationen verkannt werden und wegen außergewöhnlicher Problemfälle ein bewährtes Gesetz zum Nachteil vieler entstellt wird. Der mit einem Fragezeichen versehene Titel unseres Symposiums „Das Jugendkriminalrecht vor neuen Herausforderungen?" ist also mehrdeutig. Er beinhaltet zum einen die Frage, ob es neue Herausforderungen überhaupt gibt, z.B. in Form von gefährlichen „Intensivtätern" oder Problemen im Verhältnis zwischen Justiz und Jugendhilfe, ferner ob das geltende Recht darauf ggf. angemessen reagieren kann oder ob Anpassungen erforderlich sind. Zum anderen weist die Themenstellung aber auch in einen größeren gesellschaftlichen Kontext. Gesetzt den Fall, die rechtstatsächlichen Entwicklungen bergen keine neuen Herausforderungen, dann wären die Vorgehensweisen von Medien und Kriminalpolitik zu überdenken, die unablässig von neuen Bedrohungen sprechen. Zu klären wäre aber auch, welche Rolle die Wissenschaft spielt und welchen Stellenwert sie in der Öffentlichkeit hat.

Meine Damen und Herren, Ihnen wird nicht entgangen sein, dass die Veranstalter im Vergleich zu vorangegangenen Symposien einige Neuerungen eingeführt haben. Dazu zählt, dass die Vortragszeit zu Gunsten ausführlicherer Diskussionen verkürzt wurde. Wir versprechen uns davon nicht nur eine größere Lebendigkeit; vor allem möchten wir dem Umstand Rechnung tragen, dass es sich um eine Fachtagung handelt, ergo alle Teilnehmer vom Fach sind und Wichtiges beisteuern können, sei es aus wissenschaftlicher oder praktischer Perspektive. Der gesteigerten Bedeutung der Dis-

---

[14] Zum Gesetzentwurf *Eisenberg*, Nachträgliche Sicherungsverwahrung bei zur Tatzeit Jugendlichen bzw. Heranwachsenden?, in: JZ 2007, S. 1143 f.

[15] Bundesrat-Drucksache 551/07 (Entwurf Brandenburgs).

kussion entsprechend haben wir Moderatoren eingeladen, die die Aussprachen anleiten werden. Wir haben auf diese Weise auch die Zahl der mitwirkenden Wissenschaftler erhöht. Es ist uns nur Recht und es ist gewollt, wenn dadurch der Eindruck entsteht, es habe sich hier gleichsam die deutschsprachige Kriminologie in ihrer ganzen Meinungsvielfalt versammelt, um die überaus wichtigen Fragen des Symposiums zu erörtern. Diese sind auf fünf Themenblöcke verteilt: Aktuelle Entwicklungen im Jugendkriminalrecht, junge „Intensiv-" und Mehrfachtäter, Kriminalität junger Menschen mit Migrationshintergrund, die Rolle der Kriminologie und internationaler Standards sowie das Zusammenwirken von Jugendhilfe und Justiz. Sie reichen also von theoretisch-grundsätzlichen über anwendungsbezogene Fragen, etwa der Evaluation, bis hin zu internationalen Entwicklungen. Damit zeugen sie von der Bandbreite der Kriminologie, die in Deutschland eng mit der Jugendstrafrechtswissenschaft verzahnt ist. Leuchten wir also in den nächsten Tagen, sage ich mit den Worten Schillers, „in den tiefen Schacht der Wissenschaft und Erfahrung hinunter"!

G. Schluss

Es wäre unrealistisch anzunehmen, es könnte in diesen Tagen eine Aufbruchstimmung von Jena ausgehen wie 1920 – in den Jahren vor Inkrafttreten des Reichsjugendgerichtsgesetzes. Dafür sind die Zeiten doch zu unterschiedlich! Aber warum sollte es eigentlich nicht ein Signal für mehr Rationalität geben? Unser Jugendkriminalrecht ist meiner Auffassung nach ebenso wie „die Jugend" besser als ihr Ruf. Es darf nicht unbedachtem Aktionismus oder gar populistischen Kampagnen zum Opfer fallen!

Ein Symposion ist nach der ursprünglichen Bedeutung des Wortes eine gesellige Zusammenkunft, bei der miteinander getrunken wird. Es gibt einen gleichnamigen Dialog Platons, und auf die Sitte der alten Griechen, das Trinken mit geschliffenen Reden zu verbinden, ist es zurückzuführen, dass wissenschaftliche Tagungen mit Vorträgen und Diskussionen heute Symposien genannt werden. Wir sind dem Bundesministerium der Justiz zu Dank verpflichtet, dass es uns heute Abend zu einem Empfang ins Rathaus der Stadt eingeladen hat und auf diese Weise die gute Tradition des Symposions belebt. Ich möchte Frau Ministerin Zypries überhaupt sehr herzlich dafür danken, dass sie dieses Symposium möglich gemacht und finanziert hat. Mein Dank gilt ferner Herrn Dr. Gebauer und Herrn Sommerfeld, mit denen ich bei Konzeption und Vorbereitung der Tagung eng zusammen gearbeitet habe. Wir vergessen auch nicht die tatkräftigen Helferinnen und Helfer, die zum großen Teil die Last der Umsetzung tragen. Ich nenne vor allem Frau Eckervogt vom BMJ sowie Frau Richter und das ganze Team meines Lehrstuhls. Und schließlich danke ich allen Referenten und Referentinnen, den Moderatoren sowie allen Gästen, die nach Jena gekommen sind. Ein besonderer Gruß gilt an dieser Stelle den Kollegen Schöch und Heinz, die gleich den ersten thematischen Block eröffnen und uns die wichtige Ausgangsfrage beantworten, ob denn in der Jugendkriminalpolitik und in der Jugendstrafrechtspraxis tatsächlich eine neue Punitivität eingezogen ist, also das, was Winfried Hassemer einmal als „Neue Lust auf Strafe" bezeichnet hat. Ich wünsche uns einen guten Verlauf des Symposiums und ertragreiche Diskussionen.

HEINZ SCHÖCH

Neue Punitivität in der Jugendkriminalpolitik?

A. Einleitung

Als Ende 2007 die Thematik für die Jenaer Tagung konzeptualisiert wurde, konnte niemand ahnen, dass wir kurz danach ein Lehrbeispiel für Punitivität in der jugendkriminalpolitischen Diskussion erleben würden. Der hessische Ministerpräsident *Koch* hatte als Reaktion auf die brutale Gewalttat eines 17-jährigen Griechen und eines 20-jährigen Türken in der Münchner U-Bahnstation Arabellapark am 20.12.2007 eine Kampagne zur Verschärfung des Jugendstrafrechts eingeleitet, wie sie Deutschland seit vielen Jahren nicht mehr erlebt hatte. Neben einer schnelleren Ausweisung straffälliger Ausländer forderte er eine Verschärfung des Jugendstrafrechts.

Der CDU-Parteivorstand präzisierte daraufhin in der „Wiesbadener Erklärung der CDU Deutschlands" vom 5.1.2008[1] einige Reformvorstellungen. Neben alten Forderungen der CDU wie Warnschussarrest, Anwendung des Erwachsenenstrafrechts für Heranwachsende als Regelfall, Sicherungsverwahrung auch für Heranwachsende, Fahrverbot als eigenständige Sanktion im Jugendstrafrecht und Ausweisung von Ausländern bereits bei einer Freiheitsstrafe von mindestens einem Jahr ohne Bewährung kamen neu hinzu Erziehungscamps mit therapeutischem Gesamtkonzept und die Anhebung der maximalen Jugendstrafe von 10 auf 15 Jahre bei Heranwachsenden. Einige Rechtspolitiker forderten diese Höchststrafe auch für Jugendliche. Zu einer Distanzierung führender CDU-Politiker kam es erst, als der hessische Ministerpräsident das Jugendstrafrecht auch auf unter 14-Jährige anwenden wollte und generell die angeblich zu langsamen und milden Jugendrichter kritisierte. Übertroffen wurde er darin bisher nur durch eine Forderung des früheren Hamburger Justizsenators *Kusch*, der 2006 die gänzliche Abschaffung des Jugendstrafrechts verlangt hatte.[2]

B. Die Überschätzung abschreckender Wirkungen des Jugendstrafrechts

Die Forderungen nach Verschärfung des Jugendstrafrechts gehen teils ausdrücklich, teils implizit von der Erwartung aus, dass ein schärferes Jugendstrafrecht general- und individualpräventiv abschreckender sei als das geltende maßvolle Erziehungsstrafrecht. In der Wiesbadener Erklärung der CDU-Bundesvorstandes zur Jugendkriminalität vom 5.1.2008 heißt es dazu relativ zurückhaltend: „Der Staat kann nicht von Bür-

---

[1] Wiesbadener Erklärung der CDU Deutschlands v. 5.1.2008, S.6; www.cdu.de/archiv/2370_21825.htm.

[2] *Kusch* NStZ 2006, 65 ff.; dagegen *Ostendorf* NStZ 2006, 320 ff.

gern Zivilcourage und Einsatz fordern, wenn er selber nicht entschlossen genug mit jungen Straftätern umgeht... Sanktionen müssen spürbar sein... Wir erneuern daher unsere Forderungen zum konsequenteren Umgang mit Jugendkriminalität".[3] In Presseerklärungen einzelner CDU- und CSU-Politiker wird aber deutlicher von der abschreckenden Wirkung höherer Strafen oder des Warnschussarrestes gesprochen. Damit wird eine verbreitete Einstellung in der Bevölkerung wiedergegeben. Nach einem Bericht von *Heitmeyer* vertreten 87,5 % der Bürger die Auffassung, dass Verbrechen härter bestraft werden sollten.[4] Auf die Verschärfung der Strafeinstellungen selbst bei Jurastudenten hat wiederholt *Streng* mit überzeugenden empirischen Daten hingewiesen.[5]

In der Resolution von *Heinz* wird – unter Bezugnahme auf *Dölling*[6] – zutreffend darauf hingewiesen, dass nach sämtlichen vorliegenden empirischen Erkenntnissen der Kriminologie von Sanktionsverschärfungen weder unter spezial- noch unter generalpräventiven Gesichtspunkten eine Reduzierung von Jugendkriminalität zu erwarten sei. Im 2. Periodische Sicherheitsbericht der Bundesregierung wird dies bekräftigt und darauf hingewiesen, dass jedenfalls für den Bereich der leichten bis mittelschweren Kriminalität Höhe und Schwere der Strafe keine messbare Bedeutung hätten. Lediglich das wahrgenommene Entdeckungsrisiko sei – allerdings nur bei einer Reihe leichterer Delikte – etwas relevant.[7]

Das ist alles richtig und durch vielfältige empirische Untersuchungen belegt, zu denen ich selbst bescheidene Beiträge leisten konnte.[8] Vielleicht sollte man aber zur Überzeugung der Skeptiker noch verdeutlichend hinzufügen, dass damit natürlich nicht die generalpräventive Wirkung jeder strafrechtlichen Sanktion in Frage gestellt wird. Man kann hier von der generalpräventiven Reflexwirkung sprechen, die natürlich auch das Jugendstrafrecht – etwa im Unterschied zum Jugendhilferecht – hat und die auch durch Forschungen nicht widerlegt ist, da bisher keine Alternativen zu jugendstrafrechtlichen Sanktionen erprobt wurden. Auch bei den Diversionsmaßnahmen ist es ja entscheidend, dass sie im Kontext des strafrechtlichen Systems stehen und Strafanzeige und Strafverfolgung durch Polizei und Staatsanwaltschaft umfassen.

C. Internationale Entwicklungen

Im Zuge der internationalen Verflechtung und der zunehmenden Einflüsse der Europäischen Union auf die Bundesrepublik Deutschland spielen auch die internationalen

---

[3] www.cdu.de/archiv/2370_21825.htm.

[4] *Heitmeyer* Die Zeit v. 15.12.2005; weitere Nachweise bei *Ostendorf* StV 2008, 148.

[5] *Streng* in: Kury (Hrsg.): Härtere Strafen – weniger Kriminalität? Zur Verschärfung der Sanktionseinstellungen, 2006, 210 ff.; skeptisch *Reuband* Neue Kriminalpolitik 2006, 99.

[6] *Dölling* ZBl 1989, 318.

[7] *Bundesministerium der Justiz, Bundesministerium des Innern:* 2. Periodischer Sicherheitsbericht 2006, 665 f.

[8] *Schöch* in: FS Jescheck Band 2, 1985, 1081 ff.; *ders.* Zur Wirksamkeit der Generalprävention, in: Frank/Harrer (Hrsg.): Der Sachverständige im Strafrecht. Kriminalitätsverhütung.1990, 95 ff.. 104 f.

Tendenzen der Jugendkriminalpolitik eine wichtige Rolle. Wenn in den USA Bootcamps, zero tolerance, „three strikes and you are out" Konjunktur haben, dann kommen entsprechende Vorstellung früher oder später auch bei uns an. Hinzu kommt die von den USA und Skandinavien ausgehende Krise der Resozialisierung mit dem markanten Stichwort „nothing works", die zur Schwächung des Erziehungsgedankens auch im Jugendstrafrecht beitragen kann. Spätere Relativierungen und Korrekturen dieser Generalhypothese, die vor allem durch *Lösel* und andere deutsche Forscher vorgenommen wurden,[9] haben in vielen anderen Ländern keine Beachtung gefunden.

In England, wo ja schon seit jeher Kinder ab 10 Jahren strafmündig sind, wurden durch den Criminal Justice Act von 1994 die Strafrahmen für die Jugendstrafe erhöht und eine sichere Unterbringung von 6 Monaten bis zu 2 Jahren in Form der „Secure Training Order" auch für 12- bis 14-Jährige eingeführt.[10] Außerdem wurden die Möglichkeiten einer strafrechtlichen Verantwortlichkeit 10- bis 14-Jähriger erweitert und die sogenannte „parenting order" eingeführt, d.h. die Verpflichtung der Eltern, an Erziehungskursen bzw. Elternberatung teilzunehmen, wenn ihr Kind infolge Vernachlässigung straffällig wurde.[11] Im „Crime and Public Disorder Act" von 1998 wurden diese Tendenzen verstärkt, indem zum Beispiel die als „Detention und Training Order" bezeichnete Sanktion von zwei auf vier Monate erhöht wurde. Insgesamt sind die repressiven Tendenzen in der Jugendkriminalpolitik im England wohl am deutlichsten ausgeprägt, vermutlich auch am stärksten an der US-amerikanischen Kriminalpolitik orientiert, wo zwischen 1992 und 1995 mehr als 90 % der Bundesstaaten ihre Jugendkriminalgesetzgebung mit dem Ziel geändert haben, den Transfer Jugendlicher an Erwachsenengerichte zum Zweck einer härteren Bestrafung zu erleichtern und im übrigen das Jugendrecht stärker dem Erwachsenenrecht anzugleichen.[12]

Die kontinental-europäischen Länder haben deutlicher am Vorrang des Erziehungsgedankens im Jugendstrafrecht festgehalten. Beispielhaft hierfür sind die Reformgesetze in Österreich von 1998, in Deutschland von 1990, in den Niederlanden von 1995, in Spanien von 2000, in Portugal von 2001 und in Frankreich von 2002.[13]

Im Sommer 2002 wurde in Frankreich ein Gesetz verabschiedet, das die geschlossene Heimunterbringung ebenso wie die generelle Untersuchungshaftanordnungen auch bei Vergehen schon bei 13-jährigen Jugendlichen ermöglicht, nachdem bis dahin die U-Haft bei unter 16-Jährigen auf Fälle von Verbrechen beschränkt worden war.[14] Außerdem wurden hohe Mindeststrafen für jugendliche Mehrfachtäter eingeführt und das Jugendstrafrecht für Mehrfachtäter über 16 Jahren nicht mehr angewendet.

---

[9] *Lösel/Köferl/Weber* Meta-Evaluation in der Sozialtherapie, 1987; *Kaiser* Kriminologie, 3. Aufl. 1996, § 31 Rn. 47 ff. m.w.N.

[10] *Dünkel* Entwicklungen der Jugendkriminalität und des Jugendstrafrechts in Europa – ein Vergleich, Greifswald, 6.3.2004, 12 m.w.N. (www.uni-greifswald.de/-ls3)

[11] *Dünkel* (s.o. Fn. 10), S. 12.

[12] *Dünkel* (s.o. Fn. 10), S. 14 m.w.N.

[13] *Dünkel* (s.o. Fn. 10), S. 14 m.w.N.

[14] *Dünkel* (s.o. Fn. 10), S. 12 m.w.N.

In Österreich kam es immerhin zur Abschaffung des traditionsreichen Jugendgerichtshofs in Wien. In Spanien wurde die geplante Einbeziehung der Heranwachsenden in das Jugendstrafrecht suspendiert. In Spanien wurde Anfang 2006 das Jugendstrafrecht verschärft. Für 14- bis 15-Jährige wurde die maximale Jugendstrafe um ein Jahr auf 6 Jahre erhöht, bei den 16- und 17-Jährigen blieb es bei 10 Jahren.

Insgesamt zeigt dieser kurze Überblick über internationale Tendenzen, dass die Verteidigung unseres bestehenden Jugendstrafrechts schwerer wird. Jedoch sollten die bisherigen Erfolge, gerade auch was die spezialpräventive Effektivität angeht, in der Lage sein, schlichte Angleichungen an repressive Tendenzen in anderen Ländern abzuwehren.

D. Entwicklung der Jugendkriminalität im Hellfeld

Soweit Strafverschärfungsforderungen mit der Zunahme der Jugendkriminalität begründet werden, können diese seit Ende der 90er Jahre mit dem Argument zurückgewiesen werden, dass es seither keinen wesentlichen Anstieg mehr gegeben hat. Dieses Argument ist allerdings dem Einwand ausgesetzt, dass bei kriminalpolitischen Strategien nicht nur kurzfristige, sondern auch langfristige Kriminalitätsentwicklungen beachtet werden müssen. Insoweit wird darauf hingewiesen, dass die polizeiliche Kriminalstatistik einen starken Anstieg der Jugendkriminalität von den 50er Jahren bis in die 70er Jahre belegt. Nach einer Beruhigung in den 80er Jahren ergab sich ab Anfang der 90er Jahre wiederum eine deutliche Zunahme der polizeilich registrierten Jugendkriminalität, die bis 1997 anhielt und darüber hinaus von einem deutlichen Anstieg der polizeilich registrierten Kinderkriminalität begleitet wurde.[15]

Allerdings entspricht der Zunahme an Tatverdächtigen seit den 60er Jahren keine entsprechende Zunahme an Verurteilten, wie z.B. das Konstanzer Inventar zur Kriminalitätsentwicklung ausweist.[16] Natürlich erklärt sich diese Divergenz zwischen Tatverdächtigen- und Verurteiltenstatistik primär durch den verstärkten Gebrauch der Diversionsmöglichkeiten des JGG (§§ 45, 47 JGG) in der Jugendstrafrechtspflege, jedoch zeigt diese Entwicklung auch, dass es sich im Wesentlichen um leichte Delikte handelt, die überwiegend von Ersttätern begangen wurden.

Gleichwohl bleibt aber die Feststellung, dass 1963 noch 2,7 % der Jugendlichen und 3,5 % der Heranwachsenden von der Polizei als Täter allgemeiner Straftaten ohne Straßenverkehrsdelikte registriert wurden,[17] während es 2006 6,8 % der Jugendlichen und 7,6 % der Heranwachsenden waren.[18] Bei den männlichen Jugendlichen waren es zuletzt sogar 9,5 % und bei den Heranwachsenden 11,8 %.

Soweit aus den mehr als doppelt so hohen Tatverdächtigenbelastungsziffern ein verstärktes Bedrohungspotential abgeleitet werden sollte, kann darauf hingewiesen

---

[15] *H.-J. Albrecht* DJT-Gutachten 2002, D 26 f.
[16] www.uni-konstanz.de/rtf/kik/deutsche.htm.
[17] *Kaiser* Kriminologie, 3. Aufl. 1996, § 51 Rn. 4, 21.
[18] Polizeiliche Kriminalstatistik 2006, 97.

werden, dass die geschilderte Entwicklung nichts an der international bekannten age-crime-Kurve geändert hat, welche die Episodenhaftigkeit der Jugenddelinquenz nachweist; denn die Erwachsenenkriminalität ist über Jahrzehnte nach der polizeilichen Kriminalstatistik im Wesentlichen konstant geblieben, was nicht der Fall wäre, wenn die höhere Jugenddelinquenz nachhaltige Kriminalität auch im Erwachsenenalter zur Folge hätte. Die im Vergleich zu früheren Jahrzehnten höhere Kriminalitätsbelastung indiziert also, dass Reifungskrisen in den modernen Industrie- und Informationsgesellschaften schwieriger zu bewältigen sind als früher.

E. Anstieg der Gewaltkriminalität junger Menschen im Hellfeld

Besondere Beachtung findet in der Öffentlichkeit die Gewaltkriminalität der Jugendlichen und Heranwachsenden, die in Deutschland wie in nahezu allen europäischen Ländern seit Anfang der neunziger Jahre nach der polizeilichen Kriminalstatistik kontinuierlich gestiegen ist. Obwohl die Gewaltkriminalität nur knapp 3 % der Gesamtkriminalität ausmacht und die Tötungsdelikte von Jugendlichen und Heranwachsenden seit vielen Jahren zurückgehen, berühren die übrigen Gewaltdelikte doch das Sicherheitsgefühl der Bevölkerung am stärksten. Dominiert wird diese Zunahme von der gefährlichen Körperverletzung, während Raubdelikte seit 1997 – wenn auch auf hohem Niveau – etwas zurückgegangen sind. Angestiegen sind seit Mitte der 90er Jahre auch Vergewaltigung und sexuelle Nötigung.

Die verbreitete Erklärung, der Anstieg sei durch erhöhte Anzeigebereitschaft zu erklären, leuchtet für Vergewaltigung und sexuelle Nötigung ohne weiteres ein, da hier in den letzten Jahren große Anstrengungen bei Polizei und Justiz unternommen worden sind, um die betroffenen Opfer im Strafverfahren rücksichtsvoll und fair zu behandeln. Bei gefährlicher Körperverletzung sind die Veränderungen nicht so ausgeprägt, jedoch geht auch hier die überwiegende Meinung in der Literatur, der sich der 2. PBS angeschlossen hat,[19] davon aus, dass Täter- und Opferbefragungen zum Dunkelfeld der Kriminalität in den letzten Jahren eher einen Rückgang auch im Bereich der gefährlichen Körperverletzung vermuten lassen,[20] ebenso im Bereich der einfachen Körperverletzung, die in der BKA-Statistik nicht zur Gewaltkriminalität gerechnet wird.

Ganz gesichert erscheint dieser Befund aus mehreren regionalen Studien[21] nicht; denn den Dunkelfeldstudien liegen überwiegend Befragungen bei 15- oder 16-jährigen Schülern zugrunde, nicht bei allen Jugendlichen und Heranwachsenden. Gerade im Umfeld der Schule haben sich aber in den letzten Jahren bei der Gewaltprävention beträchtliche Verbesserungen ergeben, wie auch die Meldungen von sog. Raufunfällen

---

[19] 2. PSB 2006, 398.
[20] *Heinz* 2008, 28; *Dünkel* 2004,5; 2. PSB 2006, 393 ff., 398.
[21] Diese Einschränkung macht auch der 2. PSB 2006, 390, 398

an Schulen bei Unfallversicherungen zeigen.[22] Weitere Forschungen zu diesen Themen sind wünschenswert.

F. Sexualdelinquenz junger Männer

In der Kriminalpolitik der letzten 10 Jahre waren es besonders die Sexualdelinquenten, die als besonders gefährlich eingeschätzt wurden und bei denen das Prinzip Sicherheit vor Resozialisierungserprobung realisiert wurde. Während die Zunahme der Vergewaltigung und sexuelle Nötigung bei jungen Männern nach der Polizeilichen Kriminalstatistik mit der erhöhten Anzeigebereitschaft der betroffenen Opfer erklärt werden kann, ist ein in der Prognoseforschung gesichertes Merkmal nicht zu leugnen, nämlich dass früh einsetzende sexuelle Devianz ein Risikofaktor für künftige schwere Sexualdelinquenz ist. Dies kann dazu führen, dass vor allem junge Sexualtäter mit nachträglicher Sicherungsverwahrung rechnen müssen und im Strafvollzug auch kaum Chancen auf resozialisierungsfördernde Vollzugslockerungen oder eine Aussetzung des Strafrestes haben.

Deshalb ist es besonders wichtig, immer wieder darauf hinzuweisen, dass trotz der Risikoverwirklichung in Einzelfällen „bei kaum einer Tätergruppe die Behandlung so dringend, aber auch so Erfolg versprechend ist wie bei jungen Sexualstraftätern". Dies war das Ergebnis des von mir geleiteten Arbeitskreises 13 beim Freiburger Jugendgerichtstag 2007. Unser Arbeitskreis hat mit Recht auch darauf hingewiesen, dass „frühe Behandlung bei jungen Sexualstraftätern die ohnehin geringe einschlägige Rückfälligkeit signifikant reduziert. Dies ist der beste Weg, pathologische sexuelle Devianz mit schwersten Folgen … zu vermeiden. Soweit Sexualdelinquenz Jugendlicher Ausdruck einer Reifungskrise ist, sollte sie nicht unnötig dramatisiert und pathologisiert werden… Bei leichteren Sexualdelikten junger Täter sollte vermehrt an eine Verfahrenseinstellung gemäß § 45 Abs. 2 und § 47 Abs. 1 Nr. 2 JGG nach vorangegangener oder angeregter spezialisierter Beratung oder Behandlung gedacht werden."[23]

G. Intensivtäter

Das größte Problem in der Jugendkriminalpolitik stellen die jugendlichen Intensivtäter dar. Das sind Jugendliche, die meist schon vor dem 14. Lebensjahr mit erheblichen Straftaten beginnen und auch danach massiv auffällig werden, wie etwa der junge Türke Mehmed, der vor acht Jahren bei seinem ersten Raub als Vierzehnjähriger bereits über 60 registrierte Straftaten aus den Bereichen Diebstahl, Raub und Körperverletzung aufwies. Intensivtäter machen nur etwa 5 % aller Tatverdächtigen aus, sind aber für 50 bis 60 % aller Straftaten verantwortlich.[24]

Die Tatsache, dass hierbei junge Menschen mit Migrationshintergrund, also Zuwanderer ohne oder mit deutscher Staatsangehörigkeit, überrepräsentiert sind, wird

---

[22] 2. PSB 2006, 390.
[23] Ergebnisse der Arbeitskreise des 27. Deutschen Jugendgerichtstages, ZJJ 2008, 432, 437.
[24] *H.-J. Albrecht* DJT-Gutachten 2002, D 33; *Schwind* Kriminologie, 18. Aufl. 2008, § 3 Rn.22-23a.

zwar immer wieder für ausländerkritische Strategien herangezogen. Jedoch haben insoweit sogar die meisten Medien bis auf wenige Boulevardblätter verstanden, dass diese Täter nicht wegen ihrer Ausländereigenschaft oder ihres Migrationshintergrundes straffällig werden, sondern weil ihre soziale Integration in unsere Gesellschaft mangels geeigneter vorschulischer, schulischer und beruflicher Ausbildung oder adäquater Freizeitgestaltung nicht gelungen ist.

Für die Gruppe der Intensivtäter gilt generell, dass die weitere Entwicklung selbst bei solchen Tätern nicht sicher prognostizierbar ist, da mindestens die Hälfte auf Grund bisher nicht abschließend geklärter protektiver Faktoren letztlich doch im Laufe des 3. Lebensjahrzehnts die kriminelle Karriere abbricht. Mit Recht betont deshalb der 2. Periodische Sicherheitsbericht, dass in solchen Fällen frühzeitige, zielgerichtete Prävention Vorrang hat, die sich auf bekannte Risikofaktoren beziehungsweise die Aktivierung von protektiven Mechanismen und die Förderung von Resilienzfaktoren richten sollen.[25] Das ist der wichtigste Grund, weshalb aus kriminologischer Sicht nachträgliche Sicherungsverwahrung bei Jugendlichen und primäre Sicherungsverwahrung bei Heranwachsenden abzulehnen ist.

Primär ist hier zwar die Jugendhilfe betroffen, aber bald nach Vollendung des 14. Lebensjahres landen solche Täter, wenn sie auch Gewalttaten begehen, unweigerlich in ganz jungem Alter in Untersuchungshaft und in Jugendstrafanstalten, ohne dort geeignete Behandlungsangebote vorzufinden. Heimaufenthalte und intensive sozialpädagogische Einzelbetreuung im Ausland sind oft schon erfolglos vorangegangen.

Obwohl das Problem quantitativ nicht so groß ist, wie oft behauptet wird, muss darauf hingewiesen werden, dass es sich hierbei oft um psychisch auffällige und persönlichkeitsgestörte junge Menschen handelt, die im Niemandsland zwischen Jugendhilfe und Jugendpsychiatrie stehen. Der Arbeitskreis 17 des Freiburger Jugendgerichtstages hat die psychiatrisch behandlungsbedürftigen Jugendlichen in Deutschland allgemein auf 5 % geschätzt, bei den Intensivtätern sind es sicher mehr. Sie bedürfen – an Stelle der bisher üblichen Untersuchungshaft – einer intensiven therapeutischen Intervention von 3- bis 6-monatiger Dauer in einer geschlossenen Clearingzentrale, wie sie derzeit in München vorbereitet wird. Davon gibt es aber bisher in Deutschland zu wenig. Sie sollten sich durch die Intensität der Diagnostik und der sozialpädagogischen Betreuung klar von den geschlossenen Heimen früherer Zeiten unterscheiden. *Franz Streng* hat beim Juristentag 2002 in Berlin eine solche pädagogische Intensivbetreuung in offener oder geschlossener Form sogar als Ersatz für die Heimerziehung nach § 12 JGG vorgeschlagen, und eine große Mehrheit hat sich ihm angeschlossen.

H. Punitivere Einstellungen in der Bevölkerung

Eine Kriminalpolitik gegen deutliche Mehrheitsmeinungen in der Bevölkerung ist auf Dauer in einer demokratischen Gesellschaft nicht möglich. Besorgniserregend ist es deshalb in unserem Zusammenhang, dass die punitiven Einstellungen der Bevölkerung in den letzten 15 Jahren deutlich zugenommen haben. Dies ergibt sich zum Beispiel aus dem „International Crime and Victimization Survey (ICVS)" an Hand von Straf-

---

[25] 2. PSB 2006, 402 ff., 404.

maßvorstellungen bezüglich eines den Befragten geschilderten Einbruchsdiebstahls durch einen 21-jährigen Rückfalltäter[26] sowie aus den Aussagen zur Akzeptanz der Todesstrafe in repräsentativen Befragungen.[27]

Besonders eindrucksvoll und differenziert sind die Ergebnisse, die *Franz Streng* aus einer seit 1989 regelmäßig durchgeführten Befragung von Jura-Studienanfängern zu Sanktionsvorstellungen, Strafzweckpräferenzen und Kriminalitätswahrnehmung vorgelegt hat.[28] Etwa seit 1993 hat die Zustimmung zu den Strafzwecken der Vergeltung, der Generalprävention, der Sicherung und der individuellen Abschreckung deutlich zugenommen, während die Zustimmung zur Resozialisierung zurückgegangen ist. Zugenommen hat auch der Anteil derer, welche die lebenslange Freiheitsstrafe für zu mild halten. Das durchschnittliche Strafmaß für Affekttotschlag stieg von 70 Monaten im Jahr 1995 auf 114 Monate im Jahr 2005, hat sich innerhalb von 10 Jahren also um 63 % erhöht.[29]

Zwar handelt es sich nicht um eine repräsentative Stichprobe, und andere Untersuchungen weisen darauf hin, dass ältere Befragtengruppen über Jahre hinweg einen schwächeren Punitivitätsanstieg aufweisen.[30] Gleichwohl sind die Ergebnisse von hohem Aussagewert, weil bei jungen Menschen dauerhafte Prägungen einzukalkulieren sind und weil es sich um eine beruflich einschlägig engagierte Population handelt.[31]

Natürlich ist die Punitivität eine überaus komplexe Variable, und *Streng* weist auch nach, dass sie hochsignifikant mit der Kriminalitätsfurcht und mit der Strafzweckorientierung zusammenhängt.[32] Bemerkenswert ist aber, dass trotz der seit Mitte der 90er Jahre leicht zurückgegangenen Kriminalitätsfurcht die Punitivität weiter angestiegen ist.[33] *Streng* vermutet, dass die von der Kriminalitätsfurcht unabhängige Punitivität mit dem stetig angestiegenen Angstniveau in der Bevölkerung zusammen hängt.[34] Dafür seien vermutlich mit gesamtgesellschaftliche Veränderungen verantwortlich, insbesondere die Globalisierung und damit verbundenen Verunsicherungseffekte. Wahrscheinlich muss man in diesem Zusammenhang auch Terrorismus und organisierte Kriminalität sowie die Medienberichterstattung über Kriminalfälle nennen, auf die ich später eingehe.

---

[26] *Kury* 2001, 243 f.; *Kury/Obergfell-Fuchs* 2006, 1026 f.
[27] *Kreuzer* FS Schwind, 2004, 177 ff.; *Kury/Kania/Obergfell-Fuchs* 2006, 70 ff.
[28] *Streng* Sanktionseinstellungen bei Jura-Studierenden im Wandel, Soziale Probleme 17(2006), 210 ff.
[29] *Streng* (s.o. Fn. 28), S. 212 ff.
[30] *Kury* (s.o. Fn. 26), S. 257 f.; *Reuband* Neue Kriminalpolitik 2003. 100, 102 f.
[31] *Streng* (s.o. Fn. 28), S. 223.
[32] *Streng* (s.o. Fn. 28), S. 221 f.
[33] *Streng* (s.o. Fn. 28), S. 222 f., 224 f.
[34] Dazu *Kury/Obergfell-Fuchs* (o. Fn. 26), S. 1024.

I. Kriminalitätsfurcht

Die Kriminalitätsfurcht ist nicht nur als Moderatorvariable für punitive Einstellungen relevant, sondern kann als eigenständiger kriminalpolitischer Faktor auch das Anzeigeverhalten der Bevölkerung und die private Verbrechensvorbeugung beeinflussen, aber auch zu problematischem freiheitsbeschränkendem Vermeideverhalten oder gar zu unerwünschter Bewaffnung der Bürger führen. Die für die öffentliche Sicherheit verantwortlichen Politiker reagieren darauf in der Regel mit verschärften Sicherheits- und Strafgesetzen, die auch das Jugendstrafrecht nicht ausklammern. Hinzu kommen polizeiliche Sicherungsmaßnahmen wie die Ausweitung der Videoüberwachung in der Öffentlichkeit oder verstärkte Polizeikontrollen, die einen großen Aufwand erfordern und mittelbar die öffentlichen Mittel für notwendige Maßnahmen der Jugendhilfe oder einen erzieherisch gestalteten Jugendstrafvollzug reduzieren.

Das alles wäre bis zu einem gewissen Grad vertretbar, wenn die Kriminalitätsfurcht hoch mit der tatsächlichen Kriminalitätsbedrohung korrelieren würde. Das ist aber weitgehend nicht der Fall. Es gehört zu den gesicherten Forschungsergebnissen der Viktimologie, dass auf der kognitiven Ebene der Kriminalitätsfurcht die Kriminalitätsentwicklung erheblich bedrohlicher eingeschätzt wird als sie tatsächlich ist und dass auch bei abnehmenden Delikten eine Zunahme vermutet wird, vor allem bezüglich der schwersten Delikte wie Mord, Sexualdelikte, Raub und Einbruchsdiebstahl.[35] Außerdem wird eine Kriminalitätszunahme im ganzen Land dreimal so hoch eingeschätzt wie in der eigenen Wohngegend.[36]

Hinzu kommen die Erkenntnisse auf der affektiven Ebene, die – wenn auch unvollkommen – mit der Standardfrage erfasst wird, ob man Angst habe, wenn man nach Einbruch der Dunkelheit nachts in seinem eigenen Stadtteil draußen allein spazieren gehe.[37] Diese personale Kriminalitätsfurcht steigt mit zunehmendem Alter beträchtlich,[38] und sie ist in nahezu allen Untersuchungen größer als das eingeschätzte Risiko, von Straftaten tatsächlich betroffen zu werden.[39] All diese Befunde weisen auf die starke Abhängigkeit der Kriminalitätsfurcht von der Aufbereitung einzelner Kriminalitätsfälle und der allgemeinen Sicherheitslage in den Medien hin, auf die ich noch gesondert eingehen werde.

Problematisch ist aber vor allem, dass die geforderte Reduzierung der Kriminalitätsfurcht zu einem eigenständigen kriminalpolitischen Ziel für die Legislative und Exekutive geworden ist. Daran hat auch der vielfach festgestellte Rückgang der personalen Kriminalitätsfurcht in Deutschland seit Mitte der 90er Jahre[40] nichts geändert. Zutreffend hat *Winfried Hassemer* vor kurzem darauf hingewiesen, „dass Sicherheits-

---

[35] 2. PSB 2006, 494, Schaubild 5.3.1, sowie S. 496 ff.; *Pfeiffer/Windzio/Kleinmann* European Journal of Criminology, 2005, 259, 264, Table 2.

[36] 2. PSB 2006, 495 f., Schaubild 5.3.2; *Schwind* 2001, 252.

[37] *Schwind* Kriminologie, 18. Aufl. 2008, § 20 Rn. 24.

[38] 2. PSB 2006, 509, Schaubild 5.4.1.

[39] 2. PSB 2006, 508.

[40] 2. PSB 2006, 518 ff.

bedürfnisse sowohl normativ als auch empirisch prinzipiell grenzenlos" sind. Sicherheit ist nie hergestellt, sie ruft immer nach Komplettierung, denn sie ist die Frucht einer prognostischen Einschätzung, und sie ist emotiv hoch aufgeladen."[41] „Die Verbrechensfurcht ist in einer Informationsgesellschaft ein starker Motor der Kriminalpolitik, und sie ist leicht manipulierbar."[42] „Das Präventionsstrafrecht muss deshalb mithilfe des allgemeinen Grundsatzes der Verhältnismäßigkeit ausgebremst werden, wenn es ... normativ zu weit geht."[43]

Schon beim 3. Kölner Symposium des BMJ im Herbst 1994 habe ich darauf hingewiesen, dass die Freiheit von Verbrechensfurcht kein strafrechtlich geschütztes Rechtsgut und deshalb kein geeigneter Topos für unmittelbare kriminalpolitische Konsequenzen ist.[44] Das Jugendstrafrecht darf sich nicht zum Erfüllungsgehilfen für gesellschaftliche Erwartungen machen lassen. Nicht Angleichung des Jugendstrafrechts an diffuse angstbedingte Strafschärfungserwartungen ist die sachgerechte Reaktion, sondern Anpassung von gesellschaftlichen Erwartungen an kriminologische Befunde und an ein historisch gewachsenes und von großen demokratischen Mehrheiten getragenes Jugendstrafrecht.[45]

J. Medienkriminaliät und Medienkriminologie

Die vermutlich wichtigste Variable für zunehmende Punitivität sind verzerrte Darstellungen über Kriminalität in den Medien sowie deren Aktionismus nach spektakulären Einzelfällen. Sie beeinflussen nicht nur die Einschätzungen der Bürger zu Kriminalität, Strafjustiz, Sicherheit und damit ihr Normvertrauen,[46] sondern sie haben auch unmittelbare kriminalpolitische Auswirkungen. Dem massenmedialen Druck in Richtung auf praktische Konsequenzen können manche Politiker nicht widerstehen und versuchen dann, sich mit populistischen Strafschärfungsforderungen als Kämpfer gegen das Verbrechen zu profilieren.

Christian Pfeiffer hat im Zusammenhang mit der bereits zitierten KFN-Studie zur eingeschätzten Kriminalitätsentwicklung zwischen 1993 und 2003 von der „Dämonisierung des Bösen... durch die Berichterstattung im Fernsehen und in den Revolverblättern" gesprochen.[47] *Günther Kaiser* hat den politisch-publizistischen Verstärkerkreislauf durch die Medien mit Fokussierung von Einzelfällen als medialen Schlüssel-

---

[41] *Hassemer* Objektivität und Einschätzung in Kriminologie und Kriminalpolitik, in: Schüler-Springorum/Nedopil (Hrsg.) Blick über den Tellerrand, FS für Hisao Katoh, 2008, 28, 47.

[42] *Hassemer* (o. Fn. 41), S. 48.

[43] *Hassemer* (o. Fn. 41), S. 47.

[44] *Schöch* Die Entdeckung der Verbrechensfurcht und die Erkundung der Vorstellungen und Erwartungen der Geschädigten als Forschungsgegenstand. In: Bundesministerium der Justiz (Hrsg.), Das Jugendstrafrecht als Erfüllungsgehilfe gesellschaftlicher Erwartungen? 3. Kölner Symposium, 1994, 78 f.

[45] *Schöch* (o. Fn. 44), S. 78.

[46] *Hassemer* (o. Fn. 41), S. 46.

[47] *Pfeiffer* Die Dämonisierung des Bösen, FAZ vom 5.3.2004.

ereignissen kritisiert[48] und *Michael Walter* hat die differenzierten Wirkungszusammenhänge treffend mit folgender Überschrift gekennzeichnet: „Von der Kriminalität in den Medien zu einer bedrohlichen Medienkriminalität und Medienkriminologie?"[49] Ich will das nicht weiter vertiefen, weil morgen *Michael Walter* selbst zu diesem Thema sprechen wird.

K. Opferbezogene Strafrechtspflege?

Nicht selten findet man in der Literatur die Behauptung, die Renaissance des Verbrechensopfers und die Verbesserung seiner Rechtsstellung im Strafverfahren seit Mitte der 80er Jahre habe punitive Tendenzen des Strafrechts verstärkt.[50] Dies ist wohl auch der Grund, weshalb die herrschende Meinung in der jugendstrafrechtlichen Literatur und die DVJJ nach wie vor die Nebenklage im Verfahren gegen Jugendliche ablehnen,[51] während sie beim Berliner Juristentag mehrheitlich gefordert wurde und inzwischen durch das 2. Justizmodernisierungsgesetz vom 22.12.2006 in § 80 Abs. 3 teilweise bei Verbrechen gegen das Leben, die körperliche Unversehrtheit oder die sexuelle Selbstbestimmung, bei schwerer Freiheitsberaubung, Geiselnahme und erpresserischem Menschenraub sowie für die Angehörigen eines getöteten Opfers zugelassen worden ist.

Vermutlich sehen viele schon darin einen Beweis für neue Punitivität im Jugendstrafrecht. Die 2. Jugendstrafrechts Reform-Kommission hatte die Ablehnung der Nebenklage – repräsentativ für viele Wissenschaftler und Praktiker – folgendermaßen begründet: „Zu befürchten ist nämlich, dass der auf seine Rechte und Vergeltung pochende Verletzte für eine konfrontative Verhärtung der Positionen sorgt und so eine jugendadäquate Verhandlungsführung und angemessene erzieherische Einwirkung unmöglich macht."[52]

Nun ist sicher einzuräumen, dass es unsensible Nebenklagevertreter gibt, die das erzieherische Klima der Hauptverhandlung beeinträchtigen können, ebenso wie das leider für manche – im Jugendstrafrecht unerfahrene – Strafverteidiger gilt. Dem modernen Bild der Nebenklage – wie es etwa auch der WEISSE RING e.V. in seinen Fortbildungstagungen für Opferanwälte propagiert – entspricht dies aber nicht mehr. Die Nebenklage hat bereits durch das Opferschutzgesetz 1986 einen Funktionswandel erfahren und ist als Abwehr- und Schutzinstrumente für Opfer schwerer Gewalttaten sowie für missbrauchte Kinder unverzichtbar, ebenso die daraus abgeleiteten Verletztenbeistandsbefugnisse im Ermittlungsverfahren.[53] Das Opfer muss sich dagegen wehren können, dass sich der Täter auf seine Kosten verteidigt, unabhängig davon, ob der

---

[48] *Kaiser* ZRP 2002, 30 ff.
[49] *Walter* DVJJ-Journal 1999, 348 ff.
[50] z.B. *Jung* GA 2006, 731; vorsichtig als mögliche These auch bei *Streng* (o. Fn. 28), S. 225.
[51] 2. Jugendstrafrechtskommission der DVJJ, Abschlussbericht vom 15.8.2002, DVJJ-Journal 2002, 227, 245 m.w.N.
[52] 2. Jugendstrafrechtskommission der DVJJ (o. Fn. 51), S. 245.
[53] *Schöch* FS Böhm 1999, 671 f.

Täter zur Tatzeit 17 oder 19 Jahre alt gewesen ist.[54] Hinzu kommt, dass die Opfer jugendlicher Täter nicht selten selbst sehr jung sind und deshalb eines gesteigerten Schutzes bedürfen, wie z.B. bei der Gruppenvergewaltigung eines jugendlichen Opfers.[55]

Zwar wird in der Kriminalpolitik nicht ganz selten missbräuchlich Opferschutz für repressive Strategien von Strafverschärfung, Ermittlungseffizienz und dem Ende übertriebener Rücksichten auf den Straftäter" in Anspruch genommen. Mit dem realen und berechtigten Opferschutz hat dies aber nichts zu tun. Dieser akzeptiert, dass Hauptaufgabe des Strafprozesses der Nachweis einer strafbaren Handlung des Beschuldigten und – insbesondere auch im Jugendstrafverfahren – deren angemessene Sanktionierung bleibt. Im modernen Verständnis des Opferschutzes dürfen Genugtuungsinteressen des Verletzten nicht mehr mit besonders rigiden Strafverwartungen gleichgesetzt werden. Deliktsopfer wollen im Strafverfahren ernst genommen werden und persönliche Genugtuung bekommen. In der Hauptverhandlung sollen sie erfahren können, dass es hier auch um den Ausgleich ihrer persönlichen Rechtsverletzung geht und nicht nur um erzieherische Belange oder die Erfüllung staatlicher Strafzwecke.

Es ist daher an der Zeit, das Klischee abzubauen, das möglicherweise durch die Aktivitäten von *Eduard Zimmermann* entstanden ist, der in den 70er und 80er Jahren des letzten Jahrhunderts manche Aktenzeichen XY-Sendungen im ZDF mit der Bemerkung begleitete, die Justiz lasse die verhafteten Täter ohnehin wieder laufen oder bestrafe sie zu mild. Dies ist jedenfalls seit 14 Jahren nicht mehr die Rechtspolitik des WEISSEN RINGES. Es sollte auch zur Kenntnis genommen werden, dass der WEISSE RING bereits 1994 nachdrücklich für den Ausbau des Täter-Opfer-Ausgleichs eingetreten ist[56] und dass er keines der bedeutenden Strafverschärfungsgesetze des letzten Jahrzehntes gefordert oder unterstützt hat. Obwohl entsprechende Erwartungen von Politikern an den WEISSEN RING herangetragen worden sind, ist dies weder beim Sexualstraftäter-Bekämpfungsgesetz im Jahr 1998, noch bei den verschiedenen Gesetzen zur Einführung der nachträglichen Sicherungsverwahrung im allgemeinen Strafrecht und erst recht nicht beim letzten Gesetz zur Einführung der Sicherungsverwahrung im Jugendstrafrecht geschehen.

Richtig verstandener Opferschutz kann also nicht als Grund für die neue Punitivität im Jugendstrafrecht bezeichnet werden.

L. Beschränkte Offenheit für neue Ansätze?

Da ich bereits bei der Entmythologisierung bin, wage ich noch zwei weitere Themen anzusprechen, die beispielhaft zeigen, dass möglicherweise auch ein zu starres Festhalten an überkommenen erzieherischen Konzepten und zu geringe Offenheit für neue

---

[54] *Böttcher* Öffentliche Anhörung des Rechtsausschusses am 24.11.2006, S. 4.
[55] *Böttcher* (o. Fn. 54), S. 5.
[56] WEISSER RING (Hrsg.), Täterrechte – Opferrechte – neue Gewichtung im Strafprozess. 6. Mainzer Opferforum. Mainzer Schriften zur Situation von Kriminalitätsopfern Band 12, 1994, 13 ff. mit Referaten von *Schöch, Geis* MdB und *Meyer* MdB.

Ansätze dazu führen kann, dass ungewollt punitive Tendenzen begünstigt werden. Wahrscheinlich ist es kein Zufall, dass meine Beispiele Ansätze betreffen, die zuerst in CDU/CSU-regierten Ländern aufgegriffen wurden, obwohl sie primär von unabhängigen Wissenschaftlern entwickelt worden sind, in meinen beiden Beispielsfällen – wie einige ahnen – von mir.

1. Das Fahrverbot als eigenständige Sanktion des Jugendstrafrechts auch für Straftaten ohne Kraftfahrzeugbezug

Seit ich diesen Vorschlag erstmalig beim Deutschen Juristentag in Hannover im Jahr 1992 für das allgemeine Strafrecht vorgetragen habe, ist er in der Öffentlichkeit viel diskutiert worden, und die Zahl der Anhänger wächst von Jahr zu Jahr. Allerdings fand er auch bei dem Juristentag 2002 in Berlin noch keine Mehrheit. [57]

Der ideologisch sicher unverdächtige Journalist *Heribert Prantl* hat diesen Vorschlag bereits 1992 in der Süddeutschen Zeitung als „die beste Idee seit der Erfindung der Gefängnisse" bezeichnet, und sie seither wiederholt positiv aufgegriffen. Auch andere namhafte Befürworter des Erziehungsgedankens wie *Claus Roxin*[58] oder *Christian Pfeiffer*[59] haben sich für diese Bereicherung des Sanktionsspektrums durch eine nicht freiheitsentziehende, aber freiheitsbeschränkende oder freizeitbeschränkende Sanktion eingesetzt, die etwa bei Schlägern, Hooligans oder Vandalen dem Jugendarrest, der Geldauflage oder der Arbeitsauflage vorzuziehen ist. Die Gegenargumente, die insbesondere auch *Franz Streng* wiederholt vorgetragen hat, sind ebenso oft widerlegt worden und überzeugen meines Erachtens letztlich nicht. Das kann aus Zeitgründen hier nicht vertieft werden. Jedenfalls erscheint es auch widersprüchlich, die Ablehnung dieser neuartigen Sanktion durch die befragten Jurastudenten wegen fehlenden Zusammenhanges mit der Tat als Beweis für ihre kriminalpolitische Ungeeignetheit heranzuziehen, während umgekehrt die punitiven Tendenzen der Studierenden kritisch beurteilt werden.

Ungerechtfertigt ist es jedenfalls, diese erzieherische und am Denkzettel-Modell der jugendrichterlichen Auflagen orientierte Sanktion dem Katalog repressiver oder generalpräventiver Sanktionsverschärfungen zuzuordnen, weil sie zuerst in einem bayerischen Entwurf Mitte der 90er Jahre und später in verschiedenen CDU-Entwürfen aufgetaucht ist.[60]

---

[57] Beschlüsse der Strafrechtlichen Abteilung des Deutschen Juristentages 2002 zum Thema „Ist das deutsche Jugendstrafrecht noch zeitgemäß? NJW 2002, 3073, 3078, Beschluss VI.3.b: abgelehnt mit 45 Nein-Stimmen bei 27 Ja-Stimmen und 2 Enthaltungen.

[58] *Roxin bei Julius* ZStW 111 (1999), 889, 806 f., Diskussionsbemerkung zum Referat von *Streng* ZStW 111 (1999), 827 ff.

[59] *Pfeiffer* FAZ am 5.3.2004.

[60] z.B. Gesetzentwurf des Bundesrates vom 24.6.2004, BT-Drs. 15/3422 und vom 23.3. 2006, BT-Drs. 16/1027, § 15a; zuletzt vom 2.4.2008) BT-Drs. 16/1027.

2. Kriminalpädagogische Schülerprojekte (sog. Teen Courts)

Die seit 2001 zunächst in Aschaffenburg, danach bei drei weiteren bayerischen Staatsanwaltschaften sowie bei Staatsanwaltschaften in Hessen, Nordrhein-Westfalen, Sachsen und Sachsen-Anhalt praktizierten kriminalpädagogischen Schülerprojekte sind als erzieherische Maßnahmen im Sinne des § 45 Abs. 2 JGG konzipiert, bei denen das Strafverfahren gegen einen jugendlichen Delinquenten eingestellt wird, wenn er – nach seinem Einverständnis und dem seiner Erziehungsberechtigten – an einem Beratungsgespräch mit drei etwa gleichaltrigen Schülern teilgenommen und die hierbei gemeinsam entwickelten Sanktionsleistungen erbracht hat. Damit soll der erzieherische Einfluss der so genannten peers genutzt werden, der ja oft stärker ist als derjenige der Eltern oder anderer Erwachsener. Hinzu kommt die erfreuliche Kreativität bei den vereinbarten Sanktionen wie etwa die Erstellung von Bildercollagen oder das Drehen eines kurzen Filmes zum Deliktsgeschehen, Interviews mit Mitarbeitern des Roten Kreuzes oder einer Suchtberatungsstelle zu den Themen Autounfälle bzw. Gefahren des Drogenkonsums, sowie die mehrwöchige Abgabe der PlayStation oder der Mofa-Prüfbescheinigung.

Kennzeichnend ist, dass Hamburg sein Modellprojekt, das noch die frühere CDU-Regierung installiert hatte, vor einigen Wochen angeblich mangels geeigneter Fälle beendet hat, während in den Mittelstädten Aschaffenburg und Ingolstadt jährlich jeweils zwischen 60 und 90 Gespräche stattfinden: deutlicher kann die Ablehnung durch die zuständigen Jugendstaatsanwälte, aber auch durch die Polizei und die Mitarbeiter der Jugendgerichtshilfe kaum dokumentiert werden. Von aktuellen oder ehemaligen Staatsanwälten kam auch die engagierteste Kritik. Der brandenburgische Generalstaatsanwalt *Rautenberg*[61] bezeichnete das Modell als „kriminalpolitischen Verhältnisblödsinn", weil damit der Justiz wichtige Ressourcen entzogen würden, Generalstaatsanwalt a.D. *Ostendorf* bezeichnete es als „kriminalpräventiven Modetrend", bei dem „ungewöhnliche Strafbedürfnisse" der Jugendlichen" begünstigt würden.[62] Oberstaatsanwalt a.D. *Breymann* äußerte insbesondere datenschutzrechtliche Bedenken, Zweifel an einem sinnvollen Anwendungsbereich im jugendstrafrechtlichen Sanktionsspektrum und Bedenken hinsichtlich der Verhältnismäßigkeit der Sanktionierung.[63]

Meist wird von den Kritikern auch nicht zur Kenntnis genommen, dass das von uns selbst wegen net-widening-Tendenzen wiederholt kritisierte erste Aschaffenburger Projekt inzwischen deutliche Korrekturen vorgenommen hat und dass die Idee von Anfang an in Ingolstadt (mit inzwischen über 400 Fällen) weitaus kompetenter, innovativer und erfolgreicher umgesetzt wurde.[64] Dort wurden ca. 60 % Wiederholungstäter einbezogen, darunter etwa 25 % mit zwei und mehr Vorbelastungen, außerdem

---

[61] *Rautenberg* NJW 2006, 2749 f.
[62] *Ostendorf* StV 2008, 148 ff., 152 f.
[63] *Breymann* ZJJ 2007, 4-8; ähnlich aus devianzpädagogischer Sicht *Plewig* ZJJ 2008, 237-245; skeptisch mit Hinweis auf den Streitstand auch *Streng* Jugendstrafrecht, 2. Aufl. 2008, Rn. 182.
[64] Dazu demnächst *Englmann*, Das Kriminalpädagogische Schülerprojekt in Ingolstadt – Rechtliche Probleme und spezialpräventive Wirksamkeit. Jur. Diss. München, 2009.

wurden bei Ersttätern im Bereich der Eigentums- und Vermögensdelikte die Bagatellgrenzen z.T. deutlich überschritten (Schäden idR zwischen 20 und 200 €), und die vereinbarten Sanktionen waren in Relation zur Delinquenz milder als in Aschaffenburg.

Meines Erachtens stellt jedes Modell, das die Diversionspalette sinnvoll erweitert, das die vollkommen überbeanspruchte Arbeitsauflage entlastet und das die übliche Sanktionsspirale vor dem Jugendarrest und der Jugendstrafe verlängert, einen sinnvollen Beitrag zum jugendstrafrechtlichen Sanktionensystem dar.

M. Kriminologisch fundierte Jugendkriminalpolitik – eine hoffnungsvolle Alternative

Ich bin mir bewusst, dass ich zu den letzten beiden Punkten erheblichen Widerspruch erfahren werde. Ein Eröffnungsreferat soll ja auch provozieren. Das ändert aber nichts daran, dass ich die Abwehr der beiden letzten großen Verschärfungskampagnen Mitte der 90er Jahre und Anfang 2008 für einen großen Erfolg im Sinne einer kriminologisch fundierten Jugendkriminalpolitik halte.

Dass es sogar gelungen ist, im 2. JGG-ÄndG vom 13.12.2007 das Erziehungsziel des Jugendstrafrechts in vorbildlicher Weise in § 2 JGG zu verankern und für die Rechtsfolgen und das Verfahren sowie mittelbar – in noch näher zu bestimmenden Grenzen – für den Vollzug[65] verbindlich zu machen, ist ein wichtiges Wegzeichen für die Zukunft. Hierfür und für die überzeugende Öffentlichkeitsarbeit im Januar 2008 möchte ich allen Beteiligten Dank und Anerkennung aussprechen.

---

[65] Dezidierter *Goerdeler* ZJJ 2008, 137 ff., 143.

WOLFGANG HEINZ

Zunehmende Punitivität in der Praxis des Jugendkriminalrechts?
Analysen aufgrund von Daten der Strafrechtspflegestatistiken

A. Kriminalpolitische Neujustierung in Deutschland

„Martialische Rhetoriken wie die ‚Kriege gegen Kriminalität und Drogen', ‚zero tolerance' oder ‚three strikes and you're out', die Wiederaufnahme der Vollstreckung von Todesstrafen, außerordentlich steigende Gefangenenzahlen sowie Berichte über öffentliche Denunziation und Stigmatisierung vermeintlicher Verbrecher prägen das Bild einer steigenden Punitivität und Moralisierung der Kriminalpolitik, zumindest für die USA".[1] „Zuerst in den USA sichtbar geworden, dann nach Großbritannien importiert, erreicht die Tendenz nunmehr das europäische Festland."[2] Auch für Deutschland wird von einigen Kriminologen eine „machtvolle Tendenz in Richtung auf Punitivität"[3] in Gesetzgebung, politischer Rhetorik, Gesellschaft und Justiz angenommen.

Spätestens mit dem Gesetz zur Bekämpfung von Sexualdelikten und anderen gefährlichen Straftaten von 1998 erfolgte in der deutschen Kriminalpolitik eine kriminalpolitische Neujustierung, für die das „Sicherheitsinteresse der Allgemeinheit" Leitmotiv war und ist. Stichworte hierfür sind im Bereich der Rechtsfolgen: Schaffung neuer Qualifikationstatbestände, Anhebung der Mindest- und Höchststrafenandrohungen, massiver Ausbau der Sicherungsverwahrung, Erweiterung der Führungsaufsicht. Im Strafvollstreckungsrecht wurden die prognostischen Anforderungen an die Strafrestaussetzung und an die Aussetzung der weiteren Vollstreckung der Unterbringung erhöht; im Registerrecht wurden die Tilgungsfristen sektoral verlängert.[4] Im Strafverfahren wurden Ermittlungsmaßnahmen und Zwangsmittel ausgebaut (Rasterfahndung, Datenabgleich, Einsatz technischer Mittel, akustische Überwachung von Wohnungen), die StPO ist nunmehr auch ein „Operativgesetz" der Strafverfolgungsbehörden.[5] In der

---

[1] Groenemeyer, Axel: Punitivität im Kontext – Globale Konvergenzen der Kriminalpolitik oder Pfadabhängigkeit der Konstruktion abweichenden Verhaltens, in: Groenemeyer, A.: Soziale Probleme und politische Diskurse, Bielefeld 2003, S. 51.

[2] Sack, Fritz: Wie die Kriminalpolitik dem Staat aufhilft. Governing through Crime als neue politische Strategie, in: Lautmann, R.; Klimke, D.; Sack, F. (Hrsg.): Punitivität. Kriminologisches Journal, 8. Beiheft, 2004, S. 30.

[3] Vorwort in Lautmann (Anm. 2), S. 4.

[4] Vgl. die Nachweise bei Fischer, Thomas: Strafgesetzbuch, München, 55. Aufl., 2008, Rdnr. 8 ff.; 56. Aufl., 2009, Rdnr. 10; Kühl, Kristian: Strafgesetzbuch, München, 26. Aufl., 2007, Rdnr. 13 ff.

[5] Hilger, Hans: Neues Strafverfahrensrecht durch das OrgKG, NStZ 1992, S. 523, 526.

Politik in den USA und England wurde Innere Sicherheit eines der zentralen Wahlkampfthemen („governing through crime");[6] in Deutschland beherrschte dieses Thema zwei Landtagswahlkämpfe – Hamburg und Hessen. Die angloamerikanische Rhetorik blieb auch nicht auf konservative Regierungen beschränkt; sie wurde z.B. aufgegriffen in der Leitlinie der Koalitionsvereinbarung der rot-grünen Bundesregierung: „Entschlossen gegen Kriminalität und entschlossen gegen ihre Ursachen."[7]

Diese Neujustierung hat in der Strafverfolgungspraxis und im Straf- und Maßregelvollzug ihre Spuren hinterlassen: Im allgemeinen Strafrecht sind die absoluten wie die relativen (auf die Verurteilten bezogenen) Zahlen der verhängten Freiheitsstrafen gestiegen, insbesondere die längeren Freiheitsstrafen haben zugenommen.[8] Die Zahl der Freiheitsstrafe verbüßenden Gefangenen ist fast wieder so hoch wie vor der Strafrechtsreform von 1969, deren Ziel gerade der Abbau der Freiheitsstrafe war. Die Zahl der in Sicherungsverwahrung Untergebrachten steigt seit einigen Jahren wieder deutlich an, die Zahl der jährlichen Anordnungen der Unterbringung in einem psychiatrischen Krankenhaus (§ 63 StGB) oder in einer Entziehungsanstalt (§ 64 StGB) war noch nie so hoch wie in den letzten Jahren (vgl. *Schaubild 1*).[9]

Auch in Deutschland zeichnet sich damit bei den Gefangenenraten, wenngleich deutlich abgeschwächt gegenüber der Entwicklung in den USA,[10] ein Trend ab, der in der angloamerikanischen Kriminologie als „punitive turn", als „new punitiveness" bezeichnet wird.[11]

---

[6] Begriff von Simon, Jonathan: Governing through Crime, in: Friedman, L. M.; Fisher, G.: The Crime Conundrum: Essays on Criminal Justice. Boulder 1997, S. 171 ff.; hierzu Sack (Anm. 2), S. 30 ff.

[7] Koalitionsvereinbarung zwischen der Sozialdemokratischen Partei Deutschlands und Bündnis 90/Die GRÜNEN vom 20. Oktober 1998 (http://www.spd.de/de/pdf/Koalitionsvertrag1998.pdf), IX.

[8] Vgl. Bundesministerium des Innern; Bundesministerium der Justiz (Hrsg.): Zweiter Periodischer Sicherheitsbericht, Berlin 2006 (http://www.bka.de/lageberichte/ps/psb2_langfassung.pdf), S. 570 ff (im Folgenden: 2. PSB).

[9] Vgl. Heinz, Wolfgang: Das strafrechtliche Sanktionensystem und die Sanktionierungspraxis in Deutschland 1882 – 2006 <http://www.uni-konstanz.de/rtf/kis/sanks06.htm>, Schaubilder 15, 64, 65, 71.

[10] Die US-amerikanische Gefangenenrate (Gefangene pro 100.000 Einwohner) betrug 1972 noch 162 (vgl. Groenemeyer [Anm. 1], S. 58 f.), 2007 lag sie bei 756 (vgl. Walmsley, Roy: World Prison Population List, 8th ed.) <http://www.kcl.ac.uk/depsta/law/research/icps/downloads/wppl-8th_41.pdf.>), hat sich also mehr als verdreifacht. In Deutschland lag die Gefangenenrate (mit Untersuchungshaft) 1972 bei 79, derzeit liegt sei bei 90.

[11] Vgl. hierzu Sack (Anm. 2); Sack, Fritz: Deutsche Kriminologie: auf eigenen (Sonder)Pfaden?, in: Festschrift für H. Kury, Frankfurt a.M. 2006, S. 35 ff.

Schaubild 1: Bestand der Gefangenen, in Sicherungsverwahrung, in psychiatrischen Krankenhäusern und in Entziehungsanstalten Untergebrachte (jeweils am 31.3.) sowie Untersuchungsgefangene (jeweils am 31.12.). Rate (pro 100.000 Einwohner). Früheres Bundesgebiet mit Westberlin, seit 1992 mit Gesamtberlin[12]

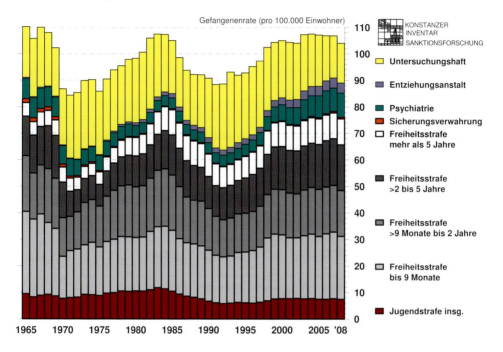

Auszüge aus dem Datenblatt zu Schaubild 1:

	1965	1975	1985	1995	2005	2008
Untersuchungshaft	19,1	23,9	20,1	24,8	19,4	15,0
Entziehungsanstalt (§ 64 StGB)	0,5	0,3	1,6	2,0	3,6	3,8
Psychiatrie (§ 63 StGB)	7,5	5,7	4,0	4,3	8,2	9,1
Sicherungsverwahrung	1,5	0,5	0,3	0,3	0,5	0,6
Freiheitsstrafe insgesamt	72,1	46,6	68,6	55,2	68,1	68,1
>5 Jahre	5,1	4,7	9,6	8,1	9,7	9,8
>2 bis einschl. 5 Jahre	14,8	8,2	15,1	13,3	16,9	17,2
>9 Mte bis einschl. 2 Jahre	21,1	15,4	20,9	14,6	17,8	17,3
bis einschl. 9 Monate	31,0	18,4	23,0	19,2	23,7	23,8
Jugendstrafe	9,5	8,8	10,4	6,1	7,5	7,4
Insgesamt	110,2	85,8	105,0	92,8	107,1	104,1

---

[12] Die Unterbringungszahlen zu §§ 63, 64 StGB werden nur für die alten Länder ausgewiesen. Ein Überblick über die Entwicklung aller Formen der Ingewahrsamnahme in Deutschland ist deshalb derzeit noch nicht möglich.

Dass dieser Trend nicht auf das Erwachsenenstrafrecht beschränkt ist, sondern auch im Jugendstrafrecht „das Klima rauer, die Gangart schärfer"[13] wird, davon sind auch viele Praktiker der Jugendkriminalrechtspflege und nicht wenige Wissenschaftler überzeugt. So hat die Deutsche Vereinigung für Jugendgerichte und Jugendgerichtshilfen e.V. als Grund für die Einrichtung eines speziell dem Problem der Punitivität gewidmeten Arbeitskreises auf dem 26. Deutschen Jugendgerichtstag 2004 angegeben: „… So gibt es u.a. Indizien, dass die Gerichte häufiger von freiheitsentziehenden Sanktionen Gebrauch machen und die Dauer des im Urteil ausgesprochenen wie des vollzogenen Freiheitsentzuges in der letzten Dekade zugenommen haben. Die notorische Überbelegung der Gefängnisse gibt hiervon ein beredtes Zeugnis."[14] Als Ergebnis der Beratungen wurde eine „Tendenz zu rigiderem Strafen auch gegenüber jungen Straftätern" und eine Zunahme der „gesellschaftliche(n) Punitivität"[15] festgehalten. Als weitere Indikatoren für diesen „punitive turn" nennt beispielsweise Stehr: „Was mit dem Ruf nach Wiedereinführung geschlossener Heime für Jugendliche begann, hat sich mittlerweile in weiteren Strafverschärfungen, Neukriminalisierungen und einem Anwachsen der Gefangenenzahl niedergeschlagen. Im Jugendstrafvollzug sinkt das Durchschnittsalter der Neuzugänge. Bei der durchschnittlichen Verweildauer steigt die Zahl kürzerer Haftstrafen. Resozialisierungsmaßnahmen im Gefängnis werden – zugunsten von Sicherheitsaspekten – heruntergeschraubt."[16]

B. Punitivität – ein komplexes Konstrukt

1. Dimensionen von Punitivität

Punitivität hat als Begriff Konjunktur. Gelegentlich scheint es schon so, als ob der Befund keines Nachweises mehr bedürfe, der Hinweis auf gestiegene Gefangenenzahlen genüge und lediglich die Erklärung noch diskussionswürdig sei. Wer sich nicht mit dem Indikator „Gefangenenrate" begnügt, dem wird eine „methodologisch skrupulöse Haltung"[17] vorgehalten. Und wenn die Belege immer noch nicht überzeugen sollten, dann wird darauf hingewiesen, es sei ein Irrglaube anzunehmen, eine „Kontinentalsperre halte den Strafvirus ab, über Atlantik und Kanal zu uns herüber zu springen … Die Unterschiedlichkeit der Entwicklungen darf als empirische Tatsache nicht geleugnet werden; aber die Sozialstrukturen und die auf sie einwirkenden Kräfte ähneln sich viel zu sehr, um an eine Immunität glauben zu können."[18]

---

[13] http://www.dvjj.de/artikel.php?artikel=315.

[14] http://www.dvjj.de/artikel.php?artikel=315.

[15] DVJJ (Hrsg.): Verantwortung für Jugend, Mönchengladbach 2006, S. 552, 568.

[16] Stehr, Johannes: Soziale Ausschließung durch Kriminalisierung, in: Anhorn, R.; Bettinger, F.; Stehr, J. (Hrsg.): Sozialer Ausschluss und Soziale Arbeit: Positionsbestimmungen einer kritischen Theorie und Praxis Sozialer Arbeit, Wiesbaden, 2. Aufl. 2008, S. 319, 326. Die genannten empirischen Indikatoren werden von Stehr allerdings nicht belegt.

[17] Sack (Anm. 11, FS Kury), S. 35, 47.

[18] Lautmann, Rüdiger; Klimke, Daniela: Punitivität als Schlüsselbegriff für eine Kritische Kriminologie, in: Lautmann et al. (Anm. 2), S. 9, 21.

Freilich kann diese Einigkeit nicht darüber hinwegtäuschen, dass der Begriff Punitivität vage und mehrdeutig, seine Operationalisierung alles andere als geklärt ist. Die Frage „Worüber sprechen wir, wenn wir über Punitivität sprechen?"[19] ist eine keineswegs nur rhetorische.

Punitivität, abgeleitet vom lat. punire (bestrafen), meint zunächst einmal nur die Haltung oder Tendenz, auf Normabweichungen mit negativen Sanktionen zu reagieren. In der neueren Diskussion wird der Begriff dagegen in einem engeren Sinne verwendet, nämlich zur Bezeichnung eines Abschnittes auf einem gedachten Kontinuum „permissiv – punitiv". Punitiv meint dann „mehr, härtere oder längere Strafen".[20]

Eine Durchsicht der Literatur zeigt, dass selbst dieser engere Begriff von Punitivität insofern mehrdeutig ist, als damit höchst unterschiedliche Dimensionen mit verschiedenen Akteuren bezeichnet werden. Im Anschluss an Kury et al.[21] sind mindestens drei Dimensionen von Punitivität zu unterscheiden, nämlich individuelle (Strafeinstellungen, -erwartungen der Bevölkerung), gesellschaftliche (Medien, politische Rhetorik, Gesetzgebung) und justizielle (Sanktionierung und Vollzug) Punitivität, die mit verschiedenen Indikatoren (mit jeweils eigener Problematik) gemessen werden können und von einer Vielzahl von Akteuren getragen werden bzw. unterschiedliche gesellschaftliche Kreise und Ebenen betreffen[22], die sich u.U. gegenseitig beeinflussen.

„Die" Punitivität gibt es danach jedenfalls nicht. Erste (und sicherlich noch vorläufige) Analysen dieser verschiedenen Ebenen zeigen überdies, dass im Zeithorizont kaum jemals von einer durchgehenden und kontinuierlichen Veränderung auf einem „Punitivitätskontinuum" gesprochen werden kann, sondern durchaus unterschiedliche, nicht parallel verlaufende Entwicklungen bestehen. Deshalb verbietet es sich, undifferenziert über „Punitivität" zu sprechen.

Auf diese verschiedenen Dimensionen wird im Folgenden nicht eingegangen werden können. Entsprechend der Themenstellung dieses Beitrags wird es lediglich um „justizielle Punitivität" im Bereich der Jugendkriminalrechtspflege gehen.

2. „Justizielle" Punitivität – Stand der Forschung

2.1 Die Fragestellungen

Justizielle Punitivität bezieht sich zum einen auf die Sanktionierungspraxis der Gerichte, zum anderen auf das Strafvollstreckungs- und -vollzugsregime.[23] Die Frage

---

[19] Kury, Helmut; Kania, Harald; Obergfell-Fuchs, Joachim: Worüber sprechen wir, wenn wir über Punitivität sprechen? Versuch einer konzeptuellen und empirischen Begriffsbestimmung, in: Lautmann et al. (Anm. 2), S. 51 ff.

[20] Vgl. hierzu Lautmann et al. (Anm. 18), S. 9 ff.

[21] Kury et al. (Anm. 19), S. 52. Zustimmend Simonson, Julia: Punitivität: Methodologische und konzeptionelle Überlegungen zu einem viel verwendeten Begriff, ZJJ 20, H. 1, S. 30 ff.

[22] Vgl. hierzu die Beiträge in dem von Lautmann et al. herausgegebenen Sammelband (Anm. 2).

[23] Kury und Ferdinand haben vorgeschlagen, den Bereich der „justiziellen Punitivität" weiter zu differenzieren: Punitivität des Gesetzgebers, der Gerichte, der Ermittlungs-, Verfolgungs- und Vollstreckungsorgane (Kury, Helmut, Ferdinand, Theodore N.: Punitivity. An Introduction, in: Kury, H., Fer-

justizieller Punitivität führt freilich zu einer Reihe von Unterfragen, die noch weiterer Differenzierung zugänglich sind:

- Wessen Punitivität wird mit welchen Indikatoren gemessen? Als Indikatoren von justizieller Punitivität der Gerichte (sowohl hinsichtlich Verurteilung wie Strafrestaussetzung) kommen insbesondere in Betracht Art und Maß der verhängten Strafen, die Zahl der Insassen im Straf- und Maßregelvollzug, die Strafrestaussetzungsrate.
  Als Indikatoren zur Erfassung der Punitivität der sonstigen Beteiligten im Strafprozess kommen vor allem die Strafmaßanträge von Staatsanwaltschaft und Nebenklage sowie die Stellungnahmen der Jugendgerichtshilfe in Betracht.
  Angesichts der enormen Selektions- und Sanktionskompetenz der Staatsanwaltschaft (StA) – Einstellungen aus Opportunitätsgründen sind häufiger als Anklagen und Strafbefehlsanträge[24] – ist auch deren Entscheidungsverhalten Indikator für Punitivität.
  In einem weiteren Sinne zählt schließlich noch die Polizei dazu, die durch ihre faktische Schwerpunktsetzung mit darüber entscheidet, was letztlich als „aufgeklärt" auch verfolgt werden kann.[25]
- Welche Rechtsordnung wird auf Punitivitätstendenzen hin geprüft, das Erziehungsstrafrecht (JGG) oder das Schuldstrafrecht (allgemeines Strafrecht)?
- Gibt es eine allgemeine Punitivitätstendenz oder ist sie auf bestimmte Tat- und Tätergruppen begrenzt?
- Für welchen Zeitraum lässt sich eine Punitivitätstendenz feststellen?

2.2 Ergebnisse der Forschung

Im internationalen wie im nationalen Vergleich sind, schon ihrer leichteren Verfügbarkeit wegen, vor allem die Gefangenenraten „der" Indikator (oder zumindest ein „Grobindikator") für zunehmende Punitivität.[26] Als weitere Indikatoren werden vor allem Art und Maß der verhängten Strafen sowie die Strafrestaussetzungsraten verwendet. Gegenstand der bisherigen Forschung waren also nur die Entscheider, wobei – jedenfalls was die Gefangenenraten angeht – zumeist nicht unterschieden wurde zwischen den Entscheidungen über die Strafverhängung einerseits und über die Strafrestaussetzung andererseits.

---

dinand, Th. N. (eds): International Perspectives on Punitivity. Crime and Crime Policy, vol. 4, Bochum 2008, S. 1, 2). Diesem Vorschlag wird hier lediglich für das Entscheidungsverhalten gefolgt.

[24] Vgl. 2. PSB (Anm. 8), S. 540 f.

[25] Heinz, Wolfgang: Entlastung durch Beschleunigung und Vereinfachung – zur Krise des Strafprozesses, in: Festschrift für Winfried Brohm, München 2002, S. 351, 357.

[26] Vgl. Hofer, Hanns, von: Die Entwicklung der Gefangenenraten in achtzehn europäischen Ländern, 1983-2002 – ein Ausdruck für neue Straflust?, in: Lautmann et al. (Anm. 2), S. 193 ff., der aber bewusst den Begriff „Straflust" oder Punitivität in diesem Zusammenhang nicht verwendet, weil er gewolltes Handeln impliziere, wo möglicherweise nur keine Gegenmaßnahmen ergriffen worden seien.

Die bisherigen Analysen beschränkten sich auf das allgemeine Strafrecht. Wegen methodischer Probleme, insbesondere wegen des Einflusses der staatsanwaltschaftlichen Diversionsentscheidungen, wurde von einer expliziten Untersuchung von Punitivitätstendenzen in der Jugendkriminalrechtspflege abgesehen und stattdessen die These aufgestellt, ein für das allgemeine Strafrecht „nachweisbarer Punitivitätsanstieg (gebe) dann einen sehr ernsthaften Hinweis darauf, dass die neue Punitivität auch die Praxis des Jugendstrafrechts beeinflusst".[27]

Die für das allgemeine Strafrecht bislang vorgelegten Analysen beschränken sich auf die Auswertung der Aggregatdaten der Strafrechtspflegestatistiken, wobei in der Regel nur einzelne Datengruppen (Gefangene, Freiheitsstrafenanteil, Strafrestaussetzung) für ausgewählte, typischerweise nur der Bestätigung der Punitivitätsthese dienende Deliktsgruppen (Gewalt- und Sexualdelikte) herausgegriffen wurden.[28]

Die neuere Diskussion beschränkt sich zumeist auf den Zeitraum ab 1990, d.h. auf eine Periode mit einem erneuten Anstieg der Gefangenenraten. Um die gegenwärtige Entwicklung aber einordnen und bewerten zu können, ist eine Langfristbetrachtung angezeigt. Danach steht für Deutschland fest:

- In einer langfristigen Perspektive gibt es – insgesamt gesehen – in der Sanktionierungspraxis keine Tendenz zu Punitivität (vgl. *Schaubild 2*[29]), wenn als Indikator die Verhängung unbedingter oder bedingter Freiheits- oder Jugendstrafe zugrunde gelegt wird. 1882, zu Beginn des statistisch überblickbaren Zeitraumes, betrug der Anteil der unbedingt verhängten freiheitsentziehenden Sanktionen in Deutschland 76,8%, 1955 21,7%, 2006 betrug er 8,7%.[30] Die Justiz war in den 1950er und 1960er Jahren „punitiver" als heute; die Gefangenenraten waren höher; wegen Überbelegung wurden Vollstreckungsstopps angeordnet. Eines der Ziele der Strafrechtsreform von 1969 war ja die Zurückdrängung insbesondere der kurzen Freiheitsstrafe, womit die Erwartung verbunden war, den Strafvollzug nachhaltig zu entlasten und so überhaupt erst die tatsächlichen Voraussetzungen für dessen Reform zu schaffen.[31]

---

[27] Streng, Franz: Befunde und Hintergründe zunehmender Punitivität, in: DVJJ (Anm. 15), S. 354.

[28] Vgl. Kury et al. (Anm. 8), S. 51 ff.; Kury, Helmut ; Obergfell-Fuchs, Joachim: Punitivität in Deutschland - Zur Diskussion um eine neue "Straflust", in: Festschrift für H.-D. Schwind, Heidelberg, 2006, S. 1021 ff.; Kury, Helmut: Mehr Sicherheit durch mehr Strafe?, Parl Beilage 2007, Nr. 40-41, S. 30 ff.; Kury, Helmut; Obergfell-Fuchs, Joachim: Zur Punitivität in Deutschland, Soziale Probleme 2006, S. 119 ff.; Meier, Bernd-Dieter: Strafrecht im Wandel – die Veränderungen im Sanktionssystem als Ausdruck zunehmender Punitivität, in: Festschrift für H. Rüping, München 2008, S. 73 ff.; Meier, Bernd-Dieter: Kriminalpolitik in kleinen Schritten - Entwicklungen im strafrechtlichen Rechtsfolgensystem, StV 2008, S. 263 ff.; Obergfell-Fuchs, Joachim: "Punitivity" within the Criminal Justice System in Germany, in: Kury, H. (ed.): Fear of Crime – Punitivity. New Developments in Theory and Research. Crime and Crime Policy, vol. 3, Bochum 2008, 303 ff.; Streng (Anm. 27), S. 354 ff.

[29] Wegen der Daten im Einzelnen vgl. die Belege bei Heinz (Anm. 9) zu Schaubild 3.

[30] Werden auch die Einstellungen gem. §§ 153, 153a, 153b StPO, §§ 45, 47 JGG berücksichtigt, die ja 1882 (jedenfalls in der Theorie) alle zur Verurteilung führten, dann beträgt derzeit der Anteil der unbedingt verhängten freiheitsentziehenden Strafen weniger als 4% (vgl. Heinz [Anm. 9], III.1.1).

[31] Erster Schriftlicher Bericht des Sonderausschusses für die Strafrechtsreform (BT-Drs. V/4094, S. 11).

- Freilich gab es immer wieder „Punitivitätswellen", etwa zwischen 1914 und 1921, nach 1930 und nach 1955.

- Nach der Strafrechtsreform von 1969, die im allgemeinen Strafrecht dem Resozialisierungsgedanken zum Durchbruch verhalf und deshalb insbesondere stationäre zugunsten ambulanter Sanktionen zurückdrängte, gab es etwa ab Mitte der 1970er Jahre und ab Mitte der 1990er Jahre eine Zunahme der stationären Sanktionen sowie der zur Bewährung ausgesetzten Freiheits- und Jugendstrafen. Diese waren und sind freilich bei Weitem nicht so ausgeprägt wie die früheren „Punitivitätswellen".

- Diese „Punitivitätswellen" erscheinen freilich dann ausgeprägter, wenn nicht die Art der Sanktionen, sondern deren Höhe mit berücksichtigt wird. Die Gefangenenraten, die Deutschland seit 1961 vorliegen, zeigen nämlich deutliche „Punitivitätswellen" an, eine erste zwischen 1970 und 1984[32] und eine zweite ab Beginn der 1990er Jahre (vgl. *Schaubilder 1 und 4*).

Schaubild 2: Entwicklung der Sanktionierungspraxis, aber ohne informelle Sanktionen. Deutsches Reich bzw. früheres Bundesgebiet mit Westberlin, seit 1995 mit Gesamtberlin, 1882 .. 2006. Anteile bezogen auf nach allgemeinem und nach Jugendstrafrecht Verurteilte

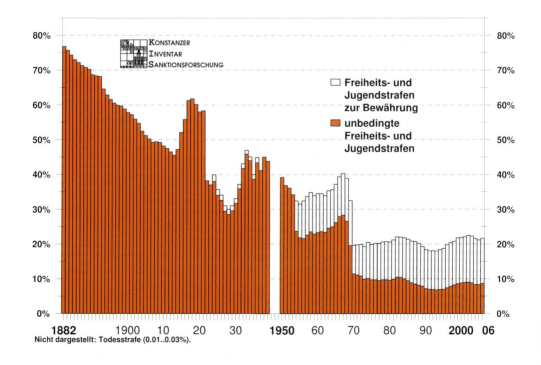

---

[32] Vgl. hierzu Kreuzer, Arthur: Gefängnisüberfüllung, in: Festschrift für G. Blau. Berlin, New York 1985, S. 459 ff.; Oberheim, Rainer: Gefängnisüberfüllung, Frankfurt a. M., Bern, New York 1985.

Auf die Entwicklung seit 1990 konzentriert sich die derzeitige Diskussion.[33] Zutreffend wird aber darauf hingewiesen, dass es sich um „polarisierte Kriminalpolitik" handle, denn diese „Punitivitätswellen" beziehen sich auf eine kleine Taten- und Tätergruppe, insbesondere auf Gewalt- und Sexualstraftäter. Bei anderen Delikten sind die Anteile längerer Freiheitsstrafen unverändert (Einbruchsdiebstahl) oder rückläufig (Raub).[34]

Im Folgenden soll aufgrund von Daten der Strafrechtspflegestatistiken geprüft werden, ob die These zutrifft, auch im Jugendstrafrecht nehme Punitivität zu. Da die Wahl des Ausgangsjahres vielfach darüber bestimmt, ob eine Zu- oder eine Abnahme festgestellt wird, wird ein möglichst langer Zeitraum betrachtet. Die Länge des zu betrachtenden Zeitraums wird freilich von der Verfügbarkeit der Daten bestimmt. Für die informellen Sanktionen, also die Einstellungen aus Opportunitätsgründen, liegen erst seit 1981 Daten der Geschäftsstatistiken der Staatsanwaltschaft vor. Hinsichtlich der Länge der freiheitsentziehenden Sanktionen werden die derzeitigen Kategorien erst seit 1976 verwendet. Daten über Gefangene sind erst seit 1961 verfügbar.

C. Punitivität im deutschen Jugendstrafrecht – die Zunahme des Strafquantums als Indikator

Werden Gefangenenraten als Indikator für Punitivität verwendet, dann geht es letztlich um das Strafquantum in einer Gesellschaft. Bei diesem Verständnis von Punitivität ist das Jugendkriminalrecht in den letzten Jahren wieder punitiver geworden (vgl. *Schaubild 3*).

Seit Beginn der 1990er Jahre sind nämlich sowohl die absoluten Zahlen[35] der nach JGG Sanktionierten[36], der Verurteilten (bzw. die Verurteiltenbelastungszahlen [VBZ]

---

[33] Vgl. Lautmann et al. (Anm. 18), S. 9, 21; Sack (Anm. 2), S. 30, 37; differenzierend aber Groenemeyer (Anm. 1), S. 51, 61 ff., der darin weniger punitive Tendenzen als vielmehr eine Neustrukturierung des Systems der Strafen (Drogendelikte, Delikte gegen die sexuelle Selbstbestimmung und Migrationsdelikte statt Eigentumsdelikte) sieht.

[34] Vgl. Albrecht, H.-J.: Öffentliche Meinung, Kriminalpolitik und Kriminaljustiz, in Walter, M. et al. (Hrsg.): Alltagsvorstellungen von Kriminalität, Münster 2004, S. 491, 515 f.

[35] Weder für die Sanktionierten, noch für die nach JGG Verurteilten, noch für die nach JGG zu Jugendstrafe Verurteilten können Belastungszahlen pro 100.000 der Wohnbevölkerung bestimmt werden. Dies beruht zum einen auf der Besonderheit des deutschen Jugendstrafrechts, in das die Heranwachsenden nur partiell einbezogen sind (etwas über 60% der verurteilten Heranwachsenden werden nach JGG, die restlichen knapp 40% nach allgemeinem Strafrecht verurteilt), zum anderen darauf, dass die Strafrechtspflegestatistiken die Altersgruppe der Heranwachsenden bei den Sanktionen nicht gesondert ausweisen. Eine Berechnung von Belastungszahlen, bezogen auf die Altersgruppe der 14 bis unter 21-Jährigen, würde folglich zu einer Unterschätzung der Belastungszahlen (pro 100.000 der Wohnbevölkerung) führen. Hinzu kommt das generelle Problem, dass die Grundgesamtheit nicht hinreichend genau bekannt ist (vgl. hierzu unter Anm. 37).

[36] Unter „Sanktionierten" werden alle nach Jugendstrafrecht Verurteilten (einschließlich der Personen mit Entscheidungen gem. 27 JGG = formell Sanktionierte) und alle Personen, deren Verfahren gem. §§ 45, 47 JGG eingestellt worden ist (= informell Sanktionierte) verstanden.
Die StA-Statistik, in der die Erledigungen gem. § 45 JGG nachgewiesen werden, wird erst seit 1981 veröffentlicht. Erst seitdem ist die Zahl der Sanktionierten bestimmbar.

der deutschen Jugendlichen und Heranwachsenden)[37] sowie der zu Jugendarrest und zu Jugendstrafe Verurteilten (vgl. *Schaubild 3*) gestiegen.

Schaubild 3: Nach Jugendstrafrecht informell und formell Sanktionierte, 1981 – 2006. Absolute Zahlen (in Tausend).
Früheres Bundesgebiet mit Westberlin, seit 1995 mit Gesamtberlin

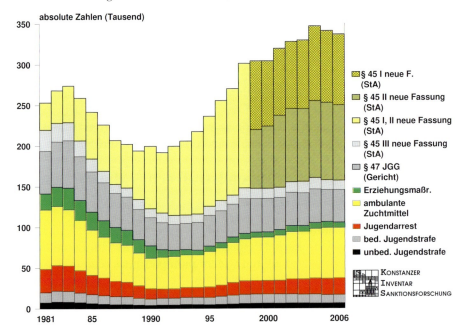

Auszüge aus dem Datenblatt zu Schaubild 3:

	1975	1980	1985	1990	1995	2000	2006
Absolute Zahlen – nach JGG Sanktionierte, Verurteilte insg. und zu Jugendstrafe Verurteilte							
Sanktionierte			243.724	201.084	237.742	306.236	339.138
Verurteilte	96.931	132.649	119.126	77.274	76.731	93.840	105.902
Jugendstrafe (insg.)	15.983	17.982	17.672	12.103	13.880	17.753	16.886
Jugendstrafe (unbed.)	7.051	6.790	6.736	4.319	5.005	6.725	6.675
Jugendarrest	21.092	27.183	23.990	12.785	12.953	16.832	20.363

---

[37] Die für alle verurteilten Jugendlichen bzw. Heranwachsenden berechneten Belastungszahlen sind überschätzt, weil die Grundgesamtheit der jeweiligen Altersgruppe zu klein ist. In ihr sind nicht enthalten die nicht zur Wohnbevölkerung gemeldeten Personen. Hierbei handelt es sich um Personengruppen, die nicht meldepflichtig sind (insb. Touristen, Durchreisende, Berufspendler) oder sich trotz Meldepflicht nicht gemeldet haben (Illegale). Die Größe dieser Personengruppe ist naturgemäß unbekannt. Valide Belastungszahlen können deshalb nur für die Teilgruppe der Deutschen berechnet werden. Soweit dies nicht möglich ist, muss mit Überschätzungen gerechnet werden.

Gestiegen sind ferner sowohl die absoluten als auch die relativen Zahlen der jungen Gefangenen (im Alter bis unter 21 Jahren) (vgl. *Schaubild 4*).[38]

Schaubild 4: Bestand der Gefangenen, jeweils am 31.3., nach Art des Vollzugs und Dauer der Freiheitsstrafe. Gefangenenrate (pro 100.000 Einwohner) Früheres Bundesgebiet mit Westberlin, seit 1992 Deutschland

	1965	1970	1975	1980	1985	1990	1992	1995	2000	2005	'08
Jugendstrafe	9,5	7,7	8,8	10,6	10,4	6,7		6,1	9,0	8,6	8,0
Freiheitsstrafe	72,1	49,5	46,6	57,8	68,6	55,5		50,7	64,7	68,0	67,3
Insgesamt	81,5	57,2	55,4	68,4	79,0	62,2		56,8	73,7	76,6	75,3

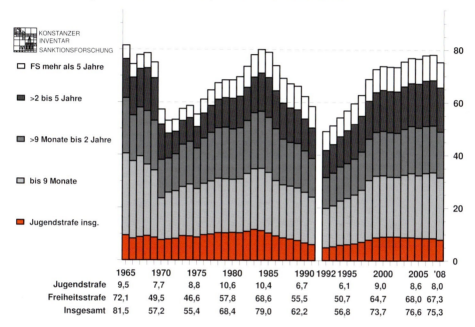

Schaubild 5[39] zeigt ferner, dass die altersspezifischen Gefangenenraten strukturell denselben Verlauf nehmen wie die VBZ.

[38] Vgl. Heinz (Anm. 9), Schaubild 35.

[39] In Schaubild 5 sind die Altersjahrgänge nicht identisch. Das Alter der Gefangenen wird zum Stichtag bestimmt, das Alter der Verurteilten zum Zeitpunkt der Tat. Hinzu kommt, dass sich ab 1992 die nach Alter differenzierten Gefangenenzahlen auf ganz Deutschland beziehen, die Verurteiltenzahlen aber nur auf das frühere Bundesgebiet mit Berlin.

Schaubild 5: Verurteilte und Strafgefangene nach Altersgruppen (Strafgefangene jeweils am 31. März eines jeden Jahres). Raten pro 100.000 der Wohnbevölkerung. Früheres Bundesgebiet mit Westberlin, seit 1992 (Strafgefangene) Deutschland bzw. seit 1995 (Verurteilte) früheres Bundesgebiet mit Gesamtberlin

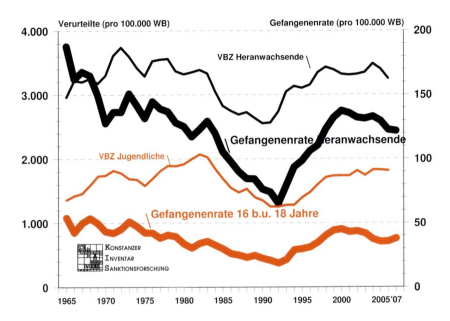

Dies wird noch deutlicher, wenn die (absoluten) Zahlen der im Jugendstrafvollzug einsitzenden Gefangenen und die nach JGG Verurteilten einander gegenüber gestellt werden (vgl. *Schaubild 6*[40]). Würde im Zeitverlauf zunehmend und deutlich härter bestraft werden (mehr oder längere Jugend- oder Freiheitsstrafen), müsste der Abstand zwischen Gefangenenraten und den VBZ zunehmend größer werden. Diese Tendenz ist nicht erkennbar. Trotz der Vorbehalte hinsichtlich der Vergleichbarkeit der Daten über Verurteilte und Gefangene, geben diese beiden Schaubilder doch Anlass, die Frage der Zunahme von Punitivität genauer zu prüfen.

---

[40] In Schaubild 6 sind zwar die Gebiete vergleichbar; in den Gefangenenzahlen des Jugendstrafvollzugs fehlen allerdings die Gefangenen, die gem. § 92 aus dem Jugendstrafvollzug ausgenommen sind. Mit erfasst sind hingegen die Freiheitsstrafen bei nach allgemeinem Strafrecht Verurteilten, die gem. § 114 JGG in der Jugendstrafanstalt vollzogen wird.

*Schaubild 6: Nach JGG Verurteilte und Gefangene im Jugendstrafvollzug (Strafgefangene jeweils am 31. März eines jeden Jahres). Verurteilte in absoluten Zahlen (Tausend), Jugendstrafgefangene in % der nach JGG Verurteilten.
Früheres Bundesgebiet mit Westberlin, seit 1992 (Gefangene) bzw. 1995 (Verurteilte) mit Gesamtberlin*

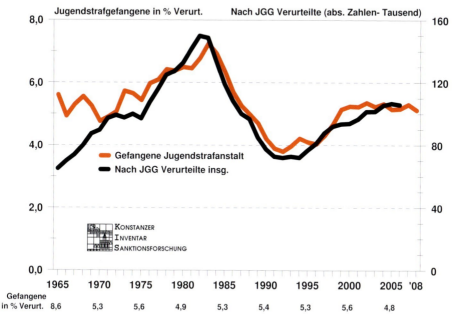

Legende:
<u>Gefangene Jugendstrafanstalt:</u> *Einschl. Freiheitsstrafe bei Verurteilten, die gemäß § 114 JGG in der Jugendstrafanstalt vollzogen wird.*

Wie aus *Schaubildern 5 und 6* hervorgeht, handelt es sich hierbei um keine kontinuierlichen Zunahmen. Denn sowohl die absoluten wie (soweit Berechnungen möglich sind) die relativen Zahlen der Sanktionierten, der Verurteilten und der Gefangenen zeigen Anstiege, die zeitweilig unterbrochen oder – wie vor allem bei Heranwachsenden – rückläufig sind.

Punitivität im Sinne von Strafquantum meint freilich nur bedingt „mehr und härtere Sanktionen". Zwar wird mehr gestraft, wenn das Strafquantum zunimmt. Mit dem Bild vom Kontinuum „permissiv – punitiv" ist aber gemeint „mehr und härter" bei unveränderten Gegebenheiten. Ob sich indes die justizielle Reaktion oder aber die Sachverhalte (z.B. das registrierte Kriminalitätsaufkommen) verändert haben, bleibt beim Konzept „Punitivität i.S. von Strafquantum" unberücksichtigt. Ein höheres Strafquantum kann z.B. die Folge davon sein, dass die Strafjustiz an ihren bisherigen Maßstäben festgehalten hat, obwohl mehr und / oder schwerer wiegende Normabweichungen an sie herangetragen worden sind. Umgekehrt kann ein konstantes Strafquantum darauf beruhen, dass die Justiz „milder" geworden ist, weil (oder obwohl) sie mehr Straftäter zu verurteilen hatte.

D. Punitivität im deutschen Jugendstrafrecht – „mehr und härtere Strafen" als Indikator

1. Methodische Probleme der Messung von Punitivität im Jugendstrafrecht aufgrund von Daten der amtlichen Strafrechtspflegestatistiken

1.1 Möglichkeiten und Grenzen der Messung von Punitivität im Überblick

Als Indikator für Punitivität im Sinne von „mehr und härteren Strafen" werden entweder die Gefangenenrate oder das Entscheidungsverhalten der Strafverfolgungsorgane, also Staatsanwaltschaft oder Strafgericht, verwendet, seltener das der Vollstreckungsorgane (z.B. Strafrestaussetzung). Die Validität eines jeden dieser Indikatoren zur Messung von Punitivität ist jedoch begrenzt. Die deshalb möglichen Messfehler gilt es bei der Interpretation zu berücksichtigen.

1. Gefangenenraten und andere Indikatoren auf Ebene des Strafvollzugs

Gefangenenraten – wie immer im Einzelnen gemessen – sind eine Funktion von Zahl der Zugänge und der Verweildauer. Steigende Gefangenenraten können deshalb für unterschiedliche Indikatoren von Punitivität stehen – für eine Ausweitung der Zahl der Verurteilungen (mehr Strafen) oder für eine Verlängerung der durchschnittlichen Haftdauer (sei es durch die Verhängung von Strafen mit längerer Dauer, sei es durch Einschränkungen der vorzeitigen Entlassung) oder für eine Kombination von beiden.

Zusätzlich zu den Gefangenenraten kann die Vollzugsausgestaltung (offener, geschlossener Vollzug) als Indikator verwendet werden. Weitere Indikatoren (durchschnittliche Inhaftierungszeit, Vollzugslockerungen und Hafturlaube sowie Strafrestaussetzungen) werden für Deutschland in den Strafrechtspflegestatistiken nicht nachgewiesen.

2. Staatsanwaltschaftliche Entscheidungen

Durch den zunehmenden Gebrauch der verfahrensrechtlichen Einstellungsmöglichkeiten wird inzwischen der überwiegende Teil der anklagefähigen Beschuldigten durch die Staatsanwaltschaft verfahrensrechtlich entkriminalisiert.[41] Sowohl die Höhe der Diversionsrate als auch die angeregten Auflagen/Weisungen kommen deshalb als Indikatoren für Punitivität in Betracht. Hinsichtlich der Diversionsrate besteht das Problem, dass deren Höhe nur annäherungsweise bestimmt werden kann. Da die Verfahren

---

[41] Über den Umfang der Einstellungen durch die StA informieren die Strafrechtspflegestatistiken erst seit 1981. Die StA-Statistik wird erst seit 1981 auf Bundesebene veröffentlicht, erst seit dem Berichtsjahr 1989 liegt sie für sämtliche alten Bundesländer und erst seit 1995 auch für alle neuen Bundesländer vor. Diese zeitlichen und regionalen Beschränkungen begrenzen die Auswertungsmöglichkeiten, insbesondere hinsichtlich der informellen Sanktionierung. "Bundesergebnisse" der StA-Statistik für die Zeit zwischen 1981 und 1989 sind mit den Unsicherheiten von "Hochrechnungen" behaftet. Da Angaben fehlten für Berlin-West (1981 - 1984), Hessen (1981 - 1987) und Schleswig-Holstein (1981 - 1988), wurden für die folgende Auswertung die Daten über Einstellungen aus Opportunitäts- bzw. Subsidiaritätsgründen vom Verf. auf der Grundlage der Bevölkerungszahlen und entsprechend dem Durchschnittswert der anderen Länder geschätzt und so Zahlen für das Bundesgebiet "hochgerechnet".

nicht personenbezogen gezählt werden, sondern so oft, wie gegen einen Beschuldigten Ermittlungsverfahren abgeschlossen werden, kann die Diversionsrate überschätzt sein. Mangels Angaben zum Alter der Beschuldigten ist eine Aufteilung der Diversionsrate nur aufgrund der angewendeten Vorschriften möglich, was zu einer Überschätzung der Diversionsrate im allgemeinen Strafrecht und zu einer entsprechenden Unterschätzung im Jugendstrafrecht führt.[42] Auflagen und Weisungen werden nur der Art, nicht aber der Höhe nach erfasst; die Brauchbarkeit dieser Entscheidungen als Indikator ist deshalb eingeschränkt.

3. Strafgerichtliche Verurteilungen

Schon wegen der einfachen Zugänglichkeit zu den Daten werden seit den frühen Studien zu Strafzumessungsunterschieden[43] die in den amtlichen Statistiken ausgewiesenen Strafarten oder Strafhöhen über die Zeit oder die Region hinweg verglichen. Insbesondere der Anteil der unbedingt verhängten Freiheitsstrafen oder deren Dauer gilt als Indikator für Punitivität. Bei einem Anstieg der Punitivität müsste der Anteil der als „härter" (z.B. Jugendarrest vs. ambulanten Sanktionen; Jugendstrafen von mittlerer oder längerer Dauer vs. Jugendstrafen von kurzer Dauer) bewerteten Sanktionen zunehmen. Auch danach wäre (alle weiteren Differenzierungen außer Acht lassend) die Jugendkriminalrechtspflege seit 1990 etwas punitiver geworden, denn der Anteil der zu unbedingter Jugendstrafe Verurteilten als auch der zu Jugendarrest Verurteilten ist derzeit größer als noch 1990 (vgl. unten *Tabelle 2*). Stillschweigend wird hierbei unterstellt, diese relative Veränderung beruhe auf einer Änderung der Strafzumessungspraxis und sei nicht Folge einer Änderung der Strafzumessungstatsachen. Voraussetzung für eine derartige Schlussfolgerung ist jedoch, dass die Sanktionierungspraxis gemessen werden könnte bei im Wesentlichen unveränderten Tat- und Tätergruppen. Dies ist indes aus einer Reihe von Gründen nicht möglich, teils weil die strafzumessungsrelevanten Faktoren in den amtlichen Strafrechtspflegestatistiken nur unzulänglich ausgewiesen werden, teils weil relevante Änderungen der Rechts- und Sachlage nicht adäquat statistisch abgebildet werden.

- *Unzulänglicher Nachweis der strafzumessungsrelevanten Faktoren in den amtlichen Strafrechtspflegestatistiken:* Der Nachweis in den amtlichen Strafrechtspflegestatistiken ist sowohl hinsichtlich der rechtlichen wie der tatsächlichen Gründe für die Strafzumessung unzulänglich. Im Zusammenhang mit den Sanktionen werden in der Strafverfolgungsstatistik (StVerfStat) nur der Straftatbestand und das Geschlecht des Verurteilten nachgewiesen. Liegen der Verurteilung mehrere Straftaten zugrunde, so wird nur der abstrakt schwerste Straftatbestand ausgewiesen. Eine Zunahme von Mehrfachtätern, die regelmäßig zu einer Anhebung des Strafenniveaus führt, ist nicht erkennbar, erst recht nicht, ob sich zunehmende Punitivität auf die Gruppe der Wiederholungstäter beschränkt. Im Jugendstrafrecht wird das Bild der Sanktionierungspraxis noch aus einem weiteren Grund in Richtung auf schwerere Strafen hin verschoben.

---

[42] Vgl. Heinz (Anm. 9), II.2.2.

[43] Vgl. die Übersicht bei Heinz, Wolfgang: Strafzumessungspraxis im Spiegel der empirischen Strafzumessungsforschung, in: Jehle, J.-M. (Hrsg.): Individualprävention und Strafzumessung. Ein Gespräch zwischen Strafjustiz und Kriminologie. Wiesbaden 1992, S. 85 ff.

Es wird nicht nachgewiesen, ob in die verhängte Strafe noch nicht vollständig verbüßte Sanktionen (§ 31 II JGG) eines früheren Urteils einbezogen worden sind. Aus statistischer Sicht unlösbar ist schließlich, dass es im Jugendstrafrecht, im Unterschied zum allgemeinen Strafrecht, weniger darauf ankommt, ob die Tatgruppen vergleichbar sind, sondern in weitaus stärkerem Maße auf die Täterpersönlichkeit, denn davon hängt es ab, welche Sanktion als geeignet und erforderlich erscheint, das Ziel des JGG – Rückfallvermeidung – zu erreichen.

- *Zu wenig differenzierter Ausweis der Strafdauer:* In differenzierten Analysen der Sanktionierungspraxis wird in der Zunahme des Anteils der „längeren Freiheitsstrafen" ein Indiz für Punitivität gesehen. Dies beruht auf der Annahme, dass die Anteilsverteilung etwas über die durchschnittliche Haftdauer aussagt. Eine belastbare Berechnung der Haftdauer ist jedoch nicht möglich. Denn die Dauer der Freiheits- und der Jugendstrafe wird nur in Kategorien erhoben und ausgewiesen, die zudem relativ grob sind. Im Jugendstrafrecht sind es (seit 1976) „6 Monate genau", „mehr als 6 bis einschließlich 9 Monate"; die weiteren entsprechenden Kategorien sind 9-12 Monate, 12-24 Monate, 2-3 Jahre, 3 bis 5 Jahre, 5 bis 10 Jahre. Da die Grenzfälle über die anteilsmäßige Verteilung der Kategorien entscheiden, kann es theoretisch zu Verschiebungen zu höheren Kategorien kommen, obwohl die durchschnittliche Haftdauer unverändert geblieben oder gar gesunken ist.

- *Nivellierung von Unterschieden:* Die Strafzumessungspraxis in Deutschland weist teilweise erhebliche regionale Unterschiede auf. Für die Daten der StVerfStat werden die aggregierten Länderergebnisse zu Bundesergebnissen zusammengefasst. Unterschiede werden dadurch nivelliert, regional besonders ausgeprägte Punitivität ist deshalb ebenso wenig erkennbar wie deren völliges Fehlen.[44]

- *Gesetzliche Änderungen:* Die Strafbarkeitsvoraussetzungen und die Rechtsfolgen wurden in den letzten Jahrzehnten in Teilbereichen durch den Gesetzgeber verändert. Gesetzliche Änderungen innerhalb eines Straftatbestandes lassen sich in ihrem Einfluss auf die Sanktionierungspraxis so gut wie nie bestimmen, weil regelmäßig nur der gesamte Straftatbestand (aber nicht einzelne Absätze) ausgewiesen wird. Dies gilt selbst für Erweiterungen, wie die Einführung der Versuchsstrafbarkeit bei der gefährlichen Körperverletzung im Jahr 1975 und bei der einfachen Körperverletzung 1998, weil der Versuch – ausgenommen bei Mord – in der StVerfStat nicht ausgewiesen wird.

- *Veränderungen in Struktur und Schwere der registrierten Kriminalität:* Die registrierte Jugendkriminalität hat sich nicht nur dem Umfang, sondern vor al-

---

[44] Die Statistischen Landesämter veröffentlichen Ergebnisse der Strafverfolgungsstatistik ihres Zuständigkeitsbereichs regelmäßig nicht derart differenziert, dass eine Analyse der Entwicklung der einzelnen Sanktionen nach JGG möglich wäre. Möglich ist indes eine (allerdings aufwändige) Auswertung der anonymisierten Einzeldatensätze der StVerfStat über die Forschungsdatenzentren des Bundes und der Länder.

lem auch der Struktur und damit der Schwere nach verändert (vgl. *unter 4.1*). Die Strafrechtspflegestatistiken enthalten, vom Straftatbestand abgesehen, keine Schwereindizes.

- *Verschiebungen hin zu schwereren Formen der abzuurteilenden Kriminalität durch Selektionsprozesse von Staatsanwaltschaft und Gericht:* Unabhängig von jeglicher Veränderung der registrierten Kriminalität könnte sich die abzuurteilende Kriminalität zu schweren Formen hin verschoben haben als Folge von Selektionsprozessen von Staatsanwaltschaft und Gericht selbst. Hierfür kommen vor allem zwei Prozesse in Betracht: Ausfilterung durch Diversion und Einbeziehung von Heranwachsenden in das Jugendstrafrecht.

Durch den zunehmenden Gebrauch der Diversionsmöglichkeiten des JGG könnte ein immer größerer Teil der leichten und mittelschweren Kriminalität dem Gerichtsverfahren entzogen worden sein mit der Folge, dass die Urteile der Jugendgerichte einen immer stärker zu den schwereren Kriminalitätsformen hin verschobenen Ausschnitt des aus Sicht der Staatsanwaltschaft anklagefähigen Kriminalitätsaufkommens betreffen.

Die zunehmende Einbeziehung der Heranwachsenden in das Jugendstrafrecht verstärkte diese Verschiebung noch weiter, weil Heranwachsende vor allem dann nach Jugendstrafrecht abgeurteilt werden, wenn es um schwere Straftaten geht.[45] Die Auswirkungen dieser beiden Selektionsprozesse können nicht hinreichend genau bestimmt werden. Wie *Schaubild 7* zeigt, ist der Anteil der Heranwachsenden – und damit ein „Zugewinn" an schweren Formen der Kriminalität – an den nach JGG Verurteilten zwischen 1980 und 1990 deutlich gestiegen, danach aber wieder zurückgegangen. Seit Ende der 1990er Jahre bewegt er sich in einem relativen engen Korridor um die 46%. Von den Ausnahmejahren 1982 bis 1992 abgesehen dürfte deshalb für die Langfristbetrachtung keine wesentliche systematische Verzerrung als Folge der Einbeziehung der Heranwachsenden in das Jugendstrafrecht zu befürchten sein. Die Diversionspraxis könnte dagegen derartige Wirkungen gehabt haben. Denn die Diversionsrate – und damit mutmaßlich die Ausfilterung von immer mehr leichteren Formen der Kriminalität – stieg auch in den 1990er Jahren weiterhin und deutlich an.

---

[45] Vgl. Heinz (Anm. 9), Schaubild 37.

Schaubild 7: Diversionsrate im JGG und Anteil der Heranwachsenden unter den nach JGG Verurteilten. Früheres Bundesgebiet mit Westberlin, seit 1995 mit Gesamtberlin

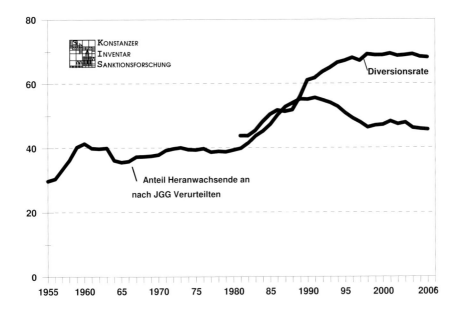

1.2 Diversion und die möglichen Folgen für die (Fehl-)Messung von Punitivität im Jugendstrafrecht

In den amtlichen Strafrechtspflegestatistiken (hier: Geschäftsstatistiken der Staatsanwaltschaften bzw. der Strafgerichte) wird nicht ausgewiesen, bei welchen Tat- und Tätergruppen das Verfahren nach §§ 45, 47 JGG eingestellt wird.[46] Da in den letzten 25 Jahren von diesen Möglichkeiten in stark zunehmendem Maße Gebrauch gemacht wurde und derzeit weniger als ein Drittel der angeklagefähigen jungen Menschen verurteilt wird, dürfte dies das stärkste Hindernis sein bei der Beurteilung, ob die Jugendkriminalrechtspflege insgesamt punitiver geworden ist.

Üblicherweise wird die Zunahme des Anteils der zu Jugendarrest oder zu Jugendstrafe Verurteilten als zunehmende Punitivität interpretiert. Die Problematik der Nichtberücksichtigung von Diversionsentscheidung zeigt dann folgendes Gedankenexperiment: Würden die Diversionsrichtlinien der Länder vorsehen, alle Strafverfahren einzustellen, bei denen weder Jugendarrest noch Jugendstrafe zu erwarten ist, dann würden die Folgen interner Selektionsprozesse – fälschlicherweise – als „enorme Zunahme von Punitivität" interpretiert werden, denn der Anteil dieser freiheitsentziehenden Sanktionen beliefe sich – je nach Güte der Sanktionierungsprognose der Staats-

---

[46] Erst seit dem Berichtsjahr 2004 wird das Verfahrensaufkommen bei den Staatsanwaltschaften und den Strafgerichten nach einem Sachgebietskatalog der verletzten Strafvorschriften differenziert, der derzeit 30 Positionen umfasst. Eine Differenzierung nach Tätermerkmalen (Alter und Geschlecht) fehlt weiterhin.

anwaltschaften – auf fast 100%. Derzeit sind die Diversionsrichtlinien zwar noch nicht so weit, aber rund 68%, also immerhin zwei Drittel der an sich verurteilungsfähigen Population, werden durch Diversion „abgeschöpft".

Empirisch lässt sich die mögliche Fehlinterpretation ebenfalls zeigen: Werden die Anteile der zu Jugendarrest Verurteilten an allen nach JGG Verurteilten berechnet, dann läge seit 1990, einem Jahr mit einem der niedrigsten Verurteiltenanteile, eine Zunahme um gut 18% vor. Wird dagegen die mögliche Ausfilterung leichter und zunehmend auch mittelschwerer Kriminalität durch den vermehrten Gebrauch der jugendstrafrechtlichen Diversionsmöglichkeiten in Betracht gezogen und deshalb als Bezugsgröße die Gesamtheit der Sanktionierten gewählt, dann läge – wieder gegenüber 1990 – keine Zunahme vor (vgl. *Schaubild 8* und die Berechnungen in den Auszügen aus dem Datenblatt zu diesem Schaubild).

Ob der zunehmende Gebrauch der Diversionsmöglichkeiten aber tatsächlich bedeutet, dass vermehrt leichte und mittelschwere Fälle der Diversion zugeführt werden mit der Folge, dass sich der Anteil der schweren unter den abzuurteilenden Fällen erhöht, kann anhand der Daten der amtlichen Statistiken nicht entschieden werden. Vermehrte Diversion kann nämlich auch bedeuten, dass vermehrt Bagatellfälle angezeigt worden sind, die eben deshalb (weil Bagatellfälle) divertiert werden, so dass sich die Struktur der abzuurteilenden Fälle nicht wesentlich geändert haben müsste. Welche Deutung zutrifft oder ob gar beide Deutungen zutreffend sind, muss offen bleiben, da die StVerfStat keine Informationen zur Schwere des Delikts und die Geschäftsstatistiken noch nicht einmal Nachweise zum Straftatbestand enthalten.

Andererseits: Gäbe es die Diversionsmöglichkeiten nicht, dann würden – zutreffende Bewertungen der StA unterstellt – alle Beschuldigten, deren Verfahren heute eingestellt werden, verurteilt werden. Es stünde außer Frage, dass dann die Anteile der zu Jugendarrest oder Jugendstrafe Verurteilten auf die Gesamtheit bezogen (hier: Sanktionierte, d.h. die Gesamtzahl der Personen, die entweder verurteilt worden sind oder bei denen das Verfahren eingestellt worden ist) berechnet werden würden.

Schaubild 8: Diversionsrate im JGG und nach Jugendstrafrecht zu Jugendarrest Verurteilte, 1981 – 2006. Früheres Bundesgebiet mit Westberlin, seit 1995 mit Gesamtberlin

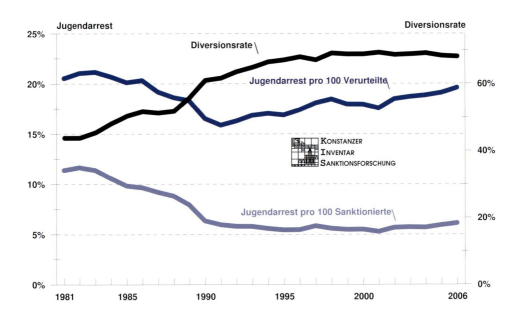

Auszüge aus dem Datenblatt zu Schaubild 8:

	1981	1985	1990	1995	2000	2005	2006
Anteile, bezogen auf Verurteilte							
Jugendarrest	20,5	20,1	16,5	16,9	17,9	19,1	19,6
Steigerung bezogen auf 1990				2,0	8,4	15,4	18,5
Anteile, bezogen auf informell und formell Sanktionierte							
Jugendarrest	11,4	9,8	6,4	5,4	5,5	5,9	6,1
Steigerung bezogen auf 1990				-14,3	-13,6	-6,7	-3,7

1.3 Folgerungen für die Analyse von Punitivität im Jugendstrafrecht

Die Frage, ob Punitivität im Sinne härterer Strafen in der Praxis des Jugendkriminalrechts zunimmt, ist mit den verfügbaren Aggregatdaten der amtlichen Strafrechtspflegestatistiken nur annäherungsweise und nur bedingt beantwortbar.

Hinsichtlich der Zeiträume kann davon ausgegangen werden, dass Analysen, die sich auf die letzten 10 Jahre beschränken, durch Diversionsprozesse nicht wesentlich beeinträchtigt sein dürften. Werden aber, wie üblich, die Veränderungen seit 1990 betrachtet, dann sind (moderate) Verzerrungen nicht auszuschließen. Bei Analysen für noch größere Zeiträume muss jedoch mit deutlichen Verzerrungen gerechnet werden. Deshalb werden im Folgenden sowohl die auf Verurteilte als auch auf (informell und formell) Sanktionierte bezogenen Anteile dargestellt.

Eine Beschränkung auf (wie auch immer ausgewählte)[47] Indexstraftaten löst ebenfalls nicht alle Probleme. Denn auch dann bleiben die weit überwiegende Zahl der strafzumessungsrelevanten Merkmale von Tat und Täter unbekannt, die Fragen der Ausfilterung der Diversion ungeklärt und die spezielle jugendstrafrechtliche Problematik des § 31 II JGG ungelöst.

Im Folgenden soll deshalb zunächst aufgrund der Daten der Strafrechtspflegestatistiken ein Überblick über die Sanktionierungspraxis der Jugendkriminalrechtspflege insgesamt und für Delikte der Gewaltkriminalität gegeben werden. Sodann sollen kurz die Ergebnisse zu den Untersuchungshaftanordnungen im Vergleich von JGG und StGB dargestellt werden, schließlich wird die Punitivität bei Vollstreckung und Vollzug diskutiert und abschließend auf die Frage einer härteren Sanktionierung junger Täter im Vergleich zu Erwachsenen eingegangen.

2. Zunahme der Punitivität staatsanwaltschaftlicher Entscheidungen?

Die Zunahme polizeilich registrierter Kriminalität junger Menschen wurde überwiegend durch Einstellungen gem. §§ 45, 47 JGG aufgefangen. In den letzten Jahren blieb die Diversionsrate stabil bei 68 bis 69 Prozent (vgl. *Tabelle 1*). Die weit überwiegende Zahl der Einstellungen erfolgte durch die StA. Eine zunehmende Punitivität der StA durch Rückgang der Diversionsrate ist auf Bundesebene nicht festzustellen. Diversion ist bei Ersttätern der leichten und mittelschweren Kriminalität die Regel; sie ist inzwischen auch bei Wiederholungstätern der leichten Eigentumskriminalität weit verbreitet.[48]

Der zunehmende Gebrauch von Diversion ging auch nicht einher mit einer Zunahme der Einstellungen unter richterlich erteilten erzieherischen Maßnahmen (§ 45 III JGG). Die Staatsanwaltschaft stellte vielmehr unverändert ohne Auflagen ein (vgl. *Tabelle 1, Spalte 4*).

Hinter der Konstanz der durchschnittlichen Diversionsrate verbergen sich freilich teilweise gegenläufige Entwicklungen auf Ebene der einzelnen Länder.[49] Dies sind Indizien für regional beschränkte Punitivität.

Mangels delikt- und altersgruppenspezifischer Differenzierung der StA-Statistik bleibt allerdings ungewiss, ob diese Einstellungspraxis eine Folge von vermehrtem

---

[47] Mit der Wahl von sehr schweren Straftaten lässt sich zwar das Problem des verzerrenden Einflusses von Diversion umgehen, dafür muss aber in Kauf genommen werden, dass sowohl die Zahl der Straftaten sehr klein wird und Besonderheiten des Einzelfalles sich stärker bemerkbar machen als auch die Varianz der Sanktionsentscheidungen deutlich abnimmt. Je leichter die Straftaten werden, um so größer wird zwar die Varianz der Sanktionsentscheidungen, um so größer wird aber sowohl der verzerrende Einfluss von Diversionsentscheidungen als auch von Mehrfachtäterschaften.

[48] Heinz, Wolfgang: Gleiches (Straf-)Recht = ungleiche Handhabung? (!) Kriminalpolitischer Föderalismus und seine Folgen, in: Festschrift für A. Kreuzer, Frankfurt 2008, S. 231, 250, Schaubild 7.

[49] Vgl. Heinz (Anm. 9), Schaubild 44.

Aufkommen von Bagatellkriminalität ist oder ob sich die Bewertung von Bagatellkriminalität geändert hat.

Tabelle 1: Nach Jugendstrafrecht informell und formell Sanktionierte, 1981 – 2006. Absolute Zahlen und Anteile.
Früheres Bundesgebiet mit Westberlin, seit 1995 mit Gesamtberlin

	Nach JGG Sanktionierte insgesamt	Nach JGG informell Sanktionierte						Nach JGG formell Sanktionierte insgesamt
		insgesamt	Einstellungen durch die Staatsanwaltschaft				Einstellungen durch das Gericht (§ 47 JGG)	
			§ 45 JGG insg.	ohne Auflagen (§ 45 II a.F., bzw. § 45 I JGG)*	Auflagen angeregt (§ 45 II JGG)*	mit Auflagen (§ 45 III JGG)		
	(1)	(2)	(3)	(4)	(5)	(6)	(7)	(8)
1981	255.107	111.787	59.528	33.475		26.053	52.259	143.320
1985	243.724	122.796	73.160	57.555		15.604	49.636	120.928
1990	201.084	122.621	87.559	76.792		10.767	35.062	78.463
1995	237.742	159.570	121.387	110.529		10.858	38.183	78.172
2000	306.236	210.567	169.164	80.304	76.408	12.453	41.403	95.669
2005	343.433	234.641	195.470	88.493	95.010	11.967	39.171	108.792
2006	339.138	231.079	191.020	87.143	92.551	11.326	40.059	108.059
Anteile, bezogen auf Sanktionierte insgesamt								
1981	100	43,8	23,3	13,1		10,2	20,5	56,2
1985	100	50,4	30,0	23,6		6,4	20,4	49,6
1990	100	61,0	43,5	38,2		5,4	17,4	39,0
1995	100	67,1	51,1	46,5		4,6	16,1	32,9
2000	100	68,8	55,2	26,2	25,0	4,1	13,5	31,2
2005	100	68,3	56,9	25,8	27,7	3,5	11,4	31,7
2006	100	68,1	56,3	25,7	27,3	3,3	11,8	31,9

Legende:
* Die durch das 1. JGGÄndG 1990 erfolgte Differenzierung der staatsanwaltlichen Entscheidung konnte in der StA-Statistik erst seit 2000 für das (frühere) Bundesgebiet ausgewiesen werden. In der Tabelle sind unter „§ 45 II a.F." deshalb bis 1995 einschließlich auch §§ 45 I, II JGG n.F. erfasst.
Formell: Nach Jugendstrafrecht Verurteilte, einschließlich Personen mit Entscheidungen gem. § 27 JGG.
Informell: Einstellungen durch StA oder Gericht gem. §§ 45, 47 JGG.

Der Gesetzgeber des 1. JGGÄndG von 1990 schuf mit der Neufassung von § 45 JGG eine abgestufte Regelung der Eingriffsintensität. Erst seit dem Jahr 2000 werden allerdings in der StA-Statistik Bundesergebnisse für § 45 Abs. 1 und 2 JGG getrennt nachgewiesen.[50] Sie zeigen eine weitgehende Konstanz in der Handhabung. Um die 45% der staatsanwaltschaftlichen Diversionsentscheidungen entfallen auf § 45 I JGG, weitere 48% auf die vom Staatsanwalt „angeregten" erzieherischen Maßnahmen und schließlich 7% auf die Einschaltung eines Richters gem. § 45 III JGG. Auf Bundesebene geben die Daten der StA-Statistik demnach keinen Anhaltspunkt für zunehmende Punitivität der Staatsanwaltschaft.

Lediglich dann, wenn auf die Inhalte der vom Staatsanwalt „angeregten" erzieherischen Maßnahmen abgestellt wird, können Anhaltspunkt für zunehmende Punitivität gefunden werden. Der Gesetzgeber des 1. JGGÄndG ging davon aus, dass im Rahmen von Diversion ein Teil der neuen ambulanten Maßnahmen, namentlich der Täter-Opfer-Ausgleich (TOA), zur Anwendung kommen würde. Die Art der erzieherischen Maßnahmen wird allerdings in keiner Statistik festgehalten, weshalb unbekannt ist, in welchem Maße diese Erwartungen eingelöst worden sind. Lediglich aus dem LG-Bezirk Flensburg liegen Ergebnisse vor mit einem Vergleich für 1998 und 2003. Innerhalb der §§ 45, 47 JGG entfiel auf die Einstellung gem. § 45 I JGG mehr als die Hälfte aller Einstellungen. Innerhalb der sog. intervenierenden Diversion gem. §§ 45 II, III, 47 JGG wurde in der Mehrzahl der Entscheidungen gemeinnützige Arbeit oder die Zahlung eines Geldbetrags angeregt bzw. angeordnet, und zwar mit zunehmender Tendenz. Von den neuen ambulanten Maßnahmen wurde demgegenüber nicht nur relativ seltener, sondern vor allem in deutlich abnehmendem Maße Gebrauch gemacht.[51] Wäre dieser Befund verallgemeinerbar, dann wären in den letzten Jahren die neuen ambulanten Maßnahmen zugunsten ahndender Sanktionen im Bereich von §§ 45, 47 JGG zurückgedrängt worden.

3. Reaktionen des Jugendgerichts

3.1 Sanktionierungspraxis im Überblick – Konstanz oder mehr Punitivität?

Entgegen von Forderungen von Teilen der Politik nach "mehr Härte" hat die Jugendkriminalrechtspraxis weitgehend unbeirrt ihre bisherigen Standards beibehalten (vgl. *Schaubild 9, Tabelle 2*). Sie hat nämlich, gemessen an den Forderungen aus Teilen der Politik,

- nicht die Notwendigkeit gesehen, die Diversionsrate zu senken,
- nicht die Notwendigkeit gesehen, vermehrt Heranwachsende nach allgemeinem Strafrecht zu verurteilen,
- nicht die Notwendigkeit gesehen, den Anteil der zur Bewährung ausgesetzten Jugendstrafen deutlich zu senken.

Erkennbar ist aber auch, dass seit 1990 die Rate der zu Jugendarrest Verurteilten und zwischen 1990 und 2000 auch die Raten der zu unbedingter Jugendstrafe Verurteilten

---

[50] Länderergebnisse wurden zwar seit 1998 veröffentlicht. Wegen der Nichtaufbereitung der StA-Statistik in Hamburg und Schleswig-Holstein konnten Bundesergebnisse aber erst ab dem Jahr 2000 nachgewiesen werden.

[51] Vgl. Heinz (Anm. 9), Tabelle 10.

leicht gestiegen sind. Hier wird zu prüfen sein, inwieweit es sich tatsächlich um punitive Tendenzen handelt. Dasselbe gilt schließlich für den Bedeutungsverlust der Erziehungsmaßregeln.[52] Weitere Fragen, die sich im Zusammenhang mit Punitivität stellen, betreffen die Untersuchungshaft, den Ungehorsamsarrest sowie die Strafrestaussetzung.

Schaubild 9: Eckpunkte der Sanktionierungspraxis im Jugendstrafrecht – Diversion, Heranwachsende, Aussetzungsrate, unbedingte Jugendstrafe und Jugendarrest. Früheres Bundesgebiet mit Berlin-West, seit 1995 mit Gesamtberlin

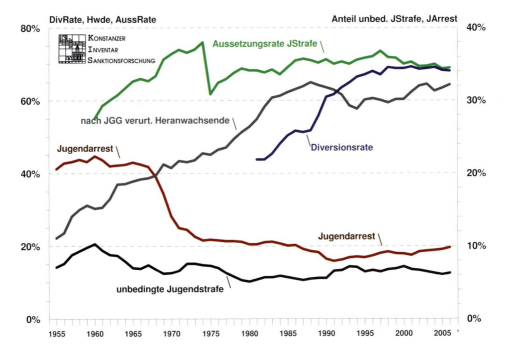

---

[52] Vgl. Heinz (Anm. 9), Schaubild 46.

Tabelle 2: Eckdaten der Sanktionierungspraxis im JGG – Diversion, Einbeziehung der Heranwachsenden, Strafaussetzung zur Bewährung.
Früheres Bundesgebiet mit Berlin-West, seit 1995 mit Gesamtberlin

Raten	1955	1965	1975	1985	1990	1995	2000	2006
Diversion JGG / Sanktionierten JGG				50,4	61,0	67,1	68,8	68,1
Nach JGG verurteilte Heranwachsende / verurteilte Hwde insg.		22,2	37,8	45,1	62,3	63,6	60,2	60,3	64,3
Raten bezogen auf nach JGG Verurteilte								
Jugendarrest	41,2	43,0	21,8	20,1	16,5	16,9	17,9	19,6
Jugendstrafe insgesamt	10,5	13,0	16,5	14,8	15,7	18,1	18,9	15,9
unbedingte Jugendstrafe	7,1	7,0	7,3	5,7	5,6	6,5	7,2	6,3
Unbedingte Jugendstrafe u. Jugendarrest	48,2	50,0	29,0	25,8	22,1	23,4	25,1	25,2
Zur Bewährung ausgesetzte Jugendstrafen / aussetzungsfähige Jugendstrafen		65,3	61,8	69,1	71,3	71,7	70,1	69,0
Zur Bewährung ausgesetzte Jugendstrafen / JStrafen insg.	32,4	46,2	55,9	61,9	64,3	63,9	62,1	60,5

3.2 Punitive Tendenzen i.S. von mehr ahndenden Sanktionen – die Entwicklung von Erziehungsmaßregeln und Zuchtmitteln im Vergleich

In der Jugendkriminalrechtspraxis dominieren die ahndenden und auf die Weckung von Unrechtseinsicht abzielenden Sanktionen (vgl. *Tabelle 3*).[53] Auf Erziehungsmaßregeln entfallen derzeit 16% aller durch Urteil verhängten Sanktionen. Da aber fast zwei von drei Erziehungsmaßregeln derzeit in Kombination mit anderen, schwereren Sanktionen (Zuchtmittel oder Jugendstrafe) verhängt werden, sind es nur noch 6% der Verurteilten, bei denen Erziehungsmaßregeln (faktisch: Weisungen) die einzige und schwerste Sanktion sind.

Die nach Inkrafttreten des 1.JGGÄndG von 1990 zu beobachtende Verlagerung von den Erziehungsmaßregeln hin zu den Zuchtmitteln[54] dürfte weitgehend auf einem Austausch zwischen Arbeitsweisung und Arbeitsauflage beruhen. Wegen der in der Praxis kaum unterscheidbaren Handhabung dieser beiden Sanktionen[55] dürfte hieraus nichts für die Frage der Punitivität ableitbar sein.

---

[53] Vgl. Heinz (Anm. 9), Schaubild 46.
[54] Vgl. Heinz (Anm. 9), Schaubild 46.
[55] Vgl. Kremerskothen, Heike: Arbeitsweisungen und Arbeitsauflagen im Jugendstrafrecht. Differenzierungsansätze in der Theorie und der Praxis im Rhein-Necka-Kreis, Herbolzheim 2001.

Tabelle 3: Insgesamt und schwerste nach Jugendstrafrecht verhängte Sanktionsart. Früheres Bundesgebiet mit Gesamtberlin 2006

	insgesamt verhängte Sanktionen			schwerste verhängte Sanktionen		
	N	%	%	N	%	%
insgesamt	160.036	100	100	105.902	100	100
Jugendstrafe insgesamt	16.886	10,6		16.886	15,9	
unbedingte Jugendstrafe	6.675		4,2	6.675		6,3
bedingte Jugendstrafe	10.211		6,4	10.211		9,6
Zuchtmittel insgesamt	117.410	73,4		82.233	77,7	
Jugendarrest	20.756		13,0	20.756		19,6
ambulante Zuchtmittel	96.654		60,4	61.477		58,1
Erziehungsmassregeln insg.	25.740	16,1		6.783	6,4	
Weisungen	25.702		16,1	6.745		6,4
Hilfen zur Erziehung (Heim)	38		0,0	38		0,0
stationäre Sanktionen	27.469		17,2	27.469		25,9
ambulante Sanktionen	132.567		82,8	78.433		74,1

3.3 Die sog. „neuen ambulanten Maßnahmen nach dem JGG" – Erwartungen und Wirklichkeit

Zum Gebrauch der sog. „neuen ambulanten Maßnahmen nach dem JGG", d.h. Betreuungsweisungen, sozialer Trainingskurs, Täter-Opfer-Ausgleich und Arbeitsweisungen, werden keine statistischen Daten erhoben. Empirische Untersuchungen zeigen aber, dass die Praxis hinter den Erwartungen des Gesetzgebers zurückbleibt.

Für das Jahr 1994 stellten Dünkel u.a.[56] nach Selbstauskünften der Jugendämter fest: Es gibt zwar

- ein so gut wie flächendeckendes Angebot zur Durchführungen von Arbeitsweisungen bzw. Arbeitsauflagen (97%),
- ein fast flächendeckendes Angebot an Betreuungsweisungen (87%),
- eine relativ hohe Angebotsquote hinsichtlich Täter-Opfer-Ausgleich (73,9%) und sozialen Trainingskursen (73,6%).

Bei qualitativer Betrachtung zeigte sich aber, dass Betreuungsweisungen und soziale Trainingskurse „in jeweils großen Teilen der Jugendamtsbezirke, wenn überhaupt, dann eher nur sporadisch, in wenigen Einzelfällen praktiziert" wurden, Arbeits-

---

[56] Vgl. Dünkel, Geng, Kirstein, Soziale Trainingskurse und andere neue ambulante Maßnahmen nach dem JGG in Deutschland, Godesberg 1998, S. 55, Tab. 3.1.

leistungen wurden „nur selten" in ein umfassend sozialpädagogisch betreutes Projekt eingebunden.[57]

- Folgeuntersuchungen beschränkten sich auf die neuen Länder, bestätigten aber im Wesentlichen den früheren Befund.[58]
- Die neueste, regional auf den LG-Bezirk Flensburg beschränkte Untersuchung von Çağlar zeigte hingegen, dass der TOA nahezu völlig bedeutungslos ist und Betreuungsweisungen sowie soziale Trainingskurse überwiegend in Kombination mit ahndenden Sanktionen (gemeinnütziger Arbeit und Jugendarrest) verhängt werden.[59]

Ein weiterer Rückgang der neuen ambulanten Maßnahmen nach § 10 I JGG wird als Folge der Neuregelung von § 36a SGB VIII durch das Gesetz zur Weiterentwicklung der Kinder- und Jugendhilfe (KICK) vom 8.9.2005 befürchtet.[60] Der Träger der öffentlichen Jugendhilfe trägt danach „die Kosten der Hilfe grundsätzlich nur dann, wenn sie auf der Grundlage seiner Entscheidung nach Maßgabe des Hilfeplans" erbracht werden, und zwar auch dann, wenn der Jugendliche oder junge Volljährige durch den Jugendrichter zur Inanspruchnahme der Hilfe verpflichtet wurde. Der finanzielle Begründungsansatz für die Neufassung nährte und nährt die Befürchtung, die Jugendhilfe werde sich zunehmend aus dem Jugendstrafverfahren zurückziehen. Das Verhältnis zwischen Jugendhilfe und Jugendkriminalrecht ist durch die Neuregelung nicht wesentlich klarer geworden; auch weiterhin bestehen unterschiedliche Auslegungen.[61] Die pointiert zugespitzte jugendamtsfreundliche Interpretation lautet: „Das Jugendamt braucht also nicht ‚Kuckuckseier der Justiz im Jugendhilfenest ausbrüten'".[62] Damit kommt – wegen der Weisungsgebundenheit der Fachkräfte des Jugendamtes – die Finanznot der Kommunen ins Blickfeld. „Die Ressourcenfrage (übt) faktisch eine unauffällige, aber erhebliche Steuerungswirkung aus. Unter der realen Ge-

---

[57] Vgl. Dünkel u.a. (Anm 56), S. 275.

[58] Vgl. Heinz (Anm. 9), S. 101.

[59] Vgl. Heinz (Anm. 9), Tabelle 12.

[60] Vgl. Brandt, Markus: Zukunft ambulanter jugendstrafrechtlicher Maßnahmen vor dem Hintergrund von § 36a SGB VIII, NStZ 2007, S. 190 ff.; Meier, Bernd-Dieter: Der Täter-Opfer-Ausgleich vor dem Aus? Zu den Auswirkungen des Gesetzes zur Weiterentwicklung der Kinder- und Jugendhilfe (KICK) im Bereich der ambulanten Maßnahmen nach dem JGG, ZJJ 2006, S. 261 ff.; Ostendorf, Heribert: Rückzug der Jugendhilfe aus dem Jugendstrafverfahren, NKP 3/2004, S. 101 ff.; Ostendorf, Heribert: Wohin geht die Reise? Internationale Entwicklungen im Jugendstrafrecht, in: DVJJ (Hrsg.): Verantwortung für Jugend, Mönchengladbach 2006, S. 536 ff.

[61] Vgl. die Übersicht über die gegensätzlichen Positionen bei Goerdeler, Jochen: Das KICK und seine Folgen für die Jugendstrafrechtspflege, Archiv für Wissenschaft und Praxis der sozialen Arbeit, 2007, S. 78 ff.; Sommerfeld, Michael: Wer steuert, wer zahlt, wer ist verantwortlich? Kooperation Jugendhilfe und Justiz, in: DVJJ (Hrsg.): Fördern, Fordern, Fallen Lassen, Mönchengladbach 2009, S. 195 ff.; Trenczek, Thomas: Steuerungsverantwortung für Leistungen der Jugendhilfe im Jugendstrafverfahren, in: DVJJ (Hrsg.): Fördern, Fordern, Fallen Lassen, Mönchengladbach 2009, S. 174 ff.

[62] Kunkel, Peter-Christian: Steuerungsverantwortung des Jugendamtes – § 36a SGB VIII – und eventuelle Auswirkungen auf das Jugendstrafverfahren, ZJJ 3/2006, S. 311, 313.

gebenheit der Ressourcenknappheit führt sie zu möglicherweise dysfunktionalen Verschiebeeffekten."[63]

Ob und inwieweit § 36a SGB VIII Auswirkungen auf die Jugendkriminalrechtspraxis hat, lässt sich anhand der Strafrechtspflegestatistiken schon deshalb nicht bestimmen, weil lediglich der Umfang der Weisungen, nicht aber deren Art, nachgewiesen werden. Äußerungen, wonach sich die Jugendgerichtshilfe „zunehmend aus Jugendstrafverfahren" verabschiede, die Jugendgerichtshilfe die Umsetzung der helfend-ambulanten Sanktionen verweigere,[64] bleiben ohne Beleg. Praxisberichte sind nicht einheitlich. Jugendarrestleiter berichten von einem erheblichen Anstieg der Belegungszahlen und vermuten einen Zusammenhang mit „KICK".[65] Die im Auftrag der 77. Justizministerkonferenz 2006/2007 nach Leistungskürzungen der Jugendämter befragten staatsanwaltschaftlichen und gerichtlichen Geschäftsbereiche verneinten überwiegend derartige Kürzungen: „Das durch die Jugendhilfe vorgehaltene Angebot an ambulanten Maßnahmen wird von der Justiz zumeist als ausreichend angesehen. Defizite werden insbesondere bei den sozialen Trainingskursen und dort speziell bei den Anti-Aggressionskursen beklagt. Mancherorts wird auch das Angebot im Bereich des Täter-Opfer-Ausgleichs als zu gering empfunden. ... Konkret nach den Auswirkungen des § 36a SGB VIII auf die Arbeitsweise der Jugendgerichtshilfe bzw. auf das Verhältnis zwischen Jugendhilfe und Justiz befragt, vermochten die weitaus meisten Befragten solche Auswirkungen zurzeit nicht zu erkennen."[66] Diese Einschätzung steht freilich unter dem Vorbehalt der relativ kurzen Zeitspanne zwischen Inkrafttreten des KICK und der Befragung. Hinzu kommt, dass die Zufriedenheit der Justiz mit dem Angebot der Jugendhilfe davon abhängt, was von dieser erwartet wird.

3.4 Zuchtmittel – Punitivität durch Intensität der Ahndung?

3.4.1 Dominanz der Zuchtmittel

Bei 77,7% der nach JGG Verurteilten war 2006 die schwerste Sanktion ein Zuchtmittel (vgl. *Tabelle 3*).

Innerhalb der Auflagen hat die Arbeitsauflage zu Lasten der Zahlung eines Geldbetrages an Bedeutung gewonnen.[67] Etwaige punitive Tendenz lassen sich nicht messen, da weder die Höhe der Geldauflage noch die Zahl der Arbeitsstunden statistisch er-

---

[63] Deutsches Institut für Jugendhilfe und Familienrecht (DIJuF): Jugendhilfe und Jugendgerichtsbarkeit: Die Unterschiede als Chance verstehen: Kommunikation, Kooperation und der § 36a SGB VIII, ZJJ 18, 3/2007, S. 323, 328.

[64] Ostendorf, Heribert: Jugendstrafrecht – Reform statt Abkehr, StV 3/2008, S. 148, 153.

[65] Müller, Ulrich A.: 15. Tagung der Mitarbeiter in den Jugendarrestanstalten Hamburg vom 17. bis 21 September 2006, ZJJ 1/2007, S. 86.

[66] Bericht des Strafrechtsausschusses der Justizministerkonferenz (vorgelegt am 28. Juni 2007 auf der Justizministerkonferenz): Auswirkungen des § 36a SGB VIII auf die jugendstrafrechtliche Sanktionspraxis, ZJJ 18, 4/2007, S. 439, 442.

[67] Vgl. Heinz (Anm. 9), Schaubild 50.

fasst werden. Allerdings: „Aus der Praxis wird von exorbitanten Sanktionen berichtet."[68]

3.4.2 Der Jugendarrest – ein Dunkelfeld der Strafrechtspflegestatistiken

In den 1950er und 1960er Jahren wurde Jugendarrest zugunsten vor allem von Auflagen zurückgedrängt.[69] Seit 1991 wird wieder vermehrt Jugendarrest verhängt (1991: 11.557: 2006 20.756). Relativ – pro 100 Verurteilte – waren dies 1991 15,9; 2006 19,6. Kein eindeutiger Anstieg zeigt sich indes bei Bezugnahme auf alle Sanktionierten (1991: 6,0, 2006: 6,1) (vgl. *Schaubild 8, 10*). Seit einigen Jahren nehmen aber auch die relativen, auf Sanktionierte bezogenen Anordnungen von Jugendarrest wieder moderat zu. Ob dies ein Indiz für eine punitiver werdende Jugendgerichtsbarkeit ist oder aber Folge von Veränderungen der Tat- und Täterstruktur ist, lässt sich aufgrund der statistischen Daten nicht beurteilen.

Schaubild 10: Nach Jugendstrafrecht zu Jugendarrest (hier nur: Dauer- und Freizeitarrest) Verurteilte, 1950 – 2006. Anteile, bezogen auf nach Jugendstrafrecht formell und informell Sanktionierte bzw. auf nach JGG Verurteilte insgesamt. Früheres Bundesgebiet mit Westberlin, seit 1995 mit Gesamtberlin

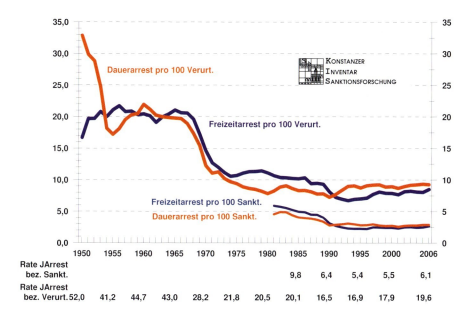

Entsprechend der Zunahme der absoluten Zahlen sind, ausweislich der Mitteilungen über die Belegung der Jugendarrestanstalten und Freizeitarresträume, die Zugangszahlen deutlich gestiegen; die Arrestanstalten sind voll-, teilweise überbelegt. Gleichwohl

---

[68] Ostendorf (Anm. 64), S. 148, 153.

[69] Vgl. Heinz (Anm. 9), Schaubild 46.

geht der Anteil der Abgänge gem. § 87 III JGG in den letzten Jahren nahezu kontinuierlich zurück.[70]

Zum Ungehorsamsarrest fehlen statistische Daten. Auch die zuvor erwähnten Mitteilungen differenzieren nicht zwischen Urteils- und Ungehorsamsarrest. Als Annäherung lässt sich jedoch die Differenz zwischen der Zahl der zu Jugendarrest Verurteilten und der Zahl der Zugänge zum Jugendarrest verwenden. Danach sind in den letzten Jahren die absoluten wie die (auf die Zugänge bezogenen) relativen Zahlen deutlich gestiegen.[71]

3.5 Jugendstrafen – Indiz für Punitivität der Jugendgerichtsbarkeit?

Der Anteil der insgesamt zu Jugendstrafe Verurteilten an allen Verurteilten schwankte seit Beginn der 1960er Jahre um die 15%. 1990 gab es Anstiege auf den bisherigen Höchststand von 1994 mit 19,5%, was möglicherweise teilweise durch die vermehrte Einbeziehung der Heranwachsenden erklärt werden kann (vgl. *Schaubild 7*). Seitdem gibt es eine rückläufige Tendenz. Bei Bezugnahme auf die Sanktionierten zeigt sich insgesamt keine steigende Tendenz (vgl. *Schaubild 11*).[72]

Schaubild 11: Nach Jugendstrafrecht zu Jugendstrafe Verurteilte, 1950 – 2006. Anteile, bezogen auf nach Jugendstrafrecht formell und informell Sanktionierte bzw. auf nach JGG Verurteilte insgesamt. Früheres Bundesgebiet mit Westberlin, seit 1995 mit Gesamtberlin

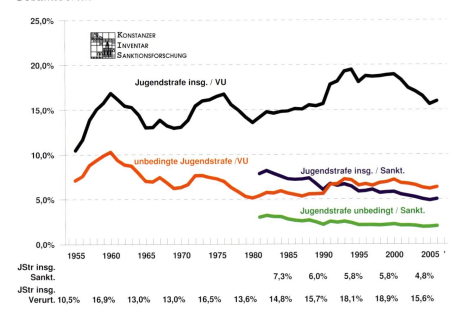

---

[70] Heinz, Wolfgang: Jugendarrestvollzug im Spiegel der Mitteilungen über die Belegung der Jugendarrestanstalten und Freizeitarresträume (unveröff. Mskr.).

[71] Heinz (Anm. 70).

[72] Vgl. Heinz (Anm. 9), Schaubild 54.

Die Jugendkriminalrechtspflege setzt den überwiegenden Teil der aussetzungsfähigen Jugendstrafen zur Bewährung aus (vgl. *Schaubild 12*). Seit Mitte der 1990er Jahre sind die Aussetzungsraten leicht rückläufig.

Innerhalb der Jugendstrafen haben die Jugendstrafen bis 12 Monate insgesamt abgenommen, und zwar insbesondere auch in den letzten 10 Jahren (vgl. *Schaubild 13*). Sehr stark zugenommen haben dagegen die Jugendstrafen von mehr als 1 Jahr bis einschließlich 2 Jahren. Seit 2000 gehen die Anteile indes wieder zurück; derzeit liegen sie wieder unter dem Niveau von 1991. Ebenfalls zugenommen, wenngleich in deutlich geringerem Maße, haben die Jugendstrafen zwischen 2 und 3 Jahren. Die Jugendstrafen von mehr als 3 bis einschließlich 5 Jahren blieben im Wesentlichen unverändert.[73] Faktisch unverändert waren und sind die Jugendstrafen von mehr als 5 Jahren. Wird freilich berücksichtigt, dass die Jugendstrafen bis zwei Jahre einschließlich in hohem Maße zur Bewährung ausgesetzt werden, dann ergibt sich ein etwas anderes Bild (vgl. *Schaubild 14*).

Schaubild 12: Aussetzungsraten bei aussetzungsfähigen Jugendstrafen nach deren Dauer. Anteile, bezogen auf die jeweils aussetzungsfähigen Jugendstrafen. Früheres Bundesgebiet mit Westberlin, seit 1995 mit Gesamtberlin

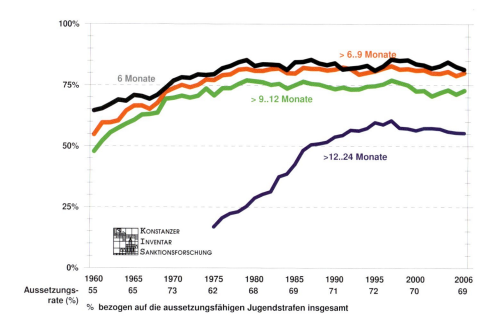

---

[73] Die unbestimmte Jugendstrafe, die durch das 1. JGGÄndG 1990 aufgehoben wurde, sah ein Mindestmaß von 6 Monaten und ein Höchstmaß von vier Jahren vor. Sie wurde hier bei den Jugendstrafen mit einer Dauer von mehr als 3 bis einschließlich 5 Jahren erfasst.

Schaubild 13: Nach Jugendstrafrecht zu Jugendstrafe Verurteilte nach der Dauer der Jugendstrafe, 1976 – 2006. Anteile, bezogen auf nach JGG Verurteilte insgesamt. Früheres Bundesgebiet mit Westberlin, seit 1995 mit Gesamtberlin

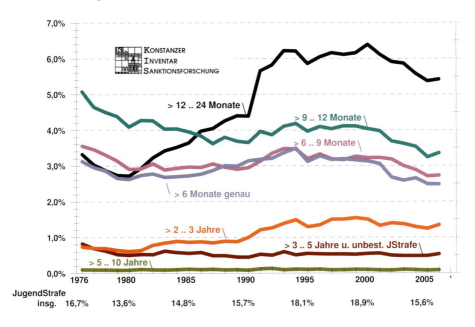

Schaubild 14: Nach Jugendstrafrecht zu unbedingter Jugendstrafe Verurteilte nach der Dauer der Jugendstrafe, 1976 – 2006. Anteile, bezogen auf nach JGG Verurteilte insgesamt. Früheres Bundesgebiet mit Westberlin, seit 1995 mit Gesamtberlin

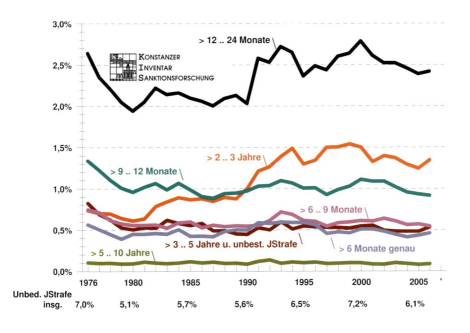

Die massive Zunahme von Jugendstrafen mit einer Dauer von mehr als einem Jahr bis einschließlich zwei Jahre wurde weitgehend durch vermehrte Strafaussetzung zur Bewährung aufgefangen. Zwischen 1990 und 1991 gab es gleichwohl einen Anstieg auf das Niveau, das Mitte der 1970er Jahre bestand. Seitdem bleibt die Verhängungsrate stabil.

Dass – bezogen auf Verurteilte – mehr unbedingte Jugendstrafen zwischen zwei und drei Jahren verhängt werden, ist – wegen der diversionsbedingten Selektionsprozesse – kein zwingendes Indiz für Punitivität. Bei Bezugnahme auf die "Sanktionierten" (vgl. *Schaubild 15 und 16*) zeigt sich selbst bei den Jugendstrafen von mehr als 2 Jahren kein „punitiver" Trend.

Veranschaulicht werden kann dies durch Indexbildung. Bezogen auf die Verurteilten zeigt *Schaubild 17*, dass mehr unbedingte Jugendstrafen zwischen zwei und drei Jahren verhängt worden sind, ansonsten aber kein „Verschärfungstrend" erkennbar ist. Selbst die unbedingten Jugendstrafen zwischen zwei und drei Jahren werden seit einigen Jahren mit abnehmender Häufigkeit verhängt. Bestätigt wird dies durch *Schaubild 18* bei Bezugnahme auf die Sanktionierten, wo selbst unbedingte Jugendstrafen zwischen zwei und drei Jahren insgesamt nur wenig verändert sind.

Schaubild 15: Nach Jugendstrafrecht zu Jugendstrafe Verurteilte nach der Dauer der Jugendstrafe, 1981 – 2006. Anteile, bezogen auf nach JGG Sanktionierte. Früheres Bundesgebiet mit Westberlin, seit 1995 mit Gesamtberlin

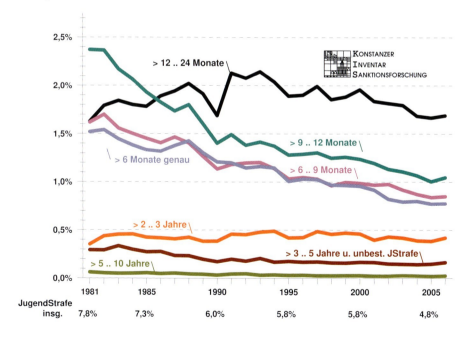

Schaubild 16: Nach Jugendstrafrecht zu unbedingter Jugendstrafe Verurteilte nach der Dauer der Jugendstrafe, 1981 – 2006. Anteile, bezogen auf nach JGG Sanktionierte. Früheres Bundesgebiet mit Westberlin, seit 1995 mit Gesamtberlin

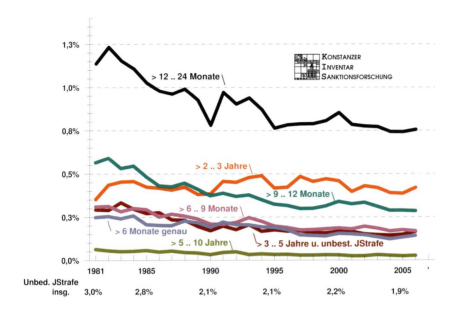

Schaubild 17: Nach Jugendstrafrecht zu unbedingter Jugendstrafe Verurteilte nach der Dauer der Jugendstrafe, 1960 – 2006. Anteile, bezogen auf nach JGG zu unbedingter Jugendstrafe Verurteilte insgesamt. 1976 = Index 100. Früheres Bundesgebiet mit Westberlin, seit 1995 mit Gesamtberlin

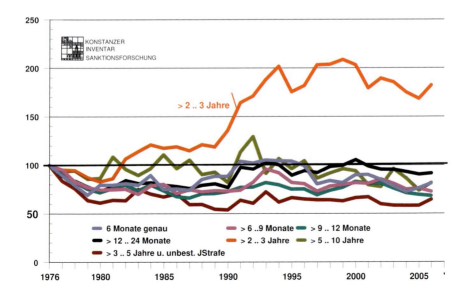

*Schaubild 18: Nach Jugendstrafrecht zu unbedingter Jugendstrafe Verurteilte nach der Dauer der Jugendstrafe, 1981 – 2006. Anteile, bezogen auf nach JGG Sanktionierte. 1981 = Index 100.
Früheres Bundesgebiet mit Westberlin, seit 1995 mit Gesamtberlin*

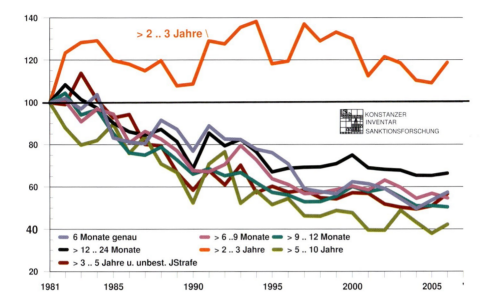

Auch die Zusammenschau von Jugendstrafe und Jugendarrest erbringt, jedenfalls bei Bezugnahme auf die Sanktionierten, keine Hinweise auf eine deutlich zunehmende Punitivität im Jugendstrafrecht (vgl. *Schaubild 19 und 20*).

Schaubild 19: Nach Jugendstrafrecht zu Jugendstrafe und Jugendarrest Verurteilte 1981 – 2006. Anteile, bezogen auf nach JGG Verurteilte. Früheres Bundesgebiet mit Westberlin, seit 1995 mit Gesamtberlin

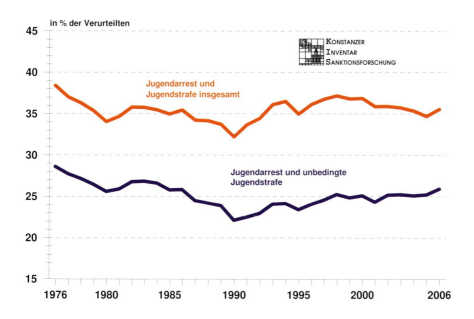

Schaubild 20: Nach Jugendstrafrecht zu Jugendstrafe und Jugendarrest Verurteilte 1981 – 2006. Anteile, bezogen auf nach JGG Sanktionierte. Früheres Bundesgebiet mit Westberlin, seit 1995 mit Gesamtberlin

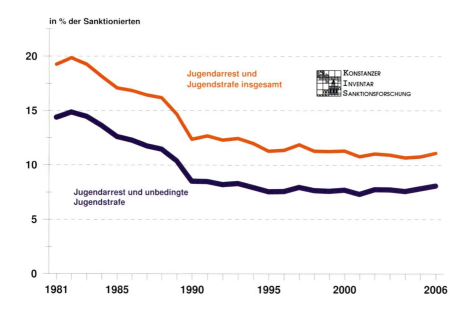

4. Sektorale Punitivität?

4.1 Die Ausgangslage für die Praxis des Jugendkriminalrechts – steigende registrierte Jugendkriminalität, insbesondere Gewaltkriminalität

Die registrierte Kriminalität junger Menschen hat sich in den letzten Jahrzehnten sowohl hinsichtlich Umfang als auch Struktur verändert. Insbesondere wurden mehr Rauschgift- und Gewaltdelikte registriert, auf die in der Regel mit härteren Sanktionen reagiert wird.

- Die Kriminalitätsbelastungszahlen der jungen Menschen im strafmündigen Alter sind deutlich überproportional gestiegen.[74] Im Bereich der Gewaltkriminalität zeigen sich unterschiedliche Entwicklungen – Rückgang seit (teilweise technisch bedingtem Anstieg) 1993 bei Mord und Totschlag, Anstieg bei Raub und räuberischer Erpressung bis in die zweite Hälfte der 1990er Jahre, danach rückläufige Entwicklung, dagegen weiterhin Anstiege bei Körperverletzungsdelikten, und zwar sowohl bei schwerer und gefährlicher als auch bei (einfacher) vorsätzlicher Körperverletzung.[75]

- Die Deliktsstruktur polizeilich registrierter Kriminalität junger Menschen hat sich dementsprechend in den letzten 30 Jahren verändert. Die Anteile insbesondere von Körperverletzungs- und Rauschgiftdelikten sind deutlich größer geworden.

- Die Verurteiltenbelastungszahlen von jungen Menschen sind ebenfalls gestiegen, allerdings nicht in demselben Maße wie die Tatverdächtigenbelastungszahlen. Dies gilt, wenngleich abgeschwächt, auch für Körperverletzungsdelikte. In den letzten Jahren nähern sich die beiden Kurven aber wieder an.[76]

Angesichts dieser Zunahme der polizeilich registrierten Kriminalität und der – zumindest teilweise – erfolgten Weitergabe an die Jugendgerichte ist zumindest erwartbar, dass sich – selbst bei unveränderter Sanktionierungspraxis – das Strafenniveau erhöht. Deshalb stellt sich in besonderer Schärfe die Frage, ob das Jugendkriminalrecht punitiver geworden ist im Sinne der Verhängung härterer Sanktionen.

4.2 Zunehmende Punitivität der Jugendkriminalrechtspflege bei Gewaltkriminalität – Ergebnisse von Einzeldeliktanalysen

4.2.1 Zunahme der absoluten Zahl verhängter Jugendarreste bei Gewaltkriminalität als Indikator für zunehmende Punitivität?

Goerdeler hat kürzlich die Auffassung vertreten, Gewaltdelikte würden im Vergleich zu den Eigentums- und Vermögensdelikten „spürbar repressiver" bewertet.[77] Dies sei

---

[74] Heinz, Wolfgang: Wenn junge Gewalttäter Schlagzeile machen <http://www.uni-konstanz.de/rtf/kik/HeinzJungeGewalttaeter2008.pdf>, Schaubild 8.

[75] Heinz (Anm. 74), Schaubild 9.

[76] Heinz (Anm. 74), Schaubild 30.

[77] Goerdeler, Jochen: Mehr Jugendarrest und mehr Arbeitsauflagen vor allem bei Gewaltdelikten – Strafverfolgungsstatistik 2005 liegt vor, ZJJ 2/2007, S. 211, 212.

daran erkennbar, dass sich 2005 (im Vergleich zu 1996) die absolute Zahl der zu Jugendarrest Verurteilten bei den Gewaltdelikten um fast 90% (bei Eigentumsdelikten aber nur um 18%) erhöht habe, bei Arbeitsauflagen stellte er bei den Gewaltdelikten eine Steigerung von 155% fest, bei den Eigentumsdelikten um „nur" 40% (vgl. hierzu die Spalten-% in *Tab. 4a bzw. 4b*).[78] Die Verurteilungen zu Jugendstrafe ohne Bewährung hätten sich bei den Gewaltdelikten um über 9% reduziert.

Diese unterschiedlich hohen Steigerungsraten könnten als zunehmende Punitivität im Gewaltbereich interpretiert werden, wenn es sich nicht nur um eine Zunahme der absoluten, sondern auch der relativen Zahlen handeln würde. Zur Verdeutlichung: Wenn jeweils 10% der Verurteilten zu Jugendarrest verurteilt werden und in einem Zehnjahreszeitraum die Zahl der wegen Eigentumsdelikten Verurteilten unverändert bei 100 bleibt, die Zahl der wegen Gewaltdelikten sich aber verdreifacht (von 100 auf 300), dann nimmt die absolute Zahl der zu Jugendarrest Verurteilten bei Gewaltdelikten von 10 auf 30 zu, steigt also um 200%. Tatsächlich hat sich aber die Sanktionierungspraxis nicht verändert – weiterhin werden 10% zu Jugendarrest verurteilt.

Werden deshalb – richtiger Weise – die Sanktionsarten zu den Verurteilten in Beziehung gesetzt, dann ergeben sich keinerlei Hinweise für eine repressivere Bewertung von Gewaltdelikten. Auch die Vermutung, der starke Anstieg der Verurteiltenzahlen beruhe darauf, dass weniger divertiert und mehr formell verurteilt werden würde, findet nur eine schwache Unterstützung in den Daten.[79]

Tab. 4 zeigt, dass im Vergleichszeitraum 1996 bis 2005 die Zahl der wegen Gewaltdelikten nach JGG Verurteilten um 80% zugenommen hat. Die Zahl der verhängten Jugendarreste ist zwar um 88% gestiegen, wegen der gleichzeitigen Zunahme der Verurteilten ist aber der Anteil der nach Jugendarrest Verurteilten lediglich von 26% auf 27% gestiegen (vgl. in *Tab. 5* die Nachweise zu den Anteilen an den Verurteilten). Demgegenüber ist der Anteil der zu Jugendstrafe Verurteilten von 28,5% auf 23,9% zurückgegangen, der Anteil der zu unbedingter Jugendstrafe Verurteilten von 10,3% auf 9,6%. Um gut 10%-Punkte hat dagegen der Anteil der zu Arbeitsauflagen[80] Verurteilten zugenommen, was zur Hälfte auf der Verschiebung zwischen Geldauflage und Arbeitsauflage und zur anderen Hälfte auf dem Rückgang der Jugendstrafe beruht. Das Gesamtbild ergibt im Zeitraum 1996 bis 2005 demnach kein Indiz für eine repressiver werdende Jugendkriminalrechtspflege. Die in *Tabelle 4* angefügten Werte für 2006 bestätigen dieses Bild. Was allerdings auffällt, ist eine Zunahme des „Sanktionencocktails", d.h. eine Zunahme der Zahl der insgesamt verhängten Sanktionen pro Verurteiltem. Dies wird der weiteren Prüfung bedürfen, ob sich hier eine Tendenz abzeichnet.

---

[78] Wegen der Vergleichbarkeit mit den Abgrenzungen der PKS wurden in Tab. 5 die Eigentumsdelikte enger als bei Goerdeler gefasst. Die entsprechenden Werte sind deshalb etwas niedriger – 15% bzw. 35%.

[79] Die Daten können nicht exakt aufeinander bezogen werden, weil die Erhebungszeiträume nicht übereinstimmen und nur ein Teil der heranwachsenden Tatverdächtigen nach Jugendstrafrecht verurteilt wird.

[80] Hier Arbeitsauflage sowie „Arbeitsauflage/Entschuldigung".

Tabelle 4: Wegen Gewaltdelikten (§§ 223-231, 249-255, 316a StGB) polizeilich ermittelte tatverdächtige Jugendliche und Heranwachsende sowie nach Jugendstrafrecht Verurteilte, 1996, 2005, 2006. Früheres Bundesgebiet mit Gesamtberlin

Tatverdächtige Jugendliche und Heranwachsende (SZ 2100, 2200, 6100 = §§ 223-231, 249-255, 316a StGB)					
	Jugendliche	Herawachsende	insgesamt	Nach JGG Verurteilte	Anteil an Tatverd.
1996	39.136	29.188	68.324	14.732	21,6
2005	64.950	51.407	116.357	26.547	22,8
Spalten-% (1996/2005)	66,0	76,1	70,3	80,2	
2006	67.181	53.790	120.971	28.397	23,5
Spalten-% (1996/2006)	71,7	84,3	77,1	92,8	
Nach Jugendstrafrecht Verurteilte (§§ 223-231, 249-255, 316a StGB)						
	Verurt. JGG	JStrafe insg.	ZM schw. Sankt.	EM schw. Sankt.	JArrest	Arb. Aufl/ Entsch.	Sank. Insg.
1996	14.732	4.203	9.396	1.133	3.825	3.871	20.527
2005	26.547	6.347	18.495	1.705	7.193	9.853	36.106
Spalten-%	80,2	51,0	96,8	50,5	88,1	154,5	75,9
2006	28.397	6.767	19.947	1.683	7.883	10.445	44.197
Spalten-% (1996/2006)	92,8	61,0	112,3	48,5	106,1	169,8	115,3
Anteile an den Verurteilten							
1996	100	28,5	63,8	7,7	26,0	26,3	139,3
2005	100	23,9	69,7	6,4	27,1	37,1	136,0
2006	100	23,8	70,2	5,9	27,8	36,8	155,6
Veränderung der Anteile (2006-1996)							
		-4,7	6,5	-1,8	1,8	10,5	16,3

Für Eigentumsdelikte ergeben sich ebenfalls keine Hinweise für eine repressiver werdende Bewertung (vgl. *Tabelle 5*). Es werden (relativ) nicht mehr, sondern weniger junge Menschen zu Jugendstrafen (insgesamt wie unbedingt) verurteilt. Es wird stattdessen 1 Prozentpunkt mehr Jugendarrest verhängt und – wiederum im Austausch mit Geldauflagen – mehr Arbeitsauflagen angeordnet.

Tabelle 5: Wegen Eigentumsdelikten (§§ 242-248c; 263-266b StGB) polizeilich ermittelte tatverdächtige Jugendliche und Heranwachsende sowie nach Jugendstrafrecht Verurteilte, 1996, 2005, 2006. Früheres Bundesgebiet mit Gesamtberlin

Tatverdächtige Jugendliche und Heranwachsende (SZ ***, 5100, 5200, 5300 = §§ 242-248a, 263-265b, 266-266b StGB)					
	Jugendliche	Heranwachsende	insgesamt	Nach JGG Verurteilte	Anteil an Tatverd.
1996	134.210	91.392	225.602	35.866	15,9
2005	125.935	95.669	221.604	38.223	17,2
Spalten-% (1996/2005)	-6,2	4,7	-1,8	6,6	
2006	125.438	92.270	217.708	37.578	17,3
Spalten-% (1996/2006)	-6,5	1,0	-3,5	4,8	

Nach Jugendstrafrecht Verurteilte (§§ 242-248c; 263-266b StGB)							
	Verurt. JGG	JStrafe insg.	ZM schw. Sankt.	EM schw. Sankt.	JArrest	Arb. Aufl/ Entsch.	Sankt. Insg.
1996	35.866	6.269	26.831	2.766	6.639	14.154	49.952
2005	38.223	5.468	29.996	2.759	7.639	19.165	56.329
Spalten-%	6,6	-12,8	11,8	-0,3	15,1	35,4	12,8
2006	37.578	5.461	29.680	2.437	7.402	19.221	55.568
Spalten-% (1996/2006)	4,8	-12,9	10,6	-11,9	11,5	35,8	11,2
Anteile an den Verurteilten							
1996	100	17,5	74,8	7,7	18,5	39,5	139,3
2005	100	14,3	78,5	7,2	20,0	50,1	147,4
2006	100	14,5	79,0	6,5	19,7	51,1	147,9
Veränderung der Anteile (2006-1996)							
		-2,9	4,2	-1,2	1,2	11,7	8,6

4.2.2 Sektorale Punitivität bei ausgewählten Gewaltkriminalität?

4.2.2.1 Vorsätzliche Tötungsdelikte

Streng[81] und Meier[82] haben darauf hingewiesen, im allgemeinen Strafrecht nehme bei Verurteilungen wegen vollendeten Mordes der Anteil der lebenslangen Freiheitsstra-

---

[81] Streng (Anm. 27), S. 354, 360 ff.

[82] Meier (Anm. 28).

fen zu, bei Verurteilungen wegen Totschlags würden zunehmend häufiger Strafen mit einer Dauer von mehr als 5 Jahren verhängt. Darauf stützt Streng seine These, ein für das allgemeine Strafrecht nachweisbarer Punitivitätsanstieg gebe einen „sehr ernsthaften Hinweis darauf, dass die neue Punitivität auch die Praxis des Jugendstrafrechts beeinflusst."[83]

Für den Zeitraum ab 1990 zeigt die Analyse der wegen Mordes nach allgemeinem Strafrecht verhängten Strafen, dass der Anteil der lebenslangen Freiheitsstrafe zugunsten der zeitigen Freiheitsstrafe zugenommen hat (vgl. *Schaubild 21*). Diese Zunahme ist auch nicht Folge davon, dass die Gerichte die Mordmerkmale restriktiver auslegen. Denn auch bei Analyse der vorsätzlichen Tötungsdelikte ergibt sich dasselbe Bild einer Zunahme längerer Strafen (vgl. *Schaubild 22*).

Schaubild 21: Nach allgemeinem Strafrecht wegen vollendeten Mordes verhängte Freiheitsstrafen, 1990 - 2006. Anteile bezogen auf nach allgemeinem Strafrecht Verurteilte. Früheres Bundesgebiet mit Westberlin, seit 1995 mit Gesamtberlin

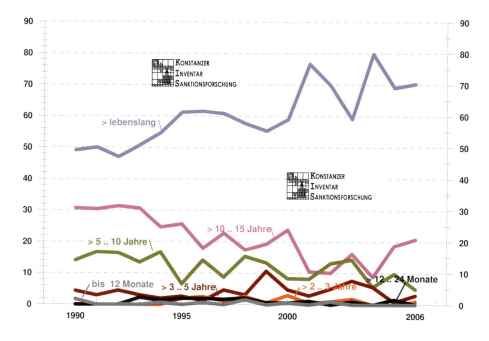

---

[83] Streng (Anm. 27), S. 354.

Schaubild 22: Nach allgemeinem Strafrecht wegen vorsätzlicher Tötungsdelikte (§§ 211, 212, 213, 216, 217 StGB) verhängte Freiheitsstrafen, 1990 - 2006. Anteile bezogen auf nach allgemeinem Strafrecht Verurteilte. Früheres Bundesgebiet mit Westberlin, seit 1995 mit Gesamtberlin

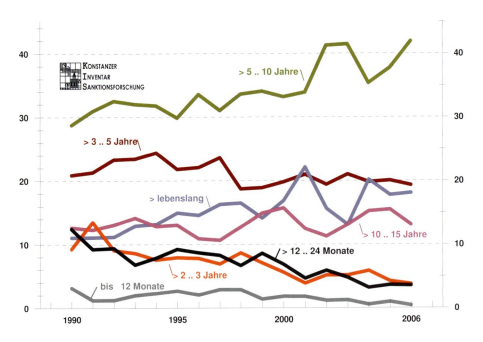

Ob sich vergleichbare Tendenzen auch im Jugendstrafrecht zeigen, kann anhand der StVerfStat geprüft werden. Entgegen der Annahme von Streng zeigt sich aber weder bei Mord noch bei den vorsätzlichen Tötungsdelikten eine Tendenz zu härteren Strafen (vgl. *Schaubilder 23 und 24*). Bei Mord besteht, allerdings bei sehr kleinen absoluten Zahlen, die eine Interpretation erschweren, lediglich bei Jugendstrafen von mehr als 5 Jahren eine leichte Tendenz zur Zunahme. Dies kann freilich ein Effekt restriktiverer Anwendung der Mordmerkmale sein. Werden deshalb alle vorsätzlichen Tötungsdelikte berücksichtigt, dann lässt sich keine Strafverschärfung feststellen. Das Jugendstrafrecht folgt danach bei vorsätzlichen Tötungsdelikten nicht dem Trend des allgemeinen Strafrechts.

Schaubild 23: Nach Jugendstrafrecht wegen vollendeten Mordes verhängte Jugendstrafen, 1990 - 2006. Anteile bezogen auf nach allgemeinem Strafrecht Verurteilte. Früheres Bundesgebiet mit Westberlin, seit 1995 mit Gesamtberlin

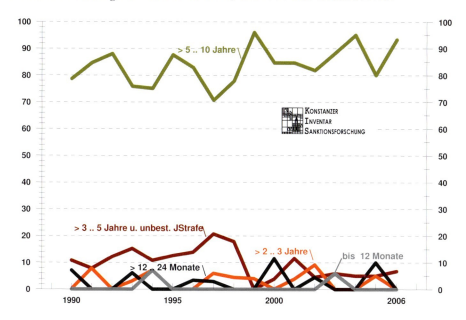

Schaubild 24: Nach Jugendstrafrecht wegen vorsätzlicher Tötungsdelikte (§§ 211, 212, 213, 216, 217 StGB) verhängte Jugendstrafen, 1990 - 2006. Anteile bezogen auf nach allgemeinem Strafrecht Verurteilte. Früheres Bundesgebiet mit Westberlin, seit 1995 mit Gesamtberlin

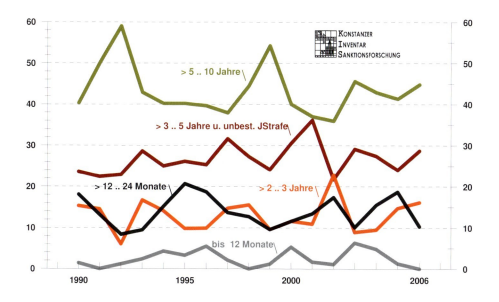

4.2.2.2 Sonstige Gewaltkriminalität – Körperverletzungsdelikte, Raub und Erpressung

Kury et al.[84] haben gezeigt, dass bei Körperverletzungsdelikten seit 1980 (bis 2002) der Anteil der Verurteilungen zu Freiheitsstrafen zugenommen und innerhalb der Freiheitsstrafen eine Verschiebung zulasten der sehr kurzen Freiheitsstrafen erfolgte. Vor allem der Anteil der Freiheitsstrafen zwischen einem und zwei Jahren habe zugenommen. Da aber gleichzeitig vermehrt zur Bewährung ausgesetzt werde, führe dies zu dem paradoxen Befund, dass im Bereich unter zwei Jahren „zunehmend härtere Sanktionen verhängt, diese jedoch inzwischen häufiger zur Bewährung ausgesetzt (werden). Für den einzelnen Straftäter würde dies bedeuten, dass er in den 1980er Jahren für eine gefährliche Körperverletzung (eher) eine mildere Freiheitsstrafe erhalten hätte, diese aber (wahrscheinlich) hätte antreten müssen – wohingegen er heute eine (eher) härtere Sanktion erhalten würde, die dann jedoch häufiger zur Bewährung ausgesetzt würde."[85]

Für das Jugendstrafrecht sind derartige Analysen schwieriger, weil der Einfluss von Diversionsentscheidungen unbekannt ist und die Veränderungen im Anteil der nach JGG verurteilten Heranwachsenden in ihrem Einfluss auf die Sanktionierungspraxis nicht bestimmt werden können. Eine Annäherung ist möglich anhand einer Sonderauswertung der anonymisierten Einzeldatensätze der StVerfStat, die über die Forschungsdatenzentren des Bundes und der Länder für die Zeit seit 1995 verfügbar sind.

Um die Effekte der unterschiedlichen Einbeziehung der Heranwachsenden in das Jugendstrafrecht auszuklammern, wurde die Analyse beschränkt auf Jugendliche. Sie wurde vorgenommen für die beiden Delikte, bei denen am ehesten punitive Tendenzen zu erwarten waren: Leichte vorsätzliche sowie gefährliche Körperverletzung (§§ 223, 224 StGB). Ferner wurde eine Analyse durchgeführt für die Hauptdeliktsgruppe „Raub und Erpressung", hier beschränkt auf männliche Jugendliche. Sämtliche Analysen zeigen weitgehende Konstanz der Sanktionierungspraxis (vgl. *Schaubilder 25 bis 27*). Es gibt leichte Anstiege härterer Sanktionen bis um das Jahr 2000, gefolgt von einer leicht „milder" werdenden Praxis. Eine kontinuierlich strenger werdende Sanktionierungspraxis ist nicht feststellbar.

---

[84] Kury/Kania/Obergfell-Fuchs (Anm. 19).
[85] Kury/Kania/Obergfell-Fuchs (Anm. 19), S. 51, 74.

Schaubild 25: Nach Jugendstrafrecht wegen vorsätzlicher leichter Körperverletzung (§ 223 StGB) verurteilte Jugendliche. Früheres Bundesgebiet mit Westberlin, seit 1995 mit Gesamtberlin

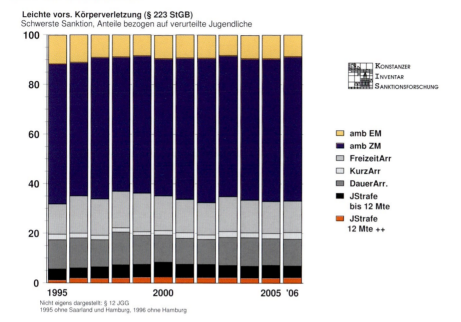

Auszüge aus dem Datenblatt zu Schaubild 25, 26 und 27:

	Ve-rurt. Jgdl.	JStrafe >12 Mte	JStrafe bis 12 Mte	Jugendarrest				Amb. ZM	Amb. EM
				Insg.	Dauer-Arrest	Kurz-Arrest	Frei-zeitA.		
§ 223 StGB									
1995	1.790	4,4	1,2	26,3	11,7	2,3	12,2	56,5	11,6
2000	3.473	5,9	2,5	26,8	10,9	1,8	14,1	55,3	9,4
2006	5.664	4,6	2,3	26,3	10,8	2,7	12,8	58,2	8,7
§ 224 StGB									
1995	2.859	9,0	4,5	31,7	14,6	2,3	14,8	43,7	11,2
2000	5.278	10,6	4,9	32,7	16,1	1,6	15,0	44,2	7,6
2006	7.451	8,5	5,0	34,9	16,9	3,0	15,0	44,9	6,6
§ 249 – 255 StGB									
1995	2.178	23,1	22,7	20,9	13,9	1,2	5,8	22,3	10,9
2000	3.224	22,5	22,6	25,3	15,4	1,3	8,7	23,7	5,8
2006	3.162	19,4	24,7	27,0	16,8	2,2	8,1	23,8	5,1

Schaubild 26: Nach Jugendstrafrecht wegen gefährlicher Körperverletzung (§ 223a, bzw. ab 1998 § 224 StGB) verurteilte Jugendliche. Früheres Bundesgebiet mit Westberlin, seit 1995 mit Gesamtberlin

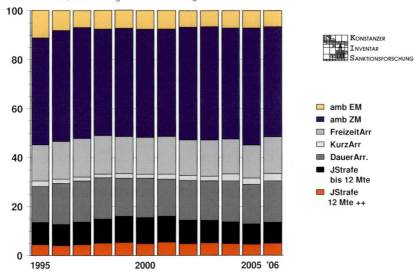

Schaubild 27: Nach Jugendstrafrecht wegen Raub und Erpressung (§§ 249 – 255 StGB) verurteilte männliche Jugendliche. Früheres Bundesgebiet mit Westberlin, seit 1995 mit Gesamtberlin

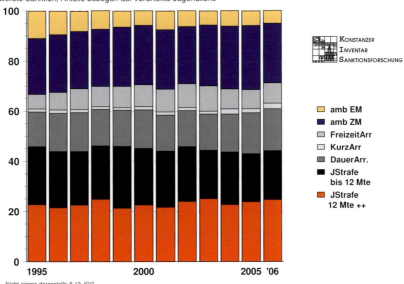

5. Untersuchungshaft

Zur Untersuchungshaft liegen seit 1975 Daten vor über die Abgeurteilten mit vorangegangener Untersuchungshaft. Die (auf Verurteilte bezogenen) Untersuchungshaftraten waren im Jugendstrafrecht nicht, wie angesichts des jugendstrafrechtlichen Subsidiaritätsgebots zu erwarten war, wesentlich niedriger als im allgemeinen Strafrecht; seit 1988 waren sie sogar deutlich höher und stärker angestiegen.[86] Erst seit 1994 gehen die Raten deutlich zurück; sie liegen inzwischen unter jenen im allgemeinen Strafrecht. Die U-Haft-Raten geben deshalb keine Hinweise auf zunehmende Punitivität.

6. Punitivität in Vollstreckung und Vollzug

Sektorale Punitivität wird immer wieder vermutet bei Vollstreckung und Vollzug jugendstrafrechtlicher Sanktionen. Punitivität als Ausdruck eines Niedergangs des Rehabilitierungsideals und gesteigerten Sicherheitsdenkens könnte seinen Niederschlag in einem Rückgang der im offenen Vollzug untergebrachten jugendlichen Gefangenen finden. Diese Anteile sind mit 5,3% (im Schnitt der Jahre 1992 bis 2007) gering, ihr Anteil ist in den letzten Jahren leicht zurückgegangen. Der wellenförmige Verlauf lässt indes keine Aussage hinsichtlich einer entsprechenden Tendenz zu.

Dünkel/Geng stellten bei ihrer Primärdatenerhebung Anfang 2006 fest, dass in den meisten Jugendstrafvollzugsanstalten Vollzugslockerungen u.ä. nur noch im offenen Vollzug eine nennenswerte Rolle spielten.[87]

In der Strafvollzugsstatistik werden zwar Entlassungen nach §§ 88, 89 JGG nachgewiesen. Ohne die Gesamtzahl der aus Jugendstrafvollzug Entlassenen lässt sich hieraus nicht entnehmen, ob die Strafrestaussetzung rückläufig ist.[88] Diese Daten fehlen aber. Die Abgangszahlen werden nicht nach der Vollzugsart differenziert, es wird auch nicht nach Jugendstrafanstalten und Erwachsenstrafanstalten getrennt. Aus der JVA Adelsheim vorliegende Daten für den Zeitraum ab 1990 zeigen, dass seit 1995 die Entlassungspraxis zurückhaltender geworden ist, in den letzten Jahren scheint sie aber wieder etwas gelockert worden zu sein. Die Beachtung gesetzlicher Vorgaben – etwa die 1998 erfolgte Neufassung von § 88 Abs. 1 JGG zugunsten einer enger gefassten „Verantwortungsklausel" – wird freilich der Praxis kaum als Punitivität vorgehalten werden können.[89]

---

[86] Vgl. Heinz (Anm. 9), Schaubild 26.

[87] Dünkel, Frieder; Geng, Bernd: Aktuelle rechtstatsächliche Befunde zum Jugendstrafvollzug in Deutschland. Ergebnisse einer Erhebung bei den Jugendstrafanstalten zum 31.01.2006. ZJJ 2/2007, S. 143, 149 f.

[88] Obergfell-Fuchs (Anm. 28) berechnete Anteile, bezogen auf die Gesamtzahl aller in Freiheit Entlassenen. Wegen der unterschiedlichen Entwicklung der Gefangenen im Erwachsenen- und im Jugendstrafvollzug ist die Interpretation der Ergebnisse schwierig.

[89] Ob die Neufassung eine Verschärfung oder nur eine Klarstellung ist, ist in der Literatur umstritten (vgl. Brunner, Rudolf; Dölling, Dieter: Jugendgerichtsgesetz, Berlin/New York, 11. Aufl., 2002, § 88 Rdnr. 1.

Tabelle 6: Entlassungen aus der JVA Adelsheim nach Art der Entlassung

	1990	1993	1996	1999	2002	2005	2008
Abschiebung	6,6	9,9	9,5	14,0	8,7	6,6	3,7
§ 35 BtMG	0,4	4,3	5,3	14,3	10,9	12,3	18,7
Bewährung	79,3	71,9	67,7	55,1	61,7	53,6	56,9
Strafende	13,6	13,9	17,5	16,5	18,7	27,4	20,7
§§ 35 BtMG, Bewährung	79,8	76,2	73,0	69,5	72,6	66,0	75,6

Quelle: Kriminologischer Dienst Baden-Württemberg, JVA Adelsheim

Hinsichtlich der tatsächlichen Inhaftierungszeit als Indikator für „härtere" Strafen enthalten die Strafvollzugsstatistiken keine Informationen. Daten der JVA Adelsheim seit 1990 zeigen keinen Trend in Richtung auf härtere Strafen. 1990 und 1991 betrug die durchschnittliche Verweildauer 12 Monate, seitdem (ausgenommen 1994 und 1998 mit jeweils 10 Monaten) beträgt sie 11 Monate, und dies trotz – zumeist – rückläufiger Strafrestaussetzungen.

Der von Stehr behauptete Rückgang des Durchschnittsalters der Jugendstrafgefangenen kann aufgrund der Strafvollzugsstatistik nicht bestätigt werden. Das Durchschnittsalter sowohl der jeweils zum Stichtag – 31.3. – in den Jugendstrafanstalten einsitzenden Jugendlichen als auch der Heranwachsenden blieb seit 1965 unverändert.

7. Punitivität des Jugendstrafrechts im Vergleich zum allgemeinen Strafrecht

Das Jugendstrafrecht gilt Teilen der Politik und der Öffentlichkeit als das „mildere" Strafrecht. Ob dies zutrifft oder ob nicht – bei vergleichbaren Tat- und Tätergruppen – „härter" gestraft wird,[90] kann nur geprüft werden, wenn die Sanktionierungspraxis bei homogenen Tat- und Tätergruppen verglichen werden könnte.

Die wegen unterschiedlicher Sanktions-, Taten- und Täterstrukturen bestehenden Schwierigkeiten eines Vergleichs können noch am ehesten überwunden werden durch Gegenüberstellung von benachbarten Altersgruppen. Die Annahme ist begründet, dass

---

[90] In diesem Sinne bereits früher Dünkel, Frieder: Freiheitsentzug für junge Rechtsbrecher, Bonn 1990, S. 124 ff, 746 ff. mit Tab. 29, 29a; ders., Heranwachsende im (Jugend-)Kriminalrecht, ZStW 105, 1993, S. 156 ff.; Heinz, Wolfgang: Jugendliche Wiederholungstäter und Jugendstrafrechtspraxis. Das jugendstrafrechtliche Konzept der "schädlichen Neigungen" im Spiegel empirischer Befunde, in: Landesgruppe Baden-Württemberg in der DVJJ (Hrsg.): INFO 1/1989, Konstanz 1989, S. 19, 42 ff.; ders., Abschaffung oder Reformulierung des Erziehungsgedankens im Jugendstrafrecht?, in: Walter, M. (Hrsg.): Grundfragen des Jugendkriminalrechts und seiner Neuregelung. Bonn 1992, S. 376 ff.; Pfeiffer, Christian: Die jugendstrafrechtliche Praxis gegenüber mehrfach Auffälligen. Regionale und tätergruppenbezogene Vergleichsanalysen, in: DVJJ (Hrsg.): Mehrfach Auffällige – Mehrfach Betroffene, Bonn 1990, S. 629 ff.; ders., Neuere kriminologische Forschungen zur jugendrechtlichen Sanktionspraxis in der Bundesrepublik Deutschland, in: Bundesministerium der Justiz (Hrsg.): Grundfragen des Jugendkriminalrechts, Bonn 1992, S. 62 ff.

die 20jährigen Heranwachsenden keine wesentlich andere, insbesondere keine schwerere Kriminalitätsstruktur aufweisen als die 21jährigen Jungerwachsenen – allenfalls weniger Vorstrafen.

Der Vergleich der Sanktionierungspraxis in Baden-Württemberg für diese beiden Altersgruppen zeigt, dass 2006 8,1% der 20jährigen Heranwachsenden zu einer unbedingten Jugend-/Freiheitsstrafe verurteilt wurden, aber nur 5,3% der 21jährigen Jungerwachsenen. Auch unter Berücksichtigung der zur Bewährung ausgesetzten Strafen ist das Jugendstrafrecht nicht „milder".

Schaubild 28: Altersabhängige Sanktionierung nach Jugendstrafrecht und allgemeinem Strafrecht. Straftaten insgesamt (ohne Straftaten im Straßenverkehr), 2006. Absolute Zahl der Verurteilten nach Altersjahren und Anteile der jeweils schwersten Sanktion Baden-Württemberg

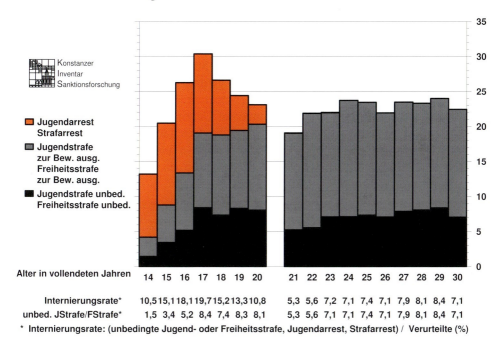

In seiner auf Schwerkriminalität – Nebenklagedelikte im LG-Bezirk Nürnberg/Fürth 1997 – beschränkten Aktenanalyse konnte Niedling[91] allerdings keine härtere Bestrafung Jugendlicher feststellen. Die nach allgemeinem Strafrecht Verurteilten erhielten durchschnittlich etwas härtere Sanktionen. Wegen der nur schwach ausgeprägten Unterschiede konnte allerdings auch keine Privilegierung junger Täter festgestellt wer-

---

[91] Niedling, Dirk: Strafprozessualer Opferschutz am Beispiel der Nebenklage, Münster 2005; vgl. die Zusammenfassung der Befunde bei Streng, Franz: Sanktionswahl und Strafzumessung im Jugendstrafrecht – Ergebnisse einer empirischen Studie, in: Festschrift für Reinhard Böttcher, Berlin 2007, S. 431 ff.

den. Weiterer Klärung bedarf, ob dieses, die bisherigen Befunde nicht bestätigende Ergebnis eine regional begrenzte Sanktionierungspraxis widerspiegelt oder eine vorrangig an Tatschweregesichtspunkten orientierte und damit eher vereinheitlichende Strafzumessung bei schweren Delikten gegen die Person.

E. Zusammenfassung und Ausblick

1. Wird Punitivität verstanden als Strafquantum, dann steht ein „punitive turn" in der Praxis des deutschen Jugendkriminalrechts außer Frage. Denn sowohl die absolute Zahl der (informell und formell) Sanktionierten, der Verurteilten wie der Jugendstrafe verbüßenden Gefangenen haben seit 1990 zugenommen. Aber diese Entwicklung hat viel zu tun mit registrierter Kriminalität. Der Verlauf der Verurteiltenzahlen folgt – sowohl abgeschwächt als auch mit größer werdendem Abstand – dem Verlauf der Tatverdächtigenzahlen. Auch die (erst seit 1965) verfügbaren Gefangenenraten folgen im Jugendstrafrecht strukturell den Verurteiltenzahlen.

2. Punitivität meint freilich „mehr und härtere Strafen", und zwar bei vergleichbaren Sachverhalten. Anhand der Aggregatdaten der amtlichen Strafrechtspflegestatistiken lässt sich dies nur begrenzt prüfen. Eines der größten Hindernisse ist insbesondere der zunehmende Gebrauch der Diversionsmöglichkeiten des JGG. Deshalb empfiehlt sich – bei Gesamtbetrachtungen – eine Bezugnahme nicht nur auf die Verurteilten, sondern auch auf die (informell und formell) Sanktionierten. Gäbe es keine Diversion, dann wäre dies ohnedies die einzige Grundgesamtheit.

3. Justizielle Punitivität kann ihren Niederschlag finden sowohl auf der Ebene der Staatsanwaltschaft, des Jugendgerichts als auch der Vollstreckung und des Vollzugs. Die Daten der amtlichen Strafrechtspflegestatistiken sind zur Prüfung der Punitivitätsthese aus Gründen der Erfassung und Aufbereitung der Daten nur bedingt geeignet, weil die erforderlichen statistischen Nachweise entweder fehlen oder zu grob sind. Die Praxis der Jugendgerichte setzt auf ahndende Sanktionen, vor allem auf Zuchtmittel (2006: 77, 7% der schwersten verhängten Sanktion) und Jugendstrafen (2006: 15,9%). Da weder die Höhe der Geldauflage noch die Zahl der abzuleistenden Stunden der Arbeitsauflage noch die Dauer des Dauerarrestes statistisch erfasst werden, bleiben etwaige Veränderungen in diesem Bereich im Dunkelfeld. Dasselbe gilt hinsichtlich der Länge der Jugendstrafe. Bekannt ist nur die Veränderung der Häufigkeit der Kategorien, nicht bekannt ist dagegen die genaue Dauer. Es gibt deshalb keine Möglichkeit, die Veränderung der durchschnittlichen Haftdauer zu messen. Da die Ausfilterungseffekte durch Diversion wegen fehlender Differenzierung weder nach Tat- noch nach Tätergruppen quantifiziert werden können, ist auch nicht bekannt, inwieweit es hierdurch zu einer Verschiebung zu schwereren Deliktsformen im Bereich der Abgeurteilten kommt. Ebenso wenig ist es möglich, aufgrund der veröffentlichten Daten der StVerfStat die Auswirkungen der – vor allem bei schweren Delikten erfolgenden – Einbezie-

hung von Heranwachsenden in das JGG hinsichtlich der Sanktionierungspraxis zu bestimmen.

4. Auf der Ebene der Staatsanwaltschaft finden sich keine Anzeichen für zunehmende Punitivität. Die Diversionsrate ist seit den 1980er Jahren deutlich angestiegen; seit einigen Jahren stagniert sie auf hohem Niveau bei ca. 68%. Der zunehmende Gebrauch von Diversion ging auch nicht einher mit einer Zunahme der Einstellungen unter richterlich erteilten erzieherischen Maßnahmen. Allenfalls finden sich Anhaltspunkte dafür, dass die Praxis in der Wahl der Auflagen hinter den Erwartungen des Gesetzgebers des 1. JGGÄndG zurückbleibt.

5. Auf der Ebene des Jugendgerichts fällt zunächst auf, dass die Jugendkriminalrechtspflege insgesamt nicht Forderungen aus Teilen der Politik entsprochen hat, junge Straftäter vermehrt zu verurteilen (statt zu divertieren) und Heranwachsende vermehrt in das allgemeine Strafrecht einzubeziehen. Insoweit gibt es keine Anzeichen für eine Punitivitätszunahme.

6. In der Praxis dominieren ahndende Sanktionen, also Arbeits- und Geldauflage. Die sog. neuen ambulanten Maßnahmen sind nicht im erwarteten Maße angenommen und umgesetzt worden. Einer, allerdings regional beschränkten Untersuchung zufolge ist ihre Anwendung sogar deutlich rückläufig. Diese Entwicklung setzte aber schon zeitlich wesentlich früher ein als 2005, also der Neuregelung von § 36a SGB VIII. Ob und inwieweit diese Bestimmung zu einem weiteren Rückgang der Jugendhilfeangebote führt, lässt sich aufgrund der Daten der Strafrechtspflegestatistiken nicht bestimmen.

7. Anzeichen für zunehmende Punitivität können dagegen erblickt werden in der Zunahme der relativen, auf die Verurteilten bezogenen Zahl der zu Jugendarrest und zu unbedingter Jugendstrafe Verurteilten. Bei Bezugnahme auf die Sanktionierten zeigen sich indes keine bzw. – bei Jugendarrest – nur sehr moderate Zunahmen in den letzten Jahren. Bei Jugendstrafe kommt hinzu, dass in den letzten Jahren selbst die Anteile an den Verurteilten wieder rückläufig sind. Indiz gegen eine zunehmende Punitivität ist ferner, dass die Anteile der zu Jugendstrafe von mehr als 5 Jahren Verurteilten seit 1980 in der Tendenz rückläufig sind. Angestiegen sind lediglich die relativen Zahlen der Jugendstrafen von mehr als 2 Jahren bis einschließlich 3 Jahren, bezogen auf Verurteilte. Aber auch diese relativen Zahlen sind seit 2000 rückläufig. Alle anderen Jugendstrafen sind über den gesamten Zeitraum hinweg rückläufig oder zumindest konstant.

8. Dass hinsichtlich der Gesamtzahl der aller Sanktionierten bzw. aller Verurteilten keine Verschärfung der Sanktionierungspraxis festgestellt werden kann, schließt nicht aus, dass derartige Punitivitätstendenzen bei einzelnen Tat- oder Tätergruppen bestehen. Im allgemeinen Strafrecht gibt es deutliche Anzeichen dafür, dass u.a. bei vollendetem Mord bzw. bei vorsätzlichen Tötungsdelikten die Strafen härter geworden sind. Im Jugendstrafrecht gibt es auch bei diesen Delikten keine derartigen Anzeichen.

9. Aggregatdatenanalysen der veröffentlichten Statistiken stehen u.a. vor dem Problem, dass nicht hinreichend den justiziellen Selektionsprozessen (hier: Einbeziehung der Heranwachsenden) Rechnung getragen werden kann. Durch Auswertung der Einzeldatensätze der StVerfStat lässt sich dieses Probleme lösen. Die Analyse von drei Delikten bzw. Deliktsgruppen, bei denen eine zunehmende Punitivität hätte erwartet werden können – §§ 223, 224, 249-255 StGB – zeigt, dass im Zeitraum der Jahre 1995 bis 2006 gegenüber jugendlichen Verurteilten die Sanktionierungspraxis im Wesentlichen unverändert war. Anzeichen für zunehmende Punitivität ließen sich nicht feststellen.

10. Auch die Entwicklung der Untersuchungshaftraten der nach JGG Abgeurteilten bietet keine Hinweise auf zunehmende Punitivität.

11. Im Bereich der Vollstreckung und des Vollzugs finden sich noch am ehesten Indizien für zunehmende Punitivität. Der zahlenmäßige Unterschied zwischen Verurteiltenzahlen und der Zugangszahlen zum Jugendarrest wurde in den letzten Jahre größer. Dies könnte – die Messung ist mit vielen Unwägbarkeiten behaftet – auf eine Zunahme der Ungehorsamsarreste hindeuten. Ebenso gehen die vorzeitigen Entlassungen aus dem Jugendarrest zurück. Dem entspricht, dass – nach Daten allerdings nur aus einer Jugendstrafanstalt – der Anteil der Strafrestaussetzungen zur Bewährung gem. § 89 JGG rückläufig ist.

12. Das Jugendstrafrecht gilt Teilen der Politik und der Öffentlichkeit als das „mildere" Strafrecht. Der Vergleich zweier benachbarter Altersgruppen (20- und 21Jährige) zeigt, jedenfalls für Baden-Württemberg, dass 2006 – bei Verbrechen und Vergehen (ohne Vergehen im Straßenverkehr) – im Jugendstrafrecht etwas häufiger stationäre Sanktionen verhängt werden als im allgemeinen Strafrecht. Sektoral, also bei schweren Delikten gegen die Person, konnte dies indes in einer (allerdings auf einen LG-Bezirk beschränkten) Untersuchung nicht bestätigt werden; hier wurden die Erwachsenen etwas härter bestraft.

13. Insgesamt gesehen zeigt die deutsche Strafrechtspraxis im langfristigen Vergleich keine Zunahme von Punitivität. Der Anteil der stationären Sanktionen ging von knapp 77% (1882) auf knapp 9% (2006) zurück. In diesem langfristigen Vergleich gibt es insgesamt drei „Punitivitätswellen" – 1914 bis 1920, ab 1930 und ab 1955. Die „Punitivitätswellen" Mitte der 1970er und ab 1990 sind bei weitem nicht so stark ausgeprägt.
Hinsichtlich der Jugendkriminalrechtspraxis kann – jedenfalls gestützt auf Daten der Strafrechtspflegestatistiken – auch für die Jahre ab 1990 eine eindeutige „Punitivitätswelle" nicht belegt werden.

14. Auch die Gefangenenraten im Jugendstrafvollzug geben – im Unterschied zum angloamerikanischen Bereich – keinen Anhaltspunkt für zunehmende Punitivität. Sie folgen strukturell und zahlenmäßig den Verurteiltenzahlen. Eine deutliche Auseinanderentwicklung von Verurteilten- und Gefangenenzahlen als Anzeichen für zunehmende Punitivität ist nicht erkennbar.

Franz Streng

Aktuelle Entwicklungen im Jugendkriminalrecht – Diskussion

In der Folge der beiden Eingangsreferate ergab sich zunächst eine Diskussion über weitere Ausprägungen von Punitivität. Erwähnung fanden: schärfer durchgeführter Jugendstrafvollzug, die Neuregelungen zur Führungsaufsicht und eine restriktivere Linie bei den Strafrestaussetzungen, wobei letzteres speziell für Sexualdelikte hervorgehoben wurde. Hinsichtlich der Jugendstrafen wies man auf die weitgehende Stabilität der Gefangenenzahlen in Deutschland hin, während sich in dieser Hinsicht in östlichen Nachbarstaaten eine Reduzierung von Punitivität und in den angelsächsischen Ländern ein Anstieg zeige. Als möglichen Ausdruck von Punitivität benannte man auch die jeweilige Praxis der U-Haft; insoweit fand aber auch die derzeit günstige Entwicklung zurückhaltender U-Haft-Nutzung Erwähnung. Hinsichtlich Jugendarrest monierte man von Praktikerseite teils einen problematischen Anstieg. Die Frage, ob Jugendrichter jetzt punitiver seien, blieb freilich umstritten. Etwa könnten neue Täterpopulationen zu härteren Reaktionsstrategien Anlass geben, wenn für diese Gruppen die Wirkmöglichkeiten der Jugendhilfe als geringer eingeschätzt werden. Der statistische Nachweis zunehmenden Jugendarrestes erscheint teils unsicher, da auf Landes- und Bundesebene die Ungehorsamsarreste statistisch nicht erfasst werden.

Hinsichtlich des Nachweises gestiegener Punitivität wurde die Analyse von Urteilsbegründungen empfohlen. Als methodisch gut gesicherter Beleg zunehmender Punitivität der Gerichte ließ sich der Anstieg der Strafhöhen bei der Aburteilung von Kapitaldelikten im Erwachsenenstrafrecht anführen. Das Jugendstrafrecht mit seinen nichtöffentlichen Hauptverhandlungen lebe derzeit gewissermaßen im generalpräventiven Windschatten des Erwachsenenstrafrechts.

Erwähnung fanden auch Veränderungen im Bereich der Diversion. In diesem Zusammenhang machte man verminderte Ressourcen der Jugendhilfe für Verschärfungstendenzen verantwortlich, da das Angebot konstruktiver Maßnahmen zurückgehe. Freilich lägen die Diversionsquoten angesichts der dadurch bei der Justiz erzielten Ressourceneinsparungen immer noch sehr hoch. Von anderer Seite wurde hervorgehoben, die Klientel der Jugendgerichte habe sich in einer Weise verändert, dass die Jugendgerichtshilfe vermehrt auf Zugangsprobleme stoße. Von Praktikerseite kritisierte man die zu geringe Nutzung erzieherischer Maßnahmen und wies auf die Potentiale von Wiedergutmachung, Trainingskursen und auch Alkoholverbot als Weisung hin. Eine gewisse Korrektur fand dieses Votum durch die Feststellung, dass auch Zuchtmittel in praxi häufig erzieherisch ausgerichtet seien.

Inwieweit die jugendstrafrechtliche Praxis bereits durch zunehmende Punitivität geprägt ist, blieb nach alledem im Detail umstritten. Teils sah man im Anstieg von Punitivität eher eine Gefahr für die Zukunft als bereits eine problematische Alltagsrealität. Auf großen Beifall stieß jedenfalls die von *Wolfgang Heinz* erhobene Forderung nach einer neuen „Jugendstrafrechtsreform von unten". Es sei insbesondere notwendig, die neue Staatsanwalts- und Richtergeneration besser in die besonderen Anforderungen und Aufgabenstellungen des Jugendkriminalrechts einzubinden.

WIEBKE STEFFEN

Junge Intensiv- und Mehrfachtäter – eine „neue" Herausforderung? Überblick über kriminologische Befunde zu intensiv und dauerhaft auffälligen jungen Menschen

Junge Intensiv- und Mehrfachtäter sind immer wieder ein Thema. Nicht nur in der Kriminologie, sondern insbesondere in den Medien und nicht zuletzt dadurch auch in der Kriminalpolitik.

Besonders heftig wurde die öffentliche Debatte über den Umgang mit jungen (gewalttätigen) Intensivtätern – zumal solchen mit einem Migrationshintergrund – nach den „U-Bahn-Schlägern von München": Ein 30 Sekunden langes Video, aufgenommen von einer Überwachungskamera im Zwischengeschoss eines Münchener U-Bahnhofes („Arabellapark") machte einer breiten Öffentlichkeit sichtbar, wie spontan und brutal sich Gewalt entladen kann.

Und diese Sichtbarkeit, verstärkt und befördert durch die ständige Wiederholung der Videoaufnahme in den Sendungen aller öffentlichen und privaten Fernsehanstalten (die Printmedien mussten sich darauf beschränken, die entsprechenden Szenen abzudrucken, das allerdings taten auch sie ausgiebig), war auch das eigentlich „Neue" an diesem Vorfall – und als „neue Herausforderung" kann seine Instrumentalisierung durch die Politik gelten, die in diesem Maße wohl nur selten, wenn überhaupt schon vorgekommen ist. Ein Kommentator (Andreas Zielcke in der SZ vom 16. Januar 2008) wies nicht zu Unrecht darauf hin, dass die Jugendgewalt, derer man durch drakonische Strafen Herr werden wolle, analog eine rhetorische Gewalttätigkeit hervortreibe. Von Tag zu Tag verschärfe sich der Ton der Debatte in einer Weise, die selbst in Zeiten des Wahlkampfs nur als irrational und gegenaufklärerisch zu begreifen sei. Abgesehen von diesen „Herausforderungen" gehört der *Befund*

- dass eine geringe Anzahl junger Straftäter viele und auch schwere Straftaten begehen, die nicht mehr als allgemein verbreitet angesehen werden können und
- dass dieses Verhalten häufig früh beginnt und sich bis in das dritte Lebensjahrzehnt und darüber hinaus fortsetzen kann

zu den stabilen, seit Jahrzehnten gesicherten Aussagen der kriminologischen Forschung[1].

Deshalb ist aus kriminologischer Sicht begründete Skepsis gegenüber der Annahme angebracht, bei jungen Intensiv- und Mehrfachtätern – einschließlich der „Mün-

---

[1] Dazu reicht ein Blick in die kriminologischen Lehrbücher; Nachweise finden sich beispielsweise bei Elsner u.a. 1998; Ohder/Huck 2006,6; Sonnen 2007, 3; Heinz 2006; PSB 2006, 358.

chener U-Bahn-Schläger" – handle es sich um ein neues Phänomen und damit um eine neue Herausforderung, die – diese Konsequenz geht regelmäßig mit diesen Behauptungen einher – auch neue Reaktionen, insbesondere solche des Jugendkriminalrechts erforderlich mache.

Allerdings ist aus kriminologischer Sicht auch bemerkenswert, dass nicht nur junge Intensivtäter ein „altes" Problem sind, sondern auch die mit dieser Kategorisierung einhergehenden – ungelösten – Probleme und – offenen – Fragen der Definition, der Prognose und der Reaktion.

Im Folgenden wird im Sinne eines Überblicks über kriminologische Befunde zu intensiv und dauerhaft auffälligen jungen Menschen deshalb vor allem auf diese Problembereiche und Fragen eingegangen:

1. Bereich Diagnose/Definition: Gibt es junge Intensivtäter und wenn ja, wie lassen sie sich beschreiben?
2. Bereich Prognose: Wenn es junge Intensivtäter gibt, wie lassen sie sich erkennen und zwar möglichst frühzeitig – oder sind wir immer erst nachher schlauer?
3. Bereich Reaktion/Intervention/Prävention: Wenn es junge Intensivtäter gibt und wir sie erkennen können – was kann getan werden, um dieses „Problem" zu verhindern oder zumindest zu verringern und es nicht noch über die soziale Konstruktion einer besonderen Gefährlichkeit und daran anknüpfende Reaktionen zu verschärfen, den Kriminalisierungsprozess durch Selektion und Stigmatisierung also noch zu beschleunigen und zu verfestigen?

A. Kriminologische Befunde zur Diagnose und Definition junger Intensivtäter

Auf die Frage „Gibt es junge Intensivtäter" lautet die Antwort der kriminologischen Befunde, wie sie seit Jahrzehnten, im Inland wie im Ausland immer wieder übereinstimmend festgestellt werden: Ja. Die Annahme, es handle sich bei jungen Intensivtätern um eine Erfindung der Medien, trifft jedenfalls nicht zu – auch wenn die Medien ohne jeden Zweifel einen großen Anteil an der öffentlichen Wahrnehmung und Dramatisierung dieser Täter haben (Walter 2003, 162).

Junge Menschen weisen nicht nur eine höhere Kriminalitätsbelastung auf als Erwachsene – „viele Kriminologen gehen von nahezu universeller Gültigkeit dieses Befundes aus" (Heinz 2002a, 106) –, sondern diese Kriminalitätsbelastung ist auch höchst ungleich verteilt: In die „normale" Jugendkriminalität als alterstypisches Phänomen und in einen kleinen „harten Kern" von Mehrfach- und Intensivtätern – bzw. in die vielen jungen Menschen, die wenige Straftaten begehen und die wenigen, die viele Straftaten begehen[2].

---

[2] Sonnen 2007, 26; s. dazu auch m.w.N. Heinz 2006 und 2008a; PSB 2006; Steffen 2008; Walter 2008.

Die „normale" Jugendkriminalität im Sinne einer seltenen, kurzfristigen Auffälligkeit im Bereich der Bagatell- und Kleinkriminalität ist zwar allgemein verbreitet – „ubiquitär" –, aber vorübergehend – „episodenhaft" –, wird nur zu einem ganz geringen Teil den Instanzen der formellen Sozialkontrolle überhaupt bekannt – „Nichtregistrierung" – und ihre „Täter" hören zumeist von selbst wieder damit auf, Straftaten zu begehen, ohne dass eine förmliche Reaktion durch Polizei oder Justiz erfolgt wäre – „Spontanbewährung".

Jugendkriminalität als altersspezifisches und alterstypisches Phänomen ist eher selten ein Hinweis auf (erhebliche) Erziehungs- oder sonstige Defizite, sondern hat viel mit den Reifungsprozessen zu tun, die im Jugendalter bewältigt werden müssen – aber natürlich auch mit Kontroll- und Kriminalisierungsprozessen: Die offiziell erfasste Jugendkriminalität ist (auch) von der (wechselnden) Intensität der formellen und informellen sozialen Kontrolle abhängig (Kaiser 1996, 573).

Zahlreiche Studien belegen, dass insbesondere im Jugendbereich das *Dunkelfeld* der nicht der Polizei zur Kenntnis gebrachten Straftaten und Straftäter enorm hoch ist. Die Wahrscheinlichkeit einer Anzeigeerstattung bzw. eines vor allem daraus resultierenden Polizeikontaktes liegt zwischen 10 und 30%[3].

Nicht zuletzt diese Tatsache macht es so schwer, Entwicklungen im Zeitablauf zu beurteilen: Hat sich die Kriminalität verändert oder auch – nur – die Kriminalisierung – über Faktoren wie Anzeigeverhalten, Kontrolldichte, Ermittlungs- und Erledigungsstrategien u.ä.

Ein kleiner „harter Kern" von Tatverdächtigen und Verurteilten – fast ausschließlich männlich, häufig mit einem Migrationshintergrund – fällt als *„Mehrfach- und Intensivtäter"* häufig, (auch) mit schwereren Straftaten und über einen längeren Zeitraum auf. Diese Kriminalität ist nicht ubiquitär, nicht bagatell- und episodenhaft – allerdings wird auch sie keineswegs immer angezeigt und registriert, sondern kann ebenfalls zu großen Teilen im Dunkelfeld bleiben[4]. Und sie ist auch keineswegs immer ein lebenslanges Schicksal im Sinne von „einmal Intensivtäter, immer chronisch kriminell"[5].

Allerdings ist die Frage, was die Gruppe jener, bei denen ein Abbruch der Intensivauffälligkeit erfolgt, von denen unterscheidet, bei denen eine solche Beendigung der Delinquenz nicht der Fall ist, noch nicht zureichend geklärt (Heinz 2008a, 12; PSB 2006, 358)[6].

---

[3] PSB 2006, 356, 369; Steffen 2008, 241; s. dazu auch die Ergebnisse der KFN-Schülerbefragungen, Baier u.a. 2006.

[4] Siehe dazu insbesondere die Befunde der Eidgenössischen Jugend- und Rekrutenbefragung bei Haas 2001 und Wilmers u.a. 2002

[5] Siehe dazu beispielsweise Stelly/Thomas 2001, 2003 und Boers/Reinecke 2008.

[6] Siehe dazu auch das Referat von *Boers* auf dieser Tagung zu den Problemen der Kontinuität und des Abbruchs bei Delinquenzverläufen von Intensivtätern.

Zu den gesicherten Befunden der kriminologischen Forschung dagegen, über die auch weitgehend Einigkeit besteht, gehört die Feststellung, dass die Mehrfach- und Intensivauffälligkeit regelmäßig mit (erheblichen) *sozialen und individuellen Defiziten und Mängellagen* verbunden ist: „Während bei der jugendtypischen Delinquenz temporäre Entwicklungsprobleme und Einflüsse der Peer-Gruppe die wichtigsten Ursachen sind, gibt es bei der schwerwiegenden und relativ dauerhaften Form wesentlich mehr Risiken" (Lösel/Bliesener 2003, 10).

Bei massiv und dauerhaft Auffälligen findet sich eine *Häufung von Problemen*[7], etwa hinsichtlich

- Frühauffälligkeit,
- Herkunft aus sozio-ökonomisch belasteter Familie,
- gestörten Erziehungsverhältnissen – insbesondere durch erfahrene oder beobachtete familiäre Gewalt –,
- materiellen Notlagen bis hin zu sozialer Randständigkeit und dauerhafter sozialer Ausgrenzung,
- Schulstörungen und Schulversagen, Schulschwänzen und vorzeitiger Schulabbruch, Scheitern der beruflichen Ausbildung
- Starke Orientierung an delinquenten Cliquen und Peer-Gruppen u.ä.

„Schwerwiegendes und längerfristiges aggressives und delinquentes Verhalten ergibt sich aber erst dann, wenn etliche der biologischen, psychologischen und sozialen Risiken kumulieren. Im Sinne einer Kettenreaktion werden dann die sozialen Erfahrungen und psychischen Dispositionen kanalisiert und verfestigt. Zugleich verringern sich die normalen, nicht-devianten Entwicklungschancen der Jugendlichen" (Lösel/Bliesener 2003, 10; PSB 2006, 358).

Bei den intensiv und dauerhaft auffälligen jungen Menschen häufen sich Risikofaktoren, während Schutzfaktoren bei ihnen entweder gänzlich fehlen oder nicht zeitgerecht zur Verfügung stehen – diese Konstellation kann als der „gemeinsame Nenner" junger Intensiv- und Mehrfachtäter gelten[8].

Soweit besteht weitgehende Einigkeit in den kriminologischen Befunden und ihrer Interpretation. Doch schon auf die *Frage*, wie groß denn nun dieser „kleine harte Kern" ist, welche Anteile junge Intensivtäter an allen jungen Delinquenten und deren Delinquenz haben, gibt es keine eindeutigen Antworten mehr.

Das ist nicht nur eine Folge unterschiedlicher Forschungsansätze und Erhebungsmethoden, sondern schon eine der – nicht einheitlichen – *Definition* „junger Intensivtäter". Wenn von jungen Intensivtätern gesprochen und über sie geforscht – oder auf sie reagiert – wird, dann können damit junge Menschen gemeint sein, die

---

[7] Siehe dazu Elsner/Steffen/Stern 1998, 203 f; Heinz 2002b, 563, 2006; Loeber 2002, 143; PSB 2006; Steffen 2008; Walter 2008, 136.

[8] Siehe dazu auch die „Wiesbadener Erklärung" des 12. DPT.

- wegen der *Quantität* und *Dichte* ihrer Straftaten auffallen, also etwa sehr viele Delikte innerhalb kurzer Zeiträume begehen oder solche, die
- wegen der *Qualität* ihrer Straftaten hervorstechen, also besonders schwer wiegende und/oder besonders brutale Delikte verüben oder solche, die
- als „Karrieretäter" *früh* in eine dauerhafte, sich zur Begehung von schwereren Delikten hin entwickelnde „kriminelle Karriere"[9] einsteigen oder solche
- die bestimmte *Persönlichkeitseigenschaften* aufweisen (Stichwort: Hang-, Gewohnheitstäter) oder auch
- bestimmte Merkmale des *sozialen Umfeldes* bzw. der aktuellen *Lebenssituation* (etwa fehlende familiäre Bindung, delinquenter Freundeskreis, Suchtverhalten).

Es gibt bislang keine einheitliche und eindeutige, weithin anerkannte kriminologische Definition derer, die als Intensivtäter bzw. als Mehrfachtäter gelten sollen. Auch zwischen diesen beiden Begriffen fehlt die klare Abgrenzung. Allenfalls findet sich eine Übereinstimmung dahingehend, dass es sich um Straftäter handelt, die eine erhebliche Anzahl von Straftaten über einen längeren Zeitraum verübt haben (Albrecht 1993). Die spektakulären, aus den Medien bekannten Fälle – Stichwort: Mehmet oder jetzt die „U-Bahn-Schläger" – schaffen hier keine Klarheit, sondern eher das Gegenteil, Verwirrung. Denn der für diese Fälle scheinbar mögliche Konsens darüber, dass diese jungen Delinquenten doch nun wirklich und unstrittig Intensivtäter sind, erschwert den Blick auf den breiten Bereich möglicher Mehrfach- und Intensivtäter mit seinen diffusen, schwer einzuordnenden Rändern und seinen fließenden Übergängen (Holthusen/Lüders 1999, 77; Walter 2008, 136).

Wenn es keine eindeutige Definition gibt und im Prinzip jeder etwas Anderes unter jungen Intensivtätern verstehen kann, dann bedeutet das

- zum einen, dass der Begriff keine „natürliche" Population bezeichnet; „die Qualifizierung als Intensivtäter ist … in hohem Maße Ausdruck der Annahme besonderer Eigenschaften durch Dritte und trägt somit *sozial konstruktive* Züge" – mit allen Konsequenzen etwa für eine nicht intendierte, aber durchaus mögliche Verfestigung des *Kriminalisierungsprozesses* (Ohder/Huck 2006, 7). Diese „unerwünschte Nebenwirkung" kann beispielsweise auch die polizeiliche Zuordnung von Tatverdächtigen zur Gruppe der Intensivtäter mit dem Ziel der Aufnahme in besondere Interventions- und Präventionsprogramme haben (s.u.).

„Keine eindeutige Definition" bedeutet

- zum andern aber auch, dass es keine übereinstimmenden, verlässlichen *Angaben und Aussagen zur Quantität und zur Qualität* des Phänomens und Problems „junge Intensivtäter" gibt – und damit auch keine hinreichend zuverlässige Basis, um über die *Eignung* von Maßnahmen und Konzepten zu befinden, mit denen das „Problem junge Intensivtäter" angegangen, mit denen sozial,

---

[9] Zur Problematik dieses Begriffs s. Sutterlüty 2008.

erzieherisch, durch Maßnahmen der Jugendhilfe, aber auch polizeilich und strafrechtlich interveniert werden soll.

Vorliegende *Erkenntnisse* zu jungen Intensivtätern stammen vor allem aus folgenden *Daten(quellen)*:

Aus *polizeilichen Angaben* zu Intensivtätern, die sich in der Regel nur auf die Hellfelddaten der Polizeilichen Kriminalstatistik (PKS) eines Berichtsjahres (1.1. – 31.12.) beziehen und schon deshalb, aber auch wegen der Zählweise der PKS bei der Erfassung von Tatverdächtigen, von nur geringer Aussagekraft sind. Außerdem gehen auch sie nicht von einer bundeseinheitlichen Definition aus, sondern bestenfalls von einer, die für alle Polizeidienststellen eines Landes verbindlich ist[10]. Berücksichtigt wird immer die Zahl der Delikte (= Mehrfachtäter), häufig auch die Art/Schwere der bei einem Tatverdächtigen erfassten Taten sowie weitere „weiche" (qualitative) Kriterien wie die Gewichtung von Tatvorwürfen, Legalprognose, kriminelle Energie, Persönlichkeitsmerkmale, Beurteilung des sozialen Umfeldes (= Intensivtäter)[11].

Bezogen auf alle Straftaten fällt ein knappes Drittel (30,5%) der 14- bis 17-jährigen Tatverdächtigen im Berichtsjahr mit 2 und mehr Straftaten auf und nur etwa 6% mit 5 und mehr Delikten. Bei der *Gewaltkriminalität* sind diese Anteile noch einmal deutlich niedriger: Mit 2 und mehr Delikten fallen nur etwa 1% der jungen „Gewalttäter" auf und nur etwa 0,2% mit 5 und mehr Taten (Daten für Bayern 2006). Übrigens sind dies über die Jahre hinweg sehr stabile Werte.

Aussagekräftiger sind da schon Auswertungen, die sich auf den *Gesamtbestand* der polizeilichen Informationssysteme beziehen. Einer Abfrage[12] bei allen Ländern zur Erfassung von Intensivtätern (gemäß der jeweiligen Landesdefinition) in den letzten 10 Jahren zufolge gingen die Zahlen in fast allen Ländern, die Angaben machen konnten, eher zurück[13].

Die Kriminologische Forschungsgruppe der *Bayerischen Polizei* (KFG) hat auf der Basis polizeilicher Registrierungen in zwei Untersuchungen auch Daten zur Mehrfachauffälligkeit von Tatverdächtigen in Bayern vorgelegt (Elsner/Steffen/Stern 1998 und Elsner/Molnar 2001). Für die (906) Jugendlichen, die 1991 im Alter von 14 oder 15 Jahren polizeilich registriert worden waren, wurde ihre kriminelle Auffälligkeit im

---

[10] Siehe dazu ausführlich Steffen 2003.

[11] Aktuell hat eine AG der Polizei eine Handlungsempfehlung zur Darstellung von Mehrfach- und Intensivtätern in der PKS vorgelegt. Die AG hält eine bundeseinheitliche Definition für *Mehrfachtäter* für möglich, da es sich hier um rein quantitative Kriterium handle; für *Intensivtäter*, für deren Zuordnung zusätzlich auch qualitative Faktoren herangezogen würden, sei eine bundeseinheitliche Definition dagegen nicht erreichbar.

[12] Abfrage der Bund-Länder-AG „Entwicklung der Gewaltkriminalität junger Menschen mit einem Schwerpunkt auf städtischen Ballungsräumen" von 2006/2007 bei allen Ländern (Anlage 1 des Berichtes)

[13] Erfasst wurden in Baden-Württemberg 2006 532 Intensivtäter, 2001 waren es 879; in Brandenburg 2006 533, 2001 1100; in Bremen 2006 345, 2001 439; in Hamburg 2006 684, 2003 443; in Sachsen-Anhalt 2006 741, 2001 928; in Schleswig-Holstein 2006390, 2003 397; in Nordrhein-Westfalen waren Ende 2007 822 jugendliche und 486 heranwachsende Intensivtäter registriert (von den andern Ländern liegen keine Angaben vor).

Sinne einer Kohortenuntersuchung über eine Dauer von fünf Jahren verfolgt: Für fast ein Drittel dieser Tatverdächtigen war der Kontakt mit der Polizei ein „einmaliger Ausrutscher", jedenfalls fielen sie nicht mehr offiziell auf. Ein weiteres Drittel wurde mit 2 bis 4 Straftaten registriert und ein letztes Drittel mit 5 und mehr Straftaten. Von diesen Tatverdächtigen wurden 83% aller der Kohorte zur Last gelegte Delikte verübt, allein von den weniger als 10% der Tatverdächtigen mit 20 und mehr Straftaten 52% der Gesamtdelinquenz. Je mehr Delikte pro Tatverdächtigem polizeilich erfasst wurden, umso seltener war das erste Delikt ein einfacher (Laden)Diebstahl, umso häufiger dagegen eine schwerer wiegende Straftat und umso breiter im Allgemeinen die „Deliktspalette": Für die Extremgruppe der jungen Tatverdächtigen mit 20 und mehr Straftaten ist eine Spezialisierung im Sinne von Tatperseveranz die Ausnahme. Ein deutlicher Zusammenhang konnte auch zwischen Mehrfachauffälligkeit und Betäubungsmittelkriminalität festgestellt werden[14].

Solche *Kohortenuntersuchungen* sind für Erkenntnisse zu Intensivtätern eine wesentlich aussagekräftigere Datenbasis, vor allem dann, wenn dabei – was allerdings die Ausnahme ist – nicht nur Hellfeld-, sondern auch Dunkelfelddaten berücksichtigt werden. In diesen Untersuchungen wird eine Gruppe von Menschen, die in einem oder mehreren Merkmalen übereinstimmen – beispielsweise Geburtskohorten, Schulklassenkohorten oder auch Ersttäterkohorten – über einen längeren Zeitraum („Verlaufs- oder Langzeitstudien") auf ihre delinquente bzw. sozial angepasste Entwicklung hin untersucht[15].

Die wohl bekannteste – und in ihrer Wirkung auf die kriminologische Forschung zu diesem Thema nachhaltigste – Untersuchung dieser Art ist die *„Philadelphia Birth Cohort Study"* (Wolfgang e.a. 1972). Mit ihr wurde an Hand von Polizei- und Schulakten der Lebensweg von knapp 10.000 Jungen des Geburtsjahrganges 1945 untersucht, die vom 10. bis zur Erreichung des 18. Lebensjahres in der Stadt Philadelphia ihren Wohnsitz hatten. Bezogen auf die Daten der männlichen weißen Population (Stelly/Thomas 2002, 22 ff) wurden 23% mindestens einmal von der Polizei registriert. Von diesen dann 52% nur einmal, 33% zwei bis viermal und 15% fünf oder mehrmals. Bezogen auf die gesamte Kohorte (Schwind 2003, 151) wurden von ca. 6% der Mitglieder über 60% der Delikte verübt, die der Kohorte insgesamt zur Last gelegt wurden: Durch so genannte chronische Rückfalltäter (chronic offfenders). Aber: „Selbst bei den sogenannten ‚chronischen' Jugendstraftätern ist bei einer langfristigen Verlaufsbetrachtung der Aspekt der Veränderung unübersehbar" (Stelly/Thomas 2001, 24).

Während die Philadelphia-Studie retrospektiv angelegt ist, zählt die *schwedische Langzeitstudie* von Stattin/Magnusson (1991 zitiert nach Stelly/Thomas 2001, 26 ff) zu den prospektiven Forschungsansätzen: Untersucht wurde ein Schuljahrgang (ca.

---

[14] Elsner/Steffen/Stern 1998; die Untersuchung von Elsner/Molnar 2001 bestätigt diese Befunde für die heranwachsenden und jungerwachsenen Tatverdächtigen.

[15] S. dazu die ausführliche Darstellung der wichtigsten Kohortenuntersuchungen bei Stelly/Thomas 2001; zusammenfassend Schwind 2007; neuere Erkenntnisse liefern die seit 2002 einmal jährlich stattfindenden Paneluntersuchungen an Duisburger Schulen zur selbstberichteten Jugendkriminalität; s. dazu Boers u.a. 2006, Boers/Reinecke 2008 und Boers auf dieser Tagung.

1.400 Probanden), der zu Beginn der Studie 1965 durchschnittlich 10 Jahre alt war und in die dritte Klasse der Grundschule kam bis zum Alter von 30 Jahren hinsichtlich offiziell registrierter Kriminalität und offiziell registrierter sozialer Auffälligkeiten in der Kindheit. Von der männlichen Untersuchungspopulation wurden 25% mindestens einmal offiziell registriert; bei der Hälfte blieb es bei einer Registrierung. Mit fünf und mehr Straftaten wurden 6% der gesamten Kohorte registriert. Aber: „Eine Kontinuität von kriminellem Verhalten über mehrere Lebensphasen hinweg ist nur bei einer kleinen Anzahl von Straftätern zu erkennen" (Stelly/Thomas 2001, 29).

Für *Deutschland* liegt neben der bundesweit angelegten Kohortenstudie von Heinz/Spieß/Storz 1988 und den sich auf Baden-Württemberg beziehenden Untersuchungen des Freiburger Max-Planck-Institutes für ausländisches und internationales Strafrecht (Karger/Sutterer 1993; Grundies 1999) seit kurzem eine prospektiv angelegte Untersuchung einer Geburtskohorte vor, die sich auf Mannheim bezieht (Schmidt u.a. 2001) und neben der offiziell registrierten Kriminalität auch die Dunkelfelddelinquenz berücksichtigt. Von den ca. 1.500 Kindern, die 1970 in Mannheim geboren sind und noch 1978 dort lebten, wurde eine Zufallsstichprobe von 399 Kindern zu vier Zeitpunkten untersucht: Mit 8 Jahren, 13 Jahren, 18 Jahren und 25 Jahren. Für die 18- und 25-Jährigen wurde für die zurückliegenden Jahre auch das Dunkelfeld mit einem „konservativen Schwellenwert" erfasst. Etwa 8% der Jugendlichen, die bereits früh auffielen, setzten die Auffälligkeit bis ins junge Erwachsenenalter fort; bei nicht Wenigen kommt es jedoch auch erstmals im jungen Erwachsenenalter zu delinquentem Verhalten. Im Dunkelfeld ließen sich bereits im Jugendalter unterschiedliche „Delinquenzprofile" für episodisch straffällige Jugendliche und für später fortgesetzte Delinquenz erkennen. Insgesamt kommt die Untersuchung zu dem Ergebnis, dass Prognosen auf der Basis von nur offiziell registrierten Straftaten zu einer deutlichen Unterschätzung der Häufigkeit von fortgesetzter Delinquenz und zu einer Überschätzung von episodischen Verläufen führen[16].

Seit 2002 werden in *Duisburg* dieselben Jugendlichen zwischen ihrem 13. und bislang 19. Lebensjahr zur selbstberichteten Delinquenz befragt. Nach diesen Dunkelfelduntersuchungen liegt die höchste Kriminalitätsbelastung früher als bisher angenommen; der Kriminalitätsrückgang setzt bereits im 15. Lebensjahr ein. Die meisten Jugendlichen begehen nur ein bis zwei Taten, einige auch drei oder vier Taten. Die Gruppe der *Intensivtäter* (fünf und mehr Gewaltdelikte pro Jahr) umfasst etwa 5% der Täter, berichtet aber die Hälfte aller Taten und den größten Teil der Gewaltdelikte. Allerdings geht auch dieser Anteil früher als bislang angenommen – nämlich bereits ab dem 16. Lebensjahr – wieder deutlich zurück (Boers/Reinecke 2008).

Auf der Basis dieser verschiedenen Datenquellen wird in der kriminologischen Forschung allgemein davon ausgegangen, dass der kleine „harte Kern" der mehrfach und intensiv Auffälligen zwischen 6 und 10% der Täter umfasst und für rund 40 bis 60% aller Taten der jeweiligen Altersgruppe verantwortlich ist. Bei diesen Werten

---

[16] Das entspricht den Ergebnissen der groß angelegten Eidgenössischen Jugend- und Rekrutenbefragung, der zu Folge gerade bei den schon offiziell massiv auffälligen Gewalt- und Sexualtätern eine erschreckend große Zahl von Straftaten auch noch im Dunkelfeld verblieb; Haas 2001.

handelt es sich um seit Jahrzehnten (Philadelphia-Studie!) stabile Befunde. Schülerbefragungen zufolge ist der „harte Kern" nicht größer, sondern eher kleiner geworden (Heinz 2008a, 12).

B. Kriminologische Befunde zur Prognose jungen Intensivtäter

Ganz offensichtlich gibt es also junge Intensivtäter, auch wenn man sich über die Befunde im Einzelnen noch streiten kann: Etwa

- über die Häufigkeit,
- über ihre Anteile an Taten und Tätern – in etwa dürften nach den vorliegenden Untersuchungsergebnissen weniger als 10% der überhaupt auffälligen Jugendlichen mehr als 50% der bei diesen insgesamt offiziell registrierten Straftaten verübt haben; fast ausschließlich handelt es sich dabei um männliche Jugendliche,
- über den Verlauf ihrer „Karrieren", insbesondere hinsichtlich Kontinuität und Diskontinuität im Erwachsenenalter und
- über das „ob" oder „ob nicht" einer problematischen Entwicklung dieses „harten Kerns" der Jugenddelinquenz hinsichtlich ihrer Häufigkeit und/oder der Schwere der von ihnen begangenen Straftaten – ob es sich also zumindest im Sinne des „immer mehr und immer schlimmer" um eine „neue" Herausforderung handelt. Der Zweite Periodische Sicherheitsbericht der Bundesregierung (2006, 354) stellt hierzu fest: „Eine Zunahme gravierender Formen der Delinquenz junger Menschen in Gestalt von erhöhten Zahlen von Mehrfach- und Intensivtätern lässt sich nicht nachweisen."

Keine Zweifel bestehen jedoch daran, dass es sie gibt – und weitgehend unbestritten ist auch die *Forderung*, potenziell (oder schon tatsächlich) „chronisch Kriminelle" möglichst frühzeitig zu erkennen, um ebenso frühzeitig intervenieren und reagieren zu können mit dem *Ziel*, schon den Beginn einer möglichen „kriminellen Karriere" zu verhindern[17] – aber auch mit dem *Ziel*, den Kriminalisierungsprozess durch eine Kategorisierung als „Intensivtäter" nicht noch zu beschleunigen, da durch diese Kategorisierung „eine wahrnehmungswirksame Bewertung der Täter-Person und nicht des Täter-Handelns erfolgt, die das Selbstbild der so kategorisierten verändern könnte" (Ohder/Huck 2006, 7).

Doch nach wie vor sind die prognostischen Möglichkeiten und vor allem die „Trefferquoten" unbefriedigend, auch wenn durchaus Fortschritte in der Treffsicherheit von Kriminalitätsprognosen gemacht worden sind, die sich auf den Einzelfall beziehen: Nach wie vor erhalten wir zu viele „falsch Positive", sicherlich auch nicht wenige „falsch Negative" und viel zu häufig sind wir erst nachher schlauer.

---

[17] Von Seiten der Instanzen der formellen Sozialkontrolle und der Kriminalpolitik auch in der Hoffnung, dadurch mit relativ geringem Aufwand die Kriminalität insgesamt deutlich zu senken.

Es fehlen die „Instrumente", an Hand derer – bezogen auf den Einzelfall und auf der Grundlage empirischer Befunde – Indikatoren einer Intensivauffälligkeit oder einer voraussichtlichen kriminellen Karriere so frühzeitig erkannt werden können, dass ihnen rechzeitig mit erzieherischen und sozialpädagogischen, aber auch mit polizeilichen und justiziellen Maßnahmen begegnet werden könnte. „Prognostisch ist es noch nicht gelungen, die Intensivtäter von den Jugendlichen zu unterscheiden, die eine Spontanbewährung aufweisen" (Heinz 2008 a, 12).

Zwar lässt sich die kleine Gruppe der Täter, die als „Mehrfach- und Intensivtäter" über einen längeren Zeitraum mehrfach und (auch) mit schwereren Taten auffallen, retrospektiv hinsichtlich ihres strafbaren Verhaltens und vor allem ihrer soziobiografischen Kriterien gut beschreiben – nur eignen sich diese Merkmale und Faktoren nicht oder bestenfalls sehr eingeschränkt zur frühzeitigen Prognose einer „kriminellen Gefährdung" im Einzelfall.

Hinsichtlich der Prognosetauglichkeit ihres *strafrechtlich relevanten Verhaltens* gilt, dass diese jungen Täter im Wesentlichen nur „mehr von Demselben" begangen haben: Ihre Deliktspalette – die Anteile, die einzelne Deliktsbereiche an der Gesamtkriminalität haben – unterscheidet sich nicht grundsätzlich von derjenigen der Einmal- und Gelegenheitstäter der „altersspezifischen Jugendkriminalität".

Innerhalb der einzelnen Deliktsbereiche lassen sich für die Mehrfach- und Intensivtäter allerdings deutlich mehr Straftaten aufzeigen und auch deutlich mehr schwerere Straftaten, insbesondere solche der Gewaltkriminalität.

Dennoch lassen weder Deliktshäufigkeiten noch Deliktsschwere noch eine sehr früh beginnende Auffälligkeit (sichere) Prognosen hinsichtlich einer „kriminellen Gefährdung" in Richtung Mehrfach- und Intensivtäter zu.

Das lässt auch die Tatsache nicht zu, dass es sich bei den „mehrfach Auffälligen" regelmäßig auch um „mehrfach Betroffene" handelt: Der Täter-Opfer-Statuswechsel ist insbesondere für Intensivtäter kennzeichnend, dieselbe Person hat also sowohl Täter- als auch Opfererfahrungen (das gilt insbesondere für die personale Gewalt), bereitet nicht nur Probleme, sondern hat auch Probleme, ist nicht nur gefährlich, sondern auch gefährdet (Heinz 2006; Sonnen 2007, 27; Steffen 2008, 241).

Wegen der geringen Prognosetauglichkeit des strafrechtlich relevanten Verhaltens junger Täter kommen beispielsweise auch die Anstrengungen der *Polizei*, diese Täter zu erkennen, immer zu spät: Damit die Polizei einen Intensivtäter identifizieren und als solchen einstufen kann, muss dieser schon erheblich aufgefallen sein, einiges strafrechtlich Relevantes getan haben (das gilt auch für die so genannten „Schwellentäter"). Bestenfalls kann die Polizei also durch die Verbesserung ihrer Kontrolltätigkeit und vor allem durch eine intensive Zusammenarbeit mit anderen Instanzen ihren Beitrag dazu leisten, weitere Straftaten dieser Täter zu verhindern. Das ist denn auch Sinn und Zweck der Intensivtäterprogramme, die – soweit ersichtlich – in fast allen Bundesländern durchgeführt werden[18].

---

[18] Siehe hierzu die Ausführungen der Bund-Länder-AG von 2008 und die Ergebnisse der Länderumfrage zum behördlichen Umgang mit Intensivtäter/innen durch die Landeskommission Berlin gegen Gewalt

Hinsichtlich der Prognosetauglichkeit *soziobiografischer Kriterien* lassen sich zwar für Mehrfach- und Intensivtäter im Hell- wie im Dunkelfeld, insbesondere für solche mit einer Heimkarriere oder Vollzugserfahrungen, die oben schon genannten Defizite und Problemlagen aufzeigen wie

- Frühauffälligkeiten im Verhalten,
- familiäre Probleme, insbesondere auch durch erfahrene und beobachtete Gewalt in der Familie,
- materielle Notlagen bis hin zu sozialer Randständigkeit und dauerhafter sozialer Ausgrenzung,
- ungünstige Wohnsituation,
- starke Orientierung an delinquenten Cliquen und Peer-Gruppen,
- Fehlen schulischer Abschlüsse und brauchbarer beruflicher Ausbildungen,
- dadurch (mit)bedingte subjektive wie objektive Chancen- und Perspektivlosigkeit.

Obwohl in dieser Kumulation von Risikofaktoren der „gemeinsame Nenner" junger Intensivtäter liegt, eignen sich diese Kriterien und Merkmale dennoch nur sehr eingeschränkt für die Prognose einer kriminellen Gefährdung in Richtung Mehrfach- und Intensivtäter im Einzelfall, „da ein größerer Teil der hoch belasteten Kinder sich als resilient erweist, d.h. trotz widriger Umstände sich gleichwohl positiv entwickelt. Aufgrund von Schutzmechanismen (protektiven Faktoren), die teilweise in schlecht prognostizierbaren Umweltgegebenheiten und deren Veränderung zu lokalisieren sind, realisieren sich die angelegten Risiken bei ihnen langfristig glücklicherweise nicht" (PSB 2006, 403).

Ein sehr eindrucksvoller Beleg hierfür sind die Auswertungen der Original-Daten zu den Probanden der schon zitierten Philadelphia-Kohorte durch Kerner (1993): Zwar waren über 90% der Täter mit zahlreichen Polizeikontakten soziobiografisch stark belastet, andererseits hatten aber 42% der sehr stark soziobiografisch belasteten Jungen nicht einen einzigen Polizeikontakt!

Bislang ist es der Kriminologie nicht gelungen, den – scheinbaren? – Widerspruch aufzulösen, der zwischen dem gesicherten Wissen um Risiko- und Schutzfaktoren als „kollektiven Wahrscheinlichkeiten" bzw. statistischen Gesetzmäßigkeiten einerseits und der unzureichenden Möglichkeit einer (frühzeitigen) Prognose im Einzelfall aufgrund des Vorhandenseins dieser Faktoren besteht: „Eine eingehendere Analyse vorhandener Screeninginstrumente zeigt, dass ... (keine) Instrumente vorhanden sind, mit denen einzelne Jugendliche mit dem Risiko zu schwerem und gewalttätigem delinquenten Verhalten mit ausreichender Genauigkeit aufgespürt werden können" (Loeber 2002, 144).

2006/2007 (Arbeitspapier).

C. Kriminologische Befunde zur Reaktion auf und Intervention bei jungen Intensivtätern

Wenn es denn schon nur äußerst unvollkommen gelingt, junge Intensivtäter frühzeitig – prospektiv – zu erkennen: Was kann die Kriminologie anbieten, um zumindest im Nachhinein – sozusagen retrospektiv – auf gefährdete oder bereits auffallende junge Intensivtäter angemessen und wirkungsvoll zu reagieren?

Dazu zunächst eine grundsätzliche Anmerkung: Auch wenn man den Eindruck haben kann, bestimmte junge Menschen seien mit unseren Hilfs- und Kontrollmaßnahmen nicht oder nur unzureichend zu erreichen – und die Instanzen „mit ihrem Latein am Ende" – rechtfertigt die darin möglicherweise zum Ausdruck kommende Hilflosigkeit bis Ohnmacht staatlichen Handelns

- weder die Methode „Ausgrenzen und Einsperren"
- noch eine Politik rigiden Durchgreifens im Sinne einer pauschalen Verschärfung des Jugendstrafrechts wegen einiger weniger scheinbar „Unbelehrbarer" (s. dazu auch Heinz 2002b; 2008b und c).

Die Kriminologie ist sich weitgehend einig, dass *intensive Maßnahmen nicht besser, sondern eher gefährlicher* seien: „Sie mögen zwar tatsächlich stärker wirken, jedoch vorwiegend im Sinne einer Belastung der weiteren Sozialisation, der Beschneidung sozialer Teilhabe, wodurch künftige Rechtsbrüche wahrscheinlicher werden" (Walter 2003, 162). Intensive strafrechtliche Maßnahmen können damit die Kriminalisierungsprozesse verstärken, die, wie bereits ausgeführt, bei jungen Intensivtätern schon durch ihre Kategorisierung als Intensivtäter und ihre Aufnahme in besondere Interventions- und Präventionsprogramme beginnen können.

Außerdem macht schon die für junge Intensivtäter typische Anhäufung zahlreicher Risikofaktoren und dissozialer Entwicklungen mit ihren Kettenreaktionen bei der Entwicklung antisozialen Verhaltens (s.o.) deutlich, dass mit Mitteln des Strafrechts allein oder auch nur überwiegend wenig erreicht werden kann.

Gleichwohl bestehen, soweit ersichtlich, in allen Ländern bei Polizei und Justiz – und zum kleinen Teil auch bei den Behörden, die für Jugend, Familie, Soziales und Bildung verantwortlich sind –, *besondere Zuständigkeiten für Intensivtäter*, werden in allen Ländern Intensivtäterprogramme durchgeführt[19], allerdings mit beträchtlichen Unterschieden in der Sicht auf bzw. im Umgang mit Mehrfachtätern. Regelmäßig werden für die Zuweisung zur Gruppe der Intensivtäter quantitative mit qualitativen Kriterien verbunden, „so dass jede Klassifikationsentscheidung eine Ermessensfrage und prinzipiell anfechtbar ist". Außerdem besteht die generelle Tendenz, die kriminelle Aktivität der Intensivtäter vorrangig als ein Problem zu sehen, auf das vor allem repressiv reagiert werden muss – auf die Abfrage antworteten in erster Linie die Innen- und Justizressorts. Nur einige Länder, darunter diejenigen, die sich schon am längsten mit dem Problem beschäftigen (Schleswig-Holstein, Hamburg, Baden-

---

[19] Gemäß einer Abfrage der Landeskommission Berlin gegen Gewalt 2006/2007 bei den Behörden, die für die Ressorts Innen, Justiz, Jugend, Familie, Soziales und Bildung zuständig sind (Arbeitspapier).

Württemberg) legen Ressorts übergreifende Konzepte vor, die repressive und präventive Maßnahmen kombinieren. „Ein Hauptaugenmerk richtet sich anscheinend jeweils darauf, die Anstrengungen aller beteiligten Behörden zu koordinieren und dadurch verstärkt auf die betroffenen Personen und ihre Familien zuzugreifen"[20].

Gefordert sind hier insbesondere Schule und Jugendhilfe, für die diese „schwierigen Jugendlichen" eine wenig geliebte Klientel sind (Walter 2008, 138) und die auch von den Kommunen in den letzten Jahren für diese Ausgabe nicht entsprechend personell und finanziell ausgestattet worden sind: „Kommunen, die in den letzten Jahren an der Jugendhilfe gespart haben, haben an der falschen Stelle gespart" (Heinz 2008a, 17).

In der Forschung ist unbestritten, dass – orientiert an der Komplexität der Problemlagen – *vielfältige und differenzierte Reaktionen und Interventionen* erforderlich seien. Noch am ehesten Erfolg versprechend sind Interventionen, die am Einzelfall orientiert sind (Ohder 2007, 73), aus mehreren Modulen bestehen, mehrere Veränderungsstrategien umfassen und sich an mehrere Ebenen – Bezugssysteme – richten[21]: An den jungen Intensivtäter selbst, an seine Familie, an die Schule, an den Freundeskreis, an das Stadtviertel usw. „Rechtzeitig erfolgende und pädagogisch bewährte Maßnahmen durch das soziale Umfeld, die Jugendhilfe und die Justiz haben ... die größte Chance, eine delinquente Entwicklung zu bremsen" (Boers/Reinecke 2008).

Erforderlich, aber noch keineswegs erreicht, ist weiter ein *vernetztes, zumindest aber ein Ressorts und Institutionen übergreifendes Handeln*: Beispiele dafür sind die (polizeilichen und justiziellen) Intensivtäterprogramme (s.o.), aber auch die „Harter-Kern-Projekte", die in mehreren Städten der Niederlande durchgeführt werden und auch evaluiert worden sind[22].

Die *„Harter-Kern-Projekte"* gehen davon aus, dass für „systematisch operierende Täter" das kriminelle Verhalten einen stärker strukturellen und auch kalkulierten Charakter hat. Kriminalität ist mehr oder weniger Bestandteil ihres Lebensstils. Solange dieses Verhalten Vorteile verschafft, besteht allenfalls eine minimale Motivation für eine Veränderung dieses Lebensstils. Deshalb müssen die Institutionen nicht nur integriert und kooperativ vorgehen, sondern auch mit einem gewissen Maß an Druck- und Zwangsmitteln. Gemeinsame Elemente der örtlich durchaus unterschiedlich durchgeführten Projekte sind die individuelle Betreuung – im Sinne einer ambulanten Intensivbetreuung – der Jugendlichen über mindestens ein halbes Jahr mit dem Ziel der Entwicklung einer Zukunftsperspektive in Kombination mit strikten (vertraglichen) Abmachungen, deren Einhaltung kontrolliert und – im Falle eines Verstoßes – sanktioniert wird.

Schließlich sind grundsätzlich vor allem *frühzeitig ansetzende präventive Maßnahmen* und Angebote geeignet, soziale Desintegrationslagen zu vermeiden oder ab-

---

[20] Ob das gelingt ist allerdings genau so wenig bekannt wie die Wirksamkeit dieser Programme insgesamt, da bislang keine Evaluationen durchgeführt worden sind.

[21] Siehe dazu auch Loeber 2002; 73; Lösel 2008 und den Bericht des Arbeitsstelle Kinder- und Jugendkriminalitätsprävention 2007.

[22] Kleiman/Terlouw 1997; Nachweise auch bei Elsner/Steffen/Stern 1998, 230 f.

zubauen und die für junge Intensivtäter *typische Hilfe-, Interventions- und Unterlassungskarriere* gar nicht erst beginnen zu lassen oder zumindest abzubrechen.

Damit stellt sich dann wieder das Problem der Prognose: Bei einer frühen Begleitung von „Risikokindern" müssen sozusagen „Programme auf Verdacht" durchgeführt werden – und das ist nicht nur eine Frage der Finanzierbarkeit, sondern auch eine der Schädlichkeit und Zulässigkeit, zumindest dann, wenn diese „Begleitung" mit Eingriffsmaßnahmen verbunden ist. Wenn das jedoch nicht der Fall ist, sondern es um eine gezielte Entwicklungsförderung von Kindern und ihren Familien geht, dann sind frühe Prävention und Intervention von entscheidender Bedeutung: „Durch die Früherkennung von Gefährdungen erhöht sich die Chance, nicht erst zum Zeitpunkt einer akuten Krise zu reagieren, wenn die Folgen bereits gravierend sind … Psychosozial hochbelastete Familien benötigen langfristige, kontinuierliche Begleitung … Der Einsatz lohnt sich: Die Wirksamkeit frühpräventiver Programme für Familien mit Risikokonstellationen ist in Langzeitstudien gut belegt" (Galm 2005, 4f.; Steffen 2008, 253).

D. Zusammenfassung

Zusammenfassend lässt sich festhalten:

1. Junge Intensiv- und Mehrfachtäter sind keine „neue" Herausforderung, die entsprechend „neue", sprich schärfere und intensivere Maßnahmen des Jugendkriminalrechts erforderlich macht, sondern ein „altes" Problem mit ebenfalls „alten", ungelösten Schwierigkeiten. Es gibt auch keine Hinweise darauf, dass diese kleine Gruppe vielfach und intensiv Straffälliger größer oder von der Qualität ihrer Straftaten her problematischer geworden wäre.

2. Die „alten" Schwierigkeiten beziehen sich nicht nur auf die bislang nicht befriedigend gelungene frühzeitige Prognose gefährdeter junger Menschen im Einzelfall mit dem Ziel, durch angemessene Interventionen und Reaktionen schon den Beginn einer möglichen „kriminellen Karriere" zu verhindern, sondern auch auf die ebenfalls bisher ungelöste Schwierigkeit, der kleinen Gruppe vielfach und intensiv Straffälliger und den sie begleitenden Problemen mit erzieherischen Mitteln glaubwürdig und wirksam entgegen zu treten.

3. Strafrechtliche Maßnahmen reichen jedenfalls nicht aus und ihre Verschärfung ist eher wenig hilfreich und auch nicht erforderlich. Auch durch die Ausweitung polizeilicher und staatsanwaltschaftlicher „Intensivtäterprogramme" sind keine dauerhaften Problemlösungen zu erreichen.

4. Denn das Problem intensiver Auffälligkeit ist sozialstrukturell verankert und weist auf einen vielschichtigen Bedarf an Prävention, Hilfe und Intervention hin: Bei den jungen Intensivtätern selbst, bei ihren Familien, bei ihrem sozialen Umfeld, etwa beim Freundeskreis, bei Schulen und Ausbildungseinrichtungen, bei den Sozialsystemen insgesamt.

5. Wegen der für Intensivtäter kennzeichnenden Kumulation von Risikofaktoren und „Problemkomplexität" dürften die Verringerung individueller Kriminalisierungsrisiken und die Stärkung der Schutzfaktoren am ehesten gelingen,

wenn an den Besonderheiten des Einzelfalls angesetzt wird" (Ohder 2007, 73).

6. Wichtig und bislang keinesfalls erreicht, ist eine frühe Koordination und Vernetzung von Maßnahmen – etwa zwischen Schule, Jugendhilfe, Polizei und Justiz – und ihre Steuerung über längere Zeiträume und unterschiedliche Zuständigkeiten hinweg.

7. Frühe und langfristige Ansätze sind – das ist inzwischen durch Evaluationsstudien belegt – effektiv und effizient.

Wenig hilfreich ist dagegen eine an Aufsehen erregenden Fällen orientierte Medienberichterstattung und kriminalpolitische Reaktion sowie das Wechselspiel zwischen medialer Berichterstattung und staatlicher Kriminalpolitik, der bekannte „politisch-publizistische Verstärkerkreislauf" (Scheerer 1978), der auch junge Intensivtäter zum allumfassenden Problem und zur alltäglichen Bedrohung werden lässt (Steffen 2008, 233). Auch wenn die dagegen argumentierenden Kriminologen sich regelmäßig dem Vorwurf ausgesetzt sehen, sie seien „Dementier-Kriminologen", (Walter 2007, 243), sollten sie ihren kriminologischen Kriminalitätsdiskurs beibehalten, der auf Fakten und nicht auf Dramatisierung setzt.

Literatur

Albrecht, Hans-Jörg (1993) Kriminelle Karrieren. In: Kaiser, G./Kerner, H.-J./Sack, F./Schellhoss, H. (Hrsg.): Kleines Kriminologisches Wörterbuch. 3. Auflage. Heidelberg. S. 301-308.

Arbeitsstelle Kinder- und Jugendkriminalitätsprävention (Hrsg.)(2007) Strategien der Gewaltprävention im Kindes- und Jugendalter. Eine Zwischenbilanz in sechs Handlungsfeldern. München.

Baier, Dirk u.a. (2006) Schülerbefragung 2005: Gewalterfahrungen, Schulschwänzen und Medienkonsum von Kindern und Jugendlichen. KFN Materialien für die Praxis Nr. 2. Hannover.

Baier, Dirk/Pfeiffer, Christian (2007) Gewalttätigkeit bei deutschen und nichtdeutschen Jugendlichen – Befunde der Schülerbefragung 2005 und Folgerungen für die Prävention. KFN Forschungsberichte Nr. 100. Hannover.

Boers, Klaus u.a. (2006) Jugendkriminalität – Keine Zunahme im Dunkelfeld, kaum Unterschiede zwischen Einheimischen und Migranten. Monatsschrift für Kriminologie und Strafrechtsreform 2006, S. 63-87.

Boers, Klaus/Reinecke, Jost (2008) Entstehung und Verlauf der Jugendkriminalität. Ergebnisse einer kriminologischen Langzeituntersuchung in Duisburg. Pressemitteilung vom 11. September 2008 (www.jura.uni-muenster.de).

Bund-Länder-AG (2008) Entwicklung der Gewaltkriminalität junger Menschen mit einem Schwerpunkt auf städtischen Ballungsräumen. Abschlussbericht zur IMK-Frühjahrssitzung 2008.

Bundesministerium des Innern/Bundesministerium der Justiz (Hrsg.)(2006) Zweiter Periodischer Sicherheitsbericht. Berlin.

Elsner, Erich/Steffen, Wiebke/Stern, Gerhard (1998) Kinder- und Jugendkriminalität in München. München.

Elsner, Erich/Molnar, Hans (2001) Kriminalität Heranwachsender und Jungerwachsener in München. München.

Galm, Beate (2005) Frühprävention von Gewalt gegen Kinder in psychosozial belasteten Familien. DJI Bulletin 72, Herbst 2005, S. 4-5.

Grundies, V. (1999) Polizeiliche Registrierungen von 7- bis 23jährigen. Befunde der Freiburger Kohortenuntersuchung. In: Albrecht, H.-J./Kury, H. (Hrsg.): Forschungen zu Kriminalität und Kriminalitätskontrolle am Max-Planck-Institutu für ausländisches und internationales Strafrecht in Freiburg i. Br. Freiburg. S. 371-401.

Haas, Henriette (2001) Agressions et victimisation: une enquête sur les délinquants violents et sexuels non détectés. Aarau. Switzerland.

Heinz, Wolfgang (2002a) Kriminologische Variationen über ein Thema von Shakespeare. In: Moos, R. (Hrsg.): Festschrift für Udo Jesionek. Graz. S. 103-135.

Heinz, Wolfgang (2002b) Kinder- und Jugendkriminalität – ist der Gesetzgeber gefordert? Zeitschrift für die gesamte Strafrechtswissenschaft 114, Heft 3, S. 519-583.

Heinz, Wolfgang (2006) Kriminelle Jugendliche – gefährlich oder gefährdet? Konstanzer Universitätsreden. Konstanz.

Heinz, Wolfgang (2008a) Härtere Sanktionen im Jugendstrafrecht = weniger Jugendkriminalität! Stimmt diese Gleichung? ajs-informationen. Fachzeitschrift der Aktion Jugendschutz. Nr. 2/44. Jahrgang. Juli 2008, S. 4-17.

Heinz, Wolfgang (2008b) Bekämpfung der Jugendkriminalität durch Verschärfung des Jugendstrafrechts? Zeitschrift für Jugendkriminalrecht und Jugendhilfe 1/2008, S. 60-68.

Heinz, Wolfgang (2008c) „Bei der Gewaltkriminalität junger Menschen helfen nur härtere Strafen!" Fakten und Mythen in der gegenwärtigen Jugendkriminalpolitik. Neue Kriminalpolitik 2/2008, S. 50 – 59.

Heinz, Wolfgang/Spieß, Gerhard/Storz, Renate (1988) Prävalenz und Inzidenz strafrechtlicher Sanktionierung im Jugendalter. In: Kaiser, G. e.a. (Hrsg.): Kriminologische Forschung in den 80er Jahren. Freiburg. S. 631-661.

Holthusen, Bernd/Lüders, Christian (1999) Strafunmündige "Mehrfach- und Intensivtäter" – Eine Herausforderung für die Jugendhilfe? In: Arbeitsstelle Kinder- und Jugendkriminalitätsprävention/Bndesjugendkuratorium (Hrsg.): Der Mythos der Monsterkids. Strafunmündige Mehrfach- und Intensivtäter. München. S. 77-85.

Kaiser, Günther (1996) Kriminologie. Ein Lehrbuch. 3. Auflage. Heidelberg.

Karger, Thomas/Sutterer, Peter (1993) Legalbiographische Implikationen verschiedener Sanktionsstrategien bei Jugendlichen am Beispiel des einfachen Diebstahls. In: Kaiser, G./Kury, H. (Hrsg.): Kriminologische Forschung in den 90er Jahren. Freibzúrg. S. 127-155.

Kerner, Hans-Jürgen (1993) Jugendkriminalität zwischen Massenerscheinung und krimineller Karriere. In: Nickolai, W./Reindl, R. (Hrsg.): Sozialarbeit und Kriminalpolitik. Freiburg i.Br.

Kleiman, W.M./Terlouw, G.J. (1997) Gelegenheit zu einer neuen Chance. Evaluation von Harten-Kern-Projekten. Wissenschaftliches Untersuchungs- und Dokumentationszentrum. Den Haag, Niederlande.

Loeber, Rolf (2002) Schwere und gewalttätige Jugendkriminalität: Umfang, Ursachen und Interventionen – Eine Zusammenfassung. In: Arbeitsstelle Kinder- und Jugendkriminalitätsprävention (Hrsg.): Nachbarn lernen voneinander, Modelle gegen Jugenddelinquenz in den Niederlanden und in Deutschland. München.

Lösel, Friedrich (2008) Prävention von Aggression und Delinquenz in der Entwicklung junger Menschen. In: Marks, E./Steffen, W. (Hrsg). S 129-151.

Lösel, Friedrich/Bliesener, Thomas (2003) Aggression und Delinquenz unter Jugendlichen. Polizei + Forschung Bd. 20. Herausgegeben vom Bundeskriminalamt. München und Neuwied.

Marks, Erich/Steffen, Wiebke (Hrsg.)(2008) Starke Jugend – starke Zukunft. Ausgewählte Beiträge des 12. Deutschen Präventionstages 2007. Godesberg.

Ohder, Claudius (2007) „Intensivtäter" in Berlin. Hintergründe und Folgen vielfacher strafrechtlicher Auffälligkeit. Landeskommission Berlin gegen Gewalt. Berliner Forum Gewaltprävention. BFG Nr. 33.

Ohder, Claudius/Huck, Lorenz (2006) „Intensivtäter" in Berlin – Hintergründe und Folgen vielfacher strafrechtlicher Auffälligkeit – Teil 1. Eine Auswertung von Akten der Abteilung 47 der Berliner Staatsanwaltschaft. Landeskommission Berlin gegen Gewalt. Berliner Forum Gewaltprävention. BFG Nr. 26.

PSB (2006) s. *Bundesministerium des Innern/Bundesministerium der Justiz* (Hrsg.).

Scheerer, Sebastian (1978) Der politisch-publizistische Verstärkerkreislauf. Zur Beeinflussung der Massenmedien im Prozess strafrechtlicher Normgenese. Kriminologisches Journal 10, Heft 3, S. 223-227.

Schmidt, Martin/Lay, Barbara/Ihle, Wolfgang/Esser, Günter (2001) Bedeutung von Dunkelfelddelikten für episodische und fortgesetzte Delinquenz. Monatsschrift für Kriminologie und Strafrechtsreform 2002, S. 25-36.

Sonnen, Bernd-Rüdeger (2007) Kriminologie und Jugendstrafrecht. In: Sonnen, B.-R./ Guder, P./Reiners-Kröncke, W.: Kriminologie für Soziale Arbeit und Jugendkriminalrechtspflege. DVJJ-Schriftenreihe Arbeitshilfen für die Praxis. Hannover.

Schwind, Hans-Dieter (2007) Kriminologie. 18. Auflage. Heidelberg.

Steffen, Wiebke (2003) Mehrfach- und Intensivtäter: Aktuelle Erkenntnisse und Strategien aus dem Blickwinkel der Polizei. Zeitschrift für Jugendkriminalrecht und Jugendhilfe 2/2003, S. 152-158.

Steffen, Wiebke (2004) Junge Intensivtäter – Kriminologische Befunde. Bewährungshilfe 1/2004, S. 62-72.

Steffen, Wiebke (2008) Jugendkriminalität und ihre Verhinderung zwischen Wahrnehmung und empirischen Befunden. Gutachten zum 12. Deutschen Präventionstag am 18. und 19. Juni 2007 in Wiesbaden. In: Marks, E./Steffen, W. (Hrsg.). S.233-272.

Stelly, Wolfgang/Thomas, Jürgen (2001) Einmal Verbrecher – immer Verbrecher? Wiesbaden.

Erneute, geringfügig veränderte Fassung „Kriminalität im Lebenslauf" (2005) veröffentlicht in der Reihe Tübinger Schriften und Materialien zur Kriminologie (Band 10).

Stelly, Wolfgang/Thomas, Jürgen (2003) Wege aus schwerer Jugendkriminalität. Bewährungshilfe 1/2003, S. 51-65.

Sutterlüty, Ferdinand (2008) Was ist eine Gewaltkarriere? In: Marks, E./Steffen, W. (Hrsg.). S. 207-232.

Walter, Michael (2003) Mehrfach-Intensivtäter – kriminologische Tatsache oder Erfindung der Medien? Zeitschrift für Jugendkriminalrecht und Jugendhilfe 2/2003, S. 159-163.

Walter, Michael (2008) Jugendgewalt: Befunde – öffentliche Wahrnehmungen – Präventionspolitik. In: Steinhausen, H.-C./Bessler, C. (Hrsg.): Jugenddelinquenz. Entwicklungspsychiatrische und forensische Grundlagen und Praxis. Verlag W. Kohlhammer.

Wiesbadener Erklärung des 12. Deutschen Präventionstages (2007). In: Marks, E./Steffen, W. (Hrsg.). S. 317-322.

Wilmers, Nicola u.a. (2002) Jugendliche in Deutschland zur Jahrtausendwende: Gefährlich oder gefährdet? Baden-Baden.

Wolfgang, Marvin e.a.(1972) Delinquency in a Birth Cohort. Chicago.

KLAUS BOERS

Kontinuität und Abbruch persistenter Delinquenzverläufe

Die Kontinuität und der Abbruch persistenter Delinquenzverläufe (mit einem verbreiteten, aber weniger zutreffenden Ausdruck: kriminelle Karrieren) sind eigentlich nur bei Intensivtätern von Bedeutung. Denn vor allem hier kommt die kriminologische, kriminalprognostische und kriminalpräventive Problematik von Delinquenzverläufen zum Tragen. Um dies zu begreifen, ist es sinnvoll, den größeren Zusammenhang des Altersverlaufs der Delinquenz im Auge zu behalten und die drei grundlegenden Phänomene der Verbreitung und des Verlaufs der (Jugend-) Kriminalität anhand der bekannten Trias der Ubiquität (weite Verbreitung), Spontanbewährung (weitestgehender Abbruch der Tatbegehung ohne formelle Kontrollintervention) sowie der auf wenige Intensivtäter konzentrierten Intensität zu betrachten. Auf den beiden ersten Phänomenen beruht die allgemeine kriminologische Erkenntnis, dass das Begehen von Straftaten bei den allermeisten Jugendlichen eine normale und episodenhafte, das heißt: sich selbst regulierende Erscheinung im Prozess der Normsozialisation darstellt (vgl. statt vieler: Kunz 2004, S. 291). Hier wird also davon ausgegangen, dass spätestens im Verlauf des Heranwachsendenalters die allermeisten jungen Menschen keine Straftaten mehr begehen. Bei den Intensivtätern gehen die Auffassungen insbesondere seit Mitte der achtziger Jahre auseinander: Brechen auch sie, wenn auch etwas später, die delinquente Entwicklung ab? Oder sind sie bis weit ins Erwachsenenalter hinein, wenn nicht gar lebenslang, aktiv?

Diese Phänomene werden im Rahmen der kriminologischen Lebensverlaufs- oder Entwicklungsforschung[1] anhand des Altersverlaufs der Delinquenz mit kriminologischen Paneldaten für eine oder mehrere Lebensphasen beobachtet; dafür werden dieselben Personen wiederholt befragt. Die Zeiteinheit ist hier das Alter und nicht das Kalenderjahr. Bei Untersuchungen auf Grund des Kalenderjahres handelt es sich um Zeitreihen. Hier werden unterschiedliche Personengruppen desselben Alters (oder derselben Altergruppen) über die Zeit befragt. Sie dienen der Beobachtung der Kriminalitätsentwicklung zwischen verschiedenen Kalenderjahren.

Die kriminologische Lebensverlaufsforschung stellt nicht von ungefähr seit über sechzig Jahren den bedeutsamsten Bereich der empirischen kriminologischen Forschung dar. Sie versucht in einer für die Kriminologie bislang intensivsten Weise, Grundlagenforschung und praktische Anwendung zu verbinden: Die Erforschung der Ursachen der Kriminalität und ihres Verlaufs sollte die Basis für eine erfolgreiche Prognose und Prävention bilden. Angesichts der Komplexität des Psychischen und Sozialen mochte ein solcher positivistisch geprägter Erfolgsoptimismus naiv anmuten.

---

[1] Man spricht auch von kriminologischer Längsschnittforschung (zum Beispiel Boers 2007). Genau genommen gehören dazu allerdings neben Paneldaten auch Zeitreihen.

Nicht zuletzt wegen der gegenläufigen oder uneindeutigen empirischen Befundlage gewinnen jedoch inzwischen begründete Skepsis und weiterführende inhaltliche Differenzierungen zunehmend eine größere Bedeutung. Dazu hat gewiss auch die bemerkenswerte methodische Entwicklung beigetragen. Beruhten die ersten Untersuchungen noch allein auf Hellfeld- sowie retrospektiv erhobenen Zusammenhangsdaten, so ist spätestens seit den siebziger Jahren die *prospektive* Erhebung sowohl des Hell- als auch Dunkelfeldes sowie von Daten zu psychischen und sozialen Entstehungszusammenhängen allgemeiner Standard (siehe im Einzelnen Boers 2009 m.w.N.). Da zudem gegenüber den ehedem ganz überwiegend persönlichkeitsorientierten zunehmend soziologische Konzeptionen bedeutsam werden, zudem Hellfelddaten nicht nur als Widerspiegelung individuellen delinquenten Verhaltens, sondern in einigen Analysen nunmehr als das betrachtet werden, was sie in erster Linie sind, nämlich Daten der formellen Kontrollintervention, vollzieht die kriminologische Lebensverlaufsforschung inzwischen drei der grundlegenden Unterscheidungen einer modernen Kriminologie: die beiden konzeptionellen Unterscheidungen zwischen Persönlichkeitsanlage und sozialer Umwelt und zwischen delinquentem Verhalten und Kriminalisierung sowie die methodische Unterscheidung zwischen dem Hell- und dem Dunkelfeld. Da sich dieser Beitrag auf die Befunde zum Delinquenz*verlauf* konzentriert, geht er nur am Rande auf die inhaltliche Unterscheidung zwischen persönlichkeitsorientierter und soziologischer Längsschnittforschung und die damit zusammenhängenden unterschiedlichen Entstehungsbedingungen der Delinquenzverläufe ein (ausführlicher in Boers 2007; 2009).

Mit dem in den siebziger und achtziger Jahren erstarkten Forschungsinteresse wurden vom amerikanischen Panel on Research on Criminal Careers and Career Criminals (Blumstein et al. 1986) schließlich erstmals sechs Grundkennwerte zur (formalen) Beschreibung eines delinquenten Verlaufs entwickelt (so genannte Karriereparameter). Die vier wichtigsten sind: (a) *Prävalenz* (Verbreitung) als relativer Anteil von *Tätern* in einer Population,[2] (b) *Täterinzidenz* (Intensität) als Anzahl der *Taten* pro aktivem, also in Freiheit befindlichem Täter, (c) *Beginn* und (d) *Abbruch* als Fixpunkte der Dauer einer delinquenten Entwicklung. Die *Eskalation* der Deliktsschwere sowie die *Spezialisierung* haben sich hingegen empirisch als weniger bedeutsam erwiesen und werden hier nicht behandelt (ausführlicher Boers 2007, S. 11 ff.).

Im Folgenden werden zunächst kurz aktuelle Dunkelfeldbefunde zu den Phänomenen der Ubiquität, Spontanbewährung und Intensität geschildert und Überlegungen zur Definition des Intensivtäters sowie eines persistenten Delinquenzverlaufs vorgestellt (1). Nach dieser Einführung in die Grundphänomene und definitorischen Probleme können aktuelle Forschungsbefunde zur Kontinuität (2) bzw. zum Abbruch (3) persistenter Verläufe erörtert werden. Nach einer kurzen Schilderung der Befundlage zu (personalen) Risikofaktoren, frühem Beginn und Gründen des Abbruchs (4) wird schließlich auf die – vor allem im Zusammenhang mit dem Labeling Approach – immer wieder diskutierten Effekte von Kontrollinterventionen durch die Polizei und Justiz eingegangen (5).

---

[2] Prävalenzraten werden in der Regel für Dunkelfelddaten pro Hundert, für Hellfelddaten (TVBZ, VUZ) pro 100.000 der Population ausgewiesen.

Der Beitrag verwendet ausgewählte Erkenntnisse aus der internationalen kriminologischen Verlaufsforschung. Wenn Befunde aus Münster oder Duisburg berichtet werden, handelt es sich um Daten aus der Panelstudie „Kriminalität in der modernen Stadt", die gemeinsam von Jost Reinecke und dem Autor seit 2000 in Münster und seit 2002 in Duisburg mit jährlichen Befragungen anhand eines im Wesentlichen kriminalsoziologischen Analysemodells durchgeführt werden (Boers et al. 2006; Boers und Reinecke 2007). Beide Studien begannen im Alter von durchschnittlich 13. Jahren. Die münstersche Untersuchung wurde nach vier Wellen im Alter von 16 Jahren beendet. Die Duisburger Studie wird fortgesetzt. Im Frühjahr 2008 wurde die siebte Welle (Durchschnittsalter: 19 Jahre) erhoben; in diesem Beitrag werden Daten bis zum Alter von 17. bzw. 18. Jahren (erste bis fünfte bzw. sechste Welle) berichtet.[3]

A. Die Trias: Ubiquität, Spontanbewährung und Intensität

1. Ubiquität

Die Delinquenzverbreitung ist im Dunkelfeld deutlich höher als im polizeilichen und justiziellen Hellfeld. Dies wird hier anhand der Duisburger und münsterschen Täterbefragungen erörtert. In beiden Städten wurden die Jugendlichen gebeten, zu insgesamt 16 Gewalt-, Sachbeschädigungs-, Eigentums- und Drogendelikten anzugeben, ob sie diese jemals (Lebensprävalenz) oder in den vergangenen 12 Monaten (Jahresprävalenz) begangen hatten. Das Schwerespektrum der klassischen Delikte reichte vom Ladendiebstahl (das Schwarzfahren wurde also nicht mehr erhoben) bis zum Raub; daneben wurde auch nach problematischen Handlungen im Zusammenhang mit dem Internet gefragt.

Schon nach den Jahresprävalenzraten berichteten über alle Befragungswellen hinweg bis zu einem Fünftel der Befragten, in den letzten 12 Monaten ein Bagatelldelikt wie den Ladendiebstahl begangen zu haben. Die Prävalenzrate für Körperverletzung ohne Waffen betrug in Münster bis zu 12% und in Duisburg bis zu 17%, bei den einzelnen Sachbeschädigungsdelikten bis zu 14% (nicht tabellarisch dargestellt, siehe Boers et al. 2006, S. 71). Im polizeilichen Hellfeld werden deutlich weniger Jugendliche registriert, zum Beispiel in Münster wie in Duisburg für *alle Delikte* jährlich nur 11%, bundesweit (über die Jahre recht konstant) etwa 7%.[4] Die Deliktsstruktur ist

---

[3] Beide Studien wurden als Schülerbefragungen in der siebten Klasse mit Schülerinnen und Schülern aller Schulformen begonnen. Die Ausgangsgröße betrug in Münster n = 1.949 und entsprach 69% aller Siebtklässler; in der vierten Welle (2003): n = 1.819. In Duisburg wurde die Studie mit 3.411 Befragten begonnen (61% aller Siebtklässler), 2. Welle (2003): n = 3.392, 3. Welle (2004): n = 3.339, 4. Welle (2005): n = 3.243, 5. Welle (2006): n = 4.548, 6. Welle (2007): n = 3.336 (jeweilige Querschnittstichproben). Die Rücklaufquoten lagen in Münster zwischen 87% und 88%, in Duisburg zwischen 81% und 92%. Weitere Informationen zur Studie: www. uni-bielefeld.de/soz/krimstadt.

[4] In Duisburg wurden 2004 10,3% aller Jugendlichen von der Polizei registriert (PKS Duisburg, http://www1.polizei-nrw.de/duisburg/Themen/article/kriminalitaetsbericht.html, 19.04.06), in Münster waren es im selben Jahr 10,9% (PKS Münster, http://www1.polizei-nrw.de/muenster/Statistik/2004/, 19.04.06; eigene Berechnungen). Bundesweit betrug der Tatverdächtigenanteil (nur für deutsche Tatverdächtige vorhanden) unter 14-17jährigen im Jahr 2004 7,1% (Bundeskriminalamt 2005, S. 99). Der Vergleichbarkeit wegen wurden diese Hellfelddaten für jene Jahre wiedergegeben, in denen in unseren Täterbefragungen die höchsten Prävalenzraten beobachtet wurden.

indessen im Hell- wie im Dunkelfeld dem Grunde nach gleich: Auch im Dunkelfeld sind Täter schwerer Gewalt- und Eigentumsdelikte (vergleichsweise) selten. Die Prävalenzraten für Raub,[5] Handtaschenraub, Körperverletzung mit Waffen, Einbruchsdiebstahl, Autoaufbruch oder Autodiebstahl lagen in allen Befragungen zwischen 1% und 4%. Als mit bis zu 43% am weitesten verbreitet war das zu Beginn der Erhebung allerdings wohl nicht in allen Fällen strafbare Herunterladen von Musik- und Filmdateien aus dem Internet.

Fasst man die einzelnen Delikte in Gruppen zusammen, dann betrugen die höchsten Jahresprävalenzraten für schwere Gewaltdelikte (Raub, Handtaschenraub, Körperverletzung mit Waffen) 5% in Münster und 7% in Duisburg, für alle Gewaltdelikte (wie zuvor und zusätzlich Körperverletzung ohne Waffen) 14% bzw. 20%, für Eigentumsdelikte 30% bzw. 25% und für Sachbeschädigungsdelikte (Graffiti, Scratchen, sonstige Sachbeschädigung) jeweils 24%.

Am deutlichsten zeigt sich die Ubiquität der Jugenddelinquenz in den so genannten Lebensprävalenzraten. So berichteten in Duisburg bereits zwischen dem 13. und 17. Lebensjahr 71% der Jungen und 53% der Mädchen, zumindest ein Delikt begangen zu haben (alle erfragten Delikte ohne Internetdelikte oder Drogenkonsum);[6] bei Gewaltdelikten (einschließlich Körperverletzung ohne Waffen) waren es 42% bzw. 23%, bei Sachbeschädigungen 67% bzw. 50% und bei Eigentumsdelikten 40% bzw. 32% (nicht tabellarisch dargestellt).

2. Altersentwicklung und Spontanbewährung

Die Altersentwicklung von Prävalenzraten weist seit ihrer jeweils ersten Erhebung mit Hell- wie mit Dunkelfelddaten in unterschiedlichen Ländern, Kulturen oder historischen Phasen einen in der Grundstruktur gleichen Verlauf auf: Einem in der Jugendzeit starken Anstieg folgt ein ebenso starker Rückgang. Auch wenn die (Dunkelfeld-)Delinquenz im Jugendalter weit verbreitet ist, so begehen die meisten also nur ein bis zwei Delikte. Der Anstieg und Wendepunkt dieser Glockenkurve erfolgt im Dunkelfeld früher und liegt im Hellfeld bei Mädchen (14. bis 16. Lj.) früher als bei den Jungen (18. bis 20. Lj., Bundeskriminalamt 2007, S. 97 f.). An Dunkelfeldverläufen ist besonders bemerkenswert, dass dieser Altersverlauf bereits in der kurzen Zeit bis zum Ende der Jugendphase weitgehend sichtbar wird. So erreichten die Duisburger Täterprävalenzraten bereits im 14. Lebensjahr das höchste Maß und gingen (mit einer vorübergehenden Ausnahme der Eigentumsdelikte) schon ab dem folgenden 15. Lebensjahr deutlich (zum Teil sogar unter das Ausgangsniveau des 13. Lebensjahres) zurück; bis zum 18. Lebensjahr verringerten sie sich auf die Hälfte oder gar ein Drittel (Schaubilder 1 und 2).[7] Demnach ist der Prozess der Spontanbewährung ganz über-

---

[5] Hierunter wurde auch das so genannte „Abziehen" erfasst.

[6] Berücksichtigt ist auch nicht das nicht erfragte, aber quantitativ bedeutsame Schwarzfahren. Die entsprechende Gesamtrate der „Lebensprävalenz" betrug 60% - Für die Berechnung solcher Lebensprävalenzraten wurde der Paneldatensatz verwendet.

[7] Zum Beispiel für Jungen bei allen Gewaltdelikten: von 25% mit 14 auf 21% mit 15 und noch 10% mit 18 Jahren, bei Sachbeschädigungen von 29% auf 23% und 9% (Schaubilder 1 und 2). - Betrachtet man die einzelnen Delikte, so ist zu erkennen, dass dieser Rückgang in den Deliktsgruppen in erster Linie

wiegend bereits kurz nach Erreichen der Strafmündigkeit eingetreten.[8] Das war so früh nicht unbedingt zu erwarten. „Spontan", das heißt aus sich selbst heraus, bedeutet dabei nicht ohne jegliche, sondern ohne formelle Kontrollintervention. Denn dieser entwicklungstypische Rückgang ist im Wesentlichen Ausdruck einer erfolgreichen Normsozialisation durch die primären Sozialisationsinstanzen Familie, Schule und Gleichaltrige.

Diese früh einsetzende Spontanbewährung unterstreicht die Notwendigkeit der seit den achtziger Jahren nach und nach in ganz Deutschland flächendeckend eingeführten Diversion im Jugendstrafverfahren mit inzwischen bundesweit rund 70% nach §§ 45, 47 JGG eingestellten Verfahren (Heinz 2005, S. 174 ff.). Die Diversion vermeidet, solche normsozialisatorischen Prozesse strafrechtlich zu konterkarieren.

Schaubild 1: Jahresprävalenz für Gewaltdelikte nach Geschlecht, 13. bis 18. Lebensjahr. In Prozent (gew.). Duisburg 2002 bis 2007 (jew. Befragtenzahl in Fußnote 3).

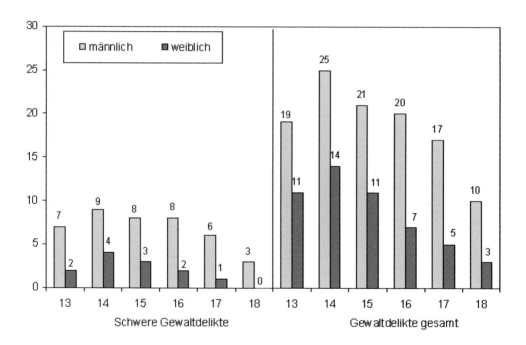

Mit Blick auf Geschlechtsunterschiede weisen Jungen zwar auch im Dunkelfeld höhere Prävalenzraten auf als Mädchen. Die Dunkelfeldunterschiede sind aber vor allem im frühen Jugendalter deutlich geringer als im Hellfeld. Während unter den Duisbur-

---

auf den jeweils häufiger vorkommenden Delikten beruht (vor allem Körperverletzung ohne Waffen, Sachbeschädigung, Ladendiebstahl). In Münster konnte dieser Rückgang im 16., dem letzten der untersuchten Lebensjahre, bei den schweren Gewaltdelikten auch ab dem 15. Lebensjahr beobachtet werden (Boers et al. 2006, S. 72 f.).

[8] Da sich die Referenzperiode für die Täterbefragung auf das vorher gegangene Jahr bezog, wurden die Delikte für das 13., 14., 15., 16., 17. bzw. 18. Lebensjahr berichtet, also auch für die zwei Lebensjahre vor Beginn der Strafmündigkeit.

ger 14- bis 15-Jährigen die Mädchen bei den Eigentums- und Sachbeschädigungsdelikten recht nahe an die Prävalenzraten der Jungen herankamen[9], betrug der Abstand bei Gewaltdelikten rund die Hälfte.[10] Der Anteil der polizeilich registrierten Mädchen beträgt indessen bei Eigentumsdelikten etwa die Hälfte und bei Gewaltdelikten nur rund ein Drittel des Anteils der Jungen (siehe Bundeskriminalamt 2005, S. 180, 233, Tabellenanhang: Tabelle 20). Demnach haben Mädchen in diesem Alter ein deutlich geringeres Registrierungsrisiko als Jungen. Ab dem 16. Lebensjahr nehmen die Unterschiede allerdings erheblich zu. Der Mädchenanteil beträgt im 18. Lebensjahr nur noch ein Drittel des Anteils der Jungen, bei schweren Gewaltdelikten gar weniger als ein Sechstel. Bei den Mädchen ist der Prozess der Spontanbewährung mithin deutlicher ausgeprägt als bei den Jungen (Schaubilder 1 und 2).

Schaubild 2: Jahresprävalenz für Eigentums- und Sachbeschädigungsdelikte nach Geschlecht, 13. bis 18. Lebensjahr. In Prozent (gew.). Duisburg 2002 bis 2007 (jew. Befragtenzahl in Fußnote 3).

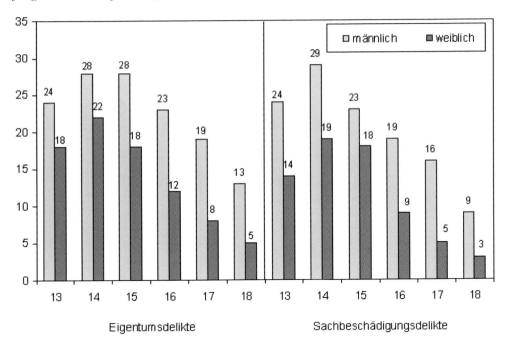

3. Intensivtäterschaft und Persistenz

Jugendliche mit wiederholten Tatbegehungen, zumal schwerer Delikten, bilden seit langem die eigentliche kriminologische und kriminalpolitische Problemgruppe. Sie

---

[9] Zum Beispiel 22% bzw. 28% bei Eigentumsdelikten im 14. Lebensjahr; 18% bzw. 23% bei Sachbeschädigungsdelikten im 15. Lebensjahr (Schaubild 2).

[10] Zum Beispiel 4% bzw. 9% bei schwerer Gewalt, 14% bzw. 25% bei allen Gewaltdelikten, jeweils im 14. Lebensjahr (Schaubild 1).

werden als Mehrfach- oder Intensivtäter, im Englischen als „Chronics", „High-Risk Offenders" oder „Persistent Offenders" bezeichnet. Seit der ersten Philadelphia-Kohortenuntersuchung sind damit in der Regel jene ca. 6% der Probanden gemeint, die fünf und mehr (schwere) Delikte (pro Jahr im Dunkelfeld oder während der Jugendphase im Hellfeld) begehen bzw. mit rund der Hälfte aller Straftaten sowie den meisten Gewaltdelikten auffallen (siehe nur Wolfgang et al. 1972, S. 88 ff.; Farrington und West 1993, S. 495; Moffitt et al. 2001, S. 212 ff.; Piquero et al. 2003, S. 462 ; Kerner 2004, S. 16; Boers et al. 2006, S. 74 f.).

Die *Klassifizierung* von Tätergruppen, insbesondere mit Blick auf persistente Täter schwerer und gewaltsamer Delikte hat sich in den letzten zwanzig Jahren von einer alleinigen Kategorisierung anhand von Täterinzidenzraten oder der Anteile begangener Delikte (zum Beispiel die 6% „Chronic Offenders" seit Wolfgang et al. 1972) zur Feststellung eines delinquenten Entwicklungspfades (so genannte Trajektorie) weiterentwickelt, mit dem über den Lebensverlauf hinweg persistente Täterkarrieren beschrieben werden sollen. Damit wurde auf die allgemeine Lebensverlaufsforschung Rekurs genommen und eine (zunächst stark persönlichkeitsorientierte) Developmental Criminology begründet. Parallel hierzu entwickelte sich die Täterklassifizierung methodisch von einer deterministischen Kategorisierung (zumeist anhand einer Mindestzahl begangener Delikte, zum Beispiel: mehr als fünf Delikte in einem bestimmten Zeitraum) zu einer probabilistischen, anhand latenter Klassenanalysen erfolgenden statistischen Beschreibung unterschiedlicher Delinquenztrajektorien (Nagin 2005; Reinecke 2006; 2007; Piquero 2008). Eine einheitliche Klassifikation des Intensivtäters ist allerdings nicht möglich, da sich je nach Art der Daten (Hell- oder Dunkelfeld), der Deliktsart, dem zu berücksichtigenden (und damit im Zusammenhang stehenden) Zeitraum der Deliktsbegehung oder der zu untersuchenden Tätergruppe (zum Beispiel Jungen oder Mädchen) unterschiedliche Basishäufigkeiten ergeben.

Des Weiteren ergibt sich aus einer wie auch immer vorgenommenen Klassifizierung noch nicht automatisch eine *Definition* des Intensivtäters. Sie kann letztlich nur normativ, nach quantitativen, qualitativen und zeitlichen Kriterien erfolgen. Zum Beispiel (in Fortschreibung der zuvor berichteten empirischen Beobachtung), dass eine durch eine Klassifikation gewonnene (bislang) männliche Gruppe für einen genau und eng bestimmten Zeitraum (von zum Beispiel zwölf Monaten) zumindest die Hälfte aller Delikte und drei Viertel der Gewaltdelikte ihrer Population begangen haben muss. Nach diesem Validitätskriterium wären Intensivtäter dadurch definiert, dass sie, bemessen für einen begrenzten Zeitraum, das Gros der Gewaltdelikte begehen. Bei in einem begrenzten Zeitraum wiederholten (etwa drei- und mehrmaligen) Begehungen anderer Delikte (oder einer unterhalb dieses Validitätskriteriums verweilenden Anzahl von Gewaltdelikten) kann man von Mehrfachtätern sprechen; hier fehlt das qualitative Kriterium der Begehung der allermeisten Gewaltdelikte. Intensivtäter sind demnach eine Teilmenge der Mehrfachtäter. Die Unterscheidung zwischen Mehrfach- und Intensivtätern erlaubt es mithin zwischen unproblematisch(er)en Wiederholungstätern von zum Beispiel Bagatelldelikten und problematisch(er)en Wiederholungstätern von Gewaltdelikten zu differenzieren.

Damit wäre aber noch nicht beantwortet, wann man mit einiger Plausibilität von einer *Persistenz*, also einer über längere Zeit bestehenden Intensiv- oder Mehrfachtäterschaft sprechen kann.[11] Dies ist nur anzunehmen, wenn ein Mehrfach- oder Intensivtäter über mehrere (Mehrfach- oder Intensivtäter-) Zeiteinheiten hinweg ohne große Unterbrechungen aktiv ist. Die Zeitdimension wird hier also in umgekehrter Richtung bedeutsam: Nun grenzt sie den Begriff nicht ein, sondern lässt ihn erst nach einer gewissen Dauer zu. Ein Mehrfach- oder Intensivtäter ist demnach nicht unbedingt auch schon ein persistenter Täter. Ohne bislang noch nicht vorhandene spezifische empirische Analysen zur Dauer und Unterbrechung persistenter Verläufe ist es jedoch schwierig, eine minimale Zeitspanne für die Annahme eines persistenten Verlaufs zu bestimmen. Sie sollte aber, um die Bezeichnung „dauerhaft" zu rechtfertigen, wohl drei bis vier Jahre betragen.[12] Die Unterbrechungen müssen eine ebenfalls konkret zu bestimmende maximale Dauer aufweisen und wären mitunter auch bei einer phasenweise deutlich geringeren Deliktschwere (zum Beispiel unter dem Intensivtäterniveau) in Betracht zu ziehen.[13] Somit kommt es darauf an, dass bei Verwendung des Persistenzbegriffs die zu Grunde gelegte minimale Delinquenz- sowie maximale Unterbrechungsdauer offen gelegt werden. Letztendlich muss die kriminologische Forschung und Diskussion ergeben, inwieweit die gewählten Kriterien plausibel sind.

Im Unterschied zum (normativ auf Intensivtäter fixierten) Karrierebegriff kann der Persistenzbegriff mithin auch zur analytischen Beschreibung eines Delinquenzverlaufs

---

[11] Wie bereits eingangs angedeutet geht es hier um so genannte „kriminelle Karrieren". Es wird jedoch vorgeschlagen, auf diesen Begriff zu Gunsten des im Englischen üblich gewordenen Begriffs der *Persistenz* zu verzichten. Auch wenn Howard Becker (1963, S. 25 ff.) den Karrierebegriff erstmals (im Sinne einer devianten Laufbahn, wörtlich: „deviant career") zur wissenschaftlichen Beschreibung einer Etikettierungskarriere verwendete, so hat er heute häufig eine bestimmte kriminalpolitische, nämlich stigmatisierende bzw. dramatisierende Konnotation. Zudem suggeriert der Begriff „Karriere", es handele sich (wie etwa bei einer Berufskarriere) um eine geplante Laufbahn, was bei einer persistenten Delinquenzentwicklung allerdings eher selten der Fall zu sein scheint. Als analytischer Begriff ist er mithin nicht sonderlich geeignet.

[12] Eine etwaige Begrenzung persistenter Verläufe anhand bestimmter Lebensphasen (zum Beispiel Jugend- oder Erwachsenenalter) würde der empirischen Erfahrung widersprechen, da diese typischerweise die Grenzen oder den gesamten Zeitraum solcher Lebensphasen übergreifen, zum Beispiel im späten Kindesalter beginnen und bis Anfang oder gar Mitte Zwanzig dauern können. Somit besteht für persistente Verläufe potentiell ein größerer, von den Lebensphasen unabhängiger zeitlicher Ereignisraum.

[13] Die Bestimmung einer maximalen Unterbrechungsdauer ist schwierig und hängt zunächst davon ab, ob es sich um einmalige (oder ganz wenige) oder um über die gesamte Delinquenzzeit mehr oder weniger verteilte Unterbrechungen handelt. Im ersten Fall wird die maximale Unterbrechungszeit, etwa mit einem Viertel der Persistenzdauer, recht eng zu bemessen sein. Bei einer Persistenz von vier Jahren würde also eine andauernde Unterbrechung von maximal 12 Monaten eine Persistenzannahme gerade noch erlauben. Bei Annahme eines Drittels würde eine 16 Monate andauernde Unterbrechung eine Persistenz jedoch in Frage stellen. Dies gilt umso mehr, je länger die Persistenzdauer ist: Eine durchgehende vierjährige Latenzzeit innerhalb eines Delinquenzzeitraums von 12 Jahren lässt schon eher an einen vorübergehenden Abbruchprozess als an eine Persistenzunterbrechung denken. Die Bestimmung der Unterbrechungsdauer hängt mithin zum einen mit der Persistenzdauer zusammen und zum anderen wird mit fortdauernder Persistenz der Unterschied zwischen Unterbrechung und Abbruch fließend. Im oben genannten zweiten Falle, also den über einen Delinquenzzeitraum mehr oder weniger verteilten Unterbrechungen, wird man die maximale Unterbrechungsdauer indessen größer, etwa bis zur Hälfte, bemessen können (so könnte bei jährlich maximal sechsmonatigen Latenzen einer im Minimum vierjährigen Delinquenzzeit wohl noch eine persistente Entwicklung angenommen werden).

mit Delikten geringerer Schwere verwendet werden, zum Beispiel: persistente Bagatell- oder Eigentumstäter, Sachbeschädiger, Drogenkonsumenten usf. Das quantitative Mehrfachtäterkriterium (drei und mehr Delikte) wäre dann gegebenenfalls nach einem plausiblen Validitätskriterium zu erhöhen.

Was ergeben nun empirische Beobachtungen zur Klassifikation und Definition von Intensivtätern? Wählt man als Kriterium fünf und mehr Delikte in den vorhergehenden zwölf Monaten, so zeigt sich, dass man unter Zugrundelegung aller Arten der Gewaltdelikte mit einer solchen deterministischen Klassifikation eine durchaus problematische Tätergruppe erhält (für eine alternative probabilistische Klassifikation siehe Reinecke 2006). Beispielsweise hatten im Jahr 2004 die 15-jährigen Duisburger mit fünf und mehr Gewaltdelikten über die Hälfte aller Delikte (ohne Internet-Raubkopien) sowie fast 90% aller Gewaltdelikte berichtet. Sie waren gleichwohl keine spezialisierten Gewalttäter. Denn die Gewaltdelikte machten innerhalb ihres gesamten Deliktspektrums nur einen Anteil von knapp 30% aus.[14]

Unter Zugrundelegung aller Arten der Gewaltdelikte waren in Duisburg maximal 9% der Jungen und 4% der Mädchen, nämlich im 14. Lebensjahr, Intensivtäter. Beschränkt man sich auf die schweren Gewaltdelikte (Körperverletzung mit Waffen und Raubdelikte), dann betrug die maximale Quote (im 14. und 15. Lebensjahr) 3,4% bzw. 0,9%. Der Rückgang setzte indessen genau wie bei den allgemeinen Prävalenzraten bereits im folgenden Lebensjahr ein (Schaubild 3).[15]

---

[14] Siehe grundlegend zur Täterklassifizierung, Al. Pöge 2007; 2007a.

[15] In Münster ergab sich – mit kleineren Abweichungen – ein ähnliches Gesamtbild. Hier lagen ein Jahr später die maximalen Mehrfachtäterraten bei den Gewaltdelikten etwas niedriger, bei den Eigentumsdelikten jedoch höher. Sie gingen dann aber (im 16. Lebensjahr) ebenfalls und sogar auch noch etwas markanter als in Duisburg zurück (grafisch nicht dargestellt).

Schaubild 3: Anteile Intensiv- bzw. Mehrfachtäter (5 und mehr Delikte im letzten Jahr) nach Geschlecht, 13. bis 18. Lebensjahr. In Prozent (gew.). Duisburg 2002 bis 2007(jew. Befragtenzahl in Fußnote 3).

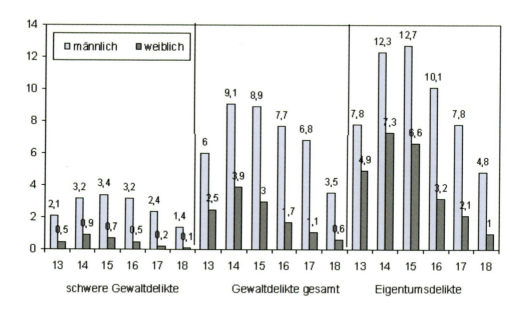

Dieser in den Anteilen der Intensivtäter enthaltene erste Hinweis auf eine auch hier bestehende Tendenz zu einem frühen Rückgang ist durchaus bemerkenswert. Denn nach insbesondere in den achtziger und neunziger Jahren weit verbreiteten kriminologischen Annahmen über die Kontinuität des Delinquenzverlaufs würde man zumindest in diesem Alter bei Intensivtätern noch keine nennenswerten Abbruchstendenzen zu erwarten haben. Die viel zitierte Extremposition postuliert bei früh und chronisch Auffälligen eine zumindest bis in die fünfte Lebensdekade reichende oder sogar lebenslange Persistenz (Blumstein et al. 1986, S. 67 ff.; Moffitt 1993). Auch Sampson und Laub (1993, 2003) gehen davon aus, dass kriminelle Karrieren im Jugendalter fortdauern können, ab der dritten Lebensdekade indessen weit überwiegend abbrechen.[16]

B. Die Kontinuität delinquenter Verläufe

Der prominenteste und wohl einflussreichste Entwurf einer lebenslangen Kontinuitätsannahme für Intensivtäter stammt von Terry Moffitt, die aus Anlass der Auswertung des Dunedin Geburtskohortenpanels eine duale Taxonomie der Entwicklungspfade des Life Course-Persistent (LCP) und des Adolescence-Limited (AL) Antisocial Behavior vorgeschlagen hat (Moffitt 1993; siehe zur Rezeption und Diskussion zuletzt Moffitt

---

[16] Möglicherweise beruht deren These der anfänglichen Kontinuität auch darauf, dass sie diese empirisch auf eine Reanalyse des Jugendstraffälligenpanels der Gluecks, also der Beobachtung des Hellfeldverlaufs einer hochselektierten Justizpopulation stützten.

2003 sowie Sampson und Laub 2003, S. 558 f. m.w.N.). Moffitt nimmt an, dass bei Letzterem, den größten Teil auffälliger Jugendlicher umfassendem Pfad, das dissoziale Verhalten infolge asynchron verlaufender persönlicher und sozialer Entwicklungen („Reifungslücke") frühestens in der Jugendzeit beginne und mit deren Ende auf Grund gelingender Sozialisationsprozesse – also im Rahmen von Prozessen der Spontanbewährung – abgebrochen werde; psychische Auffälligkeiten kämen hier nicht vor. Hingegen soll bei der zahlenmäßig kleinen LCP-Trajektorie die psychopathologische Qualität besitzende dissoziale Entwicklung bereits im frühesten Kindesalter beginnen und über den Lebensverlauf in unterschiedlichen Erscheinungsformen fortdauern; sie beruhe auf ererbten oder erworbenen neuro-kognitiven Persönlichkeitsdefiziten (geringe verbale Intelligenz, schwieriges Temperament, Hyperaktivität, geringe Selbstkontrolle), die sich unter ungünstigen Umweltbedingungen (inadäquate Erziehung, gestörte familiäre Bindungen, Armut) negativ entfalteten (Moffitt 1993, S. 680 ff., 685 ff.; Moffitt et al. 2001, S. 207 ff.). Die Verlaufsannahme geht also dahin, dass bei diesen Tätern das Ausmaß der Täterinzidenzrate fortdauere, also – anders als bei den glockenförmigen Prävalenzraten – nicht zurückgehe. Der Streit über die Kontinuität oder den Abbruch von Delinquenzverläufen besteht mithin nur bei den Intensivtätern.

Kriminalpolitisch besteht folglich bei einer maximal auf das Heranwachsendenalter begrenzten, also sich spontan bewährenden Delinquenz die generelle Überzeugung, dass eine so genannte primäre Kriminalprävention angemessen ist. Es geht also um am sozialen Umfeld, seinen Institutionen und Gruppen (Wohnviertel, Peer Groups, Schulen, Familie, Vereine etc.) orientierte Maßnahmen, die im Übrigen bei bereits jugendstrafrechtlicher Relevanz vornehmlich im Rahmen der Diversion erfolgen sollen. Damit können die Prävalenzraten in einem verträglichen Ausmaß gehalten und Prozesse der Spontanbewährung gefördert werden. Bei den persistenten Intensivtätern, vor allem den vermuteten LCP-Offenders, gehen die Auffassungen vor allem unter (amerikanischen) Kriminalpolitikern indessen auseinander. Nicht in Bezug auf die Notwendigkeit, dass hier überhaupt individuelle Interventionen zu erfolgen haben. Darüber besteht weitgehender Konsens. Je nach Ausrichtung werden jedoch einerseits vornehmlich Maßnahmen der positiven Spezialprävention (resozialisierende sozialpädagogische oder therapeutische Programme) und andererseits solche der negativen Spezialprävention favorisiert (vor allem zur Sicherung von als gefährlich und rezidiv eingestuften Tätern). Für Letzteres hat die in zahlreichen amerikanischen Bundesstaaten eingeführte Sanktionspolitik der „Selective Incapacitation", oder in der populistischen Variante: des „Three strikes and you're out", seit den neunziger Jahren eine Vorreiterrolle eingenommen (Zimring et al. 2001; siehe auch Blumstein et al. 1986, S. 128 ff.).[17]

---

[17] Zum Beispiel müssen nach kalifornischem Strafrecht seit 1994 bereits zweimal wegen eines schweren Delikts (zum Beispiel Wohnungseinbruch) oder einer Gewalttat Verurteilte bei einer dritten (leichteren) Tat (zum Beispiel einfacher Diebstahl) zu 25 Jahren oder lebenslanger Freiheitsstrafe verurteilt werden, wovon mindestens 20 Jahre zu vollstrecken sind. Erfolgt die leichtere Tat (sogenanntes „Strike"-Delikt) als zweite Tat, dann ist hierfür die Strafe zu verdoppeln. Als Folge dieser Gesetzgebung ergingen in den ersten Jahren nach Inkrafttreten der Vorschriften mehr 25-jährige oder lebenslange Verurteilungen wegen Marihuana-Besitzes als zusammengenommen wegen Mordes, Vergewaltigung oder Geiselnahme (Zimring et al. 2001, S. 7 ff.). - Vor allem als Folge einer solchen Sanktionspolitik ist die U.S.-amerikanische Gefangenenpopulation seit 1980 bis 2006 um mehr als das Vierfache auf

Wie sieht es nun mit der *empirischen Bewährung* der Kontinuitätsannahme aus? Eine im Rahmen der Dunedin-Studie erfolgte deterministische Klassifizierung anhand von Extremgruppen kindlichen dissozialen Verhaltens (im Alter von 5, 7, 9 und 11 Jahren) sowie juveniler selbstberichteter Delinquenz (mit 15 und 18 Jahren) ergab eine in beiden Zeitabschnitten hochbelastete LCP-Gruppe für ca. 6% der 902 Probanden – 10% (n=47) der männlichen und 1% (n=6) der weiblichen Probanden; 26% (n=122) der männlichen und 18% (n=78) der weiblichen Probanden konnten einem (ab dem Jugendalter in gleichem Maße delinquenten) AL-Pfad zugeordnet werden (Moffitt et al. 2001, S. 212 ff.). Die weiteren Analysen konfrontieren die Annahme einer persistenten dissozialen Persönlichkeit allerdings mit drei Problemen.

Zum einen zeigte sich zwar, dass die LCP-Probanden im Vergleich mit den AL-Probanden vor allem die erwartete höhere neuro-kognitive Belastung aufwiesen (a.a.O., S. 214 ff.). Solche Analysen können angesichts der geringen Anzahl von persistenten Probanden jedoch nur bivariat (bei Moffitt et al. anhand von Mittelwertunterschieden) durchgeführt, aber nicht multivariat gegen Scheinkorrelationen gesichert werden. Da fast alle Längsschnittstudien, die angesichts der Anzahl exogener Erklärungsvariablen umfassendere Zusammenhangs- oder Kausalanalysen erlauben, selbst bei einer Problemstratifizierung über zu geringe Ausgangsstichproben verfügen,[18] handelt es sich um ein allgemeines Problem der kriminologischen Längsschnittforschung: Analysen persistenter Intensivtäter sind bislang im Wesentlichen qualitativer Natur und können statistisch nicht hinreichend untermauert werden.

Zum anderen erwies sich die Persistenzannahme bei frühkindlicher Auffälligkeit als nicht stabil. Bereits auf Grund einer weiteren mit 477 männlichen Probanden der Dunedin-Studie durchgeführten, nun bis zum 26. Lebensjahr reichenden deterministischen Klassifikation ergaben sich zunächst neben der LCP-Gruppe (10%) und der AL-Gruppe (26%) drei zusätzliche Entwicklungsgruppen: (1) 5% nicht auffällig gewordene Abstainers, (2) 51% lediglich durchschnittlich belastete Unclassified Boys sowie (3) 8% Recoveries. Dies war insofern zu erwarten, als eine simple binäre Taxonomie – im Kern stellt Moffitts in der Rezeption bei weitem überschätzte Klassifizierung nicht mehr dar – die Komplexität delinquenten Verhaltens nicht widerspiegeln kann. Unter den zusätzlichen Gruppen war des Weiteren vor allem die Entwicklung der Recoveries für die in Moffitts Überlegungen zentralen prognostischen Annahmen hinsichtlich der LCP-Offenders problematisch. Denn während sich im Kindesalter die LCPs und die

---

1.570.861 erwachsene Insassen mit Freiheitsstrafen von mehr als einem Jahr gestiegen (Bureau of Justice Statistics 2007, S. 3). Nimmt man die „local jail-inmates" (Freiheitsstrafen unter einem Jahr und Untersuchungshaft) hinzu, dann betrug die Gefangenenzahl am Jahresende von 2006: 2.336.871, was einer Gefangenenrate von 782 auf 100.000 Einwohner entspricht (ebda.); berücksichtigt man des Weiteren die 92.854 Jugendstrafgefangenen sowie die Gefangenen der „territorial prisons", Einwanderungsbehörde, Armee, „indian countries" und des Zolls, so beträgt die Gefangenenzahl: 2.385.213 (a.a.O., S. 3). In Deutschland betrug die Gefangenenrate am 30. November 2007 (ähnlich wie für Frankreich, Belgien und Italien): 88 bei insgesamt 72.656 Straf-, U-Haft- und Jugendstrafgefangenen (www.prisonstudies.org).

[18] Zum Beispiel wurden in der Cambridge-Studie bis zum 32. Lebensjahr 24 (6%) sog. „Chronic Offenders" festgestellt, Probanden, die bis dahin die Hälfte aller Verurteilungen erhalten hatten (Farrington 2003, S. 144).

Recoveries in ihrer dissozialen Auffälligkeit nicht unterschieden, brachen Letztere das dissoziale Verhalten mit dem Jugendalter weitgehend ab und wichen insbesondere hinsichtlich der Delinquenz kaum vom Durchschnitt ab (Moffitt et al. 2002, S. 183 ff.; auch schon 1996, S. 408 ff.).

Noch deutlicher zeigt sich diese erfreuliche Besserung bei einem großen Teil der im Kindesalter Hochbelasteten in der ersten mit den 526 männlichen Probanden des Dunedin-Panels durchgeführten latenten Klassenanalyse. Diese Analyse bezog sich auf die individuelle Inzidenz einer Skala von Verhaltensproblemen[19] zwischen dem 7. und 26. Lebensjahr und ergab vier Klassen (LCP, Childhood Limited, Adolescent Onset, Low). Im Kindesalter bei Weitem am stärksten (und nahezu gleich) belastet war nicht nur die LCP-Klasse (10,5% der Probanden), sondern auch die mit 24,3% mehr als doppelt so große Childhood Limited-Klasse. Im weiteren Verlauf reduzierten sich die Inzidenzen beider Klassen kontinuierlich bis zum 26. Lebensjahr, allerdings – wie schon zuvor bei den Recoveries – sehr disparat, nämlich um ca. ein Viertel bei den LCPs, aber um mehr als zwei Drittel bei den Childhood Limited, wobei Letztere bereits zwischen 15 und 18 Jahren das Niveau der Low-Class (45,6 %) erreichte (Odgers et al. 2007, S. 479). Käme mithin die Vorhersage von erwachsenen LCP-Tätern auf Grund kindlicher Auffälligkeiten nach der deterministischen Klassifikation nahezu dem Werfen einer Münze gleich, so könnte nach den Befunden der latenten Klassenanalyse gerade mal noch ein Drittel vorhergesagt werden. Damit dürfte die Persistenzthese, einschließlich der darauf beruhenden Annahme einer Prognostizierbarkeit späterer Delinquenz auf Grund kindlicher Auffälligkeiten, mit diesem Datensatz nicht zu halten sein.

Schließlich erwies sich in den bis zum 26. Lebensjahr analysierten Daten der AL-Pfad nicht als „adolescence limited" („were still in trouble", Moffitt et al. 2002, S. 199): Auf Grund der deterministischen Klassifikation wiesen die betreffenden Probanden bis zum 26. Lebensjahr bei nahezu allen Delikten die nach den LCP-Probanden zweitgrößten und gegenüber den drei anderen Gruppen deutlich erhöhte Raten der selbstberichteten Delinquenz sowie der Verurteilungen auf; im Vergleich mit dem LCP-Pfad ergaben sich bei der selbstberichteten Delinquenz – mit Ausnahme der Gewaltdelikte – kaum, bei den Verurteilungen allerdings etwas häufiger signifikante Unterschiede (a.a.O., S. 184 ff., 199). Es ist angesichts dessen nicht verwunderlich, dass in den latenten Klassenanalysen ein Adolescence Limited-Pfad nicht mehr ausgemacht werden konnte. Stattdessen wurde nun mit 19,6% ein Adolescence *Onset*-Pfad festgestellt, dessen im Kindesalter noch geringe Conduct Problem-Rate bis zum 26. Lebensjahr stetig auf das Niveau des LCP-Pfades stieg (Odgers et al. 2007, S. 479). Demnach lässt sich auch die Taxonomie der Life Course-Persistent versus Adolescence-Limited nicht mehr halten.[20]

---

[19] Die Skala „Conduct Problems" bestand aus sechs Symptomen: physical fighting, bullying others, destroying property, telling lies, truancy and stealing (Odgers et al. 2007, S. 477). Hiermit sollte insbesondere die Klassifizierung des Life-Course Persistent und Adolescent Limited Antisocial Behavior erfolgen.

[20] Moffitt und Kollegen haben die Bedeutung der Recovery- bzw. Childhood Limited-Gruppe für die Persistenzthese bislang nicht so recht diskutiert. Hinsichtlich der Recoveries wurde lediglich das Fortbestehen einiger psychischer Probleme (Depressionen, Angstzustände, soziale Isolierung), aber eben

C. Der Abbruch delinquenter Verläufe

Ein ähnliches Bild der Verlaufspfade selbstberichteter Delinquenz ergaben auch die im Rahmen der Rochester Youth Development Study durchgeführten latenten Klassenanalysen mit 647 männlichen Befragten einer hinsichtlich sozial benachteiligter Nachbarschaften stratifizierten Stichprobe (siehe unten 5.1).[21] Zwischen dem 13. und 23. Lebensjahr (letztes Erhebungsalter) stellten sich unter Berücksichtigung aller Delikte acht Verlaufspfade heraus (Thornberry 2005, 163 ff.).[22] Bei den als einzige Gruppe im Alter von 13,5 Jahren mit 70 Delikten pro Jahr hoch belasteten Persistent High-Level Offenders (6,9% aller Probanden) verringerten sich die Täterinzidenzraten innerhalb von zehn Jahren (linear) um die Hälfte. Zwei Gruppen – Late Bloomers (9,4%) und Gradual-Uptake Offenders (12,4%) – wiesen einen exponentialen bzw. linearen Verlauf der Täterinzidenzraten mit den im Alter von 23 Jahren höchsten Werten auf; bemerkenswerterweise waren sie wie alle anderen Gruppen, außer den Persistent Offenders, mit 13,5 Jahren kaum belastet. Insbesondere die Trajektorien dieser drei Gruppen widersprechen Moffitts Verlaufsannahmen. Weder erwiesen sich die früh beginnenden Persistent High-Level Offenders im Alter von 23 Jahren als persistent noch die beiden spät beginnenden Gruppen als Adolescence-Limited Offenders.

Daneben folgten drei Gruppen (zusammen 30,7%) dem typischen Muster eines im Jugendalter einsetzenden und spätestens mit dem beginnenden Erwachsenenalter abbrechenden Delinquenzverlaufs; auch eine weitere Gruppe brach im Jugendalter ab, zeigte aber ab dem 22. Lebensjahr wieder einen Anstieg der Täterinzidenz (Intermittent Offenders: 10,8%). Die achte Gruppe der Low-Level Offenders (29,7%) verblieb durchweg auf einem geringen Inzidenzniveau und war deshalb hinsichtlich einer Persistenz oder eines Abbruchs nicht relevant.[23]

---

nicht delinquenter Auffälligkeiten mitgeteilt. Mit Blick auf die unerwartet fortbestehende Delinquenz der AL-Probanden wird allerdings eine Falsifikation der Moffittschen Taxonomie für möglich gehalten, sollte es in den folgenden Lebensjahren nicht zu einem signifikanten Delinquenzabbruch in der AL-Trajektorie kommen: „Whether Dunedin AL men are in trouble at 26 years because their cohort's maturity gap is prolonged (and the theory is right), or because adult adjustment is not influenced by childhood experience (and the theory is wrong), waits further follow-up." (Moffitt et al. 2002, S. 201). Die fortgesetzte Delinquenz der AL-Gruppe wird mit einer Postadoleszenzthese erklärt: Insbesondere die große neuseeländische Arbeitslosigkeit habe dazu geführt, dass sich die für moderne Sozialisationsprozesse typische Reifungslücke („maturity gap") ausweite, also immer weniger Jungerwachsene eine traditionelle Erwachsenenrolle mit stabilem Berufsstatus, Ehe oder Elternschaft einnehmen könnten (Moffitt et al. 1996, S. 419; 2002, S. 196 f., 200).

[21] Sowohl die Rochester-Studie als auch die Reanalyse und Fortsetzung der Gluecks-Studie durch Laub und Sampson gehören zu den soziologischen Längsschnittstudien. Sie werden in diesem Abschnitt lediglich zur Erörterung der empirischen Bewährung der persönlichkeitsorientierten Verlaufsannahmen herangezogen.

[22] Zu einer auch die Probandinnen der Rochester-Studie berücksichtigenden Trajektorienanalyse, siehe Bushway et al. 2003, S. 141 ff.

[23] Auch die latenten Klassenanalysen mit den ersten vier, vom 13. bis zum 16. Lebensjahr reichenden Wellen der Duisburger Panelstudie deuten auf eine solche Befundlage hin. Die (anhand summierter Einzelprävalenzen erhobene) Delinquenzbelastung der Hochbelasteten entwickelte sich – nachdem sie

Die Verringerung der Täterinzidenz unter den im Kindesalter Hochbelasteten sowie die Zunahme der Täterinzidenz in der Gruppe der Late Starter (oder Adolescent Onset) gibt zu der Vermutung Anlass, dass der auf Grund von deterministischen Klassifikationen berichtete, zumindest im Jugendalter recht konstante Anteil von 5% bis 6% Intensivtätern nicht, wie bislang angenommen, aus denselben Personen, also einer homogenen Gruppe besteht, sondern zu einem nicht unerheblichen Teil auf einem Austausch zwischen beiden Gruppen beruhen kann.

Abbruch statt Persistenz als typisches kriminologisches Lebensverlaufsmuster war vor allem der zentrale Befund der Analyse von Hellfeld-Karrieren die Laub und Sampson mit 475 der ehemals 500 inhaftierten Gluecks-Probanden durchführen konnten. Es handelt sich um die erste Studie, die eine Beobachtung der nahezu gesamten registrierungsrelevanten Lebensphase erlaubt, nämlich vom 7. bis zum 70. Lebensjahr (Laub und Sampson 2003, siehe auch Sampson und Laub 2003; 2005, und unten 5.1). Da nur die in ihrer Jugendzeit inhaftierten Probanden analysiert wurden, waren in einer solchen, auf einer (hoch) stratifizierten Stichprobe und auf Hellfelddaten beruhenden Studie eigentlich am ehesten delinquente Persistenzen zu erwarten gewesen. Obwohl nach Deliktsgruppen, kindlichen und familiären Risikogruppen, selbstberichteter Delinquenzbelastung im Kindes- und Jugendalter sowie nach Inhaftierungszeiten differenziert wurde und man schließlich mit einer latenten Klassenanalyse bis zu sechs Trajektorien registrierter Delinquenz herausfand („Classic" und „Moderate-rate Desister", „High-", „Low-" und „Moderate-rate Chronic", „Late-onset Offender"), zeigte sich indessen immer dasselbe Verlaufsmuster zwischen Kriminalität und Alter: In allen Untergruppen setzte mit einer gewissen zeitlichen Varianz früher oder später ein rapider Kriminalitätsrückgang ein. Meistens erfolgte dies ab Mitte Zwanzig, bei den High-Rate Chronics (für die Gesamt- bzw. Gewaltkriminalität 3,2% bzw. 2,4% der Probanden) erst ab Mitte Dreißig (Laub und Sampson 2003, S. 103 ff.; Sampson und Laub 2003, S. 569 ff.). Die Autoren meinen zu Recht, dass es schwierig sei, diese Befunde mit der Idee des „Life-Course-Persisters" zu versöhnen („in need of overhaul") und schlagen als Alternative ein Konzept des „Life-Course Desisters" vor (a.a.O., S. 588; siehe auch 2005, S. 19 ff., 30 f. für leichte Delinquenz).[24]

Vergleicht man die Befunde der latenten Klassenanalysen für Dunkel- und Hellfelddaten, dann scheinen Erstere ein deutlich größeres Maß an Variabilität der Delinquenztrajektorien hervorzubringen als Letztere, bei denen alle Gruppen mehr oder weniger den für Prävalenzraten typischen glockenförmigen Altersverlauf aufweisen.

---

im 14. Lebensjahr deutlich zugenommen hatte - bereits im 16. Lebensjahr wieder auf das Niveau des 13. Lebensjahres zurück, während gleichzeitig eine Gruppe später Starter (erst) im 16. Lebensjahr an deren Niveau heranreichte (Reinecke 2008).

[24] Auch in der Tübinger Jungtäter-Vergleichsuntersuchung (Nachuntersuchung) ist die Verurteiltenprävalenz der Insassenpopulation für Eigentums- und Gewaltdelikte von 25% bzw. 14% mit Mitte Zwanzig auf 10% bzw. 5% Anfang Dreißig und schließlich Ende Dreißig auf 2% gesunken. Von 27 Heranwachsenden mit mehr als zwei Gewaltverurteilungen waren zwischen dem 29. und 38. Lebensjahr noch sechs und zwischen dem 34. und 38. Lebensjahr noch zwei Probanden so verurteilt worden (Boers 2008). - In Duisburger und Münsteraner Panelanalysen (bislang 13. bis 16. Lebensjahr) nahm der Anteil der deterministisch definierten Intensivtäter (fünf und mehr Gewaltdelikte) ab dem 16. Lebensjahr wieder ab (Boers et al. 2006, S. 74).

Die „crisscross patterns" (Thornberry 2005, S. 165) des Dunkelfeldes kann man einstweilen als Hinweis darauf deuten, dass sich Delinquenzverläufe weniger ontogenetisch, nach demselben Muster entwickeln (so Gottfredson und Hirschi (1990, S. 124 ff.), sondern eher einem von Vielfältigkeit geprägten soziogenetischen Muster folgen (Thornberry 2005, S. 165; Sampson und Laub 2005, S. 14).

D. Risikofaktoren, früher Beginn und Bedingungen des Abbruchs

Auch die vor allem mit der Kontinuitätsannahme einhergehenden Vermutungen, dass persistente Delinquenzverläufe durch früh auftretende personale *Risikofaktoren* bedingt seien und sich am frühen Beginn delinquenter Auffälligkeiten erkennen ließen, konnten bislang nicht durchgreifend empirisch bestätigt werden. Wie schon in den klassischen multifaktoriellen Studien[25] überwiegen auch in neueren Analysen die sozialen und familiären Faktoren oder stehen den Persönlichkeitsfaktoren zumindest nicht nach (Farrington 1986; 2003, S. 151 ff.; Farrington und Hawkins 1991; Moffitt et al. 2001, S. 101 ff.; Walter und Remschmidt 2004).[26] In einer im Alter von 8, 13, 18 und 25 Jahren mit 321 Probanden in Mannheim durchgeführten Längsschnittstudie zum Verlauf psychischer Störungen im Jugendalter stellte sich zudem und entgegen Moffitts Annahme heraus, dass psychische und familiäre Risikofaktoren des späten Kindesalters einen stärkeren Einfluss auf die fortgesetzte Delinquenz hatten als solche des frühen Kindesalters (und dies, obwohl die Stichprobe hinsichtlich kindheitsspezifischer Symptome stratifiziert worden war; Lay et al. 2001, S. 125 ff., 130).[27]

---

[25] Das Überwiegen sozialer, vor allem familiärer Faktoren in den klassischen Studien wurde insbesondere in der bekannten Prognosetafel von Glueck und Glueck (1950, S. 261) als auch darin sichtbar, dass in Tübingen das Konzept des „Täters in seinen *sozialen* Bezügen" entwickelt wurde (Göppinger 1983).

[26] Die Veröffentlichung aus der Dunedin-Studie von Moffitt et al. 2001 erfolgte ohne multivariate Kontrolle. Eine frühere multivariate Analyse dieser Daten ergab, dass die Häufigkeit von Polizeikontakten im Alter von 15 Jahren mit seit dem vierten Lebensjahr beobachteten erzieherischen und familiären Defiziten stärker zusammenhing als mit vorhergegangenen Verhaltensauffälligkeiten; dies traf ebenso für die Vorhersage von antisozialen, psychopathologische Formen einschließenden Verhaltensweisen zu, die mit zwölf Jahren erhoben wurden. Insgesamt konnten diese Regressionsmodelle nicht mehr als 15% bis 20% der Varianz erklären, der Anteil der psychopathologischen Prädiktoren lag lediglich zwischen 2% und 5% (Henry et al. 1993, S. 109 ff.). – In der regionalen Verlaufsstudie von Walter und Remschmidt (2004) mit 256 Probanden aus dem LG-Bezirk Marburg wurden nach dem 14. Lebensjahr ein- bzw. mehrmals polizeilich Registrierte mit einer Kontrollgruppe von Nichtregistrierten verglichen. Die Untersuchungsgruppe wurde aus bereits im Kindesalter polizeilich Registrierten, also nicht anhand einer repräsentativen Stichprobe von Kindern oder Jugendlichen gebildet. Selbst in dieser stärker belasteten Hellfeldpopulation spielten in den logistischen Regressionen, bei denen allerdings nicht nach Deliktsgruppen unterschieden wurde, soziale und familiäre Faktoren des Kindes- sowie des Jugendalters neben den Persönlichkeitsfaktoren (sie wurden zum größten Teil in einem Index „psychosoziale Risikofaktoren" zusammengefasst) eine zumindest gleich große Rolle (a.a.O., S. 340 ff.).

[27] Bei dieser zwischen 1977 und 1996 durchgeführten Untersuchung handelt es sich um eine der wenigen deutschen prospektiven Längsschnittstudien. Sie ist allerdings mit einigen methodischen Erhebungs- und Auswertungsproblemen behaftet, so dass die Befunde (wie im Übrigen die der Marburger Untersuchung) vornehmlich von heuristischer Bedeutung sind. Die neben der Hellfelduntersuchung (Verurteilungen) durchgeführte Dunkelfelderhebung beruht auf zu langen fünf- bzw. siebenjährigen Refe-

Etwas deutlicher ausgeprägt erschien der Effekt von Persönlichkeitsfaktoren (vor allem des HIA-Syndroms: Hyperactivity-Impulsivity-Attention-Deficit) in multivariaten Analysen der Pittsburgh-Studie hinsichtlich „Physical Aggression" und „Multiple Problem Boys" (Loeber et al. 1998, S. 192 ff., 243 ff.), nicht jedoch für die Gesamtdelinquenz (S. 114 ff.). Diese Analysen wurden allerdings nur im Kindesalter (alle drei Kohorten: 7, 11 und 14 Jahre) als Querschnittsanalyse des ersten so genannten Follow-Up durchgeführt. Sie konnten also die inhaltlich entscheidende weitere Entwicklung solcher Zusammenhänge, insbesondere mit Blick auf deren Stabilität oder Wandel (bei Letzterem vor allem den Abbruch im Rahmen des sog. Maturing-Out), nicht untersuchen. Das HIA-Syndrom erklärte allerdings auch hier lediglich zwischen 2% und 5% der Varianz dieser multifaktoriellen Modelle, die insgesamt bis zu 23% (Physical Aggression) bzw. 29% (Multiple Problem Boys) aufklären konnten (ebda.);[28] die Analyse der „Multiple Problem Boys" ist zudem teilweise tautologisch erfolgt, da in die Konstruktion dieser abhängigen Variablen neben anderen Problemen auch ein ADHD-Score (Attention-Deficit-Hyperactivity-Disorder) eingegangen ist (a.a.O., S. 241 f.). Bemerkenswerterweise entfiel jeweils die Hälfte der erklärten Varianz auf nur eine Variable: Lack of Guilt (a.a.O., S. 115, 193, 245 f.). Deren Validität ist indessen zweifelhaft. Denn entgegen der sonstigen Übung dieser Studie beruht diese Variable nicht auf einem mit zahlreichen Items erhobenen Index, sondern lediglich auf dieser einen, nur von den Eltern oder Lehrern beantworteten Frage (a.a.O., S. 60). Man kann angesichts dessen nicht ausschließen, dass die Befragten den „Mangel an Schuldgefühl" aus dem ihnen bekannten delinquenten Verhalten geschlossen haben, Ersteres also lediglich eine Näherungsvariable für Letzteres wäre. Zudem interpretieren Loeber et al. „Lack of Guilt" als (anlagebedingte) Persönlichkeitseigenschaft. Man wird darin indessen eine im Rahmen des Sozialisationsprozesses erworbene normative Einstellung zu erblicken haben.

Dass solche personalen Risikofaktoren für den delinquenten Lebensverlauf weniger relevant sind, zeigte sich auch in der Fortuntersuchung der Gluecks-Probanden durch Sampson und Laub (2003, S. 582 f.; Laub und Sampson 2003, S. 107 ff.). Die bereits zuvor beschriebenen lebenslangen Trajektorien konnten nämlich anhand von kindlichen und jugendlichen Risikofaktoren individueller oder familiärer Art (unter anderem

---

renzperioden (Alter 13-18 bzw. 18-25 Jahre) und enthält kaum eines der üblichen Items zur Gewalt- oder Eigentumsdelinquenz; mit 25 Jahren (t_4) wurden zudem vier zusätzliche Delikte erfragt. Damit mag zusammenhängen, dass die Prävalenzraten mit 25 (unerwarteterweise) deutlich höher lagen als mit 18 Jahren (t_3; Schmidt et al. 2001, S. 27 ff.). In den Auswertungen blieben die selbstberichteten Bagatelldelikte zwar unberücksichtigt, Eigentums- und Gewaltdelikte konnten jedoch nicht unterschieden werden. Des Weiteren ist nicht plausibel, warum in den multivariaten Analysen die Risikofaktoren des 13.-18. Lebensjahres, die auch zahlreiche soziale und ökonomische Belastungen enthielten, „aufgrund ihrer zeitlichen Nähe zum Vorhersagekriterium" nicht berücksichtigt wurden, denn proximale Faktoren hatten ansonsten einen stärkeren Effekt (Lay et al. 2001, S. 125 ff., Fn. 2). Kriminologisch wäre bedeutsam, ob diese Faktoren bei ihrer Berücksichtigung einen noch deutlicheren Einfluss gewonnen hätten.

[28] Bei der Gesamtdelinquenz betrug die erklärte Varianz zwischen 11% und 22% (Loeber et al. 1998, S. 115). – Loeber und Kollegen berichten als multivariate Koeffizienten ihrer hierarchischen Regressionsanalysen die jeweils erreichte multiple Korrelation („Multiple R"). Um das Maß der jeweiligen erklärten Varianz (Determinationskoeffizient R^2) zu erhalten, muss man diese quadrieren (Kühnel und Krebs 2001, S. 534).

Intelligenz, Egozentrismus, Aggressivität, Erziehungsschwierigkeiten, Kriminalität oder Alkoholabusus der Eltern) nicht signifikant unterschieden (prognostiziert) werden, auch nicht anhand des frühen Beginns delinquenten Verhaltens (Early Onset). Allein bei der Hell- oder Dunkelfeldkriminalität im Jugendalter zeigten sich (geringe) signifikante Unterschiede. Die Autoren folgern hieraus, „that life-course-persistent offenders are difficult, if not impossible, to identify prospectively using a wide variety of childhood and adolescent risk factors" (a.a.O., S. 110). Freilich kann, da hier lediglich eine ursprüngliche Insassenstichprobe untersucht wurde, keine allzu große Varianz in den Risikofaktoren erwartet werden. Gleichwohl hätten sich, den persönlichkeitsorientierten Annahmen folgend, zwischen den Extremtrajektorien der Chronics (zusammen n=103) und den frühen Desisters (n=102) signifikante Unterschiede zeigen sollen.

Auch mit Blick auf den *frühen Beginn* delinquenten Verhaltens (Early Onset) stehen Sampson und Laub mit ihren Beobachtungen nicht alleine da. Dieser Faktor galt bislang als „one of the best predictors (or even the best predictor [...]) of the future course of the criminal career" (Farrington et al. 1990, S. 283). Er hat sich indessen auch in einigen anderen Studien als weniger aussagekräftig erwiesen, wobei man den Eindruck gewinnen kann, dass der frühe Beginn vor allem bei den (der Praxis in aller Regel allein zur Verfügung stehenden) Hellfelddaten prognostisch unbedeutender zu sein scheint. So konnten Paternoster et al. (1997, S. 256) in einer methodisch elaborierten Analyse mit 838 Entlassenen aus einer „Youth Services Training School" keinen Effekt des Early Onset beobachten. In neuerer Zeit haben insbesondere Krohn et al. (2001, S. 81 ff.) mit den Daten der Studien aus Pittsburgh, Rochester und Montreal vierzig nach späteren Prävalenz- und Inzidenzraten, Deliktsart, Hell- und Dunkelfeldkriminalität differenzierte Verlaufsmuster untersucht, von denen jedoch nur 13 im Hinblick auf den Early Onset die erwartete statistisch signifikante Beziehung aufweisen – die meisten in der Dunkelfeldbefragung Rochesters, die wenigsten wiederum in der Vorbestraftenbefragung Montreals, allerdings ebenso wenig in der Dunkelfelderhebung Pittsburghs. Auch in der Seattle Panelstudie zeigte sich der erwartete Effekt des Early Onset nur in den Hellfeld-, nicht jedoch in den Dunkelfelddaten (Farrington et al. 2003, S. 948 f.). Schließlich kann Thornberry (2005, S. 165) auf Grund der latenten Klassifikationsanalysen der Rochesterstudie lediglich „the modesty of the correlation between age of onset and persistence" feststellen.

Die bisherigen Befunde der persönlichkeitsorientierten Längsschnittforschung zu delinquenten Entwicklungspfaden sowie die festgestellten Anteile erklärter Varianzen der personalen Risikofaktoren sind vor allem unter heuristischen Gesichtspunkten bedeutsam. Sie geben Anlass, multivariat signifikante Faktoren sowie die Frage nach Verlaufstrajektorien weiteren Analysen zu unterziehen. Sie können indessen noch keine verlässliche empirische Grundlage für Programme der individuellen, zumal klinisch-psychologischen oder psychiatrischen Intervention im Kindes- und frühen Jugendalter liefern, wie sie allerdings in den letzten Jahren verstärkt vorgeschlagen wurden (siehe vor allem die Beiträge in Loeber und Farrington 1998 und 2001; kritisch insoweit auch Sampson und Laub 2003, S. 559 m.w.N.).

Die bleibende Ungewissheit sowie auch die Komplexität der Frage, was wie früh eine persistente Delinquenzentwicklung beeinflusst, hat sicherlich mit dazu beigetragen, dass sich die Forschung in den letzten Jahren verstärkt auch dem *Abbruch* persistenter Delinquenzverläufe gewidmet hat. Der Abbruch wurde bis Mitte der neunziger Jahre kaum untersucht; zum einen weil die Forschung auf die Ursachen des Beginns und der Fortdauer von kriminellen Karrieren konzentriert war, zum anderen, weil bis dahin kaum Längsschnittdaten für die dritte und vierte Lebensdekade vorlagen. Ausgelöst durch soziologisch orientierte Längsschnittanalysen ist die theoretische und empirische Erforschung des Abbruchs in jüngerer Zeit jedoch sehr in Bewegung geraten. Nach neuerem Verständnis wird der Abbruch als Prozess einer allmählichen Verringerung delinquenten Verhaltens begriffen, der – in je nach Standpunkt unterschiedlicher Gewichtung – sowohl von strukturellen Änderungen der sozialen Einbindung (durch stabile neue Partnerbeziehungen oder Arbeitsverhältnisse) als auch durch eine bewusste Reformulierung des persönlichen Selbstkonzeptes (Human Agency) ausgelöst und getragen werden soll (Weitekamp, Kerner et al. 2000; Laub und Sampson 2001; Maruna und Farrall 2004; Mulvey et al. 2004; Bottoms 2006 m.w.N.).

E. Formelle Kontrollinterventionen

Schließlich sind in neuerer Zeit einige (so zu nennende) soziologisch-konstruktivistische Analysen des Delinquenzverlaufs durchgeführt worden. Diese Studien zeichnen sich dadurch aus, dass sie, durchaus im Sinne des Labeling Approach, auch die Auswirkungen formeller sozialer Kontrollinterventionen auf den weiteren Delinquenzverlauf und damit die Unterscheidung zwischen Kriminalität und Kriminalisierung konzeptionell berücksichtigen.

Die in ihrer ersten *Reanalyse der Gluecks-Daten* beobachteten negativen Effekte formeller Sanktionierungen auf die Herausbildung sozialer Bindungen im Erwachsenenalter haben Sampson und Laub (1997) etwas später im Rahmen von Überlegungen über sich im Lebensverlauf anhäufende Benachteiligungen (Life Course Theory of Cumulative Disadvantage) vertiefend reflektiert. „Cumulative Disadvantage" wird nun zum zentralen Aspekt ihrer Theorie des delinquenten Lebensverlaufs und bezeichnet die Akkumulation von Misserfolgen und Belastungen hinsichtlich der Social Bonds Familie, Schule und Peers „most *explicitly* by the negative structural consequences of criminal offending *and* official sanctions for life chances. The theory specifically suggests a ‚snowball' effect – that adolescent delinquency *and* its negative consequences (e.g., arrest, official labeling, incarceration) increasingly mortgage one's future, especially later life chances molded by schooling and employment" (a.a.O., S. 147, Hervorhebung durch Verf.). Bei Cumulative Disadvantage geht es um dreierlei: (1) um die Berücksichtigung der negativen Folgen des sowohl (primären) delinquenten Verhaltens (mit den Zurückweisungsreaktionen des sozialen Umfeldes)[29] als auch der Sanktionierung (Einschränkung konformer Lebensbewältigungschancen mit der Folge sekundärer Delinquenz, strukturelles Labeling); (2) um die im Lebensverlauf erfolgende Aufrechterhaltung und Verstärkung der Kriminalität durch die Kriminalität selbst (Selbstverstärkung) und damit (3) um die Betonung, dass die Stabilität (Kontinuität) krimineller Verläufe weniger – wie es die persönlichkeitsorientierte Längs-

---

[29] Ausdrücklich in Anlehnung an Thornberrys interaktionale Theorie (a.a.O., S. 146).

schnittforschung sowie Gottfredson und Hirschi annehmen – auf einer persönlichen Anlage oder Neigung beruhe, sondern in informellen wie vor allem formellen sozialen Interaktionen herausgebildet werde, aber auch vermieden und geändert werden könne (soziale Reaktion): „Indeed, the stability of behavior may reflect more the stability of social *response* than the time-invariance of an individual trait" (a.a.O., S. 154 f., Hervorhebung im Original).

Nachdem der Labeling Ansatz insbesondere in den achtziger Jahren als wenig ertragreich galt und insbesondere in der kriminologischen Längsschnittforschung kaum Beachtung fand (im Überblick: Paternoster und Iovanni 1989),[30] stehen Sampson und Laub mit dieser Perspektivenerweiterung nicht allein da. Auch Loeber und Le Blanc (1990, S. 421) betrachteten bereits Anfang der neunziger Jahre den Labeling Approach als einzige der klassischen Kriminalitätstheorien, die man als „developmental in nature" bezeichnen kann. Vor allem die differenzierte Bewertung des theoretischen und empirischen Gehalts des Labeling Approach durch Paternoster (einem der methodisch versiertesten Längsschnittforscher) und Iovanni dürfte zu einer stärkeren Rezeption in der kriminologischen Längsschnittforschung beigetragen haben.

Paternoster und Iovanni führten Ende der achtziger Jahre die mangelnde Akzeptanz des Labeling Approach zum einen auf dessen simplifizierende Rezeption im Sinne eines Definitionsdeterminismus (allein schon das formelle Label löse eine kriminelle Karriere aus) zurück. Indessen würde ein erfolgreicher Labelingprozess – auch nach den Vorstellungen der Begründer des Labeling-Ansatzes, insbesondere, wenn man Lemerts (1967) Prozessmodell der sekundären Devianz folge – weit differenzierter erfolgen (Paternoster und Iovanni 1989, S. 359 ff., 386; „contingent nature", S. 378). Ob und wie sich eine Etikettierung zu einer delinquenten persönlichen Identität im Sinne einer Self-Fulfilling Prophecy verdichte, hänge demnach von zahlreichen weiteren Vermittlungs- und Interaktionsprozessen, also vornehmlich indirekten Zusammenhängen ab, die man als strukturelles Labeling bezeichnen kann: Vor allem die Öffentlichkeit des Labels, die ablehnende oder unterstützende Reaktion der sozialen Umgebung sowie die Beschränkung von Gelegenheiten zur konformen Lebensbewältigung sollen danach eine Rolle spielen (a.a.O., S. 375 ff.).

Zum anderen habe die bestenfalls inkonsistente empirische Befundlage die Akzeptanz des Labeling Approach verringert. Nach Paternoster und Iovanni beziehen sich die empirischen Studien vor allem auf die beiden Kernthesen des Labeling Approach: neben der soeben erwähnten sekundären Devianz infolge strukturellen Labelings auf die sozial ungleiche Verteilung des Kontrollrisikos („status characteristic" oder „structural location" bei Sampson und Laub 1997, S. 152). Die meisten dieser Untersuchungen werden jedoch als methodisch unzureichend angesehen, da sie entweder allein auf Kontrollstichproben von zudem häufig Verurteilten und Rückfälligen beruhten, die einen Vergleich mit Nicht- oder Früh-Etikettierten nicht erlauben, oder auf Querschnittsdaten oder zeitlich zu kurzen Längsschnittstudien beruhen, mit denen der indirekte und komplexe strukturelle Vermittlungsprozess zur sekundären Devianz nicht

---

[30] Eine Ausnahme bildete in den siebziger Jahren bemerkenswerterweise Farrington (1977). Auch in seinen neuesten Theorieentwurf schließt er Labeling-Elemente ein (Farrington 2003a, S. 231 f.).

untersucht werden könne (Paternoster und Iovanni 1989, S. 369 ff., 383 ff.; Sampson und Laub 1997, S. 139 f.).

In der Tat beruhen bislang die meisten Studien, die feststellen, dass formelle (zumal stationäre) Sanktionierungen entgegen den spezial- oder generalpräventiven Erwartungen nicht kriminalitätsmindernd, sondern kriminalitätsverstärkend wirken, auf reinen Hellfelddatenanalysen justizieller Entscheidungen. Sie sind deshalb dem nicht (ganz) von der Hand zu weisenden methodischen Einwand ausgesetzt, dass in solchen Daten soziale oder personale Defizite oder nicht abgeurteilte delinquente Verhaltensweisen nicht vorhanden sind. Diese könnten aber die richterliche Legalprognose durchaus beeinflusst haben.[31] Für moderne kriminologische Längsschnittdatensätze trifft dieser Einwand indessen grundsätzlich nicht zu. Denn darin sind sowohl die Entwicklung der Hellfeld- als auch der Dunkelfeldkriminalität sowie deren soziale oder personale Entstehungsbedingungen enthalten.

In neuerer Zeit wurden zwei Untersuchungen veröffentlicht, in denen sich Annahmen über die Effekte formeller Etikettierung in methodisch zuverlässigerer Weise bewährt haben. So konnten Bernburg und Krohn (2003, S. 1299 ff.) in multivariaten Analysen mit den Paneldaten der Rochester-Studie zunächst strukturelle Labelingeffekte feststellen: Zum einen hatten während des Jugendalters (13,5 bis 16,5 Jahre, Welle 1 bis 7) erfolgte polizeiliche wie justizielle Kontrollinterventionen einen signifikanten, allerdings nur eher schwachen Einfluss auf den Schulerfolg und die Schulpräsenz im 17. Lebensjahr sowie auf den Berufserfolg (Arbeitslosigkeit)[32] im 19. bis 22. Lebensjahr und hierüber auf die Täterinzidenzen der selbstberichteten Delinquenz;[33] zum anderen ergaben die Interaktionseffekte, dass die Auswirkungen von Kontrollinterventionen auf die Erwachsenenkriminalität unter ärmeren Probanden und vor allem African-Americans[34] größer waren. Des Weiteren bestanden im Sinne des Definitionsaspektes direkte Effekte der polizeilichen und justiziellen Intervention für die Inzidenzen der selbstberichteten schweren Delinquenz und des Drogenhandels. Schließlich sind diese Befunde auch deshalb von Bedeutung, weil in allen Analysen der Einfluss der selbstberichteten Delinquenz im Jugendalter berücksichtigt wurde, das (netto) festgestellte erhöhte Kontrollrisiko also (zumindest insoweit) nicht auf einer höheren Delinquenzneigung beruhte.

Auch Prein und Schumann (2003) stellten in ihrer im Rahmen des Sonderforschungsbereichs 186 durchgeführten quantitativen und qualitativen *Bremer Panelstu-*

---

[31] Auch die von Laub und Sampson verwendeten und weiter erhobenen Gluecks-Daten weisen insofern methodische Begrenzungen auf, als sie hinsichtlich der Delinquenzvariablen auf Hellfelddaten beruhen, allerdings über zahlreiche soziale und personale Variablen verfügen. Umso mehr ist an ihren Verlaufsanalysen bemerkenswert, dass selbst bei Hellfelddaten schon recht früh der Trend zum Abbruch das Bild prägt.

[32] Die Regressionskoeffizienten für die Arbeitslosigkeit waren allesamt schwach, die formelle Kontrollintervention gehörte (b=.10 bis b=.15) zu den stärksten Prädiktoren (a.a.O., S. 1303).

[33] Selbstberichtete schwere Delinquenz (19. bis 20. Lebensjahr) sowie Drogenhandel und Gesamtkriminalität im 21. und 22. Lebensjahr.

[34] Bei African-Americans waren diese Interaktionseffekte am deutlichsten ausgeprägt, statistisch signifikant allerdings nur mit justiziellen Interventionen.

die zur kriminologischen Relevanz des Übergangs von der Schule ins Berufsleben vor allem direkte Sanktionierungseffekte für die weitere Berufs- sowie Delinquenzentwicklung fest. Ihre Analysemodelle folgten den theoretischen Überlegungen von Paternoster und Iovanni sowie Sampson und Laubs Theory of Cumulative Disadvantage. Die Studie war 1989 im quantitativen Panel mit 732 Abgängern aus (vorwiegend) 9. und 10. Haupt- und Sonderschulklassen (Alter: 16 bis 17 Jahre) begonnen worden und wurde bis zum Jahre 2000 in fünf Erhebungswellen in zwei- bis dreijährigem Abstand mit schließlich n=333 Probanden der quantitativen und n=52 Probanden der qualitativen Studie[35] (im Alter von bis zu 27 Jahren) abgeschlossen (Böttger et al. 2003). Sie erlaubt mithin zwar keine Kontrolle von Belastungen des gesamten Jugendalters, aber dafür eine Analyse des Lebensverlaufs einer kriminologisch überdurchschnittlich belasteten Population über die Mitte der dritten Lebensdekade hinaus. Als formelle Kontrollinterventionen waren nur solche der Justiz aus dem Erziehungs- und Bundeszentralregister erhoben worden: Verurteilungen sowie Einstellungen durch den Jugendstaatsanwalt (§ 45 JGG) oder den Jugendrichter (§ 47 JGG).[36]

Zunächst wirkten sich in den multivariaten Analysen – ähnlich wie bei Sampson und Laub oder Bernburg und Krohn – vorhergehende richterliche Sanktionierungen (Verurteilung oder in Verbindung mit einer Einstellung) negativ auf die weitere Entwicklung beruflicher Bindungen aus (Ausbildungsabbruch, unqualifizierte Arbeit, Arbeitslosigkeit), allerdings neben der selbstberichteten Gewaltdelinquenz, so dass unabhängig voneinander sowohl das delinquente Potential als auch die Sanktionierung einen solchen Effekt hatten (Prein und Schumann 2003, S. 202).

In den weiteren Analysen zeigten sich indessen keine durchgehenden Zusammenhänge zwischen der (erfolglosen) Berufsentwicklung und der späteren selbstberichteten Delinquenz; allenfalls bei Eigentums- sowie auch Drogendelinquenz wurden negative Auswirkungen sichtbar. Im Unterschied zu den Befunden von Sampson und Laub (1993), aber auch von Bernburg und Krohn, waren also die *indirekten* Sanktionierungseffekte weniger deutlich ausgeprägt; allerdings waren schulische oder familiäre Bindungen nicht untersucht worden. Hingegen waren in Bremen die *direkten* Effekte von größerer Bedeutung als in den amerikanischen Untersuchungen. Neben der Cliquenzugehörigkeit sowie der (vorherigen) selbstberichteten Delinquenz bewahrten die richterlichen Sanktionierungen nach multivariater Kontrolle den stärksten unabhängigen Einfluss auf die spätere Zunahme der Eigentums-, Drogen- und vor allem Gewaltdelinquenz.[37] Bemerkenswert ist, dass die (offensichtlich) nicht von formellen Sankti-

---

[35] Der gegenüber der ersten Welle große Ausfall beruht vor allem auf der Verweigerung von Identifikationsmerkmalen zur weiteren Befragungsteilnahme nach der ersten Befragung (Böttger et al. 2003, S. 38 f.).

[36] Demnach sind allerdings die Einstellungen mit formellen Sanktionen, die durch den Jugendstaatsanwalt beim Jugendrichter angeregt (§ 45 III JGG) oder vom Jugendrichter (§ 47 I Nr. 3 JGG) direkt angeordnet werden können (formell intervenierende Diversion) nicht gesondert erhoben worden. Die mit Blick auf § 47-Erhebungen gewählte Formulierung „Verfahrenseinstellungen mit weiteren Maßnahmen" (a.a.O., S. 207) weist jedoch darauf hin, dass hierunter (vornehmlich) Einstellungen mit formellen Sanktionierungen erfasst worden sind.

[37] Da nur unstandardisierte Regressionskoeffizienten berichtet wurden (Prein und Schumann 2003, S. 204 f.), bezieht sich dieser Vergleich auf das höhere (p<.01) Signifikanzniveau der drei Variab-

onen begleiteten staatsanwaltlichen Einstellungen nach § 45 JGG, also die Diversion im engeren Sinne, keinen signifikanten Einfluss auf die weitere selbstberichtete Delinquenz hatten (a.a.O., S. 203 ff.) und damit die in Deutschland vorherrschende Auffassung unterstützt wird, dass sich (informelle) Diversionsentscheidungen zumindest nicht negativer auf einen delinquenten Karriereverlauf auswirken als formelle Sanktionierungen (Heinz 1998; 1999, mit Blick auf den Rückfall auch 2004, S. 43 ff.; Brunner und Dölling 2002, § 45, Rn. 4 ff.; Ostendorf 2007, Grdl. z. §§ 45 u. 47, Rn. 4 ff. m.w.N.). Angesichts dieser Befunde deutet sich allmählich ein differenzierteres Zusammenhangsbild an. In Rochester und Bremen sowie – mit Einschränkungen hinsichtlich der direkten Effekte – in der Reanalyse der Gluecks-Daten zeigte sich, dass neben sich wechselseitig verstärkenden sozialstrukturell begründeten Nachteilen (schulischer und beruflicher Misserfolg, Cliquenzugehörigkeit) einerseits und der Fortsetzung vorhergehender Delinquenz andererseits, formelle Sanktionen die weitere Delinquenzentwicklung eigenständig und bedeutsam verstärken können.

Freilich sind damit die zuletzt von Paternoster und Iovanni modellierten komplexen Zusammenhänge zwischen Primärverhalten, Labelingprozessen und Sekundärverhalten vor dem Hintergrund einer in sozialen Interaktionen reproduzierten Sozialstruktur nur erst in Ansätzen empirisch analysiert worden. Es fehlen beispielsweise Untersuchungen darüber, wie öffentliche formelle Etikettierungen sozial vermittelt werden, also wie sie in signifikanten Bezugsgruppen (Familie, Freunde, Schulklasse) je nach deren sozialer und/oder ökonomischer Kompetenz moderiert, das heißt im Hinblick auf die Vermeidung einer kriminellen Entwicklung abgeschwächt oder verstärkt werden können. Darüber hinaus ist nicht bekannt, welche Bedeutung der subjektiven Bewertung eines Labels durch den Adressaten zukommt. So nimmt Sherman (1993, S. 463) an, dass erst Sanktionierungen, die *als ungerecht empfunden* werden, delinquenzfördernde (sekundäre Devianz) Abwehr- oder Trotzreaktionen (Defiance) hervorrufen (ebenso Prein und Schumann 2003, S. 185, 215 f.).

Neben solchen sozialpsychologischen Prozessen bleiben Effekte systemischer Eigendynamik freilich bestehen. Indem sich formelle Kontrollsysteme wiederholt auf ihre (im institutionalisierten Ermittlungs- und Sanktionierungsgedächtnis archivierten) vorherigen Entscheidungen beziehen, erhöht sich das Entdeckungs- und Sanktionierungsrisiko unabhängig von anderen persönlichen oder sozialen Faktoren. Hermann und Kerner (1988; siehe auch Kerner und Janssen 1996) kommen auf Grund von Analysen über den *Verlauf der Rückfälligkeit* von 500 Gefangenen, die 1960 aus zwei nordrhein-westfälischen Jugendstrafanstalten entlassen worden waren, zum Ergebnis, dass die Eigendynamik der Verurteilungen (also die „Justizkarriere") für die Rückfallhäufigkeit wesentlich bedeutsamer ist als Sozialisations- oder Persönlichkeitsdefizite. Auch in einer an systemtheoretischen Überlegungen (zum Beispiel zur Selbstreferenz, Luhmann 1984, S. 57 ff.; siehe Boers 1997, S. 567 ff.) orientierten explorativen Ana-

---

len(bereiche) Sanktionierung, Cliquenzugehörigkeit sowie vorherige selbstberichtete Delinquenz. – Auch in den Analysen der Denver-Studie fanden Huizinga et al. (2003, S. 81), dass polizeiliche Vernehmungen (Arrest) kaum abschreckend, sondern vornehmlich verstärkend auf weiteres delinquentes Verhalten wirkten. Drei Viertel der Probanden, die erstmals polizeilich vernommen worden waren, unterschieden sich nicht oder berichteten nachfolgend mehr delinquentes Verhalten als eine ansonsten gleich strukturierte Kontrollgruppe.

lyse der Erst- und Nachuntersuchungsdaten der *Tübinger Jungtäter-Vergleichsuntersuchung* konnte zum einen – bei einer generellen Abbruchstendenz gegen Ende der dritten Lebensdekade – eine Eigendynamik des Verurteilungs- und vor allem Inhaftierungsverlaufs beobachtet werden; zum anderen hatten familiäre und soziale Defizite kaum einen Einfluss auf folgende Verurteilungen (Boers 2008).

Schließlich zeigen (vornehmlich in Deutschland) durchgeführte Studien des Sanktionierungsverlaufs, dass die Entwicklung der Sanktionshärte einen deutlichen Trend zur *Sanktionseskalation* aufweist. Diese verläuft zwar nicht kontinuierlich und scheint zu Beginn eher auf der Schwere und Anzahl der aktuellen Delikte zu beruhen, ist letztlich aber – wie insbesondere die Analysen der Freiburger Kohortenstudie mit den Daten des Bundeszentralregisters ergaben – von einer durch die Vorstrafenbelastung bedingten *und* von der der Deliktschwere unabhängigen „Eigendynamik im Sanktionshärteverlauf" geprägt (Höfer 2003, S. 131 ff., 135, 143; Heinz 1990, S. 38 ff.; Hering 1993, S. 269 ff; teilw. and. Gerken und Berlitz 1988, S. 21 ff.). Konnte eine Eskalation der Deliktsschwere, also im individuellen Verhalten, bislang kaum festgestellt werden (siehe oben 2., a.E.), so scheint eine Sanktionseskalation, also in den institutionellen Entscheidungen, besser belegt zu sein. Dass dabei die mittlere Sanktionshärte im Jugendstrafverfahren im Vergleich mit dem allgemeinen Strafverfahren sowohl höher lag als auch schneller stieg (Höfer 2003, S. 143 f.), bestätigt zudem die bekannte Beobachtung, dass Jugendliche bei vergleichbaren Fällen der leichten und mittleren Kriminalität härter als Erwachsene sanktioniert werden (Heinz 1990, S. 41 ff.; Albrecht 2000, S. 74 f. m.w.N.).[38]

F. Zusammenfassung und Ausblick

Die Analysen sowie die kriminalpräventive und kriminalpolitische Diskussion zur Kontinuität und zum Abbruch von Delinquenzverläufen beziehen sich im Kern auf persistente Intensivtäter. Denn die konzeptionelle Frage der Kontinuität oder des Abbruchs delinquenter Verläufe wird nur bei über einen längeren Zeitraum erfolgender wiederholter Delinquenz bedeutsam.

Das Phänomen der Intensivtäter ist Teil der Trias zur grundlegenden Beschreibung der Verbreitung und Entwicklung der (Jugend-) Kriminalität und kann nur in deren Kontext verstanden werden: Ubiquität, Spontanbewährung und Intensität. Die bekanntlich jugendtypisch weite Verbreitung von ein- bis zweimaliger Dunkelfelddelinquenz *(Ubiquität)* zeigt sich zum Beispiel in den Befunden der seit 2002 ab dem 13. Lebensjahr laufenden Duisburger Panelstudie darin, dass bis zum 17. Lebensjahr knapp drei Viertel der Jungen und die Hälfte der Mädchen die Begehung zumindest

---

[38] Vor dem Hintergrund solcher Befundlagen folgt die in Münster und Duisburg laufende Panelstudie *Jugendkriminalität in der modernen Stadt* einem strukturdynamischen Analysemodell, das die Wechselwirkungen formeller Kontrollinterventionen mit der Delinquenzentwicklung und der strukturellen Einbindung in soziale Milieus in den Mittelpunkt stellt; die Daten der polizeilichen Registrierungen und Verurteilungen werden zur Zeit erhoben (Boers et al. 2002; Boers und Pöge 2003; Boers et al. 2006; Boers und Reinecke 2007; An. Pöge 2007; 2007a).

eines Delikts berichtet hatten (ohne Internetdelikte, Drogenkonsum oder Schwarzfahren).

Ebenso jugendtypisch ist die Episodenhaftigkeit der Jugenddelinquenz: Noch im Jugendalter begehen die allermeisten keine weiteren Delikte mehr. Diese *Spontanbewährung* erfolgt im Rahmen einer erfolgreich verlaufenden (Norm-) Sozialisation und in aller Regel ohne formelle Kontrollintervention. Dunkelfelduntersuchungen deuten darauf hin, dass der Zeitpunkt der größten Verbreitung sowie das Einsetzen der Spontanbewährung recht früh, nämlich schon zu Beginn des Jugendalters liegen – deutlich früher als dies in Hellfelddaten zu beobachten ist. Die Phase der Delinquenzbelastung der allermeisten Jugendlichen ist zudem recht kurz. Solche Befunde unterstützen die Notwendigkeit einer weitreichenden Diversion im Jugendstrafverfahren.

Sind die Ubiquität und Spontanbewährung der Jugenddelinquenz seit langem allgemein konsentiert, so ergeben sich bei der *Intensität* klassifikatorische und definitorische Probleme. Umstritten sind insbesondere Annahmen über den Altersverlauf von Intensivtätern. Eine hinsichtlich aller Arten von Daten (Hell- oder Dunkelfeld) oder Delikten, Tätergruppen (zum Beispiel Jungen oder Mädchen) oder im Hinblick auf den Zeitraum der Deliktsbegehung einheitliche Klassifikation ist nicht möglich. Traditionell erfolgte die Klassifikation deterministisch anhand einer Mindestzahl von in einem bestimmten Zeitraum begangenen Delikten. Neuerdings setzen sich statistische Verfahren der latenten Klassenanalyse mit im Ergebnis unterschiedlichen Verlaufspfaden (Trajektorien) der Delinquenz durch (probabilistische Klassifikation). Vor dem Hintergrund solcher Klassifikationen kann die Definition eines Intensivtäters nur normativ erfolgen. In Anlehnung an langjährige empirische Beobachtungen könnte man demnach bei jener Tätergruppe von Intensivtätern sprechen, die zumindest die Hälfte aller Delikte und drei Viertel der Gewaltdelikte in einem begrenzten Zeitraum begangen hat (nach einer deterministischen Klassifikation war dies in der Duisburger Dunkelfeldstudie bei fünf und mehr in einem Jahr begangenen Gewaltdelikten der Fall). Es handelte sich bislang international immer nur um eine kleine, gleichwohl um die problematische Gruppe jugendlicher Delinquenten: in der Regel 5% bis 7% einer jugendlichen Altersgruppe. Problematisch ist diese Gruppe vor allem dann, wenn die Intensivtäterschaft von einiger Dauer ist. Ab wann man – unter Berücksichtigung von nicht unüblichen, das Definitionsproblem aber verschärfenden Unterbrechungszeiten – mit einiger Plausibilität von einer *persistenten* Intensivtäterschaft sprechen kann, ist letztlich ebenfalls nur normativ, auf der Grundlage (weiterer) empirischer Verlaufsbefunde, zu entscheiden.

Die kriminologische Verlaufsforschung war vor allem in den vergangenen zwanzig Jahren von einem auch für die Prävention und die Kriminalpolitik bedeutsamen Disput über den Delinquenzverlauf von Intensivtätern geprägt. Auf der einen Seite bestimmte in den achtziger und neunziger Jahren die Auffassung die Diskussion, dass persistente Intensivtäter – anders als die allermeisten, nur episodenhaft auffälligen Jugendlichen – vornehmlich auf Grund von (stabilen) dissozialen Persönlichkeitsdefiziten bis weit ins Erwachsenenalter oder womöglich ihr ganzes Leben delinquieren würden (Kontinuitätsannahme). Dabei wurde insbesondere der frühe Beginn delinquenten Verhaltens als einer der besten Indikatoren für eine solche Entwicklung angesehen. Kriminalpräventiv wären demnach sozialpädagogische oder therapeutische Interventionen vornehmlich im Kindes- und Jugendalter Erfolg versprechend; in späteren Jahren würden indessen immer stärker sichernde Maßnahmen an Bedeutung gewinnen, um die Gesellschaft vor der (Gewalt-) Kriminalität persistenter Intensivtäter bewahren zu können.

Auf der anderen Seite gewann in jüngeren Jahren zunehmend die Ansicht Raum, dass der allergrößte Teil persistenter Intensivtäter bereits in der dritten Lebensdekade die delinquente Entwicklung abbreche oder abzubrechen beginne (Abbruchsannahme). Folglich wären zur Unterstützung oder Initiierung eines solchen generellen Abbruchstrends sozialpädagogische oder therapeutische Präventionsprogramme gerade auch noch in späteren Jahren sinnvoll.

Die neuere empirische Befundlage der internationalen kriminologischen Verlaufsforschung spricht auch bei persistenten Intensivtätern für einen (generellen) Trend zum Abbruch des Delinquenzverlaufs. Denn es ist nicht nur der Anteil der Intensivtäter bereits ab der Mitte des Jugendalters rückläufig. Vor allem scheint deren jährliche Deliktsrate spätestens ab der dritten Lebensdekade stark zurückzugehen, so dass die Täterinzidenzraten auch für solche hoch belasteten Täter einen glockenförmigen Alterskriminalitätsverlauf aufweisen.

In konzeptioneller Hinsicht spricht demnach einiges dafür, vorrangig nicht von einer lang andauernden Persistenz, sondern von einem generellen Abbruchprozess auszugehen. Sollten sich diese Grundbefunde in weiteren Studien bewähren, dann würde dies einen Paradigmawechsel in der kriminologischen Verlaufsforschung markieren. Neuere Analysen geben zudem Anlass, die Bedeutung des frühen Beginns als Prädiktor eines persistenten Delinquenzverlaufs zu relativeren. Denn danach wies ein (deutlich) überwiegender Teil der in frühen Jahren stark Belasteten keinen lang andauernden Verlauf auf. Des Weiteren zeigte sich in den klassischen wie in den neueren Längsschnittstudien, dass soziale Defizite für den weiteren Delinquenzverlauf bedeutsamer sind als personale Risikofaktoren.

Das Umdenken in der kriminologischen Verlaufsforschung kommt auch in der vor dem Hintergrund dieser Befunde neu entstandenen systematischen Erforschung des Abbruchs zum Ausdruck. Damit geht es wissenschaftlich nicht mehr allein um die komplizierten sozialen und personalen und unter anderem deshalb nur schwer zu ändernden Entstehungsbedingungen, sondern auch um die möglicherweise einfachere Unterstützung eines im Delinquenzverlauf generell angelegten Prozesses zum Abbruch. Eine erfolgreiche Unterstützung des Abbruchs ist möglicherweise deshalb „einfacher", weil es hier darum geht, eine in dieser Phase des menschlichen Lebensverlaufs vorhandene inhärente Dynamik zum Abbruch zu *verstärken*, während man bei der frühen Intervention versuchen muss, die in dieser frühen Lebensphase bedeutsame (und wahrscheinlich in einem ähnlichen Ausmaß eigendynamische) Entwicklung zur Delinquenz *umzukehren*. Die bisherigen Befunde deuten darauf hin, dass einerseits die strukturelle Neugestaltung sozialer Bindungen (vor allem feste Arbeitsbeziehungen und stabile Partnerschaft) und andererseits wohl auch die bewusste Herausbildung eines Selbstkonzeptes zur konformen Lebensgestaltung den Abbruchprozess am ehesten fördern – und zwar unabhängig von den Risikofaktoren und Belastungen des Kindes- und Jugendalters (Letzteres ist indessen selbstverständlich, denn ansonsten würde sich ja die Kontinuitätsannahme bestätigen, wäre also ein recht zeitiger Ausstieg aus der delinquenten Persistenz unwahrscheinlich).

Dass im gesamten Prozess des Delinquenzverlaufs formelle, vor allem stationäre Sanktionierungen – zumindest für eine gewisse, gleichwohl bedeutsame Zeit und entgegen der spezial- oder generalpräventiven Erwartung – eher einen Rückfall als einen Abbruch fördern, ist keine neue Beobachtung. Sie beruhte bislang aber ausschließlich auf reinen Hellfelddatenanalysen, die den Einfluss sozialer oder personaler Risikofaktoren oder der nicht in die Verurteiltenstatistik gelangten Delinquenz nicht berücksichtigen können. Mit modernen kriminologischen Längsschnittdaten ist dies allerdings möglich. Dabei ergaben erste Analysen, dass – durchaus im Einklang mit den zentralen Verlaufsannahmen des Labeling Approach – Verurteilungen sowohl indirekt (zum Beispiel über eine Verschlechterung des schulischen oder beruflichen Erfolgs) als auch direkt die Wahrscheinlichkeit weiterer Delinquenz verstärken, und zwar bei gleicher vorheriger Belastung im Bereich der Dunkelfelddelinquenz (delinquentes Potential) wie im Bereich sozialer Faktoren. Wegen dieser Kontrolle vorhergehender Belastungen sind solche Analysen methodisch deutlich verlässlicher als reine Hellfeldanalysen und deshalb unbedingt weiterzuführen.

Man darf solche Befunde allerdings nicht simplifizierend verstehen, etwa in dem Sinne, dass jede formelle Etikettierung schon per se und direkt zu einer persistenten Entwicklung führe. Denn hier dürften Interaktions- und Vermittlungsprozesse zwischen Richtern, Staatsanwälten und Verurteilten sowie natürlich die Qualität des Urteils eine wichtige Rolle spielen. So ist gut vorstellbar, dass sich der Grad der Fairness der Verfahrensführung sowie die Angemessenheit des Urteils auf die weitere positive oder negative Bewertung und Verarbeitung des Geschehens durch den Verurteilten wie im Übrigen durch seine Familie und Freunde auswirken. Ein Strafverfahren kann mit anderen Worten durchaus einen Einfluss darauf haben, ob verhaltensregulierende Weichen so gut wie möglich gestellt und die weiteren Entwicklungen sozialpädagogisch Erfolg versprechend begleitet werden können – oder, ob aus einem Urteil ein „Label" wird. Dies ist so differenziert noch kaum untersucht worden; die diesbezüglichen Grundbefunde der kriminologischen Verlaufsforschung unterstützen zur Zeit jedoch eher Letzteres. Untersuchungen zur Sanktionseskalation deuten zudem darauf hin, dass trotz gleicher Deliktsschwere weitere Verurteilungen in der Regel schwerer ausfallen, und zwar im Jugendstrafverfahren ausgeprägter als im allgemeinen Strafverfahren. Die Sanktionspraxis scheint also einigen Spielraum zur Veränderung zu haben. Dies hätte auch unter einem anderen Aspekt etwas Positives. Denn formelle Institutionen sind in der Lage, ihr Entscheidungsverhalten schneller und durchgreifender zu modifizieren als sich die Strukturen von Familien, Peergroups, Freundesbeziehungen, Wohnvierteln, der Bildungspartizipation oder von Arbeitsmärkten ändern können.

Literatur

Albrecht, P.A. (2000) Jugendstrafrecht, 3. Aufl. München: C.H. Beck.

Becker, H.S. (1963) Outsiders. New York: The Free Press.

Bernburg, J.G./Krohn, M.D. (2003) Labeling, life chances and adult crime: The direct and indirect effects of official intervention in adolescence on crime in early adulthood. Criminology 41, p. 1287-1318.

Blumstein, A./Cohen, J./Roth, J.A./Visher, C.A. (1986) Criminal careers and „career criminals". Volume 1. Washington, D.C.: National Academy Press.

Boers, K. (1997) Vom möglichen Nutzen der Systemtheorie für die Kriminologie. Ein Versuch anhand der kriminologischen Längsschnittforschung. In: Frehsee, D./Löschper, G./Smaus, G. (Hrsg.): Konstruktion der Wirklichkeit durch Kriminalität und Strafe. Baden-Baden: Nomos. S. 552-582.

Boers, K. (2007) Hauptlinien der kriminologischen Längsschnittforschung. In: Boers, K./Reinecke, J. (Hrsg.): Delinquenz im Jugendalter. Erkenntnisse aus einer Münsteraner Längsschnittstudie. Münster: Waxmann. S. 5-40.

Boers, K. (2009) Die kriminologische Längsschnittforschung. In: Schneider, H.-J. (Hrsg.): Internationales Handbuch der Kriminologie. Band 2. New York, Berlin: de Gruyter (im Druck).

Boers, K./Pöge. A. (2003) Wertorientierungen und Jugenddelinquenz. In: Lamnek, S./Boatca, M. (Hrsg.): Geschlecht-Gewalt-Gesellschaft. Opladen: Leske + Budrich. S. 246-268.

Boers, K./Reinecke, J. (2007) Strukturdynamisches Analysemodell und Forschungshypothesen. In: Boers, K./Reinecke, J. (Hrsg.): Delinquenz im Jugendalter. Erkenntnisse aus einer Münsteraner Längsschnittstudie. Münster: Waxmann. S. 41-55.

Boers, K./Walburg, C./Reinecke, J. (2006) Jugendkriminalität – Keine Zunahme im Dunkelfeld, kaum Unterschiede zwischen Einheimischen und Migranten. Befunde aus Duisburger und Münsteraner Längsschnittstudien. Monatsschrift für Kriminologie und Strafrechtsreform 2006, S. 63-87.

Böttger, A./Köller, R./Solberg, A. (2003) Delinquente Episoden – Ausstiege aus kriminalisierbarem Handeln. In: Schumann, K.F. (Hrsg.): Delinquenz im Lebenslauf. Bremer Längsschnittstudie zum Übergang von der Schule in den Beruf bei ehemaligen Hauptschülern. Band 2. Weinheim, München: Juventa. S. 95-122.

Bottoms, A. (2006) Desistance, social bonds, and human age: A theoretical exploration. In: Wikström, P.-O./Sampson, R.J. (Eds.): The explanation of crime. Cambridge: Cambridge University Press. p. 243-290.

Brunner, R../Dölling, D. (2002) Jugendgerichtsgesetz, Kommentar. 11. Auflage. Berlin, New York: Walter de Gruyter.

Bundeskriminalamt (2005) Polizeiliche Kriminalstatistik 2004. Wiesbaden.

Bundeskriminalamt (2007) Polizeiliche Kriminalstatistik 2006. Wiesbaden.

Bureau of Justice Statistics (2007) Prisoners in 2006. Washington, DC.

Bushway, S.D./Thornberry, T.P./Krohn, M.D. (2003) Desistance as developmental a process: a comparison of static and dynamic approaches. Journal of Quantitative Criminology, Volume 19, p. 129-153.

Farrington, D.P. (1977) The effects of public labelling. British Journal of Criminology, Volume 17, p. 112-125.

Farrington, D.P. (1986) Stepping stones to adult criminal careers. In: Olweus, D./ Block, J./Yarrow, M.R. (Eds.): Development of antisocial and prosocial behavior. New York: Academic Press, p. 359-384.

Farrington, D.P. (2003) Key results from the first forty years of the Cambridge study in delinquent development. In: Thornberry, T.P./Krohn, M.D. (Eds.): Taking stock of delinquency. New York: Kluwer Academic/Plenum Publishers, p. 137-184.

Farrington, D.P. (2003a) Developmental and life-course criminology: key theoretical and empirical issues – the 2002 Sutherland Award Address. Criminology 41, p. 221-255.

Farrington, D.P./Loeber, R./Elliott, D.S. et al. (1990) Advancing knowledge about the onset of delinquency and crime. Advances in Clinical Child Psychology 13, p. 283-342.

Farrington, D.P./Hawkins, J.D. (1991) Predicting participation, early onset and later persistence in officially recorded offending. Criminal Behaviour and Mental Health 1, p. 1-33.

Farrington, D.P./West, D. J. (1993) Criminal, penal, and life histories of chronic offenders: Risk and protective factors and early identification. Criminal Behaviour and Mental Health 3, p. 492-523.

Gerken J.C./Berlitz, C. (1988) Sanktionseskalation. Zum fatalen Zusammenspiel von Erziehungsideologie und Registerrecht. In: Gerken, J.C./Schumann, K.F. (Hrsg.): Ein trojanisches Pferd im Rechtsstaat. Pfaffenweiler: Centaurus. S. 11-39.

Glueck, S./Glueck, E. (1950) Unraveling juvenile delinquency. London: Oxford University Press.

Göppinger, H. (1983) Der Täter in seinen sozialen Bezügen. Ergebnisse aus der Tübinger Jungtäter-Vergleichsuntersuchung. Unter Mitarbeit von Bock, M., Jehle, J.-M., Maschke, W. Berlin: Springer.

Gottfredson, M.R./Hirschi, T. (1990) A general theory of crime. Stanford: Stanford University Press.

Heinz, W. (1990) Mehrfach Auffällige - Mehrfach Betroffene. Erlebnisweisen und Reaktionsformen. In: DVJJ (Hrsg.): Mehrfach Auffällige - Mehrfach Betroffene. Erlebnisweisen und Reaktionsformen. Godesberg: Forum Verlag. S. 30-73.

Heinz, W. (1998, 1999) Diversion im Jugendstrafrecht und im allgemeinen Strafrecht. Teil 1-4. DVJJ-Journal 1998, S. 245-357; DVJJ-Journal 1999, S. 11-19, S. 131-148, S. 261-267.

Heinz, W. (2004) Die neue Rückfallstatistik – Legalbewährung junger Straftäter. Zeitschrift für Jugendkriminalrecht und Jugendhilfe 15, S. 35-48.

Heinz, W. (2005) Zahlt sich Milde aus? Diversion und ihre Bedeutung für die Sanktionspraxis (Teil 1 und 2). Zeitschrift für Jugendkriminalrecht und Jugendhilfe 16, S. 166-179, S. 302-312.

Henry, B./Moffitt, T./Robins, L./Earls, F./Silva, P. (1993) Early family predictors of child and adolescent antisocial behaviour: who are the mothers of delinquents? Criminal Behaviour and Mental Health 3, p. 97-118.

Hering, E. (1993) Mechanismen justizieller Eskalation im Jugendstrafverfahren. Pfaffenweiler: Centaurus.

Hermann, D./Kerner, H.-J. (1988) Die Eigendynamik der Rückfallkriminalität. Kölner Zeitschrift für Soziologie und Sozialpsychologie 40, S. 485-504.

Höfer, S. (2003) Sanktionskarrieren. Freiburg: iuscrim.

Huizinga, D./Weiher, A.W./Espiritu, R. (2003) Delinquency and crime: some highlights from the Denver Youth Survey. In: Thornberry, T.P./Krohn, M.D. (Eds.): Taking stock of delinquency. New York: Kluwer Academic/Plenum. p. 47-92.

Kerner, H.-J. (2004) Freiheit und Unfreiheit – Zum Verlauf der Karrieren von Straftätern. In: Rehn, G./Nanninga, R./Thiel, A. (Hrsg.): Freiheit und Unfreiheit. Arbeit mit Straffälligen innerhalb und außerhalb des Justizvollzuges. Herbolzheim: Centaurus. S. 3-52.

Kerner, H.-J./Janssen, H. (1996) Langfristverlauf im Zusammenspiel von soziobiographischer Belastung und krimineller Karriere. In: Kerner, H.-J./Dolde, G./Mey, H.-G. (Hrsg.): Jugendstrafvollzug und Bewährung. Analysen zum Vollzugsverlauf und zur Rückfallentwicklung. Bonn: Forum. S. 139-214.

Krohn, M.D./Thornberry, T.P./Rivera, C./Le Blanc, M. (2001) Later delinquency careers. In: Loeber, R./Farrington, D.P. (Eds.): Child delinquents. Development, intervention, and service needs. Thousand Oaks: Sage. p. 67-93.

Kunz, K.-L. (2004) Kriminologie. Eine Grundlegung. 4. Aufl. Stuttgart: UTB.

Kühnel, S.-M./Krebs, D. (2001) Statistik für die Sozialwissenschaften. Reinbek: Rowohlt.

Laub, J.H./Sampson, R.J. (2001) Understanding desistance from crime. Crime and Justice 28, p. 1-69.

Laub, J.H./Sampson, R.J. (2003) Shared beginnings, divergent lives. Delinquent boys to age 70. Cambridge, MA, London: Harvard University Press.

Lay, B./Ihle, W./Esser, G./Schmidt, M.H. (2001) Risikofaktoren für Delinquenz bei Jugendlichen und deren Fortsetzung bis ins Erwachsenenalter. Bedeutung von Dunkelfelddelikten für episodische und fortgesetzte Delinquenz. Monatsschrift für Kriminologie und Strafrechtsreform (84), S. 119-132.

Lemert, E.M. (1967) Human deviance, social problems, and social control. Englewood Cliff, N.J.: Prentice-Hall.

Loeber, R./Farrington, D.P./Stouthamer-Loeber, M./Van Kammen, W.B. (1998) Antisocial behavior and mental health problems. Explanatory factors in childhood and adolescence. Mahwah: Lawrence Erlbaum Associates, Publishers.

Loeber, R./Farrington, D.P. (Eds.)(1998) Serious and violent juvenile offenders. Thousand Oaks, London: Sage.

Loeber, R./Farrington, D.P. (Eds.)(2001) Child delinquents. London: Sage.

Loeber, R./Le Blanc, M. (1990) Toward a developmental criminology. Crime and Justice 12, p. 375-473.

Luhmann, N. (1984) Soziale Systeme. Grundriss einer allgemeinen Theorie. Frankfurt a.M.: Suhrkamp.

Maruna, S./Farrall, S. (2003) Desistance from crime: a theoretical reformulation. Soziologie der Kriminalität, Kölner Zeitschrift für Soziologie und Sozialpsychologie 43, S. 171-194.

Moffitt, T.E. (1993) Adolescence-limited and life-course-persistent antisocial behavior: a developmental taxonomy. Psychological Review 100, p. 674-701.

Moffitt, T.E. (2003) Life-course-persistent and adolescence-limited antisocial behaviour. A 10-year research review and a research agenda. In: Lahey, B.B./Moffitt, T.E./Caspi, A. (Eds.): Causes of conduct disorder and juvenile delinquency. New York, London: Guilford. p. 49-75.

Moffitt, T.E./Caspi, A./Dickson, N./Silva, P.A./Stanton, W. (1996) Childhood-onset versus adolescent-onset antisocial conduct problems in males: natural history from ages 3 to 18 years. Development and Psychopathology 8, p. 399-424.

Moffitt, T.E./Caspi, A./Harrington, H./Milne, B.J. (2002) Males on the life-course-persistent and adolescence-limited antisocial pathways: follow up at age 26 years. Development and Psychopathology 14, p. 179-207.

Moffitt, T.E./Caspi, A./Rutter, M./Silva, P.A. (2001) Sex differences in antisocial behaviour. Cambridge: Cambridge University Press.

Mulvey, E.P./Steinberg, L./Fagan, J./Cauffman, E./Piquero, A.R./Chassin, L./Knight, G.P./Brame, R./Schubert, C.A./Hecker, T./Losoya, S.H. (2004) Theory and research on desistance from antisocial activity among serious adolescent offenders. Youth Violence and Juvenile Justice 2, p. 213-236.

Nagin, D. (2005) Group-based modeling of development. Cambridge, M.A.: Harvard University Press.

Odgers, C.L./Caspi, A./Poulton, R./Harrington, H./Thompson, M./Broadbent, J.M./ Dickson, N./Sears, M.R./Hancox, B./Moffitt, T.E. (2007) Prediction of adult health burden by conduct problem subtypes in males. Archives of General Psychiatry 64, p. 476-484.

Ostendorf, H. (2007) Jugendgerichtsgesetz. Kommentar. 7. Aufl. Baden-Baden: Nomos.

Paternoster, R./Dean, C.W./Piquero, A./Mazerolle, P./Brame, R. (1997) Generality, continuity, and change in offending. Journal of Quantitative Criminology 13, p. 231-266.

Paternoster, R./Iovanni, L. (1989) The labeling perspective and delinquency: an elaboration of the theory and an assessment of the evidence. Justice Quarterly 3, p. 359-394.

Piquero, A.R. (2008) Taking stock of developmental trajectories of criminal activity over the life course. In: Liberman, A.M. (Ed.): The long view of crime. New York: Springer. p. 23-78.

Piquero, A.R./Farrington, D.P./Blumstein, A. (2003) The criminal career paradigm. Crime and Justice 30, p. 359-506.

Pöge, Al. (2007) Klassifikation und Verläufe delinquenten Verhaltens. Münster: Waxmann.

Pöge, Al. (2007a) Klassifikation Jugendlicher anhand ihres delinquenten Verhaltens. In: Boers, K./Reinecke, J. (Hrsg.): Delinquenz im Jugendalter. Erkenntnisse aus einer Münsteraner Längsschnittstudie. Münster: Waxmann. S. 97-127.

Pöge, An. (2007) Soziale Milieus und Kriminalität im Jugendalter. Münster: Waxmann.

Pöge, An. (2007a) Soziale Jugendmilieus und Delinquenz. In: Boers, K./Reinecke, J. (Hrsg.): Delinquenz im Jugendalter. Erkenntnisse aus einer Münsteraner Längsschnittstudie. Münster: Waxmann. S. 201-239.

Prein, G./Schumann, K.F. (2003) Dauerhafte Delinquenz und die Akkumulation von Nachteilen. In: Schumann, K.F. (Hrsg.): Delinquenz im Lebensverlauf. Weinheim, München: Juventa. S. 181-208.

Reinecke, J. (2006) Longitudinal analysis of adolescents' deviant and delinquent behavior. Applications of latent class growth curves and growth mixture models. Methodology 2, p.100-112.

Reinecke, J. (2007) Beobachtete und unbeobachtete Heterogenität im Delinquenzverlauf. In: Boers, K./Reinecke, J. (Hrsg.): Delinquenz im Jugendalter, Erkenntnisse aus einer Münsteraner Längsschnittstudie. Münster: Waxmann Verlag. S. 129-145.

Reinecke, J. (2008) Klassifikation von Delinquenzverläufen: Eine Anwendung mit Mischverteilungsmodellen. In: Reinecke, J./Tarnai, C. (Hrsg.): Angewandte Klassifikationsanalyse. Münster: Waxmann Verlag (im Druck).

Sampson, R.J./Laub, J.H. (1993) Crime in the making: pathways and turning points through life. Cambridge, MA: Harvard University Press.

Sampson, R.J./Laub, J.H. (1997) A life-course theory of cumulative disadvantage and the stability of delinquency. In: Thornberry, T.P. (Ed.): Developmental theories of crime and delinquency. Advances in criminological theory. Volume 7. New Brunswick, London: Transaction Publishers. p. 133-161.

Sampson, R.J./Laub, J.H. (2003) Life-course desisters? Trajectories of crime among delinquent boys followed to age 70. Criminology 41, p. 555-592.

Sampson, R.J./Laub, J.H. (2005) A life-course view of the development of crime. The Annals of the American Academy of Political and Social Science 602, p. 12-45.

Schmidt, M.H./Lay, B./Ihle, W./Esser, G. (2001) Bedeutung von Dunkelfelddelikten für episodische und fortgesetzte Delinquenz. Monatsschrift für Kriminologie und Strafrechtsreform (84), S. 25-36.

Sherman, L. (1993) Defiance, Deterrence, and Irrelevance: A Theory of the Criminal Sanction. Journal of Research in Crime and Delinquency 30, p. 445-473.

Thornberry, T.P. (2005) Explaining multiple patterns of offending across the life course and across generations. The Annals of the American Academy of Political and Social Science 602, p. 156-195.

Walter, R./Remschmidt, H. (2004) Die Vorhersage der Delinquenz im Kindes-, Jugend- und Erwachsenenalter. Monatsschrift für Kriminologie und Strafrechtsreform 2004, S. 333-352.

Weitekamp, E.G.M./Kerner, H.-J./Stelly, W./Thomas, J. (2000) Desistance from crime: life history, turning points and implications for theory contruction in criminology. In: Karstedt, S./Bussmann, K.-D. (Eds.): Social dynamics of crime and control. New theories for a world in transition. Oxford, Portland: Hart. p. 207-227.

Wolfgang, M.E./Figlio, R.M./Sellin, T. (1972) Delinquency in a birth cohort. Chicago: University of Chicago Press.

Zimring, F.E./Hawkins, G./Kamin, S. (2001) Punishment and democracy. Three strikes and you are out in California. Oxford: Oxford University Press.

Der Beitrag wurde in *DVVJ (Hrsg). 2008. Fördern Fordern Fallenlassen. Dokumentation des 27. Deutschen Jugendgerichtstages. Mönchengladbach: Forum, 340-376,* veröffentlicht und wird hier mit freundlicher Erlaubnis des Forum-Verlages abgedruckt.

MICHAEL WINKLER

Erziehung sinnlos? – Zum sozialpädagogischen Umgang mit jungen Mehrfachauffälligen

Erziehung sinnlos? Eine solche Frage scheint rhetorisch, weil sie nämlich zwei Antwortmöglichkeiten zumindest gleich mitliefert (vgl. zum Folgenden: Witte / Sander 2006a): *Zum einen* weckt sie nämlich den Widerspruch. Sie provoziert eine Gegenrede, welche auf die Hoffnung und die Erwartung verweist, Erziehung, pädagogische Ansätze könnten junge Menschen in extremer Lebenssituation so unterstützen, dass sie künftig erfolgreich die an sie gestellten Anforderungen bewältigen. Erziehung bringe demnach selbst solche Kinder und Jugendliche auf einen guten Weg, welche über einen langen Zeitraum durch gewaltsames, in seiner Intensität eskalierendes Verhalten aufgefallen sind. Nach dieser Auffassung gibt es also einen guten und positiven Sinn von Erziehung insoweit, als diese bei hochbelasteten, abweichenden bzw. als kriminell bezeichneten jungen Menschen etwas bewirke – was auch immer „bewirken" heißen mag. Denn in der Praxis zeigt sich längst ein weites Spektrum von möglichen „Wirkungen", das von einem Gewinn moralischer Kompetenz auf einem höheren Niveau über die Legalbewährung bis hin zu dem reicht, was in der angelsächsisch geprägten Entwicklungspsychologie mittlerweile als „good functioning" bezeichnet wird.

Eine *andere Antwort* spiegelt hingegen die Ernüchterung derjenigen wider, die mit schwierigsten jungen Menschen arbeiten und jeglicher Vorstellung von Erziehung mittlerweile sehr skeptisch gegenüber stehen. Abgesehen davon, dass manche die möglicherweise fatale Einsicht aussprechen, mit einer – notabene – jedoch sehr kleinen Zahl von Jugendlichen zu rechnen, welche durch keine bekannten Hilfeangebote zu erreichen sind, breiten sich zunehmend Vorbehalte gegenüber pädagogischen Konzepten aus. Nicht wenige Praktiker verstehen sich zwar als Sozialpädagogen, wenden sich aber explizit gegen jede Idee (und Praxis) von Erziehung als solcher. Zunehmend gelten schnelle, klare und scharfe Reaktionen des justiziellen Systems als sinnvoll. Für die Gruppe der – an die Definitionsprobleme muss allerdings erinnert werden – Intensiv- bzw. Mehrfachtäter insbesondere mit hoher krimineller Energie und Gewaltproblematik rücken harte und konfrontative, am Körper ausgerichtete Methoden in den Vordergrund. Die Angebote reichen von Trainingsverfahren bis hin zu Camps, obwohl deren Evaluation nur bedingt Erfolge belegt. Freilich gibt es offensichtlich eine massive Diskrepanz zwischen dem, was sozialwissenschaftliche Daten sagen, und den Erfahrungen, welche die Beteiligten machen. Legalbewährung beispielsweise lässt sich präzise erheben, die soziale Wirklichkeit aber sieht anders aus: Wenn beispielsweise ein mittlerweile junger Erwachsener aus der Auto-Crasher-Szene mit unzulässigem Tuning seines PKW straffällig wird, ansonsten unauffällig bleibt, wird er zwar als

Täter verbucht; dennoch kann er trotz der Straftatbestände so integriert sein, dass man eine vorsichtig optimistische Prognose wagen darf.

Erziehung sinnlos? Die Antworten auf die Frage verteilen sich also in den Extrembereichen. Sie neigen entweder der Annahme zu, Erziehung könne alles bewirken und stelle die einzig legitime wie richtige Antwort auf ein Verhalten dar, das letztlich als Entwicklungsschwierigkeit verstanden wird. Oder sie tendieren dazu, die Idee, das Konzept der Erziehung, die Praktiken der Pädagogik als ungeeignet zu verwerfen (vgl. schon Müller / Otto1986). Und: paradoxerweise bezeichnen sich manche der Praktiker im Feld sogar ausdrücklich als *antipädagogisch* eingestellt, obwohl sie – für den *distanzierten, rational denkenden Beobachter* – eine kluge pädagogische Praxis betreiben. Grosso modo nimmt man jedenfalls wahr, wie in den sozialpädagogischen Fachdiskursen die Vorstellung von Erziehung im Umgang mit hochbelasteten Kindern und Jugendlichen an Geltung verliert. Genauer: sie verschwindet aus dem Sprachgebrauch und wird durch neue Semantiken ersetzt, zumal in den Debatten an den Grenzen zwischen öffentlicher Auseinandersetzung und Fachdebatten eine Tendenz zur Härte sich breit macht. Diese Behauptung mag Widerspruch erzeugen, weil im Zusammenhang des hessischen Wahlkampfs die Fachdebatte differenzierte Urteile in die Öffentlichkeit gebracht hat und es ihr gelungen ist, gegenüber punitiven Verfahren geltend zu machen, dass und wie das verfügbare breite Angebot der Jugendhilfe mit ihrem im Grundsatz pädagogischen Ansatz helfen kann und erfolgreich ist. Gleichwohl haben die Träger der Jugendhilfe in den letzten Jahren doch nachdrücklich intensivpädagogische Angebote ausgebaut und auf den Markt gebracht. So haben zwar freiheitsentziehende Maßnahmen nur in geringem Maße zugenommen, streng kontrollierende Verfahren, Konzepte einer *deutlichen*, einschränkenden und regulierenden Pädagogik, wie denn auch die Einrichtung entsprechender Plätze knapp unterhalb des Freiheitsentzuges konnten jedoch Zugewinne verbuchen, so dass man wohl von einem neuen Verständnis und Praxisfeld der Sozialpädagogik sprechen muss. Wenigstens aber entsteht eine Grauzone des sozialpädagogischen Handelns, welche auf Bedürfnisse von Öffentlichkeit und Politik reagiert, in die fachlichen Debatten aber nur bedingt eingebettet und insofern kommentiert ist.

Erziehung sinnlos? Das mit dieser Frage angesprochene Grundproblem hat sich aber indirekt an dem Verweis auf den *distanzierten, rational denkenden Beobachter des pädagogischen Geschehens* angedeutet. Diese Formulierung ist ungewöhnlich, zeigt aber, dass man vorrangig fragen muss, was man überhaupt unter *Erziehung* zu verstehen hat und wie sich *Erziehung* angemessen theoretisch modellieren lässt. Um ein Problem handelt es sich, weil sich die Erziehungswissenschaft selbst auf eine ganz erstaunliche Weise diesem Thema und somit ihrem eigenen Gegenstand verweigert – mit dem Effekt übrigens, dass sie heute eher als eine verkürzte Sozialisationstheorie oder als angewandte Entwicklungspsychologie zu sehen ist, während die Suche nach einem genuin sachlichen Verständnis des Erziehungsgeschehens geradezu für obsolet erklärt wurde. Mit ganz wenigen Ausnahmen folgt die Sozialpädagogik dieser Verweigerung in Sachen Erziehung und leistet sich den erstaunlichen Luxus, ihre Fachdebatten entweder als erweiterte Sozialpolitik zu führen, die sich auf Fragen der Armutsbekämpfung konzentriert, oder sich dem scholaren Bildungssystem anzunähern. Darin nimmt sie die zwar international verbreitete, gleichwohl folgenreiche Perspektive auf, nach welcher Bildungspolitik eigentlich Sozialpolitik sei. Folgenreich ist diese Perspektive jedoch, weil sie dazu führt, dass sogar die klassischen Themen der Jugendhilfe, also die Hilfen zur Erziehung, dann die sogenannten kriminalpädagogischen Probleme nur noch radständig behandelt werden. Damit ist ein dann doch gravierendes Defizit entstanden, weil nämlich – so eine Grundthese – nur von einem differenzierten Erziehungsverständnis aus die Probleme theoretisiert und praktisch bearbeitet werden können, welche im Zusammenspiel von – um eine klassische, auf Schleiermacher zurückgehenden Formulierung aufzugreifen – Behüten, Gegenwirken und Unterstützen als Sachstrukturen von Erziehung auftreten. Es fällt insofern schwer, begründete Auskunft über den pädagogischen Umgang mit hoch belasteten, als Intensiv- oder Mehrfachtätern aufgefallenen Kindern und Jugendlichen zu machen.

Damit liegen Absicht und Aufbau der folgenden Überlegungen auf der Hand, doch sei noch zweierlei festgehalten: Zum einen ist der Text ungewöhnlich, zunächst weil er sich formal wie inhaltlich weit von dem unterscheidet, was insbesondere in juristischen Zusammenhängen üblich ist; dann entfernt er sich durchaus von dem Denkhabitus, der Sprache und den gewöhnlichen Figuren sozialpädagogischer Debatten. Er ist bewusst erziehungsphilosophisch angelegt, weil es um Klärung von grundlegenden Sachverhalten gehen soll. Zum anderen richtet er seine Aufmerksamkeit nicht auf gescheiterte Erziehungsprozesse als Bedingungen oder Gründe dafür, dass Kinder oder Jugendliche auffällig oder gewalttätig werden, bzw. extrem agieren. Platt formuliert: Er fragt nicht darnach, was eine Gesellschaft oder was Einzelne dafür getan (oder vernachlässigt haben), damit junge Menschen gut aufwachsen können. Obwohl gescheiterte Erziehungsprozesse allerdings empirisch entscheidend sind (vgl. Müller / Peter 1998, Köttgen 2007), beschäftigen hier weder diese noch die Rahmenbedingungen sozialisatorischer und psychodynamischer Entwicklung, auch wenn sie in den modernen Gesellschaften der Gegenwart das Aufwachsen der jungen Menschen belasten und extremes Verhalten wohl begünstigen (vgl. Winkler 2006). Über sie nachzudenken, sie anders zu gestalten, macht zweifelsohne den Sinn der Erziehung heute aus – eine andere Kultur des Aufwachsens scheint allerdings zentral, weil man inzwischen eher irritiert darüber sein muss, dass und wie es dem Nachwuchs eigentlich überhaupt noch gelingt, eine Gesellschaft und Kultur zu bewältigen, die strukturell eher ein Misslingen des Entwicklungsprozesses programmieren. Nach dem Sinn der Erziehung zu fragen, wo und wenn Kinder und Jugendliche an ihren Lebensbedingungen und Lebensverhältnissen schon gescheitert sind, hat durchaus Züge des Zynismus; wir müssten doch vielmehr die Zumutungen prüfen, mit welchen diese Gesellschaft sozusagen notorisch und normal die Heranwachsenden konfrontiert und verstört.

Gleichwohl bleibt Thema der *Umgang mit den belasteten Kindern*. Ein erstes Abschnitt warnt dabei durchaus wider das eigene Fach- und Selbstverständnis vor dem Begriff der Erziehung und den mit ihm verbundenen Erwartungsfallen. Denn dieser Begriff belastet, man sollte ihn nur zurückhaltend verwenden. In einem zweiten Abschnitt wird – zugegeben in etwas ungewöhnlicher Weise – eine theoretisch-systematische Überlegung zum Begriff und zur Sache der Erziehung angestellt, um damit drittens die Möglichkeit pädagogischen Handelns mit hochbelasteten Kindern und Jugendlichen vor dem Hintergrund der verfügbaren Empirie zu diskutieren und ein paar Konsequenzen anzudeuten. Das geschieht alles in provokativ einseitiger Andeutung – für Missverständnisse muss um Nachsicht gebeten werden, das Unterbewusstsein hat sie aber wahrscheinlich doch beabsichtigt.

A. Schwierigkeiten mit dem Erziehungsbegriff

Zu den Eigentümlichkeiten der Debatten um hochbelastete Kinder und Jugendliche gehört, dass gerne getan wird, als ob man genau wüsste, worum es eigentlich geht und was zu tun wäre. Dabei werden große Begriffe mit einer Selbstverständlichkeit verwendet, dass man sich schier wundern muss. Öffentlichkeit, Medien und Politik machen glauben, dass sie die Problemlagen und die Lösungswege längst kennen, obwohl doch dieses sozialpädagogische Handlungsfeld wie kein anders auszeichnet, dass wir eigentlich für jeden Fall nach eigenen Lösungen, vielleicht sogar nach einer eigenen Sprache suchen müssen, um ihn zu erfassen. Objektiv betrachtet stehen Unklarheit und Unbestimmtheit, das Nichtverstehen und das Unverständnis im Zentrum, weil wir uns in einem Bereich menschlicher Existenz und menschlichen Handelns bewegen, dem wir die Besonderheit geradezu methodisch zubilligen müssen, um nicht katastrophale Fehler zu begehen – Fehler, die wir häufig dennoch nicht vermeiden können: Wir wissen nur in Annäherung, heuristisch, mit wem wir es eigentlich zu tun haben. Es gibt keine eindeutige, sondern nur eine fallbezogene, biographischer Entwicklungen sich vergewissernde Bestimmung dessen, was als Abweichung, als kriminell, als gewalttätig gelten kann, wer insbesondere als Intensivtäter agiert und was dieser Ausdruck eigentlich besagt. Wir bewegen uns in einem Feld, das in einem hohen Maße selbst dann durch Kontingenzen gezeichnet ist, wenn wir Entwicklungen nachzeichnen können, welche zu Eskalationen geführt haben. Um nur auf ein aktuelles Beispiel zu verweisen, nämlich auf den Fünfzehnjährigen, der im Spätsommer des Jahres 2008 im bayerischen Fürth einen Erwachsenen fast tot geschlagen hat, nachdem ihm dieser – so seine Aussage – in einer U-Bahnstation Hilfe angeboten hatte: Viel spricht dafür, dass der Junge, materiell offensichtlich gut gestellt, mit formal hohem Bildungsniveau und ohne Migrationshintergrund an der Trennung seiner Eltern zerbrochen ist, den dieser folgenden Tod seines Vaters nicht verarbeiten konnte und zudem nicht mehr damit klar gekommen ist, dass die Betreuung durch einen Sozialpädagogen abgebrochen worden war. Es liegt nahe, dass der Junge in seiner Auseinandersetzung mit männlichen Bezugspersonen chaotisiert worden ist und nun in einer Mischung aus Übertragung und Übersprungsreaktion den Erwachsenen mit geradezu blindem Hass angegriffen hat.

Dazu soll nichts weiter ausgeführt werden, weil auf schwacher Materialbasis zu spekulieren wäre. Gleichwohl belegen die Andeutungen, wie wir unser Wissen um Bedingungszusammenhänge und Dynamiken menschlicher Entwicklung zu Diagnosen durchaus nutzen können, bzw. nutzen könnten. Dennoch müssen wir uns vor aller Generalisierung hüten. Trotz eines verfügbaren Wissens über gute Entwicklungsbedingungen für junge Menschen fehlt letztlich die Sicherheit für Prognosen. So wie wir die Lebensgeschichten dieser jungen Menschen als existenzielle Experimente verstehen müssen, bleiben die Reaktionen auf ihr extremes Handeln niemals frei von experimentellen Zügen. Es gibt keine Systematik oder gar Mechanik des Handelns mit Kindern, die hassen – um bewusst auf die Formulierung von Fritz Redl und David

Wineman zurück u greifen, weil sie den emotionalen Grundsachverhalt noch am besten zum Ausdruck bringt (Redl / Wineman 1984).

Dieser Hinweis auf den Menschen als Experiment spricht eine Prämisse aus, die wir festhalten sollten. Sie bedeutet, dass wir bei allen Debatten über Reaktionen auf extrem agierende junge Menschen vorsichtig gegenüber den verwendeten Begriffen sein müssen, allzumal wenn sie als Konzepte zugleich bestimmte Handlungsstrategien und Handlungen aufdrängen möchte. Solche Vorsicht, so das Plädoyer, ist auch gegenüber dem Begriff der Erziehung angebracht. Dieser Begriff ist groß, meistens zu groß – und genau darin liegt seine Problematik.

Nun klingt es ziemlich trivial, wenn man festhält, dass der Begriff der Erziehung weder in seiner Extension noch in seiner Intension begrenzt und zureichend bestimmt ist. Damit soll jedoch weniger darauf abgehoben werden, dass offensichtlich jeder seine eigene Vorstellung davon hat, was Erziehung ist, und vor allem jeder zu wissen meint, wohin sie zu führen hat, dass also deskriptive und normative Elemente geradezu notorisch durcheinander gehen. Die Schwierigkeit liegt vielmehr darin, dass der Begriff der Erziehung selbst geradezu durch eine *Aura* verfärbt ist, dass zudem sein Gebrauch eher *reflexiv* erfolgt, gleichwohl stets prospektiv den Zusammenhang mit einer Praxis aufdrängen will.

All diese Merkmale teilt der Begriff der Erziehung mit anderen, welche in der Aufklärung Gewicht bekommen haben; vorher war Erziehung – wie Lorenz von Pogrell gezeigt hat (von Pogrell 1998/2004) – schlicht mit Fragen der Ernährung und den menschlichen Verdauungsfunktionen gekoppelt. Die Aufklärung umgibt den Begriff mit seiner bis heute sichtbaren *Aura*. Dieser Heiligenschein soll die gemeinte Praxis veredeln, weil mit Erziehung die Erwartung gesellschaftlicher und kultureller Verbesserung verbunden wird. Es geht, wie Kant das so schön formuliert hat, um den künftig möglich bessern Zustand des Menschengeschlechts. Allerdings haben die Akteure diesen bessern Zustand selbst zu bestimmen, wozu sie ihrerseits wieder sich selbst befähigen sollen, weil die Älteren ja nicht darüber befinden können, was denn künftig so wünschenswert sei. Die jüngeren, also die zu erziehenden, sollen das schon selber herausfinden, worin sie denn in das Projekt der Überschreitung der Gegenwart eintreten. So seltsam das also klingt: der in der Aufklärung geschaffene Erziehungsbegriff bleibt jenseits des in ihm gegebenen Verbesserungsversprechens leer, weil nämlich die Zöglinge ihren künftigen Zustand selbst bestimmen sollen. Wenn bis heute im populären Denken von Erziehungszielen gesprochen wird und sich zugleich ein Unbehagen darüber breit macht, um welche es sich denn handeln könnte, gründet dies in diesem Paradox des modernen Erziehungsbegriffs, ein Versprechen zu geben, ohne sagen zu dürfen, was man den nun wirklich inhaltlich verspricht.

Man merkt, wenn es um Erziehung geht, haben wir mit einem großen Vorhaben zu tun, das die Gemüter ziemlich erregt. Insbesondere in der deutschsprachigen Debatte wie ebenso in der französischen Tradition steht *Erziehung* als leuchtendes Symbol für einen Fortschritt, der gerne als Humanisierung des Humanen oder wenigstens als das nationale Projekt der bürgerlichen Gesellschaft gedacht wird: Selbst dem angelsächsischen Denken, das sich meist als nüchtern ausgibt, eignen solche an Erziehung gekoppelten Vorstellungen vom sozialen und kulturellen Projekt. Während dieses aber in England dem Personal wenigstens pragmatisch erlaubt, die Kinder nach ihren Fehltritten zu verprügeln, haben wir kontinentaleuropäisch notorisch mit Unbekanntem zu tun, wenn es um die eigentlichen Erziehungsleistungen geht. Freilich: das ist so lange einigermaßen gut gelaufen, wie Gesellschaften und Kulturen über ein Mindestmaß an dauerhaft gültigen Vorstellungen von sich selbst verfügt und diese schlicht tradiert haben. Faktisch hat sich alle Erziehung, die institutionelle insbesondere in schöner Regelmäßigkeit auf die *Erziehung vor der Erziehung* verlassen, wie sie durch die Umwelt und Mitwelt faktisch geleistet worden ist. Sozialer und kultureller Konsens einerseits und dessen stetiger Bestand im Generationenwechsel bilden also die Elemente, welche das ambitionierte Fortschrittsprogramm zunächst der Aufklärung, dann der Moderne funktionieren und einigermaßen erträglich haben sein lassen.

Aura meint also, dass der Begriff der Erziehung diese als einen eigenen Wert hoch geladen hat; er konnotiert letztlich die ganze Veredelungsmaschinerie, auf welche wir im Elend unserer Lebensverhältnisse angewiesen sind. Der Begriff eröffnet eine Perspektive und einen Erwartungshorizont für die Reise aller. Nur: das Navigationsgerät wurde weitgehend vergessen. Man kann dies übrigens wunderbar an jenen ungemein erfolgreichen, häufig aus journalistischer Feder geflossenen Traktaten über Erziehungskatastrophen und Erziehungsnotständen erkennen, welche ein lautes Lamento über die vorgeblich misslingende Erziehung anstimmen, um sogleich dann doch wieder mehr an Erziehung zu fordern.

Ein *reflexiver* Begriff ist der Begriff der Erziehung jedoch, weil er in seiner Projektion auf die jüngere Generation (und heute zunehmend auf Menschen in ihrem gesamten Lebenslauf) dazu dient, dass sich Gesellschaften und Kulturen über sich selbst verständigen. Der Begriff der Erziehung eröffnet mithin eine Art Deutungsraum; öffentliche Erziehungsdebatten sprechen daher moralisierende Raisonnements mit der wunderbaren Konsequenz aus, dass sie ohne Folgen stattfinden können. Darüber hat sich der schon zitierte Theologe und Philosoph Friedrich Schleiermacher in seiner Vorlesung über die Kunst der Erziehung mokiert (vgl. Schleiermacher 1826 / 2000). Er fordert nämlich energisch, die ältere Generation solle doch gefälligst erst einmal darüber nachdenken, was sie denn mit der jüngeren überhaupt machen will. Anders formuliert: Wenn öffentlich, medial und politisch der Erziehungsbegriff in Anspruch genommen wird, denkt man in der Regel überhaupt nicht daran, was man den mit den zu Erziehenden eigentlich anstellen soll – diese Frage wird vielmehr locker an die Eltern und an die unterschiedlichen professionellen Pädagogen delegiert, die mit denjenigen zurande kommen sollen, welchen dann häufig genug pauschal Erziehung abgesprochen wird. Zur Lösung dieses so festgehaltenen Erziehungsdefizits soll aber dann jenen, die – aus welchen Gründen auch immer – deviant oder kriminell werden, wiederum mit Erziehung beizukommen sein; nicht selten wünscht man also in den öffentlichen Debatten um Erziehung mehr Erziehung, obwohl zugleich das Fehlen oder gar Versagen von Erziehung beklagt wird. Zur Reflexivität des Erziehungsbegriffs gehört endlich, dass dieser zumindest in der öffentlichen Kommunikation mit der Intention auftritt, die Lebenspraxen von Gemeinschaften und Individuen regulieren zu sollen, ohne auch nur zu sagen, wohin die Reise gehen sollte. Die Verwendung des Erziehungsbegriffs erfolgt also mehr oder weniger metaphorisch, sie dient der Beschreibung aller Übel und zugleich aller Heilmittel für diese.

Öffentlichkeit, Politik Medien, selbst die Wissenschaft und sogar einschlägige Fachdiskurse überfordern mit ihrer Rede von der Erziehung; sie projizieren die gesellschaftlichen und kulturellen Probleme sozusagen auf den so gegebenen Horizont, um Bearbeitbarkeit zu erhoffen. Das trifft übrigens den gesamten öffentlichen Gebrauch pädagogischer Semantik. Um nebenbei mit einem anderen Beispiel zu provozieren: So wird heute als opinio communis vertreten, Bildung sei der Motor gesellschaftlichen Fortschritt und Reichtums, Gesellschaften wie ihre Mitglieder seien daher zu hohen Bildungsanstrengungen verpflichtet; die oecd argumentiert gerne so. Abgesehen davon, dass völlig ungeklärt bleibt, was denn nun als *Bildung* zu verstehen sei, gibt es für einen solchen Zusammenhang – vorsichtig formuliert – kaum einen empirischen Beleg; die USA zeigen vielmehr, dass große wirtschaftliche Kraft mit einem katastrophalen Ausbildungssystem und geradezu notorischer Armut von großen Teilen der Bevölkerung einhergehen können (vgl. Wolf 2002, 2004).

B. Kleine Theorie der Erziehung

Eine Diätetik der Erziehungserwartung tut Not. Gefragt nach dem Sinn der Erziehung lässt sich vorsichtig als eine erste Einsicht formulieren, dass man im Zusammenhang der sozialpädagogischen Arbeit mit hochbelasteten Kindern und Jugendlichen sich in möglichst weitem Abstand von dem öffentlichen und politischen Gebrauch des Erziehungsbegriffs bewegen sollte. Dieser ist tatsächlich sinnlos, weil er – wie gezeigt – Referenzen hat, die wenig mit dem pädagogisch praktischen Geschehen zu tun haben. Es aber dabei zu belassen, wäre ein höchst unbefriedigendes Ergebnis. Tatsächlich können wir die Sinnhaftigkeit von Erziehung im Zusammenhang des Umgangs mit hochbelasteten Kindern und Jugendlichen durchaus in einer zweiten Dimension diskutieren, nämlich mit Theorien und Sachkenntnissen, die wir über Erziehung vorfinden – wenigstens dann, wenn wir uns von diesem auratischen und reflexiven Gebrauch freimachen.

Ohne Mühe gelingt dies nicht, weil eben die Erziehungswissenschaft, ganz besonders aber die sozialpädagogischen Fachdebatten eher distanziert dem Erziehungsthema gegenüberstehen. Eine Theoretisierung des Erziehungssachverhalts findet sich nur randständig, wobei selbst eine Re-Interpretation von empirischen Befunden weitgehend fehlt. Deshalb kann man höchstens eine Phänomenologie des Erziehungsgeschehens anbieten, welche sich zwar an die Klassiker der Theoriebildung anlehnt und die spärliche neuere Forschung aufnimmt, gleichwohl subjektiv gefärbt bleibt. Dennoch lassen sich zehn Merkmale anführen, welche wenigstens als plausibel für unseren Zusammenhang gelten könnten.

Erziehung zeichnet – *erstens* – Komplexität aus. Denn sie ist immer in ein Spannungsverhältnis zwischen einer sich verändernden sozialen und kulturellen Welt und einem situativen Zusammenhang eingebunden, den die Akteure des Erziehungsgeschehens konstituieren. Die große Welt und die kleine Welt gehören zusammen. Erziehung vollzieht sich als Balance zwischen diesen beiden Welten. Oder anders formuliert: Man kann nicht außerhalb der Welt erziehen, selbst wenn man versucht, einen intimen Raum herzustellen. Doch bei schwierigsten Kindern tun wir häufig so, als ob erst Einschluss und Ausschluss aus der Welt einen Anfangspunkt für Entwicklungsprozesse darstellen können. Wenn wir aber sinnvoll von Erziehung in unserem Zusammenhang reden wollen, dann müssen wir sehen, dass und wie Erziehung im strengen Sinne nur *vor* dem Einschluss oder in Zusammenhängen gelingen kann, in welchen der Zusammenhang mit der Welt immer noch verfügbar und zugänglich bleibt.

Erziehung schließt – *zweitens* – subjektive Akteure mit der Objektivität der Welt, mit ihren Regeln und Normen so zusammen, dass die Akteure die Fähigkeit gewinnen, in der Welt autonom zu agieren. Das kann nicht ohne Begegnung mit der Welt gelingen. Sicher gibt in der menschlichen Entwicklung Zeiten, in welchen wir uns aus der Welt verabschieden; aber bei solchen Enklaven handelt es sich um Rückzüge mit mehr oder weniger spiritueller Bedeutung, mit welchen wir uns selbst auf Entwicklungsprozesse vorbereiten können. Sie haben protopädagogische Bedeutung, doch kann diese kaum eintreten, wenn der Rückzug erzwungen wird: In Erziehung kann daher ein Einschluss nur münden, wenn ein junger Mensch seine Zustimmung zu diesem gegeben hat, um vielleicht seine innere Erregung ausglühen lassen zu können und das innere Chaos zu ordnen, indem er von einen Punkt aus seine Umwelt sieht.

Insofern findet Erziehung – *drittens* – allerdings immer an *pädagogischen Orten* statt; es geht sozusagen um einen Raum, der selbst begrenzt und zugleich doch offen ist. Pädagogische Orte ähneln Häusern mit Türen, die schon ein wenig offen stehen müssen. Solche pädagogischen Orte sind in der Regel empirisch räumlich gegeben, können aber auch mehr oder weniger symbolisch oder imaginiert bestehen. Ein entscheidendes Merkmal solcher pädagogischen Orte und der pädagogischen Situationen besteht zudem in ihrer Verbindlichkeit, die durch den Raum gegeben ist. Das hat tatsächlich mit Grenzen zu tun. Weniger die Personen, sondern das Setting haben also zu gelten, sind regelhaft geordnet, unterliegen dem, was neuerdings als autoritativ bezeichnet wird.

Viertens, die Beteiligten: Beteiligt sind immer Menschen in Entwicklungsprozessen, welche sich in diesem Rahmen, den sie allerdings gemeinsam herstellen, auf die Welt beziehen. Die klassische sozialpädagogische Erfahrung verweist auf zwei Formen, nämlich auf eine Unabhängigkeit des pädagogischen Ortes von der Welt im Zusammenhang mit einer Organisation des Lebenszusammenhangs an diesem in größeren Gemeinschaften, welche sich selbst Regeln geben, hier entsteht sozusagen die Außenwelt in der Innenwelt der Gemeinschaft. Als Idealfälle gelten seit dem 19. Jahrhundert Formen des Zusammenseins, die als *Kinderrepublik* beschrieben werden (vgl. Kamp 1995). Kollektive Erziehung scheint ebenfalls eine Möglichkeit, allzumal junge – so wurden sie zu Beginn des 20. Jahrhunderts genannt – Gesetzesbrecher in einer Weise zu erziehen, dass sie sich weitgehend selbst sozialisieren. Jüngere Ansätze sind dem gefolgt – so die finnische Einrichtung Kuttula, in gewisser Hinsicht die Glen Mills Schools (vgl. Deutsches Jugendinstitut 2001). Der zweite, heute häufiger anzutreffende Zugang findet sich in Gestalt individualisierter Betreuung, etwa in den einzelpädagogischen Intensivmaßnahmen, wie sie im Ausland durchgeführt werden (vgl. Witte / Sander 2006b). Wichtig ist, dass beide Modelle in ihrer erzieherischen Praxis – so paradox das klingt – nicht auf die Abweichung reagieren, sondern einen pädagogisch wirksamen Lebenszusammenhang begründen. Es geht also um eine positive Grundlage für Entwicklungsprozesse, sowie die Möglichkeit, ausgehend von dieser

Welt in ihrer Objektivität, also in ihrer Gegebenheit und Verbindlichkeit kennen zu lernen.

Pädagogische Professionalität schafft – *fünftens* – den Ort und die Situation, damit etwas Gemeinsames entstehen kann; man kann dies als *Beziehung* bezeichnen, doch warnt die jüngere Forschungsliteratur davor, diesen Begriff zu überfrachten (vgl. Behnisch 2005). Es reicht vielleicht, von einer gemeinsamen Aufgabe zu sprechen, auf die man sich zu verständigen hat. Systematisch betrachtet stellt nämlich die Welt das entscheidende Objekt dar. Sie gilt als ein dritter Faktor neben dem Erzieher und (um den alten Ausdruck als Terminus zu nehmen) dem Zögling, der – darin liegt die Aufgabe – von den Beteiligten angeeignet werden muss. Genauer gesagt: Sie müssen über die Elemente und Regeln der Welt so verfügen können, dass sie unabhängig und selbstständig agieren können. Dahinter verbergen sich drei fundamentale Bedingungen aller Erziehung: Traditionell ist die erste Bedingung mit Begriffen wie *Selbsttätigkeit*, später *Subjektivität* oder eben *Bildung* bezeichnet worden, heute können wir einen erweiterten Lernbegriff aufgreifen, der sich auf die neurophysiologischen Einsichten in die Entwicklung des Gehirns stützt. Diese fundamentale Voraussetzung aller Erziehung besagt jedenfalls, dass wir mir Vorgängen der Selbstkonstitution zu tun haben; der sich entwickelnde und sich verändernde Mensch, allzumal der junge Mensch entwickelt und verändert sich selbst, auf seine ganz spezifische eigene Art und Weise. Die zweite Bedingung lautet: gerade weil es um komplizierte und kritische, risikobehaftete Entwicklungsprozesse geht, benötigen insbesondere junge Menschen schützende Verhältnisse. Neurophysiologisch wissen wir, dass subjektive Bildung nur gelingt, wenn keine Bedrohung empfunden wird, wenn vor allem Handeln in einer Weise probiert werden kann, dass Fehler möglich sind. Pädagogische Orte dienen daher als Schutzräume, in welchem man sich bewegen kann, ohne dass das eigene Tun zwangsweise zu Ausschließungen führt. Das bedeutet, dass professionelle Erzieher (aber übrigens auch Eltern) sehr viel ertragen müssen. Die dritte Bedingung klingt hier an: Bildung geschieht nur in Auseinandersetzung mit den Objekten der Welt. Aber: sie gelingt nur als eine Aneignung, die doch in Handlungen erfahren und erlebt werden muss. Selbstwirksamkeit ist sozusagen die Probe auf den Aneignungsprozess. Darin liegt die Tücke des Geschehens: Kinder und Jugendliche müssen handeln können. Einiges spricht dafür, dass junge Menschen einerseits heute weniger Wirkungserfahrungen machen, daher geradezu kompensatorisch extrem agieren müssen. Dass sie andererseits aber sogleich mit einer größeren Ernstsituation allzumal in den Folgen ihres Handelns konfrontiert sind.

Alle drei Bedingungen verlangen, dass es – *sechstens* – wenigstens ein Minimum an wechselseitiger Anerkennung gibt. Es gibt hier eine erstaunliche Übereinstimmung zwischen den älteren Pädagogen und der jüngeren, wiederum neurowissenschaftlichen Forschung: Die Grundlage der Anerkennung beruht nämlich letztlich auf emotionaler Zuwendung – wie cool sich auch die Beteiligten geben mögen. Früher sprach man von pädagogischer Liebe, heute wissen wir, dass die sogenannten Spiegelneuronen und wohl auch die Spindelneuronen aktiviert sein müssen, um diese elementare Gemeinsamkeit herzustellen (vgl. Bauer 2006, 2008); welche ihrerseits die Grundlage bildet, eine gemeinsame Sprache, dann gemeinsam geteilte Erzählungen als Hintergrund auszubilden, der nachhaltig wirken kann (vgl. Berger 2008).

Oft wird gesagt, dass den Erzieher auszeichnet, die Welt besser zu kennen. Da muss man – *siebtens* – vorsichtig sein. Hochbelastete Kinder und Jugendliche verfügen über eine Welterfahrung und Weltkenntnis, die fast erschreckend groß ist (bei häufig fehlender Kenntnis von banalen und trivialen Sachverhalten des Alltags). Besserwissende Erzieher wirken diesen Wissen gegenüber eher peinlich. Wichtiger ist es wohl, dass in der schon genannten Schutz- und Bewahrfunktion des pädagogischen Ortes zugleich eine Art Filterwirkung gegenüber *der Welt draußen* zum Tragen kommt (Mollenhauer 1983). Dieser Filter lässt nicht alles zu und bedeutet zugleich, dass die Beteiligten ein Stück weit auf sich selbst verwiesen sind, eine eigenen Welt aufbauen – was man übrigens in ganz besonderer Weise bei Trainingsmaßnahmen beobachten kann –, vor allem die Welt nicht in ihrer Unmittelbarkeit auf sich wirken lassen müssen. Wenn man nämlich den mitgeteilten Erfahrungen glauben darf, dann liegt ein Kernproblem vieler hochbelasteter junger Menschen darin, dass sie in ihrer Entwicklung sozusagen die grammatischen Tiefenstrukturen der Gesellschaft und ihrer Kultur nicht erwerben konnten. Sie agieren in der Kälte und Brutalität, in der Widersprüchlichkeit, die wir normalerweise wegstecken, weil wir über die grundlegendere Handlungskompetenzen schon verfügen. Deshalb hat schon Freud darauf hingewiesen, dass man gleichsam „nacherzogen" werden muss, wenn man sich die Grundmechanismen der Welt nicht aneignen konnte.

Durch die Filterfunktion des pädagogischen Ortes werden nun – *achtens* – solche Tiefenstrukturen zugänglich – beispielsweise der Verzicht auf die unmittelbare aggressive Reaktion. Dazu müssen jedoch Erzieher die Außenwelt aufnehmen, selbst präsentieren und repräsentieren. Jeder Erziehungssituation eignet somit einerseits ein didaktischer Zug, andererseits eine Art der theatralischen Inszenierung. Erziehung gelingt nämlich nicht ohne ein Aufmerksammachen, ein Zeigen, wobei alle Beteiligten auf das gezeigte Objekt blicken können – dahinter verbirgt sich übrigens ein grundlegend anthropologischer Sachverhalt. Das Dilemma besteht aber eben darin, auf die Tiefenstrukturen zu kommen, welche der Welt draußen zugrunde liegen, und sie so in die eigene Handlungskompetenz einzufügen, dass man sie gleichsam technisch verwenden kann. Die Tiefenstrukturen der Welt müssen sozusagen vorgespielt und eingeübt werden, weil sie in der sozialen und kulturellen Erfahrungswirklichkeit nicht unbedingt erkannt werden können. Übrigens: dies ist ein Grund dafür, dass Trainingsmaßnahmen funktionieren können, sofern sie nicht isoliert bleiben.

Nebenbei – *neuntens* – gesagt: die Zöglinge präsentieren und repräsentieren selbst nicht minder Lebensentwürfe, die von den Erzieher ebenfalls entschlüsselt werden müssen. Wir haben also zu tun mit einer Filterung der Welt, dem Präsentieren und Repräsentieren auf der einen Seite, den zu entschlüsselnden Lebensentwürfen auf der anderen Seite. Hier wie dort werden die Subjekte zu Objekten, die sich zwar miteinander auseinander setzen, darin einerseits eine gemeinsame Welt füreinander schaffen, in der anderseits die Außenwelt so nachklingen kann, dass man sich voneinander zu lösen vermag. Wie immer man es nämlich drehen und wenden will: die entscheidende Leistung des erzieherischen Geschehens liegt darin, dass die Beteiligten Autonomie gewinnen.

Endlich, *zehntens*: Dazu gehört übrigens auch zu begreifen, dass sich alle Beteiligten in diesem Geschehen verändern. Vermutlich liegt darin die größte Schwierigkeit, mit der professionelle Erziehung hadert – sie hat schlicht das Problem, dass sie eher schematisiert, die Entwicklung und Veränderung der Akteure dann gar nicht mehr wahrzunehmen vermag und sozusagen die erfolgreich Erzogenen dazu zwingt, aggressiv zu werden.

C. Die Empirie des sozialpädagogischen Handelns und ein paar Konsequenzen

Die Hinweise auf grundlegende Merkmale von Erziehung können hier etwas unversehens abgebrochen werden – gewiss wäre manches noch zu sagen. Aber: nicht nur verlangt niemand eine komplette pädagogische Theorie an dieser Stelle, vielmehr reichen die Überlegungen hin, um mit Blick auf die Empirie ein paar, nämlich fünf Konsequenzen anzudeuten. .

Zunächst – und *erstens*: Auch wenn ich mich einer eher traditionell pädagogischen, fast philosophischen Sprechweise bedient habe, sind Mindestkriterien von Erziehung zu erkennen. Solche sind nötig gegenüber der inhaltlichen Leere des in öffentlichen Diskursen gebrauchten Erziehungsbegriffs. Sie können vielleicht dazu beitragen, jene etwas bizarren Behauptungen von der sogenannten Kuschelpädagogik zu entkräften, welche gerne in der Öffentlichkeit verbreitet werden. Was man darunter zu verstehen habe, wird ohnedies sorgfältig verschwiegen; Tatsache ist wohl eher, dass die Empirie der unterschiedlichen Angebote und Leistungen wenigstens der Jugendhilfe an alle Beteiligten hohe Anforderungen stellt; es wäre freilich völlig naiv zu glauben, dass nur irgendeine Arbeit mit hochbelasteten Kindern und Jugendlichen ohne Formen der persönlichen Anerkennung und emotionalen Zuwendung gelingen kann. Wer so etwas behauptet hat weder die menschliche Natur begriffen, noch eine Ahnung davon, wie Menschen sich überhaupt entwickeln und verändern können. Emphatisch formuliert: Emotionen, Affekte, Gefühle sind der Treibstoff unserer neurophysiologischen Organisation – im Guten wie im Schlechten.

Man muss also offensichtlich schon differenziert analysieren und theoretisieren, um einem Reden von Erziehung zu entkommen, wie es in den öffentlichen, insbesondere in solchen Debatten über das Geschehen anzutreffen ist, die medialen und mittlerweile entsprechenden politischen Logiken folgen. Diese Logiken haben mit der Ökonomie der Aufmerksamkeit zu tun (vgl. Franck 2005, Türcke 2002). Sie zeigt sich noch in Dramatisierungsstrategien, die sich in der berühmt-berüchtigten Floskel vom „immer mehr" niederschlagen und dazu führen, dass wir ein ziemlich verzerrtes Bild nicht nur von der Kinder- und Jugenddelinquenz haben; Politik und fachliches Handeln sehen sich dabei zu Reaktionen veranlasst, welche ihrerseits dazu beitragen, die Problematik zu verschärfen, weil sie nicht nur selbst die Aufmerksamkeit steigern, sondern Angebote schaffen, die dann ihrerseits bedient werden müssen.

Die ambitionierten Erziehungsvorstellungen verstärken diese Effekte, welche in der Öffentlichkeit, in Medien und Politik vorherrschen. Dort wird der Mythos der Erziehung in Anspruch genommen, mithin eine Denkform, die offensichtlich ihrerseits Mythen erzeugt. So ist nicht nur *Der Mythos der Monsterkids* entstanden, wie die Arbeitsstelle Kinder- und Jugendkriminalitätsprävention des DJI einem Buch als Titel gegeben hat (Arbeitsstelle Kinder- und Jugendkriminalitätsprävention 1999). Vielmehr muss man sehen, wie im Zusammenspiel von Erziehungsmythos und Monstermythos eine hoch fatale Vorstellung von staatlicher Eingriffsmacht entsteht; man erzeugt den Eindruck einer vorgeblich präzise beschriebenen Fallgruppe, der wiederum mit klaren Techniken beizukommen sei, die dann als Erziehung behauptet werden. Wo dies nicht gelingt, versagt dann die in Anspruch genommene Erziehung mit dem Effekt, dass andere, harte Bearbeitungsformen gefordert werden.

Demgegenüber sollte hier die komplexe Struktur und Dynamik des pädagogischen Handelns in Erinnerung gebracht werden, um vor der Erwartung zu warnen, man könnte junge Menschen schnell und zielführend durch Erziehung reparieren und ins Gleis setzen, nachdem Entwicklungen über zehn, fünfzehn Jahre schief gelaufen sind. Das funktioniert aus drei Gründen nicht: Eine sozial- oder heilpädagogische Maßnahme benötigt – wenn sie denn überhaupt gelingen kann – eine lange Zeit; die empirische Forschung etwa zu den Effekten stationärer Unterbringung in der Jugendhilfe hat ziemlich nachdrücklich gezeigt, dass die inzwischen allzumal aus fiskaltechnischen Gründen favorisierten eher kurzfristigen Hilfen nur bedingt Erfolge versprechen (vgl. Schmidt u.a. 2002). Vor allem aber benötigt Erziehung die angedeutete Balance zwischen pädagogischem Ort und Welt; Strafe und Erziehung kann insofern nicht zusammengehen. Umgekehrt bietet aber paradoxerweise gerade dieser komplexe Erziehungsbegriff eine Art Antidot gegenüber den populären Sinnerwartungen, welche mit Erziehung verbunden werden. So kann und muss man nach den vorliegenden Befunden die Bestimmung des pädagogischen Ortes einschließlich des mit ihm verbundenen Merkmals der Beziehungen für die Mehrzahl belasteter junger Menschen in einer Weise lesen, dass sie *zum einen* geborgene, stabile Lebensverhältnisse, tatsächlich so etwas wie einen sicheren Hafen benötigen, um sich gut entwickeln zu können; *zum anderen* stabilisieren sie sich regelmäßig dann und wenn sie selbst Beziehungen mit Lebenspartnern eingehen; eine Partnerschaft gibt Anlass zu guter Prognose. Das Zeigen der Welt konkretisiert sich wiederum in Formen einer Berufsausbildung, die Übernahme in eine Beschäftigung pazifiert mit ganz hoher Wahrscheinlichkeit Jugendliche, die durch extremes Verhalten aufgefallen sind. Erziehung realisiert sich also durch die Ausübung der Sexualität in geordneter Partnerschaft und durch einen Job – die Mehrzahl der Fälle werden so aufgefangen.

Damit wird *zweitens* sichtbar, dass die genannten Kriterien keine Technik anbieten, wohl aber eine Art Übersetzungsarbeit verlangen, die in die konkreten Lebensverhältnisse hineinführt. Pädagogische Professionalität verlangt also sowohl in diagnostischer wie in praktisch organisatorischer Hinsicht eine Form von nachdenklicher Bewusstheit, welche sich zwar an Kriterien orientiert, den einzelnen Fall aber als solchen nachzuvollziehen und zu begreifen vermag, um dann kluge, angemessene Handlungsformen zu entdecken oder zu entwickeln, welche den Ansprüchen an Erziehung genügen. Es gibt weder im Blick auf das Fallverstehen noch in dem auf die erforderlichen Handlungen eine eindeutige Methodik; möglich ist immer nur eine durch Wissen und Befunde angeregte Heuristik sowie eine Kombinatorik der Möglichkeiten, die sich vielleicht noch von dem leiten lässt, was man mit Hans Vaihinger als ein Denken des „als ob" oder als antizipatorische Vergewisserung darüber nennen kann, was an schrecklichen Möglichkeiten drohen könnte.

Das klingt wiederum etwas theoretisch – in Wirklichkeit sind aber genau damit die Ansprüche an eine gute sozialpädagogische Praxis formuliert, von der wir in der Realität zumindest dann gar nicht so weit entfernt sind, wenn wir uns nicht von vornherein für Formen des Ein- und Ausschlusses entscheiden. Fallverstehen bedeutet methodisch die Haltung der Offenheit dafür einzunehmen, dass und wie Alternativen zu dem aktuell gezeigten extremen Verhalten möglich sind und gewonnen werden können. Um solche Alternativen zu entwickeln, benötigen wir freilich ein weites ausdifferenziertes Feld an Hilfeangeboten, welche sich an den angedeuteten Kriterien von Erziehung orientieren sollten; das heißt übrigens auch, dass es Angebote etwa im Rahmen von Trainingsmaßnahmen gibt, welche einem differenzierten Begriff der Erziehung nicht folgen, unter spezifischen Bedingungen aber doch hilfreich sein können. Faktum ist jedenfalls, dass im Kontext der Jugendhilfe anspruchsvolle, für alle Beteiligten durchaus herausfordernde Angebote gemacht werden, die zuweilen den angedeuteten Kriterien nicht genügen, die zudem scheitern können. Nur: man kann keine Erfolgsrezepte geben, sondern wird stets experimentieren müssen. Wie auch immer wir den Umgang mit hochbelasteten Kindern und Jugendlichen sehen und gestalten, wir müssen begreifen, dass es keine Systematik des Handelns gibt, welche sich in einer eindeutigen und klaren Methodik beschreiben lässt; es gibt nicht die Lösung schlechthin, vielmehr benötigen wir sogar über das breite und dann doch bewährte Spektrum an Jugendhilfeangeboten hinaus eine gewisse Anzahl an speziellen Angeboten, medizinischen Intensivbetten vergleichbar (vgl. Winkler 2005).

Deshalb fällt jedenfalls ein empirisch gestütztes Urteil über die Angebote und Leistungen für den Umgang mit hochbelasteten Kindern und Jugendlichen so schwer. Dies ist bewusst subjektiv formuliert: eben weil wir uns in einer Art pädagogischen Experimentalraum bewegen müssen, eben weil wir Offenheit für die einzelnen Fälle benötigen, müssen wir uns wohl davor hüten, vorschnell ein Verdikt über Projekte und Angebote auszusprechen. So hilflos das erscheinen mag, wenn man einer Art newtonischer Kausalitätsphantasie folgt, wie sie in den Machbarkeitsmythen des öffentlichen Erziehungsbegriffs anklingt, es gilt doch: zumindest für jene Kinder mit extremen Verhaltensweisen benötigen wir ein breites Spektrum an Angeboten, das von der Antiaggressionstrainingsmaßnahme über erlebnispädagogische Maßnahmen im Ausland hin zu – um sinngemäß die Formulierung des letzten Jugendberichts aufzugreifen – freiheitsentziehenden Maßnahmen reicht, wie sie in äußerst seltenen Fällen notwendig und sinnvoll werden können. Immer aber sollten sie sich einer pädagogischen Vergewisserung stellen, wie sie in den Überlegungen angedeutet wurden, die man als Versuch einer Kriterienliste aufnehmen kann. An ihr muss sich messen lassen, ob ein Anti-Aggressionstraining dem Anspruch der Anerkennung genügt oder Menschen schlicht entwürdigt.

Drittens: offensichtlich sollte man Erziehung keineswegs als sinnlos betrachten. Gleichwohl scheint nicht nur Vorsicht gegenüber dem öffentlich gebrauchten Erziehungsbegriff geboten, vielmehr ist es unabdingbar, in allen Maßnahmen und Leistungen öffentlich getragener Pädagogik und insbesondere Sozialpädagogik vorrangig das explizit festzuhalten, zu regeln und durchzusetzen, was nun öffentliches, staatliches Handeln substanziell ausmacht, nämlich die Rechtsförmigkeit des Handelns. Dieses abzulehnen macht offensichtlich den Kern des polemischen Angriffs aus, der hinter dem schon genannten Wort von der Kuschelpädagogik steht. Bei diesem geht es gar nicht um vorgeblich zu weiche Erziehung, vielmehr gilt die Attacke den Standards, welche in der Jugendhilfe gelten. Standards beispielsweise, die mit Persönlichkeitsrechten, Verfahrensschutz, vor allem mit Mitwirkungsregelungen zu tun haben. Letztlich sollte man also weniger von Erziehung reden, sondern ganz klar von den rechtlichen Normen, welche das Geschehen dann konstituieren – das dann unzweifelhaft des Sache nach ein Erziehungsgeschehen sein kann, aber nicht muss. Es kann allerdings der Fall eintreten, in welchem gelten muss, das Recht habe zu bestehen, selbst wenn die Pädagogik untergeht. Oder noch einmal anders: so gut uns gefallen mag von Erziehung zu sprechen, dieser Begriff wie die Sache selbst werden sinnlos, wenn nicht sogar gefährlich, wenn sie nicht ganz klar rechtlich geregelt sind und diese Regelungen durchgesetzt werden. Die jüngeren Untersuchungen des Deutschen Jugendinstituts zu den freiheitsentziehenden Maßnahmen haben deutlich gemacht, wie wir überhaupt nicht anfangen müssen und dürfen von Pädagogik zu sprechen, wenn nicht den öffentlich gewollten, getragenen und verantworteten Eingriffen in die Lebensführung klare Rechtsnormen zugrunde liegen, welche auch beachtet werden.

Dies zieht übrigens zwei Konsequenzen nach sich: Auch wenn allerdings und aufgrund der vorliegenden Erfahrungen von einer Pluralität praktischer Konzepte und Ansätze auszugehen ist, sollten wir – zum einen – außerordentlich vorsichtig sein, unter dem Druck öffentlicher Darstellungen Modelle als pädagogisch hilfreich zum Maßstab zu machen, die mit den von mir als prioritär geforderten rechtsstaatlichen Grundsätzen nicht vereinbar sind. Die Untersuchung einer Unterbringung in den Glen Mills Schools hat eben diese Problematik zutage gebracht (Deutsches Jugendinstitut 2001); sie ist nicht minder gegenüber jener Euphorie geltend zu machen, die sich beispielsweise an den Erfolgen einer Einrichtung entzündet hat, welche ein strafrechtlich verurteilter ehemaliger Junkie und Boxer in Hessen betreibt. Wir können diese nicht zum Maßstab machen. Die zweite Konsequenz mag noch bitterer klingen: Sie lautet schlicht und einfach: wir sollten eine Strafe als eine Strafe bezeichnen, kluge Ideen zu ihrer Durchführung entwickeln, aber bitte nicht von Erziehung sprechen; denn um eine solche kann es schlicht und einfach nicht gehen.

Viertens: Dass es die *eine* Lösung nicht gibt, dass wir vielmehr eine große Bandbreite von Angeboten benötigen, korrespondiert der möglicherweise bitteren Einsicht, dass alle Arbeit mit hochbelasteten Kindern und Jugendlichen ohne ein individuelles Fallverstehen nicht gelingen kann. Die öffentliche Debatte um Erziehung, der pädagogische Mythos erzeugen den Eindruck, als ob es die *typischen* Fälle gäbe, welche der *Erziehung schlechthin* bedürfen, mithin schematisch bearbeitet werden können. Beides ist schlicht falsch. Gerade in unserem Feld haben wir es zwar mit Lebenskatastrophen zu tun, die nicht zu generalisieren sind. Wir müssen zugleich Kindern und Jugendlichen mit extremen Verhaltensweisen einräumen, dass sie noch darin einen Weg gegangen sind, den wir zwar rechtlich und moralisch verurteilen mögen, den wir aber zunächst einmal zu begreifen haben, um kluge Formen des Handelns mit ihnen zu entwickeln. Obwohl also dem Grundsatz nach für pädagogische Angebote plädiert wird, müssen wir angesichts der Dramatik der Fälle, angesichts der Grenzen, an welche sie bringen, einräumen, dass Erziehung in dem angedeuteten sachlichen und fachlichen Sinn zuweilen nicht möglich ist. Aber: dies ist und bleibt ein individuelles Urteil, das wir begründen und rechtfertigen müssen.

Gleichwohl muss man – *fünftens* – festhalten: gerade die öffentliche Erziehungsdebatte und ihr dann ebenso eigentümlicher Konterpart in Gestalt der Forderung nach Erziehungscamps und verschärften Strafmaßnahmen erzeugen einen Erfolgsdruck, dem niemand gerecht werden kann. Wir müssen also nicht nur die pädagogischen Erwartungen auf das beschränken, was der Sache der Erziehung gerecht wird, wir müssen festhalten, dass es keinerlei Beweis gibt, nach welchem Strafverschärfung oder drakonische Formen der Behandlung junger Menschen einen generalpräventiven oder einen individuell positiven sozialisierenden Effekt haben. Wir müssen vor allem aber eines lernen – ohne jemals daraus einen Exkulpationsgrund ziehen zu dürfen: Weil es um menschliches Extremverhalten geht, können wir nicht ausschließen, dass wir Menschen bei allem Aufwand nicht helfen können. Wir sind hier in einer Situation vergleichbar einer Intensivmedizin: Wir haben zu tun mit Fällen, die wir manchmal nicht verstehen, in welchen wir tatsächlich experimentieren müssen, die uns gleichwohl aus den Händen geleiten. Zu erwarten, dass wir in jedem Fall erfolgreich sind, gleich ob wir die Handlungsstrategie als Erziehung oder als Strafe verstehen und betreiben, setzt Menschen mit Maschinen gleich – und auch bei denen scheitern wir gelegentlich. Noch einmal: das ist keine Ausrede, aber eine dringende Warnung davor, uns selbst übernehmen zu wollen.

Literatur

Arbeitsstelle Kinder- und Jugendkriminalitätsprävention (Hrsg.)(1999) Der Mythos der Monsterkids. Strafunmündige „Mehrfach. Und Intensivtäter" Ihre Situation – Grenzen und Möglichkeiten der Hilfe. München: Deutsches Jugendinstitut.

Bauer, Joachim (2006) Warum ich fühle, was du fühlst. Intuitive Kommunikation und das Geheimnis der Spiegelneurone. München – Zürich: Heyne.

Bauer, Joachim (2008) Prinzip Menschlichkeit. Warum wir von Natur aus kooperieren. München – Zürich: Heyne.

Behnisch, Michael (2005) Pädagogische Beziehung. Zur Funktion und Verwendungslogik eines Topos der Jugendhilfe. Würzburg: Ergon.

Berger, Ruth (2008) Warum der Mensch spricht. Eine Naturgeschichte der Sprache. Frankfurt am Main: Eichborn.

Deutsches Jugendinstitut (Hrsg.)(2001) Die Glen Mills Schools, Pennsylvania, USA. Ein Modell zwischen, Kinder- und Jugendhilfe und Justiz? Eine Expertise. München: Deutsches Jugendinstitut.

Franck, Georg (2005) Mentaler Kapitalismus. Eine politische Ökonomie des Geistes. München: Hanser.

Kamp, Johannes-Martin (1995) Kinderrepubliken. Geschichte, Praxis und Theorie radikaler Selbstregulierung in Kinder- und Jugendheimen. Opladen: Leske und Budrich.

Köttgen, Charlotte (Hrsg.)(2007) Ausgegrenzt und mittendrin. Jugendliche zwischen Erziehung, Therapie und Strafe. Grundsatzfragen Bd. 46. Frankfurt am Main: Internationale Gesellschaft für erzieherische Hilfen.

Mollenhauer, Klaus (1983) Vergessene Zusammenhänge. Über Kultur und Erziehung. München: Juventa.

Müller, Siegfried/Otto, Hans Uwe (1986) Damit Erziehung nicht zur Strafe wird. Sozialarbeit als Konfliktschlichtung. Bielefeld: KT-Verlag.

Müller, Siegfried/Peter, Hilmar (Hrsg.)(1998) Kinderkriminalität. Empirische Befunde, öffentliche Wahrnehmung, Lösungsvorschläge. Opladen: Leske und Budrich.

Pogrell, Lorenz von (1998) "Erziehung" im historischen Kontext. Beispiele für die Verwendung des Begriffs zu Beginn der Neuzeit. Inauguraldissertation der Philosophisch-historischen Fakultät der Universität Bern zur Erlangung der Doktorwürde, Berlin/Bern; erweiterte Fassung: Berlin 2004, elektronischer Datenträger.

Redl, Fritz/Wineman, David (1984) Kinder, die hassen. Auflösung und Zusammenbruch der Selbstkontrolle. 2. Auflage. München – Zürich: Piper.

Schleiermacher, Friedrich (1826) Grundzüge der Erziehungskunst (Vorlesung). In: Winkler, Michael/Brachmann Jens (Hrsg.): Friedrich Schleiermacher: Texte zur Pädagogik. Kommentierte Studienausgabe. Band 2. Frankfurt am Main: Suhrkamp 2000.

Schmidt, Martin u.a. (2002) Effekte erzieherischer Hilfen und ihre Hintergründe. Schriftenreihe des Bundesministeriums für Familie, Senioren, Frauen und Jugend Band 219. Stuttgart: Kohlhammer.

Türcke, Christoph (2002) Erregte Gesellschaft. Philosophie der Sensation. München: Beck.

Winkler, Michael (2005) Das Elend mit der geschlossenen Unterbringung. Forum Erziehungshilfen 11, Heft 4, S. 196-202

Winkler, Michael (2006) Kritik der Pädagogik. Der Sinn der Erziehung. Stuttgart: Kohlhammer.

Witte, Matthias, D./Sander, Uwe (Hrsg.)(2006a) Erziehungsresistent? „Problemjugendliche" als besondere Herausforderung für die Jugendhilfe. Baltmannsweiler: Schneider Verlag Hohengehren.

Witte, Matthias, D./Sander, Uwe (Hrsg.)(2006b) Intensivpädagogische Auslandsprojekte in der Diskussion. Baltmannsweiler: Schneider Verlag Hohengehren.

Wolf, Alison (2002) Does Education Matter? Myths about education and Economic Growth. London: Penguin.

Wolf, Alison (2004) Mehr Bildung bedeutet noch lange nicht mehr Wohlstand. NZZ Online, 28. August 2004. http://www.nzz.ch/2004/08/th/page-article9T41B.html [Aufruf 28.10.2004]

Dieter Rössner

Junge „Intensiv"- und Mehrfachtäter – Diskussion

In der Diskussion um die beiden empirischen Vorträge zu den kriminologischen Ergebnissen und den Delinquenzverläufen bei Intensivtätern wurde in einem kritischen Beitrag festgestellt, dass der Intensivtäterbegriff eigentlich nur ein politischer Kampfbegriff sei und wissenschaftlich nichtssagend. Es sei nicht weiterführend, wenn man die Jugendlichen im Hinblick auf den Delinquenzverlauf katalogisiere. Wichtig sei dagegen, sich auf den Einzelfall zu konzentrieren und vor allem zu beachten, dass die Gruppe der Intensivtäter nicht über längere Zeit stabil sei. Während einige der Problemtäter aus der Gruppe heraus fielen, kämen stets andere Neue hinzu. Auch von anderer Seite wurde festgestellt, dass aus der Gruppe der Frühauffälligen im Alter von 13 Jahren bis zum 20. Lebensjahr etwa Zweidrittel heraus fallen würden. Andere kämen aus der völlig heterogen zusammengesetzten Gruppe der Spätstarter hinzu. Es sei deshalb nicht möglich, genaue Indikatorenkataloge für Intensivtäter anzulegen. Sie könnten jemals die genaue Diagnose des Einzelfalles nicht ersetzen. Widersprochen wurde der Annahme, dass der Begriff „Junge Intensiv- und Mehrfachtäter" als Kampfbegriff eingesetzt würde. Die Kriminologie könne deren besondere Problemlage erfassen und so den möglichst schnellen Ausstieg aus der kriminellen Karriere fördern.

Ausführlich wurden die Fragen diskutiert, welchen Einfluss bestimmte soziale Problemlagen auf die Entwicklung der speziellen Tätergruppe haben und wie justizielle Maßnahmen wirken. Offen blieb dabei die Frage, inwieweit die Arbeitslosigkeit unter den heutigen Bedingungen als kriminalitätsfördernder Faktor anzusehen ist. Einigkeit bestand darin, dass die Schule einen erheblichen Einfluss auf den Normsozialisationsprozess insbesondere im Bereich der weiterführenden Schulen hat, weil in diesem Alter der Einfluss der Eltern ab und der der Institutionen zunimmt. So sei es sicher sinnvoll, dass in der Schule bei Gewalttaten interveniert wird. Auch im Übrigen müssen die Sozialisationskraft der Schule gestärkt werden. Darauf hingewiesen wurde, dass weitere empirische Ergebnisse zur Beurteilung notwendig sind. Die Schule als Sozialisationsinstanz wurde auch deshalb betont, weil bei justiziellen Maßnahmen der Stigmatisierungseffekt nicht zu vermeiden ist. Freilich könnten entsprechende Effekte durch faires Verfahren und Akzeptanz der Sanktionierung deutlich reduziert werden. Schnell und dennoch angemessen zu reagieren und auch für eine zügige Vollstreckung jugendstrafrechtlicher Maßnahmen zu sorgen, sei für den Effekt der Sanktionen in jedem Fall wichtig.

Hinsichtlich der Intervention wurde hervorgehoben, dass die sozialen Problemlagen der Intensivtäter nicht mit spezifischen Maßnahmen der Kriminalprävention genügend ausgeglichen werden können, sondern dass es um Programme sozialer Intervention mit möglichst breiter Vernetzung gehe. So wurde skeptisch gesagt, dass Intensivtäterprogramme, die ausschließlich von Polizei und Justiz durchgeführt werden, nicht ausreichen. Die vernetzten Interventionen müssten eher der Jugendhilfe verstanden werden. Probleme im Jugendalter müssten aufgegriffen und gelöst werden. Spezifische Kriminalprävention greife zu kurz.

Auf die (selbst-)kritischen Ausführungen zur der provokativen Frage im 3. Vortrag, ob Erziehung von Intensivtätern sinnlos ist, wurde eingehend über die Aufgabe der Erziehung, die Funktion der Sozialpädagogik dabei und mögliche neue Wege debattiert. Dabei wurde zunächst eine Diskrepanz zwischen den Vorstellungen der Öffentlichkeit und der fachlichen Debatte über die Sozialpädagogik festgestellt. Bedauert wurde, dass es im Bereich der Sozialpädagogik zu wenig Grundlagenforschung gibt und sich die Erziehungswissenschaft in diesem Bereich auf dem Rückzug befindet.

Im Anschluss daran ging es um die Frage, inwieweit Sanktion und Normverdeutlichung in ein modernes sozialpädagogisches Erziehungskonzept integriert werden können. So wurde vorgeschlagen, dass die Strafe immer in eine Unterstützung münden müsse. Sie sei dann erzieherisch wirksam, wenn sie auf Akzeptanz stoße und der Täter mit der Sanktion lerne, sich mit den Werten und Normen der Gesellschaft auseinanderzusetzen. Konkret wurde hinzugefügt, dass der Konfliktschlichtung in diesem Zusammenhang große Bedeutung zukomme und der Täter-Opfer-Ausgleich im Jugendstrafrecht zu wenig in Betracht gezogen werde. Am Ende war allen klar, dass ein exakter Erziehungsbegriff in der Sozialpädagogik nicht vorliegt und es möglicherweise bis zu dessen Klärung wichtiger ist, konstruktive sozialpädagogische Modelle und Programme zu entwickeln und deren Wirksamkeit zu prüfen.

BRITTA BANNENBERG

Kriminalität bei jungen Migranten (insbesondere Spätaussiedlern) und Präventionsansätze

A. Einleitung und Problemstellung

Die deutsche Öffentlichkeit und die kriminologische Forschung beschäftigen sich seit über 40 Jahren mit der Problematik der Ausländerkriminalität. Kennzeichnend für diese Debatte sind emotionale Äußerungen, allgemeine Spekulationen, Ideologien, Vorurteile und der Vorwurf derselben sowie gesellschaftliche Ängste, die eine rationale Diskussion der vielfältigen Erkenntnisse und differenzierten Stellungnahmen häufig überlagern.[1] Spielten sowohl in der öffentlichen Debatte wie in der Fachliteratur in den ersten Jahren vor allem Gastarbeiter und ihre Beteiligung an der Kriminalität unter dem Stichwort „Kulturkonflikt" eine Rolle, verlagerte sich die Diskussion bald auf die Kriminalität der Ausländer der zweiten und dritten Generation.[2] Asylbewerber und ausländische Tätergruppierungen im Rahmen Organisierter Kriminalität waren Gruppen, die in der Diskussion um Ausländerkriminalität Bedeutung gewannen, wenngleich gerade die Organisierte Kriminalität in Deutschland bis heute empirisch fast unerforscht ist.[3] Innerhalb der Kriminologie hat der „Streitfall Ausländerkriminalität"[4] Debatten ausgelöst, die von der Unterstellung unberechtigter Bedarfsforschung[5] bis hin zu Positionen reichen, die auf strikte Zuwanderungsbegrenzung („weitere Zuwanderungslawinen stören den inneren Frieden")[6], zumindest aber auf kriminalpolitisches

---

[1] Auf diese Situation weisen viele Autoren hin, z.B. Villmow BewHi 1995, 155; Kaiser 1996, 649 ff.; Steffen BewHi 1995, 133 ff.; Walter, in Jehle (Hrsg.) 2001, 211 ff.; Albrecht, in Jehle (Hrsg.) 2001, 195, 196; Killias 2002, 159 ff., 174 ff.; siehe zu dieser Streitdarstellung ausführlich mit zahlreichen Nachweisen Bannenberg 2003 (Gutachten); s. auch Boers/Walburg/Reinecke MschrKrim 2006, 75 ff.; Walter NK 2007, 127 ff.; Walburg NK 2007, 142 ff.

[2] Villmow BewHi 1995, 155; Bock 2007, § 19.

[3] Zur Organisierten Kriminalität BMI/BMJ (Hrsg.) 2. PSB 2006, 440 ff., 457 ff. mit Nachweisen und zur Nationalität der Täter; die hohen Ausländeranteile an den Tatverdächtigen zeigt das Lagebild Organisierte Kriminalität seit Jahren, siehe zuletzt BKA (Hrsg.) Lagebild Organisierte Kriminalität 2007, 12 ff.

[4] Steffen BewHi 1995, 133.

[5] Herz NK 1999/4, 20 ff.; Geißler/Marißen Kölner Zeitschrift für Soziologie und Sozialpsychologie 1990, 663 ff.; Mansel 1989; Mansel Kriminalsoziologische Bibliographie 1990, 47, 55 mit dem Vorwurf verzerrter Darstellung oder Wahrnehmung wissenschaftlicher Forschungsbefunde durch Polizei und Gesetzgeber, um Kriminalisierung und Degradierung von Ausländern zu betreiben. Verbunden mit Kritik an der Überbewertung von Jugendkriminalität allgemein Viehmann ZJJ 2/2008, 173, 175.

[6] Schwind der kriminalist 2002, 156 und 2009, § 24 Rn. 39 ff.: „politische Träumerei von der multikulturellen Gesellschaft". Vorsichtiger Luft 2002: Erfordernis von Integration und Zuwanderungsbegrenzung, um eine politische Entwicklung zu vermeiden, die dem Rechtspopulismus Vorschub leiste.

Problembewusstsein[7] setzen und vor Parallelgesellschaften warnen. Die Frage nach „Ausländerkriminalität" oder Zusammenhängen zwischen Zuwanderung und Kriminalität stellen sich damit von Eisner richtig beschrieben als ein „politisches und ideologisches Minenfeld" dar.[8]

Mit einem sachlicheren Blick auf die Problematik kristallisiert sich aber bei aller Rhetorik und beim Streit um Begriffe die Kriminalität und Gewalt durch junge männliche Migranten als Problemfeld heraus.[9] Damit verbunden sind zudem regionale Unterschiede, eine Häufung sozialer Risiken und Stadtteilprobleme. All dies beleuchtet die misslungene und schwierige Integration eines Teils der Migranten der zweiten und dritten Generation sowie der nicht zu den Ausländern zählenden jungen männlichen Spätaussiedler.[10] Auch die Gewalt gegen Mädchen und Frauen in ausländischen und vornehmlich muslimischen Familien dringt zunehmend in das Bewusstsein, was auf höhere Raten häuslicher Gewalt und traditionell überkommene Lebensformen hinweist, die in modernen Gesellschaften zunehmend auf Ablehnung stoßen.[11]

Die Fragen der Zusammenhänge zwischen Migration und Kriminalität sind nicht nur wegen der Gefahr der Ideologisierung schwer zu beantworten. Statistiken werfen bereits bei Begriff und Charakterisierung der Migranten Probleme auf: Handelt es sich um Ausländer, Nichtdeutsche, Zugewanderte, Eingewanderte, Migranten?[12] Der Periodische Sicherheitsbericht fasst unter den Oberbegriff Zuwanderer in Deutschland lebende Ausländer (Ende 2006 waren dies 6,75 Millionen Personen), (Spät-) Aussiedler und deren Angehörige (zwischen 1990 bis Ende 2005 2,48 Millionen), die die deutsche Staatsangehörigkeit gemäß Art. 116 GG aufweisen sowie Personen, die nicht Deutsche sind, deren Zahl aber nicht zu bestimmen ist: U.a. Touristen, Durchreisende, Studenten, Ausländer mit und ohne Aufenthaltsberechtigung und andere.[13] Durch Einbürgerung werden Menschen mit Migrationshintergrund zu deutschen Staatsangehörigen. Die genauen Zahlen sind nicht bekannt. Aus dem Mikrozensus 2005 geht hervor, dass in Deutschland etwa 15,3 Millionen Menschen einen Migrationshintergrund aufweisen. Das Bundesamt für Migration weist darauf hin, dass 2/3 der Ausländer seit über 8 Jahren in Deutschland leben, die größte Nationalitätengruppe sind Türken mit 26 %. Seit 1950 sind über 4,5 Millionen Aussiedler und Spätaussiedler (nach 1993) nach Deutschland eingereist. Der Höchststand lag 1990 bei einer Zuwanderung von fast 400.000 Aussiedlern. Als Problem werden vor allem die Spätaussiedler aus der

---

[7] Schwind 2009, § 23 Rn. 39; zum Gesamtproblem §§ 23 – 25.

[8] Eisner NK 1998/4, 11.

[9] Wahl/Hees 2009, 17 ff.; BMI/BMJ (Hrsg.) 2. PSB 2006, 408 ff., 427; Köhnken/Forschungsgruppe in Ostendorf (Hrsg.) 2007, 84, 89; Bannenberg/Bals 2006 (Empfehlungen); Bannenberg 2003 (Gutachten).

[10] Albrecht, in Jehle (Hrsg.) 2001, 195 ff.; Vogelgesang 2008; Eisner/Ribeaud/Bittel 2006; Eisner/Ribeaud/Locher 2008; Luff 2000; Reich 2005; Weitekamp/Reich/Bott, neue praxis 1/2002, 33 ff.

[11] BKA (Hrsg.) Bund-Länder-Abfrage „Ehrenmorde in Deutschland" 2006; Baumeister 2007; Schwind 2009, § 24 zu Extremismus und islamistischem Terrorismus als weiteren unerforschten Problemen.

[12] Wahl/Hees 2009, 16 ff.

[13] BMI/BMJ (Hrsg.) 2. PSB 2006, 408 ff.

ehemaligen Sowjetunion wahrgenommen: 1/3 waren unter 20 Jahre, ¾ unter 45 Jahre alt und es handelte sich überwiegend um männliche Personen als mitreisende Familienangehörige mit Sprachproblemen. Seit einigen Jahren werden kaum noch einreisende Spätaussiedler registriert.[14]

B. Unklare Datenlage – Tücken der statistischen Erfassung

Die Diskrepanz zwischen den registrierten Bevölkerungsanteilen und der höheren Beteiligung der Nichtdeutschen an der Kriminalität führt ebenso wie die unzulängliche statistische Grundlage zu Debatten um die Höherbelastung. Fraglich ist, inwieweit die Statistik tatsächlich eine höhere Kriminalitätsbelastung von Migranten zeigt, ob nur bestimmte Altersgruppen überrepräsentiert sind oder ob es gar keine höhere Belastung von Migranten mit Kriminalität gibt.[15] Bereits bei der Interpretation der Reichskriminalstatistik 1911 wurde auf eine ungünstigere Kriminalitätsbelastung von Ausländern hingewiesen, die aber durch Alter und Geschlecht verzerrt sei.[16]

Der Anteil der Nichtdeutschen an allen Tatverdächtigen lag nach der Polizeilichen Kriminalstatistik (PKS) 2007 bei 21,4 %. Seit der Umstellung der Statistik auf die „echte Tatverdächtigenzählung" im Jahr 1984 stieg der Anteil der nichtdeutschen Tatverdächtigen von 16,6 % im Jahr 1984 auf seinen höchsten Stand mit 33,6 % im Jahr 1993[17] und sank kontinuierlich auf 21,4 % in 2007 (24,4 % in 2002, 23,5 % in 2003, 22,9 % in 2004, 22,5 % in 2005, 22,0 % in 2006). Ohne die ausländerspezifischen Delikte lag der Anteil in 2007 bei 19,0 %.

Im Vergleich zu den 6,75 Millionen Ausländern (seit 1998 etwa 8 – 9 % der Wohnbevölkerung) liegt damit eine deutliche Höherbelastung mit Kriminalität vor. Bei dieser Höherbelastung sind zahlreiche Verzerrungsfaktoren zu berücksichtigen.[18] Neben der Schwierigkeit, diese Zahl in ein Verhältnis zu der Grundgesamtheit zu setzen (allein der Vergleich mit der registrierten nichtdeutschen Wohnbevölkerung ist verfälschend), wird auf eine veränderte Sozialstruktur hingewiesen: So sind Nichtdeutsche häufiger jung und männlich und leben häufiger in Großstädten. Diese sozialen Faktoren sind bereits mit einem höheren Risiko für Kriminalität verbunden. Auch wird immer wieder auf die Möglichkeit eines nachteilig verzerrten Anzeigeverhaltens und auf Vorurteile bei Polizei und Justiz verwiesen[19], ohne dass die Forschung hier Klarheit erbracht hätte. Vor allem zeigt die Höherbelastung aber bereits einen wichtigen Umstand: Ausländer sind nicht pauschal über alle Gruppen höher mit Kriminalität belastet, sondern Jungen und junge Männer fallen mit bestimmten Delikten deutlich häufiger auf. So begehen etwa nichtdeutsche Jugendliche am häufigsten Körperverlet-

---

[14] Bartels, BAMF 2007.

[15] Heinz RdJB 4/2008, 352, 359 ff.

[16] Dazu bereits Bannenberg 2003 (Gutachten); ZAR 2003, 388.

[17] PKS 2007, 105.

[18] Diese dürften hinreichend bekannt sein; zu den Verzerrungsfaktoren wird in der PKS selbst umfassend Stellung genommen, PKS 2007, 105 ff.; Bannenberg ZAR 2003, 388 ff.; 2003 (Gutachten); Göppinger/Maschke 2008, 394 ff.; BMI/BMJ (Hrsg.) 2. PSB 2006, 408, 417 ff.

[19] Walter NK 2007, 127 ff.

zungsdelikte (29,2 % an allen Delikten dieser Altersgruppe; 24,4 % deutsche Jugendliche).[20] Bei allen Nichtdeutschen fallen einzelne Deliktsgruppen mit besonderer Häufung auf: Bei 21,4 % Anteil an der Gesamtkriminalität werden Tötungsdelikte von 28,3 %, Vergewaltigung und sexuelle Nötigung von 30,1 %, Raubdelikte von 27,2 %, Drogendelikte von 26,2 % und Urkundenfälschung von 37,9 % Nichtdeutschen begangen, Betrug, einfacher und schwerer Diebstahl liegen bei 19,2 %, 19,6 % bzw. 21,8 %.

Eine Sonderauswertung der Bund-Länder-Projektgruppe „Entwicklung der Gewaltkriminalität junger Menschen mit einem Schwerpunkt auf städtischen Ballungsräumen" im Auftrag der Innenministerkonferenz[21] kommt für den Zehnjahreszeitraum von 1996 bis 2006 auf einen erheblichen Anstieg der Gewalt sowie der Fälle einfacher Körperverletzung von zusammen etwa 40 %.[22] Die Zahlen sind in 2007 noch einmal gestiegen. 2006 wurden 215.471 Gewaltdelikte (2007: 217.923) und 359.901 Fälle einfacher Körperverletzung (2007: 368.434) registriert. Der Anstieg geht überproportional auf Körperverletzungsdelikte zurück. Gestiegen sind auch die Tatverdächtigenzahlen. Während bei der Gesamtkriminalität die Anzahl der Tatverdächtigen in den letzten 10 Jahren eher stagniert und bei den Nichtdeutschen sinkt (21,4 % in 2007), verhält es sich bei den Gewaltdelikten wiederum umgekehrt: Die Zahl der Tatverdächtigen stieg in 10 Jahren um etwa 26 %, bezieht man die Körperverletzungsdelikte ein, sogar auf über 50 %. Mädchen und junge Frauen begehen etwa 13 % der Gewaltdelinquenz und etwas häufiger Körperverletzungsdelikte (16 %). Nichtdeutsche Tatverdächtige in der Altersgruppe der 14- bis unter 21-Jährigen werden mit stark regionalen Unterschieden registriert: In den westdeutschen Bundesländern variieren die Anteile an der Gewaltkriminalität zwischen 13,2 % und 32,7 %, in den ostdeutschen Bundesländern liegen die Anteile im einstelligen Prozentbereich.[23] Männliche Jugendliche und junge Männer, häufig auch Nichtdeutsche, sind damit die typischen Gewalttäter. Gestützt werden diese Zahlen auch durch die in den letzten 10 Jahren gestiegenen Opfer- und Opfergefährdungszahlen: Die Opferzahl stieg von 254 auf 309 (1997 bis 2006) bezogen auf 100.000 der Bevölkerung. Jugendliche und Heranwachsende sind nicht nur häufiger tatverdächtig, sie haben auch ein hohes und deutlich gestiegenes Risiko, Opfer einer Gewalttat zu werden. Im Fazit des Berichts werden die großen regionalen Unterschiede hervorgehoben, ausdrücklich wird die Unmöglichkeit einer prognostischen Beurteilung der Entwicklung der Jugendgewalt betont. Insbesondere für die nichtdeutschen Jugendlichen bzw. die Jugendlichen mit Migrationshintergrund wird auf die mangelhafte Datenlage verwiesen.[24]

---

[20] PKS 2007, 77.
[21] Bund-Länder-AG, Abschlussbericht zur IMK-Frühjahrssitzung 2008; alle Angaben dort. Der detailreiche Bericht weist auch Sonderauswertungen für Raub und einfache Körperverletzung aus.
[22] Zur Kritik an diesem AG-Bericht Steffen ZJJ 2/2008, 172; Viehmann ZJJ 2/2008, 173 ff.
[23] Bund-Länder-AG, Abschlussbericht zur IMK-Frühjahrssitzung 2008, 10.
[24] Bund-Länder-AG, Abschlussbericht zur IMK-Frühjahrssitzung 2008, 53 f.; kritisch Heinz RdJB 4/2008, 360.

Sonderauswertungen der PKS und Dunkelfeldstudien kamen für die Frage der Höherbelastung junger Migranten mit Kriminalität zu unterschiedlichen Ergebnissen.[25] Die Studien sollen hier nicht referiert werden, zusammenfassend wird entweder keine Höherbelastung angenommen oder es wird speziell für Gewaltdelikte (Raub und Körperverletzungsdelikte) eine höhere Belastung bei den jungen männlichen Migranten gefunden.[26] Boers, Walburg und Reinecke fanden bei einer Panelbefragung über vier Jahre in den Klassen 7 – 10 in Münster und Duisburg bei den männlichen Jugendlichen keine signifikanten Unterschiede zwischen Migranten und Deutschen.[27] Auch für Gewaltdelikte gaben die männlichen Jugendlichen ausländischer Herkunft keine häufigere Beteiligung im Selbstbericht an. Anders (höherer Gewalttäteranteil) war dies nur teilweise bei männlichen Aussiedlerjugendlichen in einem 10. Jahrgang in Duisburg sowie in der Münsteraner Studie.[28]

Bei allen Unsicherheiten, die auch in den Dunkelfeldbefragungen noch nicht gelöst werden konnten[29], weil möglicherweise auch methodische Fragen der Untersuchungsanordnung, des Zugangs zu den Betroffenen, ein zu hoher Anteil von Mädchen und Frauen bei den Befragungen oder eine unterschiedliche Auskunftsbereitschaft bei Fragen nach selbst begangenen Straftaten das Ergebnis beeinflussen[30], zeigen sich deutliche regionale Unterschiede und Stadtteilprobleme mit Segregation sowie ghettoartigen Lebensverhältnissen als klare Risikofaktoren für kriminelles und gewalttätiges Verhalten junger männlicher Migranten.[31]

1. Mehrfach- und Intensivtäter mit Migrationshintergrund

In Deutschland zeigen sich regionale Schwerpunkte mit besonderen Problemlagen von Kriminalität und verschiedene Ausprägungen von Gewaltphänomenen. Typischerweise wird Gewaltdelinquenz in massiver Form dabei von Jungen und jungen Männern begangen. Unterschiedlich sind aber das Ausmaß von Gewalttaten, kriminellen Handlungen und Verhaltensauffälligkeiten. Insbesondere die Probleme misslungener Integration treten deutlich hervor. Die Gewaltbereitschaft und der kriminelle Lebensstil

---

[25] Zusammenfassende Darstellungen zu Sonderauswertungen der bayerischen PKS durch Elsner/Steffen/Stern 1998 bzw. Elsner/Molnar 2001 bei Bannenberg ZAR 2003, 391 f.; zusammenfassende Darstellungen zu den Dunkelfeldstudien (meist Schülerbefragungen) BMI/BMJ (Hrsg.) 1. PSB 2001, 311 f.; Bannenberg ZAR 2003, 392 ff. zu Schumann/Berlitz/Guth/Kaulitzki 1987; Mansel Kriminalsoziologische Bibliographie 1990; Karger/ Sutterer MschrKrim 1990, 369 ff.

[26] Zusammenfassend BMI/BMJ (Hrsg.) 2. PSB 2006, 415 ff., 429 ff. zu Spätaussiedlern; Walburg NK 2007, 142 ff.

[27] Boers/Walburg/Reinecke MschrKrim 2006, 79 ff.

[28] Boers/Walburg/Reinecke MschrKrim 2006, 80 f.

[29] Vgl. Walburg NK 2007, 142 ff.

[30] BMI/BMJ (Hrsg.) 2. PSB 2006, 415 ff., 433.

[31] Für Nordrhein-Westfalen (1994 bis 2003) nennt Naplava keine Größenordnung der nichtdeutschen Mehrfachtatverdächtigen, sieht jedoch keinen Unterschied, BewHi 2006, 264. Wie wir in unserer Studie im Auftrag des Landespräventionsrates NRW zu Spätaussiedlern in Ostwestfalen und Köln feststellen können, sind die regionalen Unterschiede bei den Kriminalitätsproblemen mit Aussiedlern aber enorm, Bals/Hilgartner/Bannenberg 2006; Ott/Bliesener 2005; dazu noch unten.

junger männlicher Migranten, die als Mehrfach- und Intensivtäter registriert sind[32], stellen in manchen Stadtteilen und Schulen die Verantwortlichen vor schwierige Probleme. Über den Begriff Mehrfach- und Intensivtäter besteht keine Einigkeit, auch wird der Begriff als stigmatisierend („Kampfbegriff", Viehmann auf diesem Symposium) verurteilt.[33] Es verbietet sich ohnehin, zu pauschalisieren und von Kriminalitäts- oder Gewaltproblemen *der* Migranten (*der* Türken, *der* Spätaussiedler u.a.) oder *der* Intensivtäter zu sprechen. Im Übrigen zeigt sich hierin keine deutsche Besonderheit. In ganz Europa werden ähnliche Gewaltphänomene, Drogendelikte und Probleme mit jungen Migranten festgestellt.[34]

Reusch, der ehemalige Leiter des 2003 in Berlin eingerichteten Sonderdezernates bei der Staatsanwaltschaft, berichtet für das Jahr 2007 über 495 eingetragene Intensivtäter in der Intensivtäterdatei, bis auf 12 männlich.[35] Von diesen waren 344 Jugendliche oder Heranwachsende. Bei Betrachtung der Staatsangehörigkeit überwiegen deutsche, bei der Betrachtung des Migrantenhintergrundes jedoch „orientalische" Migranten, vornehmlich türkischer und arabischer Herkunft mit fast 80 %.[36] Für Berlin fallen besonders Palästinenser und Mitglieder von Großfamilien mit türkisch-kurdisch-libanesischen Wurzeln auf, die nicht nur im Familienverband kriminell, sondern auch im organisierten Verbrechen tätig seien.[37] Eine Auswertung der Intensivtäterdatei in Berlin ergab unter den in Berlin im Jahr 2005 erfassten 331 Intensivtätern eine Dominanz junger Täter unter 21 Jahren (80 %) und einen Anteil von 79 % Migranten einschließlich Spätaussiedler und Eingebürgerte. Zum Migrationshintergrund wurde festgehalten, dass nur ein kleiner Teil aus Nachkommen „klassischer" Arbeitsmigranten besteht. „Die Familien bzw. einzelne Familienmitglieder stammen häufig aus dem vorderen Orient und anderen Bürgerkriegsregionen, sind in der Regel nach 1975 und oft erst nach 1990 nach Deutschland gekommen, Verfolgung und Unsicherheit in den Herkunftsländern waren wesentliche Migrationsgründe."[38] Festgestellt wurden gehäufte soziale Risikomerkmale mit überwiegend fehlender Aufsicht und Kontrolle in den Familien, Bildungsferne, unklaren Einkommensverhältnissen, fast regelmäßiges Schulversagen neben negativen Verhaltensauffälligkeiten in der Schule, delinquente Freunde und entsprechendes Freizeitverhalten, Rauschmittelkonsum und im Durchschnitt erheblicher strafrechtlicher Auffälligkeit (24 Taten pro Intensivtäter um Durch-

---

[32] Wahl/Hees 2009, 17.

[33] Hierzu ausführlich Steffen in diesem Band. Zum Begriff Ohder/Huck Teil I 2006, 6 f.

[34] Eisner/Ribeaud/Bittel 2006; Überblick bei Short, in Heitmeyer/Hagan (Hrsg.) 2002, 104 ff.; Tonry 1997; Peintinger/Shah/Platzer, Kriminalistik 2009, 107 ff.; Killias 2002, 159 ff.; Killias u.a. in FS Kreuzer 2009, 373 ff.

[35] Nach der Gemeinsamen Richtlinie der Senatsverwaltungen für Inneres und Justiz Berlin: „Intensivtäter sind Straftäter, die verdächtig sind, a) den Rechtsfrieden besonders störende Straftaten, wie z.B. Raub-, Rohheits- und / oder Eigentumsdelikte in besonderen Fällen begangen zu haben oder b) innerhalb eines Jahres in mindestens 10 Fällen Straftaten von einigem Gewicht begangen zu haben und bei denen die Gefahr einer sich verfestigenden kriminellen Karriere besteht; Reusch 2007, 2.

[36] Reusch 2007, 4 ff.

[37] Reusch 2007, 6 ff.

[38] Ohder/Huck Teil I 2006, 13.

schnitt, bei Einzelfallbetrachtung 2 bis 90 Eintragungen) mit einer Überrepräsentation von schweren Gewaltdelikten und Vermögensdelikten.[39],[40]. Aus kriminologischer Sicht präsentiert sich hier geradezu das „klassische" Bild des Karrieretäters mit multiplen Risikofaktoren. Heisig weist aus der Sicht einer Jugendrichterin in Berlin auf den bedeutenden Anteil an Schulverweigerung und fehlender Kontrolle der Eltern über das Verhalten ihrer Kinder hin[41], was bei türkischen Eltern, vor allem Müttern, zu Zuspruch auf Elternabenden und Informationsveranstaltungen, bei arabischen Verbänden jedoch zu Protest und Feindseligkeit führe.[42]

Weitere Auswertungen bestätigen das Berliner Bild. Am 31.3.2006 hatten 79 % der Berliner Intensivtäter einen Migrantenhintergrund. Hier dominierten mit über 30 % Täter mit arabischem Hintergrund, gefolgt von etwa 28 % türkeistämmigen Tätern und 9 % Tätern aus dem ehemaligen Jugoslawien. In über 50 % der Fälle der Intensivtäter werden Flucht und Asyl als Migrationsgründe angenommen. Die arabischstämmigen Täter gelten als besonders problematisch.[43] Die Entwicklungen in Berlin, die zur Einrichtung der Intensivtäterdatei und später zu einem Bewusstsein für problematische Entwicklungen in einzelnen Stadtteilen und Schulen führten, haben neben umfassenden Analysen auch zu umfangreichen Empfehlungen geführt.[44]

Eine aktuelle Auswertung der in Hessen am 31. Juli 2006 als Mehrfach- und Intensivtäter[45] (MIT) eingestuften Personen weist für 47 % der 1.328 Täter einen Migrationshintergrund aus; die Schwerpunkte liegen hier bei türkeistämmigen Tätern und (Spät-)aussiedlern. In Hessen sind die meisten Intensivtäter Erwachsene, regional unterscheiden sich die Täterstrukturen erheblich. So sind in Osthessen etwa 15,5 % der MIT in Kasachstan geboren, in Frankfurt 1,8 %.[46] In Frankfurt und und Südhessen überwiegen jüngere MIT. Werden im Durchschnitt 70 Straftaten pro MIT registriert, und überwiegen insgesamt Diebstahlsdelikte, so zeigt sich insgesamt eine große Bandbreite der kriminellen Karrieren und wandelt sich das Bild bei Betrachtung einer MIT-Typenbildung: Neben auf Eigentums- und Vermögensdelikten spezialisierten überwiegend erwachsenen Einzeltätern sind „Gewalttätige" fast ausschließlich männlich und jung, haben den höchsten Anteil an den Gewaltdelikten und begehen diese

---

[39] Ohder/Huck Teil I 2006, 14 ff.

[40] Ohder, Teil II 2007, teilt Ergebnisse einer Befragung der Intensivtäter und einer Auswertung der Schulakten mit. Dabei zeigt die tiefgehende Problembeschreibung auch die Schwierigkeiten des Transfers empirischer Erkenntnisse in Handlungsempfehlungen bei derart extremen sozialen Verhältnissen. Schnelle Lösungen sind jedenfalls nicht zu erwarten.

[41] Heisig der kriminalist 9/2008, 343 f.

[42] „Das Drama der unsichtbaren Eltern", Regina Mönch in der Frankfurter Allgemeinen Zeitung vom 8. Januar 2009.

[43] Voß/Burghardt-Plewig/Wichniarz 2007, 21.

[44] Voß/Burghardt-Plewig/Wichniarz, Empfehlungen der AG, 2007, 157-224.

[45] Die Einstufung als Mehrfach- und Intensivtäter liegt nach den Gemeinsamen Richtlinien im Ermessen der Polizeibeamten, die Kriterien sind vielfältig, es muss die Negativprognose einer kriminellen Karriere vorliegen, vgl. Koch-Arzberger u.a. 2008, 21 ff.

[46] Koch-Arzberger u.a. 2009, 2; 2008, 78 ff.

auch unter dem Einsatz von Waffen und in der Gruppe. Besonders häufig sind hier MIT mit Migrationshintergrund.[47]

In einer aktuellen Studie im Auftrag des Bundesministeriums des Innern wurde eine Forschungsgruppe des Bundesamtes für Migration und Flüchtlinge damit beauftragt, „valide Zahlen zur Aussiedlerkriminalität zusammenzustellen und den Stand der Forschung aufzuarbeiten."[48] Nach einer Auswertung von Entwicklungen der Zahlen in der Polizeilichen Kriminalstatistik, Sonderauswertungen der PKS[49] und aktueller Dunkelfelduntersuchungen wird festgestellt, dass männliche Aussiedlerjugendliche zur Hauptrisikogruppe der Gewalttäter zählen, Aussiedler im Vergleich mit Deutschen aber insgesamt eher weniger mit Kriminalität belastet sind. Die Kriminalität der Aussiedler ist also geschlechts- und altersspezifisch; männliche Aussiedlerjugendliche und junge Männer sind überrepräsentiert bei Gewalt- und Diebstahlsdelikten, höher belastet sind Nichtdeutsche. Vielfältige Problemlagen („soziale Randlage (Bildungsbenachteiligung, Arbeitslosigkeit, sozialräumliche Segregation), migrationsspezifische strukturelle Benachteiligungsprozesse (Quereinsteiger im Schulsystem, Sprachdefizit), öffentliche und institutionelle Diskriminierung (erhöhte Anzeigen und härtere Verurteilungspraxis) und aus dem Herkunftsland mitgebrachte Verhaltensnormen (patriarchalisches Männlichkeitsbild, gewaltlegitimierende Männlichkeitsnormen) ... familiäre Erziehung und Gewalterfahrungen in der Familie, auffälliger Medienkonsum und Cliquenbildung (in Verbindung mit Drogenkonsum)" tragen zum Kriminalitätsrisiko bei.[50] Unter Bezugnahme auf Steffen/Elsner 2000 schließt die Studie: „Kriminalität ist keine Frage des Passes, sondern eine Frage von Lebenslagen".[51]

2. Verurteilung und Strafvollzug

Unter den Verurteilten fallen bei Migranten eine abweichende Deliktsverteilung und eine höhere Inhaftierungsrate auf. Insgesamt waren im Jahr 2006 22,8 % der Verurteilten Nichtdeutsche, betrachtet man nur die unter 25-Jährigen waren es 30,6 %. Bei folgenden Deliktsgruppen waren die Anteile der Nichtdeutschen unter den Verurteilten hoch: Mord und Totschlag (30,7%), Vergewaltigung und sexuelle Nötigung (33,7 %), Raub und Erpressung (31,3 %), Diebstahl (25,9 %), Körperverletzung (24,6 %).[52]

Unter den Inhaftierten sind in Deutschland 28 % Ausländer[53], für die Jahre 1990 bis 1999 betont Walter eine deutlich überproportionale Zunahme bei nichtdeutschen Strafgefangenen und Sicherungsverwahrten um 161,7 % gegenüber einer Zunahme

---

[47] Koch-Arzberger u.a. 2009, 3-7.

[48] Haug/Baraulina/Babka von Gostomski, in BAMF (Hrsg.) 2008 Vorbemerkung.

[49] Bundesweite Statistiken zur Aussiedlerkriminalität existieren nicht, wohl aber in einigen Bundesländern Sonderauswertungen, Haug/Baraulina/Babka von Gostomski, in BAMF (Hrsg.) 2008, 6 ff., 44 f.

[50] Haug/Baraulina/Babka von Gostomski, in BAMF (Hrsg.) 2008, 45 f.

[51] Haug/Baraulina/Babka von Gostomski, in BAMF (Hrsg.) 2008, 46.

[52] Statistisches Bundesamt (Hrsg.): Strafverfolgung 2006, Ausländische Verurteilte; seit Jahren sinkende Tendenz.

[53] Morgenstern NK 2007, 139 unter Verweis auf den SPACE-Survey des Europarates von 2005, Aebi/Stadnic 2007.

der deutschen Gefangenen um 8,9 %.[54] Ausländer hätten ein doppelt so hohes Risiko der Verurteilung zu einer Freiheitsstrafe und zudem das Risiko der Verurteilung zu höheren Freiheitsstrafen.[55] Auch eine Auswertung der Strafvollzugsstatistik belegt den überproportionalen Anstieg der nichtdeutschen Strafgefangenen.[56]

Aus dem Strafvollzug wurde mehrere Jahre lang Besorgniserregendes über die Gruppe gerade der jungen männlichen Aussiedler berichtet. Der Anteil der zugewanderten „Russlanddeutschen" an den Gesamtinhaftierten lässt sich der Strafvollzugsstatistik nicht entnehmen, da es sich um deutsche Staatsangehörige handelt. Ein Anstieg der Gefangenenzahlen zeichnete sich jedoch bundesweit ab. Für Baden-Württemberg hat Walter einen Anstieg der in den GUS-Staaten geborenen Jugendgefangenen von 0,5 % in 1993 auf 19,1 % in 2001 festgestellt und nimmt eine Überrepräsentierung um das 2 ½ bis 3-fache an.[57] In einer Rundfrage 2002 haben 7 Bundesländer für den gesamten Strafvollzug Anteile bis zu 8,9 % der Aussiedler an allen Inhaftierten (also einschließlich aller Erwachsenen) angeben können[58], wobei ein Übergreifen der Probleme auf den Erwachsenenvollzug befürchtet wurde, wie sich nun wohl auch zeigt. In der Wissenschaft fragt man sich zwar, wie auch bei der strafrechtlichen Sanktionierung von Migranten überhaupt, ob eine härtere Sanktionierung ihren Grund in schwereren Straftaten oder in einer Diskriminierung der Migranten hat. Die geschilderten Probleme liegen bei den Spätaussiedlern vor allem im Jugendvollzug aber nicht nur darin, dass die – im Vergleich mit der deutschen Klientel – häufigere Verurteilung zu Jugend- und Freiheitsstrafen bereits schwerere Delikte, vor allem im Gewalt- und Drogenbereich nahe legt, sondern auch in einer besonderen Gruppenstruktur der Gefangenen mit ausgeprägten subkulturellen Verhältnissen, verbunden mit einer Ablehnung von Bildung, Integration, deutschen Sprachkenntnissen und deutschen Behörden. Aus dem Misstrauen und der Ablehnung ergäben sich Unterdrückungssysteme, Erpressungssituationen bei den Schwächeren und schlechte Legalprognosen, weil an Resozialisierungsbemühungen nicht mitgearbeitet werde.[59] In dem Projekt zur Integration jugendlicher Spätaussiedler in NRW bestätigten sich die Negativeinschätzungen zur Subkultur und Nichterreichbarkeit jugendlicher Strafgefangener.[60] Auch wenn nicht alle Äußerungen der Inhaftierten unhinterfragt übernommen wurden, konnte eine erhebliche Respektlosigkeit gegenüber Polizei und Justiz festgestellt werden. Strafen werden wohl nicht als abschreckend empfunden und Resozialisierung wird durch die Gruppenmentalität erschwert. Zudem stoßen die Haftentlassenen auf große Bewunderung bei den Jungen im Viertel. Integrations- und Präventionsbemühungen bei den bereits gewaltauffälligen jungen Männern, die zum Teil auch eine integrationsfeindli-

---

[54] Walter NK 2007, 127 unter Verweis auf Suhling/Schott 2001, 58.

[55] Walter NK 2007, 127.

[56] Brings BewHi 2006, 83 ff.; Details zur Entwicklung der Strafgefangenen zwischen 1992 und 2004.

[57] Walter NK 2007, 127.

[58] Winkler 2003, 267 ff.

[59] Zusammenfassend Winkler 2003; Walter NK 2003, 10-14; Pawlik-Mierzwa/Otto, in DBH (Hrsg.) 2003, 121 ff.; Vogelgesang 2008, 159 ff.; zur Risikobelastung Bliesener, in Ostendorf (Hrsg.) 2007, 65 ff.

[60] Dazu unten; Bals/Hilgartner/Bannenberg 2006.

che Haltung einnehmen, sind schwierig und müssten über allgemeine Bemühungen um soziale Integration (Sprachkurse, besondere schulische Förderung, Stadtteilarbeit) an den individuellen Problemen ansetzen.

Die Situation im Jugendstrafvollzug hat sich leicht beruhigt, allerdings wird eine Problemverlagerung in den Erwachsenenstrafvollzug berichtet.[61] Im bayerischen Strafvollzug stieg der Anteil der Gefangenen russischer Herkunft sowie aus den ehemaligen GUS-Staaten zum 31.5.2006 auf 11,49 %, in einzelnen Anstalten lag der Anteil teilweise deutlich höher. Den subkulturellen Gewalt-Auswüchsen, der Unterdrückung und Bedrohung von Mitgefangenen und der Vernetzung über die Anstalten hinweg wurden im Auftrag des Bayerischen Justizministeriums „Handlungsstrategien im Umgang mit russlanddeutschen Gefangenen" (September 2004) entgegen gesetzt.[62]. Danach sollen im Rahmen des Aufnahmeverfahrens bei der ärztlichen Zugangsuntersuchung festgestellte Tätowierungen, die auf hierarchische Stellung des Gefangenen schließen lassen, fotografiert und dokumentiert werden. Eine Einzelunterbringung in den Hafträumen ist anzustreben; bei unvermeidbarer Mehrfachbelegung sollen nie mehr als 2 Aussiedler in einem Haftraum untergebracht werden. Eine Konzentration auf wenige Arbeits- und Ausbildungsbetriebe soll vermieden werden, um die Bildung von Subkulturen zu verhindern.[63] In individueller Form sollen Deutschsprachkurse sowie Schul- und Berufsausbildungsangebote gemacht werden, um eine Integration zu erreichen.[64] Oft werden Außenkontakte der Gefangenen in russischer Sprache verfasst, um Aktivitäten innerhalb der Subkultur zu verschleiern, daher soll der Briefverkehr konsequent angehalten und durch Justizvollzugsangestellte mit guten Russischkenntnissen übersetzt werden. Auch die Einbindung von russischsprachigem Personal oder der Einsatz von Ehrenamtlichen seit empfehlenswert. Die Anführer von Aussiedlergruppen im Strafvollzug sollen von der Teilnahme an gemeinschaftlichen Veranstaltungen ausgeschlossen werden, da diese oft zur Befehlsabgabe innerhalb der Gruppe genutzt werden. Kirchhoff sieht bei Verweigerungshaltung und Gruppendruck noch jahrelange erhebliche Probleme für den Vollzug.

In der JVA Adelsheim ist das Problem der Subkulturbildung nicht mehr so drängend, wie noch vor einigen Jahren beschrieben.[65] Die Zugänge sind zurückgegangen, die Schwierigkeiten haben abgenommen. Probleme bestehen zwar nach wie vor, gehen aber vornehmlich von einzelnen Gruppen aus. Es gibt Hinweise, dass sich das Problem verfestigter Kriminalität mit subkulturellen Prägungen in den Erwachsenenvollzug verlagert hat. In der JVA Adelsheim wurden viele verschiedene Maßnahmen ergriffen, um die Subkulturbildungen einzudämmen. Man begann mit einer umfassenden Information der Bediensteten über die Herkunft und Lebenssituation der Spätaussiedler. Neben dem Besuch von Tagungen fand etwa ein Besuch in Omsk statt. Im Vollzug wurde auf Individualisierung gesetzt, um die Gruppenbildung und Abschot-

---

[61] Kirchhoff FS 4/2008, 157, 159 für den bayerischen Justizvollzug.
[62] Kirchhoff, FS 4/2008, 158.
[63] Kirchhoff, FS 4/2008, 158.
[64] Kirchhoff, FS 4/2008, 158.
[65] Mündliche Auskunft durch die Anstaltsleitung der JVA Adelsheim im September 2008.

tung zu durchbrechen. Hatten zunächst Kurse zur Sprachförderung keinen Zuspruch gefunden und waren regelrecht boykottiert worden, änderte sich dies mit der Zeit. Mit Hilfe einer russischsprachigen Sozialarbeiterin und verschiedenen Freizeitgruppen, bei denen darauf geachtet wurde, dass sie möglichst nicht russisch dominiert wurden, können heute schulische Ausbildung, Arbeit und berufliche Ausbildung als selbstverständliche Behandlungsangebote angesehen werden, die auch von den Spätaussiedlern angenommen werden. Bei Problemen mit Gewalt und Verhalten konnte bei einzelnen Gefangenen auf die Verlegung in den Erwachsenenvollzug ausgewichen werden. Ein erhebliches Problem stellt der Drogenkonsum dar. Im Einklang mit anderen Untersuchungen wird beschrieben, dass die Jugendlichen bereits nach kurzer Zeit harte Drogen (Heroin) konsumieren und entsprechende gesundheitliche Folgen davontragen.

C. Präventionsansätze

1. Projekt Integration jugendlicher Spätaussiedler

In einem Projekt zur Untersuchung der Integration von jugendlichen Spätaussiedlern im Auftrag des Landespräventionsrates Nordrhein-Westfalen in ostwestfälischen Kommunen wurden von zwei Forschergruppen besondere Problemlagen in Stadtteilen mit sehr hohen Aussiedleranteilen und Kriminalitätsproblemen untersucht. In einem Untersuchungszeitraum von nur einem Jahr (2004 – 2005) lagen die Ziele des Projektes darin, Daten und Erfahrungswerte als Grundlage für Planungs- und Verlaufsevaluationen zukünftiger Maßnahmen zu sammeln, die Probleme und Grenzen bisheriger Maßnahmen zu beleuchten und alternative Konzepte zu erwägen. Es ging explizit nicht um eine Wirkungsevaluation bereits durchgeführter kriminalpräventiver oder integrativer Maßnahmen. Die Kieler Gruppe ermittelte durch Interviews mit Spätaussiedler-Familien, Spätaussiedler-Jugendlichen, Nachbarn sowie durch eine Delphi-Befragung von Experten über die Angebotsstruktur, Konzeption und Ziele von Integrationsmaßnahmen die Problemlagen und Risikofaktoren von jungen Spätaussiedlern und erstellte schließlich Empfehlungen für Integrationsmaßnahmen.[66] Die Bielefelder Gruppe führte über achtzig qualitative Interviews unter anderem mit Vertretern aus der Polizei, Bewährungshilfe, Justiz, Schulen, Jugendarbeit, Justizvollzug und Jugendämtern.[67] Auf die vielfältigen Risikofaktoren für die Kriminalitätsbelastung insbesondere der jungen männlichen Spätaussiedler soll an dieser Stelle nicht tiefer eingegangen werden.[68] Es zeigten sich die typischen, auch schon in anderen Studien beschriebenen Probleme mangelnder Integration und insbesondere der Auffälligkeit mit Kriminalität und Gewalt durch junge männliche Spätaussiedler.[69] Die Stadtteile ließen sich als soziale Brennpunkte charakterisieren, in denen die Gewalt junger männlicher Spätaussiedler überrepräsentiert war. Hier kumulieren nicht nur die bekannten kriminogenen Risikofaktoren und kulturellen Besonderheiten dieser Gruppe junger Männer.

---

[66] Ott/Bliesener 2005; Bliesener/Eilers in Landespräventionsrat Nordrhein-Westfalen (Hrsg.) 2006.
[67] Bals/Hilgartner/Bannenberg 2006.
[68] Vgl. auch Bals/Bannenberg ZJJ 2/2007, 180 ff.; Bannenberg/Bals Forum Kriminalprävention 4/2005, 12 ff.
[69] Vgl. etwa DJI 2002.

In den untersuchten Stadtteilen wird die Problematik durch enorm hohe Migrantenanteile in sozialer Schieflage verstärkt. Es wurden auch gewalttätige Auseinandersetzungen zwischen Spätaussiedlern und Gruppen türkischer Jugendlicher registriert. Die städtebauliche Situation wirkt neben den sozialen Problemlagen negativ verstärkend. Die Studie wurde im September 2005 abgeschlossen, die Berichte und Empfehlungen sind über die Internetseite des Justizministeriums Nordrhein-Westfalen (Landespräventionsrat) zugänglich.[70]

Aus der Untersuchung lässt sich eine Vielzahl notwendiger integrativer und kriminalpräventiver Maßnahmen ableiten, die nicht nur für Aussiedler gelten, sondern auch auf andere Migranten übertragbar sind.[71]

2. Empfehlungen zur Integration und Prävention im Überblick

Im Überblick können Empfehlungen in folgenden Bereichen gegeben werden:

- Unterstützung durch Muttersprachler auf allen Ebenen
- Sprachförderung auf allen Ebenen
- Segregation eindämmen, Vorurteile verringern
- Frühförderung – frühpräventive und integrative Maßnahmen
- Elternunterstützung und Prävention häuslicher Gewalt
- Kommunale Kriminalprävention – Aufbau von Netzwerken in der Kommune
- Städtebau / Soziaraummanagement
- Integrationsmaßnahmen in Kindergärten
- Integration und Prävention in Schulen
- Prävention durch strukturierte Sportangebote und Anerkennung
- Angemessene strukturierte Freizeitangebote
- Verbesserung der Ausbildungschancen
- Verstärkung der Außenkontrolle durch Polizei, Kontrollmaßnahmen und Regeleinhaltung in den Institutionen
- Stärkung von Bindungen und Zugehörigkeit
- Risikoorientierung bei strafrechtlichen Sanktionen (ambulant und stationär)

Für die spezielle Problematik der Kriminalitätsgefährdung von Migranten wird zwar teilweise kritisch gefragt, ob es tatsächlich spezifisch auf Migranten ausgerichteter Maßnahmen bedarf.[72] Will man die Aggressionsneigung und Gewaltbereitschaft beeinflussen, sind die grundsätzlichen Erkenntnisse über wirksame gewaltpräventive Maßnahmen auch bei jungen Migranten angezeigt. Spezifische kriminalpräventive /

---

[70] www.justiz.nrw.de/JM/praevention/index.php.

[71] Bannenberg/Bals, Zusammenfassende Darstellung und Empfehlungen 2006; Bliesener/Eilers in Landespräventionsrat Nordrhein-Westfalen (Hrsg.), Praxisempfehlungen, 2006.

[72] Eisner/Ribeaud/Bittel 2006, Vorwort.

gewaltpräventive Maßnahmen sind nicht notwendig.[73] Allerdings muss auf die fehlende oder mangelhafte Integration insbesondere durch die Sprachprobleme und die damit zusammenhängenden Bildungsdefizite gezielt eingegangen werden. Hier handelt es sich aber um Angebote der sozialen Prävention oder Integration, nicht um Kriminalprävention. Mittelbar sind dabei durchaus positive Effekte auf die Entwicklung und damit auch auf weniger Kriminalität zu erwarten. Auch sind bei den kriminalpräventiven Maßnahmen individuelle Besonderheiten und spezifische Aspekte zu beachten. In der Ursachenanalyse zeigten sich die besonderen Aspekte archaisch kulturell geprägter Familienstrukturen mit einer Dominanz des Mannes über die Selbstbestimmungsrechte der Frauen, das daraus resultierende Männlichkeitsbild und der Rückzug in die Ethnien als zusätzliche Risikofaktoren, die auch gezielt beeinflusst werden müssen.[74] Insgesamt muss eine breite Gewaltprävention angestrebt werden, die individuell angelegt, auf den Abbau von Risikofaktoren ausgerichtet und möglichst an evidenzbasierter Kriminalprävention orientiert sein sollte.[75]

3. Strategien zur Gewaltprävention – Risikofaktoren gezielt entgegen wirken

Intervention und Prävention erscheinen vor dem Hintergrund der multiplen Risiko- und Problemlagen der Jugendlichen mühsam und langwierig, jedoch zugleich zwingend notwendig. Um die Ursachen aggressiven Verhaltens angehen zu können und um bereits früh Fehlentwicklungen bei Kindern und Jugendlichen zu verringern oder falls möglich, ganz zu vermeiden, orientieren sich präventive Strategien zu Recht am Konstrukt der Risiko- und Schutzfaktoren, die aus Metaanalysen empirischer Forschung abzuleiten sind. Zur positiven Beeinflussung des Verhaltens sind grundsätzlich Gegen- bzw. Stärkungsstrategien der Prävention abzuleiten.

Gewaltbereite und intensiv kriminell handelnde männliche Migranten haben zwar spezifische Problemlagen, im Kern weisen sie jedoch die gleichen Risikokonstellationen wie andere Intensivtäter auf. Die Risiko-Faktoren (risk-factors) sind mit dem gesamten Umfeld der Kinder und Jugendlichen verknüpft und tragen dazu bei, dass bei ihnen Gewalt und Kriminalität mit erhöhter Wahrscheinlichkeit entstehen und auftreten können. Nicht „die" Kinder, Jugendlichen oder bestimmte Gruppen von Menschen sind intensiv sozial auffällig, sondern vornehmlich die relativ wenigen Intensivtäter (ca. 5 %) mit dem kriminologisch bekannten Syndrom der sozialen Bindungslosigkeit: funktional gestörte Familie; fehlende Kontrolle und Zuwendung in der Familie; wechselndes oder gewaltorientiertes Erziehungsverhalten der Eltern; wechselnde Aufenthaltsorte; erhebliche Auffälligkeiten wie Schwänzen und Aggressivität in der Schule; kein Schulabschluss und keine Lehre; negative Arbeitseinstellung; unstrukturiertes Freizeitverhalten; keine tragenden menschlichen Beziehungen; Unfähigkeit zur emoti-

---

[73] So auch die interdisziplinäre Forschungsgruppe in Ostendorf (Hrsg.) 2007, 84 ff.

[74] Bannenberg/Bals 2006 Empfehlungen; Bliesener/Eilers in Landespräventionsrat Nordrhein-Westfalen (Hrsg.) 2006; Vogelsang sieht „tiefgreifende kulturelle Unterschiede", die die Integrationsarbeit berücksichtigen müsse, 2008, 222 ff.,

[75] Eisner/Ribeaud/Bittel 2006; Eisner/Riebaud/Jünger/Meidert 2007; Bannenberg/Rössner, in FS für Kreuzer 2009, 38 ff.

onalen Kommunikation.[76] Gewaltprobleme zeigen sich meist in frühen Verhaltensauffälligkeiten und weisen eine gewisse Kontinuität auf. Studien zur Frühprävention[77] beschreiben die Spiralwirkung der frühen negativen Auffälligkeiten im Sozialverhalten: Verhaltensprobleme, die sich stabil und dauerhaft zeigen, können zur Intensivtäterschaft führen, wenn es zur Ablehnung durch Gleichaltrige, zum Anschluss an deviante Gruppen, zu Leistungsdefiziten und fehlender Anerkennung in Schule und Freizeit kommt und letztlich die „normale" Entwicklung erheblich beeinträchtigt wird.[78] Auch wenn Kinder bis zur Pubertät häufiger aggressiv sind, sind aggressive Verhaltensweisen nur normal, wenn sie sich nicht verfestigen. Normal ist der Erwerb sozialer Kompetenzen, um aggressive Impulse zu kontrollieren.[79] Die Schutzfaktoren (Resilienzfaktoren; protective factors) wirken gegen das Auftreten von Delinquenz und Kriminalität und sind ebenfalls mit dem Umfeld des Individuums verbunden. Diese Faktoren tragen dazu bei, negative Entwicklungen im Aufwachsen zu verhindern oder abzumildern. Gewissermaßen als Kehrseite der Risikofaktoren sind folgende Faktoren wichtig, um soziales Kapital anzuhäufen: Eine sichere Bindung an eine Bezugsperson (Familienmitglieder, Verwandte, Lehrer, Übungsleiter oder andere Personen), emotionale Zuwendung und zugleich Kontrolle in der Erziehung und eine enge Beziehung zu nahestehenden Erwachsenen, Erwachsene, die positive Vorbilder unter widrigen Umständen sind, soziale Unterstützung durch nicht-delinquente Personen, ein aktives Bewältigungsverhalten von Konflikten, Bindung an schulische Normen und Werte, Zugehörigkeit zu nicht-delinquenten Gruppen, Erfahrung der Selbstwirksamkeit bei nicht-delinquenten Aktivitäten (z.B. Sport oder sonstige Hobbies), positives, nicht überhöhtes Selbstwerterleben, Struktur im eigenen Leben, Planungsverhalten und Intelligenz, einfaches Temperament.

Günstige Rahmenbedingungen können einen wesentlichen Beitrag zur Integration der Kinder und Jugendlichen in die Gesellschaft leisten. Sie erwerben im Aufwachsen je nach Ausprägung der Schutzfaktoren in unterschiedlichem Maße Resistenz gegenüber kriminellem Verhalten. Immer wieder wird in diesem Kontext auf die Bedeutung der „Grenzziehung" hingewiesen: Wichtig ist die Vermittlung eindeutiger Standards im Verhalten und bei Abweichung das Setzen deutlicher Grenzen.

4. Erkenntnisse aus der evidenzbasierten Kriminalprävention

Schutz- und Risikofaktoren sind eng miteinander verknüpft und wirken meist gemeinsam. Hilfen, die früh und umfassend ansetzen und sich auf möglichst viele Risiko-Faktoren beziehen, werden langfristig positiv wirken. Damit ist – so die Annahme – ein Beitrag zur Reduzierung von Kriminalität und Gewalt möglich. Auch wenn Einzelheiten der Wirkungen bislang noch nicht endgültig geklärt sind und die evidenzbasierte Kriminalprävention am Anfang steht, liegen hier die entscheidenden Ansatz-

---

[76] Lösel/Bliesener 2003; Rössner/Bannenberg 2002 Leitlinien; Göppinger/Bock 2008, 217; Kaiser 1996, 523 ff.

[77] Lösel/Beelmann/Stemmler/Jaursch, Zeitschrift für Klinische Psychologie und Psychotherapie 2006, 127 f.; Überblick bei Beelmann Zeitschrift für Psychologie und Psychotherapie, 35 (2), 2006, 151 ff.

[78] Lösel 2008 mit zahlreichen weiteren Nachweisen; Eisner/Ribeaud/Locher 2008.

[79] Eisner/Ribeaud/Locher 2008, 19 ff.; Haug-Schnabel, in Bannenberg/Rössner 2006, 135 ff.

punkte zur Verhütung von Gewaltkriminalität. Diese allgemeinen Erkenntnisse haben für die Situation der Migranten ebenso Bedeutung.

Evidenzbasierte Forschung meint, die Interventions- und Präventionsmaßnahmen auf ihre Wirkung hin zu kontrollieren. Es ist davon auszugehen, dass die Wirksamkeit präventiver Maßnahmen durch empirische Forschung überprüft werden kann und Erkenntnisse darüber gewonnen werden können, welche Maßnahmen positiv (oder auch gar nicht, vielleicht sogar negativ verstärkend) wirken können.[80] Zwar sind die meisten integrativen, intervenierenden und präventiven Maßnahmen gar nicht evaluiert oder die Evaluationen beschränken sich auf Dokumentationen der Implementation oder des Verlaufs, kontrollieren aber keine Wirkung. Aus internationalen Forschungsergebnissen sind jedoch Schlussfolgerungen möglich, die empfehlenswerte und weniger empfehlenswerte Strategien nahelegen. Die Ergebnisse der evidenzbasierten Forschung stellen sich kurz zusammen gefasst wie folgt dar: Besonders viele evaluierte und auch als wirksam anzusehende Maßnahmen finden sich im Bereich der Frühprävention. Dies entspricht der Ursachenforschung und der schon mehrfach festgestellten Notwendigkeit, Risikoentwicklungen möglichst früh entgegenzuwirken.[81] Dabei ist die Bedeutung des sozialen Normlernens zu beachten. Soziale Normen müssen gelernt werden. Die in der Außenwelt konstituierten sozialen Normen bedürfen zunächst und ständig fortlaufend der externen sozialen Kontrolle zum Sichtbarwerden. Die persönliche Aneignung der Normen aus der Außenwelt führt zu der letztlich wirksamen inneren Kontrolle, die eine ständige äußere Kontrolle zur Normbeachtung überflüssig macht. Dabei kommt der Sanktion erhebliche Bedeutung zu. Normen können nur gelernt werden, wenn sie als äußere Ordnung sichtbar und von der Gemeinschaft gelebt werden. Die konsequente Sanktion konstituiert also nicht nur die äußere Ordnung, sondern wirkt auch individuell im Prozess des Normlernens. Nach verallgemeinerungsfähigen Ergebnissen der Kriminologie sind drei Faktoren für die Entwicklung von Selbstkontrolle entscheidend: Das Verhalten wird grundsätzlich kontrolliert, es wird erkannt und thematisiert sowie angemessen bestraft. Die Effektivität des Normlernens in allen sozialen Institutionen und Bereichen ist umso höher, je früher das soziale Normlernen erfolgt und je intensiver der Personenbezug und die Zuwendung beim Normenlernen sind. Die gestufte Effektivität der Einflussnahme lässt sich am besten mithilfe eines Pyramidenmodells erklären.[82]

---

[80] Sehr guter Überblick bei Eisner/Ribeaud/Locher 2008 mit Quellennachweisen zur internationalen Forschung wie Sherman-Report und Campbell-Collaboration u.a.; Eisner/Ribeaud/Jünger/Meidert 2007; Bannenberg/Rössner in FS Kreuzer 2009, 38 ff.; Rössner/Bannenberg 2002 Düsseldorfer Gutachten und Leitlinien

[81] Lösel 2008.

[82] Rössner/Bannenberg 2002 Leitlinien.

Abbildung: Pyramide des sozialen Normlernens

Damit wird die tragende Rolle, welche Familie, Ersatzfamilie, Kindergarten und danach die Schule bei der normativen Sozialisation spielen, als Basis der gesamten normativen Struktur der Gemeinschaft deutlich. Entscheidend ist zunächst die familiäre oder ersatzweise erfolgte Basissozialisation für die Normvermittlung. Aber auch die Schule begegnet Schülern und Lehrern – zumindest in den ersten Jahren – im Bereich normativer Bildung noch relativ intensiv. Natürlich kann die Schule im Rahmen des sozialen Normenlernens die Rolle der Eltern und der engen familiären Umgebung nicht ersetzen. Andererseits ist die Schule[83] immer noch besser zur erfolgreichen normativen Sozialisation geeignet als die erst später und mit weniger sozialer Nähe und intensivem Personenbezug wirkenden Institutionen wie Vereine, kommunale Einrichtungen oder gar das (Straf-)Recht.

D. Notwendige integrative und präventive Maßnahmen – konkrete Vorschläge[84]

Vielfältige Anregungen finden sich in den Empfehlungen der Arbeitsgruppe der Landeskommission Berlin gegen Gewalt, die sich speziell mit den Gewaltproblemen von Jungen, männlichen Jugendlichen und jungen Männern mit Migrationshintergrund in Berlin auseinandersetzte.[85]

---

[83] Bannenberg/Rössner 2006.

[84] Hier sollen nur einige Beispiele zur Verdeutlichung einzelner konkreter Empfehlungen angeführt werden. Die Darstellung erhebt keinerlei Anspruch auf Vollständigkeit.

[85] Voß/Burghardt-Plewig/Wichniarz für die Arbeitsgruppe, Nr. 28, 2007, 157 ff. Hier finden sich Empfehlungen in allen Sozialbereichen, wie sie auch hier thematisiert werden.

1. Frühprävention im Kindergarten / Elternarbeit

Notwendig sind Maßnahmen der Sprachförderung, Sprachkurse für Mütter, die durch Ganztagesbetreuung der Kinder erreicht werden können, Erziehungskurse über gewaltfreie Erziehung und richtige Erziehungsprinzipien als niedrigschwelliges Angebot. Der Zugang zu den Familien stellt sich als Problem dar, somit könnte mit Hilfe von Muttersprachlern und Informationen in der Muttersprache, die besser noch durch persönliche Ansprache vermittelt werden, ein Angebot übermittelt werden.[86]

Erfolgversprechend ist ein kombiniertes *Eltern- und Kindertraining (EFFEKT)* bei Risikokindern. Evaluiert wurde die Wirksamkeit eines Kindertrainings, eines Elterntrainings und einer Kombination aus beiden Programmen. Aus einer Stichprobe von 675 Kindergartenkindern und ihren Familien nahmen 227 an einer der drei Trainingsbedingungen teil, 227 Kinder dienten als äquivalente Kontrollgruppe. Es zeigten sich kurzzeitige positive Effekte bei Problemen des Sozialverhaltens, der Hyperaktivität und Unaufmerksamkeit und emotionalen Störungen. Auch wenn die Langzeiteffekte nicht konsistent waren, zeigten sich langfristig Reduktionen multipler Verhaltensprobleme in der Schule und geben so Anlass zu vorsichtigem Optimismus.[87]

Lösel weist darauf hin, dass entwicklungsbezogene Prävention dissozialen Verhaltens erfolgversprechend ist und vor allem dann präventive Wirkungen erwartet werden können, wenn ein Programm multimodal an verschiedenen Risikofaktoren sowohl beim Kind als auch an seinem sozialen Umfeld ansetzt, das Konzept theoretisch fundiert, kognitiv-verhaltensorientiert und gut strukturiert ist, kontrollierte Evaluationen wiederholt positive Effekte in verschiedenen Kontexten gezeigt haben, die Maßnahmen sorgfältig implementiert und die Qualität der Durchführung gesichert und auf den spezifischen Bedarf der wichtigsten Risikogruppen geachtet wird und diese tatsächlich in größerem Umfang erreicht werden. „In Deutschland und anderen westlichen Ländern reagiert man in der Politik jedoch vor allem auf spektakuläre Einzelfälle und setzt auf kurzfristige, medienwirksame Aktionen statt auf längerfristig angelegte, empirisch fundierte Programmentwicklung und Evaluationsforschung... In der Praxis werden solche Tendenzen verstärkt, indem man unrealistische Erfolgserwartungen weckt oder Programme ohne Evaluationen „vermarktet werden."[88]

2. Eindämmung häuslicher Gewalt

Häusliche Gewalt ist ein erheblicher Risikofaktor. Neben Information und Aufklärung über das Rechtssystem und das Gewaltverbot ist Gewaltprävention durch Netzwerkbildung mit strikten Reaktionen auf Misshandlungen und häusliche Gewalt durch Kindergärten und Schulen sowie Strafverfolgung mit sozialen Interventionsnetzwerken

---

[86] Strätz/Militzer KiTa spezial 4/2003, 20 ff.; www.projekt-fruehstart.de, Bericht über 36 Kindergärten in 10 hessischen Städten; Toprak in Aktion Jugendschutz (Hrsg.) 2004; Thiessen DJI 2008.

[87] Lösel/Beelmann/Stemmler/Jaursch, Zeitschrift für Klinische Psychologie und Psychotherapie 35 (2), 2006, 127 ff. Die „Sleeper"-Effekte, also erworbene Sozialkompetenzen, die sich erst später auswirken, sind noch relativ unerforscht, klingen aber in Projekten mit Langzeitwirkung wie dem Perry-Preschool-Projekt an, vgl. Eisner/Ribeaud/Jünger/Meidert 2007, 224; www.highscope.org/Research/PerryProject/perry-main.html.

[88] Lösel 2008, 21.

erforderlich. Migrantenspezifische Angebote für Opfer sind noch nicht überall verbreitet. Gegenstrategien bei drohenden Zwangsverheiratungen mit gezielten Informationen zum Schutz junger Mädchen und Frauen sind häufig in Schulen nicht bekannt.[89] In einigen Bundesländern sind Ausländerbeauftragte bei der Polizei Ansprechpartner für Opfer.

3. Projekt Konfliktregulierung in türkeistämmigen Familien

Aktuell wächst die Sensibilität für kulturell bedingte Konflikte und Gewaltfälle, die ihren extremen Ausdruck in Zwangsverheiratung, Verschleppung und sogenannten Ehrenmorden finden. Aber auch im gesellschaftlichen Zusammenleben, sei es in der Schule oder im privaten Umgang, sind Verhaltensbeeinträchtigungen insbesondere bei türkeistämmigen Frauen und Mädchen festzustellen, die von der Beschränkung der Fortbewegungsfreiheit, der Restriktion des Umgangs mit selbst gewählten Freunden und Bekannten oder etwa dem familiären Verbot für Mädchen, den Sportunterricht zu besuchen, reichen. Kleider- und Verhaltensvorschriften für Mädchen und Frauen in türkeistämmigen Familien widersprechen dem westlichen freiheitlichen Lebensstil und rufen Konflikte in den Familien hervor. Unter dem Etikett einer falsch verstandenen Ehre können traditionelle Lebensvorstellungen in türkeistämmigen Familien zu erheblichen Gefährdungen der Mädchen und Frauen führen, die sich den Verhaltensgeboten der Familie widersetzen. Jungen und Männer können so entweder als Opfer in die Konflikte hineingezogen werden, oder sie werden zu Gewalttätern, weil sie die vermeintliche Familienehre nur mit Gewalt, im schlimmsten Fall durch Tötung, meinen wiederherstellen zu müssen. An diesen Problemlagen will ein umfassendes interdisziplinäres Forschungsprojekt[90] ansetzen: Ausgehend von mehreren bereits laufenden kriminologisch-strafrechtlichen Dissertationsvorhaben[91] wurde das Problem fehlender Empirie, gesicherter Erkenntnisse im Bereich türkischer / türkeistämmiger Familien und der deutschen Rechtslage offenkundig. Zugleich wird aus der Praxis von großen Problemen, konflikträchtigen Verhaltensweisen in den türkeistämmigen Familien in Deutschland und bislang fehlenden Lösungsansätzen berichtet. Mit dem fundierten Erfahrungshintergrund der Fernuniversität Hagen in der Mediationsausbildung entstand die Idee, das Wissen aus den laufenden kriminologischen Studien über verschiedene Aspekte der kulturell bedingten Konflikte mit der Entwicklung spezifischer interkultureller Mediation / Konfliktregulierung zusammen zu führen. Es sollen in enger Zusammenarbeit grundlegende Fragen zum türkischen Ehrverständnis, Lebensstil und Ursachen familiärer Konflikte analysiert und in verschiedene Formen der Mediation / Konfliktregulierung umgesetzt werden.

---

[89] Ein Leitfaden mit konkreten Hilfsangeboten und Verhaltenstipps für Lehrer wird im Hessischen Kultusministerium sowie bei der Polizeilichen Prävention des Bundes und der Länder vorbereitet.

[90] Bannenberg, Universität Gießen in Kooperation mit der Fernuniversität Hagen, Studiengang Mediation, Gräfin von Schlieffen, Kracht.

[91] Die Promotionen sind noch nicht abgeschlossen: Ceylan, Ehrenmorde in Deutschland und der Türkei; Yerlikaya, Zwangsheirat; Elyafi, Ehrenmord und türkisches Ehrverständnis; Bork, Prävention durch Opferschutzangebote.

4. Schule und Ausbildung

Die Schulen sind der ideale Ort, um Sprachförderung, Individualbetreuung, Kontinuität der Förderung und Bildungserfolg umzusetzen. Als Bestandteil des sozialen und kommunalen Netzwerks wäre an strukturierte Freizeitangebote, ethnisch übergreifende Angebote unter Einbindung von Eltern und Ehrenamtlichen, Nachmittagsbetreuung und Wochenendangebote zu denken. Auch Verbindungen mit Unternehmen der Region, um Ausbildungsplätze und Hilfstätigkeiten zu erproben, können Chancen gerade für junge Migranten bieten.

An der Universität Bielefeld wird im Studiengang „Deutsch als Fremdsprache" Kindern und Jugendlichen mit Migrationshintergrund Unterstützung bei der Bewältigung schulischer Anforderungen angeboten – und die Erfolge können sich sehen lassen. Kleinen Gruppen von fünf bis zehn Schülern, die die Grundschule abgeschlossen haben, wird von Studierenden in der Universität Unterricht in Deutsch, Englisch und Mathematik erteilt. Die Studierenden bieten die Förderung als freiwillige Leistung oder im Rahmen eines studentischen Hilfskraftvertrags an, weshalb auch finanzielle Mittel benötigt werden. Die Mercator-Stiftung und die Stadt finanzieren dieses Angebot. Positive Effekte sind auf mehreren Ebenen zu sehen. Der Bildungsbenachteiligung der Kinder mit Migrantenhintergrund wird entgegengewirkt, die Schulen werden durch das Angebot des Förderunterrichtes entlastet, Studierende können ihrer Lehrerausbildung praktische Erfahrungen hinzufügen und die Kinder profitieren von dem für sie kostenlosen Unterricht mit besseren Schulleistungen und Integration. Ein interessanter Nebenaspekt besteht auch im sozialen Kontext. Eltern werden beraten und unterstützt, wenn Schulkonflikte auftreten. Unterschiedliche Wertvorstellungen in Bezug auf Erziehungs- und Bildungsziele sind zu beachten, um auf die teilweise schwierigen und belastenden Lebensbedingungen, auch auf Gewaltanwendungen und Vernachlässigungen, zu reagieren. In Krisensituationen versucht man, Kindern und Jugendlichen beizustehen und Lösungen zu finden.[92] Der Bedarf kann nicht gedeckt werden: Rund 200 Schüler nehmen die Angebote wahr, weitere 300 Schüler stehen permanent auf der Warteliste. Wäre es nicht denkbar, alle Pädagogik- und Lehramtsstudierenden bundesweit in die Praxis einzubinden, diese Tätigkeit als Praktikum anzurechnen und flächendeckend bereits Grundschulkinder zu unterstützen, die deutsche Sprache und Grundfertigkeiten zu erlernen?

Für die Gewaltprävention an Schulen ist auf die als wirksam evaluierten Programmprinzipien des Anti-Bullying-Programmes von Olweus zu verweisen.[93]

5. Kommunale Kriminalprävention

Kriminalität ist regional unterschiedlich verteilt: Man stellt ein Stadt-Land-Gefälle, Nord-Süd-Gefälle und Ost-West-Gefälle fest, im kommunalen oder städtischen Raum

---

[92] Ausführliche Hinweise: www.uni-bielefeld.de/lili/studiengaenge/daf/foerderunterricht; Hinrichs in Ahrenholz (Hrsg.) 2007, 215 ff.; Barzel/Salek in Ahrenholz (Hrsg.) 2007, 205 ff.; www.stiftung.mercator.de

[93] Zu Evaluationen des Programms im In- und Ausland sowie zu weiteren konkreten Handlungsanleitungen Bannenberg/Rössner 2006.

sind die einzelnen Stadtteile unterschiedlich stark von Kriminalität betroffen.[94] Kriminalitätsschwerpunkte liegen eher in der City der Großstädte, was auf verschiedene Faktoren, etwa die hohe Mobilität und den Anziehungspunkt der City für Tatgelegenheiten zurückgeführt wird.[95] Weitere Schwerpunkte finden sich in Stadtteilen, die eine Konzentration sozialer Probleme und ethnischer Gruppen aufweisen. Hier wird die Kriminalität mit abnehmender Sozialkontrolle, wirtschaftlichen Problemen, problematischen Lebenslagen und Lebensstil erklärt.[96] In deutschen Städten sind problematische Stadtteilentwicklungen und Ghettobildungen noch nicht in dem Ausmaß beschrieben worden, wie dieses aus amerikanischen und französischen Vorstädten berichtet wird. Die für viele Großstädte angenommene Sogwirkung der City, die viele Menschen von außerhalb anzieht, die Tatgelegenheiten nutzen, ist nicht vergleichbar mit „no-go-areas" oder „Immunitätszonen", wie Killias sie unter Berufung auf die französischen Außenquartiere (banlieus), nennt.[97] Solche Gebiete sind gekennzeichnet durch Abschottung nach außen, Rückzug des Staates und die Durchsetzung eigener Regeln; die Dominanz männlicher junger Einwanderer, Gewalt- und Drogenkriminalität. Aber auch in Deutschland zeigen sich problematische Tendenzen, wie die Berliner Erfahrungen zeigen.

Kommunen kommt eine wichtige Rolle bei der Entwicklung und Umsetzung präventiver Strategien zu. Sie sind in der Lage, die konkrete regionale Problemanalyse vorzunehmen, können Städtebau und Sozialraumgestaltung steuern, damit Segregation eindämmen, aber auch im sozialen Netzwerk eine wichtige Rolle einnehmen. Aktuell zeigt eine Studie nun deutlich die Wirksamkeit kommunaler vernetzter Strategien auf: In Baden-Württemberg[98] wurde mit dem „Heidelberger Modell" eine Vernetzung von Polizei, Kommune, Zivilgesellschaft und Wissenschaft umgesetzt, um ursachenorientiert, theoretisch fundiert und empirisch untermauert die Kriminalitätsbelastung zu senken. Auf der Grundlage wiederholter Bevölkerungsbefragungen und einer Sonderauswertung der Polizeilichen Kriminalstatistik konnte gemessen werden, dass die Kriminalität in den letzten 10 Jahren in den Modellregionen erheblich gesenkt werden konnte, während dieses in den Vergleichsregionen nicht der Fall war. Auch wenn sich einzelne Maßnahmen der Kommunen in ihrer Wirksamkeit nicht messen lassen, kann der kriminalpräventive Erfolg in dem Synergieeffekt der verschiedenen Präventionsmaßnahmen gesehen werden, die seit Jahren unter Beachtung wissenschaftlicher Wirkungsprinzipien umgesetzt worden waren. Theoretisch geht es vor allem um den Abbau sogenannter „incivilities", also sozialer Erosion und um die Stärkung sozialen Kapitals. Sowohl die Kriminalitätsfurcht wie auch die Kriminalitätsbelastung sanken nun deutlich.

---

[94] Ausführlicher Bannenberg in FS Schwind, 2006, 775 ff.; BMI/BMJ (Hrsg.) 2. PSB 2006, 70 ff.; Killias 2002, 123.

[95] Killias 2002, 130 ff. auch zur weiteren notwendigen Differenzierung nach der unterschiedlichen Risikoverteilung innerhalb der Städte und methodischen Möglichkeiten der Erfassung dieser Unterschiede.

[96] Speziell zum Lebensstilkonzept im Zusammenhang mit Stadtteilen und ökologischer Kriminalitätstheorie ausführlich Hermann/Laue Soziale Probleme 2003, 107 ff.

[97] Killias 2002, 134 mit weiteren Nachweisen.

[98] Hermann, Trauma & Gewalt 2008, 220 ff.

Andere kommunale Integrationsprojekte im Auftrag der Landesstiftung Baden-Württemberg wurden mit einem Konzept evaluiert, das eher als erster Schritt in Richtung künftiger kritischer Selbsteinschätzung zu werten ist.[99] Es liegen damit keine methodisch anspruchsvollen Wirkungsüberprüfungen vor. Unabhängig von den methodischen Fragen geben aber sowohl die untersuchten Projekte wie auch der Evaluationsbericht einen Eindruck von den aus kriminologischer Sicht grundsätzlich erfolgversprechenden Aktivitäten. Im Jahr 2001 hat die Landesstiftung Baden-Württemberg das Programm „Integration von Ausländern, interkultureller Dialog" zur Verbesserung der Integration von Ausländern in Städten mit besonders hohem Ausländeranteil aufgelegt. 14 Projekte wurden gefördert, 10 evaluiert. Die Projekte spiegeln sowohl die Förderschwerpunkte der Integrationsmaßnahmen wider wie auch die hier gegebenen grundsätzlichen Empfehlungen: Qualifizierung von Jugendlichen im Stadtteil, Sprache und Bildung für Kinder und Jugendliche, für Erwachsene und für Eltern; kultureller und religiöser Austausch mit der Aufnahmegesellschaft.[100] Die Projekte sind der Kategorie sozialer Prävention zuzuordnen, deren mittelbare Effekte auch in einer Kriminalitätsreduktion liegen können. Durch die Art der Evaluation konnte zwar nur ein kleiner Einblick in die Projekte, ihre Ziele und die Konsequenzen gewonnen werden, dieser war gleichwohl interessant und sollte in künftigen Konzeptionen bedacht werden: Beklagt wurden Zeit- und Finanzierungsmangel, um integrative Ziele und grundsätzliche Fertigkeiten wie Sprache, zu erwerben. Im Detail kristallisierte sich aber etwa heraus, dass einzelne Personen aus der Migrantengruppe eine Art Türöffnerfunktion zur deutschen Gesellschaft haben und Vorbild sind. Männliche Personen seien weniger leicht zu finden. Ethnisch homogene Gruppen wurden als Problem dargestellt, weil auch im Austausch der verschiedenen Migrantengruppen Vorurteile, Probleme und fehlende Anerkennung vorhanden sind. Eine „Schlüsselfunktion" scheint den Schulen zuzukommen: Nehmen sie aktiv die Rolle als Mittler und Sozialisationsinstanz wahr, haben sie für die Integration eine überragende Bedeutung, verweigern sie sich, wird dies als negativ beklagt.[101]

In den im Projekt Integration jugendlicher Spätaussiedler[102] im Auftrag des Landespräventionsrates Nordrhein-Westfalen untersuchten Stadtteilen konnten präventive Strategien nicht festgestellt werden. Man war von dem Zuzug der letzten Welle der Spätaussiedler etwa 1993 und 1994 und den sich daraufhin abzeichnenden Ghettobildungen überrascht. In allen untersuchten Stadtteilen waren ab etwa 1995 oder später gewalttätige Auseinandersetzungen und als negativ und störend empfundenes Freizeitverhalten Anlass für Strafanzeigen und polizeiliches Einschreiten. In der Folge kam es zu verschiedenen Bemühungen, in den Stadtteilen wieder Ruhe zu schaffen und die kriminellen Handlungen einzudämmen. Diese stellen sich in der Rückschau betrachtet als vielfältige soziale Maßnahmen dar, die man ausprobiert, aber nicht nach einer fundierten Strategie umgesetzt oder gar auf die Wirkung hin untersucht hat. Somit fehlt es an einer Wirkungsüberprüfung nach wissenschaftlichen Kriterien. Zwar

---

[99] Held/Bibouche/Schork/Dirr, in Landesstiftung Baden-Württemberg (Hrsg.) 2007.

[100] Held/Bibouche/Schork/Dirr, in Landesstiftung Baden-Württemberg (Hrsg.) 2007, 23 ff.

[101] Held/Bibouche/Schork/Dirr, in Landesstiftung Baden-Württemberg (Hrsg.) 2007, 103.

[102] Siehe oben.

haben die Maßnahmen auch zeitweilig Erfolg, weil größere Polizeieinsätze seltener werden und Jugendliche immer wieder die Plätze wechseln, an denen sie negativ auffallen. Ob von gelungener Integration ausgegangen werden kann, ist aber mehr als fraglich. Die Folge ist eine Rücknahme von sozialen Maßnahmen in den Stadtteilen, sobald vermeintlich „Ruhe" einkehrt.

Bis heute dauern manche Präventionsbestrebungen in unterschiedlichem Ausmaß an, ebenso werden aber auch heute noch zuweilen Großeinsätze der Polizei wegen Massenschlägereien zwischen Spätaussiedlern und Türken notwendig. In den Stadtteilen wurde und wird auf die Problematik unterschiedlich reagiert. In einem Stadtteil leugnen die politisch Verantwortlichen sowohl eine besondere Kriminalitätsbelastung und störende Auffälligkeit der Spätaussiedler wie auch die soziale Problematik des Stadtteils, was aus polizeilicher (und unserer) Sicht anders beurteilt wird. In anderen Stadtteilen wurde zum Teil vehement mit einer Kombination polizeilicher Repression, Jugendsozialarbeit und städtebaulichen Maßnahmen reagiert. Positiv waren dabei insbesondere freizeitpädagogische Maßnahmen des Jugendmigrationsdienstes hervorzuheben, die heute aus finanziellen Gründen ersatzlos gestrichen wurden. Besonders angenommen wurden von den Jugendlichen Freizeitangebote mit einer Kombination von Naturerlebnis, Abenteuer und Sport (Kanufahren, Lagerfeuer, Angeln, beim Sport dominieren in der Attraktivität Boxen, Kampfsport und Breakdance). Sehr positiv wurde auch das Angebot aufgegriffen, kostenlos Vereinsmitglied zu werden (die Kosten wurden durch Spenden eines Jahresbeitrages getragen). Soziale Maßnahmen wie soziales Training (etwa gewaltfreie Konfliktlösungsstrategien zu erlernen) sind zwiespältig zu sehen und werden wohl von den Jugendlichen häufig nicht sehr ernst genommen. Unklar ist ohnehin, welche Jugendlichen erreicht werden. Ob gerade straffällige und gewalttätige Jugendliche von diesen Maßnahmen angesprochen werden, kann nicht beurteilt werden. Man versucht durch Stadtteiltreffs und Sozialarbeiter Ansprechpartner in den Stadtteilen zu schaffen, die die Bewohner bei Problemlösungen unterstützen sollen. Als sehr positiv wurden auch integrative Maßnahmen in den Stadtteilen wie Hausaufgabenbetreuung, Sprachkurse, Kindergartenangebote mit kombinierten Sprachkursen für die Mütter beschrieben. Hier war die Resonanz groß und man kam in Kontakt mit den Familien. Auch in diesem Bereich sind viele Maßnahmen aus Kostengründen gestrichen worden. Positiv sind auch kombinierte Strategien sozialer Maßnahmen mit städtebaulichen Veränderungen zu beurteilen. Allerdings werden die Wirkungen begrenzt sein. Ein radikaler Umbau dieser Stadtteile ist – schon aus finanziellen Gründen – nicht möglich und eine andere Bevölkerungsstruktur kann nicht erzwungen werden. Somit bleiben die sozialen Umstände und der Lebensstil der Bewohner äußerst problematische Faktoren. Zwar darf das Bemühen um Integration, soziale und situative Prävention nicht nachlassen, man wird aber – gerade vor dem Hintergrund demographischer gesamtgesellschaftlicher Veränderungen und finanziell angespannter Haushaltslagen – auch an Grenzen stoßen.

6. Ein positives Beispiel – Brakel[103]

Stellt sich die soziale Situation in den Stadtteilen dagegen von vornherein weniger problematisch dar, lässt sich die Lebensqualität möglicherweise schneller und dauerhafter verbessern. In Brakel, einer Stadt im Kreis Höxter, gab es vor Jahren dieselben Probleme. Ein 1994 aufgegebenes belgisches Kasernengebiet am Stadtrand war mit etwa 300 Familien aus Kasachstan besiedelt und es kam in dem – bis heute – ausschließlich von Spätaussiedlern bewohnten Stadtteil zu heftigen Problemen. Es gab zahlreiche Polizeieinsätze wegen randalierender junger Spätaussiedler, Alkoholkonsum, Gefährdungen durch Autorasereien u.ä. Den zunächst repressiv vorgehenden Polizeikräften standen jedoch bald das Ordnungsamt, Sozialarbeiter und ein städtischer Arbeitskreis zur Seite, die bis heute eine Ordnungspartnerschaft bilden und vielfältige Maßnahmen umsetzen. Nach städtebaulichen Veränderungen unter Beteiligung der Bevölkerung, teilweise erfolgtem Wegzug, Zusammenarbeit mit den Schulen, dortigen Ganztagsangeboten, Sportveranstaltungen, Jugendbetreuung setzt man auf Präsenz und Kontakt im Stadtteil. Die Schulen und die Stadt arbeiten zusammen und bei einem Neubaugebiet wurde bei der Zuteilung der Grundstücke auf eine Mischung geachtet: Etwa die Hälfte der Grundstücke ging an Spätaussiedlerfamilien. Die polizeilichen Einsätze sind seit über einem Jahr Vergangenheit. Es gibt noch Auffälligkeiten, auf diese wird jedoch weiterhin wie folgt reagiert: Wird wiederholt Alkoholkonsum auf Schulhöfen festgestellt, verhängt man Bußgelder, Gruppen junger Spätaussiedler und Türken oder erkennbar alkoholisierte Personen haben keinen Zugang zur Diskothek, die Jugendbetreuung wird im Zusammenwirken mit den Schulen weiter aufrecht erhalten, bei zahlreichen Sportveranstaltungen setzt man auf gemischte Mannschaften. Ein wesentlicher Unterschied scheint zu den anderen untersuchten Stadtteilen zu bestehen: Die Quote der Arbeitslosen und Sozialhilfeempfänger war in Brakel nie besonders hoch. Heute fänden die jungen Spätaussiedler aus diesem Stadtteil häufig einen Arbeitsplatz. Im Gegensatz zu den seit langem hier lebenden türkischen jungen Männern mit sozialen Problemen.[104]

E. Besondere Risikobereiche und Ausblick

Eine verbesserte integrative Prävention auf allen sozialen Ebenen wird die besonders problematischen Bereiche sichtbarer machen. Aus den Erkenntnissen der evidenzbasierten Kriminalprävention kann die Empfehlung gegeben werden, diese Risiken gezielt auf individualisierter Basis anzugehen und von unstrukturierten Gruppenmaßnahmen abzusehen. Ein schwieriges Feld ist die Verhaltensbeeinflussung der wenigen, aber schwer verhaltensauffälligen Kinder und massiv kriminellen Jugendlichen. Häufig kumulieren hier auch Suchtrisiken, womit die Alkohol- und Drogenprävention in den Blick gerät. Die Strafgefangenen mit Migrationshintergrund sind eine besonders problematische Gruppe, bei der Resozialisierungsbemühungen mit Muttersprachlern,

---

[103] Dieses Beispiel wurde bereits in früheren Veröffentlichungen gewählt, s. Bannenberg in FS Schwind 2006, 784 f.

[104] Uslucan gab dazu auf diesem Symposium den wichtigen Hinweis auf den Unterschied in der Staatsangehörigkeit und Formen der Ablehnung durch die Mehrheitsgesellschaft.

Nachbetreuung (auch durch Muttersprachler), die Förderung positiver Einzelkontakte, das Aufbrechen der Gruppenorientierung und eine realistische Lebensplanung anzustreben sind, um der bisherigen Dominanz von Subkultur, delinquenter Gleichaltrigengruppe und Bestärkung der problematischen Männlichkeitsbilder entgegenzuwirken.

In der Tendenz lassen sich bereits Empfehlungen für eine Grundausrichtung kriminalpräventiver Maßnahmen geben.[105] Die Ausrichtung auf Risikogruppen, die Aktivierung von Schutzfaktoren, der Einsatz von Mehr-Ebenen-Programmen (vernetzten Programmen) sind deutlich erfolgversprechender als Einzelmaßnahmen. Maßnahmen der positiven Spezialprävention sind zu bevorzugen, in der Behandlung zeigen sich verhaltenstherapeutische Konzepte (kognitiv-behaviorale Methoden) überlegen.

In der Tendenz eher abzuraten ist von Abschreckungsmaßnahmen und repressiven Methoden. Diese funktionieren häufig nicht im beabsichtigten Sinn und haben sogar eher negative Effekte (boot camps; Strafvollzug live: Scared Straight; in Deutschland: Gefangene helfen Jugendlichen). Auch Gruppenmaßnahmen schon problematischer Jugendlicher sind ohne genügend Kontrolle und strukturiertes Programm eher kontraproduktiv und wirken auf manche Jugendliche sogar eher attraktiv (teilweise Soziale Trainingskurse). Jugendtreffs ohne soziale und kompetente Kontrolle führen nicht zu einem „Freiraum" für die Jugendlichen, in dem sich Konflikte niedrig halten lassen, sondern bewirken eher das Gegenteil. Einzelaktionen wie etwa Mitternachtsbasketball und ähnliches werden vielfach für sinnvoll gehalten, weil Jugendliche in ein sportliches Gruppenereignis einbezogen werden, mit Gleichaltrigen zusammen kommen und das zu einer Zeit, wo erfahrungsgemäß Straftaten und Ordnungsstörungen begangen werden. Man verspricht sich zum Teil auch einen besseren Kontakt zu Polizeibeamten und dadurch eine Veränderung eines aus Sicht der Jugendlichen negativen Bildes der Polizei. Grundprinzipien des Sports wie Regellernen, Umgang mit Niederlagen und praktisch erlebte Fairness im sportlichen Wettkampf, die durchaus in anderen, auf Dauer angelegten Bindungskontexten, wirksam werden können, kommen bei diesen punktuellen Ereignissen nicht zur Geltung, weil es nicht zum Aufbau einer längerfristigen Beziehung zu dem Jugendlichen in seiner problematischen Lebenssituation kommt, somit können realistischerweise auch keine positiven Wirkungen erwartet werden. Im Gegenteil, es wird vom Zusammenkommen Jugendlicher mit gleicher Problemlage und gestiegener Delinquenz vor und nach den Ereignissen berichtet.

---

[105] Für eine detaillierte Darstellung bereits erfolgreich evaluierter Programme ist hier kein Raum, die angegebenen Quellen geben Hinweise auf weiterführende Studien.

Literatur

Aebi, Marcelo/Stasnic, Nicole (2007) SPACE I. Council for Europe Annual Penal Statistics (Survey 2005), www.coe.int.

Albrecht, Hans-Jörg (2001) Migration und Kriminalität. In: Jehle, Jörg-Martin (Hrsg.): Raum und Kriminalität. Sicherheit der Stadt. Migrationsprobleme. Mönchengladbach. S. 195-210.

Bals, Nadine/Bannenberg, Britta (2007) Jugendliche Spätaussiedler in sozialen Brennpunkten: Kriminalitätsbelastung, Gewaltbereitschaft, Integrations- und Präventionsansätze. ZJJ 2/2007, S. 180-190.

Bals, Nadine/Hilgartner, Christian/Bannenberg, Britta (2006) Abschlussbericht zum Projekt „Integration von jugendlichen Spätaussiedlern." Eine Untersuchung im Auftrag des Landespräventionsrates Nordrhein-Westfalen. Bielefeld. www.justiz.nrw.de/JM/praevention/index.php.

Bannenberg, Britta (2006) Städtebau und Kriminalprävention. In: Feltes, Thomas/Pfeiffer, Christian/Steinhilper, Gernot (Hrsg.): Kriminalpolitik und ihre wissenschaftlichen Grundlagen. Festschrift für Hans-Dieter Schwind zum 70. Geburtstag. Heidelberg. S. 775-790.

Bannenberg, Britta (2003a) Strategien wirkungsorientierter Kriminalprävention. Deutsche Zeitschrift für Kommunalwissenschaften 2003/I, S. 5-19.

Bannenberg, Britta (2003b) Straffälligkeit von Ausländern. Zeitschrift für Ausländerrecht und Ausländerpolitik (ZAR), Heft 11/12, S. 388-397.

Bannenberg, Britta (2003c) Migration – Kriminalität – Prävention. Teil I. Gutachten zum 8. Deutschen Präventionstag 28./29. April 2003 Hannover. www.praeventionstag.de.

Bannenberg, Britta/Bals, Nadine (2006) Integration von jugendlichen Spätaussiedlern. Eine Untersuchung im Auftrag des Landespräventionsrates Nordrhein-Westfalen. Zusammenfassende Darstellung und Empfehlungen. Bielefeld, März 2006. www.justiz.nrw.de/JM/praevention/index.php.

Bannenberg, Britta/Bals, Nadine (2005) Jugendliche Spätaussiedler in sozialen Brennpunkten. Gewaltbereitschaft und Präventionsansätze. forum kriminalprävention 4/2005, S. 12-15.

Bannenberg, Britta/Rössner, Dieter (2009) Evidenzbasierte Kriminalprävention. Was wirkt und zahlt sich auf Dauer für die Gemeinschaft aus? In: Görgen, Thomas u.a. (Hrsg.): Interdisziplinäre Kriminologie. Festschrift für Arthur Kreuzer zum 70. Geburtstag. Erster Band. 2. Aufl. S. 38-61.

Bannenberg, Britta/Rössner, Dieter (2006) Erfolgreich gegen Gewalt in Kindergärten und Schulen. Unter Mitarbeit von Thomas Grüner, Gabriele Haug-Schnabel und Jacqueline Kempfer. München.

Bartels, Romy (2007) Gewalt- und Suchtprävention – Beispiele der Integrationsförderung des Bundesamtes für Migration und Flüchtlinge (BAMF). Vortrag 12. Deutscher Präventionstag in Wiesbaden am 18./19. Juni 2007. www.praeventionstag.de/Dokumentation.cms/202.

Barzel, Doreen/Salek, Agnieszka (2007) Bessere Bildungschancen für Kinder und Jugendliche mit Migrationshintergrund. Das Projekt „Förderunterricht" der Stiftung Mercator. In: Ahrenholz, Bernt (Hrsg.): Deutsch als Zweitsprache. Voraussetzungen und Konzepte für die Förderung von Kindern und Jugendlichen mit Migrationshintergrund. Freiburg im Breisgau. S. 205-215.

Baumeister, Werner (2007) Ehrenmorde, Blutrache und ähnliche Delinquenz in der Praxis bundesdeutscher Strafjustiz. Münster.

Beelmann, Andreas (2006) Wirksamkeit von Präventionsmaßnahmen bei Kindern und Jugendlichen: Ergebnisse und Implikationen der integrativen Erfolgsforschung. Zeitschrift für Psychologie und Psychotherapie, 35 (2), S. 151-162.

Bliesener, Thomas (2006), unter Mitarbeit von Sylvia Eilers: Integration jugendlicher Spätaussiedler. Praxisempfehlungen und Hilfen zur Evaluation von Präventionsprogrammen. Landespräventionsrat Nordrhein-Westfalen (Hrsg.) www.justiz.nrw.de/JM/praevention/index.php.I.

Bliesener, Thomas (2007) Die Risikobelastung inhaftierter junger Spätaussiedler. In: Ostendorf, Heribert (Hrsg.): Kriminalität der Spätaussiedler – Bedrohung oder Mythos? Baden-Baden. S. 65-80.

Bock, Michael (2007) Kriminologie. 3. Aufl. München.

Boers, Klaus/Walburg, Christian/Reinecke, Jost (2006) Jugendkriminalität – Keine Zunahme im Dunkelfeld, kaum Unterschiede zwischen Einheimischen und Migranten. Befunde aus Duisburger und Münsteraner Längsschnittstudien. MschrKrim 2/2006, 89. Jg., S. 63-87.

Brings, Stefan (2006) Die amtlichen Rechtspflegestatistiken – Teil 3. Die Strafvollzugsstatistik – Demographische und kriminologische Merkmale der Strafgefangenen und Sicherungsverwahrten. BewHi, S. 69-86.

Bund-Länder-Projektgruppe „Entwicklung der Gewaltkriminalität junger Menschen mit einem Schwerpunkt auf städtischen Ballungsräumen" (2008) Abschlussbericht der IMK-Frühjahrssitzung 2008 (Stand: 26. März 2008).

Bundeskriminalamt (Hrsg.)(2008) Polizeiliche Kriminalstatistik 2007 Bundesrepublik Deutschland. Wiesbaden.

Bundeskriminalamt (Hrsg.)(2007) Organisierte Kriminalität. Bundeslagebild 2007. Pressefreie Kurzfassung. Wiesbaden.

Bundeskriminalamt (Hrsg.)(2006) Ergebnisse einer Bund-Länder-Abfrage zum Phänomenbereich „Ehrenmorde in Deutschland". Presseinformation. Wiesbaden.

Bundesministerium des Innern/Bundesministerium der Justiz (Hrsg.)(2006) Zweiter Periodischer Sicherheitsbericht. 2. Aufl. Berlin.

Bundesministerium des Innern/Bundesministerium der Justiz (Hrsg.)(2001) Erster Periodischer Sicherheitsbericht. Berlin.

DJI-Arbeitsstelle Kinder- und Jugendkriminalitätsprävention (Hrsg.)(2002) Die mitgenommene Generation. Aussiedlerjugendliche – eine pädagogische Herausforderung für die Kriminalprävention. München.

Eisner, Manuel (1998) Jugendkriminalität und Immigration. Konflikte und Integrationsprobleme. Neue Kriminalpolitik (NK), Heft 4, S. 11-13.

Eisner, Manuel/Ribeaud, Denis/Locher, Rahel (2008) Prävention von Jugendgewalt. Expertenbericht zuhanden des Bundesamtes für Sozialversicherung. Cambridge.

Eisner, Manuel/Ribeaud, Denis/Jünger, Rahel/Meidert, Ursula (2007) Frühprävention von Gewalt und Aggression. Ergebnisse des Zürcher Präventions- und Interventionsprojektes an Schulen. Zürich, Chur.

Eisner, Manuel/Ribeaud, Denis/Bittel, Stéphanie (2006) Prävention von Jugendgewalt. Wege zu einer evidenzbasierten Präventionspolitik. In: Eidgenössische Ausländerkommission (Hrsg.): Materialien zur Integrationspolitik. Bern.

Elsner, Erich/Molnar, H. (2001) Kriminalität Heranwachsender und Jungerwachsener in München. Bayerisches Landeskriminalamt München.

Elsner, Erich/Steffen, Wiebke/Stern, Gerhard (1998) Kinder- und Jugendkriminalität in München. Bayerisches Landeskriminalamt München.

Geißler, Rainer/Marißen, Norbert (1990) Kriminalität und Kriminalisierung junger Ausländer. Die tickende soziale Zeitbombe – ein Artefakt der Kriminalstatistik. Kölner Zeitschrift für Soziologie und Sozialpsychologie, 42, S. 663-687.

Göppinger, Hans (Begr.)/*Bock, Michael* (Hrsg.)(2008) Kriminologie. 6. Aufl. München.

Haug, Sonja/Baraulina, Tatjana/Babka von Gostomski, Christian unter Mitarbeit von Stefan Rühl und Michael Wolf (2008) Kriminalität von Aussiedlern. Eine Bestandsaufnahme. In: Bundesamt für Migration und Flüchtlinge (Hrsg.). Working Paper 12. Stand: März 2008.

Haug-Schnabel, Gabriele (2006) Impulse zum Umgang mit Aggression im Kindergarten. In: Bannenberg, Britta/Rössner, Dieter: Erfolgreich gegen Gewalt in Kindergärten und Schulen. München. S. 135-157.

Heinz, Wolfgang (2008) Jugendkriminalität, Jugendgewalt und jugendstrafrechtliche Sanktionierungspraxis. RdJB 4/2008, S. 352-375.

Heisig, Kirsten (2008) Praktischer Einblick in die Berliner Jugendgewaltkriminalität – Lösungsansätze auf dem Boden des bereits geltenden Rechts am Beispiel des Problembezirks Neukölln-Nord. Der kriminalist 9/2008, S. 340-344.

Held, Josef/Bibouche, Seddik/Schork, Carolin/Dirr, Florian im Auftrag der Landesstiftung Baden-Württemberg (Hrsg.)(2007) Kommunale Integrationsprojekte mit Migranten. Eine subjektorientierte Evaluation im Auftrag der Landesstiftung Baden-Württemberg. Abschlussbericht. Stuttgart.

Hermann, Dieter (2008) Zur Wirkung von Kommunaler Kriminalprävention. Eine Evaluation des „Heidelberger Modells". Trauma & Gewalt 3/2008, S. 220-233.

Hermann, Dieter/Laue, Christian (2003) Vom „Broken-Windows-Ansatz" zu einer lebensstilorientierten ökologischen Kriminalitätstheorie. Soziale Probleme 14, S. 107-136.

Herz, Ruth (1999) Die Kategorie „Ausländer„: Bedarfsforschung für die Kriminalpolitik? Neue Kriminalpolitik (NK), Heft 4, S. 20-23.

Hinrichs, Beatrix (2007) Politik im Förderunterricht Deutsch als Zweitsprache: Ein positiver Erfahrungsbericht. In: Ahrenholz, Bernt (Hrsg.): Deutsch als Zweitsprache. Voraussetzungen und Konzepte für die Förderung von Kindern und Jugendlichen mit Migrationshintergrund. Freiburg im Breisgau. S. 215-229.

Jehle, Jörg-Martin (Hrsg.)(2001) Raum und Kriminalität. Sicherheit der Stadt. Migrationsprobleme. Mönchengladbach.

Kaiser, Günther (1996) Kriminologie. Ein Lehrbuch. 3. Aufl. Heidelberg.

Karger, T./Sutterer, P. (1990) Polizeilich registrierte Gewaltdelinquenz bei jungen Ausländern. Befunde der Freiburger Kohortenstudie unter Berücksichtigung von Verzerrungen in der Polizeilichen Kriminalstatistik. Monatsschrift für Kriminologie und Strafrechtsreform (MschrKrim) 73, S. 339-383.

Killias, Martin (2002) Grundriss der Kriminologie. Eine europäische Perspektive. Bern.

Killias, Martin/Maljevic, Almir/Budimlic, Muhamed/Muratbegovic, Elemdin/Markwalder, Nora/Esseiva, Sonia Lucia (2009) Importierte Gewaltkultur oder hausgemachte Probleme? Zur Delinquenz Jugendlicher aus Südosteuropa in der Schweiz im Vergleich zur Jugenddelinquenz in Bosnien-Herzegowina. In: Görgen, Thomas u.a. (Hrsg.): Interdisziplinäre Kriminologie. Festschrift für Arthur Kreuzer zum 70. Geburtstag. Erster Band. 2. Aufl. S. 373-382.

Kirchhoff, Friedhelm (2008) Russlanddeutsche im Bayerischen Justizvollzug. Forum Strafvollzug (FS) 4/2008, S. 157-159.

Koch-Arzberger, Claudia/Bott, Klaus/Kerner, Hans-Jürgen/Reich, Kerstin/Vester, Thaya (2009) Mehrfach- und Intensivtäter in Hessen. Kurzdarstellung des Abschlussberichts anlässlich der Führungskräftetagung am 02.04.2009. Hessisches Landeskriminalamt (Hrsg.). Wiesbaden.

Koch-Arzberger, Claudia/Bott, Klaus/Kerner, Hans-Jürgen/Reich, Kerstin (2008) Mehrfach- und Intensivtäter in Hessen. Basisbericht. Kriminalistisch-Kriminologische Schriften der hessischen Polizei. Band 1. Wiesbaden.

Köhnken, Günter/Bliesener, Thomas/Kronbügel, Günther/Ostendorf, Heribert (2007) Integrations- und Präventionsmaßnahmen. In: Ostendorf, Heribert (Hrsg.): Kriminalität der Spätaussiedler – Bedrohung oder Mythos? Abschlussbericht einer interdisziplinären Forschungsgruppe. Baden-Baden. S. 84-89.

Lösel, Friedrich (2008) Prävention von Aggression und Delinquenz in der Entwicklung junger Menschen. In: Kerner, H.-J./Marks, E. (Hrsg.): Internetdokumentation des Deutschen Präventionstages. Hannover. www.praeventionstag.de/Dokumentation.cms/198.

Lösel, Friedrich/Beelmann, Andreas/Stemmler, Mark/Jaursch, Stefanie (2006) Prävention von Problemen des Sozialverhaltens im Vorschulalter. Evaluation des Eltern- und Kindertrainings EFFEKT. Zeitschrift für Klinische Psychologie und Psychotherapie, S. 127 f.

Lösel, Friedrich/Bliesener, Thomas (2003) Aggression und Delinquenz unter Jugendlichen. Untersuchungen von kognitiven und sozialen Bedingungen. München, Neuwied.

Luff, Johannes (2000) Kriminalität von Aussiedlern. München: Bayerisches Landeskriminalamt.

Luft, S. (2002) Mechanismen, Manipulation, Mißbrauch. Ausländerpolitik und Ausländerintegration in Deutschland. Köln.

Mansel, Jürgen (1990) Kriminalisierung als Instrument zur Ausgrenzung und Disziplinierung oder „Ausländer richten ihre Kinder zum Diebstahl ab". Kriminalsoziologische Bibliographie, 17, S. 47-65.

Mansel, Jürgen (1989) Die Selektion innerhalb der Organe der Strafrechtspflege am Beispiel von jungen Deutschen, Türken und Italienern. Eine empirische Untersuchung zur Kriminalisierung durch formelle Kontrollorgane. Frankfurt a.M..

Morgenstern, Christine (2007) (EU-)Ausländer in europäischen Gefängnissen. Neue Kriminalpolitik (NK), Heft 4, S. 139-141.

Naplava, Thomas (2006) Junge Mehrfachtatverdächtige in der Polizeilichen Kriminalstatistik Nordrhein-Westfalen. Entwicklung und individueller Verlauf der Mehrfachauffälligkeit junger Tatverdächtiger. BewHi, S. 260-273.

Ohder, Claudius (2007) Intensivtäter in Berlin. Teil II. Ergebnisse der Befragung von „Intensivtätern" sowie der Auswertung ihrer Schulakten. In: Landeskommission Berlin gegen Gewalt (Hrsg.): Berliner Forum Gewaltprävention Nr. 33. Berlin.

Ohder, Claudius/Huck, Lorenz (2006) Intensivtäter in Berlin. Teil I. Ergebnisse der Analyse von „Intensivtäterakten" der Staatsanwaltschaft Berlin. In: Landeskommission Berlin gegen Gewalt (Hrsg.): Berliner Forum Gewaltprävention Nr. 26. Berlin.

Ostendorf, Heribert (Hrsg.)(2007) Kriminalität der Spätaussiedler – Bedrohung oder Mythos? Abschlussbericht einer interdisziplinären Forschungsgruppe. Baden-Baden.

Ott, Sylvia/Bliesener, Thomas (2005) Abschlussbericht der Projektgruppe Kiel „Integration jugendlicher Spätaussiedler. www.justiz.nrw.de/JM/praevention/index.php.

Pawlik-Mierzwa, Kristina/Otto, Manfred (2003) Abschtschak und Kasjak als feste Bestandteile der russisch sprechenden Subkultur. In: DBH (Hrsg.): Spätaussiedler. Interkulturelle Kompetenz für die Straffälligenhilfe und den Justizvollzugsdienst. Mönchengladbach. S. 121-135.

Peintinger, Teresa/Shah, Sana/Platzer, Michael (2009) Lebenswelten junger Inhaftierter mit Migrationshintergrund. Kriminalistik 2/2009, S. 107-116.

Reich, Kerstin (2005) Integrations- und Desintegrationsprozesse junger männlicher Aussiedler aus der GUS. Eine Bedingungsanalyse auf sozial-lerntheoretischer Basis, Münster.

Reusch, Roman (2007) Migration und Kriminalität. Rechtstatsächliche und kriminologische Aspekte und Lösungsansätze für eine erfolgreiche Integration. Vortrag auf der Tagung der Hanns-Seidl-Stiftung vom 7.-9. Dezember 2007 im Kloster Banz. www.hss.de/downloads/071207_VortragReusch.pdf.

Rössner, Dieter/Bannenberg, Britta (2002) Düsseldorfer Gutachten: Empirisch gesicherte Erkenntnisse über kriminalpräventive Wirkungen. www.duesseldorf.de/download/dg.pdf.

Rössner, Dieter/Bannenberg, Britta (2002) Düsseldorfer Gutachten: Leitlinien wirkungsorientierte Kriminalprävention. www.duesseldorf.de/download/dg.pdf.

Schumann, K. F./Berlitz, C./Guth, H.-W./Kaulitzki, J. (1987) Jugendkriminalität und die Grenzen der Kriminalprävention. Darmstadt, Neuwied.

Schwind, Hans-Dieter (2009) Kriminologie. Eine praxisorientierte Einführung mit Beispielen. 19. Aufl. Heidelberg.

Schwind, Hans-Dieter (2002) „Weitere Zuwanderungslawinen stören den inneren Frieden", Interview in der kriminalist 34, Heft 4, S. 156-157.

Short, James F. jr. (2002) Ethnische Segregation und Gewalt. In: Heitmeyer, Wilhelm/Hagan, John (Hrsg.): Internationales Handbuch der Gewaltforschung. Wiesbaden. S. 104-123.

Steffen, Wiebke (2008) IMK: Entwicklung der Gewaltkriminalität junger Menschen. Zum Abschlussbericht einer Arbeitsgruppe der Innenminister-Konferenz zur Frühjahrssitzung 2008. ZJJ 2/2008, S. 171-172.

Steffen, Wiebke (1995) Streitfall „Ausländerkriminalität". Ergebnisse einer Analyse der von 1983 bis 1994 in Bayern polizeilich registrierten Kriminalität ausländischer und deutscher Tatverdächtiger. BewHi, S. 133-154.

Strätz, Rainer/Militzer, Renate (2003) Sprachförderung von Kindern mit Migrationshintergrund. KiTa spezial 4/2003, S. 20-23.

Tonry, Michael (Ed.)(1997) Ethnicity, Crime, and Immigration. Comparative and Cross-National Perspectives. Chicago.

Toprak, Ahmet (2004) Türöffner und Stolpersteine. Elternarbeit mit türkischen Familien als Beitrag zur Gewaltprävention. Aktion Jugendschutz, Landesarbeitsstelle Bayern e.V. (Hrsg.). München.

Viehmann, Horst (2008) Die Gewaltkriminalität junger Menschen. Zum Abschlussbericht einer Arbeitsgruppe der Innenminister-Konferenz zur Frühjahrssitzung 2008. ZJJ 2/2008, S. 173-175.

Villmow, Bernhard (1995) Ausländer in der strafrechtlichen Sozialkontrolle. BewHi, S. 155-169.

Vogelgesang, Waldemar (2008) Jugendliche Aussiedler. Zwischen Entwurzelung, Ausgrenzung und Integration. Weinheim und München.

Voß, Stephan/Burghardt-Plewig, Susanne/Wichniarz, Margot für die Arbeitsgruppe Landeskommission Berlin gegen Gewalt (Hrsg.)(2007) Gewalt von Jungen, männlichen Jugendlichen und jungen Männern mit Migrationshintergrund in Berlin. Berliner Forum Gewaltprävention Nr. 28. Berlin.

Wahl, Klaus/Hees, Katja (2009) Täter oder Opfer? Jugendgewalt – Ursachen und Prävention.

Walburg, Christian (2007) Jung, fremd und gefährlich? Migration und Jugendkriminalität. Neue Kriminalpolitik (NK), Heft 4, S. 142-147.

Walburg, Christian (2007) Migration und selbstberichtete Delinquenz. In: Boers, Klaus/Reinecke, Jost (Hrsg.): Delinquenz im Jugendalter. Erkenntnisse einer Münsteraner Längsschnittstudie. Münster. S. 241-268.

Walter, Joachim (2007) Überrepräsentation von Minderheiten im Strafvollzug. Neue Kriminalpolitik (NK), Heft 4, S. 126-133.

Walter, Joachim (2003) Aktuelle Entwicklungen und Herausforderungen im deutschen Jugendstrafvollzug. Neue Kriminalpolitik (NK), S. 10-14.

Walter, Michael (2001) Migration und damit verbundene Kriminalitätsprobleme. In: Jehle, Jörg-Martin (Hrsg.): Raum und Kriminalität. Sicherheit der Stadt. Migrationsprobleme. Mönchengladbach. S. 211-230.

Weitekamp, Elmar/Reich, Kerstin/Bott, Klaus (2002) Deutschland als neue Heimat? Jugendliche Aussiedler in Deutschland zwischen Veränderung und Verweigerung. Neue Praxis (np) 1/2002, S. 33-52.

Winkler, Sandra (2003) Migration – Kriminalität – Prävention. Teil II. Ausländer und Aussiedler im Strafvollzug. Gutachten zum 8. Deutschen Präventionstag 28./29. April 2003 Hannover. www.praeventionstag.de (Seitenangaben zitiert nach Kongresskatalog).

HACI-HALIL USCULAN

Riskante Bedingungen des Aufwachsens: Erhöhte Gewaltanfälligkeit junger Migranten?

A. Einleitung

Die öffentliche Diskussion der Lebenslage von Jugendlichen mit Migrationshintergrund fokussiert weitestgehend auf Aspekte devianter Sozialisation wie etwa Gewalt und Kriminalität; in erster Linie wird thematisiert, welche Probleme Jugendliche Migranten erzeugen, viel weniger aber, welche Probleme diese Jugendlichen in ihrem eigenen Leben haben. Deshalb sollen hier zunächst auf lebensweltliche Risiken, Integrationschancen sowie auf die prekären Bildungs- und Ausbildungsvoraussetzungen eingegangen werden, bevor dann Fragen der Gewaltanfälligkeit in den Blickpunkt genommen werden.

In der Migrationsforschung diente und dient zum Teil immer noch der Begriff des „*Kulturkonflikts*", der eine Kollision miteinander inkompatibler Werte nahelegt, häufig als eine allgemeine Umschreibung der Lebenslage von bestimmten, in erster Linie türkischstämmigen bzw. muslimischen Migranten. Dieser Topos bezog sich nicht nur auf Einzelindividuen, sondern wurde auch auf die soziale Ebene, auf eine (Werte)-Konfrontation der Aufnahme- und Entsendegesellschaften ausgeweitet.

Die besondere Problematik der Kinder mit Migrationshintergrund wurde versucht, mit dem Ansatz der „bikulturellen Sozialisation" (Schrader, Nikles & Griese, 1979), zu verstehen. Die Prämisse dieses Ansatzes war, dass Migranten, besonders aber Kinder und Jugendliche, gezwungen sind, ihr kulturelles Bezugssystem zu wechseln und dass sie in diesem Kulturwechsel einen Prozess der Entwicklung und Veränderung ihrer Identität durchmachen, der mit einem kulturellen Konflikt einhergeht, d.h. die Diskrepanz der beiden „Kulturen" auf die Entwicklung von Kindern negativ auswirkt und insbesondere im Jugendalter Identitätsprobleme hervorbringt.

Migrantenkinder haben in der Adoleszens neben der allgemeinen Entwicklungsaufgabe, eine angemessene Identität und ein kohärentes Selbst zu entwickeln, sich auch noch mit der Frage der Zugehörigkeit zu einer Minderheit auseinander zu setzen und eine "ethnische Identität" auszubilden. Ethnische Identität, als ein Teil der sozialen Identität, kann als eine Perspektive der Selbstdarstellung, der Identifikation und der Wahrnehmung fungieren. Ethnische Identitäten entstehen im Kontext der Kopräsenz und Kontakt von Menschen unterschiedlicher Herkunft und dem Gefühl der Bedrohtheit eigener Identität (Phinney, 1998). Eine ethnische Kategorisierung kann als ein relevantes Merkmal in der Sozialisation von Kindern und Jugendlichen betrachtet werden, weil so der Versuch unternommen wird, über Zeiten und Generationen hinweg die Stabilität der Eigengruppe zu garantieren. Jedoch können aber bspw.

nach wie vor mangelnde Repräsentanz der kulturell-ethnischen Minderheiten im deutschen Bildungskanon und der deutschen Öffentlichkeit gerade den Aufbau eines positiven symbolischen Bezuges zur Herkunft erschweren.

Problematisch an diesem Ansatz der bikulturellen Sozialisation bzw. des Kulturkonflikts ist aber die Annahme, dass die Ursache der Probleme von Migrantenkindern eindeutig auf den Kulturwechsel und der damit zusammenhängenden Konflikte zurück zu führen ist. Zweifellos sind die interkulturelle Situation und ihr Bezug zu zwei unterschiedlichen kulturellen Milieus wichtige Aspekte der spezifischen Situation von Migranten. Kulturkonflikt-Konzepte werden aber reduktionistisch, wenn „Kulturwechsel" einseitig als eine Entwicklungseinschränkung des Individuums betrachtet und zugleich nicht mit reflektiert wird, dass ein einseitiger Bezug auf die eigenen kulturellen Hintergründe in der Migrationssituation sowohl entwicklungshemmende als auch entwicklungsbegünstigende Seiten hat (Gontovos, 2000). Die ausschließliche Zentrierung auf die Veränderungen der Heimatkultur – im Zuge einer Assimilation – führt dazu, dass die familiären und extrafamiliären sowie die gesellschaftlichen Bedingungen des Migrationslandes nicht mit reflektiert werden. Die Ansätze der bikulturellen Sozialisation und des interkulturellen Austausches gehen von einer einseitigen Bereicherung der Einheimischen bzw. eines einseitigen Verlustes der Migranten aus, so dass das zugrundeliegende Anpassungs- bzw. Assimilationskonzept zu eng ist.

Mit Berry, Poortinga, Segall und Dasen (1992) läßt sich eher vermuten, dass die Qualität „ökologischer Übergänge", denen Migrantenkinder und ihre Familien begegnen, wesentlich dadurch bestimmt ist, dass die Eltern das doppelte Verhältnis, einerseits zur eigenen Ethnie, andererseits zur Aufnahmegesellschaft, eigenaktiv gestalten müssen. Dabei lassen sich, Bourhis, Moise, Perreault & Senéca (1997) folgend, auf Seiten der Migranten in idealisierter Form vier Optionen unterscheiden: Integration, Assimilation, Separation und Marginalisierung. Während bei Integration und Assimilation Handlungsoptionen stärker auf die aufnehmende Gesellschaft bezogen sind, wobei Integration zugleich Bezüge zur Herkunftskultur bzw. zur eigenen Ethnie stärker berücksichtigt, ist Separation durch eine stärkere Abgrenzung zur aufnehmenden Gesellschaft bei gleichzeitiger Hinwendung zur eigenen Ethnie und schließlich Marginalisierung durch eine Abgrenzung sowohl von intra- als auch interethnischen Beziehungen gekennzeichnet, wobei Marginalisierung, wie Sackmann (2001) betont, auch als eine Folge frustrierten Assimilations- oder Integrationswunsches verstanden werden kann. Dabei können diese Optionen bereichsspezifisch variieren und bringen nicht nur Unterschiede in personenbezogenen Präferenzen zum Ausdruck, sondern hängen wesentlich von den Erfahrungen mit Handlungsopportunitäten und -barrieren in der Aufnahmegesellschaft zusammen. Empirische Befunde sprechen dafür, dass Marginalisation und Separation mit höheren Belastungen verbunden sind als Integration und Assimilation (Berry & Kim, 1988; Morgenroth & Merkens, 1997).

Zugleich sind hier jedoch auch die dominanten Orientierungen bei den Vertretern der Aufnahmegesellschaft zu berücksichtigen: Integration liegt vor, wenn Mitglieder der Aufnahmegesellschaft Akzeptanz und Wertschätzung gegenüber der Kultur der Migranten aufbringen und ihnen den Zugang zur Kultur des Aufnahmelandes erleichtern und die Übernahme ihrer eigenen kulturellen Muster begrüßen. Assimilationsorientierungen liegen vor, wenn die Mitglieder der Aufnahmegesellschaft von Migranten erwarten, dass diese ihr eigenes kulturelles Erbe aufgeben und die kulturellen Muster des Aufnahmelandes übernehmen. Eine Orientierung in Richtung Segregation liegt vor, wenn sich die Vertreter der Mehrheitskultur von Migranten distanzieren und nicht wünschen, dass diese die Kultur des Aufnahmelandes übernehmen, gleichzeitig ihnen aber die Beibehaltung ihrer eigenen kulturellen Bezüge zugestehen. Eine Exklusion schließlich liegt dann vor, wenn Mitglieder der Mehrheitsgesellschaft sich gegenüber Migranten nicht nur intolerant verhalten, sondern ihnen sowohl den Zugang zur Übernahme der kulturellen Muster des Aufnahmelandes verweigern als auch ihnen das Recht absprechen, starke Bezüge zu ihrer Herkunftskultur aufrecht zu erhalten.

Tabellarisch lassen sich diese unterschiedlichen Akkulturationsorientierungen von Migranten und Einheimischen in dem (leicht abgewandeltem) theoretischen Konzept von Bourhis, Moise, Perreault & Senéca (1997) veranschaulichen. Im Zentrum dieses Modells stehen die Interaktionsbeziehungen zwischen der Migrantenpopulation und der aufnehmenden Mehrheitskultur. Es ist also von einer dynamischen Sichtweise auszugehen, die sowohl die Aufnahmebereitschaft der Mehrheitskultur als auch die Anpassungsbereitschaft der Einwanderergruppe gleichermaßen berücksichtigt.

Abbildung 1: Das Interaktive Akkulturationsmodell (IAM).

Aufnahme-gesellschaft	Migranten			
	Integration	Assimilation	Separation	Marginalisation
Integration	*Konsens*	Problematisch	Konflikt	Problematisch
Assimilation	Problematisch	*Konsens*	Konflikt	Problematisch
Segregation	Konflikt	Konflikt	Konflikt	Konflikt
Exklusion	Konflikt	Konflikt	Konflikt	Konflikt

Modellhaft wird hier deutlich, mit welchen Alternativen die aus psychologischer Sicht wünschenswerte Akkulturationsorientierung "Integration" theoretisch zu konkurrieren hat: So zeigt die Abbildung 1, dass lediglich das Aufeinandertreffen von integrations- oder assimilationsorientierten Haltungen der jeweiligen Mitglieder relativ unproblematisch ist; alle anderen Konstellationen dagegen latent problembehaftet sind, so z. B. wenn Migranten eine eher integrationsorientierte Haltung favorisieren, d. h. Schlüsselelemente der eigenen Kultur beibehalten wollen und gleichzeitig die Bereitschaft zeigen, Schlüsselelemente der Aufnahmekultur zu erwerben, die Aufnahmegesellschaft jedoch von ihnen eher eine Assimilation, d. h. eine Aufgabe der kulturellen Wurzeln und eine Adaptation der Normen und Werte der Aufnahmekultur erwartet.

Doch welche Schwierigkeiten und Probleme stehen aus psychologischer Sicht der Integration entgegen? Bei einer familialen Migration finden Sozialisationsprozesse nicht nur bei Kindern, sondern in der gesamten Familie statt. Alle Personen der Familie sind gezwungen, ihr Verhaltensrepertoire zu erweitern, zu ändern und umzuorganisieren. In dem Maße, indem eine Akkulturation, d. h. ein allmählicher Erwerb der Standards der Aufnahmekultur erfolgt, findet in der Regel auch eine Entfernung von den Werten der Herkunftskultur statt; dieser Widerspruch, einerseits zu integrieren, andererseits aber auch kulturelle Wurzeln nicht auszulöschen, wird bisher von der Mehrzahl der Migrantenfamilien kaum befriedigend gelöst; noch sind bislang die gesellschaftlich-politischen Rahmenbedingungen geklärt, wie die Diskussionen um die deutsche Leitkultur, Zuwanderungsdebatte, doppelte Staatsangehörigkeit etc. sie in der jüngeren Gegenwart zeigten.

In der Migrationsforschung herrscht Einigkeit darüber, dass die unterstellte allmähliche Assimilation der Zuwanderer an die Lebensweise der Mehrheitsgesellschaft in dieser Form nicht haltbar ist; Migranten zeigen sowohl innerhalb ihrer eigenen Gruppe als auch im Vergleich der verschiedenen Migrantengruppen miteinander unterschiedliche Akkulturationsstrategien (Phinney, Ong & Madden, 2000).

In ihrer empirischen Studie konnten zum Beispiel Merkens und Ibaidi (2000) zeigen, dass es deutliche Differenzen zwischen deutschen und türkischen Jugendlichen bezüglich der religiösen Orientierung gibt: Während Bindung an religiöse Vorgaben bei türkischen Jugendlichen noch eine Rolle in der Sozialisation spielte, war sie für deutsche Jugendliche nur marginal. Jedoch war aber auch, entgegen der Annahme, Religiosität kein Kriterium der eigenethnischen Kategorisierung wie etwa "Moslem vs. Christ" beim Vergleich mit deutschen. Innerhalb der türkischen Population favorisierten Eltern mit einem niedrigen Sozialstatus eher religiöse Erziehungsziele; hier war deutlich eine Tendenz zum Traditionalismus erkennbar, während Eltern mit einem höheren Sozialstatus Annäherungen an die Moderne zeigten; d. h. die Orientierungen an bürgerlichen bzw. modernen Lebensformen wurde nicht in erster Linie durch ethnische Herkunft, sondern vielmehr durch den Bildungshintergrund determiniert.

B. Soziale Hintergründe des Aufwachsens

Der Gewaltforscher Wilhelm Heitmeyer (Heitmeyer et al., 1995) geht – um jugendliche Lebenslagen zu deuten – von einem ambivalenten Aufwachsen in der Moderne aus. Gemeint ist damit einerseits eine generelle Öffnung der Chancen auf Selbstverwirklichung für Jugendliche, zugleich aber auch eine Verschärfung des ökonomischen Ungleichgewichts für bestimmte (Rand-)Gruppen der Gesellschaft und eine Erschwerung der Realisierungsmöglichkeiten dieser Chancen (somit also auch eine Erhöhung des Frustrationspotenzials). Von den gesellschaftlichen Veränderungen sind türkische bzw. Migrantenjugendlich stärker betroffen. Sie müssen nicht nur – wie ihre deutschen Altersgenossen – die nachteiligen Auswirkungen der Individualisierung, der Beschleunigung des Lebens und der erlebten Anomie etc. bewältigen, sondern müssen auch noch die positiven Aspekte dieser Individualisierung gegen ihre Eltern durchsetzen, die eine stärkere kollektivistische Orientierung favorisieren. Denn bei der türkischen Jugend kommt erschwerend hinzu, dass hier Generationen- und Kulturkonflikt miteinander gekoppelt sind; vor dem Hintergrund der stärkeren intergenerativen Bindungen in türkischen Familien – türkische Jugendliche stehen den elterlichen Werten und Normen wesentlich näher als deutsche Jugendliche den Normen ihrer Eltern – spitzen sich eventuell solche Konflikte (Zwang zu Individualisierung vs. Festhalten an kollektivistischen Überzeugungen) eher zu bzw. haben schärfere Auswirkungen auf die Beteiligten.

Inkonsistenzen zwischen den familialen Wertvorstellungen der jeweiligen ethnischen Minderheiten und den durch die Schule vermittelten Werten der Aufnahmegesellschaft sind bei Migrantenkindern höher; diese Inkonsistenzen haben Auswirkungen auf das Selbstbild und auf die Leistungsbereitschaft. Durch ihre sprachlichen Defizite erfahren sich vielfach Migrantenkinder als weniger Wert; erfahren weniger Anerkennung.

Jedoch scheint hier der Hinweis relevant, dass individuelles psychisches Wohlbefinden und die politisch wünschenswerte Option „Integration" nicht immer einher gehen: So bringt beispielsweise eine Rückzugstendenz in landsmannschaftliche Gruppen, die insbesondere in türkischen Familien häufig vorzufinden ist, kurzfristig eine Entlastung und Bewältigung des Stresses mit sich, wird von den Betroffenen als angenehm erlebt, doch auf Dauer werden dadurch Isolation und Segregation von der Aufnahmegesellschaft verstärkt.

C. Migrantenkinder und Jugendliche im Bildungskontext

Über lange Zeiten war die Situation der sogenannten "zweiten Generation" sowohl unter bildungs- und berufspolitischen als auch unter Integrationsaspekten höchst problematisch; bis in die achtziger Jahre des letzten Jahrhunderts hatte jeder Dritte von ihnen die Schule verlassen, ohne einen Hauptschulabschluss zu erreichen. Zwar ging dieser Anteil bis 1995 auf ca. 15% zurück; dennoch ist die Quote dort doppelt so hoch wie in der einheimischen Bevölkerung (Diefenbach, 2007).

In den Sonderschulen mit dem Schwerpunkt Lernen sind Kinder und Jugendliche mit Migrationshintergrund deutlich überrepräsentiert (Kornmann, 2003). Auch schließen sie im Vergleich zu deutschen Jugendlichen häufiger ihre Schullaufbahn ohne einen Hauptschulabschluss ab; und wenn sie einen Abschluss machen, so sind sie im Vergleich zu Absolventen mit einem Abschluss in Realschulen oder Abitur mit nur lediglich Hauptschulabschlüssen deutlich überrepräsentiert (Granato, 2003). Immer mehr, so die Tendenz, wird der Zweig der Hauptschule praktisch entwertet und gilt als Auffangbecken für Migrantenjugendliche.

Zwar zeigt die Entwicklung auch positive Züge, so etwa, dass ihr Bildungserfolg kontinuierlich ansteigt: bspw. haben 1989/90 gerade mal 6.4% der Migrantenjugendlichen das Abitur geschafft; 2001/2002 waren es schon etwa 10%. Nach Geschlechtern aufgeteilt, zeigt sich, dass Mädchen erfolgreicher sind als Jungen. Allgemein kann aber eine steigende Bildungsbeteiligung bei fortdauernder Bildungsbenachteiligung festgehalten werden: Die Zahl der ausländischen Schüler ohne Abschluss ist von 30 % zu Beginn der 80-er Jahre auf knapp 20% bei den männlichen und ca. 16% bei den weiblichen Jugendlichen mit Migrationshintergrund (gegenüber 8.2% bei deutschen Jugendlichen) im Jahre 2001/2002 eindeutig gesunken. Nach wie vor scheint jedoch der Übergang von der Grundschule auf ein Gymnasium eine entscheidende Hürde zu sein: Dreimal so viele deutsche Kinder schaffen diesen Übergang im Vergleich zu Kindern mit Migrationshintergrund; je nach Bundesland ist die Widerholerrate bei Kindern mit Migrationshintergrund doppelt oder viermal so hoch; fast doppelt so viele Jugendliche mit Migrationshintergrund – im Gegensatz zu deutschen Jugendlichen verlassen die Schule mit nur einem Hauptschulabschluss: 40 % bei Migrantenjugendlichen gegenüber 24 % bei deutschen Jugendlichen.

Gegenwärtig erlaubt die juristische Einordnung von Kindern und Jugendlichen mit Migrationshintergrund über den Pass keine zuverlässigen Rückschlüsse auf pädagogisch-relevante Sachverhalte wie etwa auf die sprachliche Sozialisation und Sprachkompetenz des Kindes, aber auch zum sozio-kulturellen Hintergrund (Aussiedler, die als deutsche gelten, aber kein deutsch sprechen; hier geborene Migrantenkinder, die einen deutschen Pass haben, aber in ihre Familien weitestgehend die Sprache ihrer Eltern sprechen, was nicht unbedingt die Amtssprache des Herkunftslandes sein muss, so z.B. kurdisch sprechende Kinder aus der Türkei, sardisch sprechende Kinder aus Italien, katalanisch sprechende Kinder aus Spanien, berberisch sprechende Kinder aus Marokko etc.).

Vielmehr wirken sich die Bildungsnähe der Eltern, vorhandene bzw. fehlende Unterstützung im Elternhaus stärker auf die sprachliche Bildung der Kinder aus als die kulturelle Herkunft. Darüber hinaus sind auch, worauf Gomolla und Radtke (2002) hinweisen, im pädagogischen Alltag auch Prozesse indirekter, eher institutionalisierter Diskriminierung zu berücksichtigen, die erfolgreiche Bildungskarrieren von Migrantenjugendlichen hemmen. Mit indirekter institutioneller Diskriminierung wird auf die Bandbreite der institutionellen Vorkehrungen Bezug genommen, bei dem Angehörige bestimmter Gruppen, wie etwa ethnische Minderheiten, überproportional negativ betroffen sind. Dabei resultiert indirekte Diskriminierung häufig aus der Anwendung gleicher Regeln, wobei jedoch verschiedene Gruppen ungleiche Chancen zu ihrer Erfüllung haben. Prozesse institutioneller Diskriminierung sind in der Regel kaum direkt beobachtbar; sind oft normale Alltagskultur, Routine und Habitus von Institutionen und deshalb von den dort tätigen Professionellen kaum hinterfragbar (Gomolla, 2006).

Bildungspolitisch wird als eine Antwort auf solche Schieflagen mehr und mehr gefordert, dass die Institution Schule sprachlich-kulturelle, ethnische und nationale Pluralität im Bildungswesen als eine Normalität anerkennen und die Orientierung an einer homogenen Schülerschaft, bei der Heterogenität als Abweichung fungiert, aufgeben müsse (Vgl. Krüger-Potratz, 2006).

D. Gewaltbelastungen

Nach dieser Skizze der Bildungsvoraussetzungen soll im Folgenden die Frage der Gewaltbelastung im Vordergrund stehen.

Tendenziell zeigen empirische Studien, dass Kinder und Jugendliche mit Migrationshintergrund sowohl bei aktiven als auch bei passiven Gewalterfahrungen (bzw. Viktimisierungen) stärker betroffen sind. So berichten Studien, die Mitte der 90-er Jahre in Bayern durchgeführt wurden, eine stärkere Belastung von Migrantenjugendlichen (Funk, 1995). Bei einer deliktspezifischen Betrachtung wird deutlich, dass bei verbalen Aggressionen und leichten Körperverletzungen Migrantenjugendliche unterrepräsentiert, bei schweren Körperverletzungen dagegen überrepräsentiert sind. Schwind und Mitarbeiter machen im Schulkontext auf den sozial- und schulpolitisch bedeutsamen Befund aufmerksam, dass der Anteil von Migrantenjugendlichen einen Einfluss auf das vorherrschende Gewaltniveau hat. So steige die Gewalttätigkeit an einer Schule erst dann, wenn der Anteil von Migranten- und Aussiedlerjugendlichen einen Schwellenwert von 30% überschreite (Schwind et al., 1997). Die intuitive Implikation dieses Befundes jedoch, sozialpolitisch für eine bessere demographische Entzerrung zu sorgen und den Migrantenanteil unter 30% zu halten, ignoriert die gegenwärtige Bevölkerungsentwicklung: denn diese zeigt, dass in den meisten westdeutschen Großstädten der allgemeine Migrantenanteil, nicht nur der Jugendlichen, weit über 30% liegt und somit eine solche Quote kaum, bzw. nur punktuell erreichbar ist.

Zu etwas abweichenden Ergebnissen kommt Fuchs, der bei einer Befragung an bayerischen allgemeinbildenden und Berufsschulen mit 3609 Schülern (unter ihnen 242 nichtdeutsche Jugendliche) feststellt, dass bei den Vorfällen, die für Gewalt an bayerischen Schulen konstituierend sind bzw. am häufigsten vorkommen, und zwar bei der verbalen Gewalt, sich deutsche und Migrantenjugendliche nicht unterscheiden (Fuchs, 1999). Gleichwohl liegen jedoch die Raten der physischen Gewalt bei Migrantenjugendlichen, bei einem allgemein niedrigen Gewaltniveau, um etwa 0.1 bis 0.2 Skalenpunkte höher als die der deutschen Jugendlichen (bei einer Skala von 0 bis 4). Weitergehende Analysen zeigen aber, dass der Einfluss des „Ausländerstatus" auf die Gewalttätigkeit abnimmt, wenn sozialstatistische Variablen in die Varianzanalysen mit aufgenommen werden.

Trotz dieser Befunde darf dabei nicht verschwiegen oder übersehen werden, dass die überwiegende Mehrzahl der Jugendlichen weder mit Gewalt und Devianz, noch mit Pathologien auffällig wird. Zugleich ist auch bei der Frage der Vergleichbarkeit der Gewaltbelastung von deutschen und Migrantenjugendlichen vor Augen zu führen, dass ein allein auf ethnische bzw. staatsbürgerliche Unterschiede basierender Vergleich in der Regel zu einer statistischen Verzerrung und in Folge zu einer höheren Kriminalitätsbelastung von Migrantenjugendlichen führt. Denn Migrantenjugendliche rekrutieren sich überwiegend aus unteren sozialen Schichten, weshalb es hier zu einer Konfundierung, zu einer Überlappung, von Ethnie und Schicht kommt (Tellenbach, 1995).

Um bspw. die Gewalt deutscher und türkischer Jugendlicher angemessen vergleichen zu können, gilt es, wie oben berichtet, die Migrationsbelastungen, die häufig mit geringeren Bildungschancen für Migrantenjugendliche einher gehen, mit zu berücksichtigen. Die Prävalenz sowie die Entwicklung gewalttätigen Verhaltens sind nicht unabhängig vom Bildungshintergrund, wobei der Bildungshintergrund sowohl ein Indikator für kognitive Fähigkeiten und Potenziale sowie auf künftige Chancen im Leben ist. So ist in der Forschung bereits mehrfach dokumentiert, dass gewalttätige Auseinandersetzungen häufiger in Hauptschulen auftreten und Gymnasien mit diesem Problem deutlich weniger konfrontiert sind (Babka von Gostomski, 2003). Gleichzeitig ist eine deutlich stärkere Präsenz türkischer Jugendlicher in Hauptschulen zu verzeichnen.

Für Heranwachsende ist der besuchte Schultyp also verbunden mit erlebter Benachteiligung und birgt schlechtere Zukunftsperspektiven und Chancen für späteres soziales Prestige, Einkommen und vor allem Selbstverwirklichung. Auch ist im Auge zu behalten, dass türkische Jugendliche bei Eintritt in die Schule im Vergleich zu deutschen Kindern generell schwierigere Voraussetzungen für eine entsprechende schulische und soziale Entwicklung mitbringen. So haben diese geringere Deutschkenntnisse, die zum Teil auf die eher geringeren Bildungskompetenzen ihrer Eltern und deren Migrationsbelastungen zurück zu führen sind, zum Teil aber auch Traumatisierungen bzw. traumatische Kriegs- und Gewalterlebnisse aus den Herkunftsländern (so etwa aus dem Libanon, Bosnien etc.) mitbringen, die zu einer individuell deutlich höheren Gewalttoleranzschwelle führen. Darüber hinaus ist festzuhalten, dass das hiesige Schulsystem weitestgehend auf die deutsche Mittelschicht zugeschnitten ist (Bommes & Radtke, 1993).

In unserer eigenen Studie (Mayer, Fuhrer & Uslucan, 2005) konnten wir bspw. bei der Frage der physischen Gewaltausübung im Gegensatz zu anderen Studien wie etwa von Pfeiffer und Wetzels (2000) keine bedeutsamen Unterschiede zwischen der türkischen und deutschen Stichprobe finden, sofern die Schultypzugehörigkeit als Kontrollvariable berücksichtigt wurde. Auch die Forschungen von Lösel und Bliesener (2003) fanden, entgegen den öffentlichen Diskursen über dieses Phänomen, keine gravierenden Unterschiede in der generellen Prävalenz von aggressivem Verhalten zwischen deutschen und ausländischen Jugendlichen. Deutliche Unterschiede zwischen den Jugendlichen in ihren Gewaltraten treten nur dann Zutage, wenn man den Bildungshintergrund der Jugendlichen nicht betrachtet. Dies kann eine Erklärung für die in Statistiken erhöhte physische Gewaltrate bei Jugendlichen mit Migrationshintergrund geben, da diese zu einem höheren Prozentanteil in Hauptschulen vertreten sind. Die vorliegenden Ergebnisse legen nahe, dass in Bezug auf Gewalt Differenzen im Bildungsstatus deutlicher hervortreten als kulturelle bzw. ethnisch bedingte Differenzen (vgl. Nauck & Schönpflug, 1997). Allerdings ließen sich in unserer eigenen Studie, auch trotz Kontrolle des Bildungshintergrundes, eine deutlich höhere Rate an Gewaltakzeptanz bzw. gewaltbilligenden Ideologien bei türkischen Jugendlichen identifizieren, die einher gehen mit Männlichkeits- und Ehrvorstellungen (Mayer, Fuhrer & Uslucan, 2005).

E. Ressourcen von Migrantenjugendlichen

Weder sind Kinder und Jugendliche mit Migrationshintergrund nur als eine Problemgröße für die Mehrheitsgesellschaft zu betrachten, noch ist ihr Lebensalltag nur von Problemen und Handicaps durchzogen. Deshalb gilt es, im Folgenden sich vordringlich der Frage zuwenden, was trotz der Risiken, denen sie ausgesetzt sind, sie stark macht bzw. sie in ihrer Entwicklung schützen kann.

1. Eindeutig zeigt die Forschung, dass die in den ersten beiden Lebensjahren etablierte sichere Mutter-Kind Bindung eine bedeutsame Entwicklungsressource darstellt (Scheithauer, Petermann & Niebank, 2000). Dieser Befund sollte in Erziehungs- und Familienberatungsstellen, Jugendämtern etc., insbesondere gegenüber Migrantenfamilien und –müttern stärker kommuniziert werden.

Vielfach fehlt ein Wissen um Entwicklungsgesetzlichkeiten, Entwicklungstempo und sensible Phasen in der Entwicklung des Kindes. Denn die Auswirkungen unsicherer Bindung bleiben nicht auf die Kindheit begrenzt, sondern sind auch in der Jugendphase wirksam. Unsicher gebundene Jugendliche zeigen weniger Ich-Flexibilität, negatives Selbstkonzept, stärkere Hilflosigkeit und Feindseligkeit (Seiffge-Krenke & Becker-Stoll, 2004).

2. In der pädagogischen Praxis können auch über die Verbesserung der Erziehungsqualität der Eltern resilienzfördernde Wirkungen erzielt werden; wenn bspw. dem Kind systematisch beigebracht wird, eine aktive Problembewältigung zu betreiben, d. h. wenn das Kind bei auftretenden (mit eigenen Kompetenzen lösbaren) Problemen diese nicht verleugnet oder vermeidet, sondern auf diese aktiv zugeht. Dadurch kann eher das Gefühl der Selbstwirksamkeit, also das Gefühl der eigenen Kontrolle über die Entscheidungen, erworben werden. Das kann wiederum durch einen systematischen Einbezug des Kindes in Entscheidungsprozesse und durch die Verantwortungsübernahme des Kindes gefördert werden. Auch hier gilt es, Migranteneltern die Bedeutung des Einbezuges eines Kindes in familiale Entscheidungsprozesse zu verdeutlichen und bei ihnen die zum Teil vorherrschende traditionelle Haltung „Es ist doch noch ein Kind" bzw. die stark ausgeprägte permissive Erziehung in der frühen Kindheit mit Hinblick auf dessen nonoptimale Folgen für das Kind zu thematisieren und langfristig zu überwinden.

3. Eines der stabilsten Befunde in der Migrationsforschung ist das Phänomen, dass Migranteneltern in der Regel hohe Bildungsaspirationen für ihre Kinder haben, die oft mit großen, zum Teil unrealistischen, Erwartungen an die Kinder gekoppelt sind, wobei häufig aus dem Mangel an eigenen Kompetenzen zugleich die schulische Unterstützung des Kindes gering ist (Nauck & Diefenbach, 1997). Bei ausbleibendem oder geringem Erfolg der Kinder führt dieses Auseinander klaffen dann zu Enttäuschungen auf Seiten der Eltern und psychischen Belastungen bei Kindern. Nicht selten sind jedoch diese hohen Erwartungen dem Umstand geschuldet, dass sozialer Aufstieg und anerkannte Berufe für viele Migranteneltern nur mit akademischen Berufen wie Arzt und Anwalt verknüpft sind. Daher gilt es, in Kontexten der Schul- und Berufsberatung Migranteneltern zum einen auf die belastende Wirkung hoher Erwartungen bei fehlender Unterstützung hinzuweisen, die sich in aggressiven Akten nach aussen oder in depressiven Verstimmungen nach innen entladen können, und zum anderen ihnen in einer verständlichen Weise die Entwicklungs- und Aufstiegsmöglichkeiten auch durch handwerklich-technische Berufe zu kommunizieren.

4. Eine Reihe von Studien zeigt, dass ein positives Schulklima eine fördernde und schützende Wirkung hat, insbesondere wenn eine gute Beziehung zum Lehrer vorhanden ist, den die Schüler als an ihnen interessiert und sie herausfordernd wahrnehmen. Insofern kann auch eine Verbesserung des Schulklimas und mehr persönliches Engagement der Lehrkräfte mit Migrantenkindern resilienzfördernd wirken. Vor allem kann ein Schulklima, das die kulturelle Vielfalt ihrer Schüler als Reichtum und nicht als Hemmnis betrachtet, einen Beitrag zur Re-

silienz leisten, weil sie dadurch dem Einzelnen ein Gefühl von Wichtigkeit, Bedeutung und Anerkennung verleiht (Speck-Hamdan, 1999).
5. In Schulkontexten gilt es, Migrantenjugendliche noch stärker in verantwortungsvolle Positionen – ungeachtet möglicherweise ihrer geringeren sprachlichen Kompetenzen – einzubinden. Sie werden sich dann stärker mit der Aufgabe identifizieren, die inneren Bindungen zur Schule werden gestärkt, und sie machen Erfahrungen der Nützlichkeit und der Selbstwirksamkeit.
6. Des Weiteren zeigen Migrantenjugendliche (nicht nur diese, sondern auch deutsche), die mit Gewaltbelastungen auffallen, in der Regel gleichzeitig auch schlechte Schulleistungen. Hier ist, an die Befunde der pädagogischen Psychologie anknüpfend, ratsam, ihre Leistungen nicht nur an einer sozialen Bezugsnorm – meistens die gleichaltrige deutsche Altersgruppe in der Klasse – zu messen. Denn dann spüren sie, dass sie trotz Anstrengungen vielfach nicht die erforderlichen Leistungen bringen und sind eher geneigt, zu resignieren. Förderlicher ist es dagegen, die individuellen Entwicklungsschritte und Verbesserungen zu berücksichtigen und diese dann zu würdigen (Rheinberg, 2006). Darüber haben sich in diesem Kontext, neben der Thematisierung von Gewalt und Gewaltfolgen im Unterricht, stärker handlungsorientierte Formen des Unterrichts (und nicht nur Frontalunterricht) als gewaltpräventiv erwiesen (Gollon, 2003). Diese beziehen die Jugendlichen stärker ein, ermöglichen ihnen Partizipation und in Folge dessen sind Jugendliche weniger mit Ohnmachtserfahrungen in der Schule konfrontiert. Diesen Zusammenhang gilt es von frühester Schulzeit insbesondere für Jugendliche mit Migrationshintergrund zu nutzen, damit sie Schule nicht nur als ein Ort der Versagenserfahrungen, sondern auch als ein Ort, an dem eigene Stärken zur Geltung kommen.
7. Ferner kann sich, was Kinder und Jugendliche mit Migrationshintergrund betrifft, das symbolische Kapital, das sie mit ihrer Mehrsprachigkeit haben, (vorausgesetzt, sie sprechen beide Sprachen relativ gut) als ein wichtiger Schutzfaktor dienen. Deshalb wären auch hier Förderaspekte anzusetzen, weil Mehrsprachigkeit indirekt Ressourcen erweitert und Kinder und Jugendliche weniger vulnerabel macht. Die gelegentlichen Forderungen in Kitas oder Schulen, mehr oder ausschließlich Deutsch zu sprechen, „verschenken" dieses Kapital.
8. Schulprojekte wie „Großer Bruder", „Große Schwester", wie sie exemplarisch vom deutsch-türkischen Forum in Stuttgart durchgeführt werden (dort ist das Projekt unter der türkischen Bezeichnung „Agabey-Abla-Projekt" aufgeführt), bei denen kompetente ältere Jugendliche Risikokindern (Kindern aus chaotischen, ungeordneten Elternhäusern, Elternhäusern mit psychischer Erkrankung der Eltern etc.) zugeordnet werden und Teilverantwortungen für sie übernehmen, haben resilienzfördernde Wirkung. Diese „Brüder" oder „Schwester"– werden – im Gegensatz zu den Eltern, die in diesen Konstellationen nicht als Vorbilder taugen – zu positiven Rollenvorbildern und können wünschenswerte Entwicklungen stimulieren. Bspw. haben sich so genannte „Rucksackprojekte", die von der „Regionalen Arbeitsstelle zur Förderung von Kindern und Jugendlichen aus Zuwandererfamilien" (RAA) durchgeführt werden, bei denen

Mütter und Kinder gemeinsam in Bildungsprozesse einbezogen sind, als integrationsförderlich bewährt. Diese zielen zum einen auf eine Förderung der Muttersprachenkompetenz, aber zugleich auch auf die Förderung des Deutschen und bei Müttern auf die Förderung der Erziehungskompetenz ab. Denn insbesondere die Integration der Mütter ist für die Frage der intergenerativen Weitergabe von Gewalt ein entscheidendes Merkmal: so konnten Mayer, Fuhrer & Uslucan (2005) zeigen, dass bei einer gut integrierten (türkischen) Mutter sowohl die Weitergabe der selbst als Kind erfahrenen Gewalt abgepuffert wurde und auch, dass die Kinder dieser Mütter weniger in Gewalthandlungen verwickelt waren.

9. Mit Blick auf die Erfahrungen der Sinnhaftigkeit des eigenen Lebens sind auch religiöse Überzeugungen im Leben von Risikokindern (in diesem speziellen Fall von Migrantenkindern) als ein Schutzfaktor zu betrachten. Sie geben ihnen das Gefühl, dass ihr Leben einen Sinn und Bedeutung hat; vermitteln die Überzeugung, dass sich die Dinge trotz Not und Schmerz am Ende zum Guten wenden können. Insofern ist die Diskussion bspw. um den Islamunterricht nicht nur aus politischer, sondern auch aus entwicklungspsychologischer Perspektive zu führen.

10. Eine effektive Kriminal- und Gewaltprävention basiert nicht zuletzt auch darauf, dass im alltäglichen Umgang mit Migranten rassistische und vorurteilsbeladene Haltungen und diskriminierende Praktiken gegenüber Migranten bekämpft werden. Wenn bspw. der öffentliche Diskurs um Migration und Männlichkeit nur in einer Assoziation mit Ehrenmorden, religiösem Fanatismus und Jugendgewalt durchgeführt wird, Ängste vor einer angeblichen „Überfremdung" geschürt werden, dann werden bestimmte Bilder verfestigt und alle anderen Lebensrealitäten und (erfolgreiche, gelungene) Migrationsgeschichten ausgeblendet. Wenn bestimmte Personengruppen stets die Erfahrung machen, dass sie zu den „Ausgestoßenen" zählen, dass sie unerwünscht sind, dann kann das kaum zu einer Veränderung der missbilligten Situation beitragen, weil sie ihrerseits als „Ausgestoßene" keinen zwingenden Grund sehen, sich zu ändern. Eher werden durch Vorurteile das Risiko der Viktimisierung von abgewerteten Gruppen erhöht, was in Folge auch deren Gewalthandeln anstachelt. Diese Annahme wurde bspw. in der Studie von Brüß (2004) empirisch überprüft und es zeigte sich, dass eine Befürwortung sozialer Dominanz bei deutschen Jugendlichen zu einem Anstieg an aggressiven antisozialen Aktivitäten führte. Gleichwohl die Interventionen für ein vorurteilsloses, nicht-diskriminierendes Miteinander von Mehrheiten und Migranten direkt für die Gewaltprävention gering sein mag, so ist sie doch als ein öffentliches Signal bedeutsam, damit latenten Rassismen keine Chance gegeben wird, bzw. Ansichten nicht bekräftigt werden, die Vorurteile und Ressentiments gegenüber Migranten andeuten oder offen aussprechen.

11. Rechtsbewusstsein stärken – Normen verdeutlichen: Mit Blick auf die Gewaltneigung junger Menschen zeigt eine empirische Studie des Autors (Uslucan, 2005a), dass sowohl die Gewaltakzeptanz und die Gewalttat als auch die Einstellung zu den Gesetzen und das Vertrauen in die Polizei stark vom Bildungs-

hintergrund abhängig war. Realschüler, die in dieser Untersuchung den niedrigsten Bildungshintergrund aufwiesen, zeigten die stärksten Gewaltbelastungen und die geringsten Werte bei den Rechtsvariablen. Eine Analyse der Effekte von Tätererfahrung auf die Einstellungsmuster zeigt, jene Jugendliche, die mindestens schon einmal aktiv gewalttätig waren, gegenüber Nichtgewalttätern deutlich geringere Werte bei der Gesetzestreue und beim Vertrauen in die Polizei aufwiesen. Zwar waren in unserer Studie zum Rechtsbewusstsein Migrantenjugendliche nicht explizit aufgenommen, aber es scheint plausibel, dass eine Stärkung des Rechtsbewusstseins, eine Verdeutlichung der Normen und der Folgen von Gewalt für die eigene Lebensplanung von Migrantenjugendlichen gewaltpräventiv ist. Diese Vermutung ist in der Studie von Brüß (2004) empirisch überprüft worden und er konnte darin über verschiedene Gruppen hinweg (türkische Migranten, Aussiedler und deutsche Jugendliche) konsistent zeigen, dass das Vertrauen in das Rechtssystem sich statistisch signifikant reduzierend auf aggressive antisoziale Aktivitäten auswirkt. Dieser Effekt war sogar bei den türkischstämmigen Jugendlichen noch deutlicher ausgeprägt.

In diesem Kontext sei abschließend auch auf eine exemplarische praktische Umsetzung dieser Überlegungen in Berlin verwiesen: Das „Zentrum des Jugendrechts Mitte" in Berlin führt – in Zusammenarbeit mit Schule, Staatsanwaltschaft, Polizei und Jugendgerichtshilfe – seit 2005 ein Projekt durch, an dem bislang mehr als 1500 Schüler im Alter von 13 bis 18 Jahren teilgenommen haben. Konkret geht es dabei darum, insbesondere an Oberschulen in sozialen Brennpunkten im Rahmen von Projektwochen eine intensive Schulung in Rechtskunde, Normen und Werte, Beschäftigung mit Gewalt und Folgen von Gewalt durchzuführen. Anschließend werden Schülern alle Stationen von der Straftat bis zur Verurteilung praxisnah vorgeführt, in dem sie zur Vernehmung zur Polizei, zur Urteilsverkündung zum Amtsgericht und sogar auch für einige Minuten in eine Einzelzelle gehen. Daran anknüpfend werden die Folgen von strafbaren Gewalthandlungen noch einmal über Medien (Film) aufgearbeitet. Als klare Botschaft dieser einwöchigen Schulung kristallisiert sich, dass bspw. das unter Jugendlichen als Kavaliersdelikt fungierende „Abziehen" (Handy wegnehmen, Jacke wegnehmen etc.) ein für sie sehr folgenreiches strafrechtliches Delikt darstellt. Als ein psychologischer Nebeneffekt wird der Umgang mit Polizei und anderen Amtspersonen (Staatsanwaltschaft, Richter) in einer positiven Richtung verändert, in dem ein Stück weit auch den Jugendlichen diese Prozesse transparent gemacht werden.

Notwendig ist es, solche Projekte verstärkt in Schulen mit einem hohen Migrantenanteil durchzuführen und hierbei auch die Eltern einzubeziehen, um auf die strafrechtliche Relevanz von Gewaltdelikten hinzuweisen, die sich aus einer falsch verstandenen Männlichkeits- Dominanz und Ehrvorstellung ableiten. Nicht zuletzt lernen Jugendliche auch dabei, welche rechtlichen (und nicht nur gewaltförmigen) Möglichkeiten sie selber haben bei der Durchsetzung ihrer legitimen Interessen.

Als Fazit ist festzuhalten, dass Migrantenjugendliche nicht nur Risiken für die Mehrheitsgesellschaft darstellen, sondern sie auch verschütt liegende Stärken haben. Gerade die Resilienzforschung stellt hier einen wichtigen Ansatz dar, wie Entwicklungspfade dennoch positiv beeinflusst werden können, wenngleich natürlich dadurch die Risiken selbst nicht aus dem Weg geräumt werden, da Resilienzfaktoren indirekt, als Moderatoren der Beziehung zwischen Krisen und Verhaltensauffälligkeiten wirken.

Zuletzt gilt es für pädagogische Kontexte zu berücksichtigen: Gerade wenn Migranten und Jugendliche mit Migrationshintergrund unter einer höheren Anzahl bzw. an intensiveren Risiken leiden, wie es in vielen Studien deutlich wird (Collatz, 1998, Uslucan, 2000; Uslucan, 2005b, c), dann müsste auch eine ganz „normale", unauffällige Lebensführung von Migrantenjugendlichen zunächst erstaunlich und erklärungsbedürftig sein. Deshalb gilt es, nicht nur stets die aussergewöhnlichen positiven Fälle zu loben, sondern auch die Anstrengungen „zur Normalität" bei den „Unauffälligen" besonders zu honorieren und anzuerkennen.

Literatur

Babka von Gostomski, C. (2003) Einflussfaktoren inter- und intraethnischen Gewalthandelns bei männlichen deutschen, türkischen und Aussiedler-Jugendlichen. Zeitschrift für Soziologie der Erziehung und Sozialisation, 23 (4), S. 399-415.

Berry, J. W./Kim, U. (1988) Acculturation and mental health. In: Dasen, P.R./Berry, J.W./Sartorius, N. (Eds.): Health and cross-cultural psychology. London: Sage. p. 207-236.

Berry, J. W./Poortinga, Y. H./Segall, M. H./Dasen, P. R. (Eds.)(1992) Cross-cultural psychology. New York: Cambridge University Press.

Bommes, M./Radtke, F.-O. (1993) Institutionalisierte Diskriminierung von Migrantenkindern. Die Herstellung ethnischer Differenz in der Schule. Zeitschrift für Pädagogik, 39, S. 483-497.

Bourhis, R. Y./Moise, C. L./Perreault, S./Senécal, S. (1997) Immigration und Multikulturalismus in Kanada: Die Entwicklung eines interaktiven Akkulturationsmodells. In: Mummendey, A./Simon, B.: Identität und Verschiedenheit. Zur Sozialpsychologie der Identität in komplexen Gesellschaften. Bern: Huber. S. 63-108.

Brüß, J. (2004) Zwischen Gewaltbereitschaft und Systemvertrauen. Eine Analyse zu aggressivem antisozialem Verhalten zwischen deutschen, türkischen und Aussiedler-Jugendlichen. München: DUV.

Collatz, J. (1998) Kernprobleme des Krankseins in der Migration - Versorgungsstruktur und ethnozentrische Fixiertheit im Gesundheitswesen. In: David, M./Borde, Th./Kentenich, H. (Hrsg.): Migration und Gesundheit. Zustandsbeschreibung und Zukunftsmodelle. Frankfurt am Main: Mabuse. S. 33-59.

Diefenbach, H. (2007) Kinder und Jugendliche aus Migrantenfamilien im deutschen Bildungssystem. Erklärungen und empirische Befunde. Wiesbaden: Verlag für Sozialwissenschaften.

Fuchs, M. (1999) Ausländische Schüler und Gewalt an Schulen. Ergebnisse einer Lehrer- und Schülerbefragung. Weinheim: Juventa.

Funk, W. (1995) Nürnberger Schüler-Studie: Gewalt an Schulen. Regensburg: Roderer Verlag.

Gollon, M. A. (2003) Gedanken zur präventiven Funktion handlungsorientierter Unterrichtsmethoden. In: Klees, K/Marz, F./Moning-Konter,E. (Hrsg.): Gewaltprävention. Praxismodelle aus Jugendhilfe und Schule. München: Juventa. S. 219 – 239.

Gomolla, M./Radtke, F.-O. (2002) Institutionelle Diskriminierung. Die Herstellung ethnischer Differenz in der Schule. Opladen: Leske + Budrich.

Gontovos, K. (2000) Psychologie der Migration. Hamburg-Berlin: Argument.

Granato, M. (2003) Jugendliche mit Migrationshintergrund in der beruflichen Bildung. WSI Mitteilungen, Heft 8, S. 474-483.

Heitmeyer, W./Conrads, J./Kraul, D./Möller, R./Ulbrich-Herrmann, M. (1995) Gewalt in sozialen Milieus. Darstellung eines differenzierten Ursachenkonzeptes. Zeitschrift für Sozialisationsforschung und Erziehungssoziologie, 15, S. 145-167.

Kornmann, R. (2003) Zur Überrepräsentation ausländischer Kinder und Jugendlicher in „Sonderschulen mit dem Schwerpunkt Lernen" In: Auernheimer, G. (Hrsg.): Schieflagen im Bildungssystem. Die Benachteiligung der Migrantenkinder. Opladen: Leske+Budrich. S. 81-95.

Krüger-Potratz, M. (2006). Migration als Herausforderung für Bildungspolitik. In: Leiprecht, R./Kerber,A. (Hrsg.): Schule in der Einwanderungsgesellschaft. Schwalbach/Ts.: Wochenschau Verlag. S. 456-82

Lösel, F./Bliesener, Th. (2003) Aggression und Delinquenz unter Jugendlichen. Untersuchungen von kognitiven und sozialen Bedingungen. Neuwied: Luchterhand.

Mayer, S./Fuhrer, U./Uslucan, U. (2005) Akkulturation und intergenerationale Transmission von Gewalt in Familien türkischer Herkunft. Psychologie in Erziehung und Unterricht, 52, S. 168-185.

Merkens, H./Ibaidi, S. (2000) Soziale Beziehungen und psychosoziale Befindlichkeit von deutschen und türkischen Jugendlichen. Abschlussbericht des von der Volkswagenstiftung geförderten Projektes (Akt.-Z.: II/73504-1). Juli 2000. Freie Universität Berlin.

Morgenroth, O./Merkens, H. (1997) Wirksamkeit familialer Umwelten türkischer Migranten in Deutschland. In: Nauck, B./Schönpflug, U. (Hrsg.): Familien in verschiedenen Kulturen. Stuttgart: Enke. S. 303-323.

Nauck, B./Diefenbach, H. (1997) Bildungsbeteiligung von Kindern aus Familien ausländischer Herkunft. Eine methodenkritische Diskussion des Forschungsstands und eine empirische Bestandsaufnahme. In: Schmidt, F. (Hrsg.): Methodische Probleme der empirischen Erziehungswissenschaft. Baltmannsweiler: Schneider-Verlag. S. 289–307.

Nauck, B./Schönpflug, U. (Hrsg.)(2007) Familien in verschiedenen Kulturen. Stuttgart: Enke.

Pfeiffer, C./Wetzels, P. (2000) Junge Türken als Täter und Opfer von Gewalt. Kriminologisches Forschungsinstitut Niedersachsen. Forschungsbericht Nr. 81.

Phinney, J. S. (1998) Ethnic Identity in Adolescents and Adults. Review of Research. In: Balls Organista, P./Chun, K.M./Marin, G. (Eds.): Readings in Ethnic Psychology. London: Routledge. p. 73-100.

Phinney, J. S./Ong, A./Madden, T. (2000) Cultural Values and Intergenerational Values. Discrepancies in Immigrant and Non-Immigrant Families. Child Development, 71, p. 528-539.

Rheinberg, F. (2006) Motivation. Stuttgart: Kohlhammer.

Sackmann, R. (2001) Türkische Muslime in Deutschland - Zur Bedeutung der Religion. Zeitschrift für Türkeistudien, Heft 1+ 2.

Scheithauer, H./Petermann, F./Niebank, K. (2000) Frühkindliche Entwicklung und Entwicklungsrisiken. In: Petermann, F./Niebank, K./Scheithauer,H. (Hrsg.): Risiken in der frühkindlichen Entwicklung. Göttingen: Hogrefe. S. 15-38.

Schrader, A./Nikles, B./Griese, H. M. (1979) Die zweite Generation. Sozialisation und Akkulturation ausländischer Kinder in der Bundesrepublik. Königstein/Ts.

Schwind, H.-D./Roitsch, K./Gielen, B. (1997) Gewalt in der Schule aus der Perspektive unterschiedlicher schulischer Gruppen. In: Holtappels, H.G./Heitmeyer, W./Melzer, W./Tillmann, K..-J. (Hrsg.): Forschung über Gewalt an Schulen. Weinheim: Juventa. S. 81-100.

Tellenbach, S. (1995) Zur Kriminalität der türkischen Jugendlichen in der Bundesrepublik Deutschland. Zeitschrift für Türkeistudien, S. 221-230.

Schwind, Hans-Dieter/Roitsch, Karin/Ahlborn,Wilfried/Gielen Birgit (1995) Gewalt in der Schule. Mainzer Schriften zur Situation von Kriminalitätsopfern, Mainz..

Seiffge-Krenke, I./Becker-Stoll, F. (2004) Bindungsrepräsentation und Coping im Jugend- und Erwachsenenalter. Kindheit und Entwicklung, 13 (4), S. 235-247.

Speck-Hamdan, A. (1999) Risiko und Resilienz im Leben von Kindern aus ausländischen Familien. In: Opp, G./Fingerle,M./Freytag,A. (Hrsg.): Was Kinder stärkt – Erziehung zwischen Risiko und Resilienz. München: Reinhardt. S. 221-228.

Uslucan, H. H. (2000) Gewalt in türkischen Familien. Frühe Kindheit, 4, S. 20-24.

Uslucan, H.- H. (2005a) Entwicklung von Rechtsbewusstsein und Gewalt im Jugendalter. In: Dahle, K.P./Volbert,R. (Hrsg.): Entwicklungspsychologische Aspekte der Rechtspsychologie. Göttingen: Hogrefe. S. 54-69.

Uslucan, H.-H. (2005 b) Lebensweltliche Verunsicherung türkischer Migranten. Psychosozial, 28 (1), S. 111-122.

Uslucan, H.-H. (2005 c) Heimweh und Depressivität türkischer Migranten in Deutschland. Zeitschrift für klinische Psychologie, Psychiatrie und Psychotherapie, 3, S. 230-248.

BERND HOLTHUSEN

Straffällige männliche Jugendliche mit Migrationshintergrund – eine pädagogische Herausforderung

A. Einleitung

Ende 2007 schlugen zwei junge Menschen in der Münchener U-Bahn einen Rentner brutal zusammen und verletzten ihn lebensbedrohlich. Diese Gewalttat wurde von einer Überwachungskamera aufgenommen und in den nächsten Wochen immer wieder auf nahezu allen Fernsehkanälen gezeigt. Die beiden Täter mit türkischem und griechischem Migrationshintergrund wurden rasch gefasst und im Sommer 2008 zu langjährigen Gefängnisstrafen verurteilt. Gleichzeitig wurde das Thema Gewalt von Jugendlichen mit Migrationshintergrund für den hessischen Landtagswahlkampf populistisch instrumentalisiert. Spätestens seit diesem Zeitpunkt steht das Thema „Kriminalität und Migration" nicht nur auf der fachpolitischen Agenda, sondern auch in der öffentlichen Diskussion. Dabei handelt es sich um ein komplexes Themenfeld, das keine einfachen Erklärungen zulässt, sondern Differenzierung und manche schwierige Gratwanderung verlangt.

Wie bereits im Titel dokumentiert werde ich mich im Folgenden auf die männlichen Jugendlichen mit Migrationshintergrund konzentrieren, denn „Kriminalität junger Menschen mit Migrationshintergrund", wie der übergreifende Titel für diesen Block lautet, – ein nicht ganz unproblematischer Titel wie noch zu zeigen sein wird – wird zum weit überwiegenden Teil von Jungen und nicht von Mädchen begangen. Dabei ist die geschlechtsspezifische Differenz bei Jugendlichen mit Migrationshintergrund noch ausgeprägter als bei den Jugendlichen ohne Migrationshintergrund.

Im ersten Abschnitt werde ich zunächst auf die Definition und damit auf die Konstruktion der Gruppe „Jugendliche mit Migrationshintergrund" eingehen und als bedeutsamen Hintergrund einen Überblick zu relevanten Daten zum Einwanderungsland Deutschland präsentieren. (B)

Im zweiten Schritt wird der Zusammenhang von Migrationshintergründen, Lebenslagen und Kriminalität anhand einiger statistischer Daten und empirischer Untersuchungen thematisiert und der aktuelle Diskussionsstand skizziert. Darauf aufbauend wird die These entwickelt, dass mit der alleinigen Konzentration auf die Migrationshintergründe unter Ausblendung der sozialen Lebenslagen ein großes Risiko besteht, mit der Diskussion in eine „Ethnisierungsfalle" zu geraten. (C)

Wie auch bei Jugendlichen ohne Migrationshintergrund, die straffällig geworden sind, stellt sich bei straffälligen Jugendlichen mit Migrationshintergrund, die Frage, wie künftige Straftaten verhindert werden können. Dies ist in erster Linie eine pädagogische Herausforderung. Hier gilt es, die durch die Migrationshintergründe bedingten je spezifischen Bedingungen zu sehen und entsprechende Präventionsstrategien zu entwickeln. Es stellen sich erhebliche Herausforderungen, denn viele Präventionsansätze, die sich für Jugendliche ohne Migrationshintergrund bewährt haben, sind für diese Zielgruppe so häufig nicht geeignet, z.B. wenn Jugendliche oder Eltern nur eingeschränkte Deutschkenntnisse haben. Viele Herausforderungen gelten nicht ausschließlich nur für männliche Jugendliche, sondern auch bezogen auf weibliche Jugendliche. Mit der expliziten Nennung der männlichen Jugendlichen im Titel sollte dem Umstand Rechnung getragen werden, dass die Jungen wesentlich stärker belastet sind, gleichzeitig aber die Präventionsstrategien kaum geschlechtsspezifisch ausgerichtet sind. (D)

B. Jugendliche mit Migrationshintergrund in Deutschland

In den letzten Jahren hat der Begriff „Jugendliche mit Migrationshintergrund" immer weitere Verbreitung erfahren und die früher gebräuchlichen Begriffe ausländische Jugendliche, türkische Jugendliche etc. weitgehend abgelöst, da diese angesichts der zweiten und dritten Einwanderergeneration, der Zunahme der Einbürgerungen und der deutsch-stämmigen Spätaussiedler immer ungeeigneter wurden. Gleichzeitig gibt es aber keine einheitliche Definition für den Begriff „Menschen mit Migrationshintergrund", sondern es sind eine ganze Reihe verschiedene im Umlauf. Im Folgenden werde ich mich an der Begriffsdefinition des Statistischen Bundesamtes, die beim Mikrozensus 2005 zu ersten Mal zur Anwendung gekommen ist, orientieren:

„Zu den Menschen mit Migrationshintergrund zählen alle nach 1949 auf das heutige Gebiet der Bundesrepublik Deutschland Zugewanderten sowie alle in Deutschland geborenen Ausländer und alle in Deutschland als Deutsche Geborenen mit zumindest einem zugewanderten oder als Ausländer in Deutschland geborenen Elternteil." (Statistisches Bundesamt 2008, S. 6).

Es handelt sich um eine weite – und nicht nur deshalb – folgenreiche Definition. Sie umfasst neben den in Deutschland lebenden Menschen ohne deutschen Pass (den „klassischen" Ausländern) eine in etwa ebenso große Gruppe von Personen mit deutschem Pass, die entweder selbst oder Teile derer Familien, zugewandert sind. Auch diese Gruppe kann noch weiter ausdifferenziert werden z.B. in: Aussiedler und Eingebürgerte, eingebürgerte nicht zugewanderte Ausländer, Kinder zugewanderter Spätaussiedler, Kinder zugewanderter oder in Deutschland geborener eingebürgerter ausländischer Eltern, Kinder ausländischer Eltern, die bei Geburt zusätzlich die deutsche Staatsangehörigkeit erhalten haben (ius soli), Kinder mit einseitigem Migrationshintergrund, bei denen nur ein Elternteil Migrant ist. Bereits hier zeigt sich, dass es sich keinesfalls um eine homogene Gruppe handelt, sondern dass sich unter dem Begriff heterogene Konstellationen versammelt werden.

Nach der genannten Definition leben etwa 15 Millionen Menschen mit Migrationshintergrund in Deutschland; sie bilden damit knapp ein Fünftel der Bevölkerung. (vgl. Abb. 1, Migrationshintergrund der Bevölkerung in Deutschland 2005). Mit dem Mikrozensus 2005 ist Deutschland auch in der Statistik als Einwanderungsgesellschaft beschrieben. Als Hintergrund für die weitere Diskussion möchte ich einige statistische Daten des Einwanderungslandes Deutschland präsentieren, die bislang in der Öffentlichkeit m.E. nur unzureichend zur Kenntnis genommen worden sind. Personen mit Migrationshintergrund sind eine statistische Kategorie, bilden aber keinesfalls – wie oben angedeutet – eine homogene Gruppe, sondern unterscheiden sich hinsichtlich ihrer Nationalität, ihrer Migrationserfahrung und einer möglichen Einbürgerung. Einen Überblick zu dieser Verteilung bietet Abb. 2 (Personen mit Migrationshintergrund im Deutschland 2005). Ein Großteil (über 80 Prozent) der Bevölkerung mit Migrationshintergrund lebt schon lange (über 10 Jahre) in Deutschland, bzw. hat weniger als 6 Monate im Ausland verbracht (vgl. Abb. 3 Personen mit Migrationshintergrund nach ihrer Aufenthaltsdauer in Deutschland, 2005).

Wird die demographische Entwicklung der Personen mit und ohne Migrationshintergrund verglichen, so wird deutlich, dass die Personen mit Migrationshintergrund wesentlich stärker in den jüngeren Altersgruppen bis zu 35 Jahren vertreten sind. Damit ist ein weiteres Anwachsen der Gruppe der Kinder und Jugendlichen mit Migrationshintergrund absehbar (vgl. Abb. 4 Altersstruktur von Personen mit und ohne Migrationshintergrund in Deutschland 2005).

Zusammenfassend lässt sich statistisch zur Gruppe der Personen mit Migrationshintergrund im Vergleich zur Gruppe derer ohne Migrationshintergrund festhalten: sie ist

- wesentlich jünger (33,8 Jahre zu 44,6 Jahre);
- deutlich häufiger ledig (45,3% zu 38,1%) und
- etwas häufiger männlich (50,8% zu 48,5%).

95,9 Prozent der Personen mit Migrationshintergrund leben in den westlichen Bundesländern und Berlin. Sie stellen in der Gruppe der unter 5jährigen ein Drittel der Bevölkerung. Es ist eine weitere Zunahme von Kindern und Jugendlichen mit Migrationshintergrund absehbar. Kinder und Jugendliche mit Migrationshintergrund sind in westdeutschen Großstädten keine Randgruppe mehr, sondern bilden einen wichtigen Teil der Bevölkerung. Dies wird in Abb. 5 (Anteil der Personen mit Migrationshintergrund an der Bevölkerung unter 10 Jahren im Jahr 2005 in den Kreisfreien Städten und Landkreisen) eindrucksvoll mit Anteilen von über 50 Prozent in westdeutschen Ballungsräumen deutlich. Die Einwanderungsgesellschaft ist hier schon lange eine Realität, während gleichzeitig in den ostdeutschen ländlichen Regionen Personen mit Migrationshintergrund nur eine kleine Minderheit darstellen. Die Situation in Deutschland ist also heterogen und es gilt zu differenzieren.

Ein differenzierter Blick auf Jugendliche mit Migrationshintergrund zeigt eine große Heterogenität in Bezug auf Aufenthaltsstatus, Migrationsgeschichte und -gründe, ethnische und religiöse Gruppenzugehörigkeiten, Zeitpunkte der Migration. So gibt es erhebliche Unterschiede zwischen der ersten, zweiten und dritten Generation und die persönliche/familiale Migrationsgeschichte ist oft bedeutsamer als der ethnische Migrationshintergrund. Wichtig sind auch der Zeitpunkt und der Grund der Migration (etwa Arbeitsmigration, Flucht, Bürgerkriegserfahrung)[1].

---

[1] Zur Illustration wie bedeutsam hier die genauere Differenzierung ist, möchte ich kurz mit zwei Beispielen schildern: Zwei Jugendliche mit türkischem Pass scheinen zwar formal derselben Gruppe an-

Als ein erstes Zwischenergebnis kann an dieser Stelle festgehalten werden, dass es *die* „Migrantenjugendlichen" so nicht gibt. Es muss vielmehr sorgfältig und sensibel auf die jeweiligen Hintergründe und Biographien, die unterschiedlich sein können, eingegangen werden, woraus in Bezug auf Prävention von Delinquenz im Kindes- und Jugendalter jeweils spezifische Herausforderungen erwachsen.

Die Herausforderung stellt sich insbesondere in den westdeutschen Großstädten, aber selbst hier gilt: Berlin ist nicht Frankfurt und nicht Stuttgart – jede Stadt hat ihre eigene Zuwanderungsgeschichte mit jeweils spezifischen Strukturen.

Es gibt nicht die „Migrantenjugendlichen", sondern vielmehr Jugendliche mit Migrationshintergründe*n* (und hier ist bewusst der Plural gewählt) in ihren unterschiedlichen Sozialräumen, die sehr ungleich sein können.

Vor diesem Hintergrund wird deutlich, dass die Unterscheidung deutsch/ nichtdeutsch an Aussagekraft verliert und nur noch im Bezug auf den jeweiligen Aufenthaltsstatus (aber dann auch zentrale) Bedeutung hat.

C. Migrationshintergründe, Lebenslagen und Kriminalität

In diesem Abschnitt werde ich nur einen kleinen, unvollständigen Eindruck zu Lebenslagen und Delinquenz von Jugendlichen mit Migrationshintergründen geben können. Ein differenziertes Bild der verschiedenen Gruppen von Jugendlichen mit Migrationshintergründen zu geben, würde den vorgegebenen Rahmen dieses Beitrages um ein vielfaches übersteigen.

Zunächst werden an den ausgewählten drei Dimensionen Armut, Bildung und Gesundheit anhand aktueller Berichte und Studien die Lebenslagen von Jugendlichen mit Migrationshintergründen im Unterschied zu denen ohne skizziert. (1.)

Anschließend möchte ich kursorisch auf den aktuellen Forschungsstand im Hell- und Dunkelfeld zur Delinquenz von Jugendlichen mit Migrationshintergrund/nichtdeutschen[2] Jugendlichen eingehen, mit der Zielsetzung, die vorliegenden Forschungsergebnissen für Präventionsstrategien nutzbar zu machen. (2.)

In der Reflexion der beiden vorangegangen Abschnitte werde ich anschließend die Frage aufwerfen, ob es sich bei der Delinquenz von Jugendlichen mit Migrationshin-

---

zugehören, aber der eine kann in Deutschland geboren und der zweiten Generation klassischer Arbeitsmigration zuzurechnen sein während der andere (oder dessen Eltern) möglicherweise politischer Flüchtling kurdischer Herkunft ist. Ein anderes Beispiel ist aus der Gruppe deutschstämmiger Aussiedler aus den Nachfolgestaaten der ehemaligen UdSSR, bei denen es große Unterschiede je nach Zeitpunkt der Einreise nach Deutschland gibt. Je später die Jugendlichen nach Deutschland gekommen sind, desto größer sind deren Integrationsschwierigkeiten und Probleme mit der deutschen Sprache. Auch verfügen entgegen der allgemeinen Annahme keinesfalls alle aufgrund unterschiedlich zusammengesetzter Ehen ihrer Eltern über die deutsche Staatsangehörigkeit.

[2] Die einschlägigen Hellfeldstatistiken unterscheiden in der Regel nur zwischen deutsch und nichtdeutsch; Migrationshintergründe können abgesehen von Sonderauswertungen nicht nachgewiesen werden. Nicht zuletzt vor diesen Hintergrund gibt es aus dem innenpolitischen Bereich die Forderungen, die Polizeiliche Kriminalstatistik an dieser Stelle weiter zu differenzieren. (Bund-Länder-AG o.J., S. 25f.)

tergrund im Kern um ein soziales Problem handelt, dass in der öffentlichen Diskussion ethnisiert wird. (3.)

1. Lebenslagen

1.1 Armut

Im Dritten Armuts- und Reichtumsbericht der Bundesregierung wird für Kinder und Jugendliche mit Migrationshintergründen unter 15 Jahren eine Armutsrisikoquote[3] von 32,6% genannt, bei Kindern und Jugendlichen ohne Migrationshintergrund liegt der Anteil bei 13,7% (vgl. Lebenslagen 2008, S. 142). Ohne hier auf die Diskussionen über die angewandten Definitionen näher eingehen zu wollen, bedeutet dies, dass ein Drittel der unter 15jährigen mit Migrationshintergründen zumindest in ökonomisch schwierigen Verhältnissen aufwächst.

1.2 Bildung

Es ist ein Verdienst des ersten Nationalen Bildungsberichtes, dass er sich in einem eigenen Kapitel der Bedeutung der Migration für das Bildungswesen angenommen hat (Konsortium Bildungsberichterstattung 2006, S. 137 ff.).

Ausgehend von den allgemeinen Schulabschlüssen zeigt sich, dass nicht nur zwischen den Deutschen und den verschiedenen Migrantengruppen erhebliche Unterschiede bestehen, sondern dass vor allem Migranten aus den ehemaligen Anwerbestaaten, insbesondere aus der Türkei, über das niedrigste Qualifikationsniveau verfügen (Vgl. Abb. 6). Diese stellen den prozentual höchsten Anteil von Jugendlichen ohne Schulabschluss und mit einem vergleichsweise geringen Anteil von Realschulabschlüssen. Der Bildungsbericht zieht aus diesen Daten den Schluss, dass „obgleich die Mehrzahl der Kinder und Jugendlichen mit Migrationshintergrund bereits von Geburt an in Deutschland aufgewachsen ist, scheint eine frühzeitige soziale Integration im Bildungswesen nur teilweise zu gelingen" (Konsortium Bildungsberichterstattung 2006, S. 149).

Sieht man noch genauer hin und betrachtet z.B. Aspekte wie Bildungsbeteiligung und -verläufe, bestätigen sich die ersten Eindrücke. Stellvertretend für viele Daten mag die folgende Übersicht (Abb. 7) stehen, die sichtbar macht: Jeder zweite türkische Schüler besucht eine Hauptschule und nur jeder achte ein Gymnasium.

Hinzu kommt schließlich der Umgang des Bildungssystems mit Migration. Weil der Bildungsbericht an dieser Stelle keine Wünsche offen lässt, sei er kurz zitiert:

„In der Sekundarstufe I gibt es einen engen Zusammenhang zwischen der Schulart, der sozialen Herkunft der Schülerschaft und ihrer ‚ethnischen' Zusammensetzung (hier verstanden als Migrantenanteil), der auch die erreichten Lernergebnisse mitbestimmt. Die Verteilung der Schüler mit Migrationshintergrund auf die Schularten und Einzelschulen weist auf Tendenzen der Segregation hin. Ein hoher Migrantenanteil ist in der Regel verbunden mit einem Übergewicht von Schülerinnen und Schülern aus

---

[3] Die Armutsrisikoquote ist definiert als Anteil der Personen in Haushalten, deren bedarfsgewichtetes Nettoäquivalenzeinkommen weniger als 60% des Mittelwertes (Median) aller Personen beträgt. (vgl. Lebenslagen 2008, S. IXf.) Es handelt sich also um einen relativen Armutsbegriff.

Familien mit niedrigem Sozialstatus. Hier fallen dann verschiedene Problemlagen zusammen, ergänzen oder verstärken sich wechselseitig. Soziale Segregation und ‚ethnische' Segregation sind in Deutschland eng aneinander gekoppelt und stellen eine wichtige Herausforderung für die Bildungspolitik dar" (Konsortium Bildungsberichterstattung 2006, S. 161).

Auch im jüngst erschienenen Zweiten Nationalen Bildungsbericht wird der Kompetenzrückstand der Jugendlichen mit Migrationshintergründen dokumentiert. Dies gilt insbesondere für die zweite Generation männlicher Jugendlicher türkischer Herkunft. Negativ zu bewerten ist, wie in Abbildung 8 dargestellt, dass sich der Kompetenzrückstand zwischen 2000, 2003 und 2006 keinesfalls verringert hat. Ebenfalls auffällig ist, dass das Niveau der Kompetenzrückstände bei den Schülerinnen und Schülern, bei denen nur ein Elternteil zugezogen ist, zwar wesentlich geringer ist, sich aber gleichwohl in den letzten Jahren eine negative Entwicklung abzeichnet.

Aus diesen Daten sind für unsere Zwecke zwei wichtige Folgerungen zu ziehen: Offenbar muss man bei der Gruppe der Migrantenjugendlichen präzise unterscheiden, und zwar nicht zwischen den Ethnien. Wanderungsgeschichten spielen ebenso eine Rolle wie Generationszugehörigkeit, Größe der Ethnie und Ausmaß der kulturellen Differenzen (Grade vermeintlicher Fremdheit). Jugendliche mit Migrationshintergründen weisen erhebliche Kompetenzrückstände auf, die anscheinend auf konstantem Niveau bleiben.

1.3 Gesundheit

Wenn man sich die aktuellen Daten zur Gesundheitssituation von jungen Migrantinnen und Migranten ansieht, werden auch in diesem Feld besondere Belastungen der Jugendlichen mit Migrationshintergründen deutlich. Auskunft dazu geben die Ergebnisse des Kinder- und Jugendgesundheitssurvey (KiGGS) des Robert-Koch-Institutes (vgl. Robert-Koch-Institut 2008a, Robert-Koch-Institut 2008b).

Fasst man diese Daten zusammen zeigt sich, dass Kinder und Jugendliche, deren beide Eltern einen Migrationshintergrund haben, deutlich häufiger unter sozial benachteiligenden Bedingungen aufwachsen als andere Kinder und Jugendliche. Kinder und Jugendliche aus der Türkei, gefolgt von Kindern und Jugendlichen aus der ehemaligen Sowjetunion und den arabisch-islamischen Ländern haben dabei die schlechtesten Bedingungen (vgl. Robert-Koch-Institut 2008a, S. 119).

Kinder mit beidseitigem Migrationshintergrund sind überproportional von Übergewicht betroffen allerdings mit großen Unterschieden je nach Herkunftsland und Geschlecht. Sie haben häufiger ansteckende Kinderkrankheiten und chronische Erkrankungen. Ähnliches gilt im Bezug auf den Impfstatus, die Früherkennungsuntersuchungen, das Mundgesundheitsverhalten sowie das Schutzverhalten beim Fahrradfahren (vgl. Robert-Koch-Institut 2008a, S. 120, 122f.). Dabei gibt es erhebliche Unterschiede zwischen den verschiedenen Migrantengruppen und nach Aufenthaltsdauer.[4]

---

[4] Der Vollständigkeit halber muss an dieser Stelle aber auch erwähnt werden, dass für Migrantenkinder auch „migrationsspezifische Protektivfaktoren wirksam sind, die Gesundheitsvorteile im Vergleich zu Kindern und Jugendlichen ohne Migrationshintergrund in ähnlicher sozialer Lage bringen." (vgl. Robert Koch Institut 2008a, S. 125)

Auffällig bei den KiGGS-Daten ist, dass die Gruppe der Kinder, bei denen nur ein Elternteil einen Migrationshintergrund hat, fast keinen Unterschied zu der Gruppe ohne Migrationshintergrund aufweist.

1.4 Fazit Lebenslagen

Offenbar spielen differenzierte Migrationshintergründe eine nicht unwichtige Rolle; die Daten zeigen, dass sie in je unterschiedlicher Weise verknüpft sind mit sozialen Lebens- und Problemlagen, unterschiedlichen Formen der Benachteiligung und vielfältigen subtilen institutionellen und alltäglich wirksamen Mechanismen der Exklusion. Es ist nicht der Migrationshintergrund als solcher, sondern die gesellschaftlichen Reaktionen darauf und die sozialen Bedingungen, in denen die Jugendlichen aufwachsen, die in der Polizeilichen Kriminalstatistik auffällig werden.

2. Straftaten Jugendlicher mit Migrationshintergrund

Zwar sind sowohl mit den Hellfeldstatistiken als auch mit den empirischen Dunkelfelduntersuchungen einige methodische Probleme verbunden, die die Reichweite der Aussagen und deren Vergleichbarkeit einschränken, letztlich zeigen sich aber erhebliche Höherbelastungen vor allem von männlichen Jugendlichen mit Migrationshintergründen bei Gewalttaten, die nicht ignoriert werden sollten. Diskutiert wird u.a. über soziale Faktoren, die Bildungsbeteiligung, kulturelle Faktoren und über Gewalt legitimierende Männlichkeitsnormen (KFN, s.u.). Gleichzeitig wird insgesamt noch ein erheblicher Forschungsbedarf sichtbar.

Im Folgenden möchte ich ohne Anspruch auf Vollständigkeit verschiedene interessante Einzelbefunde aus Statistiken und Studien vorstellen, die auch für die zielgerichtete (Weiter-)Entwicklung von Präventionsstrategien bedeutsam sein können.

2.1 Hellfeld

Die Polizeiliche Kriminalstatistik (PKS) als wichtigste Hellfeldstatistik differenziert nach den Kategorien deutsch und nicht-deutsch, also nach Staatsangehörigkeit und nicht nach Migrationshintergründen. In der PKS wird die Gruppe der deutschen Tatverdächtigen nicht unmittelbar mit der Gruppe der Nichtdeutschen verglichen, da diese aufgrund diverser Verzerrungsfaktoren eine höhere Kriminalitätsbelastung aufweist.[5] Verzerrungsfaktoren sind beispielsweise: die unterschiedliche Anzeigebereitschaft und Kontrollintensität, ausländerspezifische Delikte, die unterschiedliche strukturelle Zusammensetzung der Bevölkerungsgruppe und die Hinzuzählung bestimmter Ausländergruppen, die nicht zur Wohnbevölkerung rechnen, wie Illegale, Touristen oder Berufspendler. Einen Vergleich der Tatverdächtigenbelastungszahlen (also der Verhältnisziffern, Anzahl der Tatverdächtigen in Relation zur Größe der jeweiligen Gruppe der Wohnbevölkerung) von Deutschen und Nichtdeutschen wird aus diesen Gründen in der PKS nicht unternommen.

Dennoch gibt es auf Basis der PKS einige Sonderauswertungen mit weitergehenden Aussagen. Die Bund-Länder-AG „Entwicklung der Gewaltkriminalität junger

---

[5] Auf diesen Sachverhalt wird jedes Jahr ausführlich in der PKS hingewiesen, vgl. zuletzt Bundeskriminalamt 2008, S. 105f.

Menschen mit einem Schwerpunkt auf städtischen Ballungsräumen" stellt in einem Bericht für die Innenministerkonferenz vor allem bei Gewaltdelikten zwar Rückgänge bei den nicht-deutschen Tatverdächtigen fest, sieht aber gleichzeitig eine deutliche Überpräsentation im Verhältnis zu ihrem Bevölkerungsanteil (Bund-Länder AG o.J., S.8). Weitere Daten kommen aus Berlin, wo der Problemdruck besonders groß ist, und es deshalb auch intensive Diskussionen gibt.

In der Berliner PKS sind bei Gewaltkriminalität nichtdeutsche männliche Jugendliche im Jahr 2005 3,4-mal, im Jahr 2006 3,1-mal und im Jahr 2007 2,8-mal höher belastet als deutsche Jugendliche.[6] Auch wenn diese Zahl im Trend rückläufig ist, so zeigt sie doch deutlich die Problemlage. Innerhalb Berlins gibt es regional besondere Schwerpunkte, so z.B. die Polizeidirektion 5 (Neukölln, Friedrichhain-Kreuzberg) in deren Gebiet 2004 für 80,7% der Tatverdächtigen im Bereich Jugendgruppengewalt eine nichtdeutsche Herkunft ausgewiesen wird (Landeskommission 2007, S. 20).

In Berlin wurde auch die Gruppe der sogenannten Intensivtäter, die durch ihre Medienpräsenz eine besondere Bedeutung für die öffentliche Wahrnehmung hat, näher untersucht. In der Untersuchung wird nicht nur nach Staatsangehörigkeit, sondern auch nach Migrationshintergründen differenziert. Hier zeigt sich eine Konzentration auf bestimmte Stadtteile. Viele der Intensivtäter haben einen Migrationshintergrund; es handelt sich aber meist nicht um die Nachkommen der Arbeitsmigranten, sondern vor allem um Bürgerkriegsflüchtlinge aus dem ehemaligen Jugoslawien und dem Libanon (häufig mit unsicherem Aufenthaltsstatus): „Bei den männlichen Intensivtätern mit Migrationshintergrund (14-21 Jahre) dominieren solche mit arabischem Hintergrund mit 97 Tätern bzw. mit 30,41%, gefolgt von denen mit türkischem Hintergrund mit 88 Tätern bzw. 27,59% und denen mit einem Migrationshintergrund aus dem ehemaligen Jugoslawien mit 30 Tätern (20 Bosnier und 10 Kosovo - Albaner) bzw. 9,4%. 29 weitere Täter bzw. 9,09% der Täter weisen einen anderen Migrationshintergrund auf. Täter mit Migrationshintergrund haben an dem Gesamtaufkommen der männlichen Intensivtäter im Alter zwischen 14 und 21 Jahren einen Anteil von 76,48% (ohne Russlanddeutsche). Damit sind die Intensivtäter mit Migrationshintergrund weit überdurchschnittlich am Gesamtaufkommen der Intensivtäter beteiligt. Intensivtäter mit einem Migrationshintergrund aus arabischen Ländern[7] stellen im Vergleich zu ihrem Bevölkerungsanteil die problematischste Gruppe der Intensivtäter insgesamt dar. Darüber hinaus ist nach noch vorläufigen Erkenntnissen festzustellen, dass lediglich ca. 25% der Eltern von Intensivtätern vor 1975 nach Deutschland emigriert sind, ca. 40% nach 1990. In über 50% der Fälle von Intensivtätern kommen Flucht und Asyl als Migrationsgründe in Betracht" (Landeskommission 2007, S. 21).

Auch im Jugendstrafvollzug ist eine deutliche Überrepräsentation von Jugendlichen mit Migrationshintergründen festzustellen. So berichtet beispielsweise die Berli-

---

[6] Vgl. Der Polizeipräsident von Berlin o.J.a, S. 64, Der Polizeipräsident von Berlin o.J.b, S. 90, Der Polizeipräsident von Berlin o.J.c, S. 116. Der Verzerrungsfaktor „Illegale, Touristen und Durchreisende" wurde bei dieser Statistik bereits heraus gerechnet.

[7] Fußnote im Originalzitat: „Fast ausschließlich Personen palästinensischer Volkszugehörigkeit und libanesisch - kurdisch - türkischer Herkunft".

ner Landeskommission gegen Gewalt (Landeskommission 2007, S. 22) aus der Jugendstrafanstalt Plötzensee, dass libanesische Jugendliche und Heranwachsende (als extremste Gruppe) 14-mal häufiger inhaftiert sind, als es ihrem Bevölkerungsanteil entspricht. Für die mehrfache Überrepräsentation Nichtdeutscher im Strafvollzug nennt Walter (2007) drei mögliche Gründe: Verhalten und Lebenssituation, unterschiedliche Behandlung durch das Recht sowie unterschiedliche Behandlung durch Gesellschaft und Kontrollinstanzen.

Auch ohne auf weitere Hellfelddaten einzugehen, kann an dieser Stelle festgehalten werden, dass (männliche) Jugendliche ohne deutsche Staatsangehörigkeit in den Statistiken überrepräsentiert sind. Aufgrund der eingangs erwähnten Verzerrungsfaktoren und begrifflich methodischen Einschränkungen ist es nun von besonderem Interesse, ob diese Befunde auch eine Entsprechung in den empirischen Dunkelfeldstudien finden.

2.2 Dunkelfeld

Jenseits der bekannt gewordenen, von Polizei und Justiz ermittelten Straftaten, besteht gerade in Bezug auf Gewalterfahrungen von Jugendlichen ein erhebliches Dunkelfeld. Untersucht werden kann dieses Dunkelfeld z.B. durch Schülerbefragungen zu ihren Gewalterfahrungen als Täter und als Opfer. Diese Studien bieten zudem die Chance, dass sie gleichzeitig auch Daten zu den Lebenslagen erheben und so Hinweise auf mögliche Erklärungen geben können. In den letzten zehn Jahren wurden neben den Untersuchungen des Bielefelder Instituts für interdisziplinäre Konflikt- und Gewaltforschung (IKG) vor allem durch das Kriminologische Forschungsinstitut Niedersachsen (KFN) und durch die Münsteraner Forschungsgruppe um Klaus Boers auch wiederholte Befragungen von Schülerinnen und Schülern zu ihren Gewalterfahrungen durchgeführt, so dass hier interessante Ergebnisse zur Verfügung stehen.[8] Von diesen möchte ich nur einige anführen, die im Hinblick auf Überlegungen für Präventionsstrategien bedeutsam sind. Dabei muss vorab ebenfalls wie bei den Hellfeldstatistiken angemerkt werden, dass auch die Dunkelfeldstudien nur eingeschränkt vergleichbar und in der Reichweite begrenzt sind. So unterscheiden sich die verwandten Definitionen und Begriffe (z.B. türkisch, türkisch-stämmig, türkischer Migrationshintergrund), die Altersgruppen (meist 9. und 10. Klassen), die Orte und je nach Anlage/Design der Studie werden z.B. Gewalthandlungen unterschiedlich definiert. Auch der Zeitpunkt der Untersuchung spielt für bestimmte Gruppen wie z.B. Aussiedlerjugendliche eine wichtige Rolle, da es je nach Zeitpunkt erhebliche Unterschiede bei den zugewanderten Spätaussiedlergruppen gegeben hat.

Auch die Dunkelfelduntersuchungen zeigen teilweise erhebliche Höherbelastungen der Jugendlichen mit Migrationshintergründen vor allem im Bereich der Gewaltstraftaten. Für Münster wird z.B. eine 2½-fache Belastung dieser Jugendlichen bei den schweren Gewaltdelikten angegeben (Walburg 2007b, S. 252).

---

[8] Von vielen Veröffentlichungen seien hier nur exemplarisch genannt: Baier 2008, Baier/Pfeiffer 2007, Baier u.a. 2006, Boers/Reinecke 2007, Boers u.a. 2006, Heitmeyer u.a. 2005, Pfeiffer u.a. 2004, Walburg 2007b.

In Bezug auf Gewaltdelikte stellen die Münsteraner fest: die Unterschiede in der sozioökonomischen Lage und die Bildungsbeteiligung können die erhöhte Gewaltbelastung der selbst immigrierten Jugendlichen gegenüber den Jugendlichen ohne Migrationshintergrund erklären (Walburg 2007b, S. 262).

Die im Inland geborenen Jugendlichen mit Migrationshintergründen (also die zweite, ggf. dritte Generation) weisen ein höheres Gewaltrisiko auf als die Jugendlichen ohne Migrationshintergrund und die selbst immigrierten Jugendlichen.

„Tendenziell gilt, dass delinquentes Verhalten umso häufiger angegeben wurde, je länger der Zeitpunkt der Einwanderung zurückliegt. In Deutschland geborene Jugendliche mit Eltern ausländischer Herkunft berichteten zudem häufiger als selbst immigrierte Jugendliche die Begehung entsprechender Delikte. (…) Der Befund, dass erhöhte (Gewalt-)Delinquenzraten tendenziell in allen verschiedenen Herkunftsgruppen zu finden sind, spricht überdies dafür, dass eher die mit der eigenen bzw. familiären Migrationserfahrung zusammenhängenden Umstände als die spezielle ‚ethnisch' oder ‚kulturell' definierte Zugehörigkeit (unter bestimmten Bedingungen) mit Delinquenz einherzugehen." (Walburg 2007b, S. 264)

Diesen Befund gilt es ausdrücklich hervor zu heben, er wird tendenziell auch von den KFN-Studien bestätigt. Das KFN führt als zusätzlichen relevanten kulturellen Faktor die Zustimmung zu „gewaltlegitimierenden Männlichkeitsnormen" an. Insbesondere bei türkisch-stämmigen Jugendlichen, die Gewalttaten begangen haben, sind neben sozialen Faktoren auch kulturelle Faktoren ausschlaggebend. „Die höhere Gewaltbelastung der Migranten lässt sich zum Teil durch die kulturellen Divergenzen zwischen Deutschen und Migranten im Bereich der Gewalt legitimierenden Männlichkeitsnormen erklären." (Baier u.a. 2006, S. 259f. bezogen auf Mehrfachtäter). Zusammenfassend wird resümiert: „Die Tatsache, Deutscher oder Migrant zu sein, steht in keinem direkten Zusammenhang damit, zu den Mehrfachtätern zu gehören. Ebenso wenig schlägt sich Armut und strukturelle Benachteiligung unmittelbar in der Gewalttäterschaft nieder. Dies spricht dafür, dass die ethnischen Unterschiede in der Jugendgewalt … weitestgehend ein Produkt der Lebensbedingungen der Migranten sind. Von besonderer Bedeutung sind dabei subkulturelle Faktoren über die Legitimität und Illegitimität des Gewalteinsatzes." (Baier u.a. 2006, S. 261)

Ein weiterer wichtiger Befund sowohl der KFN und als auch der Münsteraner Studien ist, dass Jugendliche mit Migrationshintergründen vermehrt elterlicher Gewalt ausgesetzt sind.[9]

Während – wie dargestellt – in den jüngeren Untersuchungen nahezu einhellig eine höhere Gewaltbelastung der Jugendlichen mit Migrationshintergründen festgestellt wird, gibt es eine bemerkenswerte Ausnahme, die auch gerade hinsichtlich möglicher Präventionsstrategien von Bedeutung ist. Die bereits erwähnte Forschergruppe um Klaus Boers hat nicht nur Schüler/innen in Münster befragt, sondern auch in Duisburg einen Längsschnitt gestartet. Entgegen der Erwartung zeigten sich hier kaum Unterschiede zwischen den Jugendlichen mit und ohne Migrationshintergrund. Dies galt

---

[9] Vgl. hierzu auch den Beitrag von Haci-Halil Uslucan in diesem Band.

auch für Jugendliche mit türkischem Migrationshintergrund in Bezug auf Gewaltdelikte. Bei den Mädchen mit türkischem Migrationshintergrund zeigten sich unterdurchschnittliche Täteranteile. Die Forschergruppe bietet zu den unterschiedlichen Ergebnissen in Duisburg und Münster folgende Erklärung an:

„Die unterschiedlichen Tendenzen in Münster und Duisburg weisen auf die bislang möglicherweise zu wenig beachtete Bedeutung des spezifischen städtischen Kontextes sowie der Größe und Zusammensetzung der jeweiligen Migrantenpopulation für die Delinquenzbelastung von Jugendlichen mit Migrationshintergrund hin. Während die Gruppe der Migranten in Münster vergleichsweise klein ist und eine recht große Heterogenität aufweist, gibt es in Duisburg mit den vielfach bereits in der dritten Generation in Deutschland lebenden Jugendlichen türkischer Herkunft eine sehr große Teilgruppe. Duisburg ist zwar infolge der massiven Deindustrialisierungsprozesse mit erheblich größeren ökonomischen Problemen konfrontiert als eine Stadt wie Münster, betroffen sind davon gerade auch die Arbeitsmigranten und deren Nachkommen. Die vorliegenden Befunde deuten jedoch darauf hin, dass die in Duisburg zum Teil recht deutlich zu beobachtenden Segregationstendenzen entlang ethnischer Zugehörigkeiten mit einem nicht zu unterschätzenden (delinquenzhemmenden) Potenzial an informeller sozialer Kontrolle und sozialem Kapital einhergehen." (s. http://www.uni-bielefeld.de/soz/krimstadt/ergebnisse.htm#2 [Zugriff am 11.06.08])

Für die Gruppe der Aussiedlerjugendlichen, als Teilgruppe der Jugendlichen mit Migrationshintergrund, wird der aktuelle Forschungsstand in einer neuen Veröffentlichung von der Forschungsgruppe des Bundesamtes für Migration und Flüchtlinge folgendermaßen zusammengefasst: „Die relative hohe Kriminalitätsbelastung, die höhere Gewaltbereitschaft oder die häufigere Anwendung von Gewalt bei männlichen jugendlichen Aussiedlern sollte demnach nicht allein als Hinweis auf die ethnische Herkunft oder persönliche Schwächen, sondern eher auf problematische Lebenslagen verstanden werden und Anlass für verstärkte Integrations- und Präventionsanstrengungen sein. In diesem Sinne unterscheidet sich die Kriminalität von Aussiedlerjugendlichen kaum von der Kriminalität anderer Jugendlicher – Zuwanderer oder Einheimischer –, die sich in einer ähnlichen Situation befinden." (Haug u.a. 2008, S. 46)[10]

Es wird deutlich: es muss unterschieden werden nach den unterschiedlichen Gruppen, nicht nur in Bezug auf die ethnische Herkunft, sondern auch auf den Zeitpunkt, und den Grund der Migration, auf die Region und natürlich auf das Geschlecht. Ein wichtiger Erklärungsfaktor für die Kriminalitätsbelastung von Jugendlichen mit Migrationshintergrund sind deren Lebenslagen.

3. Risiko: Ethnisierung heterogener Probleme

Wir sind uns des nicht unerheblichen Risikos bewusst, dass bereits die Themenstellung Kriminalität und Jugendliche mit Migrationshintergrund zu einer Ethnisierung führen kann, wenn die Migrationshintergründe, also die kulturelle Differenz, als die entscheidende Differenz interpretiert wird. Als Ethnisierung muss man diese Perspektive bezeichnen, weil sie einen Aspekt, die kulturelle Differenz, die zweifellos eine –

---

[10] Vgl. zur Kriminalität von Aussiedlerjugendlichen auch den Beitrag von Britta Bannenberg in diesem Band.

wenn auch noch nicht im Detail geklärte – Rolle spielt, für das Ganze nimmt. So besteht ein nicht unerhebliches Stigmatisierungsrisiko. Vor diesem Hintergrund wäre vielleicht auch der – freilich ein wenig sperrige – Titel „Pädagogische Herausforderungen für Prävention von Delinquenz im Kindes- und Jugendalter in der Einwanderungsgesellschaft" für diesen Beitrag angemessener gewesen.

Die sozialen Hintergründe von Delinquenz dürfen nicht außer Acht gelassen werden. Nur exemplarisch sei auf Aspekte wie schlechte Bildungs- und Arbeitsmarktchancen, fragile bzw. zusammengebrochene familiale Konstellationen, Armut und soziale Exklusion hingewiesen. Deshalb wurde auch ein eigener Abschnitt zu den Lebenslagen vorangestellt.

Damit soll nun nicht behauptet werden, dass Migrationshintergründe als ein Faktor im Kontext von jugendlicher Delinquenz keine Rolle spielen. Die Frage ist aber, welche Rolle sie spielen und in welcher Form sie dies tun.

Die letzte Frage ist insofern von Bedeutung, als man davon ausgehen muss, dass es nicht die Migrationshintergründe als solche sind, die u.U. – wenn man dies einmal etwas vereinfachend so formulieren darf – delinquenzfördernd wirken. Auch an dieser Stelle bedarf es aus unserer Sicht einer genaueren Analyse. Wenn man hier auf die – wenn auch noch dürftige – Forschung zurückgreift, werden mindestens drei unabhängige Problemkontexte sichtbar:

- Wert-, Norm- und Ehrvorstellungen in Verbindung mit problematischen Männlichkeitsbildern;
- Sprachprobleme, die zu unzureichenden schulischen Leistungen und fehlenden beruflichen Chancen führen;
- Gesellungsformen, also das Entstehen von abgeschotteten Parallelwelten unter Gleichaltrigen.

Auch die Forschung steht in besonderer Verantwortung wie das Bundesjugendkuratorium in einer aktuellen Stellungnahme zum Integrationsdiskurs formuliert: Danach „… ist es erforderlich, dass Forschung der Komplexität der sozialen Wirklichkeit insofern Rechnung trägt, als die Daten nicht länger entweder in Migrations- oder in sozialen Kategorien analysiert und interpretiert werden. Diese unangemessenen, gleichwohl aber verbreiteten Vereinfachungen und Auslassungen in Wissenschaft und Forschung tragen aktiv dazu bei, dass kulturelle Stereotype verfestigt werden, indem sie hierfür erst die scheinbar sicheren empirischen Grundlagen erzeugen." (Bundesjugendkuratorium 2008, S. 12)

Als ein Zwischenfazit kann an dieser Stelle festgehalten werden, dass wir es mit einer überaus komplexen Problemstellung zu tun haben. Einfache Zuordnungen helfen nicht weiter, es muss weiter differenziert werden. Damit komme ich zu den Herausforderungen für die Prävention.

D. Herausforderungen für die Prävention von Delinquenz (männlicher) Jugendlicher mit Migrationshintergrund

Hier gilt es nun den geschlagenen weiten Bogen wieder auf die Kriminalitätsprävention zu führen. Der Bogen hat deutlich gemacht, dass in der Zukunft ein viel differenzierterer Blick notwendig ist. Es zeigt sich, dass die Lebenslagen ein wichtige Rolle spielen, aber – das sei vorab gleich angemerkt – die Veränderung von prekären Lebenslagen ist eine Aufgabe für die Sozialpolitik und nicht für die Kriminalitätsprävention.

Im Folgenden werde ich mich auf die Kriminalitätsprävention in einem eng definierten Verständnis konzentrieren. Wir plädieren dafür, den Präventionsbegriff eng an das zu knüpfen, was jeweils vermieden werden soll, also im Fall Kriminalitätsprävention an Kriminalität: Als kriminalpräventiv können in diesem Sinne nur jene Strategien und Ansätze bezeichnet werden, die direkt oder indirekt die Verhinderung bzw. die Reduktion von Kriminalität zum Ziel haben. Kriminalitätsprävention in der hier verwendeten Wortbedeutung muss also auf die Verhinderung bzw. Reduzierung von Straftaten Jugendlicher zielen. Davon sind andererseits jene Programme, Maßnahmen und Strukturen zu unterscheiden, die z.B. familien-, bildungs-, sozialpolitische, pädagogische oder integrative Zielsetzungen verfolgen und im günstigen Fall auch kriminalpräventiv wirken. Um ein Beispiel zu geben: Die Durchführung von Sprachkursen im Kindergarten für Kinder und ihre Eltern mit Migrationshintergründen ist vorrangig ein Angebot zur gesellschaftlichen Integration dieser Familien. Zwar können diese Kurse unter bestimmten Bedingungen auch gewaltpräventive Wirkungen haben, wenn z.B. die Kinder gelernt haben, sich in Konflikten in der Gruppe sprachlich zu verständigen und deshalb auf den Einsatz von Fäusten verzichten. Dem Anspruch, der Bedeutung und Zielsetzung von Sprachkursen würde man jedoch nicht gerecht werden, würde man sie vorrangig auf diesen gewaltpräventiven Aspekt reduzieren.[11]

Unabhängig von der in den vorangegangenen Abschnitten aufgeworfenen Frage, ob es einen Zusammenhang zwischen Migrationshintergrund und straffälligem Verhalten Jugendlicher gibt oder nicht, existiert eine Gruppe von (männlichen) Jugendlichen mit Migrationshintergrund die u.a. mit Straftaten auffällig werden. Für sie müssen, Präventionsstrategien entwickelt werden, die geeignet sind, diese Zielgruppen zu erreichen. Wie auch für die gesamte Gruppe der Jugendlichen, die mit delinquentem Verhalten auffallen, gilt es – und das ist ein weitgehender Institutionen übergreifender Konsens von der Kinder- und Jugendhilfe über die Schule und die Polizei bis hin zur Jugendstrafjustiz – vorrangig pädagogisch auf diese Probleme zu reagieren.

Vor dem Hintergrund, dass die Strategien der Gewaltprävention in Deutschland in den letzten 20 Jahren beständig fortentwickelt und ausgebaut wurden,[12] lässt sich die These aufstellen, dass sich diese Aktivitäten reduzierend auf die Entwicklung gewalttätigen Verhaltens Jugendlicher ausgewirkt haben. Gleichzeitig zeigt ein kritischer Blick auf die Praxis, dass Jugendliche mit Migrationshintergrund häufig durch die

---

[11] Vgl. hierzu ausführlich: Arbeitsstelle 2007, S. 16ff.

[12] Vgl. Arbeitsstelle 2007.

bewährten Maßnahmen nicht erreicht werden, was ebenfalls zu einem Teil auch ihre höhere Kriminalitätsbelastung erklären könnte. Die in diesem Bereich mangelnde Angebotsstruktur in der interkulturellen Mediation, bei den ambulanten Maßnahmen und in der Jugendhilfe im Strafverfahren/Jugendgerichtshilfe, kann zu einen größerem Risiko für die straffälligen Jugendlichen mit Migrationshintergründen führen, zu bestrafenderen und/oder freiheitsentziehenden Sanktionen verurteilt zu werden.

Untersuchungen zur Struktur der Kinder- und Jugendhilfe durch das DJI zeigen insgesamt, dass verschiedene Gruppen von Jugendlichen mit Migrationshintergrund oft durch ansonsten bewährte Angebote und Maßnahmen nicht erreicht werden (Pluto u.a. 2007, S. 480).

Präventionsstrategien müssen zielgruppengerecht sein und deshalb ist auch die Bezugnahme auf die zuvor gemachten Ausführungen zu den differenzierten Lebenslagen und die jeweiligen Kriminalitätsbelastungen von hoher Bedeutung. Die große Herausforderung lautet also, für die jeweilige Situation vor Ort geeignete Präventionsstrategien zu entwickeln und umzusetzen.

Oft fehlt es schlicht an ausreichendem Wissen über die jeweiligen Migrantengruppen und deren Lebenslagen. Das Wissen ist die Voraussetzung für den notwendigen differenzierteren Blick zur Konzeptionierung und Umsetzung zielgruppengerechter Angebote. Durch Aus-, Fort- und Weiterbildung muss den Fachkräften verstärkt interkulturelles Wissen vermittelt werden, damit diese entsprechend migrationssenibel[13] arbeiten können.

Notwendig sind sowohl die interkulturelle Öffnung der Regeldienste, als auch zielgruppenspezifische Angebote. Pluto u.a. (2007, S. 480) konstatieren für die Kinder- und Jugendhilfe, dass eine interkulturelle Öffnung der Regeldienste vieler Orts noch eine erhebliche Herausforderung darstellt. Oft besteht die interkulturelle Öffnung der Regeldienste nur auf der konzeptionellen Ebene.

Zur interkulturellen Öffnung reicht es keinesfalls aus, Mitarbeiterinnen und Mitarbeiter mit Migrationshintergrund einzustellen. Dies möchte ich anhand eines Beispiels aus der Familienberatung verdeutlichen: In einer Familienberatungsstelle bei einem freien Träger in einem Stadtteil mit hohem Migrantenanteil findet ein Mitarbeiter mit Migrationshintergrund einen guten Zugang zu den Migrantenfamilien. Als er aus privaten Gründen das Projekt verlässt, wird ein neuer männlicher Mitarbeiter ebenfalls mit Migrationshintergrund für die Familienberatung eingestellt. Dieser hat erhebliche Schwierigkeiten seine neuen Aufgaben zu bewältigen und verlässt bald darauf das Projekt. Bei dem Abschlussgespräch, taucht die Frage auf, warum er sich nicht intensiver von seinem Vorgänger hat beraten lassen und Unterstützung gesucht hat. Die Antwort des Mitarbeiters macht klar, dass er sich als Türke nie hätte von seinem kurdischen Vorgänger helfen lassen. Im Projekt hatte zuvor niemand diese ethnische Differenzierung wahrgenommen. Auch war unklar, inwieweit unter den beratenen „türkischen" Familien auch solche mit kurdischem Hintergrund waren.

---

[13] Franz Hamburger geht bereits einen Schritt weiter und spricht von dem Wandel der Migrationssensibilität hin zur Integrationssensibilität und richtet damit den Blick stärker auf den Integrationsprozess. (Hamburger 2008, S. 100)

Um deutlich zu machen, wie kompliziert und differenziert sich die Lage gestaltet, sei ein weiteres Beispiel genannt: So werden durchaus je eigene Angebote für Jugendliche mit serbischem und mit kroatischem Migrationshintergrund gemacht, aber kaum getrennte Angebote für kurdische und türkische Jugendliche, die die zahlmäßig größeren Gruppen darstellen.

Mittlerweile hat sich in einigen westdeutschen Großstädten, in denen – wie oben berichtet – einen hoher Anteil der Jugendlichen einen Migrationshintergrund hat, auch in der Jugendhilfe im Strafverfahren/Jugendgerichtshilfe eine Spezialisierung vollzogen: während für die Jugendlichen ohne Migrationshintergrund die im Jugendamt angesiedelte Jugendgerichtshilfe zuständig bleibt, wird die Aufgabe der Jugendhilfe im Strafverfahren gegen Jugendliche mit Migrationshintergrund an einen freien, in der Migrationsarbeit erfahrenen Träger delegiert.[14] Diese freien Träger, die häufig Fachkräfte mit eigenem Migrationshintergrund beschäftigen, finden eher Zugang zu den Jugendlichen und deren Familien. In diesen Kontexten wurden auch im Bereich der ambulanten Maßnahmen spezifische Angebote entwickelt, wie z.B. soziale Trainingskurse und Anti-Gewalt-Kurse für Jugendliche mit türkischem Migrationshintergrund. In diesen Kursen sind teilweise die Anforderungen an die deutsche Sprachkompetenz geringer, so dass Jugendliche mit fehlenden Deutschkenntnissen nicht mehr prinzipiell von diesen sinnvollen Angeboten ausgeschlossen sind. Darüber hinaus wurden für diese Kurse spezifische Curricula entwickelt, die z.B. problematische Ehrbegriffe thematisieren und die männliche Geschlechterrolle reflektieren.

Spezialisierte Angebote für Jugendliche mit Migrationshintergrund bedeutet nicht automatisch, dass die Mehrzahl der Fachkräfte einen Migrationshintergrund haben muss. „Gemischte Teams" (mit und ohne Migrationshintergrund; differente ethnische Herkünfte) eröffnen viele Zugänge und Möglichkeiten. Gerade im produktiven Austausch und in der Auseinandersetzung mit den jeweiligen Erfahrungen, Kompetenzen und Fähigkeiten liegen große Chancen. Gleichzeitig bilden derartige Konstellationen positive Vorbilder für die Jugendlichen.

Auch die durchaus in der Praxis vorzufindende Auffassung, dass nur Mitarbeiterinnen und Mitarbeiter mit Migrationshintergrund mit Migrantenjugendlichen arbeiten könnten, ist so nicht richtig und kann sich sogar als kontraproduktiv erweisen. Ein schlechtes Beispiel wäre, wenn in einem Projekt alle Fälle von Jugendlichen mit Migrationshintergrund immer dem einen Mitarbeiter mit Migrationshintergrund im Team zugewiesen werden. So entwickelt sich keine interkulturelle Kompetenz im Gesamtprojekt. Auch reicht es als Qualifikation nicht aus, Migrant zu sein; Fachkräfte und fachlicher Austausch sind gefragt.

Eine besondere Herausforderung ist, dass mit spezifischen Angeboten auch immer ein Stigmatisierungsrisiko einhergeht. Bereits in der Konzeption muss dieses Risiko kritisch reflektiert werden und möglichst minimiert werden. Spezialisierte Angebote sind nur da erforderlich, wo Jugendliche mit Migrationshintergrund durch die Regelangebote sonst nicht erreicht werden. Auch die Justiz kann hier eine Anregungsfunkti-

---

[14] Es bestehen unterschiedliche Modelle der Zuweisung, z.B. werden alle Jugendliche ohne deutschen Pass von einem freien Träger betreut oder je nach Migrationshintergrund werden die Jugendlichen von je unterschiedlich spezialisierten freien Trägern im Strafverfahren begleitet.

on für die Kinder- und Jugendhilfe übernehmen: Wenn z.B. Weisungen von dieser Gruppe von Jugendlichen vermehrt nicht erfolgreich abgeschlossen werden und aus diesem Grund z.B. Jugendarrest verhängt wird, sollten spezifische Angebote eingefordert werden.

Jede Differenzierung und Spezialisierung findet aber auch ihre organisatorische Grenze: in vielen pädagogischen Settings ist Gruppenarbeit das Mittel der Wahl, kann jedoch schlicht mangels Masse nicht immer umgesetzt werden. Dies bedeutet in bezug auf straffällige Jugendliche mit Migrationshintergrund auch, dass falls keine Gruppenangebote zeitnah und passend realisierbar sind, geeignete Einzelangebote entwickelt werden müssen.

Dauerhafte spezialisierte Angebote können langfristig auch den unerwünschten Nebeneffekt haben, dass keine interkulturelle Kompetenz in den Regeldiensten aufgebaut wird. Deshalb sollten in den Konzepten spezialisierter Angebote entsprechende Schnittstellen, Kooperationen und Übergänge zur Regelpraxis eingeplant werden.

Geschlechtsspezifische Ansätze bilden eine weitere pädagogische Herausforderung: Obwohl vor allem Jungen durch ihr Gewalthandeln auffällig werden und sich die Angebote fast nur, manchmal sogar ausschließlich, an sie richten, wird die männliche Geschlechterrolle in den meisten Konzeptionen nicht reflektiert. Dabei können je nach Migrationshintergrund mit der männlichen Geschlechterrolle eben auch unterschiedliche Werthorizonte verbunden sein, auf die differenziert eingegangen werden muss.

Hinzu kommt, dass die meisten Ansätze kognitiv und sprachlich orientiert sind, was bei Jugendlichen, die sich, aus welchen Gründen auch immer, nicht so gut sprachlich äußern können, zum Ausschluss bzw. Rückzug führt. Inzwischen sind zwar einige Spezialangebote entwickelt worden, die neue Wege einschlagen – z.B. indem sie eher körperbetont und bewegungsorientiert angelegt sind oder Musik als Medium nutzen, diese sind aber insgesamt nur selten vorzufinden.[15]

Eine große pädagogische Herausforderung ist auch die Entwicklung von opferbezogenen Strategien. Der kulturelle Hintergrund ist für die Bewältigung von Opfererfahrungen wichtig. Problematische Bewältigungsformen wie die Wiederherstellung der Ehre haben an Bedeutung gewonnen. Beleidigungen empfinden Kinder und Jugendliche als eine Form verbaler Gewalt. Sie wiegen manchmal schwerer als körperliche und können Eskalationen auslösen. Ein entsprechendes interkulturelles Wissen und notwendige Sensibilitäten sind erforderlich. Vergessen werden dürfen auch nicht die Diskriminierungserfahrungen vieler Jugendlicher mit Migrationshintergrund und die damit verbundenen (Re-)Ethnisierungsrisiken. In diesem Zusammenhang ist auch

---

[15] Die Arbeitsstelle Kinder- und Jugendkriminalitätsprävention hat fünf Expertisen zu jungenspezifischen Gewaltprävention in den Bereichen Kindertageseinrichtung, Schule, organisiertem Sport, außerschulischen Kinder- und Jugendhilfe sowie Jugendberufshilfe erstellen lassen. Diese stehen unter http://www.dji.de/cgi-bin/projekte/output.php?projekt=150&Jump1=RECHTS&Jump2=L2&EXTRALIT=%3CH3%3EExpertisen+zu+jungenspezifischen+Ans%E4tzen+in+der+Gewaltpr%E4vention%3C%2FH3%3E zum download bereit.

der Ausbau des Angebots an interkultureller Mediation zur konstruktiven Lösung von Konflikten mit interkulturellen Konstellationen wünschenswert.[16]

Von besonderem pädagogischem Belang ist auch die Entwicklung der Elternarbeit. Für viele Jugendliche mit Migrationshintergrund hat die Familie nach wie vor eine sehr hohe Bedeutung und erheblichen Einfluss. Meist ist die Migration ein „Familienprojekt" und stärkt den innerfamiliären Zusammenhalt. Auch ist wichtig die Rolle der Mütter bei der intergenerationellen Weitergabe von Gewalt nicht aus dem Blick zu verlieren. Eine große Herausforderung für die soziale Arbeit ist es, Zugang zu den Familien zu finden. Es gilt nicht nur Stolpersteine zu überwinden und Türöffner zu finden (vgl. Toprak 2004), sondern auch neue – mitunter ungewöhnliche – Ansätze zu entwickeln, wie z.B. bei dem Projekt der Stadtteilmütter in Berlin-Neukölln, das 2007 mit dem Berliner Präventionspreis ausgezeichnet worden ist.

Die Einbeziehung von Migrantenorganisationen bis hin zu Moscheevereinen ist zur Gestaltung und Implementierung von Angeboten notwendig, um vor Ort Zugänge zu finden und Bedarfslagen einzuschätzen. Wo möglich sollten auch weitergehende Kooperationen mit Migrantenverbänden gesucht werden.

Nicht zuletzt die Unruhen in den französischen Vorstädten haben gezeigt, wie problematisch entmischte Stadtteile sind. Möglichst frühzeitig muss Segregationsprozessen entgegengewirkt werden, denn ab einem bestimmten Punkt beginnt durch sich selbst verstärkende Prozesse eine Abwärtsspirale. In Deutschland sind solche Prozesse am ehesten in Berlin zu beobachten. Es geht um eng begrenzte Gebiete, Sozialräume, Stadtviertel. So ist z.B. nicht der gesamte Bezirk von Neukölln mit seinen über 300.000 Einwohnern problematisch, sondern nur einige „Kieze". Gleichzeitig gibt es – vielleicht auch gerade deshalb – in Berlin besonders viele Initiativen, Programme und Projekte, die versuchen diesen Entwicklungen mit sozialräumlichen Ansätzen entgegen zu steuern: von Quartiersmanagement bis zu den bereits oben genannten Stadtteilmüttern.

Zum Abschluss sei noch ausdrücklich auf eine große Aufgabe hingewiesen: Noch immer herrscht ein Defizitblick in Bezug auf Jugendliche mit Migrationshintergründen vor. Das Migrationserfahrungen oder Migrationshintergründe – gerade in einer Einwanderungsgesellschaft vor dem Hintergrund der Globalisierung – auch Stärken und Kompetenzen von Kindern und Jugendlichen bedeuten, wird viel zu wenig gesehen. Strategien, die an diesen Ressourcen positiv ansetzen, müssen verstärkt entwickelt werden.

Zusammenfassend kann bilanziert werden, dass mittlerweile eine ganze Reihe von Konzepten, Strategien und Ansätzen für die pädagogische Arbeit mit straffälligen männlichen Jugendlichen vorliegen. Nun kommt es darauf an, dass angepasst auf den je unterschiedlichen Bedarf vor Ort eine entsprechende Angebotsstruktur aufgebaut wird, damit geeignete Ansätze überall dort, wo sie benötigt werden, auch vorhanden

---

[16] Auch hier gilt es zu differenzieren: Nicht jeder Konflikt zwischen einem Jugendlichen mit Migrationshintergrund und einem Jugendlichen ohne oder mit anderem Migrationshintergrund muss ein interkultureller Konflikt sein; dies wäre möglicherweise eine Ethnisierung eines normalen jugendtypischen Konflikts. Gleichwohl muss aber in solchen Konfliktkonstellation sensibel mit eventuellen ethnischen Besonderheiten umgegangen werden.

sind. Wie in anderen Bereichen der Kriminalitätsprävention auch gilt es, die Ansätze zu evaluieren, auf dieser Basis weiterzuentwickeln und neues Fachwissen zu generieren.[17]

Jenseits der Kriminalitätsprävention gilt es, sich den Herausforderungen der Einwanderungsgesellschaft zu stellen und allen Jugendlichen egal ob mit ohne Migrationshintergrund die Möglichkeit zu schaffen, sich in die Gesellschaft mit einer eigenen Zukunftsperspektive zu integrieren.

In diesem Beitrag konnten viele Fragen nur angerissen werden. Es wurden eher neue Fragestellungen aufgeworfen als Antworten gegeben. Ich hoffe aber, für dieses Thema sensibilisiert und die eine oder andere neue Perspektive eröffnet zu haben. Ich bin überzeugt, dass wir alle in unseren jeweiligen Handlungsfeldern gefordert sind, die beschriebene gesellschaftliche Situation zur Kenntnis zu nehmen, die eigene Praxis zu reflektieren und entsprechend fortzuentwickeln.

---

[17] In diesem Zusammenhang wird in der Arbeitsstelle Kinder- und Jugendkriminalitätsprävention z.Z. in einem eigenen Projektmodul ein neues Instrument („das logische Modell") erprobt, dass jenseits von (quasi-)experimentellen Designs die Chance bieten soll, sich der Wirksamkeitsfrage auch in wenig formalisierten pädagogischen Settings zu nähern.

Literatur

Arbeitsstelle Kinder- und Jugendkriminalitätsprävention (Hrsg.)(2002) Die mitgenommene Generation. Aussiedlerjugendliche – eine pädagogische Herausforderung für die Kriminalitätsprävention. München.

Arbeitsstelle Kinder- und Jugendkriminalitätsprävention (Hrsg.)(2007) Strategien der Gewaltprävention im Kindes- und Jugendalter. Eine Zwischenbilanz in sechs Handlungsfeldern. München.

Autorengruppe Bildungsberichterstattung (Hrsg.)(2008) Bildung in Deutschland 2008. Ein indikatorengestützter Bericht mit einer Analyse zu Übergängen im Anschluss an den Sekundarbereich I. Bielefeld.

Baier, Dirk (2008) Entwicklung der Jugenddelinquenz und ausgewählter Bedingungsfaktoren seit 1998 in den Städten Hannover, München, Stuttgart und Schwäbisch Gmünd. Hannover. KFN-Forschungsbericht Nr. 104

Baier, Dirk/Pfeiffer, Christian (2007) Gewalttätigkeit bei deutschen und nichtdeutschen Jugendlichen – Befunde der Schülerbefragung 2005 und Folgerungen für die Prävention. Hannover. KFN-Forschungsbericht Nr. 100.

Baier, Dirk/Pfeiffer, Christian/Windzio, Michael (2006) Jugendliche mit Migrationshintergrund als Opfer und Täter. In: Heitmeyer, Wilhelm/Schröttle, Monika (Hrsg.): Gewalt. Beschreibungen, Analysen, Prävention. Bonn. S. 240-268.

Boers, Klaus/Walburg, Christian/Reinecke, Jost (2006) Jugendkriminalität – Keine Zunahme im Dunkelfeld, kaum Unterschiede zwischen Einheimischen und Migranten. In: Monatsschrift für Kriminologie und Strafrechtsreform, 89. Jg., Heft 2, S. 63-87.

Boers, Klaus/Reinecke, Jost (Hrsg.)(2007) Delinquenz im Jugendalter. Erkenntnisse einer Münsteraner Längsschnittstudie. Münster, New York, München, Berlin.

Brettfeld, Karin/Wetzel, Peter (2007) Muslime in Deutschland – Integration, Integrationsbarrieren, Religon sowie Einstellungen zu Demokratie, Rechtsstaat und politisch-religiös motivierter Gewalt. Ergebnisse von Befragungen im Rahmen einer multizentrischen Studie in städtischen Lebensräumen. Hamburg.

Brüß, Joachim (2004) Zwischen Gewaltbereitschaft und Systemvertrauen. Eine Analyse zu aggressivem antisozialem Verhalten zwischen deutschen, türkischen und Aussiedler-Jugendlichen. In: Psychologie in Erziehung und Unterricht, 51. Jg., S. 201-212.

Bund-Länder-AG (2007) „Entwicklung der Gewaltkriminalität junger Menschen mit einem Schwerpunkt auf städtischen Ballungsräumen" Bericht zur IMK-Herbstsitzung 2007 (Berichtsstand 16. November 2007).

Bundesamt für Migration und Flüchtlinge (Hrsg.)(2007) Migrationsbericht 2006. Berlin.

Bundesinstitut für Bevölkerungsforschung in Zusammenarbeit mit dem Statistischen Bundesamt (Hrsg.)(2008) Bevölkerung. Daten, Fakten, Trends zum demographischen Wandel in Deutschland. Wiesbaden.

Bundesjugendkuratorium (2008) Pluralität ist Normalität für Kinder und Jugendliche. Vernachlässigte Aspekte und problematische Verkürzungen im Integrationsdiskurs.

Bundeskriminalamt (Hrsg.)(2008) Polizeiliche Kriminalstatistik 2007. Bundesrepublik Deutschland. Wiesbaden.

Bundesregierung (Hrsg.)(2008) Lebenslagen in Deutschland. Der 3. Armuts- und Reichtumsbericht der Bundesregierung. [www.bmas.de/coremedia/generator/26742/property=pdf/dritter__armuts__und__r eichtumsbericht.pdf] [Zugriff 26.6.2008].

Der Polizeipräsident von Berlin (Hrsg.) Polizeiliche Kriminalstatistik. Berlin 2005. Berlin.

Der Polizeipräsident von Berlin (Hrsg.) Polizeiliche Kriminalstatistik. Berlin 2006. Berlin.

Der Polizeipräsident von Berlin (Hrsg.) Polizeiliche Kriminalstatistik. Berlin 2007. Berlin.

Die Beauftragte der Bundesregierung für Migration, Flüchtlinge und Integration (Hrsg.)(2007) 7. Bericht der Beauftragten der Bundesregierung für Migration, Flüchtlinge und Integration über die Lage der Ausländerinnen und Ausländer in Deutschland. Berlin.

Hamburger, Franz (2008) Differenzierung der Migration. Migration und Soziale Arbeit, 30. Jg., Heft 2, S. 92-100.

Haug, Sonja/Baraulina, Tatjana/Babka von Gostomski, Christian (unter Mitarbeit von Stefan Rühl und Michael Wolf)(2008) Kriminalität von Aussiedlern. Eine Bestandaufnahme (Working Paper 12 der Forschungsgruppe des Bundesamtes für Migration und Flüchtlinge), [www.bamf.de/cln_011/nn_444062/SharedDocs/Anlagen/DE/ Migration/Publikationen/Forschung/WorkingPapers/wp12-kriminalitaet-aussiedler. html] [Zugriff 26.5.2008].

Haug, Sonja/Rühl, Stefan/Babka von Gostomski, Christian (2008) Migranten als Täter und Opfer von Gewalt und Kriminalität. Bewährungshilfe – Soziales – Strafrecht – Kriminalpolitik, 55. Jg, Heft 3, S. 211-227.

Heitmann, Helmut/Korn, Judy/Mücke, Thomas (2008) Präventions- und Bildungsarbeit mit gewaltbereiten sowie vorurteilsmotivierten Jugendlichen mit Migrationshintergrund. Bewährungshilfe – Soziales – Strafrecht – Kriminalpolitik, 55. Jg, Heft 3, S. 238-249.

Heitmeyer, Wilhelm/Möller, Renate/Babka von Gostomski, Christian/Brüß, Joachim/Wiebke, Gisela (2005) Forschungsprojekt Integration, Interaktion sowie die Entwicklung von Feindbildern und Gewaltbereitschaft bei Jugendlichen deutscher und türkischer Herkunft sowie bei Aussiedler-Jugendlichen unter besonderer Berücksichtigung ethnisch-kultureller Konfliktkonstellationen (Längsschnittstudie). Zwischenbericht II (2. Förderphase: 01.11.2002-31.10.2005). Bielefeld. [www.unibielefeld.de/ikg/download/Projekt_Feindbilder_Zwischenbericht-2.pdf].

Kompetenzzentrum für familienbezogene Leistungen (2008) Dossier. Armutsrisiken von Kindern und Jugendlichen in Deutschland. Berlin/Basel.

Konsortium Bildungsberichterstattung im Auftrag der Ständigen Konferenz der Kultusminister der Länder in der Bundesrepublik Deutschland und des Bundesministeriums für Bildung und Forschung (Hrsg.)(2006) Bildung in Deutschland. Ein indikatorengestützter Bericht mit einer Analyse zu Bildung und Migration. Bielefeld.

Landeskommission Berlin gegen Gewalt (Hrsg.)(2007) Gewalt von Jungen, männlichen Jugendlichen und jungen Männern mit Migrationshintergrund in Berlin. Bericht und Empfehlungen einer von der Landeskommission Berlin gegen Gewalt eingesetzten Arbeitsgruppe. Berliner Forum Gewaltprävention Nr. 28, 8. Jg..

Mansel, Jürgen (2008) Ausländer unter Tatverdacht. Eine vergleichende Analyse von Einstellung und Anklageerhebung auf der Basis staatsanwaltlicher Ermittlungsakten. Kölner Zeitschrift für Soziologie und Sozialpsychologie, 60. Jg, Heft 3, S. 551-578.

Naplava, Thomas (2002) Delinquenz bei einheimischen und immigrierten Jugendlichen im Vergleich. Sekundäranalyse von Schülerbefragungen der Jahre 1995-2000. Arbeitspapier Nr. 5. Freiburg.[www.mpicc.de/shared/data/pdf/workingpaper5.pdf].

Ohder, Claudius/Huck, Lorenz (2006) Intensivtäter Teil 1. Ergebnisse der Analyse von „Intensivtäterakten" der Staatsanwaltschaft Berlin. Berlin Forum Gewaltprävention Nr. 26, 7. Jg., S. 6-56.

Ohder, Claudius (2007) Intensivtäter in Berlin. Teil 2. Ergebnisse der Befragung von „Intensivtätern" sowie der Auswertung ihrer Schulakten. Berliner Forum Gewaltprävention Nr. 33, 8. Jg., S. 5-76.

Pfeiffer, Christian/Kleimann, Matthias/Petersen, Sven/ Schott, Tilmann (2004) Probleme der Kriminalität bei Migranten und integrationspolitische Konsequenzen. Expertise für den Sachverständigenrat für Zuwanderung und Integration (Zuwanderungsrat) der Bundesregierung. KFN.

Pluto, Liane/Gragert, Nicola/van Santen, Eric/Seckinger, Mike (2007) Kinder und Jugendhilfe im Wandel. Eine empirische Strukturanalyse. München.

Robert Koch Institut (Hrsg.)(2008a) Kinder- und Jugendgesundheitssurvey (KiGGS) 2003 -2006: Kinder und Jugendliche mit Migrationshintergrund in Deutschland. Berlin.

Robert Koch Institut (Hrsg.)(2008b) Migration und Gesundheit. Schwerpunktbericht der Gesundheitsberichterstattung des Bundes. Berlin.

Saad, Fadi (2008) Der große Bruder von Neukölln. Ich war einer von ihnen – vom Gang-Mitglied zum Streetworker. Freiburg.

Sauer, Martina (2007) Perspektiven des Zusammenlebens: Die Integration türkischstämmiger Migrantinnen und Migranten in Nordrhein-Westfalen. Ergebnisse der achten Mehrthemenbefragung. Essen (Zentrum für Türkeistudien).

Schweer, Thomas/Strasser, Hermann/Zdun, Steffen (2008) „Das da draußen ist ein Zoo, und wir sind die Dompteure." Polizisten in Konflikt mit ethnischen Minderheiten und sozialen Randgruppen. Wiesbaden.

Statistisches Bundesamt (Hrsg.)(2008a) Bevölkerung und Erwerbstätigkeit. Bevölkerung mit Migrationshintergrund – Ergebnisse des Mirkozensus 2006 (Fachserie 1 Reihe 2.2). Wiesbaden.

Statistisches Bundesamt (Hrsg.)(2008b) Bevölkerung und Erwerbstätigkeit. Ausländische Bevölkerung Ergebnisse des Ausländerzentralregisters 2007 (Fachserie 1 Reihe 2). Wiesbaden.

Toprak, Ahmet (2004) Türöffner und Stolpersteine. Elternarbeit mit türkischen Familien als Beitrag zur Gewaltprävention. München.

Walburg, Christian (2007a) Jung, fremd und gefährlich? Migration und Jugendkriminalität. Neue Kriminalpolitik, 19. Jg., Heft 4, S. 142-147.

Walburg, Christian (2007b) Migration und selbstberichtete Delinquenz. In: Boers, Klaus/Reinecke, Jost. S. 241-268.

Walter, Joachim (2007) Überrepräsentation von Minderheiten im Strafvollzug. Neue Kriminalpolitik, 19. Jg., Heft 4, S. 127-133.

Uslucan, Haci-Halil (2008) Gewaltbelastungen von Jugendlichen mit Migrationshintergrund. In: Scheithauer, Herbert/Hayer, Tobias/Niebank, Kay (Hrsg.): Problemverhalten und Gewalt im Jugendalter. Erscheinungsformen, Entstehungsbedingungen, Prävention und Intervention. Stuttgart. S. 289-301.

Abbildungen

Abbildung 1

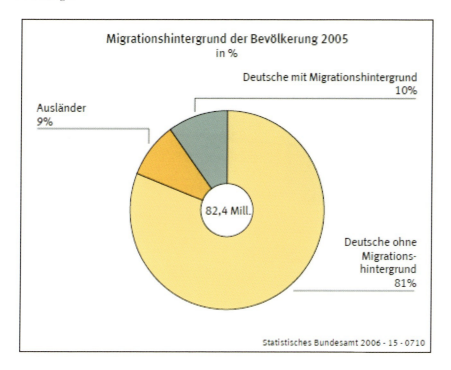

Abbildung 2

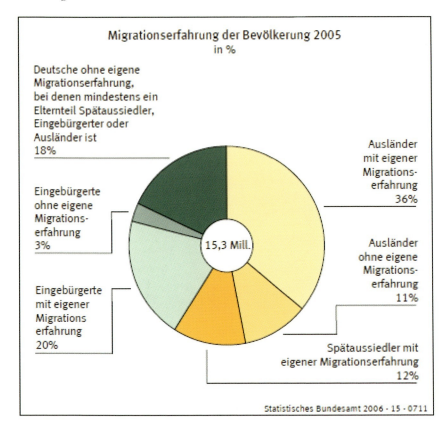

Abbildung 3

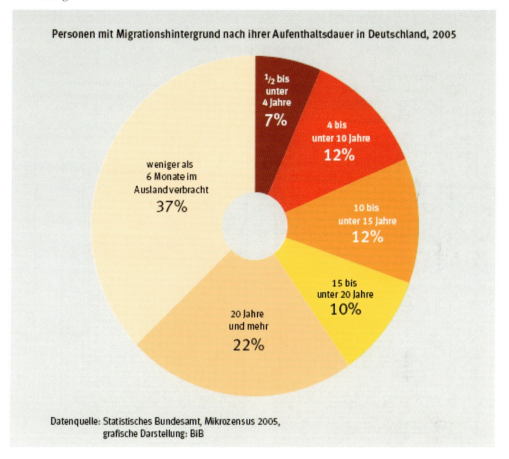

Daten, Fakten, Trends zum demographischen Wandel in Deutschland, 2008

Abbildung 4

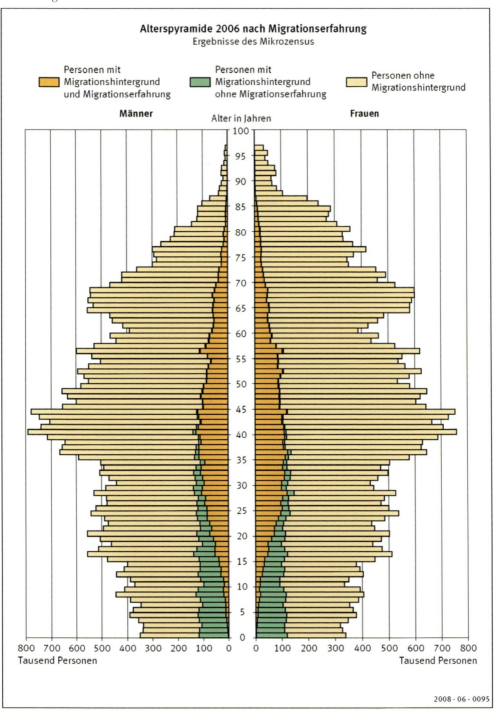

Quelle: Statistisches Bundesamt 2008, S. 15 (Fachserie 1 Reihe 2.2)

Abbildung 5

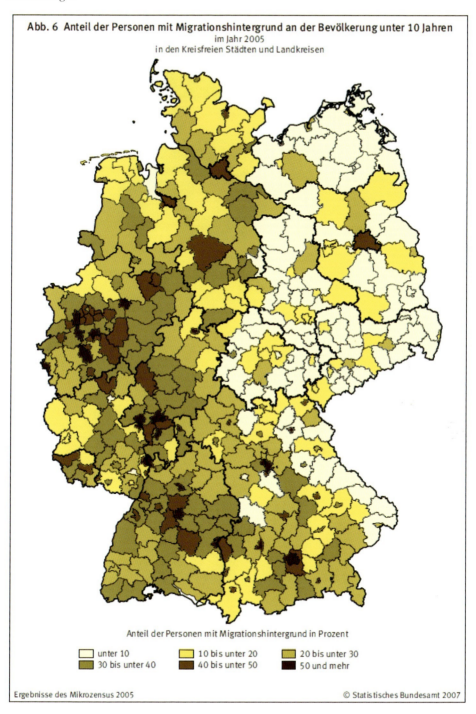

Quelle: Statistisches Bundesamt 2007, S. 19 (Fachserie 1 Reihe 2.2)

Abbildung 6

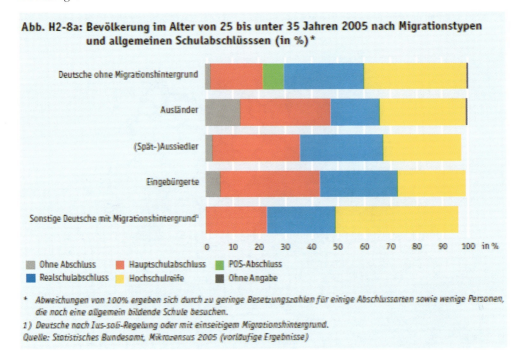

Quelle: Konsortium Bildungsberichterstattung 2006, S. 152

Abbildung 7

Tab. H3-1: Migrantenanteil 2000 in den Schularten der Jahrgangsstufe 9 nach Herkunftsregionen (in %)

Migrationshintergrund/ Herkunftsgruppe	15-Jährige nach Bildungsgang			
	HS	RS	IGS	GY
	in %			
Ohne Migrationshintergrund	16,6	38,6	11,6	33,2
Mit Migrationshintergrund insgesamt	31,8	29,7	14,0	24,6
davon:				
Türkei	48,3	22,1	17,0	12,5
Sonstige ehemalige Anwerbestaaten	30,0	31,4	13,6	25,1
(Spät-)Aussiedler (ehem. Sowjetunion)	38,4	33,6	9,8	18,2
Sonstige Staaten	20,5	29,3	15,5	34,6

Quelle: PISA E 2000, eigene Berechnungen

Quelle: Konsortium Bildungsberichterstattung 2006, S. 152

Abbildung 8

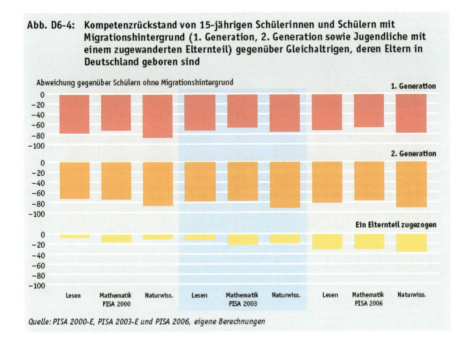

Quelle: Autorengruppe Bildungsberichterstattung 2008, S. 85

THOMAS BLIESENER

Kriminalität junger Menschen mit Migrationshintergrund – Diskussion[1]

Wie in den vorangegangenen Vorträgen wurde auch in den anschließenden Diskussionsbeiträgen deutlich, dass die Ursachen der Kriminalität junger Menschen mit Migrationshintergrund im Wesentlichen in einer unzureichenden oder fehlgeleiteten Integration gesehen werden.

Auf seine Ausführungen zur Kulturkonflikttheorie angesprochen, machte *Uslucan* deutlich, dass insbesondere unter türkischen Migranten eine hohe Unsicherheit und ein hohes Anomieerleben herrsche. In türkischen Familien sei eine intergenerationale Vermittlung von Werten üblich, indem diese von den Eltern an die Kinder weitergegeben würden. Dabei ergeben sich besondere Integrationshemmnisse durch transnationale Ehen. Dies bedeutet, dass türkische Männer der zweiten und dritten Generation junge Frauen aus der alten Heimat heirateten. Diese jungen Frauen stellten dann erneut eine erste Generation dar und erzögen ihre Kinder entsprechend der alten Werte. Während bei einigen anderen Migrantengruppen die Folgen der Migration in der dritten Generation kaum noch zu spüren seien, sei dies aufgrund dieses Musters der Eheschließungen bei vielen Türken anders. Da diese Frauen zudem in Deutschland keine eigenen sozialen Netzwerke hätten, seien sie sowohl rechtlich als auch sozial völlig an ihren Mann gebunden und von ihm abhängig.

Bezüglich der innerfamiliären Erziehung führte *Uslucan* weiter aus, dass in türkischen Familien die Mutter die Hauptverantwortung für die Erziehungsarbeit trage, während der Vater vornehmlich die Repräsentation der Familie nach außen übernähme. Ihm obliege allerdings in der Regel auch die Disziplinierung der Kinder bei Fehlverhalten. So ließen die Mütter oft vieles durchgehen und warteten auf die Reaktion des Vaters, wenn er nach Hause käme. Daraus ergebe sich, so *Uslucan* häufig eine Inkonsistenzerfahrungen bei den türkischen Migranten, da der Vater Normen für ein Verhalten anlegen müsse, das er selbst kaum beurteilen könne, da es in seiner Abwesenheit gezeigt wurde.

Ein weiterer Diskussionspunkt war die Einstellung zur Gewalt bei jungen Migranten. Unter jugendlichen Intensivtätern seien Jugendliche mit Migrationshintergrund deutlich überrepräsentiert und empirische Studien zeigten, dass die Gewaltneigung mit dem Ausprägungsgrad einer fundamentalistischen Einstellung korrespondiere. Dieser

---

[1] Mein herzlicher Dank geht an Mario Bachmann, Nicole Kolatzki, Denise Kühn, Jenny Oelsner für die Anfertigung einer Mitschrift der Diskussion.

Sachverhalte würden teilweise von den Medien besonders aber auch im Wahlkampf hervorgehoben und zuweilen sehr überspitzt dargestellt.

Uslucan ergänzte hierzu, dass die Gewaltbelastung bei muslimischen Migranten nicht höher sei als bei anderen Migranten. Es gebe aber eine kleine fundamentalistische Gruppe, die eine höhere Gewaltbelastung habe. Diese habe oft selbst Gewalterfahrungen gemacht. Eine antiintegrative Tendenz zeige sich vor allem bei denjenigen Muslimen, die den Islam eher aus einer Tradition wählten als bei Muslimen, die die Religion intellektuell reflektierten. Es sei allerdings festzustellen, dass die Gewaltakzeptanz bei Muslimen generell etwas höher ausfalle, dies jedoch nicht für die Gewaltbereitschaft gelte. Nicht jeder, der Gewalt akzeptiert, übe sie auch aus.

In der weiteren Diskussion wurden auch die so genannten Ehrenmorde thematisiert. Diese entsprächen weder dem muslimischen noch dem deutschen Glauben. Hier herrsche Uneinigkeit in der Rechtswissenschaft bezüglich des Mordmerkmals der niedrigen Beweggründe. Besonders stelle sich aber die Frage, was dagegen zu tun sei. Hier führt *Uslucan* aus, dass sich Ehrenmorde nicht religiös begründen oder legitimieren ließen. Auch in der Türkei würden Ehrenmorde als Mord sanktioniert, allerdings würde in den ländlichen Provinzen häufig keine Strafverfolgung vorgenommen. Viele Menschen seien der Überzeugung, dass der soziale Tod, der sich aus einer ungesühnten Verletzung der Familienehre ergebe, schlimmer sei als eine Gefängnisstrafe. Insofern sähen sich die Männer gezwungen, auf eine Ehrverletzung zu reagieren. An diesem überkommenen Männlichkeitsbild müsse unbedingt gearbeitet werden. Allerdings sei in diesem Punkt die mediale Darstellung „aufgebauscht", die Prävalenz von Ehrenmorden sei sehr gering. Viele türkische Familien würden so jedoch verdächtigt, potentielle Ehrenmörder zu sein.

Auch das Thema der Segregation wurde in der Diskussion von verschiedenen Seiten beleuchtet. Einerseits seien ethnische Netzwerke für junge Migranten durchaus sinnvoll und haltgebend, langfristig seien Segregationstendenzen für die Integration jedoch höchst problematisch. Nach *Uslucans* Untersuchungen gehe Integration auch nicht zwangsläufig mit psychischem Wohlbefinden einher. Für dieses sei eine langfristige Integration wesentlich günstiger. Ein weiteres Problem stelle sich dadurch, dass Personen mit gelungener Integration oft aus den defizitären Gebieten wegzögen, deren Wohnungen und Positionen dann aber wieder durch sozial Schwächere besetzt würden. Die Gründe dafür seien sowohl überindividuell (niedrige Mieten, Infrastruktur) als auch individuell (soziale Netzwerke unter Migranten) zu finden. Zudem, so ergänzte *Uslucan*, sei nach eigenen Untersuchungen der Akkulturationsdruck in rein ethnischen Kommunen geringer als in ethnisch heterogenen Gemeinden. Die Segregation vieler Migranten sei allerdings nicht nur selbstinitiiert. Viele Menschen mit Migrationshintergrund seien erheblich vorurteilsgefährdet und machten deutliche Ausgrenzungserfahrungen. Auch in Reaktion darauf käme es vielfach zu eigenen Abgrenzungsbemühungen.

Wie die weiteren Diskussionsbeiträge zeigten, wurde hier auch eine erhebliche Verantwortung der Kommunen gesehen, diesen Segregationstendenzen entgegenzuwirken. Als ein positives für eine gelungene Integration wurde von *Bannenberg* Brake bei Detmold genannt. Hier sei es durch gezielte stadtplanerische Maßnahmen gelungen, Veränderungen im Stadtbild vorzunehmen, Schulen und Freizeitangebote attraktiver zu machen und eine Bevölkerungsstruktur zu erreichen, die Segregationstendenzen minimiert. Entgegen diesem Beispiel, seien in den Kommunen aber häufig Tendenzen zu erkennen, segregierte Areale zu schaffen. Diese kommunalen Bemühungen stießen zudem auf entsprechende Wünsche der Menschen mit Migrationshintergrund, unter sich zu bleiben. Dadurch würden Integrationsbemühungen jedoch erheblich erschwert. Gleichzeitig gelte es aber zu berücksichtigen, dass auch der Begriff des Migranten für Stigmatisierungen verwendet werde und deshalb stets die politisch-gesellschaftlichen Folgen der Verwendung derartiger Stigmatisierungsbegriffe beobachtet werden müssten. Zudem wurde in der Diskussion festgestellt, dass auch innerhalb der Gruppe der türkischstämmigen Mitbürger zu unterscheiden sei. So seien Türkeitürken häufig moderner in ihren Auffassungen und Einstellungen als Deutschtürken, die an den Entwicklungen der letzten 20 Jahre zuweilen nur mittelbar teilgenommen haben.

An den Vortrag von *Holthusen* zur pädagogischen Herausforderung durch straffällige Jugendliche mit Migrationshintergrund schloss sich zunächst eine Diskussion der Frage an, was die Schule zur Förderung der Integration junger Migrationen tun könne. Hier wurde zunächst auf unterschiedliche Gepflogenheiten und Erwartungshaltungen verwiesen. So sei es in den Herkunftsländern vieler Migranten üblich, dass die Lehrkräfte die Familien aufsuchten, wenn Schwierigkeiten in der Schule aufträten. In westlichen Ländern erhielten die Eltern in einem derartigen Fall dagegen oft nur einen telefonischen Hinweis, aus dem Eltern mit Migrationshintergrund dann oft auf eine nur geringe Bedeutsamkeit des Problems schließen würden. Derartige Missverständnisse ließen sich dadurch vermeiden, indem Eltern und Schule mehr zusammenarbeiteten. Ein entscheidender Faktor sei auch die Sprachförderung insbesondere in den Spätaussiedlerprojekten. Jugendliche würden häufig aufgrund ihrer Sprachschwierigkeiten um teilweise zwei Jahrgangsstufen in jüngere Klassen zurückgesetzt. Es bestehe dann nicht nur ein kultureller Konflikt, sondern auch eine Altersdiskrepanz, die die Integration zusätzlich erschwere. Hier wäre eine Überlegung, eine Gruppierung der Teilnehmer an den Sprachkursen nach dem Sprachniveau und nicht nach dem Alter vorzunehmen.

Ergänzend wurde festgestellt, dass die Lage im Bereich der ambulanten Maßnahmen besonders kritisch sei. Das Angebot an ambulanten Integrationsmaßnahmen sei gering, unter den Zielgruppen kaum bekannt und würde wenig in Anspruch genommen. Auf die Frage nach funktionierenden Praxismodellen führte *Holthusen* aus, dass die Datenlage derzeit teilweise noch unzureichend sei. Angaben über die verschiedenen Angebote (z.B. soziale Trainingskurse), ihre Träger und Zielgruppen lägen zwar vor, es bestehe aber noch ein erheblicher Forschungsbedarf, unter welchen Umständen und bei welchen Zielgruppen die verschiedenen Angebote einen Erfolg versprächen. Weiterhin wurde problematisiert, in wie weit die von den Jugendämtern zur Verfügung gestellten Informationen zuverlässig und valide seien, bzw. wie Antwortfärbungen in Richtung erwünschter Antworten durch methodisch versiert eingesetzte Verfahren kontrolliert werden können.

Problematisch sei zudem die Situation im Bereich der Maßnahmen und Angebote für straffällige Jugendliche. Die defizitäre Situation setze sich Strafvollzug fort. Dort gebe es keine speziellen Maßnahmen für Ausländer. Auch die Entlassungsvorbereitung müsse umfassender durch die Jugendhilfe vorgenommen werden. Zudem müsse die Jugendhilfe die Sprache der jeweiligen Personen mit Migrationshintergrund sprechen. Dies funktioniere teilweise in den Ballungsgebieten, in denen bereits sprachkundige Polizisten eingesetzt würden, recht gut. In den Flächenstaaten sei dies aber schwierig umzusetzen. Eine interkulturelle Ausrichtung sei allerdings auch für Konzepte wie den Täter-Opfer-Ausgleich dringend notwendig. *Bannenberg* ergänzte hierzu, dass an der Universität Hagen ein Projekt begonnen habe, in dem von türkischen Wissenschaftlerinnen ein Verfahrensskript für die Mediation mit Migranten entwickelt würde.

Wie die weitere Diskussion zeigte, herrschte Einigkeit unter den Teilnehmern, dass die rechtlichen Rahmenbedingungen ausreichen, das Hauptproblem dagegen bei den praktischen Angeboten und Maßnahmen liege. Wenn es bei den Maßnahmen Sprachprobleme gebe, sei dies keine Herausforderung für den Gesetzgeber. Handlungsbedarf bestehe allerdings dann, wenn fehlende Angebote in einer Anhebung der Strafmaßhärte (z.B. Beugearrest) mündeten.

Ein weiteres Thema der Diskussion waren unterschiedliche Strafempfindlichkeiten bei Personen mit Migrationshintergrund. Vielen Jugendlichen seien aus ihrem Herkunftsland andere Verhaltensweisen und insbesondere auch ein anderes Vorgehen der Polizei und Justiz bekannt. Vor diesem Erfahrungshintergrund würden in Deutschland verhängte Strafen wie zum Beispiel ein sozialer Trainingskurs häufig belächelt. Hier bestand jedoch Konsens, dass Deutschland als Aufnahmeland seine Rechtskultur nicht aufgeben dürfe, nur um Straftäter mit Migrationshintergrund zu beeindrucken. Die Härte, die einige Migranten von zu Hause kennen würden, dürfe nicht im deutschen Strafrecht reproduziert werden. Zudem sei dies eine eindeutige Diskriminierung, die auch von den Migranten registriert würde und so eine Integration erschweren könne. Weiter wurde ergänzt, dass der Jugendrichter auch nicht zur nächst härteren Maßnahme greifen dürfe, wenn es keine ambulanten Maßnahmen für den spezifischen Täter gebe. Das sehe in der Praxis jedoch oft anders aus. Häufig gebe es keine Differenzierungen mehr, die Strafe würde einfach von zwei auf drei Jahre erhöht, ohne dass gesagt würde, was in dieser Zeit eigentlich im Sinne einer Behandlung bzw. Maßnahme geschehen solle. Wichtig sei in jedem Fall eine genaue Einzelfalldiagnose, unabhängig vom Migrationshintergrund.

Abschließend wurde das Verhältnis von JGG und Aufenthaltsgesetz diskutiert. Hier wurde eingewandt, dass das Aufenthaltsgesetz und der Erziehungsgedanke miteinander kompatibel gemacht werden müsse. Es bestehe die Möglichkeit für Ausländerbehörden, Einsicht in das Erziehungsregister zu nehmen, und zwar bis zu einem Alter von 24 Jahren. Weiterhin käme einem aufenthaltsrechtlichen Urteil bezüglich einer Ausweisung auch eine generalpräventive Wirkung zu. Dies sei jedoch kein Ziel des Jugendstrafrechts. Über das Aufenthaltsgesetz werde dies aber in das JGG eingeführt. Schließlich sei auch eine schnelle Ausweisung häufig kontraproduktiv, da Integrationsmaßnahmen für Ausländer mit unsicherer Aufenthaltszeit kaum zugänglich gemacht würden.

Zusammenfassend wurde festgestellt, dass von den Teilnehmern der Diskussion keine Notwendigkeit für gesetzliche Änderungen gesehen wird. Bei der Strafzumessung sei jedoch zu bedenken, dass erneute Straftaten verhindern werden sollen, nicht jedoch ein Übel ausglichen werden müsse. Defizite der gegenwärtigen Situation seien allerdings in zu wenig spezifischen Angeboten für jungen Menschen mit Migrationshintergrund und in der Aus- und Weiterbildung der beteiligten Personen erkennbar.

MICHAEL WALTER

Kriminalpolitik in der Mediengesellschaft: Was kann die Kriminologie ausrichten?

A. Brisante Fragestellung

Es geht im Folgenden um den kriminalpolitischen Einfluss „der" Kriminologie. „Die" Kriminologie gibt es bekanntlich so allgemein nicht. Gleichwohl betreiben viele Kriminologen eine „angewandte Kriminologie". Darunter darf man eine Beschäftigung mit den Erscheinungen des Strafrechts verstehen, die letztlich eine wie auch immer verstandene Verbesserung der Rechtsanwendung beabsichtigt und aus dieser Zielsetzung heraus ihre Legitimität und Bedeutung herleitet. In den vergangenen Jahren wurden Evaluationsverfahren entwickelt und diskutiert, um – u.a. – die Wirksamkeit kriminalpolitischer Zweckprogramme bestmöglich zu erkunden und um die Ergebnisse mit den Zielvorgaben zu vergleichen.[1] Doch die vorzüglichsten Programme und Vorschläge nützen wenig, wenn sie in der Öffentlichkeit nicht aufgegriffen und in die Realität umgesetzt werden. Wie aber steht es damit? Die negativste Variante wäre die, dass Kriminologen zwar bestimmte Sichtweisen entwickeln und Modelle unterbreiten, diese aber wegen medialer Ignoranz kaum Gehör fänden.

Die Frage, welche politische Bedeutung kriminologische Forschung denn heute tatsächlich besitze, begegnet nicht selten erheblichen Einwänden und Vorurteilen. Diese sollen vorab ausgeräumt werden, um gleichsam freie Bahn zur Entfaltung der Problematik zu bekommen. Als erstes sei betont, dass der folgende Beitrag kein Jammern darüber enthält, dass Medien oft nicht die Inhalte verbreiten, die manche Kriminologen gern in den Zeitungen und Fernsehbeiträgen sehen würden. Es geht zweitens um keine sogenannte „Medienschelte", obwohl durch diese besondere Wortschöpfung die Freiheit, auch Medien zu kritisieren, weder beschnitten noch als ungehörig unterbunden werden kann und darf. Die anschließende Darstellung beabsichtigt im Gegenteil, das Agieren von Medien besser zu verstehen. Vor allem wird der Versuch unternommen, die Analyse medialer Kriminalitätspräsentationen und Kriminalitätsbekämpfungen in einen tragfähigen kriminologischen Rahmen zu stellen. Denn Medien konstituieren eine eigene Welt, deren Eigenart erst zugänglich wird, nachdem wir diese Konstitutionsbedingungen verstanden haben. Zu erwarten sind im folgenden Text darum nicht etwa irgendwelche feuilletonistischen Gedanken über Kriminologie und Medien, sondern Bemühungen um das Verständnis der Medien als gesellschaftliche Agenten. Sie sollen als Einrichtungen begriffen werden, die auch Politik machen und vordergründig in Konkurrenz zu einer angewandten Kriminologie auftreten, die ebenfalls

---

[1] S. etwa die Beiträge i. Lösel/Bender/Jehle (2007) sowie Home Office Research Study 291, hrsg. v. Harper/chitty (2005)

daran interessiert ist, ihre Angebote und Möglichkeiten „an den Mann zu bringen" oder „zu vermarkten".

B. Gestiegener Einfluss der Medien

Die vorgegebene Überschrift des Beitrags unterstellt die Existenz einer Mediengesellschaft. Was heißt das? Sicherlich haben die Medien in unserer Gesellschaft an Bedeutung gewonnen. Es kommt verstärkt auf medial vermittelte Eindrücke an. Politiker müssen einen sympathischen und gewinnenden Eindruck machen[2], Politik wird vermehrt bildlich vorgeführt. Politiker werden Fernsehstars und manche Stars werden Politiker(innen). Medien kommunizieren in unterschiedlichsten Formen mit der Öffentlichkeit, sie fangen Stimmungen und Meinungen ein, bilden Diskussionsforen, veranstalten Talkshows, beziehen insgesamt ihre Konsumenten und deren Urteile in ihre Produktionen ein.

Darüber hinausgehend gibt es einen neuen Populismus. Während unsere Verfassung und die Rechtsordnungen eine repräsentative Demokratie favorisieren, bei der gewählte Volksvertreter jeweils eine Legislaturperiode lang amtieren, das Volk insofern nur mittelbar durch Wahlen mitwirkt, findet vermehrt eine andauernde Erfassung von Volksmeinungen zu aktuellen Einzelfragen statt. Sendungen wie das „Politbarometer" erfassen kontinuierlich den Kurswert der wichtigsten Politiker. Dabei wird vorgeführt, wie bestimmte Meinungen und Selbstdarstellungen der Akteure deren Punkteskala beeinflussen. Man kann von einer Wende von der Demokratie zur Demoskopie sprechen. Die Politik orientiert sich weniger an umfassenden Konzepten, sondern verstärkt an isolierten Meinungen, die im Wege andauernder demoskopischer Umfragen erhoben werden und dabei möglichst als Mehrheitsmeinung imponieren.

Im Kontext des Symposiums interessieren kriminalpolitische Meinungsbildungsprozesse und Entscheidungen. Letztere werden von den Medien nicht nur ermöglicht, sondern auch inhaltlich mitgestaltet. Mit „den" Medien sind hier in erster Linie die Berichte und Sendungen der Presse und des Fernsehens gemeint, die sich mit spektakulären Fällen beschäftigen und letztere mit der Rechtsordnung und der praktischen Strafverfolgung sowie der Gesetzgebung in Verbindung bringen. Einbezogen sind ferner alle Auseinandersetzungen zur Kriminalitätsentwicklung, insbesondere dem Anstieg der Gewaltkriminalität und der Kriminalität Zugewanderter oder Zugereister. Innerhalb dieses thematischen Spektrums entstanden in Köln vielfache Kontakte von Journalisten zum dortigen Institut für Kriminologie, die den Hintergrund der nachfolgenden Überlegungen bilden. Wohl nicht nur nach unseren Erfahrungen ist es weitgehend entbehrlich, zwischen einer schlichteren Boulevardpresse und einer niveauvolleren Qualitätspresse zu unterscheiden. Denn auch die feineren bürgerlichen Blätter pflegen die im Kern gleichen Informationen, Gedankengänge und Empfindungen zu

---

[2] So berichtet beispielsweise der Kölner Stadtanzeiger Nr. 236 vom 9. Okt. 2008, S.8, dass die amtierende nordrhein-westfälische Schulministerin mit 55.000 Euro aus Steuermitteln „eine externe Fortbildung in Medienfragen" und sonstige Unterstützung bei öffentlichen Auftritten erhalten habe (was freilich bei der Opposition nicht so gut ankam).

übermitteln, lediglich in einer etwas zurückhaltenderen und weniger marktschreierischen Sprache.[3]

Mit zwei Thesen möchte ich die zuvor umrissene Tätigkeit von Medien kennzeichnen:

1. Medien sind zu wirkungsvollen Kriminalpolitikern geworden.
2. Ihre politische Tätigkeit wird nicht allein von einer bestimmten ideologischen Ausrichtung bestimmt, sondern in maßgeblicher Weise von den bestehenden Arbeitsbedingungen.

Die politische Gestaltung erfolgt zunächst im Wege der Nachrichtenselektion (Fälle) und der Zusammenführung von Informationen (zur Kriminalitätsentwicklung). Sie werden mit Ansichten zum „richtigen" Umgang mit Kriminalität und zum „richtigen" Strafen verknüpft (mild oder streng?) und auf bestimmte politische Initiativen (Gesetzesentwürfe, polizeiliche und justizielle Organisation, internationale Zusammenarbeit etc.) bezogen. Bei der Frage, ob und welche Fälle mitgeteilt und welche Vorgehensweisen nahegelegt werden, haben die Medien nicht „freie Hand", sondern werden von kaum veränderlichen Bedingungen geleitet.

C. Bedingungsgefüge medialer Kriminalpolitik

Seit der Privatisierung des Fernsehens ist ein besonders harter Wettbewerb entbrannt, der sich auch auf andere Medien erstreckt und Einschaltquoten und Umsatzzahlen zu den Schlüsselbegriffen der Medienwelt macht.[4] Der Gewinn hängt in erheblichem Maße von Werbeeinnahmen ab, deren Höhe sich wiederum nach der Verbreitung der Sender oder Blätter richtet.[5] Die Möglichkeiten, Menschenmassen anzusprechen und sehr hohe Quoten zu erreichen, sind durchaus begrenzt. Zu den zugkräftigen Themen gehören bekanntlich „sex and crime". „Bad news" sind anziehender als „good news". Skandale haben eine gesteigerte Attraktivität. Gesucht wird das unbekannte Unheilvolle und Besorgniserregende sowie das geheime Verbotene, das sich enthüllen lässt. Infolgedessen werden u.a. Psycho-Urwaldcamps eingerichtet, um Menschen in Grenzsituationen zu bringen und sie dabei durch das Schlüsselloch zu beobachten. Von der Notwendigkeit her, viele Menschen neugierig zu machen, erscheint das Thema der Gewalt geradezu ideal. Zum einen bietet es immer neue und krassere Möglichkeiten der Visualisierung und Verbildlichung, zum anderen eignen sich Gewaltdarstellungen zur Emotionalisierung. Bestimmte Gewaltbilder prägen sich nicht nur fest ein, sondern rufen sehr starke Gefühle hervor, lassen den Betrachter weder kalt noch nüchtern. Passive Konsumenten können in unterschiedlicher Weise aufgestachelt und mobilisiert

---

[3] S. schon Kerner/Feltes (1980), S. 88; Scharf/Mühlenfeld/Stockmann (1999), S.92; ferner Frehsee (2000), S. 26; jüngste Untersuchungen zur Fehleinschätzung der Kriminalitätsentwicklung haben wiederum keine klaren Unterschiede zugunsten der Leser „anspruchsvoller" Zeitungen gebracht, wobei zusätzlich zu berücksichtigen ist, dass gewisse Differenzen auch daher rühren können, dass die Leser dieser Blätter oft zugleich einer höheren Bildungsschicht zuzurechnen sind, s. Windzio/Simonson/Pfeiffer/Kleimann (2007), S. 22.

[4] S. etwa Brüchert (2005), S. 85 f.

[5] Zur Medienökonomie nach erfolgter Liberalisierung Kiefer (2001)

werden. Diese Chancen haben die Medienproduzenten längst erkannt und nutzen sie in großem Stil. Wir begegnen daher tagtäglich einer ganzen Welle von Gewalt-Darstellungen. Im Bereich der Kriminalitätsberichterstattung interessieren vor allem die Extremfälle.[6] So erklärt sich, dass das Sexualverbrechen eines körperlich starken Mannes gegenüber einem schwachen und schutzbedürftigen Kind die wohl allergrößte Aufmerksamkeit der Medien erfährt, obwohl derartige Delikte tendenziell eher abnehmen.[7] Denn bei einer solchen Konstellation treffen Gewalt, Sex, Verbotenes und eine emotional besonders empörende Übermacht kumulativ zusammen.

Angesichts der erwähnten Kommunikation der Medien mit ihren „Verbrauchern" sind ferner die Diskussionsmöglichkeiten über derartige Kriminalitätserscheinungen reizvoll. Sie bieten die Grundlage für relativ einfache Kontroversen, an denen sich jeder – auch ohne besondere Vorkenntnisse – beteiligen kann. Anders als bei beispielsweise komplizierten volkswirtschaftlichen Prozessen geht es hier um übles Individualverhalten, zu dessen Verhinderung jeder etwas beizusteuern weiß, oft unter Bezugnahme auf eigenes Erleben. Das erklärt große Mengen von Leserbriefen und viele Stellungnahmen von Politikern. Es scheint die Stunde des „Mannes auf der Straße" gekommen zu sein. Die Medien strukturieren die Auseinandersetzungen, indem sie Zuspitzungen und Vereinfachungen begünstigen. Polarisierungen sind erwünscht. Es gibt dann milde und nachgiebige Versteher des Verbrechens und streng-konsequente Kämpfer gegen das Verbrechen. Aus diesen Rollenklischees ist nur noch schwer herauszukommen. Auch die Akteure eines Strafverfahrens werden bevorzugt – wie in einem Kasperle-Spiel – in festen Rollen wahrgenommen.[8] Die Polizei ist meist ernsthaft bemüht und vernünftig, die Richter hingegen zeigen sich als teilweise weltfremd, auch lasch, eher unzuverlässig. Das Gefängnis kommt selten gut weg, entweder begegnet man dem „fidelen Knast" mit „Hotelvollzug" oder aber einer dunklen „Folterstätte". Entsprechende Momente dürften tatsächlich anzutreffen sein, doch werden sie bevorzugt herausgestellt, widerstreitende weniger berücksichtigt. Für den Leser bestätigen sich Vorurteile. Sie verfestigen nicht lediglich Grundannahmen zur Kriminalität, sondern auch eine Vorstellung davon, welche kriminalpolitischen Maßnahmen mit welcher Zielrichtung nötig werden.

Zwar haben die öffentlich-rechtlichen Medien einen besonderen Informations- und Bildungsauftrag, der u.a. auf die Vermeidung verzerrender Vorurteile gerichtet ist, doch werden auch sie in den allgemeinen Strudel der Sensationsnachrichten hineingezogen. Die Mitteilungen und Sichtweisen, die die privaten Sender verbreiten, können sie kaum verschweigen. Die Furcht vor Marginalisierung lenkt den Blick ebenso auf Einschaltquoten.

Die Existenzbedingungen prägen die Interessen der Medien. Sie sind in erster Linie nicht auf die Vermittlung von „Wahrheit" gerichtet, sondern

---

[6] Rückert (2006)

[7] S. Zweiter Periodischer Sicherheitsbericht (2006), S. 59 f.

[8] Scharf/Mühlenfeld/Stockmann (1999) sprechen in ihrer Untersuchung von Tages- und Wochenzeitungen von einer „gezielten Pflege von Klischees" (S. 87).

3. These: Im Mittelpunkt stehen „Verkaufs"-Interessen, Marktanteile und Macht. Das Streben, Einfluss zu gewinnen, verbindet sich regelmäßig mit der Durchsetzung einer bestimmten politischen Linie.[9]

Vielfach wird danach unterschieden, ob die Kriminalitätsdarstellungen fiktiv seien oder aber sich auf reale Geschehnisse bezögen. Haben nun die medialen Arbeitsbedingungen Einfluss auf die Bevorzugung von Phantasie oder Wirklichkeit?

Diese Frage ist nach meiner Einschätzung schlecht gestellt. Man wird aber sagen können, dass insgesamt Produkte bevorzugt werden, die zumindest einen Realitätsbezug, wenn auch nur implizit, behaupten. Denn die genannte besondere Attraktivität einer Mitteilung wird nur erreicht, wenn mit ihr die Vorstellung verbunden werden kann, dass etwas Derartiges im Bereich des Möglichen, der möglichen Bedrohungen liege. In diesem Sinne können jedoch auch ausgedachte Szenarien durchaus den Eindruck hervorrufen, (potentielle) Wirklichkeit abzubilden. Ein Beispiel bildet etwa die Darstellung eines Angriffs auf ein Atomkraftwerk. Reine Phantasie, die auch offen als solche auftritt, wie beispielsweise eine Intervention Außerirdischer, wird demgegenüber nicht annähernd vergleichbare Angstvorstellungen hervorrufen. Es zeigt sich mithin, dass die Schnittstelle nicht – wie bei der vorherigen Frage – zwischen real und fiktiv verläuft, sondern zwischen einem Realitätsanspruch, zwischen potentieller Realität und davon gelöster Fiktion oder Phantasie.

Derzeit gibt es gerade bei den Privatsendern Formate, die ausgedachte oder frei komponierte Kriminalität zeigen, aber den Eindruck erwecken, als handle es sich um den „Kriminalitätsalltag".[10] Durch diesen Eindruck wird der Zuschauer erst vollends in den Bann des Ganzen gezogen, begünstigt wird eine Verwechselung des Gesehenen mit der realen Außenwelt. Umgekehrt entstehen unzutreffende Eindrücke nicht erst, falls etwas Ausgedachtes präsentiert wird. Falsche Vorstellungen erwachsen insbesondere durch Selektionsprozesse. Indem äußerst seltene Vorkommnisse als ständig wiederkehrende Ereignisse vermittelt werden, steigt das Bedrohungsgefühl und etabliert sich die Einschätzung eines gefährlichen Kriminalitätsanstiegs. Eine derartige Tendenz ist zumindest wahrscheinlich. Zur Irreführung der Menschen bedarf es keiner Falschmeldungen, es genügt bereits eine einseitig akzentuierte Auswahl von zutreffenden Sachverhalten. Und die skizzierten Produktionsbedingungen begünstigen eine dementsprechende Auswahl.

Das Mitteilungsangebot der Medien erfolgt gegenüber einem meist wenig kritischen Empfänger. Zwar ist allgemein bekannt, dass vor allem die Boulevardzeitungen übertreiben. Doch gehen die Nutzer überwiegend von einer „objektiven Berichterstattung" aus, ihnen dürften starke und einseitige Selektionseffekte selten bewusst sein. Zudem werden entsprechende Nachrichten oft flüchtig aufgenommen, ohne größere Vorsicht. Wie Kriminalitätsmitteilungen und Kommentare zustande gekommen sind, unter welchen Bedingungen welche Berichte erscheinen, wird kaum problematisiert.

---

[9] Für Süd-Korea ließ sich feststellen, dass die journalistische Einschätzung der Kriminalität und die Intensität der Berichterstattung u.a. davon abhingen, zu welchen gesellschaftlichen Gruppierungen die Eigner von Zeitungen zu zählen waren, s. Chul Lee (2005).

[10] Pfeiffer/Windzio/Kleimann (2004), S. 421

D. Auswirkungen medialer Kriminalitätsdarstellungen

Zunächst hat sich ein eindimensionaler „effects – approach", demzufolge die Medienkonsumenten gleichsam als Opfer einer Droge erscheinen, als zu einfach und schlicht erwiesen.[11] Auszugehen ist von wechselseitigen Beziehungen zwischen Medienvertretern und ihren Konsumenten, da die Medien deren „Nerv" treffen wollen. Außerdem empfangen die Menschen auch auf anderen Kanälen – nicht zuletzt über das Internet – Nachrichten und Botschaften. Zu ihnen gehören etwa spezifische kriminologische Veröffentlichungen, wie beispielsweise die Periodischen Sicherheitsberichte. Solche Mitteilungen brauchen mit den medialen inhaltlich nicht deckungsgleich zu sein und können diese im Ergebnis relativieren. Freilich bemühen sich Journalisten sehr, die Stimmung der Zeit zu treffen, das, was als Meinung oder Strömung „in der Luft liegt", einzufangen und zu artikulieren. Sie schreiben nicht zuletzt in diesem Sinne „für" ihre Adressaten. Doch auf der anderen Seite ist „der" Konsument nicht irgendeiner Indoktrination ausgesetzt. Er hat vielmehr die Wahl, kann sich also in unterschiedlicher Weise schlau machen, wenngleich die letztendliche Zahl an Quellen wegen der Medienkonzentration begrenzter sein mag als das nach außen hin hervortritt. Im Rahmen des Gesamtangebots an Nachrichten kann sich jeder Leser oder Zuschauer das vertrauteste Medium aussuchen und kann gleichzeitig tendenziell die bereits vorhandenen Vorurteile verfestigen.[12]

Bei aller Komplexität dieser Prozesse bleibt festzustellen, dass die kriminalpolitischen Debatten durch die medialen Darstellungen, ihre Schwerpunkte und Sichtweisen vorstrukturiert werden. Die Medien benennen die maßgeblichen Themen[13], wenn auch mit Blick auf die Konsumentenschaft. Sie liefern in ihren Artikeln und mit ihren Fragen wesentliche Vorgaben und prägen so die Auseinandersetzungen. Auf dem uns hier interessierenden Feld der Jugendkriminalität trifft man folgende Vorgaben an:

- Die Annahme eines insgesamt bedrohlichen Anstiegs der Gewaltkriminalität.
- Den Glauben, dass die Verbrechen durch „richtige" Reaktionen gegenüber den Verbrechern verhindert werden könn(t)en.
- Eine generelle Sympathie für „strengere" Sanktionen; in Umkehrung des bekannten Satzes von GUSTAV RADBRUCH, dass „nicht ein besseres Strafrecht", sondern ein Recht, das „besser als Strafrecht, das sowohl klüger wie menschlicher als das Strafrecht wäre" zu suchen sei[14], könnte man sagen, dass nunmehr etwas Schärferes und Einschneidenderes als Strafrecht gefordert werde, ein umfassendes Sicherungsrecht, durch welches das Maß einer schuldadäqua-

---

[11] Kritik bei Kafatou-Haeusermann (2007); Windzio/Simonson/Pfeiffer/Kleimann (2007) heben in ihrer Untersuchung der Zusammenhänge von Medienkonsum und Kriminalitätseinschätzungen zu Recht hervor, dass entsprechende Designs noch keine kausalen Aussagen ermöglichen (S. 66). Sie favorisieren deshalb Längsschnittstudien.

[12] Vgl. a. Becker (2007), S. 47

[13] Frehsee (2000), S. 27

[14] Radbruch (1932), S.157

ten Vergeltung noch übertroffen werde (exemplarisch: die Sicherungsverwahrung).

- Perfektionistische Erwartungen an die Rechtssysteme, die einen lückenlosen Schutz für alle nur denkbaren Fälle gewährleisten sollen.

Damit komme ich zur

4. These: Durch die Eigengesetzlichkeit der Medien entsteht eine eigene Medienkriminalität und auch Medienkriminologie.[15] Deren Besonderheiten bestehen in der Konstitution einer einfach verständlichen emotional ansprechenden Wirklichkeit (mit z.B. festen „Motiven"), die durch klare Regelungen und Lösungen gestaltet und in der solchermaßen das Verbrechen wirksam bekämpft werden kann.

Die Medienkriminologie ist eine Art „Volkskriminologie", die die Befindlichkeiten in der Bevölkerung aufgreift und aus der kriminalpolitische Vorstellungen erwachsen. Sie enthält Verkürzungen und Vereinfachungen dessen, was sich bei wissenschaftlicher Sicht ergibt, ist demgegenüber ein Aliud. Die Behauptung einer eigenen Medienkriminologie bedeutet, das sei noch einmal betont, keine „Medienschelte".[16] Das folgt bereits aus dem Umstand, dass die Medienkriminologie vor dem Hintergrund medialer Herstellungs- und Arbeitsbedingungen betrachtet und erklärt wird. So verlangt der Konkurrenzdruck verstärkt die Präsentation neuer, möglichst Besorgnis erregender Phänomene. Die moderne elektronische Datenverarbeitung erlaubt schnelle Recherchen. Das ermöglicht beispielsweise die Aufstellung von Listen dramatischer Vorfälle quer über den Globus. Wir finden etwa rasch eine Aufstellung von Amokläufen – von Australien bis Finnland. Auf der Stelle ist ein neuer Trend ausgemacht, der dergleichen auch bei uns „alltäglich" erscheinen lässt, obgleich es sich bislang doch um recht seltene Vorfälle handelt. Das Amoklaufen könnte freilich nicht zuletzt durch eine besonders intensive mediale Beachtung an Attraktivität für bestimmte vernachlässigte Schüler gewinnen.

Wegen des starken Bezuges der medialen Darstellungen zu den wandelbaren Stimmungen und Meinungen in der Bevölkerung darf man sich kein widerspruchsfreies oder geschlossenes Konzept vorstellen. Vielmehr werden durchaus konträre Strömungen berücksichtigt. So passiert es nicht selten, dass in der gleichen Zeitung auf den ersten Seiten lauthals drastischere Vorgehensweisen und Strafen gegenüber bestimmten jungen Straftätern gefordert werden, während auf einer hinteren Seite des Lokalteils unangefochten die Mitarbeiter eines Jugendhilfeprojekts mit ihren Ansichten zu Wort kommen, die dem zuvor propagierten rigiden Ansatz gerade zuwider laufen. In diesem Sinne haben jüngst Untersuchungen in den USA gezeigt, dass trotz aller punitiven Strömungen eine gesonderte Jugendgerichtsbarkeit, die den Schwer-

---

[15] S. bereits die Beiträge von Frehsee und Walter i. Bundesministerium der Justiz (2000), S. 10 f. u. 23 f.; Rafter (2007), S. 417

[16] Zum „Nebeneinander unterschiedlicher, aber gleichrangiger Rahmungen von Kriminalität" zutreffend Kunz (2008), S. 92 f.

punkt auf soziale Integration legt, in der Öffentlichkeit eine deutliche Unterstützung erfährt.[17]

E. Korrektur der Medienkriminologie durch Wissenschaft?

Entscheidend scheint mir zu sein, ob, in welchem Maße und unter welchen Bedingungen Eigenheiten, Einseitigkeiten und eventuelle Verzerrungen der Medienkriminalität samt –kriminologie durch wissenschaftliche Hinweise beseitigt werden können (und sollten). Diese Frage drängt sich gerade in heutiger Zeit auf, in der zwar einerseits zur Jugendkriminalität immer mehr empirische Befunde vorliegen, in der andererseits jedoch der Eindruck entsteht, dass diese in eher abnehmendem Maße öffentlich berücksichtigt werden. Gibt es einen aussichtsreichen Kampf gegen Fehlvorstellungen mit „richtigen" Daten und Ansichten? Oder handelt es sich dabei um einen untauglichen Versuch, den Medien ihre eigenen Anschauungen und Verständnisweisen madig zu machen und in die dortigen Konzeptionen hineinzuregieren? Wo verläuft außerdem die Grenze zwischen noch medientypischer Übertreibung und bereits anstößiger korrekturbedürftiger Irreführung?

Der Bereich des kriminalpolitischen Wissenschaftstransfers ist bislang wenig erforscht. In den 70er Jahren bestand nicht lediglich ein Behandlungsoptimismus, sondern man ging außerdem von einer künftig empirisch begründeten Kriminalpolitik aus. In der Zwischenzeit ist erhebliche Ernüchterung eingetreten.[18] In wieweit lässt sich Kriminalpolitik – wenigstens – empirisch „harmonisieren"? Zur Erläuterung seien drei zentrale Themenbereiche benannt:

- Im Hinblick auf einen *Kriminalitätsanstieg*, insbesondere der Gewaltkriminalität, wird trotz entwarnender Hinweise aus Dunkelfelduntersuchungen und trotz der Hinweise auf ein gestiegenes Anzeigeverhalten weiter unter Berufung auf die Zahlen der Polizeilichen Kriminalstatistik ein ständiger kriminalpolitischer Handlungsdruck aufrecht erhalten. Auch wird die Frage, ob im Falle eines gewissen Anstiegs denn Verschärfungen des JGG die richtige Antwort wären, ob insoweit eine günstige Einflussnahme für möglich zu erachten sei, nicht gestellt.

- Entgegen den Warnungen vor *frühen stationären Eingriffen* bei wiederholter Auffälligkeit und trotz der aufgezeigten Vorteile einer zurückhaltenden Politik des Abwartens[19] wird die Forderung schneller stationärer Interventionen im Rahmen von „Intensivtäter-Programmen"[20] weiterverfolgt.

- Es erhält sich ein unerschütterlicher Glaube an *generalpräventive Abschreckungseffekte*, der aus der Übertragung eigener Einschätzungen und Empfindungen auf potentiellen Straftäter herrührt. Dieser Glaube stützt das Modell

---

[17] Mears/Hay/Gertz/Mancini (2007)
[18] Schon damals sehr kritisch und realistisch Noll (1973), S. 38 f. u. 86 f.
[19] Zusf. Heinz (2006), S. 86 f.
[20] Zur Entwicklung s. Bartz (2008)

des „Warnschussarrestes" und weitere Überlegungen des „Beeindruckens", entgegen den bisherigen Resultaten der Präventionsforschung.[21]

In politischen Auseinandersetzungen werden die betreffenden von Kriminologen vorgetragenen Fakten und die darauf gestützten kriminalpolitischen Vorstellungen und Postulate zwar angehört, aber letztlich nicht angenommen oder aufgegriffen – und umgesetzt.

Sozialwissenschaftler, die sich mit der Karriere „sozialer Probleme" befassen, sahen und sehen die Vertreter empirischer Wissenschaft in den betreffenden Kontexten generell als „einsame Rufer in der Wüste".[22] Für sie ist eine weitgehende Folgenlosigkeit ihres wissenschaftlichen Schaffens gleichsam vorprogrammiert. Für einen Vertreter der Kriminologie, der diese als angewandte Wissenschaft begreift, muss vom Ansatz her das Gegenteil gelten. So kritisieren manche Kriminologen die jüngere Kriminalpolitik mit harschen Worten als „Kriminalpolitik im Blindflug"[23], freilich ohne die Flieger dadurch vom Kurs abbringen oder gar zur Landung veranlassen zu können. Erneut fragt sich, was von einem Kampf für wissenschaftliche Informationen zu halten sei.

Trifft die These von der selbständigen Medienkriminalität zu, dann kann ein solcher Kampf nicht vollständig gewonnen werden. Es entstünde umgekehrt das Problem, wie er eigentlich gerechtfertigt werden soll. Die Antwort muss sich m.E. an der Anspruchlichkeit ausrichten, mit der Wissenschaftler, konkret also Kriminologen, und Journalisten jeweils auftreten. Als Grundregel in gesellschaftlichen Auseinandersetzungen gilt neben der Wahrhaftigkeit vor allem die der Transparenz, die die Grundlage des eigenen Beitrags offenlegt.

Lässt man einmal die ersichtlich fiktiven Kriminalitätsgeschichten, die in erster Linie unterhalten und Phantasie sowie Scharfsinn beflügeln möchten, außen vor, geht es stets darum, Wirklichkeiten abzubilden. Das kann und darf nicht nur die Wissenschaft, sondern gleichfalls die mediale Berichterstattung, auch wenn sie nach anderen Konstruktionsregeln vorgeht als die Wissenschaft. Insoweit steht und fällt alles mit der erforderlichen Aufklärung.

Ich komme zur

5. These: Die Medienkriminologie wird sich aufgrund ihrer Entstehungsbedingungen kaum ändern. Wir können indessen die Menschen besser als bisher in die Lage versetzen, deren Botschaften in den richtigen gedanklichen Rahmen einzuordnen, ihnen bewusster zu machen, um welche Wirklichkeit es jeweils geht.

In anderen Zusammenhängen ist der Bevölkerung eine distanzierte Grundhaltung zu medialen Botschaften längst vertraut, denken wir etwa nur an die vielfältigen Formen der Werbung, die nicht „für bare Münze" genommen wird. Wenn das Thema dieses Beitrags fragt, was die Kriminologie ausrichten könne, muss die erste Antwort lauten:

---

[21] Zusf. zum Forschungsstand Eisenberg (2005), S. 587 f.; Dölling/Entorf/Hermann/Rupp/Woll (2007)
[22] Cremer-Schäfer/Sondermann (2007), S. 139
[23] Heinz (2008)

Sie hat mehr Aufklärung und mehr Transparenz einzufordern. Das Stichwort heißt Medienkompetenz. Die Medien ihrerseits sind nicht verpflichtet, zu wissenschaftlichen Einrichtungen zu mutieren. Gewissenhafte mediale Nachrichten werden aber die common-sense-Grundlage der eigenen Darlegungen offen legen und recherchieren, ob und welche anderen oder weiteren Informationen und Meinungen existieren.

Das sind allerdings hohe Ideale, die oft nicht erreicht werden. Außerdem ist kriminologische Forschung unter dem Aspekt der Politikgestaltung verständlicherweise daran interessiert, sich in Medien Gehör zu verschaffen. Warum ist das so schwer?

F. Alternativen zur wissenschaftlichen Kriminologie

Mediale Ignoranz ist möglich, weil verlockende Alternativen zur wissenschaftlichen Kriminologie bestehen. Kriminalrechtssysteme und auf sie bezogene Berichte und Meinungsäußerungen sind nicht auf empirische Wissenschaft angewiesen. Es geht auch anders. Die Kriminalität ist wohl so alt wie die Menschheit, die Kriminologie aber eine recht junge Wissenschaft, die man meist auf die zweite Hälfte des 19. Jahrhunderts datiert, obwohl die Anfänge freilich deutlich früher lagen.[24] Betrachtet man die Befassung mit Kriminalität aus der Sicht des Individuums und seiner Entwicklung, zeigt sich, dass wir uns mit kriminellen Akten in der Phantasie – bereits seit unseren Kindestagen – beschäftigen. Und die für den zwischenmenschlichen und sozialen Umgang mit Kriminalität erforderlichen Erfahrungen, nicht zuletzt hinsichtlich junger Leute, besitzen zumindest alle Eltern. So sind ferner Überzeugungen gewachsen, welche Maßnahmen „wirken". Erziehererfahrungen werden abgerundet mit weiteren Erfahrungen aus dem persönlichen Umfeld, dem Bekanntenkreis und der beruflichen Umgebung. Wer hat sich außerdem noch nicht über das Vorgehen gemeiner Verbrecher und Banditen aufgeregt? Bei jedem von uns rufen Kriminalfälle und vor allem das Versagen der Strafverfolgung starke Emotionen hervor, Gefühle „aus dem Bauch". Wir bilden uns in Gedanken Verbrechertypen und beginnen, über Zusammenhänge der Delikte mit dem äußeren Erscheinungsbild und dem Gebaren der als kriminell Identifizierten nachzudenken.

Überspitzt könnte man – mit einer

6. These – sagen, das Feld der Kriminalität sei für persönliche Phantasien, Emotionen und Erlebnisse sowie die Errichtung umfassender Ersatzwelten so reizvoll und anziehend[25], dass sich im Innern des Menschen immer wieder etwas sträubt, wenn das Ganze vornehmlich nüchtern und faktenbezogen bearbeitet werden soll.

Aus dieser Perspektive bedeutet die Aufforderung, Kriminologie und Kriminalpolitik wissenschaftlich zu betreiben, eine gewisse Entfremdung eines „ureigensten" persönlichen Bereichs und auch eine emotionale Einschränkung. Die skizzierte Medienkriminologie erscheint als emotional-erlebnismäßig ausgerichtete Parallelveranstaltung. Die *Problematik* kann bei einem derartigen Verständnis in der *Beziehung beider*

---

[24] Kaiser (1996), S.108 f.

[25] Dazu die Beiträge i. Walter/Kania/Albrecht (2004)

Sichtweisen zueinander gefunden werden. Schwierigkeiten scheinen insbesondere vorprogrammiert, sowie wissenschaftliche Positionen in medialem Gewande „vermarktet" werden sollen. Das verspricht eine rasche und weite Verbreitung, kann aber nur gelingen, falls und soweit sich entsprechende Erkenntnisse in die Fassung eines medial vereinfachten und viele Menschen in ihrem Vorverständnis ansprechenden Weltbildes einformen lassen. Ist es aber beispielsweise möglich, nach einer aufregenden Schilderung scheußlicher Gewalttaten mit empirisch fundierter Zurückhaltung bei den Kriminalsanktionen zu überzeugen?

G. Gegenprobe: rational gesteuertes Handeln im Vormarsch?

Nun mag man gegen Befürchtungen einer Emotionalisierung „aus dem Bauch" heraus einwenden, sie liefen einem Zeitgeist zuwider, der von einem strikten ökonomischen Zweckdenken beherrscht und gesteuert werde. Beweist nicht der allgegenwärtige Ruf nach Prozess- und Ergebnisevaluationen, der längst das Kriminalrechtssystem erfasst hat[26], die wachsende Vorherrschaft des kühlen Kalkulierens? In der Tat scheint derzeit die Ökonomie – wie zuvor Theologie und Philosophie – eine Art Metawissenschaft abzugeben, die unsere gesamte Blickrichtung bestimmt und uns auf Schritt und Tritt die Frage nach Kosten und Nutzen vor Augen hält. Doch um wessen Nutzen geht es letztlich? Meist steht nicht ein allgemeiner verstandener Gesellschaftsnutzen im Vordergrund, sondern ein engerer Partikularnutzen, nicht selten ein persönlicher Karrierevorteil. Gesetzesentwürfe zu jugendrechtlichen Reaktionen ebenso wie praktische Programme zum Umgang mit delinquenten Jugendlichen werden in den politischen Debatten oft als eine Art „Persönlichkeitsmarker" begriffen, die eine bestimmte politische Ausrichtung kennzeichnen. Wer beispielsweise den „Warnschussarrest" favorisiert, glaubt nicht unbedingt an bessere Rückfallzahlen (und kann das auch schwerlich), sondern will primär ein Zeichen setzen, für Straftäter, aber – in einem anderen Sinne – auch für sich selbst. Es muss etwas geschehen, und zwar muss die Aktivität in der betreffenden Legislaturperiode „spürbar" werden und sich – in Wählerstimmen – „auszahlen". Sparprogramme haben regelmäßig die Einrichtung vor Augen, die weniger ausgeben soll, fragen indessen kaum nach den Kosten, die andernorts oder erst später entstehen. Mitunter führen sie lediglich zu Kostenverschiebungen, wenn etwa das Land zu Lasten der Gemeinden spart u.ä.m. Auch beim Schutz der Allgemeinheit durch Inhaftierung werden Haftkosten nach wie vor recht „kurz" berechnet, ohne die Langzeitaufwendungen, die für andere „Töpfe" – wie etwa die allgemeinen Sozialsysteme – entstehen.[27] Außerdem berücksichtigt man oft nicht die äußerst begrenzten Effekte, die durch hohe Kosten bewirkt werden, und rechnet keine besseren Alterna-

---

[26] Von Seiten der Rechtsprechung ist insbesondere auf das Bundesverfassungsgericht hinzuweisen, das in seiner Entscheidung zur Notwendigkeit einer gesetzlichen Grundlage des Jugendstrafvollzugs forderte, dass der Gesetzgeber Prognosen über die Wirksamkeit von Vollzugsgestaltungen und wissenschaftliche Erkenntnisse berücksichtigen müsse, siehe BVerfGE 116, 69 (90).

[27] Zur Problematik etwa Kaiser i. Kaiser/Schöch (2002), S.138 f. sowie Czabanski (2008)

tivmodelle. Von einem insgesamt rational geplanten oder gar ökonomisch durchdachten Vorgehen kann nach alledem schwerlich gesprochen werden.[28]

H. „Die" kriminologischen Erkenntnisse – gibt´s die?

Die Vorstellung, es müsse die künftige Kriminalpolitik wissenschaftlich geleitet und wissenschaftliche Erkenntnisse müssten deshalb verstärkt in die medial vermittelten kriminalpolitischen Auseinandersetzungen eingeführt werden, ist nicht lediglich deswegen problematisch, weil wissenschaftliche und mediale Bühnen unterschiedliche Wirklichkeiten präsentieren. Noch weitergehend stellt sich die Frage, inwieweit denn wissenschaftliche Kriminologie gegenüber der Medienkriminologie auf „gesichertes Wissen" und bessere Grundlagen zurückgreifen kann. Ein Blick in die Geschichte der biologisch ausgerichteten Täter-Kriminologie verdeutlicht, dass auch wissenschaftliche Kriminologie keineswegs vor gefährlichen Irrtümern verschont blieb/bleibt.[29] Geht es gar – polemisch ausgedrückt – unter der Überschrift der Wissenschaft letztlich nur um eine Allgemeinverbindlicherklärung von lobbyartig zusammengetragenen Ansichten – nicht zuletzt der Deutschen Vereinigung für Jugendgerichte und Jugendgerichtshilfen?

Bekanntlich können kriminalpolitische Einstellungen und Ansichten nicht allein aus Tatsachen oder irgendwelchen Forschungsbefunden abgeleitet werden (keine Ableitung des Sollens aus dem Sein).[30] Nötig ist stets eine bestimmte Wertorientierung, aus der erst konkrete Urteile durch Bezugnahmen auf die betreffenden Rechtstatsachen gewonnen werden können. Und diese Tatsachen oder Befunde werden zudem noch durch eine Fragestellung ermittelt, in die die Wertung bereits mittelbar eingegangen ist. Schon in der Forschungsfrage sind Festlegungen enthalten, die auch anders hätten vorgenommen werden können. Ein allseits bekanntes Beispiel liefert die Dunkelziffer. Wenn ich nach ihr forsche, halte ich ein größeres Dunkelfeld für wahrscheinlich und betrachte die Dunkelziffer gleichzeitig als Problem, nicht nur als unvermeidbare Randunschärfe. Letzteres hatte man Jahrzehnte zuvor getan, ohne einen Handlungsbedarf zu erkennen. Unter der Prämisse des Handlungsbedarfs ist nun durchaus zweierlei möglich: sowohl ein nachsichtiger Umgang mit den wenigen „Erwischten" als auch eine Steigerung der polizeilichen Fahndung und ein rigoroseres Vorgehen. Für welchen Weg man sich entscheiden sollte, ist den Fakten nicht zu entnehmen. Als theoretisches Wertprinzip kommt zunächst der Gleichbehandlungsgrundsatz in Betracht. Er ist seinerseits verschieden anwendbar, nämlich im Sinne einer zurückhaltenden Sanktionierung der bekannt gewordenen Delinquenten oder im Sinne einer verstärkten Aufklärung des Dunkelfeldes. Dagegen ließen sich indessen möglicherweise Gesichtspunkte des Opferschutzes geltend machen, um eine sekundäre Viktimisierung zu vermeiden. „Die" Kriminologie ist zu einem „objektiven" Postulat mit-

---

[28] Nach wie vor zutreffend Schüler-Springorum (1991), der von einer „Schein-heiligen Rationalität" spricht, S. 175

[29] Von fehlsamen Kriminologen ganz zu schweigen, s. jüngst etwa die Studie von Munoz Conde zu Edmund Mezger (2007)

[30] Im Kern Kantsches Denken, s. Höffe (2004), S. 175

hin nicht in der Lage. Sie produziert aus bestimmten Interessenlagen heraus Wissensbestände, die erst mit Wertsetzungen verbunden kriminalpolitische Entwürfe und Begründungen liefern. Bei der Verwendung amtlicher Daten, etwa der Polizeilichen Kriminalstatistik, stößt man nicht nur auf eine bestimmte Interesssenlage, aus der die Daten gewonnen wurden (Nachweis der erbrachten Arbeit), vielmehr lassen sich die Zahlen durch die Bildung von Untergruppen oder aber Sammelrubriken recht verschieden aufbereiten und darstellen.[31]

Dennoch folgt aus all dem weder die Unmöglichkeit wissenschaftlich gestützter Kriminalpolitik noch gar deren Beliebigkeit. Es ergibt sich ferner kein allgemeines Verdikt gegen Versuche, als geeignet erscheinende wissenschaftliche Befunde in die Sprache der Medienkriminologie zu übersetzen. Vielmehr ist für sämtliche Verlautbarungen, die sich auf eine kriminologisch-empirische Basis stützen, die Einhaltung gewisser Minima zu fordern:

- Als erstes brauchen wir mehr Klarheit und Transparenz. Kriminalpolitische Sichtweisen und Wertungen müssen explizit gemacht und als solche direkt diskutierbar werden. Dabei wird deutlich, dass sie unter sich keineswegs gleichwertig sind, vielmehr ist eine Übereinstimmung mit den verfassungsrechtlichen Normen und den auf europäischer Ebene erarbeiteten Grundsätzen erforderlich. Zu letzteren zählen u.a. – natürlich – die internationalen Menschenrechtsstandards. So ergeben sich beispielsweise einschränkende Vorgaben für freiheitsentziehende Maßnahmen.[32]

- Als zweites ist zu fordern, dass keine einschlägigen Befunde und Informationen ignoriert und unterschlagen werden. Eine wissenschaftlich fundierte Kriminalpolitik hat sich mit ihnen auseinander zu setzen und in diesem Sinne auch angreifbar zu machen.

- Die Interpretation von Daten und Befunden muss ferner im Rahmen des sachlich Ableitbaren und Vertretbaren bleiben. Die theoretischen Rahmungen, in die entsprechende Fakten gesetzt werden, müssen auf Überzeugung ausgerichtet und dürfen nicht bereits falsifiziert worden sein.

I. Zur kriminalpolitischen Wirksamkeit wissenschaftlicher Kriminologie

In welchem Maße wissenschaftlich begründete Kriminalpolitik über die Medien vermittelt werden kann, ist eine bis heute letztlich nicht geklärte Frage. Vor dem Hintergrund, dass die Medienkriminologie und die wissenschaftliche Kriminologie zwar gleiche Themen haben, aber anderen Regeln folgen, wird für die Zukunft mehr Aufklärung über die Arbeitsweise der Medien erforderlich. Die Medienberichterstattung dürfte sich nicht wesentlich ändern lassen, doch erscheint es realisierbar, die Men-

---

[31] Instruktiv: Dörmann (2004)
[32] S. insbes. Nr. 17.1 c) der Beijing-Grundsätze, abgedr. i. Höynck/Neubacher/Schüler-Springorum (2001), S. 81; s. ferner Dünkel/Baechthold/Zylsmit (2007) sowie die Beiträge von Dünkel u. Neubacher i. diesem Band.

schen über die medialen Mechanismen besser zu informieren, ihre Gutgläubigkeit in diesem Bereich zu begrenzen. Bisher kaum bewältigte Schwierigkeiten ergeben sich, soweit in einzelnen medialen Darstellungen kriminologische Wissenschaft vermittelt werden soll. Aus der Sicht der Wissenschaft wären oft bedenkliche Verkürzungen und Vereinfachungen vorzunehmen, die Medienvertreter fürchten ein Zuviel an Komplexität und ein Zuwenig an Aufregendem. Die daraus folgende Gradwanderung ist unübersehbar, eben weil die Entstehung, Wahrnehmung und die Verhinderung strafbaren Verhaltens von einer Fülle von Bedingungen abhängen. Schon die Vorstellung, Kriminalität durch ideale Sanktionen verhindern zu können, ist in diesem Sinne zu naiv und problematisch zugleich.

Für die Zukunft wird sich die wissenschaftliche Kriminologie mehr als bisher mit der politischen Vermittlung ihrer Befunde zu befassen haben. Es genügt nicht, bestimmte Interventionsformen und Behandlungsprogramme zu evaluieren. Zugleich brauchen wir Untersuchungen darüber, wann und wie entsprechende Befunde in die öffentlichen Diskussionen gelangen und wie sie dort politisch „verarbeitet" werden, vor allem welche Rolle bei diesen Prozessen die Medien spielen. Die bekannte Frage der Sanktionswirksamkeit muss erheblich ausgeweitet und auf die Prozesse erstreckt werden, durch die kriminologische Befunde und kriminalpolitische Perspektiven in die öffentliche Politik einbezogen werden, dort vorkommen – oder eben nicht. Korrespondierend hierzu interessieren Analysen kriminalpolitisch wirksamer – und in diesem Sinne „erfolgreicher" – medialer Vorstöße. Vereinzelte Untersuchungen etwa zur Ausrichtung und gesellschaftlichen Bedeutung bestimmter Sendungen wie „Aktenzeichen XY-Ungelöst" machen einen zuversichtlich stimmenden Anfang.[33]

Ich schließe mit einer

7. These: Wie zunehmend erkennbar wird, kann sich die Kriminologie nicht mit Aspekten einer unmittelbaren kriminalpräventiven Einwirkung auf einzelne Delinquenten und auf entsprechende Erfolge beschränken. Sie muss darüber hinaus fortlaufend die kriminalpolitische Wirksamkeit ihrer Sichtweisen und Verständnisangebote in der Mediengesellschaft reflektieren.

---

[33] Kafatou-Haeusermann (2007)

Literatur

Bartz, S. (2008) Die besondere polizeiliche Erfassung von „Intensivtätern".

Becker, M. (2007) Kriminalpolitische Paradigmen und alltagsweltliche Deutungsmuster zu Kriminalität und Kriminalitätsbekämpfung. KrimJ 9. Beiheft 2007, S. 46 – 70.

Brüchert, O. (2005) Autoritäres Programm in aufklärerischer Absicht. Wie Journalisten Kriminalität sehen.

Bundesministerium des Innern/Bundesministerium der Justiz (Hrsg.)(2006) Zweiter Periodischer Sicherheitsbericht.

Bundesministerium der Justiz (Hrsg.)(2000) Kriminalität in den Medien. 5. Kölner Symposium.

Lee,Chul (2005) (Latente) soziale Probleme und Massenmedien. Eine Untersuchung zu Problemdefinitionen und –interpretationen latenter sozialer Probleme in den Medien am Beispiel der Berichterstattung über die Kriminalität der Mächtigen in Korea.

Cremer-Schäfer, H./Sondermann, T. (2007) Präventive Legitimierung von Diskriminierung. Die unzivilisierten Fremden in der medialen Bearbeitung des „Bildungsdesasters" nach PISA in der Bundesrepublik. In: Amos, S.K./Cremer-Schäfer, H. (Hrsg.): Jahrbuch 05. Saubere Schulen. S. 139 – 154.

Czabanski, J. (2008) Estimates of Cost of Crime. History, Methodologies, and Implications.

Dölling, D./Entorf, H./Hermann, D./Rupp, T./Woll, A. (2007) Metaanalyse empirischer Abschreckungsstudien – Untersuchungsansatz und erste empirische Befunde. In: Lösel, F./Bender, D./Jehle, J.-M. (Hrsg.): Kriminologie und wissensbasierte Kriminalpolitik. Entwicklungs- und Evaluationsforschung. S. 633 – 648.

Dörmann, U. (2004) Zahlen sprechen nicht für sich. Aufsätze zu Kriminalstatistik, Dunkelfeld und Sicherheitsgefühl aus drei Jahrzehnten. Mit einem Beitrag von Prof. Dr. Wolfgang Heinz.

Dünkel, F./Baechthold, A./Zylsmit, D.V. (2007) Europäische Mindeststandards und Empfehlungen als Orientierungspunkte für die Gesetzgebung und Praxis. In: Goerdeler, J./Walkenhorst, P. (Hrsg.): Jugendstrafvollzug in Deutschland. Neue Gesetze, neue Strukturen, neue Praxis? S. 114 – 140.

Eisenberg, U. (2005) Kriminologie, 6. Aufl.

Frehsee, D. (2000) Kriminalität in den Medien – Eine kriminelle Wirklichkeit eigener Art. In: Bundesministerium der Justiz (Hrsg.): Kriminalität in den Medien. 5. Kölner Symposium. S. 23 – 42.

Harper, G./Chitty, C. (Hrsg.)(2005) The impact of corrections on re-offending: a review of "what works", 3. Edition, Home Office Research Study 291.

Heinz, W. (2006) Kriminelle Jugendliche – gefährlich oder gefährdet?

Heinz, W. (2008) Wird Deutschland durch eine Verschärfung des Jugendstrafrechts sicherer? In: Führungsakademie im Bildungsinstitut des niedersächsischen Justizvollzuges (Hrsg.): Justiznewsletter 5, März 2008. S. 5.

Höffe, O. (2004) Immanuel Kant, 6. Aufl.

Höynck, T./Neubacher, F./Schüler-Springorum, H. (2001) Internationale Menschenrechtsstandards und das Jugendkriminalrecht. Dokumente der Vereinten Nationen und des Europarats, hrsg. v. Bundesministerium der Justiz in Zusammenarbeit mit der Deutschen Vereinigung für Jugendgerichte und Jugendgerichtshilfen e.V.

Kafatou-Haeusermann, M. (2007) The Media-Crime Nexus Revisited: On the Reconstruction of Crime and Law-and-Order in Crime-Appeal Programming.

Kaiser, G. (1996) Kriminologie. Ein Lehrbuch, 3. Aufl.

Kaiser, G./Schöch,H. (2002) Strafvollzug, 5. Aufl.

Kerner, H.-J./Feltes, T. (1980) Medien, Kriminalitätsbild und Öffentlichkeit. Einsichten und Probleme am Beispiel einer Analyse von Tageszeitungen. In: Kury, H. (Hrsg.): Strafvollzug und Öffentlichkeit, S. 73 – 112.

Kiefer, M.-L. (2001) Medienökonomik. Einführung in eine ökonomische Theorie der Medien.

Kunz, K.-L. (2008) Die wissenschaftliche Zugänglichkeit von Kriminalität. Ein Beitrag zur Erkenntnistheorie der Sozialwissenschaften.

Lösel, F./Bender, D./Jehle, J.-M. (Hrsg.)(2007) Kriminologie und wissensbasierte Kriminalpolitik. Entwicklungs- und Evaluationsforschung.

Mears, D.P./Hay, C./Gertz, M./Mancini, C. (2007) Public Opinion and the Foundation of the Juvenile Court. Criminology, Vol. 45, No.1, p. 223 – 257.

Munoz Conde, F. (2007) Edmund Mezger – Beiträge zu einem Juristenleben.

Noll, P. (1973) Gesetzgebungslehre.

Pfeiffer, C./Windzio, M./Kleimann, M. (2004) Die Medien, das Böse und wir. Zu den Auswirkungen der Mediennutzung auf Kriminalitätswahrnehmung, Strafbedürfnisse und Kriminalpolitik. Monatsschrift für Kriminologie und Strafrechtsreform, 87. Jg., S. 415 – 435.

Radbruch, G. (1932) Rechtsphilosophie, 3.Aufl. Nachdruck 2003, hrsg. v. Dreier, R./Paulson, S.L.

Rafter, N. (2007) Crime, film and criminology. Recent sex-crime movies. Theoretical Criminology, Vol. 11, No. 3, p. 403 – 420.

Rückert, S. (2006) Ab in den Knast. Die Zeit, 24.5.2006.

Scharf, W./Mühlenfeld, H.-U./Stockmann, R. (1999) Zur Kriminalitätsberichterstattung in der Presse. Kriminalistik, S. 87 – 94.

Schüler-Springorum, H. (1991) Kriminalpolitik für Menschen.

Walter, M./Kania, H./Albrecht, H.-J. (Hrsg.)(2004) Alltagsvorstellungen von Kriminalität. Individuelle und gesellschaftliche Bedeutung von Kriminalitätsbildern für die Lebensgestaltung.

Windzio, M./Simonson, J./Pfeiffer, C./Kleimann, M. (2007) Kriminalitätswahrnehmung und Punitivität in der Bevölkerung – Welche Rolle spielen die Massenmedien?

ANDREAS BEELMANN

Prävention von Kinder- und Jugendkriminalität: Aktuelle Probleme und Ergebnisse der internationalen Erfolgsforschung

A. Einleitung

Schockierende Ereignisse von Gewalt wie zuletzt die Amoktat von Winnenden erinnern uns daran, dass die Sozialentwicklung von Kindern und Jugendlichen keineswegs automatisch gelingt. Wichtige soziale Rollenvorbilder wie Eltern, Lehrer, aber auch Führungskräfte in Politik und Wirtschaft sind für die soziale Integrität unserer Gesellschaft dabei genau so wichtig wie eine Entwicklungsumgebung, in der Zeit und Raum für soziales Lernen zur Verfügung gestellt wird. Probleme der Aggression, Gewalt und Kriminalität junger Menschen haben vielfältige Ursachen (vgl. Beelmann & Raabe, 2007), scheinen aber nicht zuletzt auch ein Abbild gravierender sozialer Veränderungen wie zum Beispiel dem gestiegenen Medienkonsum oder dem veränderten Freizeitverhalten von Kindern und Jugendlichen zu sein, welche dazu beigetragen haben, dass eine gesunde Sozialentwicklung offenbar nicht mehr ausreichend im sozialen Alltag von Kindern und Jugendlichen ermöglicht wird. Eine gezielte und systematische Unterstützung scheint daher nötig zu sein, um diesen Entwicklungen zu begegnen. Maßnahmen zur Prävention sozialer Verhaltensprobleme setzen hier an.

Heute existieren eine Vielzahl von Präventionskonzepten im internationalen, aber mittlerweile auch deutschen Sprachraum, die sich der Förderung der Sozialentwicklung und der Vorbeugung dissozialer Entwicklungskarrieren verschrieben haben (vgl. Beelmann & Raabe, 2007; im Druck; Sherman, Farrington, Welsh & MacKenzie, 2002; Welsh & Farrington, 2006). Sie lassen sich grob in drei Präventionsgruppen unterteilen. *Sozial- bildungs-, familien- und gesundheitspolitische Maßnahmen* (z.B. finanzielle Unterstützung für Risikofamilien, Etablierung von Betreuungsangeboten) versuchen, allgemeine Entwicklungsbedingungen von Kinder und Jugendlichen zu verbessern, um zu einer gesunden Sozialentwicklung beizutragen. Diese Ansätze sind insofern unspezifisch, weil allgemein zu verbesserten Entwicklungsbedingungen beitragen sollen und allein die notwendigen Rahmenbedingungen der Sozialentwicklung garantieren sollen. *Polizeiliche und juristische Präventivmaßnahmen* dienen meistens der Verhaltenskontrolle und der Einhaltung gesetzlicher Standards und versuchen auf diese Art, sozial problematisches Verhalten in ihrer Häufigkeit zu reduzieren oder eine angemessene staatliche Reaktion auf sozialer Abweichung zu gewährleisten. Beispiele wären hier veränderte Waffengesetzgebung, verstärkter Einsatz von Polizeistreifen in Risikogebieten, Maßnahmen der sogenannten technischen Kriminalprävention oder verstärkte Kontrolle von Gewalt in Medien. Schließlich fokussieren *psychologisch-pädagogische Maßnahmen* auf systematische Formen der sozialen Bildung und Erziehung im Kontext von Schule und Familie. Zu unterscheiden sind dabei individuelle, eltern- und familienzentrierte sowie schulzentrierte Präventionsangebote. Sie sollen im Folgenden vorgestellt und im Hinblick auf ihre wissenschaftliche Fundierung erörtert werden.

B. Psychologisch-pädagogische Präventionsansätze: Konzepte und Wirksamkeit

1. Individuelle Präventionsansätze

Individuelle Präventionsansätze setzen auf die *soziale Bildung und Erziehung der Kinder und Jugendlichen* als Mittel der Kriminalprävention. Zu unterscheiden sind strukturierte soziale Trainingsprogramme, Konfliktlöseprogramme sowie unterschiedliche pädagogisch fundierte Präventionsansätze wie etwa intensiv- und freizeitpädagogische Maßnahmen.

Soziale Trainingsprogramme. Soziale Trainingsprogramme zielen auf das Erlernen wichtiger sozialer Verhaltenskompetenzen (z.B. Kontaktaufnahme, Freundschaften schließen) und die Verbesserung von sozial-kognitiven Fertigkeiten wie dem sozialen Problemlösen oder die Selbst- und Impulskontrolle als zentrale Merkmale einer sozial kompetenten Informationsverarbeitung und Handlungssteuerung. Die Programme setzen damit an wiederholt bestätigten Risikofaktoren für kriminelles und dissoziales Verhalten an (Beelmann, 2008a; Beelmann & Raabe, 2007). Soziale Trainingsprogramme finden im Allgemeinen im Gruppenformat statt und werden als strukturierte Abfolge von Übungen und Rollenspielen zumeist unter Nutzung konkreter Trainingsmanuale durchgeführt. Die Programme lassen sich damit relativ leicht als Präventionsstrategie in Kindergärten und Schulen umsetzen und sind insofern mit einem relativ geringen Aufwand und Kosten verbunden. Es existieren zahlreiche Pragrammansätze, die sich jedoch insgesamt nur mäßig unterscheiden und viele gemeinsame Übungs- und Förderelemente aufweisen. Beispiele für soziale Trainingsprogramme sind international das PATHS-Curriculum (Greenberg & Kusché, 2006) oder die Dinosaurier-Schule (Webster-Stratton & Reid, 2003), und national das EFFEKT-Kindertraining (Jaursch & Beelmann, 2008) sowie das Faustlos-Programm (Schick & Cierpka, 2005). Die Programme enthalten oft folgende Förderelemente: Übungen zur Identifikation von Emotionen bei sich und anderen; schrittweises Erlernen nicht-aggressiver Lösungen sozialer Probleme; Kontrolle und Unterbrechung von Ärger- und Wutreaktionen mit Hilfe von Selbstinstruktionen sowie das Üben von Sozialverhalten in kritischen Situationen (Kontaktaufnahme, Streitverhalten). Als Fördermethodik werden meistens Gruppendiskussionen, hypothetische Konfliktszenarien, Rollenspiele und konkrete Anleitungen einsetzt. Häufig werden auch Hausaufgaben gestellt, um die Generalisierung der gelernten Fertigkeiten in den sozialen Alltag zu gewährleisten.

Die Wirksamkeit sozialer Trainingsprogramme konnte in den letzten drei Jahrzehnten in einer Vielzahl von empirischen Untersuchungen mit qualitativ hochwertiger Methodik bestätigt werden (Beelmann & Lösel, 2006; 2007, Beelmann, Pfingsten & Lösel, 1994; Lösel & Beelmann, 2003). So kamen etwa Lösel und Beelmann (2003) in einer Meta-Analyse von 135 Untersuchungen, die einen randomisierten Versuchsplan nutzten und explizit die Prävention von dissozialem Verhalten zum Ziel hatten, auf eine durchschnittliche Effektstärke von $d = 0.39$, was als kleiner bis moderater Effekt interpretiert werden kann. Bei dieser Erfolgsbilanz gilt es jedoch, verschiedene Einschränkungen zu berücksichtigen. So zeigt sich beispielsweise, dass die Wirkungen auf tatsächliches Problemverhalten (Aggression, Gewalt, Kriminalität) typischerweise geringer ausfallen als die Wirkungen auf spezifische soziale Fertigkeiten (z.B. soziale Problemlösekompetenzen in hypothetischen Konfliktszenarien), vor allem wenn die Problembelastung wie im Fall von universellen Präventionsstrategien bereits vor der Förderung relativ gering ist. Hinzu kommt, dass nicht alle sozialen Förderstrategien gleich wirksam sind. Besonders stabile Effekte sind zum Beispiel zu erwarten, wenn die Programme einen hohen Strukturierungsgrad aufweisen und sowohl konkrete Verhaltensübungen als auch sozial-kognitive Verarbeitungsmuster systematisch erlernt und geübt werden (multimodale Programme). Zudem existieren Förderansätze, die ihre spezifische Wirkung auf aggressives Verhalten noch nachweisen müssen, oder deren Evaluationsergebnisse nicht durchweg positiv ausfallen, so dass positive Wirkungen bei sozialen Trainingsprogrammen keineswegs automatisch oder zwangsläufig auftreten. Dies schmälert jedoch nicht die Einschätzung, dass soziale Trainingsprogramme insgesamt zu den erfolgreichsten Förderansätzen bei dissozialem Problemverhalten gehören. Diese Einschätzung deckt sich zudem mit den Erfahrungen aus der Therapie jugendlicher Straftäter, in der soziale kognitiv-behavioral fundierte Trainingsverfahren wie etwa das Reasoning & Rehabilitation Program insgesamt recht positiv abschneiden (Lipsey & Landenberger, 2006). So ermittelten Tong und Farrington (2006) ermittelten in einer aktuellen meta-analytischen Zusammenfassung von 16 Studien einen Rückgang der Rückfallraten jugendlicher Straftäter um immerhin 14% im Vergleich zu einer Standardbehandlung und der Unterbringung im Strafvollzug.

Konfliktlöseprogramme. Eine besondere Form des sozialen Trainings stellen Konfliktbewältigungsprogramme dar, die vor allem in den USA propagiert werden (Johnson & Johnson, 1996; Jones, 2004). Sie werden insbesondere in schulischen Kontexten angewandt, in denen bestehende interpersonale sowie auch intergruppale Konflikte (z.B. zwischen Mitgliedern unterschiedlicher Ethnien) bestehen. Inhaltlich wird dabei vor allem versucht, den konstruktiven Umgang mit persönlichen Provokationen in der Peer-Gruppe oder Streitigkeiten wie Dispute um Eigentum, Privilegien oder in Beziehungen zu lernen, in dem respektvolle Kommunikationsstrategien, Perspektivenübernahme und kooperatives Verhalten eingeübt werden. Neben direkten Instruktionen werden dabei vor allem Möglichkeiten der Peer-Mediation genutzt. Oft sind die Programm-Einheiten auch Teil umfassenderer Schulpräventionsprogramme (siehe unten). Die Wirksamkeit derartiger Trainings konnten Gerrad und Lipsey (2007) in einer jüngst publizierten Meta-Analyse bestätigen. Allerdings war die Wirksamkeit mit einer mittleren Effektstärke von $d = 0.26$ bezogen auf Maße für dissoziales Verhalten (Schulverweise, disziplinarische Strafen, Aggression) auch eher im geringen Bereich. Als wesentliche Moderatoren des Erfolgs erwiesen sich das Alter der Kinder (höhere Effekte bei Jugendlichen im Vergleich zu Kindern) sowie ganz besonders die Implementationsgüte (d.h. die Durchführungsqualität der Programme). Wir werden auf diesen Aspekt später zurückkommen.

Andere individuelle Präventionsansätze weisen eine pädagogische Grundorientierung auf und werden vornehmlich bei Risikogruppen oder auch zur Rückfallprävention eingesetzt. Dabei erfreuen sich sogenannte *Boot camps* vor allem in der öffentlichen Diskussion einer großen Beliebtheit. Bei diesem Konzept sollen bereits kriminell auffällig gewordene oder zumindest Hoch-Risiko-Jugendliche zumeist unter sehr streng kontrollierten, quasi militärischen Bedingungen Selbstdisziplin und Selbstkontrolle erlernen, oft auch in Kombination mit hartem sportlichem Training. Entgegen der oft überaus positiven Darstellung erfolgreicher Einzelfälle, können die Effekte derartiger Einrichtungen in strengen wissenschaftlichen Untersuchungen allerdings kaum bestätigt werden. So zeigten Wilson und MacKenzie (2006) in einer systematischen Zusammenstellung kontrollierter Erfolgsstudien, dass die präventiven und therapeutischen Wirkungen praktisch gleich Null sind, zumindest dann, wenn nicht zugleich eine unterstützende individuelle pädagogische oder psychotherapeutische Betreuung gewährleistet wird. Aber auch mit einer vergleichsweise guten pädagogischen und therapeutischen Begleitung sind keineswegs Wunder von diesen Maßnahmen zu erwarten. Wilson und MacKenzie (2006) fanden für derartige Einrichtungen eine durchschnittliche Odds Ratio von 1.12 (das bedeutet eine verbesserte Prognose mit dem Faktor 1.12 für die Interventionsteilnehmer), was allenfalls als kleiner Effekt einzustufen ist, und wie gesagt nur in Kombination mit einer guten pädagogischen oder psychotherapeutischen Betreuung auftrat.

Eine etwas bessere Wirkbilanz weisen Maßnahmen der *Intensiv- oder Freizeitpädagogik* auf. Dabei werden zum Beispiel Jugendlichen in Freizeitaktivitäten eingebunden, die von einer hohe Eigenaktivität, Verantwortungsübernahme und einem Event-Charakter gekennzeichnet sind. Derartige Programme verfolgen die Idee, Jugendlichen in Anbetracht schwieriger physischer Herausforderungen die Übernahme von Verantwortung innerhalb einer Gruppe unter Aufsicht eines professionellen Teamleiters zu ermöglichen. Die Dauer und Gestaltung der Programme ist recht unterschiedlich und reicht von Tageswanderungen bis hin zu Outdoor-Aktivitäten von über einem Jahr. Typische Aufgaben sind zum Beispiel das Überqueren von Flüssen ohne Hilfsmittel oder die Beschaffung von Lebensmitteln aus der Natur. Derartige „Überlebenstrainings" bieten im Vergleich zu psychotherapeutischen Interventionen möglicherweise den Vorteil, dass die Teilnahmemotivation der Jugendlichen höher ist. Die Programme sind jedoch meistens recht kostenintensiv, da die Gruppen aufgrund der physischen Anforderungen und der Einhaltung von Sicherheitsstandards klein sein müssen und einen hohen Personal- und Materialaufwand erfordern. Gleichzeitig sind die Effekte der Trainings auf die Rückfallrate ebenfalls nicht besonders hoch (Lipsey & Wilson, 1998). Positive Wirkungen scheinen jedoch bei solchen Programmen vorzuliegen, die eine therapeutische Komponente beinhalten, kürzer sind (bis maximal sechs Wochen) und intensive physische Aktivitäten abverlangen (Wilson & Lipsey, 2000). Werden diese Aktivitäten jedoch ohne zusätzliche pädagogische und therapeutische Elemente zum gezielten und strukturierten Kompetenzaufbau angeboten, sind sie insbesondere vor dem Hintergrund ihrer zum Teil beträchtlichen Kosten ebenfalls nicht zu empfehlen.

Konfrontative Pädagogik. Ein verwandter Interventionsansatz, der sowohl präventiv als auch therapeutisch eingesetzt wird, ist dem *Konzept der konfrontativen Pädagogik* verpflichtet. Dieses Konzept hat sich aus der Rehabilitation jugendlichen Straftäter in den USA entwickelt und ist im Kern auf eine klare Sanktionierung und Konfrontation mit dem aggressiven, gewalttätigen und kriminellem Verhalten ausgelegt (Weidner, Kilb & Kreft, 1997). Im deutschen Sprachraum sind diese Prinzipien etwa im Anti-Aggressivitätstraining (AAT) realisiert worden (Heilemann & Fischwasser-von-Proeck, 2001). Das Training besteht aus unterschiedlichen Phasen, die sich eingangs mit den biographischen Hintergründen der Personen und ihren Taten, mit der konfrontativen Auseinandersetzung und mit dem systematischen Aufbau sozial kompetenten Verhaltens befassen. Zur Konfrontation werden dabei verschiedene Strategien wie etwa der sogenannte „heiße Stuhl" genutzt. Dabei muss der Jugendliche sich vor der Gruppe und den Gruppenleitern hinsichtlich seiner aggressiven und kriminellen Handlungen rechtfertigen, wobei er typischerweise im Gruppenzentrum platziert wird. Die Ergebnisse dieses und auch anderer Programme sind allerdings gemischt (vgl. Fröhlich-Gildhoff, 2006). Ein Problem scheint zu sein, dass die in diesem Rahmen besonders propagierten konfrontativen Elemente im Vergleich zum Kompetenzaufbau oft deutlich stärker vertreten sind. Damit bekommt jedoch dieser Ansatz *de facto* einen überwiegend strafenden Charakter, was für Wirksamkeit des Vorgehens wenig förderlich ist. Das Potential konfrontativer Ansätze besteht vor allem in einer klaren und eindeutigen Vermittlung der Nicht-Akzeptanz von Gewalt als Mittel der Problemlösung. Ein notwendiger Schritt ist aber auch der Erwerb nicht-krimineller Verhaltensalternativen. Daher ist vor einer unkritischen und gleichsam naiven Anwendung konfrontativer Techniken allein ohne systematische Elemente der Unterstützung und des Kompetenzaufbaus zu warnen.

Zusammenfassung. Als individuelle Maßnahmen haben sich strukturierte Interventionen besonders gut bewährt, die einen systematischen Aufbau von Kompetenzen verfolgen und auf konkrete soziale Anforderungen und soziale Probleme im Alltag der Kinder und Jugendlichen bezogen sind. Strafende, allein auf Einhaltung bestimmter disziplinarischer Regeln ausgerichtete Verfahren ohne Bezug zum sozialen Kontext und dem Problemverhalten sowie offene, unstrukturierte Formen der Jugendarbeit scheinen dagegen nicht besonders gut auf die Bedürfnisse und die Lernstile insbesondere von Risikokindern und –jugendlichen abgestimmt zu sein. Sie sind daher nicht zur Prävention krimineller Karrieren von Kindern und Jugendlichen geeignet.

2. Eltern- und familienzentrierte Ansätze

Eine zweite Gruppe von Präventionsansätzen zielt auf die Familie als eine wichtige Sozialisationsinstanz und versucht über systematische Ausbildung, Unterstützung und Hilfen für Eltern und Familien, das Risiko einer dissozialen Entwicklung von Kindern und Jugendlichen zu verringern. Als wichtige Präventionsformen sind strukturierte Elterntrainings sowie familienbezogenen Frühförderprogramme zu unterscheiden.

Elterntrainingsprogramme. Elterntrainingsprogramme zielen auf die komprimierte Förderung des elterlichen Erziehungsverhaltens und damit auf einen ebenso wichtigen Risikofaktor für dissoziales Problemverhalten wie soziale Kompetenzdefizite (Beelmann, 2007a; Beelmann & Raabe, 2007). Auch diese Programme werden zumeist im Gruppenformat angeboten und beinhalten eine strukturierte Abfolge von Trainingssitzungen, die sich oft mit Übungen zu positiven Erziehungspraktiken (emotionale Unterstützung, Lob, aber auch kontrollierte Beaufsichtigung), der Vermittlung sozialer Regeln und dem Umgang mit Problemverhalten der Kinder (z.B. Grenzen setzen) befassen. Die Programme haben häufig einen psycho-edukativen Charakter und umfassen entsprechend methodisch vor allem Gruppendiskussionen und Rollenspiele, zum Teil werden auch filmische Demonstrationen (Videos) zur Vermittlung von Erziehungskompetenzen genutzt. Auch für diesen Programmansatz liegen unterschiedliche internationale und nationale Programme vor, zum Beispiel das Triple-P-Programm (Sanders, 1999; Kuschel & Hahlweg, 2005) oder das EFFEKT-Elterntraining (Beelmann, 2007b).

Zusammenfassende Wirksamkeitsschätzungen in Meta-Analysen zeigen, dass Elterntrainingsprogramme im Durchschnitt hohe Wirkungen und zum Teil höhere Effekte erzielen, als die genannten sozialen Trainingsprogramme für Kinder. So kamen wir in einer bislang unpublizierten Arbeit zu Effektschätzungen von $d = 0.58$ auf Basis von insgesamt 203 experimentellen Wirksamkeitsuntersuchungen (Beelmann, 2008c). Diese Effekte werden allerdings – wie schon bei den Kindertrainings – vorwiegend in den direkt intendierten Zielvariablen (z.B. beim konkreten Erziehungsverhalten) erreicht und schlagen sich (zumindest kurzfristig) weniger stark beim dissozialen Problemverhalten der Kinder selbst nieder (Beelmann 2008c; Lundahl, Risser & Lovejoy, 2006). Außerdem lassen die Effekte mit der Zeit nach, so dass möglicherweise Auffrischungsstunden sehr sinnvoll sind. Zudem stellt sich bei den Programmen nicht selten das Problem, dass Eltern aus Hochrisikofamilien und belasteten Kontexten (d.h. bei einer in vielerlei Hinsicht besonders bedürftigen Klientel) nur sehr schwer für eine Teilnahme zu gewinnen sind oder die Kurse oft abbrechen. Diese Probleme der Inanspruchnahme und Implementation von Elterntrainingsprogrammen sind bislang noch nicht befriedigend gelöst (Beelmann, 2007a). Zudem scheinen sehr intensive und unstrukturierte Elterntrainingsprogramme bei dissozialem Problemverhalten eher geringere Wirkungen zeigen (Beelmann, 2008c). Die beste Effekte sind dagegen von verhaltensorientierten Trainings zu erwarten, in denen den Eltern konkrete Kompetenzen speziell zum Umgang mit dissozialem Verhaltensweisen (z.B. konsistente, nichtaggressive Grenzsetzung) vermittelt bekommen (Beelmann, 2007a).

Familienbezogene Frühprävention. Den Ansatz einer möglichst frühzeitigen Prävention von Problemkarrieren verfolgen *familienbezogene Frühpräventionskonzepte.* Sie stehen in der Tradition der sonderpädagogischen Frühförderung und kompensatorischen Vorschulerziehung, die in den 1960er Jahre vor allem in den USA entwickelt wurden (vgl. Übersichten in Farrington & Welsh, 2003; Piquero et al., 2008; Tremblay & Japel, 2003; Webster-Stratton & Taylor, 2001). Die Programme bestehen aus unterschiedlichen Hilfsangeboten für Kinder bis zum sechsten Lebensjahr und ihren Familien, die zum Beispiel unterschiedliche Formen der Tagesbetreuung der Kinder, Hilfen bei der Kindespflege und -ernährung, allgemeine Informationen zur kindlichen Entwicklung, die kognitive Förderung der Kinder sowie die berufliche und soziale Förderung der Eltern einschließen. Zur Wirksamkeit dieser Programme liegen zum Teil sehr umfassende Evaluationen mit sehr langen Follow-up-Zeiträumen vor, bei denen unter anderem auch die spätere Delinquenz und Kriminalität als Erfolgskriterium dienten. So konnte etwa im Rahmen der sogenannten *High/Scope Perry Preschool Study* gezeigt werden, dass die im Alter von 4 bis 5 Jahren geförderte Gruppe fast 35 Jahre nach der Programmdurchführung unter anderem eine signifikant geringere Anzahl an Verurteilungen und Inhaftierungen für kriminelle Delikte aufwies (vgl. Schweinhart, Montie,

Xiang, Barnett, Belfield & Nores, 2005). Andere Projekte setzten noch früher an und boten bereits ab der Schwangerschaft verschiedene Hilfsangebote für Hochrisikofamilien an. Im Rahmen des *Elmira Prenatal/Early Childhood Intervention* Projekts (Olds, 2006; Olds et al., 1997; 1998) besuchten beispielsweise speziell ausgebildeten Betreuerinnen jungendliche oder allein erziehende Mütter aus sozial belasteten Gebieten bereits während der Schwangerschaft und begleiteten die Kindererziehung bis zum Alter von zwei Jahren durch regelmäßige Hausbesuche. Neben geringeren Raten von Misshandlung und Vernachlässigung durch die Eltern zeigte sich bei der zurzeit letzten Follow-up-Untersuchung im Alter von 15 Jahren signifikante Effekte auf den Drogengebrauch und die Kriminalitätsrate der Jugendlichen.

Leider bleiben diese günstigen Ergebnisse von Frühfördermaßnahmen bislang auf relativ wenige Einzelstudien beschränkt. Zudem werden in inhaltlich vergleichbaren Projekten zum Teil geringere oder auch gar keine Effekte erzielt (Tremblay & Japel, 2003). Gleichwohl handelt es sich es um einen Förderansatz, der vor allem den Erfordernissen bei chronischen Risikokonstellationen bzw. bei Gruppen mit bereits vorhandenem Problemverhalten im Rahmen gezielter Präventionsmaßnahmen offenbar besser gerecht wird als etwa isolierte und zeitlich begrenzte Kinder- oder Elterntrainings. Angesichts der hohen Intensität stellt sich allerdings die Frage, ob sich die Programme im universellen Kontext (d.h. als Angebot für alle Kinder und deren Familien) angemessen sind. In der Arbeit mit Hochrisiko-Familien dürfte umfassende Frühfördermaßnahmen jedoch ein viel versprechender Ansatz für eine wirksame Kriminalprävention sein, auch wenn empirische Wirksamkeitsnachweise sich bislang auf wenige, oft zitierte Studien beschränken und für den deutschen Sprachraum bislang gänzlich fehlen. Zudem erwiesen sich die Projekte bei diesen Gruppen auch im Hinblick auf die Kosten-Nutzen-Effektivität als sehr lohnend. So konnte etwa in der bereits erwähnten *High/Scope Perry Preschool Study* bei der letzten Nachfolgeuntersuchung ein (inflationsbereitigtes) Kosten-Nutzen-Verhältnis von etwa 1:17 festgestellt werden. D.h. für jeden Dollar, den in das Programm investiert wurde, wurden etwa 17 Dollar später eingespart. Diese Ersparnis zeigte sich vor allem bei geringeren Kosten für kriminelles Verhalten (Prozesskosten, Haftkosten), äußerte sich aber auch in mehr gezahlten Steuern durch die Interventionsgruppenmitglieder und eingesparten Sozial- und Krankheitskosten. Ähnlich günstige Kosten-Nutzen-Relationen früher intensiver familienorientierter Programme werden auch in anderen Studien bestätigt (siehe zusammenfassend: Welsh, Farrington & Sherman, 2001).

Zusammenfassung. Elterntrainings und frühe familiengestützte Präventionsprogramme gehören zu den viel versprechendsten Maßnahmen in der Dissozialitätsprävention (Piquero et al., 2008). Beide Ansätze weisen ein gutes Wirkprofil auf und sind offenbar auch aus Kosten-Nutzen-Erwägungen zu empfehlen. Problematisch scheint bei Elterntrainings die Inanspruchnahmerate bei Hoch-Risiko-Gruppen zu sein. Bei familienorientierten Frühinterventionen müssten die Effekte in anderen sozialen Kontexten weiter bestätigt werden.

3. Schulorientierte Ansätze

Eine letzte Gruppe von Präventionsansätzen versucht, die Schule und den außerfamiliären sozialen Lebensraum von Kindern und Jugendlichen zu beeinflussen, um Problemen von Aggression, Gewalt und Kriminalität zu begegnen. Zu unterscheiden sind multimodale schulbasierte Präventionsmaßnahmen sowie schulische Gewaltpräventionsprogramme.

Multimodale, schulbasierte Prävention. Neuere Programminitiativen versuchen die Idee einer möglichst umfassenden Förderkonzeption aus der Frühförderung zu übernehmen und zu späteren Alterszeitpunkten im Kontext der Schule zu etablieren. Derartige Programmpakete sind speziell in den letzten Jahren in den USA entwickelt und unter der Maßgabe einer *entwicklungsorientierten Kriminalprävention* durchgeführt worden, darunter zum Beispiel das sehr umfangreiche FAST-Track Programm (vgl. Conduct Problems Prevention Research Group, 1992, 2004a). Das FAST-Track-Programm besteht aus einer Kombination von universellen und selektiven Präventionsmaßnahmen, bei denen kind-, eltern-, familien- und schulbasierte Strategien über einen Zeitraum von sechs Jahren (vom 1. bis zum 6. Schuljahr der Kinder) umgesetzt werden. Das Programm für die Hochrisikogruppe enthält zum Beispiel fünf Elemente: (1) ein gruppenorientiertes Elterntraining, in dem sowohl klassische Erziehungsstrategien als auch Maßnahmen zur Förderung einer positiven Eltern-Kind-Beziehung, Hilfen zur intellektuellen Förderung der Kinder und soziale Problemlösestrategien vermittelt werden sollen. Ergänzt werden diese Strategien durch (2) individuelle Hausbesuche, bei denen sowohl die Inhalte des Elterntrainings konkretisiert als auch soziale Hilfen für die Familien bereitgestellt werden. (3) Drittes Element ist ein umfassendes soziales Kompetenztraining der Kinder in der Schule, in dem sowohl verhaltensorientierte soziale Fertigkeiten (z.B. Aufbau von Freundschaften) als auch sozial-kognitive Kompetenzen (z.B. soziale Problemlösefertigkeiten, Fähigkeit zur Selbstkontrolle und Emotionsregulation) erlernt werden sollen. Als Ergänzung zum sozialen Lernprogramm bekommen (4) Hoch-Risiko-Kinder eine kognitive Zusatzförderung (v.a. zur Verbesserung der Lesefähigkeiten) und schließlich wird (5) das soziale Lernprogramm durch entsprechende Übungseinheiten in der Schule komplettiert.

Da die Evaluation des FAST-Track-Programms noch läuft, liegen bislang nur Zwischenergebnisse vor (Conduct Problems Prevention Research Group, 1999, 2002, 2004b). Diese sind zwar durchaus positiv, jedoch – zumindest vor dem Hintergrund der Intensität der Maßnahmen – nicht gerade überwältigend. Andere Evaluationen derartiger Multimodalprogramme zeigten, dass langfristige Erfolge bis ins Erwachsenenalter durchaus möglich sind (z.B. im Rahmen des *Seattle Social Development Project*s, Hawkins et al., 1992, 2005) und sich besonders bei einem möglichst frühen Beginn (z.B. mit der Einschulung) einstellen. Eine umfangreiche Evidenzbasierung dieser Maßnahmen steht aber noch aus. Die teilweise ernüchternden Ergebnisse machen aber zugleich klar, dass durchschlagende Präventionserfolge oder eine maximal erfolgreiche Prävention in diesem Bereich nur sehr schwer zu erreichen ist, selbst wenn die Maßnahmen konsequent vor dem Hintergrund empirisch fundierter Entwicklungsmodelle konstruiert wurden.

Schulische Gewaltpräventions- und Anti-Bullying-Programme. Schulische Gewaltpräventionskonzepte sind in den letzten Jahren vielfach angewandt worden, unter anderem weil in Schulen relativ günstige Umsetzungsbedingungen für Präventionsprogramme vorliegen (Beelmann, 2008b; Verbeek & Petermann, 1999). International große Aufmerksamkeit und Verbreitung hat dabei der Gewaltpräventionsansatz von

Olweus (2006) erfahren. Das Konzept wurde bereits Ende der 70er Jahre in Norwegen entwickelt (vgl. Olweus, 1991) und ist mittlerweile in zahlreichen Sprachen übersetzt und in mehreren Ländern evaluiert worden (vgl. Smith et al., 1999). Der Ansatz von Olweus ist weniger ein auf den individuellen Fall ausgerichtetes Vorgehen als vielmehr der Versuch, Phänomene der Gewalt und des so genannten Bullying (eine Sammelbezeichnung für Verhaltensweisen wie Quälen, Bedrohen, Schlagen, Erpressen) im Kontext der Schule durch ein Bündel unterschiedlicher Maßnahmen zu begegnen. Ziel ist dabei die Gewährleistung einer möglichst einheitlichen und konsequenten Reaktion aller Beteiligten (Schüler, Lehrer, Eltern) auf unterschiedliche Formen von Gewalt im schulischen Kontext. Grundsätzliches Ziel des Programms ist der konsequente Umgang mit Gewaltphänomenen im schulischen Kontext sowie die Etablierung eines durch Verantwortlichkeit und Wärme gekennzeichneten Schulklimas. Dazu sind drei Maßnahmenebenen (Schule, Klasse, Individuum) vorgesehen, auf denen jeweils verschiedene Aktivitäten realisiert werden sollen, zum Beispiel ein pädagogischer Tag zum Thema Schulgewalt (Schulebene), die Einführung von festen Klassenregeln und Handlungsanweisungen gegen Gewalt (Klassenebene) oder ernste Gespräche mit Tätern und Opfern (Individualebene). Alle Maßnahmen sind also darauf ausgerichtet, im Sinne einer konsistenten und konsequenten Reaktion aller am Schulalltag beteiligten Personen zu gelangen.

Hinsichtlich der Wirkungen liegen für das Olweus-Programm jedoch gemischte Befunde vor (Derzon, 2006; Ferguson et al., 2007; Merrell et al., 2008; Ttofi et al., 2008). Kritisch zu bewerten ist, dass die guten Erfolge des Olweus-Programms in Norwegen in anderen Kontexten und Ländern nicht bestätigt werden konnten. Dies gilt insbesondere dann, wenn methodisch anspruchsvolle Untersuchungen herangezogen werden. Derartige Unterschiede zwischen den Ergebnisse von Pilotstudien und denen aus Replikationsstudien unter anderen kulturellen und sozialen Rahmenbedingungen sind allerdings nicht selten und weisen eindringlich auf die Notwendigkeit hin, Förder- und Präventionsansätze über den ursprünglichen Evaluationskontext hinaus zu überprüfen. Ungeachtet dessen ist möglicherweise ein Grund für die inkonsistenten Wirkungen, dass das Programm in Norwegen landesweit eingesetzt wurde und somit über den Stellenwert einer Probeimplementation hinausging. Tatsächlich verlangen derartige Präventionsansätze offenbar das engagierte Mitwirken aller am Gesamtsystem Schule Beteiligten, um entsprechende Effekte zu erreichen. Gelingt dieses anspruchsvolle Ziel nicht, gehen die Aktivitäten am Kern der Maßnahme vorbei und entsprechende Wirkungen bleiben aus. Die Untersuchungen zum Olweus-Programm machen somit auch deutlich, dass eine simple Übertragung eines erfolgreichen Präventionskonzepts in andere kulturelle und soziale Kontexte nicht ohne weiteres möglich ist.

Zusammenfassung. Schulische Präventionsprogramme zeigen im Vergleich zu individuellen und familiären Ansätzen eher geringere Wirkungen (vgl. Beelmann & Raabe, in Druck). Ein Problem scheinen die vergleichsweise hohen Anforderungen an die Umsetzungsqualität zu sein, die notwendig ist, die intendierten Effekte zu erreichen. Hier sind allerdings weiterführende Untersuchungen notwendig, um die Schule als wichtiges und prinzipiell sehr gut geeignetes Präsentionssetting optimal zu nutzen (Beelmann, 2008a).

C. Zukünftige Fragestellungen der Präventionsforschung

Wie in vielen sozialwissenschaftlichen Bereichen müssen auch die skizzierten Ergebnisse der Präventionsforschung vor dem Hintergrund wichtiger methodischer und inhaltlicher Forschungsprobleme sowie anhand allgemeiner interventionsstrategischer Überlegungen bewertet werden. Dabei erscheinen vier Aspekte von besonderer Bedeutung.

1.) Neben inhaltlichen Fragen der Gestaltung von Präventionsmaßnahmen stellen sich bei deren Entwicklung, Planung und Umsetzung auch grundsätzliche konzeptionelle und strategische Überlegungen (Beelmann, in Vorbereitung). Ein wichtiger Aspekt betrifft zum Beispiel die Frage, welche *spezifische Präventionsstrategie* verfolgt werden soll. Dabei wird heute in Anlehnung an Muñoz, Mrazek und Haggerty (1996) zwischen universeller und gezielter Prävention unterschieden. Während sich universelle Strategien an alle Personen einer definierten Population richten (z.B. alle Kinder und Jugendlichen), bezieht sich gezielte Prävention auf die Auswahl von Risikogruppen oder bereits auffällige Personen. Jeder Ansatz hat spezifische Vor- und Nachteile, so dass die begründete Auswahl einer Strategie sowohl von Ergebnissen vergleichender Evaluationen als auch einer Reihe von grundlegenderen Überlegungen abhängt. Nach Offord (2000) liegt beispielsweise ein Nachteil universeller Präventionsstrategien darin, die Öffentlichkeit und politische Entscheidungsträger vom Nutzen der Maßnahmen zu überzeugen, da die Verfahren alle Personen erreichen sollen und somit mit relativ hohen Kosten verbunden sind. Darüber hinaus wird – je nach Prävalenzrate – primär jene Klientel angesprochen, die dem geringsten Risiko für eine Fehlentwicklung unterliegt. Gezielt präventive Strategien sind dagegen besser auf die spezifischen Bedürfnisse bestimmter Personengruppen zugeschnitten. Für eine geeignete Auswahl von Zielpersonen ist dabei jedoch spezifisches Wissen über die Existenz der Risiken sowie deren Vorhersagekraft im Hinblick auf die weitere Entwicklung notwendig. Zudem können durch Auswahlprozesse Stigmatisierungseffekte auftreten, die wiederum bei universellen Strategien vermieden werden können (vgl. detailliert: Beelmann & Raabe, 2007).

Selbstverständlich sind die Rechtfertigung und die Notwendigkeit präventiver Handlungen auch von der Inzidenz und Prävalenz eines Problems und den Möglichkeiten einer erfolgreichen Therapie abhängig. Da einerseits die Häufigkeit und die Stabilität delinquenter und krimineller Verhaltensprobleme bei Kindern und Jugendlichen relativ hoch ist und andererseits zum Teil gravierenden Folgen für die Opfer auftreten, sollten präventive Programme schon allein aus diesen Überlegungen eine hohe Priorität genießen, zumal auch die Effekte rehabilitativer Maßnahmen in diesem Bereich, wie zahlreiche Meta-Analysen zeigen, gering sind (Lipsey & Cullen, 2007; Lipsey & Wilson, 1998). Eine besondere Herausforderung sind nach wie vor Zielgruppen aus dem Multi-Problem-Milieu, bei denen Entwicklungsrisiken kumulieren und die Kinder und Jugendlichen bereits eine ausgeprägte Symptomatik aufweisen. Hier ist in der Regel eine intensive Förderung mit unterschiedlichen Ansatzpunkten (Kinder, Eltern, Schule, Vereine u.a.) sowie eine niedrigschwellige Bereitstellung und optimale Vernetzung der Hilfsangebote unerlässlich, um substanzielle Erfolge zu erreichen.

2.) Eine zweite Frage betrifft die Kombination pädagogisch-psychologischer Präventionsmaßnahmen mit anderen Präventionsformen wie etwa Formen der technischen Kriminalprävention (z.B. Videoüberwachung in Schulen) oder polizeilicher Präventionsarbeit (etwa verstärkter Streifendienst an sogenannten „Hot Spots"). Zusammenfassende Analysen dieser Präventionsformen zeigen, dass eine wirksame Kriminalprävention durchaus auch auf diese Weise erreicht werden kann (Sherman et al., 2002; Welsh & Farrington, 2006). Inwieweit die Maßnahmen allerdings grundsätzlich zu geringeren Prävalenzraten in der Kinder- und Jugendkriminalität führen können, ist unklar, weil diese Präventionsformen zuvorderst auf Verhaltenskontrolle bzw. Reduktion von Tatgelegenheiten fokussieren und selten auch das Lernen von Verhaltensalternativen anbieten. Möglicherweise eignen sich diese Ansätze dann, wenn in einem sozialen Setting Gewalt und Kriminalität ein bestimmtes Ausmaß überschritten haben, um zunächst eine Art Beruhigung der Situation zu erreichen. Ungeachtet dessen sollten Präventionsansätze auch nicht allein unter Konkurrenzaspekten diskutiert werden. Nichts spricht beispielsweise dagegen, verstärkte Videokontrollen in Schulen, in den ein hohes Ausmaß an Gewalt und Kriminalität zu beobachten ist, mit psychologisch-pädagogischen Maßnahmen zu kombinieren.

3.) Zu den konstantesten Ergebnissen der Präventionsforschung gehört, dass Selbstevaluationen (d.h. Studien der Programmautoren) zum Teil deutlich höhere Effekte ermitteln als Evaluationen durch Dritte (Petrosino & Soydan, 2005). Dieses Ergebnis kann unterschiedlich bewertet werden. Einerseits finden Selbstevaluationen oft unter deutlich besseren Durchführungsbedingungen statt (z.B. kostenlose Bereitstellung der Intervention) oder die Programmautoren gewährleisten durch hohes persönliches Engagement eine qualitativ hochwertigere Trainings- oder Behandlungsadministration. Andererseits können interessengeleiteten Datenanalysen und eine selektive Dokumentationspraxis auch nicht gänzlich ausgeschlossen werden (Martinson, Anderson & deVries, 2005). Daher bedarf es jeweils unabhängiger Replikationen der Befunde am besten im Kontext realer Praxisbedingungen, da auch extraprogrammatische Faktoren (z.B. Einstellung der durchführenden Personen zum Interventionskonzept, Probleme und Widerstände im Kontext der Institutionen, in denen die Intervention durchgeführt wird) jenseits der Programminhalte die Wirksamkeit von Maßnahmen nachhaltig beeinflussen können (Kam, Greenberg & Walls, 2003; Payne, Gottfredson & Gottfredson, 2006).

Überhaupt scheint die Umsetzung von Präventionsmaßnahmen in die Praxis der sozialen Versorgung ein wichtiges Thema für die Zukunft der Präventionsforschung zu sein. Viel zu oft kommen selbst wirksame Präventionsprogramme nicht über den Status einer exemplarischen Anwendung in Forschungskontexten hinaus oder werden allein in Zeiten eingesetzt, in denen spektakuläre Einzelfälle von Gewalt und Kriminalität die Handlungsbereitschaft von politischen Entscheidungsträgern herausfordern. Neuere kommunale Präventionsstrategien setzen hier an und beabsichtigen, die systematische Integration und Anwendung wirksamer Präventionsmaßnahmen in bestehende Sozial- und Bildungssysteme zu befördern. So ist der *Community that cares* (CTC) – Ansatz mittlerweile in einigen Staaten der USA flächendeckend umgesetzt worden (siehe Catalano et al., 1998; Farrington & Welsh, 2007; Hawkins & Catalano, 1992). Dieses Konzept sieht eine optimale Vernetzung und die evidenzbasierte Auswahl von

Präventionsmaßnahmen vor. Dazu wird versucht, zunächst eine Mobilisierung wichtiger Personen und Institutionen auf kommunaler Ebene und die Errichtung eines lokalen Präventionsrates zu erreichen, der wichtige Präventionsziele sowie die wirksamen Risikofaktoren der Problementwicklungen im konkreten Feld absteckt. Präventionsmaßnahmen sollen dann auf evidenzbasierter Grundlage ausgewählt und im Kontext bestehenden Versorgungsstrukturen umgesetzt werden. Vor allem die systematische Orientierung an Ergebnisse der internationalen Ursachen- und Evaluationsforschung ist ein Element, das im deutschen Sprachraum noch nicht genügend Berücksichtigung gefunden hat. Hierzulande orientiert sich die Beurteilung von Präventionsinitiativen viel zu oft allein an den „guten Absichten" der Initiatoren (die ohne Zweifel wichtig sind, aber allein eben nicht ausreichen), während die Erkenntnisse aus der Präventionsforschung zu selten Berücksichtigung finden. Zudem ist die Finanzierung und konkrete Umsetzung groß angelegter Präventionsstudien, die unter anderem aus Gründen der zweifelhaften Übertragbarkeit internationaler Präventionsergebnisse dringend nötig wären, schwieriger zu erreichen als dies international der Fall ist. Hier ist eine konsequente Evaluations- und Evidenzorientierung von Geldgebern, politischen Entscheidungsträger und in der psychosozialen Praxis von Nöten, um die Präventionsforschung in Deutschland entscheidend voranzubringen.

4.) Schließlich müssen bei allen Evaluationsstudien vielfältige methodische Einflussgrößen bedacht werden, die die Forschungsresultate massiv beeinflussen können (Beelmann & Raabe, im Druck). Dies ist keineswegs allein dem Untersuchungsdesign geschuldet. Selbst vorbildlich konzipierte experimentelle Versuchsanordnung ergeben nicht zwangsläufig unverzerrte Erfolgsparameter. So ist beispielsweise die ermittelte Wirksamkeit in hohem Maße von der Wahl der Erfolgskriterien abhängig und beinahe jede Intervention kann positiv evaluiert werden, wenn nur ein entsprechend angepasstes Kriterium zugrunde legt wird (Beelmann, 2006). Es empfiehlt sich daher, die Programme und deren Evaluationsergebnisse detailliert im Hinblick auf derartige Einflussfaktoren zu bewerten und ggf. kritisch zu hinterfragen. Ein weiteres Problem ist die mangelhafte Untersuchung von Langzeiteffekten. Dies ist nicht allein ein Problem der Dauerhaftigkeit von Effekten, sondern betrifft bei präventiven Interventionen auch die Identifikation verzögerter Effekte (d.h. später auftretende Wirkungen). Allgemein ist zu bedenken, dass angesichts der berichteten mittleren Effektstärken aus den zitierten Meta-Analysen die Wirksamkeit von Präventionsmaßnahmen nicht überschätzt, aber natürlich auch nicht unterschätzen werden sollte. So ist etwa nicht zu erwarten, dass mit einzelnen kleinen Förderprogrammen chronische Risikokonstellationen der Entwicklung kompensiert werden können. Gleichwohl können sich kleine Effekte auch in einer leichten Reduktion der Basisrate schwer auffälliger Kinder und Jugendlicher äußern, die unter Umständen zu weniger gravierenden Opferzahlen oder beträchtlichen Kostenersparnissen im öffentlichen Kontext führen können (Welsh & Farrington, 2006). Im Rahmen der Erlangen-Nürnberger Präventions- und Interventionsstudie konnten wir zum Beispiel zeigen, dass kleine Effektstärken eine Reduktion der Prävalenzrate von Schüler mit multiplen Verhaltensschwierigkeiten im schulischen Kontext von fast 50% entsprach (vgl. Lösel, Beelmann, Stemmler & Jaursch, 2006). Für eine differenzierte Bewertung von Programmen und Interventionen sollten daher integrative Befunde aus Meta-Analysen herangezogen und verschiedene Argumentationsstränge sorgfältig gegeneinander abgewogen werden.

Der bisherige Stand der Forschung zeigt sehr deutlich das Potential, aber auch die Grenzen von Präventionsmaßnahmen und –programmen zur Vermeidung krimineller Karrieren. Mit gebotener Vorsicht können wir feststellen, dass entwicklungspsychologisch fundierte und evidenz-basierte Programme zur Prävention von Gewalt und Kriminalität von Kindern und Jugendlichen existieren, wie etwa sozialen Trainingsprogramme für Kinder, Elterntrainingsprogramme oder frühe familienorientierte Maßnahmen für Hochrisiko-Gruppen. Es wird nun darauf ankommen, bestehen Präventionsmöglichkeiten in der Praxis zu nutzen sowie die Weiterentwicklung der Ansätze und die Klärung bislang offene Fragen in systematischer Präventionsforschung anzugehen.

Literatur

Beelmann, A. (2006) Wirksamkeit von Präventionsmaßnahmen bei Kindern und Jugendlichen. Ergebnisse und Implikationen der integrativen Erfolgsforschung. Zeitschrift für Klinische Psychologie und Psychotherapie, 35, S. 151-162.

Beelmann, A. (2007a) Elternberatung und Elterntraining. In: Linderkamp, F./Grünke, M. (Hrsg.): Lern- und Verhaltensstörungen. Genese, Diagnostik und Intervention. Weinheim: Psychologie Verlags Union. S. 298-311.

Beelmann, A. (2007b) Förderung von Erziehungskompetenzen bei Eltern: Konzeption und Beschreibung eines Elterntrainings zur Prävention von Verhaltensstörungen bei Vor- und Grundschulkindern. In: Röhrle, B. (Hrsg.): Prävention und Gesundheitsförderung bei Kindern und Jugendlichen. Tübingen: DGVT-Verlag. S. 277-294.

Beelmann, A. (2008a) Förderung sozialer Kompetenzen im Kindergartenalter: Programme, Methoden, Evaluation. Empirische Pädagogik, 22, S. 160-177.

Beelmann, A. (2008b) Prävention im Schulalter. In: Gasteiger-Klicpera, B./Julius, H./Klicpera, Ch. (Hrsg.): Sonderpädagogik der sozialen und emotionalen Entwicklung (Handbuch der Sonderpädagogik, Band 3, S. 442-464). Göttingen: Hogrefe.

Beelmann, A. (2008c) The effects of parent trainings programs in the prevention and treatment of antisocial behavior. An international comprehensive meta-analysis.

Beelmann, A. (in Vorbereitung). Zur wissenschaftlichen Fundierung psychologischer Interventionsmaßnahmen. Ein Modell zur theoretischen und evidenzbasierten Entwicklung.

Beelmann, A./Lösel, F. (2006) Child social skills training in developmental crime prevention: Effects on antisocial behavior and social competence. Psicothema, 18, p. 602-609.

Beelmann, A./Lösel, F. (2007) Entwicklungsbezogene Prävention dissozialer Verhaltensprobleme: Eine Meta-Analyse zur Effektivität sozialer Kompetenztrainings. In: von Suchodoletz, W. (Hrsg.): Prävention von Entwicklungsstörungen. Göttingen: Hogrefe. S. 235-258.

Beelmann, A./Pfingsten, U./Lösel, F. (1994) The effects of training social competence in children: A meta-analysis of recent evaluation studies. Journal of Clinical Child Psychology, 23, p. 260-271.

Beelmann, A./Raabe, T. (2007) Dissoziales Verhalten bei Kindern und Jugendlichen. Erscheinungsformen, Entwicklung, Prävention und Intervention. Göttingen: Hogrefe.

Beelmann, A./Raabe, T. (im Druck). The effects of preventing antisocial behavior and crime in childhood and adolescence: Results and implications of research reviews and meta-analyses. European Journal of Developmental Psychology.

Catalano, R. F./Arthur, M. W./Hawkins, J. D./Berglund, L./Olson, J. I. (1998) Comprehensive community- and school-based interventions to prevent antisocial behavior. In: Loeber, R./Farrington, D.P. (Eds.): Serious and violent juvenile offenders: Risk factors and successful interventions. Thousand Oaks: Sage. p. 248-283.

Conduct Problems Prevention Research Group (1992) A developmental and clinical model for the prevention of conduct disorder: The FAST Track Program. Development and Psychopathology, 4, p. 509-527.

Conduct Problems Prevention Research Group (1999) Initial impact of the Fast Track prevention trial for conduct problems: II. Classroom effects. Journal of Consulting and Clinical Psychology, 67, p. 631-647.

Conduct Problems Prevention Research Group (2002) Evaluation of the first 3 years of the Fast Track Prevention Trial with children at high risk for adolescent conduct problems. Journal of Abnormal Child Psychology, 19, p. 553-567.

Conduct Problems Prevention Research Group (2004a) The effects of the Fast Track program on serious problem outcomes at the end of elementary school. Journal of Clinical Child and Adolescent Psychology, 33, p. 650-661.

Conduct Problems Prevention Research Group (2004b) The Fast Track Experiment: Translating the developmental model into a prevention design. In: Kupersmidt, J.B./Dodge, K.A. (Eds.): Children's peer relations. From development to intervention. Washington, DC: American Psychological Association. p. 181-208.

Derzon, J. (2006) How effective are school-based violence prevention programs in preventing and reducing violence and other antisocial behaviors? A meta-analysis. In: Jimerson, S.R./Furlong,M.J. (Eds.): Handbook of school violence and school safety: From research to practice. Mahwah, NJ: Lawrence Earlbaum. p. 429–442.

Farrington, D. P./Welsh, B. C. (2003) Family based prevention of offending: A meta-analysis. The Australian and New Zealand Journal of Criminology, 36, p. 127-151.

Farrington, D. P./Welsh, B. C. (2007) Saving children from a life of crime. Early risk factors and effective interventions. Oxford: Oxford University Press.

Fröhlich-Gildhoff, K. (2006) Gewalt begegnen. Konzepte und Projekte zur Prävention und Intervention. Stuttgart: Kohlhammer.

Ferguson, C. J./San Miguel, C./Kilburn, J. C. Jr./Sanchez, P. (2007) The effectiveness of school-based anti-bullying programs: A meta-analytic review. Criminal Justice Review, 32, p. 401–414.

Gerrad, W. M./Lipsey, M. W. (2007) Conflict resolution education and antisocial behaviour in U.S. schools: A meta-analysis. Conflict Resolution Quarterly, 25, p. 9-38.

Greenberg, M. T./Kusché, C. A. (2006) Building social and emotional competence: The PATHS Curriculum. In: Jimerson, S.R./Furlong, M.J. (Eds.): Handbook of school violence and school safety. From research to practice. Mahwah, NJ: Lawrence Erlbaum. p. 395-412.

Hawkins, J. D./Catalano, R. F. (1992) Communities that care. San Franzisco: Jossey-Bass.

Hawkins, J. D./Catalano, R. F./Morrison, D. M./O'Donnell, J./Abbott, R. D./Day, L. E. (1992) Seattle Social Developmental Project: Effects of the first four years on protective factors and problem behaviours. In: McCord, J./Tremblay, R.E. (Eds.): Preventing antisocial behavior: Intervention from birth through adolescence. New York, NY: Guilford. p. 162-195

Hawkins, J. D./Herrenkohl, T./Farrington, D. P./Brewer, D./Catalano, R. F./Harachi, T. W. (1998) A review of predictors of youth violence. In: Loeber, R./Farrington, D.P. (Eds.): Serious & violent juvenile offenders. Risk factors and successful interventions. Thousand Oaks, CA: Sage. p. 106-146.

Hawkins, J. D./Kosterman, R./Catalano, R. F./Hill, K. G./Abbott, R. D. (2005) Promoting positive adult functioning through social development intervention in childhood. Long-term effects from the Seattle Social Development Project. Archives of Pediatrics and Adolescent Medicine, 159, p. 25-31.

Heilemann, M./Fischwasser-von-Proeck, G. (2001) Gewalt wandeln. Das Anti-Aggressivitäts-Training AAT. Lengerich: Pabst.

Jaursch, S./Beelmann, A. (2008) Förderung sozialer Kompetenzen bei Vorschulkindern: Ein sozial-kognitives Trainingsprogramm zur Prävention kindlicher Verhaltensprobleme. In: Malti, T./Perren, S. (Hrsg.): Entwicklung und Förderung sozialer Kompetenzen in Kindheit und Adoleszenz. Stuttgart: Kohlhammer.

Johnson, D. W./Johnson, R. T. (1996) Conflict resolution and peer mediation programs in elementary and secondary school: A review of the research. Review of Educational Research, 66, p. 459-506.

Jones, T. S. (2004) Conflict resolution education: The field, the findings, the future. Conflict Resolution Quarterly, 22, p. 233-267.

Kam, C. M./Greenberg, M. T./Walls, C. T. (2003) Examining the role of implementation quality in school-based prevention using the PATHS Curriculum. Prevention Science, 4, p. 55–63.

Kuschel, A./Hahlweg, K. (2005) Gewaltprävention: Allianz von Eltern, Kindergarten und Schule. In: Cierpka, M. (Hrsg.): Möglichkeiten der Gewaltprävention. Göttingen: Vandenhoeck & Ruprecht. S. 153-172.

Lipsey, M. W./Cullen, F. T. (2007) The effectiveness of correctional rehabilitation: A review of systematic reviews. Annual Review of Law and Social Science, 3, p. 297-320.

Lipsey, M. W./Landenberger, N. A. (2006) Cognitive-behavioral interventions. In: Welsh, B.C./Farrington, D.P. (Eds.): Preventing Crime: What works for children, offenders, victims, and places. Dordrecht: Springer. p. 57-71.

Lipsey, M. W./Wilson, D. B. (1998) Effective intervention for serious juvenile offenders: A synthesis of research. In: Loeber, R./Farrington, D.P. (Eds.): Serious and violent juvenile offenders: Risk factors and successful interventions. Thousand Oaks, CA: Sage. p. 313-345.

Lösel, F./Beelmann, A. (2003) Effects of child skills training in preventing antisocial behavior: A systematic review of randomized evaluations. Annals of The American Academy of Political and Social Science, 587, p. 84-109.

Lösel, F./Beelmann, A./Stemmler, M./Jaursch, S. (2006) Prävention von Problemen des Sozialverhaltens im Vorschulalter. Evaluation des Eltern- und Kindertrainings EFFEKT. Zeitschrift für Klinische Psychologie und Psychotherapie, 35, S. 127–139.

Lundahl, B./Risser, H. J./Lovejoy, C. (2006) A meta-analysis of parent training: Moderators and follow-up effects. Clinical Psychology Review, 26, p. 86-104.

Martinson, B. W./Anderson, M. S./de Vries, R. (2005) Scientists behaving badly. Nature, 435, p. 737-738.

Merrell, K. W./Gueldner, B. A./Ross, S. W.,/Isava, D. M. (2008) How effective are school bullying intervention programs? A meta-analysis of intervention research. School Psychology Quarterly, 23, p. 26–42.

Muñoz, R. F./Mrazek, P. J./Haggerty, R. J. (1996) Institute of Medicine Report on prevention of mental disorders: Summary and commentary. American Psychologist, 51, p. 1116-1122.

Offord, D. R. (2000) Selection of levels of prevention. Addictive Behaviors, 25, p. 833-842.

Olds, D. L. (2006) The nurse-family partnership: An evidence-based preventive intervention. Infant Mental Health Journal, 27, p. 5-25.

Olds, D. L./Eckenrode, J./Henderson, C. R./Kitzman, H./Powers, J./Cole, R./Sidora, K./Morris, P./Pettitt, L. M./Luckey, D. W. (1997) Long-term effects of home visitation on maternal life course and child abuse and neglect: Fifteen-year follow-up of a randomized trial. Journal of the American Medical Association, 278, p. 637-643.

Olds, D. L./Henderson, C. R./Cole, R./Eckenrode, J./Kitzman, H./Luckey, D. W./Pettitt, L. M./Sidora, K./Morris, P./Powers, J. (1998) Long-Term effects of nurse home vsitation on children´s criminal and antisocial behavior: 15-year follow-up of a randomized controlled trial. Journal of the American Medical Association, 280, p. 1238-1244.

Olweus, D. (1991) Bully-victim problems among schoolchildren: Basic facts and effects of a school-based intervention program. In: Pepler, D.J./Rubin, K.H. (Eds.): The development and treatment of childhood aggression. Hillsdale: Erlbaum. p. 411–448.

Olweus, D. (2006) Gewalt in der Schule. Was Lehrer und Eltern wissen sollten – und tun können. 2. Aufl. Göttingen: Hogrefe.

Payne, A. A./Gottfredson, D. C./Gottfredson, G. D. (2006) School predictors of the intensity of implementation of school-based prevention programs: Results from a national study. Prevention Science, 7, p. 225-237.

Petrosino, A./Soydan, H. (2005) The impact of program developers as evaluators on criminal recidivism: Results from meta-analyses of experimental and quasi-experimental research. Journal of Experimental Criminology, 1, p. 435-450.

Piquero, A./Farrington, D. P./Welsh, B./Tremblay, R./Jennings, W. (2008) Effects of early family/parent training programs on antisocial behaviour & delinquency. A systematic review. Stockholm: Swedish Council for Crime Prevention.

Sanders, M. R. (1999) Triple P – Positive Parenting Program: Toward an empirically validated multilevel parenting and family support strategy for the prevention of behavior and emotional problems in children. Clinical Child and Family Psychology Review, 2, p. 71-90.

Schick A./Cierpka, M. (2005) Prävention gegen Gewaltbereitschaft an Schulen: Das FAUSTLOS-Curriculum. In: Cierpka, M. (Hrsg.): Möglichkeiten der Gewaltprävention. Göttingen: Vandenhoeck & Ruprecht. S. 230-247.

Schweinhart, L. J./Montie, J./Xiang, Z./Barnett, W. S./Belfield, C. R./Nores, M. (2005) Lifetime effects: The High/Scope Perry Preschool Study through age 40. Ypsilanti, MI: High/ Scope Press.

Sherman, L. W./Farrington, D. P./Welsh, B. C./MacKenzie, D. L. (Eds.)(2002) Evidence-based crime prevention. London: Routledge.

Smith, P.K./Morita, Y./Junger-Tas, J./Olweus, D./Catalano, R.F./Slee, P. (Eds.) (1999) The nature of school bullying. A cross-national perspective. London: Routledge.

Tong, L. S. J./Farrington, D. P. (2006) How effective is the "Reasoning and Rehabilitation" programme in reducing reoffending? A meta-analysis of evaluations in four countries. Psychology, Crime & Law, 12, p. 3-24.

Tremblay, R. E./Japel, C. (2003) Prevention during pregnancy, infancy and the preschool years. In: Farrington, D.P./Coid, J.W. (Eds.): Early prevention of adult antisocial behaviour. Cambridge, UK: Cambridge University Press. p. 205-242.

Ttofi, M. M./Farrington, D. P./Baldry, A. C. (2008) Effectiveness of programmes to reduce school bullying. Stockholm: Swedish National Counsil for Crime Prevention.

Verbeek, D./Petermann, F. (1999) Gewaltprävention in der Schule: Ein Überblick. Zeitschrift für Gesundheitspsychologie, 7, S. 133–146.

Webster-Stratton, C./Reid, M. J. (2003) Treating conduct problems and strengthening social emotional competence in young children (ages 4-8 years): The Dina Dinosaur treatment program. Journal of Emotional and Behavioral Disorders, 11, p. 130-143.

Webster-Stratton, C./Taylor, T. (2001) Nipping early risk factors in the bud: Preventing substance abuse, delinquency, and violence in adolescence through interventions targeted at young children (0-8 years). Prevention Science, 2, p. 165-192.

Weidner, J./Kilb, R./Kreft, D. (Hrsg.)(1997) Gewalt im Griff. Neue Formen des Anti-Aggressivitäts-Trainings. Weinheim: Beltz.

Welsh, B. C./Farrington, D. P. (Eds.)(2006) Preventing crime. What works for children, offenders, victims, and places. Dortrecht: Springer.

Welsh, B. C./Farrington, D. P./Sherman, L. W. (Eds.)(2001). Costs and benefits of preventing crime. Boulder: Westview Press.

Wilson, D. B./MacKenzie, D. L. (2006) Boot camps. In: Welsh, B.C./Farrington, D.P. (Eds.): Preventing crime: What works for children, offenders, victims, and places. Dordrecht: Springer. p. 73-86.

Wilson, S. J./Lipsey, M. W. (2000) Wilderness challenge programs for delinquent youth: A meta-analysis of outcome evaluations. Evaluation and Program Planning, 23, p. 1-12.

FRANK NEUBACHER

Internationale Menschenrechtsstandards zum Jugendkriminalrecht – Quellen, Inhalte, Relevanz*

A. Einleitung: Der Bekanntheitsgrad von Standards ist gewachsen!

Als vor sieben Jahren, vom Bundesjustizministerium und der Deutschen Vereinigung für Jugendgerichte und Jugendgerichtshilfen unterstützt, der Band „Internationale Menschenrechtsstandards zum Jugendkriminalrecht" veröffentlicht wurde, geschah das in der Absicht, die Aufmerksamkeit auf Dokumente der Vereinten Nationen und des Europarates zu lenken, die schwer zugänglich und überwiegend nicht in deutscher Sprache vorhanden waren, deren Kenntnis aber für die deutsche Diskussion unverzichtbar erschien.[1] Inzwischen hat der Bekanntheitsgrad dieser Standards deutlich zugenommen. Mit ihnen haben sich rechtswissenschaftliche Dissertationen befasst[2] und 2004 folgte eine Zusammenstellung mit ähnlicher Zielsetzung, die sich den einschlägigen Empfehlungen des Europarates zum Freiheitsentzug widmete.[3]

Den Durchbruch brachte 2006 das Urteil des Bundesverfassungsgerichts zur Verfassungswidrigkeit des Jugendstrafvollzugs. Dort heißt es: „Auf eine den grundrechtlichen Anforderungen nicht genügende Berücksichtigung vorhandener Erkenntnisse oder auf eine den grundrechtlichen Anforderungen nicht entsprechende Gewichtung der Belange der Inhaftierten kann es hindeuten, wenn völkerrechtliche Vorgaben oder internationale Standards mit Menschenrechtsbezug, wie sie in den im Rahmen der Vereinten Nationen oder von Organen des Europarates beschlossen einschlägigen

---

* Horst Schüler-Springorum, München, zum 80. Geburtstag am 15.10.2008 gewidmet.

[1] Höynck/Neubacher/Schüler-Springorum, Internationale Menschenrechtsstandards und das Jugendkriminalrecht, Dokumente der Vereinten Nationen und des Europarates, hrsg. vom Bundesministerium der Justiz in Zusammenarbeit mit der Deutschen Vereinigung für Jugendgerichte und Jugendgerichtshilfen e.V., Berlin 2001. Angeregt wurde das Projekt von Michael Walter, Köln, und Bernd-Rüdeger Sonnen, Hamburg.

[2] Kiessl, Die Regelwerke der Vereinten Nationen zum Jugendstrafrecht in Theorie und Praxis, Eine empirische Untersuchung über ihre Anwendung hinsichtlich der freiheitsentziehenden Maßnahmen bei delinquenten Kindern und Jugendlichen in Südafrika, 2001; Morgenstern, Internationale Mindeststandards für ambulante Strafen und Maßnahmen, 2002. Siehe außerdem Haverkamp, Frauen im Strafvollzug im Lichte der europäischen Strafvollzugsgrundsätze. Eine empirische Studie in Deutschland und in Schweden, in: Lösel/Bender/Jehle (Hrsg.), Kriminologie und wissensbasierte Kriminalpolitik, Entwicklungs- und Evaluationsforschung, 2007, S. 339 ff.

[3] Freiheitsentzug, Die Empfehlungen des Europarates 1962-2003, mit einer wissenschaftlichen Einleitung und einem Sachverzeichnis von *Hans-Jürgen Kerner* und *Frank Czerner*, hrsg. von Deutschland, Österreich und der Schweiz, 2004.

Richtlinien und Empfehlungen enthalten sind (…), nicht beachtet beziehungsweise unterschritten werden."[4] Diese Passage kann in ihrer kriminalpolitischen Bedeutung kaum überschätzt werden, denn sie eröffnet der jugendstrafrechtlichen Diskussion die internationale Perspektive und fordert vom Gesetzgeber, sich mit diesen Standards zumindest intensiv auseinander zu setzen. In der wissenschaftlichen Diskussion, die in der Folgezeit die neuen Gesetzentwürfe der Länder zum Jugendstrafvollzug begleitete, wurden die internationalen Standards dann auch vielfach als Maßstab herangezogen.[5]

Die Quellen dieser Empfehlungen, Grundsätze und Leitlinien sind keineswegs versiegt. Besonders der Europarat hat in den letzten Jahren weitere grundlegende Empfehlungen verabschiedet. Es sind dies die Empfehlungen des Ministerkomitees (2003) 20 über *neue Wege im Umgang mit Jugendkriminalität und die Rolle der Jugendgerichtsbarkeit* (concerning New Ways of Dealing with Juvenile Delinquency and the Role of Juvenile Justice) vom 24. September 2003[6] und (2006) 2 über die *Europäischen Strafvollzugsgrundsätze* (European Prison Rules) vom 11. Januar 2006.[7] Am 5. November 2008 wurden schließlich als Empfehlung (2008) 11 die *Europäischen Grundsätze für inhaftierte Jugendliche und Jugendliche in ambulanten Maßnahmen* (European Rules for Juvenile Offenders Subject to Sanctions or Measures) verabschiedet. Sie verfolgen das Ziel, die allgemeinen Strafvollzugsgrundsätze um spezielle Prinzipien für junge Inhaftierte bzw. kriminalrechtlich Sanktionierte zu ergänzen.[8]

Was aber sind internationale Standards? Und was ist zu ihrem Inhalt und ihrer Bedeutung zu sagen? Ich werde im Folgenden die wesentlichen Züge der Entwicklung nachzeichnen und die Frage nach der rechtlichen Verbindlichkeit beantworten. Besonderes Gewicht werde ich auf die Bedeutung der Standards auf internationaler und nationaler Ebene legen. Es wird nicht nur zu zeigen sein, dass das deutsche Jugendstrafrecht dem Geist internationaler Standards entspricht, sondern auch, dass diese Vorgaben wissenschaftlich fundiert und richtig sind. Und schließlich werde ich an einigen Beispielen demonstrieren, wo im deutschen Recht Verbesserungsbedarf besteht.

---

[4] BVerfG NJW 2006, 2093.

[5] Vgl. etwa Goerdeler/Pollähne, Das Bundesverfassungsgericht als Wegweiser für die Landesgesetzgeber, in: ZJJ 2006, S. 250 ff.; Tondorf/Tondorf, Plädoyer für einen modernen Jugendstrafvollzug, in: ZJJ 2006, S. 361 ff.; DVJJ, Mindeststandards für den Jugendstrafvollzug (13.2.2007).

[6] Dazu Neubacher, Das deutsche Jugendstrafrecht – ein Vorbild für Europa?, in: Archiv für Wissenschaft und Praxis der sozialen Arbeit 2007, S. 14 ff., 22.

[7] Bundesministerium der Justiz Berlin/Bundesministerium für Justiz Wien/Eidgenössisches Justiz- und Polizeidepartement Bern (Hrsg.), Europäische Strafvollzugsgrundsätze, Die Empfehlung des Europarates Rec (2006) 2, 2007; dazu Dünkel/Morgenstern/Zolondek, Europäische Strafvollzugsgrundsätze verabschiedet!, in: NK 2006, S. 86 ff.; Feest, Europäische Maßstäbe für den Justizvollzug, Zur Neufassung der Europäischen Gefängnisregeln, in: ZfStrVo 2006, S. 259 ff.; ferner Müller-Dietz, Europäische Perspektiven des Strafvollzugs, in: Feltes/Pfeiffer/Steinhilper (Hrsg.), Kriminalpolitik und ihre wissenschaftlichen Grundlagen, Festschrift für H.-D. Schwind, 2006, S. 621 ff.

[8] Dazu Dünkel/Baechtold/van Zyl Smit, Europäische Mindeststandards und Empfehlungen als Orientierungspunkte für die Gesetzgebung und Praxis – dargestellt am Beispiel der Empfehlungen für inhaftierte Jugendliche und Jugendliche in ambulanten Maßnahmen (die „Greifswald Rules"), in: Goerdeler/Walkenhorst (Hrsg.), Jugendstrafvollzug in Deutschland. Neue Gesetze, neue Strukturen, neue Praxis?, 2007, S. 114 ff. sowie Dünkel, in diesem Band.

B. Standards der Vereinten Nationen und des Europarates 1955 – 2008

1. Ziel: Schutz der Menschenrechte und Grundfreiheiten

Für das Verständnis internationaler Standards ist es zunächst unerlässlich, ihren Ausgangspunkt zu verdeutlichen. Sowohl die Vereinten Nationen als auch der Europarat haben sich nach dem Zweiten Weltkrieg internationale Zusammenarbeit sowie den Schutz und die Achtung der Menschenrechte und Grundfreiheiten auf ihre Fahnen geschrieben. Das geht aus ihren Satzungen[9] ebenso deutlich hervor wie aus den Präambeln der entsprechenden Resolutionen und Empfehlungen, die die internationalen Menschenrechtsinstrumente explizit aufgreifen. Beispielhaft zitiere ich aus der Präambel der Empfehlung des Europarates zu neuen Wegen im Umgang mit Jugenddelinquenz und der Rolle der Jugendgerichtsbarkeit von 2003: „Das Ministerkomitee, aufgrund von Art. 15 b der Satzung des Europarats, (…) unter Berücksichtigung der europäischen Menschenrechtskonvention, des europäischen Übereinkommens über die Ausübung von Kinderrechten, des Übereinkommens der Vereinten Nationen über die Rechte des Kindes, der Mindestgrundsätze der Vereinten Nationen für die Jugendgerichtsbarkeit (Beijing-Grundsätze), der Richtlinien der Vereinten Nationen für die Prävention von Jugendkriminalität (Riyadh-Richtlinien) und der Regeln der Vereinten Nationen zum Schutz von Jugendlichen unter Freiheitsentzug, empfiehlt den Regierungen der Mitgliedstaaten: (…)".[10] Am bedeutendsten ist im Hinblick auf das Jugendkriminalrecht sicherlich das *Abkommen der Vereinten Nationen über die Rechte des Kindes* von 1989.[11] Unter Kindern werden darin junge Menschen im Alter von unter 18 Jahren verstanden (Art. 1), also auch Jugendliche, so dass die besonderen Anforderungen, die die Konvention an all jene Einrichtungen stellt, die verantwortlich sind für die Sorge über oder den Schutz von Kindern (in den Bereichen Sicherheit, Gesundheit, Personal und Kontrolle, s. Art. 3 Abs. 3) auch deutsche Jugend- und Familiengerichte, Jugendhilfeeinrichtungen sowie Jugendstraf- und Jugendarrestanstalten betreffen. Das Strafrecht und der Strafvollzug sind in Art. 37 und Art. 40 angesprochen: Während Art. 37 das Verbot von Folter und unmenschlicher Behandlung erneuert[12], Todesstrafe[13] und lebenslängliche Freiheitsstrafe ausschließt, vor willkürli-

---

[9] Siehe Art. 1 Nr. 3 der Charta der Vereinten Nationen vom 26.6.1945; Art. 1 (b) der Satzung des Europarates vom 5.5.1949.

[10] Nichtamtliche Übersetzung durch das Bundesministerium der Justiz, s. *Kerner/Czerner*: Freiheitsentzug, Die Empfehlungen des Europarates 1962-2003, 2004, S. 211 ff. oder die Homepage der DVJJ: www.dvjj.de/data/pdf.

[11] BGBl. 1992 II S. 122, s. *Dorsch,* Die Konvention der Vereinten Nationen über die Rechte des Kindes, 1994. Zur Diskussion um besondere Kindesgrundrechte s. *Wiesner*, Kinderrechte in die Verfassung?!, in: Zeitschrift für Kindschaftsrecht und Jugendhilfe 2008, S. 225 ff.

[12] Siehe auch Art. 7 des Internationalen Paktes über bürgerliche und politische Rechte (IPBPR) und die UN-Konvention gegen Folter und andere grausame, unmenschliche oder erniedrigende Behandlung oder Strafe vom 10.12.1984 (BGBl. 1990 II S. 246) bzw. Art. 3 der Europäischen Konvention zum Schutze der Menschenrechte (EMRK) sowie das Europäische Abkommen zur Verhütung von Folter und unmenschlicher oder erniedrigender Behandlung oder Strafe vom 26.11.1987 (BGBl. 1989 II S. 946).

cher Verhaftung schützt[14] sowie die Prinzipien der von Erwachsenen getrennten Unterbringung[15], der Inhaftierung als letztes Mittel („last resort") und des Rechts auf rechtlichen Beistand[16] für Kinder bekräftigt, sichert Art. 40 strafverfahrensrechtliche Garantien wie u.a. die Unschuldsvermutung[17] ab.

In dem eben zitierten Abschnitt der Präambel wird deutlich, dass die selbst rechtlich nicht verbindlichen Mindestgrundsätze, Regeln, Richtlinien – kurz: Standards – die Aufgabe übernehmen, die völkerrechtlich bindenden Vorgaben von Menschenrechtsabkommen zu konkretisieren und weiter auszufüllen. Außerdem illustriert er das Zusammenspiel internationaler und europäischer Standards. Denn es ist ja der Europarat, der in seiner Empfehlung die Grundsätze der Vereinten Nationen berücksichtigt. Die Standards sind also in einem internationalen Netz zweifach verflochten: Zum einen vertikal, indem sie in Beziehung zu völkerrechtlichen Verträgen gesetzt werden, zum anderen horizontal, indem sie von unterschiedlichen internationalen Organisationen formuliert werden, die dabei aufeinander Bezug nehmen.

2. Akteure: UNO und Europarat

Vorreiter waren die Vereinten Nationen. Bereits 1955 griffen sie auf das Instrument von Standards zurück, um in völkerrechtlich unverbindlicher Form weltweit ihre Vorstellungen von der Behandlung von Gefangenen zu verdeutlichen.[18] Diese übernahm der Europarat 1973 als *Europäische Strafvollzugsgrundsätze (European Prison Rules[19])* in kaum veränderter Form. Auch was das Jugendkriminalrecht anging, orientierte sich der Europarat an den Vereinten Nationen. Diese hatten sich Mitte der achtziger Jahre schwerpunktmäßig dem Schutz von jugendlichen Straftätern zugewandt. Die *Mindestgrundsätze für die Jugendgerichtsbarkeit (UN Standard Minimum Rules for the Administration of Juvenile Justice – „Beijing-Rules")* bauten 1985 die Position von Jugendlichen im Vergleich zu Erwachsenen aus, z.B. durch den Vorrang von Maßnahmen der Diversion.[20] Fünf Jahre später brachten die *Mindestgrundsätze zum Schutz inhaftierter Jugendlicher (UN Rules for the Protection of Juveniles Deprived of their Liberty)* detaillierte Bestimmungen über Haftanstalten für Jugendliche, z.B. für Unterbringung, Ausbildung und Arbeit, Gesundheitsfürsorge, Außenkontakte, Beschwerden sowie Personal. Im einleitenden grundsätzlichen Teil wurde erneut hervor-

---

[13] Gegen Jugendliche schon unzulässig gemäß Art. 6 Abs. 5 IPBPR; generell unzulässig auch gemäß Art. 1 des Zusatzprotokolls Nr. 6 zur EMRK über die Abschaffung der Todesstrafe vom 28.4.1983 (BGBl. 1988 II S. 663).

[14] s. auch Art. 9 IPBPR sowie Art. 5 EMRK.

[15] s. Art. 10 Abs. 2 b) und Art. 10 Abs. 3 S. 2 IPBPR.

[16] s. Art. 14 Abs. 3 d) IPBPR; Art. 6 Abs. 3 c) EMRK.

[17] Art. 14 Abs. 2 IPBPR; Art. 6 Abs. 2 EMRK.

[18] Mindestgrundsätze der Vereinten Nationen für die Behandlung von Gefangenen (Standard Minimum Rules for the Treatment of Offenders).

[19] Empfehlung R (73) 5. Diese wurde 1987 überarbeitet und 2006 durch die neuen Europäischen Strafvollzugsgrundsätze abgelöst.

[20] Dazu Schüler-Springorum, Die Mindestgrundsätze der Vereinten Nationen für die Jugendgerichtsbarkeit, in: ZStW 99 (1987), S. 809 ff.

gehoben, dass die Inhaftierung von Jugendlichen nur ein letzter Ausweg sein könne und auch dann nur auf ein Minimum beschränkt werden dürfe.[21]

Waren die Vereinten Nationen ein Vorbild bei der Forderung nach rationaler Jugendkriminalpolitik, so haben sie, nachdem ihre normierende Aktivität insoweit nach 1990 erlahmt ist, die Führungsrolle an den Europarat abgegeben.[22] Seine Empfehlungen sind jüngeren Datums, damit den neueren Entwicklungen stärker zugewandt, konkreter und auch entschiedener. Ich werde die Konturen eines modernen Jugendkriminalrechts, wie sie die Standards der Vereinten Nationen und des Europarates gezeichnet haben, daher anhand der Empfehlungen des Europarates beleuchten.

3. Inhalt: Leitlinien eines modernen Jugendkriminalrechts

Die Empfehlung No. R (87) 20 über die gesellschaftlichen Reaktionen auf Jugendkriminalität (on Social Reactions to Juvenile Delinquency) machte 1987 den Anfang. Unter ausdrücklicher Bezugnahme auf die Mindestgrundsätze der Vereinten Nationen für die Jugendgerichtsbarkeit (1985) stellte sie bereits in der Präambel zwei Leitideen deutlich in den Vordergrund: Erstens sollte das Jugendkriminalrecht angesichts des Umstandes, dass sich junge Menschen noch in der Entwicklung befinden, auf die Ziele der Erziehung und gesellschaftlichen Wiedereingliederung ausgerichtet sein und deshalb so weit wie möglich auf die Inhaftierung von Minderjährigen verzichten. Zweitens mussten Minderjährigen dieselben Verfahrensrechte und -garantien zugute kommen wie Erwachsenen. Konsequent dem Vorrang der Prävention vor der Repression folgend empfahl der Europarat den Mitgliedsstaaten, ihre Gesetzgebung und Justizpraxis daraufhin zu überprüfen, ob sie tatsächlich eine Politik verfolgten, die umfassend die gesellschaftliche Integration von jungen Menschen förderte. Insbesondere wurde den Mitgliedsstaaten nahe gelegt, für gefährdete Jugendliche spezielle Programme und Dienstleistungen anzubieten und dabei Schulen, Jugendorganisationen und Sportvereine mit einzubeziehen. Diversions- und Mediationsverfahren[23] sollten ausgebaut werden, um zu verhindern, dass Minderjährige mit den aus einem Strafverfahren folgenden schädlichen Konsequenzen belastet werden. Die Bedeutung spezieller Jugendgerichte wurde ebenso hervorgehoben wie die folgenden Grundsätze: Beschleunigung, Vermeidung von Untersuchungshaft, Trennung der Jugendlichen von Erwachsenen, Unschuldsvermutung sowie das Recht auf anwaltlichen und elterlichen Beistand. Schließlich sollten alle am Jugendstrafverfahren Beteiligten spezielle Aus- und Weiterbildung erhalten.

Breiten Raum nahmen die Empfehlungen zu den jugendrechtlichen Interventionen und Sanktionen ein. Sie gingen von dem Prinzip aus, dass jede Intervention vorrangig

---

[21] Vgl. Dünkel, Zur Entwicklung von Mindestgrundsätzen der Vereinten Nationen zum Schutze inhaftierter Jugendlicher, in: ZStW 100 (1988), S. 361 ff.; Albrecht, Jugendfreiheitsstrafe und Jugendstrafvollzug im europäischen Ausland, in: RdJB 2007, S. 202.

[22] Durch ECOSOC-Resolution 1997/30 wurde allerdings das Interagency Panel on Juvenile Justice (IPJJ) gebildet, dem u.a. das Committee on the Rights of the Child, UNICEF und der UN-Menschenrechtskommissar angehören. Zu seinen Aufgaben zählen die Koordinierung von "technical advice and assistance" sowie die Verbreitung von Informationen, auch über internationale Standards.

[23] Vgl. Empfehlung No. R (99) 19 concerning Mediation in Penal Matters.

die Persönlichkeit des Minderjährigen, seine Erziehung und die Förderung seiner persönlichen Entwicklung im Auge haben sollte. Ferner durften solche Interventionen nur von begrenzter Dauer sein und nur von Gerichten bzw. entsprechend autorisierten Stellen verfügt werden. Für Fälle, in denen eine jugendrechtliche Unterbringung erforderlich war, empfahl der Europarat, unterschiedliche, möglichst kleine Unterbringungsformen bereitzuhalten, um in einer dem Alter, den Schwierigkeiten und dem sozialen Hintergrund der Betroffenen angemessenen Weise erzieherisch reagieren zu können. Hervorgehoben wurde auch das Prinzip der gerichtlichen Aufsicht sowie der heimatnahen Unterbringung, die den Kontakt mit der Familie ermöglichte. Im Allgemeinen sollte Inhaftierung durch den Ausbau alternativer Maßnahmen zurückgedrängt werden, wobei solche vorzuziehen seien, die bessere Bedingungen für die Wiedereingliederung durch erzieherische oder berufsbildende Maßnahmen böten. Besonders vorzugswürdig seien auch jene Maßnahmen, die Unterstützung durch die Bewährungshilfe, intensives soziales Training, Wiedergutmachung oder gemeinnützige Arbeit umfassten.

Für Fälle, in denen nach nationalem Recht eine Jugendstrafe oder ein Jugendarrest unumgänglich erschien, empfahl der Europarat, die Gerichte zu verpflichten, eine Gefängnisstrafe besonders zu begründen, und die Strafe im Vergleich zum Erwachsenenrecht günstiger auszugestalten, insbesondere was die vorzeitige Entlassung, die Bewährungsaussetzung und ihren Widerruf betraf. Grundsätzlich wurde auch der Schutz vor schädlichen Einflüssen durch Erwachsene, die Förderung der Schul- und Berufsausbildung und die Unterstützung nach der Haftentlassung betont. Im Hinblick auf junge Erwachsene hielt der Europarat wegen der Möglichkeiten des Jugendrechts, die Sanktion nach erzieherischen Gesichtspunkten zu bemessen, die Ausdehnung der Jurisdiktion der Jugendgerichte auch auf junge Erwachsene für wünschenswert. Abschließend forderte er als Basis einer entsprechenden Jugendkriminalpolitik die verstärkte Erforschung der Jugenddelinquenz im weitesten Sinne. Insbesondere zeigte er ein Interesse an der Erforschung von Präventionsmaßnahmen, von alternativen Sanktionen und des Täter-Opfer-Ausgleichs sowie der Rolle der Massenmedien bei den Reaktionen auf Jugenddelinquenz.

Die Empfehlung No. R (92) 16 über Europäische Regeln zu alternativen Sanktionen (on the European Rules on Community Sanctions and Measures) verfolgte das Ziel, Freiheitsstrafen durch alternative Sanktionen zu ersetzen und negative Effekte der Inhaftierung zu vermeiden. Sie war zwar nicht speziell auf junge Menschen ausgerichtet, schloss diese aber in den Kreis der Adressaten alternativer Sanktionen ein. Durch diese sollte die Übernahme von Verantwortung durch den Täter gefördert werden, weil diese mehr als seine Isolierung den Interessen der Gesellschaft und der Opfer diene. Die Öffentlichkeit müsse in geeigneter Weise über Natur und Inhalt der Maßnahmen informiert werden, damit sie sie als adäquate Reaktionen auf strafrechtswidriges Verhalten verstehen und akzeptieren könne. Seit Mitte der 1990er-Jahre hat sich der Europarat besorgt gezeigt über den Anstieg der Gefängnispopulationen in Europa. Er hat sie u.a. auf die vermehrte Verhängung längerer Freiheitsstrafen durch die Gerichte zurückgeführt. Die daraus resultierende Überfüllung der Gefängnisse hat er kritisiert[24] und, mit dem Erreichten unzufrieden, energisch die Einführung und Umsetzung der alternativen Sanktionen angemahnt. Die Empfehlung No. R (2000) 22 über Verbesserungen bei der Umsetzung der Europäischen Regeln über alternative Sanktionen (on improving the implementation of the European rules on community sanctions and measures) aus dem Jahr 2000 ist von dem Bestreben geprägt, den Stellenwert alternativer und ambulanter Sanktionen auszubauen und zugleich keine Einbußen bei der Rechtsstaatlichkeit des Verfahrens hinzunehmen. Ihre Bedeutung geht allerdings darüber hinaus, denn unter der Überschrift "Setting up effective programmes and interventions" werden Kriterien von Behandlungsprogrammen aufgeführt, die nach neueren wissenschaftlichen Erkenntnissen am ehesten die Chance bieten, einen Rückfall des Täters zu verhindern („what-works-principles").[25] Und schließlich nimmt die Empfehlung die auch in Europa zunehmend punitiver werdenden Einstellungen in Politik und Öffentlichkeit zum Anlass, hinsichtlich ambulanter Maßnahmen energische Informationskampagnen anzuraten, um so die erforderliche öffentliche Unterstützung zu gewinnen.

Angesichts der aufgeheizten kriminalpolitischen Stimmungslage und der wachsenden Bereitschaft zu repressiveren Strafen und Maßnahmen in einigen Mitgliedsstaaten[26] hat der Europarat 2001 seine eigenen Empfehlungen einer Überprüfung unterzogen. Nach Beratung durch internationale Experten hält er jedoch an seinem Kurs besonnener Reaktionen und der weitgehenden Vermeidung von Inhaftierung fest. Die Folge dieser Überlegungen war die *Empfehlung (2003) 20 über neue Wege im Umgang mit Jugendkriminalität und die Rolle der Jugendgerichtsbarkeit (concerning new ways of dealing with juvenile delinquency and the role of juvenile justice)*. Ihre Bedeutung bezieht sie besonders aus dem Umstand, dass sie aus einer bewussten Richtungsentscheidung hervorgegangen ist. Die Präambel hebt als Ausgangspunkt hervor, dass das herkömmliche System der Strafrechtspflege als solches keine angemessenen Lösungen für die Behandlung jugendlicher Straftäter bieten könne, deren erzieherischen und sozialen Bedürfnisse sich von denen der Erwachsenen unterschieden. Als Hauptziele der Jugendgerichtsbarkeit werden die Verhütung von Tatbegehung und Rückfall, die Resozialisierung und Wiedereingliederung von Straftätern und die Berücksichtigung von Opferinteressen (Nr. 1) genannt. Die Behandlung jugendlicher Straftäter sollte sich dabei so weit wie möglich auf wissenschaftliche Erkenntnisse stützen (Nr. 5) und das Spektrum alternativer Maßnahmen zur formellen Strafverfolgung sollte weiter entwickelt werden (Nr. 7). Hervorzuheben ist, dass dieser Appell zum Ausbau innovativer ambulanter Sanktionen explizit auch im Hinblick auf schwere, gewaltsame oder wiederholte Straftaten Jugendlicher erfolgt (Nr. 8). Mithin ist klargestellt, dass der Europarat auch diese problematische Gruppe nicht von den Alternativen zur Inhaftierung ausgeschlossen sehen möchte. Ganz im Gegensatz zu in Deutschland erhobe-

---

[24] Vgl. Europarat, Empfehlung R (99) 22 vom 30.9.1999 concerning prison overcrowding and prison population inflation.

[25] Siehe vor allem No. 23, wo kognitiv-behaviorale Methoden hervorgehoben werden.

[26] Vgl. Horsfield, Jugendkriminalpolitik in England und Wales: zwischen neuer Bestrafungslust und präventivem Interventionsrecht, in: NK 2006, S. 42 ff.; Herz, England/Wales, in: Albrecht/Kilchling (Hrsg.), Jugendstrafrecht in Europa, 2002, S. 81 ff.

nen Forderungen steht auch Nr. 11 der Empfehlungen, wonach es, um der Verlängerung der Übergangszeit zum Erwachsenenalter Rechnung zu tragen, möglich sein soll, dass junge Erwachsene unter 21 Jahren wie Jugendliche behandelt werden und die gleichen Maßnahmen auf sie angewandt werden, wenn der Richter der Meinung ist, dass sie noch nicht so reif und verantwortlich sind wie Erwachsene. Hier verteidigt der Europarat eindeutig den Regelungsgehalt des hierzulande von einigen angefeindeten § 105 JGG![27] Mit deutlichen Worten wendet er sich auch gegen die sog. apokryphen Haftgründe und gegen den „short sharp shock", wenn es in Nr. 17 der Empfehlungen heißt: „Nach Möglichkeit sollten für jugendliche Tatverdächtige alternative Lösungen zur Untersuchungshaft gewählt werden, wie beispielsweise die Unterbringung bei Angehörigen, in Pflegefamilien oder andere Formen betreuter Unterbringung. Die Untersuchungshaft sollte nie als Sanktion oder eine Form der Einschüchterung oder als Ersatz für Maßnahmen zum Schutz von Kindern oder hinsichtlich der psychischen Gesundheit benutzt werden."

Im Ergebnis stemmt sich der Europarat also gegen die Forderungen nach Verschärfung des Jugendstrafrechts. Einen realistischen Blick auf die Funktionsbedingungen moderner Kriminalpolitik beweist er dadurch, dass er schließlich, um das Vertrauen der Öffentlichkeit zu gewinnen, „Strategien zur Aufklärung über Jugenddelinquenz" einfordert, die „ein weites Spektrum von Verbreitungswegen, darunter Fernsehen und Internet", umfassen (Nr. 25).

Wenn man in aller Kürze die kriminalpolitischen Leitlinien des Europarates und der Vereinten Nationen für ein Jugendkriminalrecht umreißen müsste, dann sähe dies – auch angesichts der Diskussionen der letzten Jahre – nach wie vor folgendermaßen aus: Wo immer möglich, sind Diversion, ambulante Maßnahmen und Haftvermeidung stationären Interventionen vorzuziehen. Eine Inhaftierung kann stets nur als letztes Mittel („last resort") angesehen werden. Wenn sie unumgänglich ist, sind Jugendliche getrennt von Erwachsenen unterzubringen; der Vollzug der Strafen hat sich an den Grundsätzen der Behandlung und Wiedereingliederung auszurichten, und es ist eine menschenwürdige, nicht erniedrigende Behandlung sicherzustellen.

4. Kursbestätigung: Die Europäischen Grundsätze für inhaftierte Jugendliche und Jugendliche in ambulanten Maßnahmen

Der eingeschlagene Kurs wird durch die Europäischen Grundsätze für inhaftierte Jugendliche und Jugendliche in ambulanten Maßnahmen (European Rules for Juvenile Offenders Subject to Sanctions or Measures) beibehalten und bekräftigt. Diese hochaktuelle, erst im November 2008 verabschiedete Empfehlung (2008) 11 schließt eine Lücke, weil sie sich zum einen speziell auf Jugendliche bezieht (was bei den Europäischen Strafvollzugsgrundsätzen und den Regeln zu ambulanten Sanktionen von 1992

---

[27] Siehe auch Nr. 3.3 der UN-Mindestgrundsätze für die Jugendgerichtsbarkeit von 1985. Das UN Model Law on Juvenile Justice schlägt in Art. 2.2.-3 zumindest eine Sonderregelung für Heranwachsende („young adults") vor, s. Höynck/Neubacher/Schüler-Springorum, Internationale Menschenrechtsstandards und das Jugendkriminalrecht, 2001, S. 112, wenn auch nur im Sinne eines obligatorischen Strafmilderungsgrunds.

nicht der Fall ist[28]) und sie zum anderen die Empfehlung über neue Wege im Umgang mit Jugendkriminalität und die Rolle der Jugendgerichtsbarkeit komplettiert, die die Freiheitsentziehung bei Jugendlichen ausgespart hatte. In diesem Sinne nehmen die neuen Empfehlungen, die jegliche Form der Freiheitsentziehung im Visier haben, die gleiche Rolle ein wie auf UN-Ebene die Mindestgrundsätze zum Schutz inhaftierter Jugendlicher (UN Rules for the Protection of Juveniles Deprived of their Liberty).[29]

Für die Verhängung und den Vollzug von Sanktionen geben sie als „Basic Principles" gesellschaftliche Wiedereingliederung, Erziehung („education") und Rückfallverhütung vor (Nr. 2), also Spezialprävention. Das liegt auf der Linie bisheriger Standards und auch des deutschen Jugendkriminalrechts (s. § 2 Abs. 1 JGG n.F.)[30]. Freiheitsentzug darf nur als letztes Mittel und nur in geringst möglichem Umfang eingesetzt werden; Untersuchungshaft ist zu vermeiden (Nr. 10), sog. apokryphe Haftgründe bleiben ausgeschlossen. Mediation und Wiedergutmachungsleistungen sind in allen Verfahrensstadien zu fördern (Nr. 12). Das Gleiche gilt für ein möglichst breites Spektrum an ambulanten Maßnahmen, von denen jene zu bevorzugen sind, die eine erzieherische Wirkung versprechen (Nr. 23.1 und 23.2). Bemerkenswert ist besonders, dass Heranwachsende rechtlich wie Jugendliche behandelt werden können („may, where appropriate, be regarded as juveniles and dealt with accordingly", Nr. 17). Insoweit wird eine Vorgabe der Empfehlung von 2003 erneuert. Die detaillierten Regeln zum Vollzug von freiheitsentziehenden Maßnahmen können hier auch nicht annähernd wiedergegeben werden. Zwei Vorgaben verdienen aber auch aus deutscher Sicht besondere Hervorhebung. Zum einen müssen Jugendliche ermuntert werden („shall be encouraged", Nr. 50.2), an Behandlungsmaßnahmen teilzunehmen. Es handelt sich um eine Wortwahl, die eine Verwechslung mit der umstrittenen Mitwirkungspflicht einiger Landesgesetze zum Jugendstrafvollzug in Deutschland ausschließt und also zweifellos programmatischen Charakter hat. Zum anderen hat der Grundsatz der Einzelunterbringung über Nacht, wie schon bei den Europäischen Strafvollzugsgrundsätzen 2006, seinen Weg in die Empfehlungen gefunden (Nr. 63.2). Wichtige und bekannte Anliegen des Europarates greifen die Empfehlungen schließlich auf, indem sie fordern, dass jugendkriminalrechtliche Sanktionen an wissenschaftlichen Forschungsbefunden zu messen und auf der Basis wissenschaftlicher Evaluation weiterzuentwickeln sind (Nr. 135). Zum besseren Verständnis seien Medien und Öffentlichkeit über die Ziele dieser Sanktionen wie auch über die Arbeit derer, die sie umsetzen, zu unterrichten (Nr. 139.2).

---

[28] Gleichwohl bleiben diese anwendbar, wenn es zum Besten des Jugendlichen ist, so die Präambel der Grundsätze, s. Council of Europe/European Committee on Crime Problems (CDPC), Draft Recommendation on the European Rules for Juvenile Offenders Subject to Sanctions or Measures, Doc. CDPC (2008) 17 – Addendum I
(www.coe.int/t/e/legal_affairs/legal_co%2Doperation/steering_committees/cdpc/Documents, Abruf: 21.8.2008).

[29] *Dünkel/Baechtold/van Zyl Smit*, Europäische Mindeststandards und Empfehlungen als Orientierungspunkte für die Gesetzgebung und Praxis, in: Goerdeler/Walkenhorst (Hrsg.), Jugendstrafvollzug in Deutschland, 2007, S. 118.

[30] Zur Neufassung *Dünkel*, Rechtsschutz im Jugendstrafvollzug – Anmerkungen zum Zweiten Gesetz zur Änderung des Jugendgerichtsgesetzes vom 13.12.2007, in: NK 2008, S. 2 ff.

Der Europarat setzt nach alledem ein eindrucksvolles Signal! Es ist nicht zu übersehen, dass sich seine jüngsten Empfehlungen, wie es Frieder Dünkel als Mitglied der Expertengruppe, formuliert hat, in der Tat „stark an der menschenrechtlichen Tradition früherer Regelwerke des Europarats und der Vereinten Nationen anlehnen"[31] und diese fortführen.

C. Die rechtliche Verbindlichkeit von Standards

Empfehlungen des Europarats sind, wie Grundsätze, Regeln und Richtlinien der Vereinten Nationen auch, per definitionem kein zwingendes bindendes Recht. Sind sie dann als bloße Standards unverbindlich? Die Antwort hierauf ist: Nein. Ungeachtet der rechtspolitischen Wirkung, dass bei Unterschreiten von Standards Rechtfertigungszwänge ausgelöst werden, entfalten Standards auch Rechtswirkungen, dann nämlich, wenn sie am zwingenden Charakter „harten" Rechts teilhaben, das sie konkretisieren.

Hier sind vor allem die Europäische Konvention zum Schutze der Menschenrechte und Grundfreiheiten von 1950 und der Internationaler Pakt über bürgerliche und politische Rechte von 1966 zu nennen. Es handelt sich um völkerrechtliche Verträge, denen die gesetzgebenden Körperschaften in Deutschland zugestimmt (Art. 59 Abs. 2 GG) und ihnen damit Gesetzesrang verliehen haben. Infolge der Transformation in innerstaatliches Rechts stehen die Normen mindestens im Range einfachen Bundesrechts.[32] Das gleiche gilt für das UN-Abkommen über die Rechte des Kindes von 1989, das Übereinkommen der Vereinten Nationen gegen Folter und andere grausame und unmenschliche oder erniedrigende Behandlung oder Strafe von 1984[33] sowie für das Europäische Abkommen zur Verhütung von Folter und unmenschlicher oder erniedrigender Behandlung oder Strafe von 1987.[34] Durch letzteres wurde ein Richtung weisendes Instrument geschaffen, nämlich der Europäische Ausschuss zur Verhütung von Folter und unmenschlicher oder erniedrigender Behandlung oder Strafe. Dieser ist berechtigt, zu jeder Zeit Stätten von Freiheitsentzug aufzusuchen und sie auf die Vereinbarkeit mit den Vorgaben der Konvention zu überprüfen. Über diese Inspektionsreisen werden Berichte erstellt und veröffentlicht. Der Europäische Gerichtshof für Menschenrechte hat sich bei seinen Entscheidungen bereits auf darin beschriebene Umstände des Vollzugs in einzelnen Anstalten bezogen und sich darüber hinaus sogar rechtliche Wertungen zu eigen gemacht, die der Ausschuss anhand seiner eigenen

---

[31] *Dünkel/Baechtold/van Zyl Smit*, Europäische Mindeststandards und Empfehlungen als Orientierungspunkte für die Gesetzgebung und Praxis, in: Goerdeler/Walkenhorst (Hrsg.), Jugendstrafvollzug in Deutschland, 2007, S. 137.

[32] Vgl. *Ruffert*, Die Europäische Menschenrechtskonvention und innerstaatliches Recht, in: EuGRZ 2007, S. 245, 246; *Gollwitzer*, Menschenrechte im Strafverfahren, MRK und IPBPR, 2005, S. 107, 111, 114 ff.

[33] BGBl. 1990 II S. 246.

[34] BGBl. 1989 II S. 946.

Standards getroffen hatte.[35] Die Vorbildwirkung dieses Ausschusses ist so groß, dass die Vereinten Nationen seinem Beispiel folgen wollen. Ein Fakultativprotokoll zur Anti-Folterkonvention der Vereinten Nation, das der Bundestag am 5. Juni 2008 verabschiedet hat, sieht auf internationaler wie nationaler Ebene einen vergleichbaren Präventionsmechanismus mit Besuchsrecht vor.[36]

Ich komme damit zum springenden Punkt: Es sind diese Rechtsschutzverfahren der völkerrechtlichen Abkommen, über die internationale Standards in zunehmendem Maße ihre Wirksamkeit entfaltet haben. Der Europäische Gerichtshof für Menschenrechte bezieht sich bei der Auslegung von Art. 3 EMRK ebenso auf sie wie der UN-Ausschuss für die Rechte des Kindes bei Überprüfungen anhand der gleichnamigen Konvention.[37] Vor allem aber ist es der Europäische Ausschuss zur Verhütung von Folter, der bei seiner Tätigkeit insbesondere die Europäischen Strafvollzugsgrundsätze im Auge hat, weil sie menschenrechtliche Vorgaben konkretisieren und überprüfbar machen.[38] Abgesehen davon haben die Gerichte auf nationaler Ebene, hierin stimmen Literatur und Rechtsprechung in Deutschland überein, dieses „soft law" bei der Auslegung des Strafvollzugsrechts heranzuziehen.[39] So hat etwa im Februar 2008 das Kammergericht Berlin sowohl auf die Europäischen Strafvollzugsgrundsätze als auch auf die Äußerungen des Europäischen Anti-Folterausschusses verwiesen, als es um die Frage ging, welche Mindestgröße ein mit einer abgetrennten Nasszelle versehener Haftraum aufweisen muss.[40]

Wir sehen also: Auch ohne direkte verbindliche Rechtswirkung sind die internationalen Standards keineswegs unverbindlich. Sie entfalten ihre mittelbare Wirkung politisch-moralisch und über Rechtsnormen des nationalen und internationalen Rechts. Eine ebenso einprägsame wie treffende Umschreibung ihrer Wirkung ist zwei schweizerischen Kommentatoren der Strafvollzugsgrundsätze gelungen. Demzufolge lässt

---

[35] Siehe die Entscheidungen in *Dougoz vs. Greece* 2001, *Mouisel vs. France* 2002 und *Kalashnikov vs. Russia* 2002, dazu *Murdoch*, The treatment of prisoners, European Standards, 2006, S. 46 ff., 50.

[36] In Deutschland ist die Einrichtung einer Bundesstelle zur Verhütung von Folter sowie einer Länderkommission vorgesehen. Beide sollen ein Sekretariat nutzen, das bei der Kriminologischen Zentralstelle in Wiesbaden angesiedelt wird. Die Kosten sollen zwischen Bund und Ländern geteilt werden, s. Bundestag-Drucksache 16/8249; außerdem: *Feest*, CPT, OPCAT und Co.: Unabhängige Inspektion von Gefängnissen, in: ZJJ 2007, S. 308; *Pollähne*, Zusatzprotokoll zur UN-Anti-Folter-Konvention (OPCAT) umsetzen!, in: Recht & Psychiatrie 2007, S. 99 f.

[37] Siehe die Recommendation on the Administration of Juvenile Justice (Doc. CRC/C/90, 22nd Session, September 1999) sowie *Committee on the Rights of the Child*, General Comment No. 10 (2007): Children's rights in juvenile justice (Doc. CRC/C/GC/10 vom 25 April 2007).

[38] Siehe *Feest*, Europäische Maßstäbe für den Justizvollzug, in: ZfStrVo 2006, S. 259; *Lettau*, Funktion und Tätigkeit des Antifolterkomitees des Europarates, in: ZfStrVo 2002, S. 195 ff.

[39] Vgl. OLG Frankfurt a.M. NStZ 1986, 27; OLG Celle bei *Bungert*, NStZ 1990, S. 379 sowie *Walter*, Strafvollzug, 2. Aufl. 1999, Rn. 356; *Stenger*, Gegebener und gebotener Einfluß der Europäischen Menschenrechtskonvention in der Rechtsprechung der bundesdeutschen Strafgerichte, 1991; *Neubacher*, Eine bislang kaum beachtete Perspektive: die Auslegung des Strafvollzugsgesetzes im Lichte der Mindestgrundsätze der Vereinten Nationen für die Behandlung von Gefangenen, in: ZfStrVo 2001, S. 212 ff.

[40] KG Berlin, Beschluss vom 29.2.2008, 2 Ws 529/08 (juris), Rn. 25 m.w.N.; demnach darf die Bodenfläche einer Einzelzelle 6 qm, bei Mehrfachbelegung 4 qm pro Gefangenem nicht unterschreiten.

sich die rechtliche Wirkung mit der „gegenseitigen Beeinflussung eines politisch verbindlichen Katalogs und seiner Anwendung in der Praxis zur Konkretisierung bindender Menschenrechte erklären. Sie werden daher heute allgemein als Ausdruck eines gemeineuropäischen Rechtsbewusstseins und damit als Orientierungsrahmen und Maßstab für einen menschenrechtskonformen Haftvollzug eingestuft. In diesem Sinn stellen sie eine Übersetzungshilfe für die Anwendung der Menschenrechte im spezifischen Umfeld von Haftsituationen dar."[41]

D. Internationale Bedeutung der Standards

1. Gegenläufige Entwicklungen der Jugendkriminalrechtssysteme

Eine Möglichkeit, internationalen Standards Rechnung zu tragen, ist es natürlich, diese in das nationale Recht zu inkorporieren. Diesen Weg hat 2003 der litauische Gesetzgeber beschritten, als er Teile der Europäischen Strafvollzugsgrundsätze kurzer Hand wörtlich übernahm.[42] Das ist aber ein Ausnahmefall. Wenn man die jugendstrafrechtlichen Systeme im internationalen Maßstab vergleicht, so sind uneinheitliche, ja sogar gegenläufige Entwicklungstendenzen nicht zu übersehen.[43] Grob lassen sich in der westlichen Welt drei Gruppen von Staaten unterscheiden: Die angloamerikanischen, die kontinental-europäischen und die ehemals sozialistischen mittel- und osteuropäischen Staaten.

In Nordamerika ist das Jugendstrafrecht in den neunziger Jahren drastisch verschärft worden. Insbesondere wurden Möglichkeiten geschaffen und erweitert, Jugendliche der Jurisdiktion von Jugendgerichten zu entziehen und sie von Erwachsenengerichten nach materiell- und verfahrensrechtlichen Maßstäben für Erwachsene aburteilen zu lassen. Nicht mehr die Person des Täters und seine individuellen Defizite stehen im Vordergrund, sondern die Schwere des Unrechts, die eine tatproportionale Strafe nach sich ziehen soll. Die absehbare und durchaus beabsichtigte Folge war, dass Jugendliche zunehmend zu langen Freiheitsstrafen verurteilt werden, die als Ausdruck von Verantwortlichkeit und Gerechtigkeit angesehen werden.[44] Im Frühjahr 2008 befanden sich beispielsweise in Kalifornien 227 Gefangene in Haft, die als Jugendliche

---

[41] *Künzli/Achermann*, Mindestgrundsätze schützen Menschenrechte, in: Bundesamt für Justiz, Informationen zum Straf- und Maßregelvollzug, info bulletin 2/2007, S. 5-7.

[42] *Dünkel/Baechtold/van Zyl Smit*, in: Goerdeler/Walkenhorst (Hrsg.), Jugendstrafvollzug in Deutschland, 2007, S. 115 unter Hinweis auf *Sakalauskas*, Strafvollzug in Litauen, 2006.

[43] Zum Ganzen *Junger-Tas/Decker* (eds.), International Handbook of Juvenile Justice, 2006; *Albrecht*, Jugendfreiheitsstrafe und Jugendstrafvollzug im europäischen Ausland, in: RdJB 2007, S. 204 ff.; *Albrecht/Kilchling* (Hrsg.), Jugendstrafrecht in Europa, 2002; *Dünkel/van Kalmthout/Schüler-Springorum* (Hrsg.), Entwicklungstendenzen und Reformstrategien im Jugendstrafrecht im europäischen Vergleich, 1997.

[44] Vgl. *Stump*, "Adult Time for Adult Crime", Jugendstrafrecht in den USA, insbesondere die juvenile-jurisdiction-waiver-Politik, in: ZJJ 2006, S. 175 ff.; *Keiser*, Jugendliche Täter als strafrechtlich Erwachsene? Das Phänomen der „Adulteration" im Lichte internationaler Menschenrechte, in: ZStW 2008, S. 25 ff. Studien belegen, dass Rückfälle dadurch nicht verringert, sondern vermehrt wurden, s. *Redding*, Juvenile Transfer Laws: An Effective Deterrent to Delinquency?, 2008, S. 6 (http://ojjdp.ncjrs.gov/publications/PubAbstract.asp?pubi= 242419, Abruf: 6.10.2008).

zu lebenslangen Freiheitsstrafen ohne Aussicht auf eine vorzeitige Entlassung verurteilt worden waren.[45] England und Wales folgten dem Verschärfungstrend – wenn auch in abgeschwächter Form. Der „Crime and Disorder Act" senkte die Strafmündigkeitsgrenze auf 10 Jahre, indem er die sog. „doli incapax"-Regel aufhob. Längere Haft ist selbst bei diesen Minderjährigen nicht ausgeschlossen.[46] Unter anderem wurden neue Sanktionen eingeführt, z.B. Ausgangssperren („Curfew") und Trainingskurse für Eltern („Parenting Order"), sowie die Anordnung von Untersuchungshaft erleichtert. In den Niederlanden ist das jugendstrafrechtliche Klima ebenfalls rauer geworden. In beiden Ländern hat sich dadurch die Zahl inhaftierter Jugendlicher erhöht, und die strafrechtliche Sozialkontrolle wurde auf ordnungswidriges Verhalten („anti social behaviour") ausgeweitet.[47]

Das Vorgehen gegen junge Delinquenten ist in den genannten Ländern also repressiver, aber deshalb nicht effektiver geworden.[48] Das ist jedenfalls die Überzeugung der meisten kontinental-europäischen Staaten, die, wie z.B. Frankreich, Belgien, Deutschland und Österreich, trotz fortdauernder Debatten und kleinerer Korrekturen im Wesentlichen am hergebrachten Jugendkriminalrecht festhalten. Dazu zählt auch der Erziehungsgedanke, der täterstrafrechtliche Interventionen fordert.[49] Eine besondere Würdigung verdient die rechtliche Behandlung der Heranwachsenden, also der 18-20jährigen, bei denen die Jugendgerichte in Deutschland im Einzelfall entscheiden, ob Jugendstrafrecht Anwendung findet (§ 105 JGG). Dieses Modell, junge Volljährige überhaupt als eigene Kategorie zu begreifen, hat die ausdrückliche Billigung des Europarats gefunden. Dem Modell sind Litauen, Slowenien und, für einige Zeit und mit Einschränkungen, Österreich[50] gefolgt; in Ungarn wird es seit 2006 diskutiert.[51] Spa-

---

[45] *International Juvenile Justice Observatory*, Newsletter vom 11.4.2008. Derzeit wird eine Gesetzesänderung diskutiert, die eine Strafaussetzung zumindest nach 25 Jahren Haft ermöglichen würde.

[46] Z.B. im Fall der beiden Zehnjährigen, die ein Kleinkind entführt und getötet hatten. Der Europäische Gerichtshof für Menschenrechte beanstandete zwar das gegen die beiden geführte Verfahren im Hinblick auf Art. 6 Abs. 1 EMRK ("fair trial"), hielt mit einer Stimmenmehrheit von 10 zu 7 Stimmen allerdings weder lange Jugendstrafen noch eine Strafmündigkeitsgrenze von 10 Jahren per se für eine Verletzung von Art. 3 EMRK. Hierzu *Murdoch*, The treatment of prisoners, European Standards, 2006, S. 203 f., 316 f.; *Keiser*, Jugendliche Täter als strafrechtlich Erwachsene? In: ZStW 2008, S. 44.

[47] *Junger-Tas*, Trends in International Juvenile Justice: What Conclusions Can be Drawn?, in: Junger-Tas/Decker (eds.), International Handbook of Juvenile Justice, 2006, S. 511 ff., 513 f.; *Horsfield*, Jugendkriminalpolitik in England und Wales: zwischen neuer Bestrafungslust und präventivem Interventionsrecht, in: NK 2006, S. 42 ff.; zur Absenkung der Strafmündigkeit auch *Crofts*, Die Altersgrenzen strafrechtlicher Verantwortlichkeit in Australien, in: ZJJ 2007, S. 393 ff.

[48] *Junger-Tas*, S. 505: "The main trend in juvenile justice in a number of countries has been more repressive, but not necessarily more effective. It is essentially this aspect that worries most of those who are working in the field." Siehe auch *Males/Macallair/Corcoran*, Testing Incapacitation Theory: Youth Crime and Incarceration in California, Center on Juvenile and Criminal Justice, July 2006 (www.cjcj.org).

[49] Anregungen, davon abzurücken (s. *Albrecht*, Ist das deutsche Jugendstrafrecht noch verfassungsgemäß? Gutachten für den 64. Deutschen Juristentag, 2002, D 97 ff., D 167), haben sich nicht durchgesetzt.

[50] Durch das österreichische JGG von 1988 fielen junge Täter bis 19 Jahre unter das Jugendstrafrecht. Seit einer Gesetzesänderung 2001 wird auf Heranwachsende Erwachsenenstrafrecht angewendet; nur

nien hatte es 2000 eingeführt, dann aber suspendiert und 2006 wieder abgeschafft. Gleichwohl wird man Spanien weiter zu den Ländern mit einem traditionellen Jugendstrafrecht zählen müssen. Es ist zwar richtig, dass 2006 die zeitlichen Obergrenzen von stationären Sanktionen angehoben wurden. Allerdings darf nicht übersehen werden, dass selbst bei Kapitaldelikten wie Mord, Totschlag und schweren Vergewaltigungsfällen die Strafen für 14- und 15jährige Täter von vier auf fünf Jahre, für 16- und 17jährige von acht auf zehn Jahre heraufgesetzt wurden.[52] In der Schweiz ist 2007 ein eigenständiges Jugendstrafgesetz in Kraft getreten, welches den Gedanken der Spezialprävention noch deutlicher herausstellt als bisher und bei erfolgreichen Mediationsverfahren ganz auf Strafe verzichtet. Überdies wurde die Strafmündigkeit bei 10 Jahren statt bisher 7 Jahren festgesetzt. Die Höchststrafe beträgt bei schweren Delikten vier Jahre, sonst 1 Jahr.[53]

Erstaunlich ist, dass die mittel- und osteuropäischen Staaten, die nach dem Ende des Sozialismus in den neunziger Jahren mit gestiegenen Kriminalitätsraten zu kämpfen hatten, dem Verschärfungstrend nicht gefolgt sind. Die Altersgrenze der (relativen) strafrechtlichen Verantwortlichkeit liegt vielfach höher als in der „Alt-EU", in Tschechien, Polen und der Slowakei z.B. bei 15 Jahren.[54] Mancherorts hat man den Europarat und seine Forderungen nach einem Ausbau ambulanter Sanktionen erhört. In Tschechien wurden Diversionsmaßnahmen Mitte der neunziger Jahre eingeführt und durch das 2004 in Kraft getretene eigenständige Jugendgerichtsgesetz deutlich ausgebaut. Polen hat an seinen auf das Jahr 1982 zurückgehenden Regelungen weitgehend festgehalten. Diese sind vom Erziehungsgedanken geprägt und führen vergleichsweise selten zu Inhaftierungen bzw. Unterbringungen.[55] In Serbien trat 2006 ebenfalls ein eigenständiges Jugendgerichtsgesetz in Kraft. Dieses ist stark am deutschen Jugendstrafrecht orientiert.

Sicherlich gibt es in den osteuropäischen Transformationsstaaten immer noch Schwierigkeiten beim Aufbau eines modernen Jugendgerichtswesens. Erst kürzlich hat der UN-Ausschuss für die Rechte des Kindes sein „tiefes Bedauern" darüber ausgedrückt, dass Georgien die Strafmündigkeitsgrenze für einige Delikte von 14 auf 12 Jahre abgesenkt hat. Zugleich drängte es auf die Einrichtung spezieller Jugendgerichte und die Schulung aller mit dem Jugendkriminalrecht befassten Stellen. Kritisiert wurde ebenfalls das Fehlen von Mechanismen, die sicherstellen, dass Jugendliche tatsächlich nur als letztes Mittel und nur für die kürzestmögliche Dauer inhaftiert werden. Die

---

verfahrensrechtlich genießen sie eine Sonderstellung. Dazu *Jesionek*, Jugendgerichtsbarkeit in Österreich, in: ZJJ 2007, S. 120 ff.

[51] *Csúri*, Der Lebensabschnitt der „jungen Erwachsenen" als neue Alterskategorie im ungarischen Strafrecht, Kritische Überlegungen rechtsdogmatischer Natur, in: ZJJ 2008, S. 167 ff.

[52] *Sánchez Lázaro*, Zur neuesten Reform des spanischen Jugendstrafrechts, in: ZIS 2007, S. 62 ff.

[53] *Hebeisen*, Das neue Jugendstrafrecht in der Schweiz – Ein Überblick über die wichtigsten Änderungen, in: ZJJ 2007, S. 135 ff.

[54] *Kilchling*, Zukunftsperspektiven für das Jugendstrafrecht in der erweiterten Europäischen Union, in: RdJB 2003, S. 323 ff., 325 f.

[55] Siehe die Beiträge von *Válková* bzw. *Stando-Kawecka*, in: Junger-Tas/Decker (eds.), International Handbook of Juvenile Justice, 2006, S. 351 ff. und 377 ff.

letzten beiden Kritikpunkte wurden auch an die Adresse Bulgariens gerichtet. In diesem Fall bemängelt der Ausschuss überdies die Verwendung des Begriffs „anti-social behaviour" sowie den Umstand, dass trotz der Strafmündigkeitsgrenze von 14 Jahren auch schon 8jährige zum Ziel kriminalrechtlicher Präventions- und Erziehungsmaßnahmen werden. Insofern wird Bulgarien „empfohlen", sicherzustellen, dass alle Maßnahmen gänzlich außerhalb des Strafrechtssystems erfolgen.[56]

Dennoch mutet es befremdlich an, wenn einige der ehemals sozialistischen Staaten – einst die „Sorgenkinder", denen man bei Eintritt in den Europarat die Ratifizierung der Europäischen Menschenrechtskonvention abverlangte – sich jetzt teilweise entschiedener zu europäischen Standards bekennen als das manche Länder des „alten Europa" tun. Das deutsche Jugendkriminalrecht ist jedenfalls besser als sein Ruf hierzulande, und Teile der deutschen Kriminalpolitik könnten lernen, wissenschaftlichen Sachverstand stärker einzubeziehen. Es wäre schon paradox, wenn ausgerechnet jetzt, nachdem zahlreiche europäische Staaten dem Beispiel Deutschlands gefolgt sind und in eigenständigen jugendrechtlichen Regelungen den alternativen Sanktionen, z.B. in Gestalt des Täter-Opfer-Ausgleichs[57], breiteren Raum gegeben haben, der deutsche Gesetzgeber das in weiten Teilen vorbildliche Jugendgerichtsgesetz demontiert. Es kann bei der deutschen Verschärfungsdebatte um „Warnschussarrest", Strafrahmenerhöhung, Zurückdrängung der Anwendung des Jugendstrafrechts bei Heranwachsenden u.ä. kaum einen Kompromiss geben. Denn es handelt sich nicht um Nuancen, sondern es geht um Grundsätzliches. Die geforderten Gesetzesänderungen weisen nämlich im Ansatz in die falsche Richtung und sind ein Irrweg.

2. Kriminologische Erkenntnisse zum Jugendkriminalrecht

Für das geltende deutsche Jugendkriminalrecht gibt es Hoffnung. Zum einen hat die bisherige Entwicklung, was den Bekanntheitsgrad und die Bedeutung internationaler Standards angeht, die Erwartungen übertroffen. Sie dürfte angesichts der immer gewichtigeren Rolle des Europäischen Gerichtshofs für Menschenrechte kaum an Schwungkraft einbüßen.[58] Zum anderen sprechen für sie schlicht die besseren Argumente. Europaweite Studien[59] belegen seit vielen Jahren, dass es sich bei Jugenddelinquenz um ein weitgehend normales und entwicklungsbedingtes Fehlverhalten handelt, das mitnichten den Einstieg in eine kriminelle Karriere bedeutet, sondern nach einem Gipfelpunkt mit 16-17 Jahren mit zunehmendem Alter von alleine, also auch ohne justizielle Reaktion abbricht (sog. Spontanbewährung).[60] Lediglich für einen kleinen

---

[56] *Committee on the Rights of the Child (CRC)*, Forty-eighth session (19 May – 6 June 2008), s. (http://www2.ohchr.org/English/bodies/crc/crcs48.htm).

[57] Vgl. *Mestitz/Ghetti* (Hrsg.): Victim-Offender Mediation with Youth Offenders in Europe, An Overview and Comparison of 15 Countries, 2005.

[58] Vgl. *Haß*, Die Urteile des Europäischen Gerichtshofs für Menschenrechte. Charakter, Bindungswirkung und Durchsetzung, 2006.

[59] Vgl. *Junger-Tas/Haen-Marshall/Ribeaud*, Delinquency in an international perspective, The International Self-Report Delinquency Study, 2003; *M. Walter*, Jugendkriminalität, 3. Aufl. 2005, S. 216 ff.

[60] Vgl. *Kunz*, Kriminologie, 4. Aufl. 2004, S. 290 ff.; *Eisenberg*, Kriminologie, 6. Aufl. 2005, § 44 Rn. 26 ff.

Prozentsatz einer Altersgruppe gilt dieser Grundsatz der Episodenhaftigkeit nicht. Diese ca. 5 %, für die sich in der kriminalpolitischen Diskussion der Terminus „Intensivtäter" bzw. „Mehrfachtäter" eingebürgert hat,[61] werden für mehr als die Hälfte der Kriminalität ihrer Altersgruppe verantwortlich gemacht. Die kriminalpolitische Hoffnung, durch Inhaftierung dieser Problemjugendlichen die Kriminalität erheblich zu senken, ist jedoch unbegründet. Weder gibt es einheitliche Kriterien für die Etikettierung als „Intensivtäter" noch verlässliche Diagnosen, die eine Identifizierung dieser Personen prospektiv ermöglichen würden.[62] Vor allem aber deuten verschiedene Befunde der jüngeren Forschung darauf hin, dass auch bei Mehrfachtätern die Beendigung der kriminellen Karriere nicht der Ausnahme- sondern der Normalfall ist und dass Prozesse der Spontanbewährung schon „in der frühen bzw. mittleren Jugendphase" beobachtet werden können.[63] Die eigentliche Frage ist doch: Wie konnte es geschehen, dass sich bei der Diskussion um das Jugendkriminalrecht der Fokus dermaßen vom Normalfall der episodenhaften Kriminalität zum Ausnahmefall des „Intensivtäters" verschoben hat?

Die Strafmündigkeitsgrenze von 14 Jahren ist keine willkürliche Festsetzung, sondern inzwischen in den meisten europäischen Ländern ein Standard, der sich auf entwicklungspsychologische Studien stützen kann.[64] Die flexible Heranwachsendenregelung stößt international auf zunehmendes Interesse. Kriminalpolitische Stimmen, die auf ein vermeintliches Regel-Ausnahme-Verhältnis abstellen, welches regelmäßig zur Anwendung von Erwachsenenrecht führen müsste, verkennen den rechtsdogmatischen Kern und die Intention des Gesetzgebers.[65]

Geradezu erdrückend sind die empirischen Belege der Wirkungsforschung im Falle von Schockinhaftierungen, wie sie in den USA mit „boot camps" und „scared straight"-Programmen praktiziert werden und deren schlichte Denkungsweise auch dem sog. Warnschussarrest[66] zugrunde liegt. Nicht nur dass in Evaluationsstudien keine positiven Effekte nachgewiesen werden konnten – die Programme sind sogar schädlich und haben kriminalitätssteigernde Wirkung![67] Diese Befunde legitimieren

---

[61] Dazu krit. *M. Walter*, Mehrfach- und Intensivtäter: Kriminologische Tatsache oder Erfindung der Medien?, in: ZJJ 2003, S. 159 ff.

[62] Indikatoren sind Einstiegsalter, Dauer der Auffälligkeit und psycho-soziale Probleme, s. *Naplava*, Junge Mehrfachtatverdächtige in der Polizeilichen Kriminalstatistik Nordrhein-Westfalen, in: BewHi 2006, S. 272.

[63] *Boers/Walburg/Reinecke*, Jugendkriminalität – Keine Zunahme im Dunkelfeld, kaum Unterschiede zwischen Einheimischen und Migranten, in: MschrKrim 2006, S. 63, 75; vgl. auch *Stelly/Thomas*, Die Reintegration jugendlicher Mehrfachtäter, in: ZJJ 2006, S. 45 ff.

[64] Vgl. *Hommers/Lewand*, Zur Entwicklung einer Voraussetzung der strafrechtlichen Verantwortlichkeit, in: MschrKrim 2001, S. 425 ff.

[65] *Pruin*, Gereift in 53 Jahren? Die Reformdebatte über die deutsche Heranwachsendenregelung, in: ZJJ 2006, S. 257 ff.; *Walter*, Heranwachsende als kriminalrechtliche Problemgruppe, in: GA 2007, S. 503 ff.

[66] Hierzu *Verrel/Käufl*, „Warnschussarrest" - Kriminalpolitik wider besseres Wissen?, in: NStZ 2008, S. 177 ff.

[67] Vgl. *Welsh/Farrington* (Eds.), Preventing Crime. What Works for Children, Offenders, Victims, and Places, 2006; *Farrington/Welsh*, Randomized experiments in Criminology: What have we learned in

eindringlich ein Jugendrecht, dem es darum geht, die jungen Menschen über das schwierige Alter zu bringen, ohne durch eine frühzeitige Inhaftierung eine justizielle Eskalation in Gang zu setzen. Die Bundesregierung hat in ihrem Zweiten Periodischen Sicherheitsbericht daher zu Recht festgestellt: „Die kriminologischen und empirischen Erkenntnisse, die für die Ausgestaltung des Jugendkriminalrechts unter dem Erziehungsgedanken maßgeblich waren, haben unverändert Gültigkeit."[68] Es kann nicht genug betont werden, dass der Europarat von seinen Mitgliedsstaaten eine rationale und wissenschaftlich fundierte Kriminalpolitik fordert.[69] Auch das Bundesverfassungsgericht hat in seinem Urteil vom 31.05.2006 den Gesetzgeber auf ein Resozialisierungskonzept verpflichtet, das das „in der Vollzugspraxis verfügbare Erfahrungswissen" ausschöpft und „sich am Stand der wissenschaftlichen Erkenntnisse orientieren" muss.[70]

3. Die Lage im Jahre 2030 – ein Gedankenspiel

Geben wir uns für einen Moment folgendem Gedankenspiel hin: Erneut findet ein Symposium statt, bei dem das Jugendkriminalrecht auf den Prüfstand gestellt und die europäische Entwicklung beurteilt wird, aber es ist das Jahr 2030. Wie wird das Jugendkriminalrecht dann aussehen?

- Szenario 1:

Weil die Jugendkriminalität weder deutlich noch dauerhaft reduziert werden konnte (alle Parteien hatten eine Halbierung gefordert), ist das Jugendstrafrecht abgeschafft. Jugendgerichte gibt es nicht mehr. Junge Menschen sind ab 10 Jahren strafrechtlich voll verantwortlich und werden wie Erwachsene beurteilt. Die Strafhöhe wird proportional zu den eingetretenen Tatfolgen bemessen. Die Rückfallvorschrift des § 48 StGB a.F. wird wieder in Kraft gesetzt. Für Rückfalltäter gibt es eine Präventions- bzw. Sicherungshaft, die nach Schwere der Anlasstat 10 Jahre, 25 Jahre oder lebenslang dauert. Für die Finanzierung der in großer Zahl benötigten Haftplätze sind u.a. die Ausgaben für die Jugendhilfe eingesetzt worden. Jugendgerichtshilfe und Bewährungshilfe sind aufgelöst. Ihre Bediensteten arbeiten jetzt für das staatliche Amt für technische Überwachungsaufgaben. Der Europarat hat den Schwerpunkt seiner Tätigkeit auf die Bekämpfung von Terrorismus, organisierter Kriminalität und Drogenkriminalität verlegt; der Schutz der Menschenrechte ist aus seiner Satzung gestrichen worden. Aus Protest haben die Richter des Europäischen Gerichtshofs für Menschenrechte ihre Ämter niedergelegt; die Stellen werden nicht wieder besetzt. Die internationalen Standards zum Jugendkriminalrecht und zum Strafvollzug sind vergessen. Über sie fertigen Schüler

---

the last two decades?, in: Journal of Experimental Criminology 2005, S. 9 ff.; *Graebsch*, Gefangene helfen Jugendlichen nicht – wem dann?, Zum internationalen Stand der Evaluation von Gefängniskonfrontationsprogrammen nach dem Muster von „Scared Straight", in: NK 2006, S. 46 ff.

[68] *BMI/BMJ* (Hrsg.), Zweiter Periodischer Sicherheitsbericht, Langfassung, 2006, S. 407.

[69] Vgl. Nr. 5 der Empfehlung Rec (2003) 20 des Ministerkomitees: "Interventions with juvenile offenders should, as much as possible, be based on scientific evidence on what works, with whom and under what circumstances."

[70] BVerfG NJW 2006, 2093, 2097.

der Professorengeneration von 2008 rechtshistorische Studien an, die kein Verlag veröffentlichen möchte.

- Szenario 2:

Beflügelt vom Erfolg, den osteuropäische Staaten beim Aufbau moderner Jugendgerichtsstrukturen an den Tag legen, verständigen sich die Mitgliedsstaaten des Europarats darauf, die Strafmündigkeitsgrenze auf 16 Jahre festzusetzen und auf die jungen Volljährigen im Alter zwischen 18 und 25 Jahren Jugendstrafrecht anzuwenden. Die Europäische Union beschließt, nachdem sie endlich über eine Verfassung mit Grundrechtekatalog verfügt, auch der Europäischen Menschenrechtskonvention beizutreten.[71] Die internationalen Standards macht sie sich erst zueigen und dann zum Gegenstand eines Rahmenbeschlusses[72], der der Harmonisierung des Jugendkriminalrechts dient und von allen Mitgliedsstaaten umgesetzt wird. Durch den Ausbau von Jugendhilfe, schulischer Förderung und Integrationsmaßnahmen kann die Jugendkriminalität gesenkt werden. Ein breites Spektrum kriminologisch überprüfter und wirksamer ambulanter Sanktionen sorgt dafür, dass die Gefangenenzahlen deutlich zurückgehen und sich die Haftbedingungen verbessern. In Deutschland wird § 37 JGG in eine Muss-Vorschrift umgewandelt. Die Vereinten Nationen und der Europarat stocken ihren Pool von hoch qualifizierten Experten auf, die jederzeit angefordert werden können, um beratend bei der Anpassung des nationalen Rechtssystems an die internationalen Standards mitzuwirken. Diese Experten werden zunächst von zwei, dann auch von den anderen amerikanischen Bundesstaaten eingeladen. Am Ende ratifizieren die Vereinigten Staaten von Amerika das UN-Abkommen über die Rechte des Kindes, schaffen die Todesstrafe ab und treten dem ständigen Internationalen Strafgerichtshof in Den Haag bei.

E. Nationale Bedeutung der Standards in Deutschland

Kehren wir wieder in die Gegenwart und auf den Boden der Tatsachen zurück. Deutschland steht mit seinem Jugendgerichtsgesetz im internationalen Vergleich gut da. Hervorzuheben sind etwa die Regelung für die Heranwachsenden, der umfassende Katalog der Weisungen, eine hohe Diversionsquote von fast 70 % und die Bemühungen um die Vermeidung von Untersuchungshaft. Trotz der Ressourcenknappheit im Strafvollzug sind die dortigen Verhältnisse im internationalen Maßstab (bei 47 Mitgliedsstaaten des Europarats) zufriedenstellend. Es werden ernsthaft Behandlungsprogramme entwickelt und umgesetzt.

Verbesserungen wären gleichwohl möglich. Bei der Höchststrafe sind andere Länder konsequenter und bleiben unter der 10-Jahres-Grenze des deutschen Jugendstrafrechts. § 37 JGG stellt immer noch nicht sicher, dass tatsächlich alle Jugendrichter und -staatsanwälte „erzieherisch befähigt" und „in der Jugenderziehung erfahren" sind,

---

[71] Vgl. *Ruffert*, EuGRZ 2007, S. 255.
[72] Vgl. *Kilchling*, RdJB 2003, S. 333; *Feest*, ZfStrVo 2006, S. 261.

wie es im Gesetz heißt.[73] Im Vergleich zum Anforderungsprofil, das der Europarat formuliert hat, bleiben auch die Regelungen zur notwendigen Verteidigung (§ 68 JGG) und zur Beschränkung der Rechtsmittel (§ 55 JGG) hinter den Erwartungen zurück.[74] Abweichungen von internationalen Standards werden vor allem jedoch im Strafvollzugsrecht sichtbar. Das hängt mit der größeren Regelungsdichte zusammen. Der Europarat ist in den jüngsten Empfehlungen von 2006 und 2008 viel weiter ins Detail vorgedrungen als das die Vereinten Nationen je getan haben. Gleichzeitig wurden die Länder durch das Bundesverfassungsgericht gezwungen, den Jugendstrafvollzug auf eine ausreichende und das heißt auch eine hinreichend konkrete Gesetzesgrundlage zu stellen. Infolge dieser parallelen Entwicklung ergeben sich nun vielfältige Möglichkeiten für einen Abgleich mit den verfassungsrechtlichen und internationalen Vorgaben.[75] Ich greife im Folgenden einige Punkte heraus:

Bayern, Hamburg und Niedersachsen haben sich dafür entschieden, den Jugendstrafvollzug in einem allgemeinen Strafvollzugsgesetz zu regeln. Das nährt die Vermutung, dass es diesen Ländern nicht um eine Frage der Gesetzgebungstechnik geht, sondern um eine ostentative Annäherung der Maßstäbe an das Erwachsenenrecht (beim JGG fehlt hierzu die Kompetenz). Besonders in Bayern und Hamburg wird das Vollzugsziel der Resozialisierung durch den „Schutz der Allgemeinheit" relativiert.[76] Das widerspricht der Konzeption des Bundesverfassungsgerichts, das den Schutz der Allgemeinheit durch Resozialisierung verwirklicht sieht.[77] In den *Europäischen Strafvollzugsgrundsätzen* heißt es zum „Ziel des Strafvollzuges", er sei für Strafgefangene „so auszugestalten, dass sie fähig werden, in sozialer Verantwortung ein Leben ohne Straftaten zu führen" (Nr. 102.1). Und auch die *Europäischen Grundsätze für inhaftierte Jugendliche und Jugendliche in ambulanten Maßnahmen* nennen als alleiniges Ziel der Verhängung und des Vollzugs von Sanktionen Erziehung und Wiedereingliederung sowie die dadurch bewirkte Rückfallvermeidung (Nr. 2). Im Kommentar hierzu heißt es, dies lasse kaum bzw. in einigen Ländern keinen Raum für den Strafzweck der Abschreckung oder andere punitive Zielsetzungen, wie sie das Erwachsenenstrafrecht kenne. Außerdem dürfe der Begriff der „Erziehung" nicht durch repressiv-

---

[73] Siehe *Drews*, Anspruch und Wirklichkeit von § 37 JGG, in: ZJJ 2005, S. 409 ff.

[74] Vgl. *European Committee on Crime Problems (CDPC)/Council for Penological Co-operation (PC-CP)*, Commentary to the European Rules for Juvenile Offenders Subject to Sanctions or Measures, zu Rule 13: "In cases where deprivation of liberty is possible, legal defence counsel must be allocated to the juveniles from the outset of the procedure. The rule makes it clear that there is no justification for giving juveniles lesser rights than adults. Therefore regulations that restrict the right to appeal or complaints procedures with arguments of education cannot be justified."

[75] Vgl. *Dünkel/Baechtold/van Zyl Smit*, in: Goerdeler/Walkenhorst (Hrsg.), Jugendstrafvollzug in Deutschland, 2007, S. 114 ff.; *Eisenberg*, Jugendstrafvollzugsgesetze der Bundesländer – eine Übersicht, in: NStZ 2008, S. 250 ff.; *Feest*, Europäische Maßstäbe für den Justizvollzug, in: ZfStrVo 2006, S. 259 f.

[76] Siehe *Dünkel/Pörksen*, Stand der Gesetzgebung zum Jugendstrafvollzug und erste Einschätzungen, in: NK 2007, S. 55 ff.; *Meier*, Zwischen Resozialisierung und Sicherheit, Nüchternheit und Pathos: Die Gesetzentwürfe der Länder für den Jugendstrafvollzug, in: RdJB 2007, S. 141 ff.; *Ostendorf*, Jugendstrafvollzugsgesetz: Neue Gesetze – neue Perspektiven?, in: ZRP 2008, S. 14 ff.

[77] *J. Walter*, Notizen aus der Provinz, Eine erste Bilanz der Gesetzgebung der Länder zum Jugendstrafvollzug, in: KrimJ 2008, S. 21 ff., S. 23 f.

autoritäre Sanktionen missbraucht werden, wie das etwa bei Maßnahmen nach militärischem Muster der Fall sei.

Niedersachsen hat ferner die Gelegenheit genutzt, sein euphemistisch als „Chancenvollzug" bezeichnetes Konzept im Gesetz zu verankern (§§ 6 Abs. 2, 132 Abs. 1 NJVollzG). Letztlich geht es darum, jungen Gefangenen den Zugriff auf Ressourcen des Vollzugs mit der Begründung zu verweigern, sie hätten, da nicht zur Mitarbeit bereit, ihre Chance nicht genutzt. Ein Zwei-Klassen-Vollzug und die Verlegung schwieriger Gefangener in „Grundversorgungs-Einheiten" ohne Behandlungsanspruch sind jedoch nicht hinnehmbar. Nach Art. 10 Abs. 3 IPBPR schließt der Strafvollzug ausnahmslos „eine Behandlung der Gefangenen ein, die vornehmlich auf ihre Besserung und gesellschaftliche Wiedereingliederung hinzielt". In seinen *Europäischen Strafvollzugsgrundsätzen* sieht der Europarat ebenfalls keine solche Klassifizierung vor. Unter der Überschrift „Gestaltung des Vollzugs" fordert er vielmehr, dass der Vollzug „*allen* Gefangenen ein ausgewogenes Programm an Aktivitäten" bietet und „*allen* Gefangenen ermöglicht, sich täglich so viele Stunden außerhalb der Hafträume aufzuhalten, wie dies für ein angemessenes Maß an zwischenmenschlichen und sozialen Beziehungen notwendig ist" (Nr. 25.1 und 25.2 der Grundsätze).[78] Jugendstrafgefangenen ist sogar eine Vielzahl von sinnvollen Aktivitäten und Behandlungsmaßnahmen zu *garantieren* („shall be guaranteed a variety of meaningful activities and interventions", Nr. 50.1 *Europäische Grundsätze für inhaftierte Jugendliche und Jugendliche in ambulanten Maßnahmen*). Es ist beklagenswert, dass aus dem Mitwirkungsrecht des Erwachsenenstrafvollzugs eine spezifische Mitwirkungspflicht der Jugendstrafgefangenen geworden ist, von der in internationalen Standards gerade abgesehen wurde. Die Festsetzung lenkt von der Pflicht der Bediensteten zur Motivierung ab und wird zudem negative, behandlungswidrige Konsequenzen nach sich ziehen. In den Gesetzen selbst ist das schon dadurch angelegt, dass die mangelnde Mitwirkung des Gefangenen zur Versagung von Vollzugslockerungen führen kann, von denen bekanntermaßen die Aussetzung der Reststrafe zur Bewährung abhängig gemacht wird. Durch die Mitwirkungspflicht werden die jungen Strafgefangenen nicht zuletzt schlechter gestellt als die erwachsenen.[79] Das steht im Widerspruch zu Nr. 13 S. 2 der *Europäischen Grundsätze für inhaftierte Jugendliche und Jugendliche in ambulanten Maßnahmen*, wonach Jugendliche nicht weniger Rechte und Schutz genießen dürfen als Erwachsene.

Erhebliche Probleme sind in den letzten Jahren vor allem mit der Unterbringung von Gefangenen aufgetreten.[80] Die meisten Jugendstrafvollzugsgesetze gewähren dem

---

[78] Empfehlung Rec (2006) 2 des Ministerkomitees des Europarates vom 11.1.2006 (Hervorhebung durch Verf.). Es bleibt abzuwarten, inwieweit die neuen, speziell auf den Vollzug an jungen Menschen abgestimmten Empfehlungen, die im Laufe des Jahres 2008 verabschiedet werden, hierüber noch hinausgehen.

[79] Zu befürchten ist freilich, dass in den künftigen Gesetzen zum Erwachsenenstrafvollzug eine Angleichung auf diesem niedrigeren Niveau erfolgen wird.

[80] Vgl. *Kretschmer*, Die Mehrfachbelegung von Haftträumen im Strafvollzug in ihrer tatsächlichen und rechtlichen Problematik, in: NStZ 2005, S. 251 ff.; *Nitsch*, Die Unterbringung von Gefangenen nach dem Strafvollzugsgesetz, 2006; *Rotthaus*, Die Wirklichkeit des Strafvollzugs und ihr begrenzter Einfluss auf die Kriminalpolitik, in: Müller-Dietz u.a. (Hrsg.), FS Jung, 2007, S. 817 ff.

Gefangenen nunmehr in Einklang mit den internationalen Standards des Europarats (s. Nr. 18.5 *Europäische Strafvollzugsgrundsätze* sowie Nr. 63.2 *Europäische Grundsätze für inhaftierte Jugendliche und Jugendliche in ambulanten Maßnahmen*) einen Rechtsanspruch auf Einzelunterbringung während der Ruhezeit. In Bayern existiert hingegen lediglich eine „Soll-Vorschrift", die durch die Erfordernisse der „räumlichen Verhältnisse" zusätzlich relativiert wird. Eine Unterbringung von bis zu acht Gefangenen ist danach selbst im Jugendstrafvollzug möglich (Art. 20 i.V.m. Art. 139 Abs. 1 BayStVollzG), steht aber im Widerspruch zu den Vorgaben des Europarats. Schwer zu begreifen ist außerdem, dass der Entzug oder die Beschränkung des Aufenthalts im Freien in den meisten Jugendstrafvollzugsgesetzen als besondere Sicherungsmaßnahme vorgesehen ist (s. auch § 88 Abs. 2 Nr. 4 StVollzG). Erst 1998 war diese Beschränkung nach Kritik des Europäischen Anti-Folterausschusses als Disziplinarmaßnahme aus dem Strafvollzugsgesetz entfernt worden (§ 103 Nr. 6 StVollzG a.F.).[81] Weitere Kritik zieht der Umstand auf sich, dass mit Ausnahme Baden-Württembergs kein Bundesland der Vorgabe von Nr. 18.3 *Europäische Strafvollzugsgrundsätze* gerecht geworden ist, Mindestgrößen für Haftträume durch Gesetz vorzugeben.[82]

Der Jugendstrafvollzug wird im Alltag freilich in entscheidender Weise von der praktischen Umsetzung der Gesetze und den zur Verfügung stehenden Ressourcen geprägt. Internationale Standards können insofern allenfalls notwendige, nicht aber hinreichende Bedingungen eines optimierten Behandlungsvollzugs vorgeben. Von Interesse ist daher, ob das Inkrafttreten der Strafvollzugsgesetze der Länder, etwa im Hinblick auf neu formulierte Aufgaben wie die Nachsorge Haftentlassener, von entsprechenden Investitionen begleitet wurde. Im Frühjahr habe ich dazu die Justizminister bzw. -ministerinnen der fünf neuen Länder schriftlich befragt. Vier von ihnen haben geantwortet. Demnach wurden in Sachsen-Anhalt (Raßnitz) und in Sachsen keine neuen Personalstellen geschaffen, wobei zu berücksichtigen ist, dass die sächsische Anstalt in Regis-Breitingen erst 2007 in Betrieb genommen worden ist. In Mecklenburg-Vorpommern (Neustrelitz) wird sich mit Eröffnung der Sozialtherapeutischen Abteilung die Zahl der Stellen für den allgemeinen Vollzugsdienst um 10 und für Sozialarbeiter und Psychologen um jeweils 2 erhöhen. Vor dem Hintergrund des neuen Jugendstrafvollzugsgesetzes sind für den Brandenburger Jugendstrafvollzug (Wriezen, Cottbus) 11 Stellen zusätzlich geschaffen worden (1 Pädagoge, 2 Sportpädagogen, 1 Arbeitstherapeuten, 1 kriminologischer Dienst, 6 allgemeiner Vollzugsdienst). Die internationalen Standards, insbesondere die *Europäischen Strafvollzugsgrundsätze*, sind nach Angaben der Ministerien bekannt. In Sachsen sind sie in der Handbibliothek der Anstalten und in Mecklenburg-Vorpommern über das für alle einsehbare Computernetzwerk verfügbar. In Brandenburg sind sie Ausbildungsinhalt für die Laufbahn des Allgemeinen Vollzugsdienstes, und aus Magdeburg hieß es hierzu recht pauschal, dass das Jugendstrafvollzugsgesetz und die Verwaltungsvorschriften den einschlägigen Empfehlungen und Richtlinien internationaler Organisationen zum Vollzug der

---

[81] *Eisenberg*, NStZ 2008, S. 260.

[82] *Dünkel/Baechtold/van Zyl Smit*, in: Goerdeler/Walkenhorst (Hrsg.), Jugendstrafvollzug in Deutschland, 2007, S. 133.

Jugendstrafe entsprächen und dass „deren Umsetzung durch Gesetzgeber und Verwaltungsvorschrift (…) weitere Maßnahmen entbehrlich" machten.[83]

Dieser sehr allgemeine Hinweis auf die Einhaltung der internationalen Standards, wie er sich in den Begründungen aller Länder zu ihren Gesetzentwürfen fand, mag dem neuen Stellenwert geschuldet sein, den die Standards durch das Urteil des Bundesverfassungsgerichts erlangt haben. Ob er ein Lippenbekenntnis ist, wird sich zeigen müssen. Sicher ist jedenfalls, dass die Länder nach dem Spruch aus Karlsruhe nicht mehr einfach hinter die Empfehlungen des Europarats zurück können. Künftig wird nicht mehr nur der Europäische Ausschuss zur Verhütung von Folter und unmenschlicher oder erniedrigender Behandlung oder Strafe die Entwicklung im Auge behalten, sondern selbst das Bundesverfassungsgericht und der Europäische Gerichtshof für Menschenrechte. An der Aufwertung, die die Standards dadurch erfahren, hat auch Nr. 4 der Europäischen Strafvollzugsgrundsätze teil. Dort steht klipp und klar: „Mittelknappheit kann keine Rechtfertigung sein für Vollzugsbedingungen, die gegen die Menschenrechte von Gefangenen verstoßen."[84]

---

[83] Schreiben an den Verf. vom 15. April 2008.

[84] Ebenso Nr. 19 S. 2 der *Europäischen Grundsätze für inhaftierte Jugendliche und Jugendliche in ambulanten Maßnahmen*.

FRIEDER DÜNKEL, ANDREA BAECHTOLD, DIRK VAN ZYL SMIT

Die Europäische Empfehlung für inhaftierte und ambulant sanktionierte jugendliche Straftäter („European Rules for Juvenile Offenders Subject to Sanctions and Measures", ERJOSSM)[1]

A. Entstehungsgeschichte

Am 5.11.2008 wurden die „European Rules for Juvenile Offenders Subject to Sanctions and Measures" (ERJOSSM) im Ministerkomitee des Europarats förmlich als Empfehlung (*Recommendation*) verabschiedet [Rec(2008)11].[2] Vorausgegangen war eine knapp zweijährige Vorarbeit einer Expertengruppe (Andrea Baechtold/Bern, Frieder Dünkel/Greifswald, Dirk van Zyl Smit/Nottingham) sowie des *Council for Penological Co-operation* (PC-CP) des Europarats. Bereits im Juni 2008 wurde das gesamte Regelwerk (einschließlich Kommentar) im Komitee für Kriminalitätsprobleme (*Committee on Crime Problems*, CDPC), einem Gremium, in dem alle 47 Mitgliedsstaaten des Europarats vertreten sind, angenommen. Die vorliegende Empfehlung schließt sich an die im Januar 2006 verabschiedete Neufassung der Europäischen Strafvollzugsgrundsätze (*European Prison Rules*, abgekürzt EPR)[3] an, geht jedoch insoweit darüber hinaus, als sich der Arbeitsauftrag ausdrücklich auf den Vollzug stationärer *und* die Vollstreckung ambulanter Sanktionen bezog. Aber auch, was den Freiheitsentzug gegenüber Jugendlichen anbelangt, gehen die neuen Regeln weiter als die EPR: Es wird nämlich jegliche Form des Freiheitsentziehung erfasst, und das bedeutet neben dem „klassischen" Jugendstrafvollzug die Unterbringung in (ggf. geschlossenen) Erziehungsheimen und in psychiatrischen Anstalten (bzw. anderen Einrichtungen des Maßregelvollzugs) sowie allen Formen des vorläufigen Freiheitsentzugs in Heimen oder in der Untersuchungshaft.

---

[1] Es handelt sich um die aktualisierte Fassung des Beitrags von *Dünkel/Baechtold/van Zyl Smit* 2007 und gekürzte Fassung des Beitrags von *Dünkel* 2008a.

[2] Im Internet unter: https://wcd.coe.int//ViewDoc.jsp?Ref=CM/Rec(2008)11&Language=lanEnglish&Ver=original&BackColorInternet=9999CC&BackColorIntranet=FFBB55&BackColorLogged=FFAC75; eine deutsche Übersetzung ist abrufbar unter: http://www.bmj.bund.de/enid/5176111c4d1d6f83bd98cbeba168561a,0/Studien__Untersuchungen_und_Fachbuecher/Freiheitsentzug_-_Die_Empfehlungen_des_Europarates_zum_Justi_1e1.html. Im Folgenden wird bei wörtlichen Zitaten diese offizielle Übersetzung verwendet.

[3] Vgl. *Council of Europe* 2006; in deutscher Übersetzung: vgl. *Bundesministerium der Justiz Berlin u. a.* 2007; vgl. hierzu auch *Dünkel/Morgenstern/Zolondek* 2006.

Der eher scherzhaft gemeinte Beiname „Greifswald Rules"[4] wurde von den Autoren des Entwurfs in Anlehnung an Mindestgrundsätze der Vereinten Nationen gegeben, die je nach der Stadt, in der sie erarbeitet oder verabschiedet wurden, Beijing-, Tokyo-, Havanna-Rules oder Riyadh-Guidelines etc. heißen. In diesem Fall spielt der Name auf die zu wesentlichen Teilen in Greifswald erarbeiteten Regelungen an. Die Empfehlung samt einem umfangreichen Kommentar, der ebenfalls weitgehend von den Experten vorbereitet wurde, sind im Internet unter www.coe.int (Committee of Ministers, Recommendations) einzusehen.

Die Notwendigkeit für die vorliegende Empfehlung ergibt sich aus den Desideraten des bisherigen internationalen Regelwerks.[5] Auf europäischer Ebene existieren zu den hier angesprochenen Problembereichen des Vollzugs stationärer und ambulanter Sanktionen zum einen die erwähnten Europäischen Strafvollzugsgrundsätze in der Neuauflage von 2006 (EPR), zum anderen die Empfehlung der „European Rules on Community Sanctions and Measures" (ERCSM) von 1992.[6]

Sowohl die EPR wie auch die ERCSM erklären ausdrücklich, dass ihr Anwendungsbereich bei Erwachsenen liegt und verweisen auf die Notwendigkeit besonderer Regelungen für Jugendliche (vgl. Nr. 11 EPR und Präambel der ERCSM). Dementsprechend hat der Europarat hinsichtlich ambulanter und stationärer Sanktionen bereits 1987 und erneut 2003 Empfehlungen erarbeitet, die sich speziell auf Jugendliche bzw. die Jugendgerichtsbarkeit beziehen. Die 1987 verabschiedeten Empfehlungen zu „Social reactions to juvenile delinquency"[7] wurden durch die Empfehlungen über „New ways of dealing with juvenile delinquency and the role of juvenile justice" vom September 2003 abgelöst.[8] Beide Regelwerke betreffen *nicht* den *Vollzug* bzw. die *Vollstreckung* ambulanter bzw. stationärer Sanktionen, sondern geben lediglich Empfehlungen für die Anwendungsvoraussetzungen und -praxis der Jugendkriminalrechtspflege.

Gleiches gilt auf der Ebene der Vereinten Nationen für die sog. Tokyo-Rules, die sich schwerpunktmäßig mit der Förderung und Ausgestaltung ambulanter Sanktionen, nicht aber mit deren Vollzug befassen.[9] Einzig die *United Nations Rules for Juveniles Deprived of their Liberty*, die sog. Havanna-Rules der Vereinten Nationen von 1990 stellen ein Regelwerk dar, das genau dem Anspruch des vorliegenden Vorhabens auf dem Gebiet freiheitsentziehender Sanktionen gegenüber Minderjährigen entspricht.[10]

---

[4] So der Untertitel des Beitrags von *Dünkel/Baechtold/van Zyl Smit* 2007.

[5] Vgl. hierzu mit dem Stand bis zum Jahr 2001 *Höynck/Neubacher/Schüler-Springorum* 2001.

[6] Vgl. Recommendation (92) 16; die Empfehlungen des Europarats sind ebenfalls auf der Internetseite des Europarats im Volltext in englischer und französischer Sprache zugänglich (www.coe.int).

[7] Recommendation (87) 20; in deutscher Übersetzung bei *Höynck/Neubacher/Schüler-Springorum* 2001, S. 197 ff.

[8] Vgl. hierzu *Dünkel* 2006.

[9] Vgl. hierzu und vergleichend zu den ERCSM zusammenfassend *Morgenstern* 2002; ferner *Höynck/Neubacher/Schüler-Springorum* 2001, S. 132 ff., 206 ff.

[10] Vgl. hierzu *Schüler-Springorum* 2001, S. 30 ff.

Dementsprechend spielen diese bei der Entwicklung entsprechender Europäischer Grundsätze eine bedeutende Rolle (siehe unten 4.).

B. Strukturierung und Aufbau der Empfehlung Rec (2008) 11

Die Empfehlung für den Vollzug ambulanter und stationärer Sanktionen ist in 8 Hauptteile gegliedert: ebenso wie bei den EPR gibt es einen ersten Teil mit allgemeinen Grundsätzen („*Basic Principles*"), die sowohl für ambulante wie für alle Formen stationärer Sanktionen gelten. Der zweite Hauptteil betrifft Fragen der Vollstreckung ambulanter, der dritte den Vollzug stationärer Sanktionen, insbesondere des Jugendstrafvollzugs. In den weiteren Teilen geht es übergreifend um „*Legal advice and assistance*", d. h. die Frage des Zugangs zu Rechtsbeiständen u. ä., im fünften Teil um Beschwerden, Rechtsmittel, Inspektionen und das „*Monitoring*". Ein weiterer Hauptteil (Part VI.) betrifft das Personal und Teil VII. die Evaluation bzw. (Begleit-)Forschung sowie die Zusammenarbeit mit den Medien und der Öffentlichkeit. Eine abschließende Regel (Teil VIII.) fordert die regelmäßige Anpassung und Überarbeitung der Empfehlungen.

Der umfangreiche Teil 2 zu ambulanten Sanktionen enthält drei Unterabschnitte: Rechtlicher Rahmen („*legal framework*"), Bedingungen der Implementation („*conditions of implementation*") und Folgen fehlender Mitarbeit bzw. von Weisungs-/Auflagenverößen u. ä. („*consequences of non-compliance*". Er lehnt sich stark an die erwähnten Regeln des Europarats bzgl. ambulanter Sanktionen (ERCSM) aus dem Jahr 1992 an.

Im dritten Teil über den Vollzug stationärer Sanktionen wird noch stärker untergliedert.[11]

C. Anwendungsbereich und „Basic Principles"

Der *Anwendungsbereich* der vorliegenden Regelungen ist in zweierlei Richtungen weitergehend als beispielsweise derjenige der UN-Regelungen für junge Inhaftierte (sog. Havanna-Rules, s. o.), die sich lediglich auf unter 18-Jährige beschränken. Die Regelungen gelten generell auch für Heranwachsende, sofern diese nach der Grundsatzregel Nr. 17 (s. hierzu unten) Jugendlichen gleichgestellt werden (vgl. Rule 21.2). Rule 22 der ERJOSSM besagt darüber hinausgehend, dass die Regelungen auch zugunsten anderer Personen anzuwenden sind, wenn sie sich in derselben Anstalt oder Einrichtung bzw. im selben „Setting" befinden wie jugendliche Straftäter. Damit gelten die Empfehlungen z. B. für alle im Jugendstrafvollzug Untergebrachten, ggf. auch für über 21-jährige Erwachsene (wie dies der gängigen Praxis in Deutschland entspricht). Ferner sind nicht straffällige Jugendliche erfasst, die z. B. in Einrichtungen der Jugendhilfe wegen einer Gefährdung des Kindeswohls untergebracht sind, sofern in die Einrichtung *auch* Straffällige eingewiesen werden.

---

[11] Vgl. i. E. *Dünkel* 2008; u. a. geht es im *Allgemeinen Teil* um Abschnitte zur institutionellen Struktur, Zuweisung („*placement*"), Aufnahme („*admission*"), Art der Unterbringung („*accomodation*"), zu Ausbildungs-, Behandlungs- bzw. Erziehungsmaßnahmen und Aktivitäten („*regime activities*") etc.

Ebenso wie bei den EPR versucht die vorliegende Empfehlung im Rahmen von grundlegenden Prinzipien („*Basic Principles*") wesentliche Inhalte, die für den Gesamtbereich ambulanter und freiheitsentziehender Sanktionen von besonderer Bedeutung sind, „vor die Klammer" zu ziehen und damit eine grundsätzliche Orientierung zu geben.

Als *generelle Zielsetzung* wird den Empfehlungen in Präambel Folgendes voran gestellt:

„Ziel dieser Grundsätze ist es, die Rechte und die Sicherheit der von Sanktionen oder Maßnahmen betroffenen jugendlichen Straftäter/Straftäterinnen zu gewährleisten und ihre körperliche und geistige Gesundheit sowie ihr soziales Wohlergehen zu fördern, wenn gegen sie ambulante Sanktionen und Maßnahmen oder Freiheitsentzug jedweder Art verhängt wurden. Diese Grundsätze sollten aber nicht so ausgelegt werden, als behinderten sie die Anwendung anderer auf dem Gebiet der Menschenrechte maßgeblicher internationaler Normen und Übereinkünfte, die eher geeignet sind, die Rechte, die Betreuung und den Schutz von Jugendlichen zu garantieren. Außerdem sind die Bestimmungen der Empfehlung Rec(2006)2 über die Europäischen Strafvollzugsgrundsätze und der Empfehlung Nr.R (92)16 über die Europäischen Grundsätze betreffend „community sanctions and measures" zu Gunsten jugendlicher Straftäter/Straftäterinnen anzuwenden, soweit sie den Grundsätzen dieser Empfehlung nicht entgegenstehen."[12]

Damit wird deutlich gemacht, dass die vorliegenden Empfehlungen nicht hinter anderen bereits existierenden Menschenrechtsstandards zurückbleiben wollen. Man kann daraus den allgemeinen Grundsatz des Verbots der Schlechterstellung von Jugendlichen gegenüber Erwachsenen ableiten, der in Deutschland zwar herrschende Meinung, aber nicht unbestritten ist.[13]

Im Folgenden soll nur auf einige der 20 als „*Basic Principles*" formulierten Grundsätze exemplarisch eingegangen werden. Die ersten drei Grundsätze lauten wir folgt:

1. Alle jugendlichen Straftäter/Straftäterinnen, gegen die Sanktionen oder Maßnahmen verhängt werden, sind unter Achtung ihrer Menschenrechte zu behandeln.

2. Sanktionen oder Maßnahmen, die gegen Jugendliche verhängt werden können, sowie die Art ihrer Durchführung müssen gesetzlich geregelt sein und auf den Prinzipien der Wiedereingliederung, Erziehung und Rückfallverhütung beruhen.

---

[12] Soweit im Folgenden wörtliche Übersetzungen zitiert werden, beziehen sich diese auf die offizielle deutsche Übersetzung des deutschen, österreichischen und schweizerischen Justizministeriums. Eine Veröffentlichung des Texts der Europäischen Empfehlung (2008)11erfolgt 2009 im Forum Verlag Godesberg;

[13] Vgl. grundlegend *Burscheidt* 2000; ferner *DVJJ, 2. Jugendstrafrechtsreformkommission* 2002, S. 15 f.; *Eisenberg* 2007, Einleitung, Rn. 5b, § 1 Rn. 24b, § 18, Rn. 11, 15; *Laubenthal/Baier* 2006, Rn. 261, 308; *Meier/Rössner/Schöch* 2007, § 11R. 29; *Ostendorf* 2007, § 18, Rn. 5, Grdl. §§ 33-38, Rn. 9; einschränkend bzw. differenzierend *Streng* 2008, § 1 Rn. 13, § 7 Rn. 52 f., § 8 Rn. 14 f.; abl. *Schaffstein/Beulke* 2002, S. 194 ff. m. jew. w. N.

3. Sanktionen und Maßnahmen müssen von einem Gericht verhängt werden oder sie müssen für den Fall, dass sie von einer anderen gesetzlich anerkannten Stelle getroffen werden, einer raschen gerichtlichen Überprüfung unterzogen werden. Sie sollen bestimmt und zeitlich auf das erforderliche Mindestmaß beschränkt sein sowie einzig zu einem rechtlich vorgesehenen Zweck angeordnet werden.

Grundsatz Nr. 1 betont, dass Jugendliche, die staatlichen Sanktionen ausgesetzt sind, die Achtung sämtlicher Menschenrechte genießen. Ebenso wie die EPR geht es demgemäß nicht nur um die Achtung der Menschenwürde, sondern um den Kanon sämtlicher Grundrechte.

Grundsatz Nr. 2 bezieht sich auf den Grundsatz der Erziehung bzw. Wiedereingliederung als alleinigem Ziel sowohl bei der Verhängung als auch beim Vollzug ambulanter und freiheitsentziehender Sanktionen. Generalpräventiven oder allein sichernden Strafzwecken wird im Kommentar zu den Basic Principles klarstellend eine eindeutige Absage erteilt. Im Hinblick auf die im Juli 2008 in Deutschland eingeführte nachträgliche Sicherungsverwahrung für Jugendliche muss folgender Satz aus dem Kommentar zu denken geben: „Die Regelung zum Wiedereingliederungsgrundsatz würde deshalb keine langfristigen Sicherungsmaßnahmen oder lebenslange Freiheitsstrafen zulassen, die allein auf die Sicherung der Gesellschaft gegenüber jugendlichen Straftätern abzielen und den Jugendlichen keine Perspektive für eine Entlassung innerhalb einer vernünftigen (d. h. absehbaren) Zeitspanne geben."[14]

Grundsatz Nr. 3 betrifft das aus rechtsstaatlicher Sicht selbstverständliche Prinzip, dass Sanktionen grundsätzlich von einem Gericht auferlegt werden und – soweit dies einer anderen Institution übertragen wird – der Rechtsweg unmittelbar eröffnet sein muss. Dies könnte von Bedeutung sein, wenn z. B. das nationale Recht vorsieht, dass ein Bewährungshelfer die Rahmenbedingungen der Bewährungsaufsicht bzw. Weisungen oder Auflagen ändern kann. Von grundlegender Bedeutung ist die Feststellung in *Rule 3*, dass alle Sanktionen und Maßnahmen von *bestimmter* Dauer sein müssen, zeitlich unbestimmte Strafen und Maßnahmen also ausgeschlossen sein sollen. Die Verhängung lebenslanger Freiheitsstrafen und die in Deutschland inzwischen eingeführte (s. o.) nachträgliche Sicherungsverwahrung für Jugendliche würden diesem Grundsatz ebenso wenig entsprechen wie die Möglichkeit, im ambulanten Sanktionsbereich die Entziehung der Fahrerlaubnis oder Formen der Bewährungsaufsicht lebenslänglich anzuordnen.

Auf internationaler Ebene nicht neu ist der Grundsatz, dass Sanktionen entsprechend dem Verhältnismäßigkeitsprinzip nur für eine möglichst kurze Dauer angeordnet werden sollen („*for the minimum necessary period*").[15]

---

[14] In diesem Zusammenhang wird auf die Entscheidungen des Europäischen Gerichtshofs für Menschenrechte *T. v. the United Kingdom*, no. 24724/94 und *V. v. the United Kingdom*, no. 24888/94 vom 16.12.1999 verwiesen.

[15] In Basic Principle Nr. 3 geht es um die *Anordnung* von Sanktionen, während Grundsatz Nr. 9 den gleichen Gedanken in Bezug auf den *Vollzug* von Sanktionen wiederholt. Grundsatz Nr. 10 hebt das Prinzip der möglichst geringfügigen und kurzen Eingriffsintensität für die Anordnung (Ultima-ratio-Prinzip) und den Vollzug freiheitsentziehender Maßnahmen nochmals besonders hervor (s. u.).

Grundsatz Nr. 4 legt fest, dass bei *„der Verhängung von Sanktionen oder Maßnahmen als Reaktion auf eine Straftat das Mindestalter nicht zu niedrig bemessen"* werden darf. Grundsatz Nr. 4 bezieht sich damit auf die Untergrenze des Alters strafrechtlicher Verantwortlichkeit. Ähnlich wie die Beijing-Rules der UN und der existierenden Instrumente des Europarats enthält sich die vorliegende Empfehlung angesichts der Heterogenität der geltenden Altersgrenzen in Europa (vgl. *Tabelle 1* am Ende des Beitrags) einer bestimmten Festlegung und bleibt mit der Formulierung, dass das Alter der Strafmündigkeit „nicht zu niedrig" angesetzt werden solle, eher unverbindlich, ist aber doch als klares und kritisches Signal an Länder wie England und Wales oder Irland bzw. die Schweiz zu sehen, die mit dem Mindestalter von 10 Jahren deutlich vom europäischen Durchschnitt von ca. 14 Jahren abweichen. Im Kommentar wird darüber hinaus darauf verwiesen, dass Länder mit einem relativ niedrigen Strafmündigkeitsalter darauf achten sollten, ggf. die *Bestrafungs*mündigkeit bzgl. freiheitsentziehender Sanktionen i. S. von Jugendstrafvollzug höher anzusetzen. Dies ist in der Schweiz auch der Fall, wo eine Freiheitsstrafe i. S. der deutschen Jugendstrafe erst ab dem Alter von 15 Jahren möglich ist.

Grundsatz Nr. 5 betrifft den spezifisch jugendhilferechtlichen Gedanken, dass alle Maßnahmen unter dem Leitmotiv des Kindeswohls stehen sollen. Der Kommentar verweist in diesem Zusammenhang explizit auf außerjustizielle Konfliktlösungsformen i. S. der *„restorative justice"*, die dem Kindeswohl häufig am ehesten entsprechen dürften. Ferner wiederholt Basic Principle Nr. 5 den auch schon in früheren Europaratsempfehlungen deutlich gewordenen Konsens, dass einerseits individualisierte, erzieherische bzw. spezialpräventive Zwecke verfolgende Sanktionen zu verhängen sind, diese aber durch das Prinzip der Tatproportionalität begrenzt werden müssen und demgemäß das Maß der Tatschuld überschreitende Sanktionen unzulässig sind (vgl. ähnlich die Rules Nr. 8 und 13 der Empfehlung [2003] 20 des Europarats). Im Kommentar wird hervorgehoben, dass das Prinzip der Individualprävention voraussetzt, dass differenzierte Diagnosen und Erziehungsvorschläge auf der Basis von ausführlichen Berichten („*social inquiry reports*", die über die deutsche Praxis der Jugendgerichtshilfeberichte hinausgehen) jedenfalls dann erstellt werden müssen, wenn es sich nicht um Bagatelldelinquenz handelt und im Rechtsfolgenbereich eingriffsintensivere als Diversionsmaßnahmen angezeigt erscheinen.

Grundsatz Nr. 7 untersagt jegliche Form erniedrigender Behandlung sowohl im ambulanten (z. B. bei der Art und Ausgestaltung gemeinnütziger Arbeit) wie auch im stationären Bereich (bei der Art der Unterbringung in überfüllten Anstalten etc.).

Grundsatz Nr. 8 untersagt zusätzliche, über die mit der Sanktion zwangsläufig verbundenen Einschränkungen hinausgehende Übelszufügungen, die den Wesensgehalt der Sanktion unnötig verschärfen. Hier dürften einige osteuropäische Rechtsordnungen mit der Ausgestaltung des Jugendstrafvollzugs nach unterschiedlichen Schweregraden in der Tradition einer schulddifferenzierenden Vollzugsgestaltung Probleme haben.[16]

---

[16] Russland hatte bis vor 1996 noch zwei unterschiedliche Vollzugsregime, das allgemeine Regime und das sog. verstärkte Regime, in das bestimmte Rückfalltäter und Verurteilte mit besonders schweren

Grundsatz Nr. 9 hebt – wie oben erwähnt – eine weitere Dimension des Verhältnismäßigkeitsprinzips hervor, dass nämlich der Vollzug von Sanktionen nicht länger als notwendig, d. h. von möglichst kurzer Dauer sein soll (Prinzip der „minimalen Intervention"). Dementsprechend müssen sowohl im ambulanten wie im stationären Bereich der vorzeitigen Beendigung von Maßnahmen bzw. Sanktionen vorgesehen werden, wenn der Zweck der Maßnahme vorzeitig erreicht ist oder eine vorzeitige Beendigung bzw. Entlassung verantwortet werden kann. Weiterhin betont Grundsatz Nr. 9, dass Maßnahmen möglichst ohne Verzögerungen vollzogen werden sollen (*„without undue delay"*), was ihren erzieherischen Charakter stärken soll.

Grundsatz Nr. 10 wiederholt die Regelung in Nr. 37 der Kinderrechtskonvention, von Nr. 17 der Beijing-Rules ebenso wie die Empfehlungen des Europarats von 1987 und 2003, dass Freiheitsentzug – egal in welcher Form – „ultima ratio" bleiben muss, von möglichst kurzer Dauer sein soll und nur für den gesetzlich vorgesehenen Zweck vollstreckt werden darf. Der Kommentar betont in diesem Zusammenhang, dass der Aufenthalt in einer Anstalt auch nicht aus erzieherischen Gründen über das als Minimum vertretbare Maß hinaus verlängert werden darf. Jedoch sollen die Einrichtungen dafür Sorge tragen, dass Jugendliche eine in der Institution begonnene Ausbildungsmaßnahme nach der Entlassung möglichst „nahtlos" fortsetzen können.

Grundsatz Nr. 12 hebt die Mediation bzw. Konfliktschlichtung zwischen Täter und Opfer besonders hervor, die in jedem Stadium des Verfahrens und im Zusammenhang mit den vorliegenden Empfehlungen auch bei der Vollstreckung und dem Vollzug von Sanktionen stets besonders zu prüfen ist.

Grundsatz Nr. 13 betrifft die vorzusehende effektive Teilhabe von Jugendlichen im Verfahren ebenso wie bei der Vollstreckung von Sanktionen. Hierbei wird das Verbot der Schlechterstellung gegenüber Erwachsenen besonders betont. Der Kommentar benennt hierzu beispielhaft, dass auch Jugendliche in rein jugendhilferechtlichen Verfahren einen Anspruch haben, einen Rechtsbeistand in Anspruch nehmen zu können und, dass – unabhängig von der Verfahrensart – immer dann, wenn eine freiheitsentziehende Sanktion möglich ist, ein Fall der notwendigen Verteidigung gegeben sein soll. Insoweit müsste dass deutsche JGG wohl „nachgebessert" werden, das bei Jugendlichen erst im Fall der Anordnung, nicht bereits der drohenden Anordnung von Jugendstrafe die Beiordnung eines Pflichtverteidigers vorsieht (vgl. § 68 JGG).[17] Darüber hinaus müssen die verschiedenen Schlechterstellungen des deutschen JGG im Vergleich zum allgemeinen Strafverfahren vor dem Hintergrund der klaren und eindeutigen Grundsatzregelung Nr. 13 überdacht werden. So ist beispielsweise die Nicht-

---

Delikten eingewiesen wurden. Inzwischen hat man – allerdings nur im Jugendvollzug – die „Einheitsstrafe" westeuropäischer Tradition eingeführt, während im Erwachsenenvollzug ein ausdifferenziertes System schulddifferenzierender Schweregrade der Freiheitsstrafe erhalten blieb, vgl. i. E. *Rieckhoff* 2008.

[17] Deutschland hatte (übrigens als einziges Land) in seiner Stellungnahme Vorbehalte geäußert und gefordert, dass eine Schlechterstellung aus Gründen erzieherischer Belange nicht in jedem Fall ausgeschlossen werden sollte. Diese Auffassung konnte sich allerdings in den Beratungen des CDPC nicht durchsetzen.

anrechnung der Untersuchungshaft aus erzieherischen Gründen gem. § 52a JGG ebenso überholt wie die Einschränkungen der Rechtsmittel in § 55 Abs. 1 und 2 JGG.

Grundsatz Nr. 15 greift die Notwendigkeit des bereits in den Empfehlungen des Europarats von 2003 hervorgehobenen interdisziplinären („*multi-agency*") Ansatzes (vgl. Nr. 21 der Recommendation [2003] 20) im Bereich von Jugendhilfe- und Jugendstrafrecht auf, was im Grunde nichts anderes bedeutet, als dass Juristen, Sozialarbeiter, Psychologen, ggf. Psychiater, Lehrer und andere beteiligte Disziplinen und entsprechende Institutionen (Jugendamt, Bewährungshilfe, Schule etc.) zusammenarbeiten sollen, ein Prinzip, das in Deutschland insbesondere im Bereich der Jugendgerichtshilfe gesetzlich verankert ist (vgl. § 52 SGB VIII; §§ 38, 72a JGG). Die Empfehlung geht aber noch darüber hinaus, indem das Gemeinwesen bzw. die Jugendarbeit insgesamt als Integrationspartner benannt werden. Ferner wird der Grundsatz der durchgehenden Betreuung („*continuous care*") hervorgehoben, der vor allem bei den Übergängen von Untersuchungshaft zur Strafhaft und zur (bedingten) Entlassung im dritten Hauptteil zum Freiheitsentzug eine besondere Rolle spielt und dort nochmals aufgegriffen wird.

Eine bemerkenswerte Erweiterung des schon in der Empfehlung 2003(20) angelegten Ansatzes bzgl. der Einbeziehung Heranwachsender enthält Grundsatz Nr. 17: „*Junge erwachsene Straftäter/Straftäterinnen können gegebenenfalls als Jugendliche betrachtet und als solche behandelt werden.*" Die Regelung verzichtet damit auf einschränkende Kriterien wie im deutschen Recht die fehlende „Entwicklungsreife" bzw. die Begrenzung auf „jugendtypische" Taten (vgl. § 105 JGG) und eröffnen damit generell die Möglichkeit der Einbeziehung Heranwachsender in das Jugendstrafrecht, z. B. um spezifische, erzieherisch oder schlicht spezialpräventiv Erfolg versprechende Sanktionsformen des JGG anzuwenden. Der Kommentar zu den vorliegenden Empfehlungen betont, dass Heranwachsende sich angesichts verlängerter Ausbildungszeiten und verzögerter sozialer Reife heutzutage generell in einem Übergangsstadium befinden, das ihre rechtliche Gleichstellung mit Jugendlichen und eine mildere Sanktionierung im Vergleich zu älteren Erwachsenen rechtfertigt. Die meisten Länder haben dem Übergangsstadium, in dem sich auch Heranwachsende noch befinden, entweder durch eine Einbeziehung in das Jugendstrafrecht (bzw. der Anwendung jugendstrafrechtlicher Sanktionen) oder durch besondere Milderungsvorschriften im Rahmen des Erwachsenenstrafrechts Rechnung getragen. Dies darf als weiterer Beleg für den Anachronismus der immer wieder von bestimmten CDU/CSU-Kreisen angestrebten Einschränkungen der gesetzlichen Regelung und Praxis zu § 105 JGG angesehen werden.[18]

Grundsatz Nr. 18 ist Nr. 8 der EPR nachgebildet und hebt die besondere Rolle des Personals der Jugendhilfe und Jugendkriminalrechtspflege hervor. Dementsprechend bedarf es einer besonderen Ausbildung bzw. Qualifikation und Auswahl, ferner sind die materiellen Rahmenbedingungen für den Erfolg der Arbeit und insbesondere die Fortbildung sowie Supervision sicherzustellen.

---

[18] Vgl. zusammenfassend *Pruin* 2007; *Dünkel/Pruin* 2008.

Auch Grundsatz Nr. 19 lehnt sich inhaltlich an die EPR an (hier Nr. 4), indem die Mittelknappheit in keinem Fall als Rechtfertigung für Grundrechtseinschränkungen akzeptiert wird. Positiv formuliert Satz 1 von Grundsatz Nr. 19 (inhaltlich an Grundsatz Nr. 18 anschließend), dass ausreichende personelle Ressourcen vorzuhalten sind, die gewährleisten, dass die Maßnahmen gegenüber Jugendlichen hohen Qualitätsstandards entsprechen.

Grundsatz Nr. 20 entspricht Nr. 9 der EPR und hebt die Notwendigkeit eines umfassenden Systems staatlicher und unabhängiger Kontrolle und Aufsicht („*independent inspection*" und „*monitoring*") für den Bereich der Vollstreckung bzw. des Vollzugs ambulanter und freiheitsentziehender Maßnahmen gegenüber Jugendlichen hervor. Dazu gehört neben einem effektiven Individualrecht auf gerichtliche Kontrolle einzelner Entscheidungen des Vollstreckungs- bzw. Vollzugspersonals ein System von unabhängigen Inspektionen, ferner wird für stationäre Einrichtungen im Kommentar die Einführung von Ombudsleuten vorgeschlagen. Einen Ombudsmann für den Jugendstrafvollzug hat nur Nordrhein-Westfalen (vgl. § 97 Abs. 2 JStVollzG NRW)[19] vorgesehen, d.h. hier besteht im Rahmen der deutschen Jugendstrafvollzugsgesetzgebung ein deutliches Defizit.

Aus Raumgründen werden im Folgenden nur einige Regelungen zum Vollzug freiheitsentziehender Sanktionen dargestellt.[20]

D. Empfehlungen für den Jugendstrafvollzug und andere Formen des Freiheitsentzugs gegenüber Jugendlichen

Teil 3 der Empfehlungen widmet sich in seinem „Allgemeinen Teil" freiheitsentziehenden Sanktionen jeglicher Form. Die nachfolgenden fünf Grundsatzregeln stellen für die Zielsetzung und Ausgestaltung von Freiheitsentzug Folgendes klar:

- Der Freiheitsentzug ist nur zu dem Zweck durchzuführen, zu dem er verhängt wurde, und in einer Weise, die die damit verbundenen Beeinträchtigungen nicht zusätzlich erhöht (Rule 49.1).

- Beim Freiheitszug von Jugendlichen sollte[21] die Möglichkeit einer vorzeitigen Entlassung vorgesehen sein.[22] (Rule 49.2).

---

[19] Der Ombudsmann in NRW ist zuständig für den Strafvollzug insgesamt. Ursprünglich hatte auch Hessen einen Ombudsmann vorgesehen, vgl. *Dünkel/Pörksen* 2007, dann aber im Laufe des Gesetzgebungsverfahrens davon Abstand genommen.

[20] Eine ausführlichere Darstellung auch der Regelungen zu ambulanten Maßnahmen findet sich bei *Dünkel* 2008a.

[21] Die offizielle deutsche Übersetzung ist nicht ganz adäquat, da das Wort „*shall*" als „Muß"-Vorschrift anzusehen ist. Richtigerweise müsste es heißen: „Beim Freiheitsentzug ... *ist* die Möglichkeit einer vorzeitigen Entlassung vorzusehen." Für den deutschen Leser ist diese Unterscheidung essentiell, weil die Vollzugsbehörden damit verpflichtet werden, sich bei der Entlassungsvorbereitung am möglichen vorzeitigen Entlassungstermin zu orientieren, vgl. in diesem Sinne auch Rule 79.3 und unten.

[22] Zu beachten sind hierbei die im europäischen Vergleich z. T. unterschiedlichen Systeme, die sowohl eine unbedingte oder gar automatische vorzeitige Entlassung beinhalten können als auch die dem deut-

- Jugendliche, denen die Freiheit entzogen ist, müssen Zugang zu einer Auswahl an sinnvollen Beschäftigungen und Programmen auf der Grundlage eines umfassenden individuellen Vollzugsplanes haben, der auf ihre Entwicklung durch eine weniger einschneidende Gestaltung des Vollzugs sowie die Vorbereitung ihrer Entlassung und Wiedereingliederung in die Gesellschaft gerichtet ist. Diese Beschäftigungen und Programme sollen die körperliche und geistige Gesundheit der Jugendlichen, ihre Selbstachtung und ihr Verantwortungsgefühl ebenso fördern wie die Entwicklung von Einstellungen und Fertigkeiten, die sie vor einem Rückfall schützen. (Rule 50.1).

- Die Jugendlichen sollen angeregt werden, an solchen Beschäftigungen und Programmen teilzunehmen.[23] (Rule 50.2).

- Jugendliche, denen die Freiheit entzogen ist, sind zu ermutigen, Fragen zu den Rahmenbedingungen und Vollzugsangeboten innerhalb der Einrichtung zu erörtern und hierüber einen persönlichen oder gegebenenfalls gemeinsamen Austausch mit den Behörden zu pflegen. (Rule 50.3).

- Um eine durchgehende Behandlung sicherzustellen, sind die Jugendlichen von Beginn an und über die gesamte Dauer des Freiheitsentzugs von den Stellen zu betreuen, die auch nach ihrer Entlassung für sie verantwortlich sein könnten. (Rule 51).

- Da Jugendliche, denen die Freiheit entzogen ist, in hohem Maße schutzbedürftig sind, haben die Behörden ihre körperliche und psychische Unversehrtheit zu schützen und ihr Wohlergehen zu fördern. (Rule 52.1).

- Besondere Beachtung ist auf Bedürfnisse von Jugendlichen zu richten, die körperliche oder seelische Misshandlungen oder sexuellen Missbrauch erfahren haben. (Rule 52.2).

Durch *Rule 49.1* sollen z. B. für den Bereich der Untersuchungshaft sog. apokryphe Haftgründe ausdrücklich ausgeschlossen werden. Der Vollzug hat sich an den gesetzlich vorgesehenen Zielen bei der Anordnung der Freiheitsentziehung auszurichten. Im zweiten Teil der Regelung wird im Grunde die Grundsatzregel Nr. 8 (s. o. 4.) vertieft und ebenso wie in EPR Nr. 102.2 (dort für verurteilte erwachsene Gefangene) betont, dass der Vollzug freiheitsentziehender Sanktionen die mit ihnen verbundenen Einschränkungen bzw. Leiden nicht verstärken darf. Damit wird beispielsweise eine schuldbezogene Vollzugsgestaltung, welche Kontakte mit der Außenwelt, aber auch die Qualität der Unterbringung, Ernährung usw. nach der Schwere der Schuld differenziert, ausgeschlossen. Für den Vollzug bei verurteilten Gefangenen besagt die EPR Nr. 102.2 dementsprechend: „*Freiheitsentzug ist allein durch den Entzug der Freiheit eine Strafe.*"

---

schen Leser vertraute Form einer bedingten Entlassung i. V. m. einer Prognosestellung, vgl. hierzu Nomos-Kommentar StGB-Dünkel 2009, § 57 Rn. 90 ff.

[23] Die offizielle deutsche Übersetzung ist nicht ganz korrekt, denn das englische „shall be encouraged" ist als „Muss"-Vorschrift anzusehen. Richtigerweise müsste es heißen: „Die Jugendlichen *sind* zu ermutigen … "

Rule 49.2 sieht für jede Art von Freiheitsentzug ein System der vorzeitigen Entlassung vor. Diese Regelung gewinnt vor allem im Zusammenhang mit einigen weiteren Regelungen, insbesondere dem in den Empfehlungen mehrfach angesprochenen Prinzip der durchgehenden Betreuung (*Rules 15, 50.1 und 51*) und der Vollzugsplanung eine besondere Bedeutung. So sollen die Einrichtungen der Nachsorge, d. h. die Bewährungs- und Straffälligenhilfe, von Anbeginn des Vollzugs einer freiheitsentziehenden Sanktion für den Jugendlichen mit zuständig sein (siehe *Rule 51*). Ferner soll die Vollzugsplanung auf den Zeitpunkt der frühestmöglichen bedingten Entlassung orientiert werden (vgl. *Rule 79.3*). Der Kommentar zu Rule 49.2 zitiert insoweit die empirischen Befunde, dass die vorzeitige Entlassung vor allem dann erfolgversprechend und Rückfall reduzierend erscheint, wenn sie in ein umfassendes und integriertes System der Entlassungsvorbereitung und Nachsorge eingebettet ist.

Die dritte o. g. allgemeine Regelung (*Rule 50.1*) benennt als *alleiniges Vollzugsziel* die Wiedereingliederung des jungen Gefangenen.[24] Hierzu soll ein vielfältiges Förderangebot an Maßnahmen garantiert werden. Da diese Regelung im Allgemeinen Teil zum Vollzug freiheitsentziehender Maßnahmen aufgeführt ist, betrifft sie auch die Untersuchungshaft und andere vorläufige Freiheitsentziehung. Daher ist sie auch nur als Angebotslösung vorgesehen. Die weiteren Absätze von *Rule 50* betreffen die Frage der Mitwirkung und Mitbestimmung. Jugendliche sind zur Teilnahme an Erziehungsmaßnahmen zu ermutigen (*Rule 50.2*) und dazu, individuelle oder gemeinsame Angelegenheiten mit den Verantwortlichen zu diskutieren (*Rule 50.3*). Das partizipatorische Element soll mit gutem Grund gestärkt werden, weil hierdurch die Akzeptanz der entsprechenden Maßnahmen und damit die Erfolgsaussichten im Hinblick auf die Wiedereingliederung verbessert werden. Von einer in Deutschland in den Jugendstrafvollzugsgesetzen unterschiedlich behandelten Mitwirkungspflicht[25] wurde auch in den nachfolgenden Abschnitten der Regelungen mit Ausnahme des Zwangs zur Teilnahme an Schulausbildungsmaßnahmen für schulpflichtige Jugendliche und zur Teilnahme an Berufsausbildungsmaßnahmen für Jugendliche, die über keinen Abschluss verfügen, Abstand genommen (s. u.).

Rule 51 als weitere allgemeine Regelung betrifft – wie erwähnt – den Gedanken der *durchgehenden Betreuung*. Von Anbeginn des Freiheitsentzugs und möglichst durchgehend sollen junge Inhaftierte von denjenigen Institutionen betreut werden, die nach der Entlassung für sie zuständig sein werden. Dies bedeutet, dass bereits in Untersuchungshaft und danach im Jugendstrafvollzug die Mitarbeiter der Jugend- bzw. Bewährungshilfe u. ä. von Beginn an einzubeziehen sind. Da nicht nur in Deutschland etwa die Hälfte der jungen Untersuchungshäftlinge zu einer ambulanten Sanktion, insbesondere einer Strafaussetzung zur Bewährung verurteilt und damit direkt aus der U-Haft entlassen wird, ist die frühzeitige Einbeziehung der Bewährungshilfe sachlich geboten. Dementsprechend fordern alle Jugendstrafvollzugsgesetze der Länder, dass die Anstalten „möglichst frühzeitig"[26] mit den Einrichtungen, Organisationen sowie

---

[24] In Anlehnung an Rule Nr. 12 der UN-Rules für *Juveniles Deprived of their Liberty* von 1990, vgl. *Höynck/Neubacher/Schüler-Springorum* 2001, S. 85.

[25] Vgl. zur Kritik *Dünkel/Pörksen* 2007; *Eisenberg* 2008, S. 252 f. m. jew. w. N.

[26] Einige Gesetze wie dasjenige in Baden-Württemberg und in Hessen konkretisieren diesen Begriff mit

Personen und Vereinen der Entlassenenhilfe zusammenarbeiten, um die soziale Integration des Entlassenen zu fördern.

Die allgemeinen Regelungen in *Rule 52.1* und *52.2* fordern die Vollzugsbehörden auf, die besonders verletzlichen jungen Inhaftierten in ihrer körperlichen Integrität und ihrem physischen sowie psychischem Wohlbefinden wirksam zu schützen. Besondere Aufmerksamkeit soll Jugendlichen zukommen, die Opfer körperlicher oder psychischer und insbesondere sexueller Gewalt waren. Letzteres betrifft vor allem weibliche junge Gefangene, jedoch nicht nur. Auch männliche junge Inhaftierte weisen häufig eine von Gewalterfahrungen und Demütigungen in der Kindheit und Jugend gekennzeichnete Biographie auf. Die Notwendigkeit eines umfassenden Schutzes junger Inhaftierter vor wechselseitigen Übergriffen von Mitgefangenen wurde in Deutschland durch den tragischen, durch Mitgefangene verursachten Todesfall eines Jugendstrafgefangenen im November 2006 in der Jugendstrafanstalt Siegburg verdeutlicht. Das BVerfG hatte in seinem Urteil vom 31.5.2006 kurz zuvor noch ausdrücklich auf derartige Gefahren und allgemein die besondere Verletzlichkeit junger Inhaftierter und die daraus folgende besondere staatliche Schutzpflicht verwiesen.[27]

Zur institutionellen Struktur (*„institutional structure"*) werden einige Empfehlungen gemacht, die für die Reform des Jugendstrafvollzugs in Deutschland bedeutsam sind. So wird ein differenziertes System von Einrichtungen gefordert, die jeweils am Prinzip der geringstmöglichen Freiheitsbeschränkung orientiert sind (*Rule 53.2*; man könnte es als *Vorrang offener Vollzugsformen* interpretieren), ferner sollen die Einrichtungen so klein (oder groß) konzipiert werden, dass eine *individuelle Vollzugsgestaltung* bzw. *Behandlungsplanung* möglich ist. Die Binnendifferenzierung soll durch die Unterbringung in *kleinen Wohngruppen* (*„small living units"*; *Rule 53.4*) erfolgen. Weiterhin sollen die Einrichtungen dezentralisiert und möglichst nahe am Heimatort gelegen sein, um den Kontakt mit der Familie zu erleichtern und gleichzeitig die möglichst frühzeitige Integration in soziale, kulturelle und andere Aktivitäten in der Gemeinde zu ermöglichen (*Rule 53.5*).

Hinsichtlich der Unterbringung innerhalb der Anstalt wiederholen die Empfehlungen den Grundsatz der möglichst wenig gesicherten Unterbringung[28] und geben entsprechend der EPR (vgl. Nr. 18.5 EPR) ein klares Votum für die *Einzelunterbringung* während der Ruhezeit ab:

- In der Regel sind die Jugendlichen bei Nacht in Einzelräumen unterzubringen, es sei denn, die gemeinschaftliche Unterbringung mit anderen wird für sinnvoller gehalten (Rule 63.2).

„mindestens 6 Monate" vor der voraussichtlichen Entlassung, vgl. *Dünkel/Pörksen* 2007, S. 60; *Dünkel* 2007.

[27] Vgl. BVerfG NJW 2006, S. 2096; hierzu *Dünkel* 2006a. In einigen Jugendstrafvollzugsgesetzen wurde dieser Gedanke explizit aufgenommen. So fordert z. B. das hessische Jugendstrafvollzugsgesetz in § 44 Abs. 1 in Anlehnung an das BVerfG, dass die Jugendgefangenen vor wechselseitigen Übergriffen zu schützen sind.

[28] „Juveniles deprived of liberty shall be allocated to institutions with the least restrictive level of security to hold them safely."

In Ergänzung dazu ist auf die bereits in den Europäischen Strafvollzugsgrundsätzen (vgl. Nr. 18.4 der EPR) vorgeschriebene Festlegung einer Mindestgröße des Haftraums *durch Gesetz* zu verweisen (*Rule 63.1*).

Es wird im europäischen Maßstab auf absehbare Zeit sicherlich nicht möglich sein, europaweit einheitliche Standards zur Mindestgröße des Wohnraums pro Gefangenen festzulegen. Dazu liegen die Vorgaben im estnischen oder georgischen Strafvollzugsrecht mit 2,5 m^2 oder in anderen osteuropäischen Ländern mit 3,5 m^2 (z. B. Russland, Ungarn) zu weit von westeuropäischen Standards entfernt. Nach den Äußerungen des Anti-Folter-Komitees des Europarats wird man für diese Länder mindestens 7-8 m^2 ansetzen müssen, um ansatzweise menschenwürdige Verhältnisse zu erreichen, eine angesichts der russischen Realität derzeit noch utopisch klingende Vorstellung. Für Westeuropa sind 9-12 m^2 als Mindeststandard anzusehen.

Unter dem Titel „Vollzugsprogramme" („*regime activities*") finden sich folgende Regelungen:

- Alle Maßnahmen sind so zu gestalten, dass sie der Entwicklung Jugendlicher dienen, die zur Teilnahme an diesen Aktivitäten nachhaltig zu ermutigen sind. (Rule 76.1).

- Diese Maßnahmen haben den persönlichen Bedürfnissen Jugendlicher entsprechend ihrem Alter, ihrem Geschlecht, ihrer sozialen und kulturellen Herkunft, ihrem Reifegrad und der Art der begangenen Straftat Rechnung zu tragen. Sie müssen bewährten fachlichen Maßstäben entsprechen, die auf wissenschaftlichen Untersuchungen und professionellen Standardverfahren auf diesem Gebiet aufbauen. (Rule 76.2).

- Programme bzw. Aktivitäten (Regime activities) haben zum Ziel, dass sie der Erziehung, der persönlichen und sozialen Entwicklung, der Berufsausbildung, Resozialisierung und Vorbereitung auf die Entlassung dienen.

- In der Folge (vgl. Rule 77) werden die entsprechenden Maßnahmen aufgezählt, wie sie aus dem Katalog hinsichtlich der Vollzugsplanerstellung bekannt sind (vgl. § 7 StVollzG).

- Schulunterricht und Berufsausbildung und gegebenenfalls Behandlungsprogramme haben Vorrang vor Arbeit. (Rule 78.1).

- Es sind so weit wie möglich Maßnahmen zu treffen, damit die Jugendlichen die örtlichen Schulen und Ausbildungszentren besuchen und auch andere von der Gesellschaft angebotene Aktivitäten wahrnehmen. (Rule 78.2).

- Die Jugendlichen müssen die Möglichkeit haben, ihre schulische oder berufliche Ausbildung während der Unterbringung fortzuführen; diejenigen, die noch der Schulpflicht unterliegen, können hierzu gezwungen werden. (Rule 78.4).

Entsprechend der in *Rule 77* aufgeführten Maßnahmen soll ein Vollzugsplan erstellt werden (*Rule 79.1*), der auf eine frühestmögliche Entlassungsvorbereitung orientiert sein (d. h. auf eine regelmäßige bedingte Entlassung, vgl. den Kommentar) und Angaben zu geeigneten Nachbetreuungsmaßnahmen geben soll (*Rule 79.3*).

Wichtige Regelungen zur Alltagsgestaltung finden sich in *Rule 80*. Nach *Rule 80.1* sollen sich Jugendliche möglichst viele Stunden außerhalb ihres Schlafraums aufhalten dürfen, i. d. R. (*„preferably"*) mindestens 8 Stunden pro Tag (was vor allem in U-Haft eine Herausforderung für die Vollzugsverwaltungen sein dürfte). Ebenfalls eine organisatorische Herausforderung dürfte Rule 80.2 sein, wonach sinnvolle Freizeitangebote (*„meaningful activities"*) auch an Wochenenden und Feiertagen vorzuhalten sind.[29]

Der Abschnitt über Kontakte mit der Außenwelt (*„contacts with the outside world"*) geht vom Grundsatz der möglichst vielfältigen und wenig beschränkten Kontakte aus. In Übereinstimmung mit der Gesetzgebung zum deutschen Jugendstrafvollzug wurden vom *Penological Council* als Mindestbesuchsdauer ein Besuch pro Woche bzw. vier Besuche pro Monat vorgeschlagen. Auf Intervention Schwedens wurde eine konkrete Mindestbesuchsdauer nicht festgelegt und nur der Grundsatz formuliert, dass Gefangene ein Recht auf „regelmäßige Besuche" haben (vgl. *Rule 83*). Jedoch wird im Kommentar zu *Rule 85.2*, der möglichst restriktiv zu handhabende Einschränkungen des Besuchsrechts behandelt und von einem in jedem Fall zu gewährleistenden Minimum (*„acceptable minimum"*) spricht, explizit auf die Entscheidung des deutschen Bundesverfassungsgerichts verwiesen und zugleich der Grundsatz übernommen, dass Jugendliche ein Mehrfaches an Besuchsmöglichkeiten im Vergleich zu Erwachsenen erhalten sollen.

Ferner wird ein System regelmäßiger Ausgänge, Beurlaubungen u. ä. als integrierter Bestandteil des „normalen" Vollzugs vorgeschlagen. Falls Ausgänge u. ä. (wie beispielsweise in Untersuchungshaft oder aus Sicherheitsgründen in Strafhaft) nicht möglich sind, müssen zusätzliche Langzeitbesuche für Familienangehörige und andere Personen, die für die Entwicklung des Jugendlichen einen positiven Beitrag leisten können, vorgesehen werden (vgl. *Rules 86.1* und *86.2*).[30]

Die Bereiche *Sicherheit und Ordnung* sowie *Disziplinar- und Sicherheitsmaßnahmen* (*„Good order"*) enthalten gleichfalls einige mit „*General approach*" überschriebene grundsätzliche Regelungen. Danach legen die Empfehlungen besondere Akzente im Hinblick auf ein Konzept von Sicherheit und Ordnung, das diese Begriffe als Bestandteil eines erzieherischen Gesamtkonzepts begreift. Wie schon in *Rule 52.1* angesprochen (s. o.), sind Jugendliche vor wechselseitigen Übergriffen zu schützen und es ist auf die Vorbeugung von Viktimisierungen bei den als besonders gefährdet anzusehenden Jugendlichen zu achten (*Rule 88.2*). Das Prinzip der „dynamischen Sicherheit" wurde schon in den Europäischen Strafvollzugsgrundsätzen entwickelt (vgl. Nr. 51.2 EPR). Es ist auf die Entwicklung positiver zwischenmenschlicher Kontakte und Bindungen anstatt lediglich auf die äußere („statische") Sicherung durch bauliche und

---

[29] Eine vergleichbare Regelung findet sich lediglich im JStVollzG von Nordrhein-Westfalen (vgl. § 56 Abs. 1 JStVollzG NRW), alle anderen Bundesländer dürften hier legislativen Nachholbedarf haben.

[30] In dieser Hinsicht sind die meisten Gesetze zum Jugendstrafvollzug in Deutschland als *nicht* ausreichend anzusehen. Lediglich Niedersachsen sieht derartige Langzeitbesuche explizit vor, vgl. *Dünkel/Pörksen* 2007, S. 60 f.; *Dünkel* 2007 (Hamburg nur im Erwachsenenvollzug!); andererseits enthalten die meisten Entwürfe gesetzliche Möglichkeiten, zusätzliche Besuche von Familienangehörigen zu fördern.

technische Vorkehrungen ausgerichtet. Dieses Konzept wird in Institutionen für Jugendliche noch stärker betont als in den EPR.

Hinsichtlich einiger Detailfragen ist aufgrund der Vorgaben der Europäischen Strafvollzugsgrundsätze, die Eingang auch in die vorliegenden Empfehlungen gefunden haben, auf zwei Aspekte hinzuweisen, die in der deutschen Jugendstrafvollzugsgesetzgebung nicht immer ausreichend berücksichtigt wurden:

Die Verhängung von Disziplinarmaßnahmen aufgrund lediglich allgemein formulierter *schuldhafter Pflichtverstöße* (so die Gesetze von Baden-Württemberg, Bayern, Hamburg, Niedersachsen) verstößt eindeutig gegen *Rule 94.3*, die konkret ausformulierte Disziplinartatbestände fordern.[31]

Ein wichtiger Unterschied zwischen Jugend- und Erwachsenenstrafvollzug betrifft im Rahmen des unmittelbaren Zwangs das *Tragen von Waffen* und im Extremfall den *Schusswaffengebrauch bei Entweichungsversuchen*. Hierbei besteht international Konsens, dass auf entweichende Jugendliche nicht geschossen werden darf. Die neuen Empfehlungen gehen insoweit weiter, als – wie unter 3. erwähnt – auch über 18- bzw. 21-Jährige sowie über 21-jährige Jungerwachsene, die in entsprechenden Einrichtungen wie dem Jugendstrafvollzug untergebracht sind, von den Empfehlungen erfasst werden. Rule 92 sieht ein allgemeines Verbot jeglicher Waffen im Jugendstrafvollzug bzw. Einrichtungen des Freiheitsentzugs gegenüber Jugendlichen vor („*Staff in institutions in which juveniles are deprived of their liberty shall not be allowed to carry or use weapons unless an operational emergency so requires*").[32] Das Verbot jeglicher Waffen bezieht sich auf alle Waffen im technischen Sinn (Hieb-, Stich- und Schusswaffen), erstreckt sich allerdings nicht auf Mittel der Selbstverteidigung wie das im deutschen Jugendstrafvollzug gelegentlich benutzte Pfefferspray.

Ein aus deutscher Sicht fast schon „revolutionärer" Vorschlag ist die geforderte Abschaffung isolierender Maßnahmen wie des disziplinarischen Arrests in einer gesonderten Arrestzelle (*Rule 95.3*). Diese Regelung wurde im Hinblick auf entsprechende Vorschläge bzw. Vorbehalte gegenüber der bisher verbreiteten Praxis von Seiten des Anti-Folterkomitees und von UNICEF aufgenommen. Allerdings wird als Kompromisslösung im Hinblick auf die von der Praxis geforderte Beibehaltung einer Form der Absonderung aus disziplinarischen Gründen die zeitlich möglichst kurz zu bemessende Absonderung im eigenen Haftraum als Disziplinarmaßnahme vorgesehen (*Rule 95.4*). Der Kommentar hierzu zitiert das Anti-Folterkomitee, das eine disziplinarische Absonderung von maximal bis zu drei Tagen für vertretbar hält. Verwiesen wird auch auf mögliche Traumatisierungen, die von derartigen Isolationsmaßnahmen ausgehen können. In Verbindung mit der Maßnahme können bestimmte Einschränkungen (z. B. die Herausnahme des Fernsehgeräts) verfügt werden, jedoch sollen den

---

[31] Vgl. zu den EPR *Council of Europe* 2006, S. 25 f., 77 und Rule Nr. 57.2 EPR.

[32] Der Entwurf der Rules seitens des *Penological Council* sah zunächst das ausnahmslose Verbot von Waffen vor, jedoch wurde auf Intervention von Dänemark und Deutschland der Vorbehalt des Vorliegens einer „*operational emergency*" eingefügt. Gemeint sind damit Fälle, in denen es zu einer konkreten Lebensgefährdung von Mitarbeitern oder Dritten durch Gefangene kommt. In Jugendhilfeeinrichtungen und psychiatrischen Einrichtungen bleibt es dagegen beim ausnahmslosen Verbot von Schusswaffen o. ä., vgl. *Rule 92 Satz 2*.

Jugendlichen auch während dieser Zeit in „angemessenem" Umfang Kontaktmöglichkeiten zu anderen Jugendlichen verbleiben und insbesondere die auch anderen Gefangenen zustehende Stunde Bewegung im Freien (im Strafvollzug „Hofgang") gewährleistet werden. Nur nebenbei sei vermerkt, dass auch die Isolierung als Sicherungsmaßnahme („Beruhigungszelle") nur als „ultima ratio" und ggf. für maximal 24 Stunden in Betracht kommen soll (vgl. *Rule 91.4*).

Die Verlegung von einer Einrichtung in eine andere soll prinzipiell nur aus erzieherischen Gründen bzw. Gründen der besseren Wiedereingliederung erfolgen (z. B. Verlegung in den offenen Vollzug), ansonsten nur, wenn erhebliche Sicherheitsaspekte (*„serious security and safety risks"*) dies erfordern (vgl. *Rule 96*). Eine Verlegung aus disziplinarischen Gründen wird kategorisch ausgeschlossen (*Rule 97*).

Der Vorbereitung der Entlassung und einem differenzierten Übergangsmanagement wird – wie erwähnt – eine herausragende Bedeutung zugemessen und dabei insbesondere einer durchgehenden Betreuung und der Möglichkeit einer Fortführung von im Vollzug begonnenen Ausbildungsmaßnahmen. So heißt es u. a.:

- Es sind Maßnahmen zu treffen, um den Jugendlichen eine schrittweise Rückkehr in die Gesellschaft zu ermöglichen. (Rule 101.1).
- Diese Maßnahmen sollen zusätzliche Möglichkeiten, die Anstalt zu verlassen umfassen sowie teilweise oder bedingte Entlassung in Verbindung mit wirksamen sozialen Hilfen. (Rule 101.2).
- In den Vollzugseinrichtungen müssen die Vertreter/Vertreterinnen dieser Dienste und Institutionen Zugang zu den Jugendlichen haben, um ihnen bei der Vorbereitung ihrer Entlassung behilflich zu sein. (Rule 102.2).
- Die betroffenen Dienste und Institutionen müssen verpflichtet sein, bereits vor dem Zeitpunkt der voraussichtlichen Entlassung wirksame Vorabunterstützung zu leisten. (Rule 102.3).

Auch diese Regelungen stützen die in einigen deutschen Jugendstrafvollzugsgesetzen erkennbaren Bemühungen, die Bewährungs- und Jugendhilfe möglichst frühzeitig in die Entlassungsvorbereitung einzubeziehen und andererseits auch eine Nachbetreuung aus der Anstalt zu ermöglichen. Die konsequenten Überlegungen eines überleitungsorientierten Vollzugs mit zusätzlichen Lockerungen und der Orientierung an einer vorzeitigen (bedingten) Entlassung in Verbindung mit einer intensiven Nachbetreuung (vgl. *Rule 101.1*) dürfte einige Jugendstrafanstalten in Deutschland vor erhebliche Umsetzungsprobleme stellen, denn die Praxis von entlassungsvorbereitenden Lockerungen wurde in nicht wenigen Bundesländern seit Anfang der 1990er Jahre deutlich eingeschränkt.[33]

Auf die wenigen Bestimmungen des Besonderen Teils, der nach den einzelnen Unterbringungsformen in Untersuchungshaft, Erziehungsheimen und in Einrichtungen der Psychiatrie differenziert, kann hier aus Raumgründen nicht näher eingegangen werden.

---

[33] Vgl. zu einem stichtagsbezogenen Überblick für Anfang des Jahres 2006 *Dünkel/Geng* 2007.

Kurz erwähnenswert ist jedoch der allgemeine (d. h. für alle Jugendliche maßgebliche) Abschnitt über den gerichtlichen Rechtsschutz, Inspektionen und das *„Monitoring"* von ambulanten und stationären Einrichtungen (Teil V.). Interessant erscheint die Regelung, wonach der Mediation und restorativen Konfliktregelung als Mittel der Streitschlichtung in Fällen von Beschwerden oder gerichtlichen Rechtsschutzverfahren Priorität zukommen soll (*Rule 122.2*). Entsprechend der deutschen Neuregelung des § 92 Abs. 2 JGG[34] wird auch im Falle eines grundsätzlich schriftlichen Rechtsschutzverfahrens die mündliche Anhörung des Jugendlichen vorgeschrieben (*Rule 122.5*). Im Übrigen wird in Teil IV. der Empfehlungen (*„Legal advice and assistance"*) eine weitgehende Beteiligung von Rechtsbeiständen i. S. des in Deutschland vertrauten verfassungsrechtlichen Prinzips des „effektiven Rechtsschutzes" (Art. 19 Abs. 4 GG) gefordert. Kostenloser Rechtsbeistand ist immer dann zu gewähren, wenn die Interessen einer gerechten Strafrechtspflege (*„the interests of justice"*) dies als erforderlich erscheinen lassen (vgl. *Rule 120.3*).[35]

Insgesamt wird deutlich, dass die Empfehlungen zum Vollzug freiheitsentziehender Sanktionen der Tradition bisheriger internationaler Regelungen des Europarats und der Vereinten Nationen folgen, durch ein eindeutig resozialisierungsorientiertes und zugleich rechtsstaatliche Garantien sicherndes Regelwerk ein differenziertes System der Förderung und Erziehung zu entwickeln, das den (in möglichst geringem Umfang einzuschränkenden) Grundrechten der Inhaftierten Rechnung trägt.

E. Ausblick

Die Bedeutung der Empfehlung Rec(2008)11 vom 5.11.2008 zur Vollstreckung ambulanter und zum Vollzug freiheitsentziehender Sanktionen gegenüber Jugendlichen für die deutsche Gesetzgebung ist nach dem Urteil des BVerfG zum Jugendstrafvollzug vom 31.5.2006 nicht zu unterschätzen. Waren schon bislang derartige Empfehlungen und Mindeststandards bei der Auslegung bzw. Interpretation nationalen Rechts von Bedeutung, so hat das BVerfG ihre Bedeutung nunmehr noch stärker hervorgehoben, indem eine Unterschreitung internationaler Mindeststandards als Indiz für die Verfassungswidrigkeit nationalen Rechts gewertet wird. Wörtlich heißt es dazu:

„Auf eine den grundrechtlichen Anforderungen nicht genügende Berücksichtigung vorhandener Erkenntnisse oder auf eine den grundrechtlichen Anforderungen nicht entsprechende Gewichtung der Belange der Inhaftierten kann es hindeuten, wenn völkerrechtliche Vorgaben oder internationale Standards mit Menschenrechtsbezug, wie sie in den im Rahmen der Vereinten Nationen oder von Organen des Europarates beschlossenen einschlägigen Richtlinien oder Empfehlungen enthalten sind ..., nicht beachtet beziehungsweise unterschritten werden (vgl. auch Schweizerisches Bundes-

---

[34] Vgl. hierzu *Dünkel* 2008, S. 3 f.

[35] Dem entspricht der mit dem 2. JGG-ÄndG 2008 eingeführte Verweis auf die Regelungen der StPO (vgl. § 140 Abs. 2 StPO, „Schwierigkeit der Sach- oder Rechtslage", anstatt der im Erwachsenenstrafvollzug für den Gefangenen deutlich ungünstigeren Anwendung der ZPO), vgl. hierzu *Dünkel* 2008, S. 4.

gericht, Urteil vom 12. Februar 1992, BGE 118 Ia 64, 70)" (BVerfG NJW 2006, S. 2097).

Damit werden die grundsätzlich „weichen" Regelungen bzw. Empfehlungen erheblich aufgewertet und unmittelbar zum Prüfungsmaßstab nationalen Rechts, zumindest in Deutschland und offensichtlich des längeren schon in der Schweiz, wie der Hinweis in der Entscheidung des BVerfG belegt. Auch wenn es sich bei dieser verfassungsrechtlichen Vorgabe streng genommen um ein „obiter dictum" handelt, das von der Rechtskraft des Urteils nicht erfasst wird (vgl. § 31 BVerfGG), ist diese „quasigesetzliche" Funktion bei den Gesetzesberatungen zum Jugendstrafvollzug in den deutschen Bundesländern deutlich erkennbar gewesen. In allen Gesetzen wird nämlich ausdrücklich auf diese Passage des BVerfG Bezug genommen und versichert, dass auf die Einhaltung internationaler Mindeststandards genau geachtet werde. Dass dem nicht immer so ist, wurde im vorliegenden Beitrag deutlich gemacht.

Die Spielräume für föderalistische Experimente sind damit erheblich eingeschränkt. Die vorliegenden Gesetze zum Jugendstrafvollzug haben bereits unabhängig von Europäischen Vorgaben gezeigt, dass die Föderalismusreform im Grunde eine Farce war und es für regionale Besonderheiten weithin an inhaltlicher Substanz fehlt, sieht man von wenigen Grundorientierungen bei Vollzugslockerungen und der Öffnung des Vollzugs ab,[36] die schon nach den früheren bundeseinheitlichen Regelungen (des StVollzG) in der Praxis stark divergierten.[37] Es wird interessant sein, zu sehen, ob und wie sich die vorliegende Empfehlung des Europarats in der Gesetzgebung zum Jugendstrafvollzug noch nachträglich auswirkt und zumindest Teilrevisionen der (zumeist) zum Jahresbeginn 2008 in Kraft getretenen Gesetze erforderlich macht. Das Bewusstsein für die Europäischen Grundlagen des Jugendstrafrechts ist zweifellos durch die höchstrichterliche Rechtsprechung in Deutschland gewachsen. Insofern ist dem BVerfG auch dafür zu danken, dass es dem Gesetzgeber den „Blick über den eigenen Tellerrand" geöffnet und zu einer Internationalisierung der Diskussion menschenrechtlicher Standards auch im Jugendstrafrecht beigetragen hat. Die vorliegenden „*European Rules for Juvenile Offenders Subject to Sanctions or Measures*" stellen einen weiteren Meilenstein für die Entwicklung internationaler Menschenrechtsstandards im Jugendstrafrecht dar.

---

[36] Vgl. zusammenfassend *Dünkel/Pörksen* 2007; *Dünkel* 2007; *Eisenberg* 2008.

[37] Vgl. hierzu *Dünkel/Schüler-Springorum* 2006.

Literatur

Bundesministerium der Justiz Berlin, Bundesministerium für Justiz Wien, Eidgenössisches Justiz- und Polizeidepartement (Hrsg.)(2007) Europäische Strafvollzugsgrundsätze. Die Empfehlung des Europarats Rec (2006) 2. Mönchengladbach: Forum Verlag Godesberg.

Burscheidt, U. (2000) Das Verbot der Schlechterstellung Jugendlicher und Heranwachsender gegenüber Erwachsenen in vergleichbarer Verfahrenslage. Baden-Baden: Nomos.

Council of Europe (Hrsg.)(2006) European prison rules. Strasbourg: Council of Europe Publishing.

Dünkel, F. (2006) Entwicklungen der Jugendkriminalität und des Jugendstrafrechts in Europa – ein Vergleich. Internetpublikation http://jura.uni-greifswald.de/duenkel Veröffentlichungen.

Dünkel, F. (2006a) Jugendstrafvollzug und Verfassungsrecht. Eine Besprechung des Urteils des BVerfG vom 31.5.2006 zur Verfassungsmäßigkeit des Jugendstrafvollzugs und Folgerungen für die anstehende Gesetzesreform. Neue Kriminalpolitik 18, S. 112-116.

Dünkel, F. (2007) Die Farce der Föderalismusreform – ein Vergleich der vorliegenden Gesetzesentwürfe zum Jugendstrafvollzug. Stand: 24.9.2007. Internetpublikation www.jura.uni-greifswald.de/duenkel Veröffentlichungen, Internet.

Dünkel, F. (2008) Rechtsschutz im Jugendstrafvollzug – Anmerkungen zum Zweiten Gesetz zur Änderung des Jugendgerichtsgesetzes vom 13.12.2007. Neue Kriminalpolitik 20, S. 2-4.

Dünkel, F. (2008a) Die Europäische Empfehlung für inhaftierte und ambulant sanktionierte jugendliche Straftäter („European Rules for Juvenile Offenders Subject to Sanctions and Measures", ERJOSSM) und ihre Bedeutung für die deutsche Gesetzgebung. Recht der Jugend und des Bildungswesens 56, S. 376-404.

Dünkel, F./Baechtold, A./ van Zyl Smit, D. (2007) Europäische Mindeststandards und Empfehlungen als Orientierungspunkte für die Gesetzgebung und Praxis – dargestellt am Beispiel der Empfehlungen für inhaftierte Jugendliche und Jugendliche in ambulanten Maßnahmen (die „Greifswald Rules"). In: Goerdeler, J./Walkenhorst, P. (Hrsg.): Jugendstrafvollzug in Deutschland. Neue Gesetze, neue Strukturen, neue Praxis? Mönchengladbach: Forum Verlag Godesberg, S. 114-140.

Dünkel, F./Geng, B. (2007) Aktuelle rechtstatsächliche Befunde zum Jugendstrafvollzug in Deutschland. Ergebnisse einer Erhebung bei den Jugendstrafanstalten zum 31.01.2006. ZJJ 18, S. 143-152.

Dünkel, F./Morgenstern, C./Zolondek, J. (2006) Europäische Strafvollzugsgrundsätze verabschiedet! Neue Kriminalpolitik 18, S. 86-89.

Dünkel, F./Pörksen, A. (2007) Stand der Gesetzgebung zum Jugendstrafvollzug und erste Einschätzungen. Neue Kriminalpolitik 19, S. 55-67.

Dünkel, F./Pruin, I. (2008) Young adult offenders in the criminal justice systems of European countries. In: Lösel, F./Bottoms, A./Farrington, D. (Hrsg.): Lost in Transition? Young adult offenders in the criminal justice system. Devon: Willan Publishing (im Druck).

Dünkel, F./Schüler-Springorum, H. (2006) Strafvollzug als Ländersache? Der „Wettbewerb der Schäbigkeit" ist schon im Gange! ZfStrVo 55, S. 145-149.

DVJJ, 2. Jugendstrafrechtsreformkommission (2002) Vorschläge für eine Reform des Jugendstrafrechts. DVJJ-Journal Extra Nr. 5.

Eisenberg, U. (2007) Jugendgerichtsgesetz. 12. Aufl., München: C. H. Beck.

Eisenberg, U. (2008) Jugendstrafvollzugsgesetze der Bundesländer – eine Übersicht. NStZ 28, S. 250-262.

Höynck, T./Neubacher, F./Schüler-Springorum, H. (2001) Internationale Menschenrechtsstandards und das Jugendkriminalrecht. Dokumente der Vereinten Nationen und des Europarats. Berlin: Forum Verlag Godesberg.

Laubenthal, K./Baier, H. (2006) Jugendstrafrecht. Berlin, Heidelberg, New York: Springer.

Meier, B.-D./Rössner, D./Schöch, H. (2007) Jugendstrafrecht. 2. Aufl., München: C. H. Beck.

Morgenstern, C. (2002) Internationale Mindeststandards für ambulante Strafen und Maßnahmen. Mönchengladbach: Forum Verlag Godesberg.

Neubacher, F. (2001) Die Politik des Europarats auf dem Gebiet des Jugendkriminalrechts. In: Höynck, T./Neubacher, F./Schüler-Springorum, H.: Internationale Menschenrechtsstandards und das Jugendkriminalrecht. Dokumente der Vereinten Nationen und des Europarats. Berlin: Forum Verlag Godesberg, S. 170-185.

Neubacher, F./Schüler-Springorum, H. (2001) Einführung. In: Höynck, T./Neubacher, F./Schüler-Springorum, H.: Internationale Menschenrechtsstandards und das Jugendkriminalrecht. Dokumente der Vereinten Nationen und des Europarats. Berlin: Forum Verlag Godesberg, S. 1-17.

Ostendorf, H. (2007) Jugendgerichtsgesetz. Kommentar. 7. Aufl., Baden-Baden: Nomos.

Pruin, I.. R.. (2007) Die Heranwachsendenregelung im deutschen Strafrecht. Jugendkriminologische, entwicklungspsychologische, jugendsoziologische und rechtsvergleichende Aspekte. Mönchengladbach: Forum Verlag Godesberg.

Rieckhof, S. (2008) Strafvollzug in Russland – Vom GULag zum rechtsstaatlichen Resozialisierungsvollzug? Mönchengladbach: Forum Verlag Godesberg.

Schaffstein, F./Beulke, W. (2002): Jugendstrafrecht. Eine systematische Darstellung. 14. Aufl., Stuttgart: Kohlhammer.

Schüler-Springorum, H. (2001) Die „Instrumente" der Vereinten Nationen zur Jugendgerichtsbarkeit. In: Höynck, T./Neubacher, F./Schüler-Springorum, H.: Internationale Menschenrechtsstandards und das Jugendkriminalrecht. Dokumente der Vereinten Nationen und des Europarats. Berlin: Forum Verlag Godesberg, S. 19-36.

Streng, F. (2008) Jugendstrafrecht. 2. Aufl., Heidelberg: C. F. Müller.

HANS-JÖRG ALBRECHT

Die Rolle der Kriminologie und internationale Standards – Diskussion

In der auf den Vortrag *Michael Walters* über „Kriminalpolitik in der Mediengesellschaft: Was kann die Kriminologie ausrichten?" folgenden Diskussion wurde zunächst betont, dass es eine homogene Kriminalpolitik nicht gebe. Die Kriminalpolitik dürfe nicht über einen Kamm geschert werden. Vielmehr seien Differenzierungen verlangt. Vor allem in Bezug auf die Jugendkriminalpolitik wurde sodann Verschärfungen entgegengetreten. Das Jugendstrafrecht sei in seiner jetzigen Gestalt und mit den verfügbaren Sanktionsmöglichkeiten vollständig ausreichend. Eine restriktivere Ausgestaltung des Rechts sei demgegenüber in anderen Bereichen notwendig. Als Beispiel wurde hier das Waffenrecht genannt. Im Übrigen sollte eine intensivere Auseinandersetzung mit dem Rechtsradikalismus stattfinden. Eine Verstetigung der Evaluation sei darüber hinaus erforderlich, um die Auswirkungen kriminalpolitischer Maßnahmen kontinuierlich überprüfen zu können.

Im Zusammenhang mit den Medien wurde darauf hingewiesen, dass es nicht nur die Medienkriminalität und die Medienkriminologie, sondern auch die Medienkriminalistik gebe. Die Medien müssten für die Kriminalitätsbekämpfung genutzt werden (etwa wenn es um die Publikmachung von Verbrechen zu Fahndungszwecken geht). Dafür würden die Medien benötigt. Die Medien vermittelten ein verzerrtes Bild der Kriminalität, was sich auch bei Jurastudenten bemerkbar mache. An der Universität Jena, so wurde vorgetragen, ziele die Veranstaltung „Kriminalistik für Juristen" darauf ab, „die Dinge wieder richtig zu stellen" und Jurastudenten Wissen an die Hand zu geben, die es ihnen erlaube, Fragen der Kriminalität und der Kriminalitätskontrolle adäquat einzuschätzen.

Differenzierungen wurden wegen unterschiedlicher Formen und Inhalte von Medien angemahnt. Es gebe neben den Printmedien, die in seriöse, regionale und Boulevardmedien unterschieden werden könnten, die öffentlich-rechtlichen und privaten Bildmedien. Die Medien dürften nicht zu den alleinigen Sündenböcken gemacht werden. Denn schließlich seien ja alle auch Konsumenten und müssten sich fragen lassen, warum die Einschaltquoten so sind wie sie sind. Daraus ergebe sich auch die Frage, was Kriminologen für eine wirksame Gegendarstellung eigentlich täten. Ein wirksamerer Internetauftritt der Kriminologie sei insbesondere nötig, da viele Journalisten ihre Informationen aus dem Internet bezögen. Alle kriminologischen Kolleginnen und Kollegen seien aufgefordert, ihre Erkenntnisse ins Netz zu stellen. Im Übrigen wird dann die Frage gestellt, wo denn die Medien eigentlich gerade jetzt seien? Auf dieser Veranstaltung sei jedenfalls kein Journalist zugegen.

Angemerkt wird, dass das allgemeine Bedrohungsgefühl mehr im Zusammenhang mit der Punitivität gesehen werden müsse, als mit der Kriminologie. Darüber bestimmten aber die Medien. Es sei naiv, allein auf die Medien zu schimpfen. Die Leute wollten kriminalitätsbezogene Serien und Justizdarstellungen sehen. Es sei aber hoffnungslos, auf diesem Wege den Menschen die Kriminologie nahe zu bringen. Dies sei nur im Nahbereich vernünftig möglich, weil lokale Medien die jeweiligen Experten persönlich kennen würden und es sich mit diesen nicht durch falsche Darstellungen verscherzen wollten. Dies gelte aber nicht für den Bereich des bundesweiten Boulevards. Betont wird in diesem Zusammenhang, dass es darauf ankomme, wie man es den Medien sage. Die Arbeit von Journalisten stehe unter einem erheblichen Zeitdruck, der es nicht ermögliche, Information selbstständig und vernünftig zu verarbeiten. Betont wird allerdings auch, dass der Umgang mit den Medien nicht hoffnungslos sei. Hier wird auf die Ereignisse um den Ministerpräsidenten Koch anlässlich der Landtagswahl 2008 in Hessen verwiesen. In der Süddeutschen Zeitung seien im Hinblick auf die wahlpolitischen Thematisierungen von Jugend, Gewalt und Immigranten über Wochen hinweg Kritiken von Fachleuten vorgestellt worden. Wichtig sei ein offensives Auftreten. Vor allem regional könne auf diese Weise viel erreicht werden. Schließlich wird bekräftigt, dass es nicht darum gehe, die Medien zu verurteilen, sondern schlicht um die Tatsache, dass die Medien eine andere Kriminalität präsentierten als die Kriminologie. Das Problem liege darin, dass die Politik Zwängen unterlieg. Die Forschung habe gezeigt, dass bestimmte Grundstrukturen in allen Medien ähnlich seien: So werde etwa Allgemeines an ausgewählten Fällen erläutert. Es könne auch nicht um die Kontakteinstellung zu den Medien gehen. Betont wird ferner dass eine reine Wirkungsforschung zu strafrechtlichen Sanktionen nicht genüge. Im Rahmen von Wirkungsforschung müsse vielmehr auch untersucht werden, wie die Ergebnisse auf die Politik wirkten und welchen Einfluss sie nach sich ziehen könnten. Schließlich wird die Frage aufgeworfen, ob in der Darstellung der Kriminalitätsentwicklung und ihrer Auswirkungen auf die Gesellschaft mehr getan werden könne. Insoweit wird auch die Frage gestellt, ob nicht ein zu starker Rückzug der Kriminologie in der öffentlichen Präsentation von Forschungsbefunden zu beobachten sei? Auch an den Universitäten gebe es eine solche Entwicklung, die sich wegen des zunehmenden Abbaus der Lehrstühle für Kriminologie verstärke. Betont wird das Bedürfnis nach einer Medienkriminologie, mit der kriminologische Forschung einfach und plakativ für die Gesellschaft dargestellt werden sollte.

Der Justiz wurde vorgeworfen, sie nehme insgesamt gesehen eine zu defensive Haltung gegenüber den Medien ein, die die Realität der Strafjustiz zum Beispiel mit den seit Jahren gedeihenden diversen Gerichtsshows verzerrten. Die Justiz dürfe sich nicht in eine bestimmte Ecke drängen lassen. Nicht Zurückhaltung sei geboten, sondern eine offensive Haltung. Derzeit sei die Justiz das Opfer; sie müsse in der Zukunft zu Taten übergehen. Gerade die Selbstverwaltung der Justiz könne für Zwecke der öffentlichen Darstellung genutzt werden. Festgestellt wird auch, dass die Justizminister den Interessen zu wenig gerecht würden. Ein Anspruch der Öffentlichkeit auf zutreffende Informationen über Kriminalität und ihre justizielle Verarbeitung ergebe sich auch daraus, dass die Urteile „im Namen des Volkes" gesprochen werden. Hier sei vor allem die Justiz gefragt, die ihre Entscheidungen öffentlich begründen müsse.

Die an den Vortrag von *Andreas Beelmann* zur „Prävention von Kinder- und Jugendkriminalität: Aktuelle Probleme und Ergebnisse der internationalen Evaluationsforschung" sich anschließende Debatte führt zunächst in die Frage der Kosten-Nutzen-Abwägungen, hinsichtlich derer ein besonderes Interesse hervorgehoben wird. Einbezogen werden müssten jedoch alle Nutzenelemente. Von Bedeutung sei dann, dass sich kleine Veränderungen auch auf die nächste Generation auswirken könnten. Auf ethische Probleme im Zusammenhang mit Kosten-Nutzen-Analysen wird hingewiesen, im Übrigen auch auf den Bedarf an einer normativen (und nicht bloß ökonomischen) Begründung von Präventionsprogrammen, denn Ziel sei es ja, Menschen zu verändern. Ferner werden methodische Schwierigkeiten im Hinblick auf die Übertragbarkeit (externe Validität) und große Herausforderungen in Bezug auf die Evaluation thematisiert. Im Übrigen sei eine besondere Konzentration auf Kinder und Jugendliche notwendig und es bedürfe besonderer Instrumente für wenig formalisierte Settings, wie sie zum Beispiel die Jugendhilfe mit ihrer Programmvielfalt darstelle. Die Evaluation dieser Verhältnisse sei eine Herausforderung. Bemerkt wird auch, dass sich intensivpädagogische Maßnahmen häufig sehr stark unterscheiden. In Meta-Analysen alles in einen Topf zu werfen, führe unter Umstände zu erheblichen Ungenauigkeiten. Hier wird eine stärkere Differenzierung angemahnt. Zudem wird moniert, dass die meisten Studien „blackbox-Untersuchungen" seien.

In der Präsentation der Evaluationsforschung, so wird gesagt, sei lediglich ein allgemeines Bild beabsichtigt gewesen. Deshalb seien einzelne Studien und Blueprints zur Prävention (die auf besonders gut evaluierte Programme in den USA aufbauten) nicht vorgestellt worden. Die Einzeluntersuchungen seien in der Metaanalyse der Evaluationsstudien zur Prävention allerdings miterfasst.

Eingeworfen wird, dass der Stellenwert universeller Prävention fraglich sei. Deshalb wird dazu geraten, nicht nur über Evaluation zu bestimmen, ob Präventionsprogramme sinnvoll seien. Einbezogen werden sollten im Übrigen auch mögliche Etikettierungseffekte, die bestimmte Gruppen oder Räume durch die Feststellung von Präventionsbedarf treffen könnten. Demgegenüber wird ausgeführt, dass universelle Prävention deshalb vertretbar sei, da die Einzelnen nicht erkennbar würden. Sie sei oft die einzige Alternative, da man sonst bestimmte problematische Fälle gar nicht erreiche. Voraussetzung sei immer eine gewisse Prognosekraft. Von Bedeutung seien schließlich Ressourcenüberlegungen.

Bemängelt wird dann die Modeerscheinung der Implementierung von Präventionsprogrammen ohne Bedarf, die sich auch daran zeige, dass jeder Bürgermeister ein Präventionsprogramm auflege, auch wenn besondere Auffälligkeiten in der Gemeinde gar nicht beobachtet werden könnten. Allein die Existenz von Präventionsprogrammen und damit assoziierte Reputation seien heute von Bedeutung. Deshalb, so wird gefordert, müsse die Bedarfsanalyse in den Vordergrund gerückt werden. Wo es zu einer Stigmatisierung kommen könne, zeige sich dann in Vorbereitungs- und Bedarfsanalysen. In bestimmten Stadtteilen sollte, so wird vertreten, auch dann mit Präventionsprogrammen operiert werden, wenn eine Stigmatisierungsgefahr gegeben sei. Vorgeschlagen wird, in solchen Bereichen, in denen methodisch einwandfreie Evaluationsforschung nur schwer oder überhaupt nicht realisiert werden könne, auf eine Plausibilitätsprüfung auszuweichen. Dem wird entgegengehalten, dass eine Evaluation (mit gewissen Fehlerwahrscheinlichkeiten) immer möglich sei, auch wenn sie sich als schwierig erweisen sollte. Verwiesen wird in diesem Zusammenhang auf die USA, wo Evaluationsforschung studiert werden könne und Evaluator ein Beruf sei.

Betont wird das Problem der externen Validierung in Evaluationsforschungen zur Kriminalitätsprävention. Die externe Validität sei das Kernproblem. Bedauert wird, dass damit zusammenhängende Fragestellungen bisher nur im angloamerikanischen Raum systematisch untersucht würden. Angemerkt wird dann, dass es sich immer um echte Menschen in echten Programmen handle, wobei auch echte Wirkungen erzielt würden. Die internationale Evaluationsforschung würde teilweise unterschätzt. Denn die Prozesse der Prävention seien gut untersucht und die Erklärungen von Wirkungsfaktoren gut aufbereitet.

Die auf den Vortrag von *Frank Neubacher* zu „Internationale Menschenrechtsstandards zum Jugendkriminalrecht – Quellen, Inhalte, Relevanz" folgende Diskussion wird eingeleitet durch eine ergänzende Darstellung der internationalen Standards in Form der neuesten Empfehlungen des Europarats (2008) zu freiheitsentziehenden Maßnahmen bei jungen Menschen, die wesentlich an der Universität Greifswald vorbereitet wurden und entstanden sind. Dabei handelt es sich um ein umfassendes Regelwerk, die alle Formen der Freiheitsentziehung einbezieht (U-Haft, Heimerziehung, psychiatrische Unterbringung, Jugendarrest und Jugendstrafvollzug). Als überraschend wird für die Entstehung hervorgehoben, dass die heftigsten Widerstände gegen die neuen Empfehlungen von Ländern gekommen seien, von denen man Widerstand eigentlich nicht erwartet hätte (Luxemburg, Dänemark). Als wichtigster Grundsatz der Maßnahmen gelte, so wird vorgestellt: Alle Maßnahmen müssten zeitlich bestimmt werden (dieser Grundsatz habe z.B. für die nachträgliche Sicherungsverwahrung Bedeutung). Auf eine besondere verfassungsrechtliche Problematik wird im Zusammenhang mit §§ 55, 52a JGG und der Nutzung internationalen „weichen" Rechts als Interpretationshilfe hingewiesen. Betont wird die besondere Bedeutung einer durchgehenden Betreuung auffälliger Jugendlicher; freie Träger müssten von Anfang an integriert werden (ferner nachbetreuende Einrichtungen). Der Vorrang des offenen Vollzuges (§ 10 JGG) wird als wichtiges Element herausgestrichen. Es bedürfe zudem einer gesetzlichen Regelung der Mindestgröße von Haftträumen (in Russland seien dies derzeit nur 2,5 m²). Die Altersgrenze sollte nicht zu niedrig gewählt werden. Zudem dürfe es nach den neuen Empfehlungen keine Schlechterstellung von Jugendlichen gegenüber Erwachsenen geben. Das vorwiegende Vollzugsziel liege nach den Empfehlungen in der Wiedereingliederung und nicht in der Sicherheit.

In der Erörterung des Vortrags und der ergänzenden Bemerkungen wird darauf hingewiesen, dass das Bundesverfassungsgericht in der Nutzung der internationalen Standards mit einer Indizkonstruktion arbeite. Die Nichteinhaltung internationaler Standards sei danach ein Hinweis auf die Verfassungswidrigkeit. Ein Beispiel könne der Entscheidung zum Jugendstrafvollzugsgesetz entnommen werden. Ach wenn die internationalen Standards lediglich soft-law seien, wird gesagt, werde dennoch bei der Nichteinhaltung ein Argumentations- und Handlungsdruck aufgebaut. Soweit die Standards detaillierter würden, könnten im Übrigen auch die Diskrepanzen zu diesen in den Ländern, die die Standards aufgreifen, deutlich aufgezeigt werden. Gefordert wird, die Jugendrichter und -staatsanwälte auch im Hinblick auf die internationalen Standards besser auszubilden. Angeraten wird dann, die Standards in die politische

Diskussion hineinzutragen. Sie könnten eine wertvolle Unterstützung der Kriminologie bei der Verteidigung des JGG darstellen. Vorteilhaft könne es überdies sein, die Medien darauf aufmerksam zu machen, dass der Europarat die Heranwachsendenregelung des JGG als überzeugende Lösung betrachte. Betont wird schließlich, dass es eine Diskrepanz zwischen den internationalen Standards und der Kinderrechtskonvention gebe.

Im Zusammenhang mit internationalen Entwicklungen wird auf große Gefahren hingewiesen. Denn gerade in den alten Mitgliedsstaaten der Europäischen Union, wie z.B. England oder Frankreich, seien erhebliche Verschärfungen im Jugendstrafrecht zu verzeichnen. In Deutschland – so wird demgegenüber unterstrichen – habe glücklicherweise der kriminologische Sachverstand noch ein erhebliches Gewicht.

Im Folgenden wird angemerkt, dass die Beschränkung der Rechtsmittel im JGG-Verfahren nicht akzeptabel sei. Es bedürfe, so wird gefordert, einer Angleichung der Rechtsmittel an das Erwachsenenstrafrecht. Erwähnt wird, dass der Jugendstaatsanwaltschaft in diesem Zusammenhang besondere Bedeutung zukomme. Angeraten wird, die Jugendstaatsanwaltschaft in der Möglichkeit, gegen Arbeitsauflagen der Richter in Berufung zu gehen, zu beschränken. Betont wird dann, dass es zuallererst um die Begründung von Ungleichbehandlung gehe. Ein dreistufiger Aufbau führe nach Ergebnissen der empirischen Rechtsmittelforschung im Übrigen zu Entlastungen der unteren Instanzen.

Angemerkt wird auch, dass die Forderung der Angleichung des Jugendstrafverfahrensrechts an das der Erwachsenen in Deutschland nicht neu sei. Allerdings wird auf Vorbehalte seitens der Bundesländer hingewiesen. Gerade im Hinblick auf die Beschleunigung des Verfahrens würden Jugendliche eben anders behandelt als Erwachsene. Dies erscheine aus rechtsstaatlichen Überlegungen heraus aber als problematisch. Eine Arbeitsauflage, so wird ausgeführt, könne nur verhängt werden, wenn sie erzieherisch begründet sei. Zur Frage ob eine Verteidigung des Jugendlichen in jedem Verfahren erforderlich ist, wird abschließend gesagt, dass dies in einer Vielzahl der Fälle zu einer Aufblähung des Verfahrens und zur Vergeudung staatlicher Ressourcen führen würde.

REINHARD WIESNER

Jugendhilfe und Justiz – Möglichkeiten und Grenzen der Kooperation aus der Sicht der Jugendhilfe

Die Zusammenarbeit von Jugendhilfe und Justiz ist von Anfang an von Gemeinsamkeiten und Widersprüchen gekennzeichnet. Waren zu Zeiten des (Reichs) Jugendwohlfahrtsgesetzes, das bis zum Jahre 1990 die Rechtsgrundlage für eine eingriffsorientierte Jugendhilfe bildete, die Übergänge von Strafe zur Erziehung fließend und stellten die „Maßnahmen" der Jugendhilfe in vielen Fällen ein Funktionsäquivalent für Strafsanktionen dar, so hat die sozialpädagogische Orientierung der Kinder- und Jugendhilfe einerseits und ihre rechtliche Ausgestaltung als Sozialleistungsrecht im SGB VIII andererseits in den letzten Jahrzehnten die Unterschiede und Spannungen zwischen den beiden Systemen vergrößert[1]. Zwar ist der Erziehungsgedanke auf den ersten Blick ein „gemeinsamer Nenner", bei genauerer Betrachtung weichen die dabei zugrunde liegenden Vorstellungen von Ziel, Zweck und Mittel der Erziehung sowie die damit verbundenen jeweiligen Erwartungen doch mehr oder weniger stark voneinander ab.

Wie in einer langjährigen Beziehung zwischen zwei Menschen haben sich auch die „Partner" Jugendhilfe und Jugendstrafrecht weiter entwickelt. Die Art und Weise der Kooperation muss deshalb immer wieder neu bestimmt werden. Die nachfolgenden Ausführungen betrachten das Spannungsfeld aus der Sicht der Kinder- und Jugendhilfe.

A. § 36 a SGB VIII als Auslöser für eine neue Debatte zu einem alten Thema

1. Irritationen

Den aktuellen Anlass für die „Beziehungskrise" zwischen Jugendhilfe und Justiz bildet die Einfügung des § 36 a in das Achte Buch Sozialgesetzbuch im Rahmen des Kinder- und Jugendhilfeweiterentwicklungsgesetzes (KICK) zum 1. Oktober 2005[2]. Teile der Justiz sehen darin ein Signal an die Jugendämter, die bisherige Zusammenarbeit aufzukündigen. In der Leitung einzelner Jugendämter sei – so ist zu lesen – ein neues Selbstbewusstsein erwacht – häufig einhergehend mit einer strikten Verweigerungshaltung zur Durchführung von jugendgerichtlichen Anordnungen ambulanter

---

[1] Siehe dazu Wiesner, Über die Indienstnahme der Jugendhilfe für das Jugendstrafrecht. In: Bundesministerium der Justiz (Hrsg.), Grundfragen des Jugendkriminalrechts und seiner Neuregelung,. Bonn 1992, S.144- 151; Trenczek in Münder/ Wiesner, Handbuch KJHR Kap. 3.12 Rn.1 ff.

[2] BGBl. I S. 2729.

Maßnahmen sowie einer Abschaffung der leistungsfähigen und hoch qualifizierten Spezialdienste im Bereich der Jugendgerichtshilfe. Dabei wird auch auf die dem Regierungsentwurf beigefügte Kostenschätzung hingewiesen, die im Hinblick auf die Einfügung des § 36 a eine Entlastung in Höhe von 100 Mio Euro jährlich erwarten lässt[3]. Dabei wird jedoch übersehen, dass die im Regierungsentwurf enthaltene Fassung des § 36a noch gar keine Bezugnahme auf gerichtliche Entscheidungen enthielt. Ob durch die aufgrund einer Sachverständigenanhörung im federführenden Bundestags-Ausschuss nachgeschobene Erweiterung der Vorschrift (weitere) Kosten eingespart werden sollten, bleibt deshalb reine Spekulation.

In diesem Zusammenhang ist auch der Vorlagebeschluss des AmtsG Eilenburg zur Verfassungswidrigkeit der Vorschrift zu sehen4. Nachdenklich stimmt auch, dass die Justizministerkonferenz ihren Strafrechtsausschuss bittet, die Auswirkungen einer Norm des SGB VIII, die nach ihrer systematischen Stellung nur die Gewährung bzw. Kostentragung von Leistungen der Jugendhilfe, nicht aber von Reaktionen des Jugendstrafrechts betrifft, ohne Beteiligung der dafür zuständigen Jugend- und Familienministerkonferenz zu überprüfen. Es entsteht (bei der Lektüre des Berichts) der Eindruck, als nehme die (Jugendstraf)Justiz die Interpretationshoheit über Normen des SGB VIII, nicht nur des § 36 a sondern auch der §§ 27 ff. SGB VIII für sich in Anspruch.

2. Bedeutung des § 36a

§ 36 a SGB VIII beschäftigt sich – ausgehend von der Überschrift – mit der *Steuerungsverantwortung des Jugendamtes* – bezogen auf Leistungen nach den §§ 27 bis 41 SGB VIII. Die Frage der Mitwirkung des Jugendamts im Verfahren nach dem JGG nach § 52 („Jugendgerichtshilfe") wird damit ebenso wenig tangiert wie diejenige nach der Umsetzung von Weisungen nach den §§ 10 ff.JGG. Den aktuellen Hintergrund für die Regelung bildete das in vielen Stellungnahmen der kommunalen Praxis kritisierte, zunehmende Ausmaß der so genannten Selbstbeschaffung von Leistungen durch die Leistungsberechtigten, die das Jugendamt zum bloßen Kostenträger degradiere[5]. Eine solche Selbstbeschaffung wird dadurch erst ermöglicht, dass viele Leistungen auch oder sogar weitgehend nur von freien Trägern erbracht werden und diese nicht immer eine Kostenzusage des Trägers der öffentlichen Jugendhilfe abwarten. In seiner Grundsatzentscheidung vom 28.09.2000[6] hatte das Bundesverwaltungsgericht die Gesamtverantwortung des Trägers der öffentlichen Jugendhilfe für den Hilfeprozess in den Vordergrund gestellt und daraus die Verpflichtung des Leistungsberechtigten abgeleitet, das Jugendamt vor der Inanspruchnahme einer Leistung einzuschalten, damit es in eigener Verantwortung den Hilfebedarf prüfen und unter Beachtung der jugendhilfespezifischen Verfahrensregelungen, wie dem Hilfeplanverfahren und der

---

[3] Bundestags-Drucks. 15/ 3676 S. 47.

[4] AG Eilenburg ZJJ 2006, 85; siehe dazu auch Möller/ Schütz ZKJ 2007, 282.

[5] Vgl. Beschlussempfehlung und Bericht des FSFJ-Ausschusses BT-Dr. 15/ 5616 S. 26; Möller/ Schütz ZKJ 2007, 178,180.

[6] BVerwGE 112,98 = ZfJ 2001, 310.

Ausübung des Wunsch- und Wahlrechts, eine Entscheidung über die im Einzelfall geeignete notwendige Hilfe treffen kann.

§ 36 a stellt damit für das Kinder- und Jugendhilferecht klar, was im Sozialrecht im Übrigen (soweit dort die so genannte Selbstbeschaffung nicht explizit zugelassen ist) generell gilt. Ausnahmen vom Grundsatz des Verbots der Selbstbeschaffung hat der Gesetzgeber in § 36 a Abs.2 SGB VIII für die Inanspruchnahme niederschwelliger Erziehungshilfen zugelassen, jedoch unter dem Vorbehalt, dass die Bedingungen der Inanspruchnahme vorab zwischen dem Jugendamt und dem Leistungserbringer durch eine Vereinbarung geregelt sein müssen. Gegenstand der Vereinbarung können nur die Modalitäten der Erbringung solcher niederschwelliger Leistungen sein, die in das Leistungsspektrum der §§ 27 ff. einzuordnen sind. Damit behält das Jugendamt auch insoweit die generelle Steuerungsverantwortung. Die Vorschrift klärt damit die Rechtsbeziehungen im sozialrechtlichen Dreiecksverhältnis zwischen Leistungsberechtigten, Leistungsträger und Leistungserbringer. Sie informiert den Leistungsberechtigten darüber, dass er, sofern er sich eine Leistung ohne Beteiligung des Jugendamtes unmittelbar beim Leistungserbringer selbst beschafft, im Zweifel „auf den Kosten sitzen bleibt", die der Leistungserbringer in Rechnung stellt.

3. Folgen für das Jugendstrafrecht

Der damit ausgedrückte *Entscheidungsprimat des Jugendamts* – als der Behörde des Trägers der öffentlichen Jugendhilfe – für die Hilfesteuerung im Einzelfall betrifft rechtlich nur das Sozialleistungsverhältnis zwischen Behörde und Bürger. Faktisch hat es auch Folgen für die Inanspruchnahme von Leistungen, die (gleichzeitig) dazu dienen sollen, die Umsetzung einer Weisung zu ermöglichen. Auch die von einer solchen Maßnahme betroffenen Personen können – wenn sie nicht das Kostenrisiko tragen wollen – sich eine vom Gericht für notwendig gehaltene Hilfe – nicht selbst beschaffen, sondern bedürfen – mit der Ausnahme nach § 36a Abs.2 – dazu einer Entscheidung des Jugendamts.

Im Hinblick auf das *Rechtsverhältnis zwischen (Jugend- bzw. Familien-) Gericht und Jugendamt* als der Behörde des Trägers der öffentlichen Jugendhilfe hat sich durch § 36 a SGB VIII nichts geändert, da die Rechtsordnung eine rechtliche Beziehung und damit die Möglichkeit einer gerichtlichen Anordnung gegenüber einer Behörde – außerhalb der gerichtlichen Kontrolle der öffentlichen Verwaltung, die im Hinblick auf das SGB VIII den Verwaltungsgerichten anvertraut ist – nicht kennt. So bindet eine Anordnung des Familien- bzw. Jugendgerichts nach allgemeiner Auffassung nur die Person, nicht aber eine Behörde wie das Jugendamt, das Sozialamt oder die Arbeitsagentur[7]. Von daher erscheint die vor allem von Teilen der Justiz geäußerte Kritik an der Einführung des § 36a SGB VIII nicht überzeugend. Die derzeit wieder festgestellten Symptome für eine verbesserungsfähige Zusammenarbeit von Jugendhilfe und Justiz haben andere, tiefer liegende Ursachen. Deshalb erscheint es angezeigt, diesen nachzugehen.

---

[7] So auch die Justizministerkonferenz 1994, siehe dazu Strafrechtsausschuss a.a.O. Fn.4, S. 4.

B. Jugendhilfe und Jugendstrafrecht – Systemfunktionen und Schnittstellen

Aufgrund der gemeinsamen historischen Wurzeln (in der staatlichen Zwangserziehung) gibt es zwischen den beiden Systemen Schnittstellen und sogar Schnittmengen. Sie lassen sich aber nur dann identifizieren, wenn vorab die jeweiligen Strukturprinzipien von Jugendhilfe und Jugendstrafrecht verdeutlicht worden sind.

1. Zur Systemfunktion von Jugendhilfe und Jugendstrafrecht

Im Hinblick auf die Systemfunktion ist zunächst festzustellen, dass es sich bei Leistungen der Kinder- und Jugendhilfe um Sozialleistungen, bei den Maßnahmen nach dem Jugendgerichtsgesetz um Strafsanktionen handelt. Grundlage für die Leistungen der Jugendhilfe ist eine Störung im Erziehungs- und Entwicklungsprozess, mithin (bei Minderjährigen) im Eltern – Kind/ Jugendlicher – Verhältnis. Grundlage für Maßnahmen nach dem JGG ist das delinquente Verhalten eines strafmündigen Jugendlichen oder Heranwachsenden. Während Leistungen der Kinder- und Jugendhilfe auf die Unterstützung und Ergänzung der elterlichen Erziehungsverantwortung zielen, reagiert das Jugendstrafrecht auf das Fehlverhalten eines Jugendlichen oder Heranwachsenden. Bezugspunkt für die zu gewährende Leistung ist der nach Maßgabe des SGB VIII festzustellende „erzieherische Bedarf", der im Einzelfall seinen Ausdruck (auch) in delinquentem Verhalten gefunden haben kann, aber nicht muss.

Hilfen zur Erziehung (§§ 27 ff. SGB VIII) sind als kooperative Entscheidungs- und Hilfeprozesse konzipiert, setzen damit die aktive Mitarbeit aller Beteiligten voraus und bedürfen im Hinblick auf die Dynamik des Prozesses der regelmäßigen Überprüfung und ggf. Nachsteuerung. Ihre Inanspruchnahme steht zur Disposition der Sorgeberechtigten (Eltern, Vormund, Pfleger). Dem gegenüber trifft der Jugendrichter eine autonome Entscheidung gegenüber dem Jugendlichen, die anschließend vollzogen wird. Bei Weisungen wird die Laufzeit abstrakt gesetzlich bestimmt, allerdings gleichzeitig die Möglichkeit der (späteren) Änderung eingeräumt.

Ziel aller Leistungen der Jugendhilfe ist die Förderung der Entwicklung des jungen Menschen, die Unterstützung der Eltern bei der Ausübung ihrer Erziehungsverantwortung und der Schutz von Kindern und Jugendlichen vor Gefahren für ihr Wohl (§ 1 Abs.3 SGB VIII). Ziel des Jugendstrafrechts ist demgegenüber die Legalbewährung (§ 2 Abs.1 JGG). Zwar scheint der so genannte Erziehungsgedanke den gemeinsamen Nenner zwischen den beiden Systemen zu bilden. Das Jugendgerichtsgesetz gibt jedoch keine Antwort auf die (von der Jugendhilfe zu klärenden) Fragen nach dem erzieherischen Hilfebedarf und der geeigneten und der erforderlichen Erziehungshilfe, sondern regelt die Voraussetzungen der (jugendspezifischen) Reaktion auf Straftaten.

2. Schnittstellen zwischen den Systemen

Schnittstellen finden sich auf zwei Ebenen, nämlich im Hinblick auf das gerichtliche Verfahren sowie im Hinblick auf die Rechtsfolgen im Zusammenhang mit der Straftat.

2.1 Die Mitwirkung der Jugendhilfe in Verfahren nach dem JGG

Die Mitwirkung der (öffentlichen) Jugendhilfe im Verfahren nach dem Jugendgerichtsgesetz ist zweifach verortet, nämlich unter der Bezeichnung „Mitwirkung im Verfahren nach dem Jugendgerichtsgesetz" in § 52 SGB VIII und unter der Bezeichnung „Jugendgerichtshilfe" im § 38 JGG. Nicht nur in der Überschrift, auch in der inhaltlichen Beschreibung der Aufgabe werden unterschiedliche Akzente gesetzt, was auf den unterschiedlichen Regelungszeitpunkt, den unterschiedlichen Regelungskontext und die unterschiedlichen Sichtweisen hindeutet[8]. Während aus der Sicht der Justiz die Jugendgerichtshilfe häufig als Spezialabteilung des Jugendamts (für die gesamte Jugendstraffälligenhilfe) verstanden wird, stellt die Mitwirkung im Verfahren nach dem JGG zumindest nach § 52 SGB VIII „nur" die Begleitung des jungen Menschen im (gesamten) Verfahren dar, die ggf. durch die Gewährung von Leistungen der Jugendhilfe unter den dort geregelten Voraussetzungen (ggf. durch andere innerhalb des Jugendamts dafür zuständige Dienste) ergänzt wird. Die Leistungsgewährung erfolgt in der Kinder- und Jugendhilfe für alle Leistungsberechtigten aus dem Blickwinkel des erzieherischen Bedarfs– unabhängig davon, ob das Kind oder der Jugendliche durch eine Straftat auffällig geworden ist. Rechtssystematisch sind daher im SGB VIII die Aufgaben der Leistungsgewährung und die Frage der Mitwirkung des Jugendamtes im gerichtlichen Verfahren streng getrennt. Zu unterscheiden ist deshalb auch im Jugendstrafverfahren zwischen

- der Verpflichtung des „Jugendgerichtshelfers", sich zu den Maßnahmen, die zu ergreifen sind, zu äußern (§ 38 Abs.2 Satz 4 JGG) und
- der Information über Gewährung einer Leistung nach dem SGB VIII (§ 50 Abs. 2 SGB VIII).

Zwar sind beide Tätigkeiten bedeutsam für die Entscheidungsfindung des Gerichts. Im ersten Fall wird der Jugendgerichtshelfer im Rahmen seiner originären Aufgabe tätig und kommt seiner Ermittlungshilfefunktion nach. Im zweiten Fall informiert er über eine Entscheidung, die innerhalb des Jugendamtes ggf. von einer anderen Organisationseinheit getroffen worden ist, also nicht zu seinen gesetzlichen Aufgaben gehört. Die „Jugendgerichtshilfe" hat kein Privileg zur Entscheidung über die Gewährung von Leistungen der Jugendhilfe an jugendliche Delinquenten. [9]Dabei ist auch zu bedenken, dass in den Fällen, in denen aus der Sicht des „Jugendgerichtshelfers" eine Weisung in Betracht kommt, eine dieser Weisung entsprechende Erziehungshilfe einen Beratungs- und Entscheidungsprozess zwischen dem Leistungsberechtigten, dem Jugendlichen und der im Einzelfall dafür zuständigen Fachkraft voraussetzt. Aufgrund dieses Vorlaufs ist die Entscheidung im Jugendamt möglicherweise noch nicht zu dem Zeitpunkt getroffen, zu dem das Gericht in der Hauptverhandlung eine entsprechende Information erwartet. Markige Forderungen, die Jugendhilfe müsse bis zum Ende der Beweisaufnahmen ihre Steuerungsverantwortung wahrnehmen, anderenfalls sei die Entscheidung des Jugendamtes durch eine Entscheidung des Gerichts noch innerhalb der

---

[8] Siehe dazu Wiesner/ Mörsberger SGB VIII § 52 Rn. 2, 29 ff.; Trenczek, Die Mitwirkung der Jugendhilfe im Strafverfahren, Weinheim u.a. 2003, S. 20 ff.

[9] Wiesner/ Mörsberger SGB VIII § 52 Rn. 37.

Hauptverhandlung zu ersetzen[10], verkennen nicht nur den Gehalt der Steuerungsverantwortung, sondern lehnen damit auch den für die Kinder- und Jugendhilfe typischen kooperativen Entscheidungsprozess ab, der nach anderen Regeln als das Verfahren vor dem Jugendgericht abläuft. Vor allem haben die Leistungsberechtigten im Verwaltungsverfahren einen völlig anderen Status als der angeklagte Jugendliche im gerichtlichen Verfahren.

Übereinstimmung besteht insoweit, als das Jugendamt bei der Wahrnehmung seiner Aufgabe eine Hilfe-, Ermittlungs- und Überwachungsfunktion ausübt. Anders als § 52 SGB VIII weist § 38 JGG dem Jugendamt bzw. der Jugendgerichtshilfe neben der Überwachungsfunktion (nur) im Falle der Betreuungsweisung auch eine subsidiäre Durchführungsfunktion zu. Dies mag der Grund dafür sein, dass Teile der Justiz der „Jugendgerichtshilfe" eine generelle Verpflichtung zur Durchführung gerichtlicher Anordnungen zuweisen. So ist zu lesen, der Gesetzgeber habe durch § 52 SGB VIII i.V. mit § 38 JGG das Jugendamt zum „Vollzugsorgan jugendrichterlicher Entscheidungen" bestimmt[11]. Eine solche Verpflichtung ist indes weder mit dem Wortlaut noch mit der systematischen Stellung der Vorschrift des § 38 JGG bzw. des § 52 SGB VIII vereinbar[12].

2.2 Schnittstellen bei den Rechtsfolgen

Schnittstellen bzw. Schnittmengen finden sich darüber hinaus auch im Hinblick auf die Rechtsfolgen. Den klassischen Anknüpfungspunkt bildet dabei die Anordnung, Hilfe zur Erziehung im Sinn des § 12 in Anspruch zu nehmen – als Form der Erziehungsmaßregel (§ 9 Nr.2 JGG). Diese in der Praxis nicht mehr relevante Bestimmung[13] ist das jugendstrafrechtliche Relikt der Fürsorgeerziehung – einer Hilfeform, die das Jugendhilferecht seit der Reform des KJHG von 1990 nicht mehr kennt, die aber bis dahin als staatliche Zwangserziehung mit janusköpfigen Charakter in beiden Systemen einsetzbar war und nun in § 12 JGG noch fortlebt. Konsequenterweise sollte auch die strafrechtliche Variante gestrichen werden[14].

Von größerer praktischer Relevanz sind hingegen die Weisungen nach § 10 JGG, von denen der Betreuungshelfer (§ 10 Abs.1 Nr.5 JGG) und der soziale Trainingskurs (§ 10 Abs.1 Nr. 6 JGG) im Betreuungshelfer (§ 30) und der sozialen Gruppenarbeit (§ 29) ihr jugendhilferechtliches Pendant haben. Mit der (nahezu) gleich lautenden Bezeichnung dieser Hilfen zur Erziehung im SGB VIII wollte der Gesetzgeber des KJHG deutlich machen, dass diese Hilfeformen zur Deckung eines festgestellten erzieherischen Bedarfs zum Einsatz kommen, der nicht zwangsläufig im Zusammenhang mit einer Straftat steht, sie aber eben durchaus auch „aus Anlass einer Straftat" zum Einsatz kommen können. Niemand käme auf den Gedanken, dass aufgrund der gleich

---

[10] So der Bericht der Strafrechtskommission a.a.O. Fn. 4, S. 29.
[11] Möller/ Schütz ZKJ 2007, 178, 183.
[12] Zum Streitstand siehe Goerdeler ZJJ 2005, 315
[13] Siehe dazu die Fallzahlen bei Eisenberg JGG § 9 Rn.3a.
[14] Damit würde auch die Aufregung von Möller/ Schütz, ZKJ 2007, 178 über die mangelnde Kompatibilität von § 36a SGB VIII mit § 12 JGG gegenstandslos.

lautenden Bezeichnung das Jugendamt eine Betreuungsweisung erteilen könnte; ebenso wenig wird das Jugendgericht dazu befugt, eine Leistung nach dem SGB VIII anzuordnen.

Im Hinblick auf andere Weisungen aus dem Katalog des § 10 Abs. 1 Satz 2 JGG wird immer wieder der Versuch unternommen, diese Weisungen gleichzeitig in den (nicht abschließenden) Katalog der Hilfen zur Erziehung nach § 27 ff. einzuordnen[15]. Dabei wird jedoch häufig die Systemfunktion der Kinder- und Jugendhilfe, durch eine Stärkung der elterlichen Erziehungskompetenz die Entwicklung des Kindes zu fördern, nicht ausreichend beachtet. Zu beachten ist schließlich auch, dass die Leistungsvoraussetzungen des § 27 Abs.1 erfüllt sein müssen, also ein erzieherischer Bedarf festgestellt werden muss, der von den Eltern ohne fachliche Unterstützung nicht gedeckt werden kann.

Als *Zwischenbilanz* ist deshalb festzuhalten:

Jugendhilfe- und Jugendstrafrecht sind Maßnahmensysteme, die unterschiedlichen Institutionen anvertraut sind und unterschiedlichen Zwecken dienen.

Sowohl die Voraussetzungen für entsprechende Maßnahmen, die Art und Weise ihrer Durchführung wie auch deren Finanzierung bestimmt jedes System eigenständig.

Fragen der Finanzierung staatlicher Reaktionen können deshalb nicht isoliert, sondern nur systembezogen d.h. im Zusammenhang mit der Entscheidung über die Leistung nach dem SGB VIII bzw. über die Maßnahme nach dem JGG gelöst werden.

C. Die Finanzierung von Weisungen nach dem JGG als Aufgabe der Jugendhilfe?

Als größtes Konfliktpotential hat sich – bereits lange vor dem Inkrafttreten des § 36a SGB VIII – die Finanzierung von Weisungen nach dem JGG herausgestellt. So wird aus der Praxis immer wieder berichtet, Jugendämter lehnten es ab, Weisungen zu finanzieren. Nun handelt es sich jedoch bei Weisungen um Maßnahmen aus dem Reaktionsspektrum des Jugendstrafrechts. Die Rechtsgrundlagen dafür bilden die §§ 10, 11 JGG, die Entscheidung trifft der Jugendrichter. Weisungen bedürfen nach ihrer Konstruktion häufig der Mitwirkung Dritter, auf die der Jugendrichter keinen rechtlich verbindlichen Einfluss hat[16]. Dies können Eltern, Arbeitgeber, Jugend- oder Gesundheitsbehörden bzw. Arbeitsagenturen sein. Dem Gesetzgeber des JGG war deshalb bewusst, dass solche Weisungen nur erfolgreich sein können, wenn diese dritten Personen bzw. Institutionen mitwirken und die Finanzierung der Weisung auf diesem Weg gesichert ist. Deshalb verpflichtet Nummer 6 der Richtlinien zu § 10 JGG den Jugendrichter, vorab die Finanzierung beabsichtigter Weisungen sicherzustellen. Allein die Tatsache, dass diese Frage in den Richtlinien als regelungsbedürftig angese-

---

[15] Dieses Bemühen wird auch in dem Bericht des Strafrechtsausschusses a.a.O Fn.4 (S. 16 ff., 269) deutlich.

[16] Darauf weist Gördeler ZJJ 2005, 315 hin.

hen worden ist, ist Beweis dafür, dass die Finanzierung von Weisungen keine Pflicht ist, die gewissermaßen aus der Natur der Sache das Jugendamt trifft.

Vielmehr fehlt für eine Verpflichtung der Jugendämter, Weisungen zu finanzieren, die rechtliche Grundlage. Dies gilt ohne Einschränkung auch für solche Weisungen, die inhaltlich einer Leistung der Jugendhilfe entsprechen. Eine Rechtsverpflichtung für das Jugendamt kann nur dadurch eintreten, dass eine vom Richter beabsichtigte „Maßnahme" gleichzeitig einen Hilfebedarf deckt, der zum Spektrum der Leistungen der Kinder- und Jugendhilfe nach dem SGB VIII gehört. Ob dies jedoch der Fall ist, darüber hat das Jugendamt bzw. – im Fall niederschwelliger Hilfen – der dazu von ihm ermächtigte freie Träger zu entscheiden. Liegen nach seiner Auffassung die Leistungsvoraussetzungen vor, so entscheidet es auf der Grundlage des SGB VIII über die im Einzelfall geeignete und notwendige Hilfe. Die von der Jugendministerkonferenz 1994 getroffene und 2002 bekräftigte Feststellung, „ambulante Maßnahmen nach dem JGG, soweit sie im SGB VIII vorgesehen sind, seien als Angebote der Jugendhilfe vorzuhalten und weiterhin zu fördern"[17], vermag zur Problemlösung nichts beizutragen. Dass Leistungen der Jugendhilfe, die im SGB VIII vorgesehen sind, von der Jugendhilfe vorzuhalten und zu finanzieren, sind, ist eine Selbstverständlichkeit. Unterschlagen wird dabei aber, dass über die Gewährung dieser Leistungen nicht das Gericht, sondern das Jugendamt zu entscheiden hat – oder anders ausgedrückt – mit dieser Feststellung keine Aussage über die Finanzierung von Weisungen getroffen wird. Dazu gibt es in den Ländern ganz unterschiedliche Finanzierungsmodelle, die im Bericht des Strafrechtsausschusses dargestellt werden.[18]

Da es im Hinblick auf die unterschiedlichen Strukturprinzipien von Jugendhilfe und Jugendstrafrecht, aber auch im Hinblick auf die Offenheit der Kataloge im Bereich der Weisungen und im Bereich der Hilfen zur Erziehung keine vollständige Kongruenz des Maßnahmenspektrums geben kann und es darüber hinaus – im Einzelfall – zu unterschiedlichen Einschätzungen zwischen Jugendgericht und Jugendamt im Hinblick auf die fachliche Eignung einer bestimmten Weisung bzw. Hilfe kommen kann, sind divergierende Entscheidungen zwischen Jugendgericht und Jugendamt nur die natürliche Konsequenz der Eigenständigkeit der beiden Systeme.

Eine von der Sichtweise des Gerichts abweichende Bewertung des Hilfebedarfs seitens des Jugendamts kann daher nicht von vorneherein als fiskalisch motiviert und damit als rechtswidrig bezeichnet werden. Damit sollen die Probleme des Jugendgerichts im Hinblick auf die Umsetzung einer Weisung nicht negiert werden. Will das Jugendgericht sicher gehen, dass eine von ihm für notwendig gehaltene Weisung auch tatsächlich durchgeführt und finanziert wird, so ist diese Frage im Einzelfall im Verfahren zu klären. Angesichts der damit verbundenen Unwägbarkeiten und zur Vermeidung von „Blockaden" erscheint eine abstrakt-generelle Lösung notwendig. Dazu muss eine *systemkonforme Verknüpfung von Entscheidung und Vollzug innerhalb des Systems des JGG* gefunden werden. Dies bedeutet, dass eine eindeutige Kostenregelung für alle Reaktionsformen des JGG zu schaffen ist. Dem außen stehenden Betrach-

---

[17] Siehe dazu Bericht des Strafrechtsausschusses a.a.O Fn. 4 S. 6.
[18] Bericht des Strafrechtsausschusses a.a.O. Fn.4 S. 6 ff.

ter leuchtet nicht ein, dass sich die Experten auf der „Justizseite" offensichtlich der Lücke hinsichtlich der Finanzierung der Weisungen bewusst sind[19], gleichzeitig aber erwartet wird, dass die Lücke durch ein anderes System gefüllt wird. Das hohe Gut der Unabhängigkeit der Justiz kann nicht dadurch gesichert werden, dass sie sich im Hinblick auf die Umsetzung ihrer Entscheidungen von einem anderen System, hier der Jugendhilfe, abhängig macht. Vielmehr ist der Gesetzgeber aufgerufen, diese Unabhängigkeit durch klare Regelungen zur Kostentragung sicherzustellen. Dabei kann offen bleiben, ob die Durchführung im Einzelfall durch einen justizeigenen Sozialdienst erfolgt oder von öffentl. bzw. freien Trägern „im Auftrag der Justiz" und damit nicht auf der Grundlage des SGB VIII erfolgt.

Vor dem Hintergrund des (gegenwärtig) im Einzelfall notwendigen Abstimmungsprozesses zwischen Gericht und Jugendamt angesichts des „doppelten Bezugsrahmens"[20] ist es aber durchaus bemerkenswert, dass es in der Praxis in aller Regel zu einer Konkordanz der jugendstrafrechtlichen und der jugendhilferechtlichen Einschätzung kommt. So kommt auch die Bund-Länder-Arbeitsgruppe des Strafrechtsausschusses der Justizministerkonferenz bei der Auswertung ihrer Praxisbefragung zu folgendem Ergebnis:

„Insgesamt lässt sich festhalten, dass es Schwierigkeiten zwischen Justiz und Jugendhilfe bei der Durchführung jugendgerichtlicher angeordneter Weisungen und Auflagen bisher nur in Ausnahmefällen gibt."[21]

Umso irritierender erscheint es aber, dass nun die Länder gewissermaßen vorbeugend – oder in der Terminologie des JGG „erzieherisch wirkend" – gesetzgeberische Maßnahmen mit dem Ziel verlangen, die Jugendämter stärker in die Pflicht zu nehmen. Der Vorschlag, zur Klärung unterschiedlicher Rechtsauffassungen über die Eignung und Notwendigkeit der Gewährung von Leistungen der Jugendhilfe (zum Zweck der Finanzierung von Weisungen) das Jugendgericht mit den Befugnissen des Verwaltungsgerichts auszustatten[22] schießt nicht nur weit über das Ziel hinaus, er ruft vor allem deshalb zur Kritik auf, weil er ein anderes System für Lücken des eigenen Systems verantwortlich machen will. Sollte dieser Vorschlag weiter verfolgt werden, so ist zu befürchten, dass sich auf diese Art und Weise das Kooperationsklima generell verschlechtert und damit das vom Strafrechtssausschuss selbst mit der Gesetzesinitiative angestrebte Ziel verfehlt wird.

D. Schritte zur Verbesserung der Kooperation

Damit sollen Mängel in der Kooperation nicht bestritten werden, dafür bedarf es aber anderer Lösungsansätze. Notwendig sind zunächst auf der strukturellen Ebene Rollenklarheit und Akzeptanz unterschiedlicher Systemfunktionen von Jugendhilfe und Jus-

---

[19] Siehe dazu Sommerfeld ZJJ 2005, 296; Ostendorf JGG § 10 Rn. 29.
[20] Siehe dazu Trenczek in Trenczek/ Tammen/ Behlert, Grundzüge des Rechts, München 2008, S. 561 im Hinblick auf die Relevanz beider Systeme
[21] Bericht des Strafrechtsausschusses a.a.O. Fn.4 S.10.
[22] So der Vorschlag des Strafrechtsausschusses a.a.O. Fn. 4 S. 29.

tiz. Kooperieren kann nur, wer seinen eigenen Auftrag und den des Partners kennt. Hier erscheinen bis zum heutigen Tag erhebliche Defizite zu bestehen, die zu falschen Erwartungen, Unterstellungen und unberechtigten Vorwürfen (von beiden Seiten) führen.

Gemeinsam sollte ausgelotet werden, in welchen Fällen Leistungen der Jugendhilfe geeignet erscheinen, um von Reaktionen nach dem JGG abzusehen, bzw. die Durchführung von Weisungen unterstützen können. Dabei sollten auch die Schnittmengen zwischen den Bereichen Weisungen und Hilfen zur Erziehung genauer betrachtet werden. Dies kann nur in einem kooperativen Prozess geschehen, bei dem die Sichtweisen beider Systeme eingebracht werden müssen.

Anzustreben ist schließlich eine Synchronisation der jugendstrafrechtlichen und der jugendhilferechtlichen Sicht auf die Aufgaben der Jugendhilfe im Strafverfahren („Jugendgerichtshilfe"). Hierzu sind auch gesetzliche Klarstellungen bzw. Konkretisierungen hinsichtlich der (Anwesenheits) Pflichten des Jugendamtes im Verfahren denkbar. Bei dieser Gelegenheit sollte eine Harmonisierung von § 52 SGB VIII und § 38 JGG – nicht zwingend ein identischer Wortlaut – angestrebt werden.

Vor allem aber bedarf es einer hinreichenden Personal- und Finanzausstattung der Gerichte und der Jugendämter. Die aktuelle Diskussion wird weniger von strukturellen oder rechtlichen, sondern in erster Linie von fiskalischen Erwägungen bestimmt, in erster Linie von der Frage, wie das eigene System von den Kosten entlastet bzw. verschont werden kann. Eine solche Sichtweise lässt die Interessen der jungen Menschen und die Mitverantwortung des Staates für ihre gesellschaftliche Integration außer Betracht.

Im Einzelfall kann nicht ausgeschlossen werden, dass die ablehnende Haltung des Jugendamts im Hinblick auf die Gewährung erzieherischer Hilfen für einen straffällig gewordenen jungen Menschen nicht von fachlichen, sondern von fiskalischen Interessen bestimmt wird. Die Gefahr, dass sachfremde Erwägungen für eine Entscheidung maßgeblich sind beschränkt sich (leider) nicht nur auf eine Fallkonstellation, bei der es um die Gewährung von Leistungen der Jugendhilfe an einen straffällig gewordenen jungen Menschen geht. Das Problem muss daher strukturell, im Hinblick auf das gesamte Aufgabenspektrum der örtlichen Kinder- und Jugendhilfe betrachtet werden, nicht nur im Hinblick auf den vergleichsweise kleinen Bereich erzieherischer Hilfen „aus Anlass eines Strafverfahrens". Mit einer gesetzlichen Anordnungskompetenz des Jugendgerichts gegenüber den Jugendämtern lässt sich dieses Problem nicht lösen. So ist auch dann nicht auszuschließen, dass das gerichtlich verpflichtete Jugendamt eine kostengünstige, aber nicht bedarfsdeckende Hilfe auswählt. Vor allem aber ist mit internen Umschichtungen innerhalb des Leistungsspektrums zu rechnen. Um höheren Anforderungen bei Hilfen für Straffällige gerecht zu werden, wird „am anderen Ende" etwa im Hinblick auf Jugendfreizeitstätten oder Angebote der Elternbildung gespart. Damit würden junge Menschen und Elgern mit unterschiedlichen Hilfebedarfen gegeneinander ausgespielt werden – ein fragwürdiges Ergebnis.

Deshalb darf nicht punktuell, es muss strukturell angesetzt werden: Die Finanzausstattung der Kommunen und speziell der Jugendämter muss deutlich verbessert werden, damit fachlich gebotene und erzieherisch notwendige Hilfen nicht aus fiskalischen Gründen verweigert und dadurch der Gesetzesauftrag aus dem SGB VIII unterlaufen wird. Das Jugendstrafverfahren darf nicht zum Verschiebebahnhof für junge Menschen wegen einer mangelnden Synchronisierung der Systeme werden. Auch die Justiz muss ein großes Interesse an einer funktionierenden Jugendhilfe haben, nicht nur, weil dadurch die Zusammenarbeit im Verfahren verbessert wird, sondern weil vor allem durch frühzeitige Hilfen delinquentes Verhalten verhindert und justizielle Maßnahmen vermieden werden können. Aber auch die Länderjustizverwaltungen sollten sich nicht länger nur darauf konzentrieren, die Fragen der Finanzierung von Weisungen dadurch lösen zu wollen, dass sie eine möglicht große Deckungsgleichheit mit dem Leistungsspektrum der Jugendhilfe herstellen und darüber hinaus eine (subsidiäre) Annordnungskompetenz der Jugendgerichte für diese Leistungen beanspruchen.

HERIBERT OSTENDORF

Zunehmende Hemmnisse einer wirkungsvollen Kooperation von Jugendhilfe und Justiz in der Rechtswirklichkeit

A. Das Kooperationspostulat

Die Kooperation von Jugendhilfe und Jugendstrafjustiz mit Einschluss der Polizei ist ein Wesenselement des deutschen Jugendkriminalrechts. Die Jugendstrafjustiz lebt gleichsam von der Jugendhilfe. Ohne die Informationen der Jugendhilfe zu dem Beschuldigten und seinem sozialen Umfeld, ohne das Einbringen von pädagogischen Sichtweisen zu dem Fall und zu den gebotenen Reaktionen, ohne das Angebot für die Umsetzung von ambulanten helfenden und betreuenden Sanktionen wäre das Jugendkriminalrecht amputiert, zurückgeschnitten auf ein nur schuldausgleichendes Tatstrafrecht. Erst das Zusammenwirken beider Professionen kann zu einer effizienten und gleichzeitig angemessenen Reaktion auf Straftaten junger Menschen führen im Sinne der neuen normativen Zielbestimmung im § 2 Abs. 1 JGG, erneuten Straftaten eines Jugendlichen oder Heranwachsenden entgegenzuwirken. Nach Befragungen von Jugendrichtern stützen sie sich bei der Sanktionierung maßgeblich auf den Bericht und die Stellungnahme der Jugendgerichtshilfe, auch wenn die Sanktionsvorschläge keineswegs immer akzeptiert werden.

Geschätzte Akzeptanz der Sanktionsvorschläge der JGH

Prozentstufe	Richter	Staatsanwälte
100%-80%	21 (25,30 %)	08 (18,18 %)
80%-60%	41 (49,39 %)	24 (54,54 %)
60%-40%	17 (20,48 %)	09 (20,45 %)
40%-20%	03 (03,61 %)	03 (06,81 %)
unter 20 %	01 (01,20 %)	00 (00,00 %)

Quelle: Drews, Die Aus- und Fortbildungssituation von Jugendrichtern und Jugendstaatsanwälten in der Bundesrepublik Deutschland – Anspruch und Wirklichkeit von § 37 JGG, 2004, S. 112

Hierbei ist es nach empirischen Untersuchungen insbesondere von Heinz und Hügel keineswegs immer so, dass die Jugendgerichtshilfe milde Sanktionen vorschlägt und die Strafjustiz härter reagiert.[1] Diese in der Praxis so bedeutsame Kooperation hat der

---

[1] Nachweise bei Ostendorf, JGG, 7. Auflage, § 38 Rn 12.

Gesetzgeber mit einem Kooperationspostulat abgesichert. Das Kooperationspostulat ist sowohl im § 38 JGG als auch im § 52 SGB VIII gesetzlich verankert.

B. Die Praxis des Kooperationspostulats

Meine These lautet, dass dieses Kooperationspostulat zunehmend schlechter umgesetzt wird. Die Entwicklung in der Praxis hat zum Teil zu einer Verweigerungshaltung in der Jugendhilfe geführt.

> **Jugendamt schickt niemanden mehr vor Gericht**
>
> Personalknappheit: Bezirkssozialarbeiter geben nur noch schriftliche Berichte ab
>
> Rendsburg (hjj) Weil das Personal knapp ist, schickt das Jugendamt des Kreises Rendsburg-Eckernförde keine Bezirkssozialarbeiter mehr, wenn junge Handtaschenräuber, Schläger oder Diebe in Rendsburg, Eckernförde, Kiel oder Neumünster vor dem Jugendrichter stehen. Seit Anfang des Monats gibt es nur noch einen schriftlichen Bericht. „Wir bedauern das sehr", sagt der Rendsburger Jugendrichter Torbjörn Stryck. Es sei „eine große Schwäche", dass die Sozialarbeiter jetzt nicht mehr die Hauptverhandlung mitbekommen. „Das Bild ist unvollständig."

Kieler Nachrichten vom 29.4.2003

Überwiegend nimmt die Jugendgerichtshilfe zwar noch an der Hauptverhandlung teil, in einem nicht unerheblichen Prozentsatz bleibt sie aber der Hauptverhandlung fern.

Geschätzte Anwesenheit der JGH in der Hauptverhandlung

Prozentstufe	Richter	Staatsanwälte
100%-90%	60 (72,28 %)	25 (58,13 %)
90%-80%	09 (10,84 %)	10 (23,25 %)
unter 80 %	14 (16,87 %)	08 (18,60 %)

Quelle: Drews, a.a.O., S. 112

Der Rückzug der Jugendhilfe hat zum Teil zu einer kompensierenden Aktivierung der Polizei geführt mit einer Okkupation von Aufgaben der Jugendhilfe, z. B. im Rahmen von Hausbesuchen, wenngleich die Polizei diese Aufgabe nicht als Strafverfolgungsorgan sondern als gefahrenabwehrende Präventionsbehörde übernimmt. Meine Ausgangsthese ist weiterhin tendenziell daran festzumachen, dass die gepriesenen neuen ambulanten Maßnahmen Betreuungsweisung, sozialer Trainingskurs und Täter-Opfer-

Ausgleich keineswegs die primär repressiven Sanktionen der Geldbuße und der Arbeitsweisung verdrängt haben. Im Gegenteil: die Arbeitsweisung als Zuchtmittel steigt und steigt, längst nicht mehr als Kompensation für die weniger verhängte Arbeitsmaßnahme als Erziehungsmaßregel.

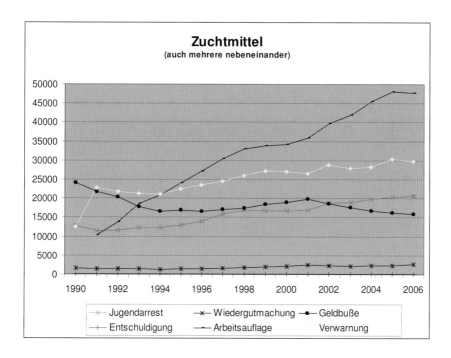

(Quelle: Statistisches Bundesamt, Strafverfolgung; Gebiet: bis 1990 altes Bundesgebiet, ab 1995 alte Länder einschl. Berlin-Ost)

Mit der Deklarierung als Zuchtmittel müssen die Arbeitsmaßnahmen auch nicht mehr pädagogisch betreut werden. In der Praxis geschah dies aber auch bei der Verhängung als Erziehungsmaßregel nur ganz ausnahmsweise. Noch schlechter sieht es bei dem Kooperationspostulat zur Vermeidung unnötiger Untersuchungshaft gem. § 72 a JGG aus. Die Haftentscheidungshilfe funktioniert weitgehend nicht, von Ausnahmen wie offensichtlich in Berlin abgesehen. Auch wenn die U-Haftzahlen erfreulicherweise abnehmen: Das Haftvermeidungspotential ist längst noch nicht ausgeschöpft. Obwohl nach dem bösen Spruch „U-Haft schafft Rechtskraft" die Untersuchungshaft zur Verhängung freiheitsentziehender Sanktionen verleitet, wird ein nicht kleiner Teil der U-Gefangenen zu ambulanten Sanktionen verurteilt.[2] Nach dem Gesetz muss die U-Haft aber nicht nur zur Tat sondern auch zu der zu erwartenden Sanktion im Verhältnis stehen (§ 112 Abs. 1 S. 2 StPO).

---

[2] Siehe Jehle, Entwicklungen der Untersuchungshaft bei Jugendlichen und Heranwachsenden vor und nach der Wiedervereinigung, hrsg. v. BMJ, 1995, S. 79.

C. Erklärungen für die schlechter werdende Kooperation

1. Punitives Meinungsklima

Damit knüpfe ich an die Diskussion am heutigen Vormittag an. Die Auswirkungen auf die Kooperation sind erst auf dem zweiten Blick sichtbar. Wenn das öffentliche, das medial verbreitete Meinungsklima nach härteren Strafen ruft, heißt dies, dass helfende und betreuende ambulante Sanktionen im Abseits stehen. Dies wissen auch beide Professionen. Die Jugendgerichtshilfe – ich bleibe bei diesem Begriff, wie er in dem für die strafrechtliche Behandlung junger Menschen maßgeblichen Gesetz, dem JGG verwendet wird – die Jugendgerichtshilfe tut sich schwer, entgegen einer solchen öffentlichen Erwartungshaltung entsprechende Sanktionen vorzuschlagen. Auch die Jugendstaatsanwaltschaft und die Jugendrichter leben nicht isoliert in ihrer Fachwelt, sie sind beeinflussbar von der medial geprägten öffentlichen Meinung. Ja, die Jugendhilfe steigt selbst auf den Karren der repressiven Bekämpfung von Jugendkriminalität auf, wenn im Rahmen von Kriminalprävention, von gemeinsam strukturierten Räten zur Kriminalitätsbekämpfung „geballt gegen gewalttätige Jugendliche vorgegangen wird" – so eine Zeitungsmeldung aus dem Kieler Rat für Kriminalitätsverhütung vom 27.6.2007. Wenn keine Pädagogik mehr eingebracht wird, muss sich die Jugendstrafjustiz auch nicht mehr damit auseinandersetzen.

2. Abnahme von Fachlichkeit

Eine solche Abnahme von Fachlichkeit stelle ich sowohl bei der Jugendgerichtshilfe als auch bei der Jugendstrafjustiz fest. Als ich vor vielen Jahren als Jugendrichter tätig war, gab es noch das Problem des Gerichtsgehers. Mit § 38 Abs. 2 Satz 4 JGG ist der Gesetzgeber dieser Praxis entgegen getreten. Es soll der Jugendgerichtshelfer vor Gericht auftreten, der den Jugendgerichtshilfebericht erstellt hat. Nur ist dieser Jugendgerichtshelfer längst nicht immer mehr fachlich qualifiziert. Vielfach wird die Arbeit der Jugendgerichtshilfe von dem allgemeinen Sozialdienst (ASD), von der allgemeinen Jugendhilfe wahrgenommen. Nach einer älteren Befragung von Trenczek waren dies in den Jahren 1998/99 ein Viertel der Befragten.[3] Es erscheint widersprüchlich, eine Spezialisierung von Richtern und Staatsanwälten in der Jugendstrafjustiz zu verlangen, spezielle Jugendsachbearbeiter in der Polizei zu fordern, im Bereich der Jugendhilfe hierauf aber verzichten zu wollen. In der Praxis werden die Sozialarbeiter aus der allgemeinen Jugendhilfe, die sich mit dem JGG sowie den vor Ort angebotenen Sanktionsmöglichkeiten nicht auskennen, nicht ernst genommen.

Für die Jugendrichter und Jugendstaatsanwälte wird seit Jahrzehnten die Nichteinlösung des § 37 JGG beklagt. So hatten nach der letzten bundesweiten Erhebung aus dem Jahre 2003 38,8 % der befragten Jugendrichter und 25 % der Jugendstaatsanwälte keine Kenntnisse im Sinne dieser Bestimmung.[4] Nach einer Untersuchung in Rhein-

---

[3] Trenczek, DVJJ-Journal 1999, S. 156.

[4] Drews, Die Aus- und Fortbildungssituation von Jugendrichtern und Jugendstaatsanwälten in der Bundesrepublik Deutschland, Anspruch und Wirklichkeit von § 37 JGG, 2005, S. 95.

land-Pfalz und Saarland lag der Prozentsatz der Nichtausgebildeten sogar bei 50 %.[5] Die neue Juristenausbildung führt über die Bedeutungsverringerung des Strafrechts im Allgemeinen sowie über fehlende Schwerpunktbereiche zur Kriminologie, zum Jugendstrafrecht und Strafvollzug im Besonderen zu noch weniger ausgebildeten Jugendrichtern und Jugendstaatsanwälten. Von 44 rechtswissenschaftlichen Fakultäten bieten nur 27 Jugendstrafrecht im Rahmen der Schwerpunktausbildung an.

Hinzu kommt, dass immer häufiger Kriminalitätsbereiche aus dem Zuständigkeitsbereich der Jugendabteilungen ausgelagert werden. Es sind dies Verkehrsdelikte, Bundeswehrstraftaten, Kapitaldelikte, Sexualstraftaten sowie Drogendelikte. Weiterhin werden Jugendrichter und Jugendstaatsanwälte häufig in so genannten Mischdezernaten eingesetzt. So waren von 70 befragten Jugendrichtern in Rheinland-Pfalz und Saarland nur 10 ausschließlich mit Jugendsachen befasst[6], bundesweit waren es 44,7 % der Jugendrichter und 59,1 % der Jugendstaatsanwälte.[7] Auf der Ebene der Staatsanwaltschaft leidet die Qualität zusätzlich dadurch, dass in der Hauptverhandlung nicht selten Erwachsenen-Staatsanwälte sowie in den Bundesländern, in denen Amtsanwälte tätig sind, auch Amtsanwälte auftreten, die von Jugendstrafsachen sowie insbesondere von den vor Ort angebotenen ambulanten Sanktionsmöglichkeiten wenig Ahnung haben. Dies gilt auch, wenn Referendare den Sitzungsdienst wahrnehmen.

3. Zu spätes bzw. zu undifferenziertes Einschalten der JGH

Das zu späte Einschalten der JGH im Rahmen der Anordnung von Untersuchungshaft bzw. das nicht sofortige Tätigwerden der JGH wurde bereits angesprochen. Grundsätzlich erfährt die JGH von einem neuen Fall erst über die Anklageerhebung. Dies ist in Fällen schwerwiegender Kriminalität sowie bei Wiederholungstätern zu spät. Umgekehrt könnte in Fällen der Diversion wegen Geringfügigkeit gem. § 45 Abs. 1 JGG entsprechend den Diversionsrichtlinien von einer Einschaltung der Jugendgerichtshilfe abgesehen werden. Hier ist ein differenzierteres Vorgehen geboten.

4. Nicht koordinierte Zuständigkeiten

Jugendhilfe, Jugendgerichtshilfe ist ganz überwiegend regional strukturiert, d.h. auch, dass die Zuständigkeit der Mitarbeiter regional organisiert ist. Die Zuständigkeit in der Jugendstrafjustiz ist demgegenüber ganz überwiegend nach Buchstaben geregelt. Das hat Vorteile, man kennt die Familien, man ist zuständig, auch wenn die Söhne mittlerweile aus dem Elternhaus ausgezogen sind. Vor allem wird so für eine gerechte Arbeitsteilung gesorgt. Die Vorteile einer regionalen Zuständigkeitsregelung überwiegen aber, da so das soziale Umfeld, Kriminalitätsschwerpunkte leichter erfasst werden können. Eine regionale Zuständigkeit erleichtert auch die Zusammenarbeit mit anderen Institutionen, die sich um junge Straffällige kümmern.

---

[5] Simon, Der Jugendrichter im Zentrum der Jugendgerichtsbarkeit, 2003, S. 88.

[6] Simon, a.a.O., S. 80.

[7] Drews, a.a.O., S. 84 f.; s. auch Huckfeld, DVJJ-Journal 1993, S. 15.

5. Finanziell begründete Einsparungen

Begrenzte personelle und fachliche Ressourcen im Jugendamt, d. h. letztlich finanzielle Bedingungen haben schon in der Vergangenheit dazu geführt, dass sozialpädagogische Maßnahmen wie Täter-Opfer-Ausgleich, Betreuungsweisungen oder sozialer Trainingskurs nicht durchgeführt werden konnten. Heute wissen wir über Äußerungen der Jugendgerichtshelferinnen/Jugendgerichtshelfer hinter vorgehaltener Hand, dass es Weisungen „von oben" gibt, d. h. von der Amtsleitung, keine Vorschläge dem Jugendgericht für die Sanktionierung zu unterbreiten, die besondere Kosten für die Jugendhilfe verursachen. Thomas Trenczek hat in seiner in den Jahren 1998/1999 durchgeführten Untersuchung zur Jugendgerichtshilfe herausgefunden, dass in der Praxis in erster Linie die Arbeitsweisung als Sanktionierung vorgeschlagen wird und nicht auf die Hilfen nach dem SGB VIII bzw. auf die sozialpädagogischen Erziehungsmaßregeln gem. § 10 JGG zurückgegriffen wird.[8] Heute bestimmen die personellen und finanziellen Bedingungen die Qualität in der Jugendgerichtshilfe noch mehr.[9] Auch die freien Träger in der Straffälligenhilfe, in der Jugendstraffälligenhilfe brechen z. T. weg. Dies vor dem Hintergrund der bekannten empirischen Rückfalluntersuchungen, wonach die Effizienzquote im Sinne der Rückfallvermeidung der ambulanten helfenden Sanktionen deutlich höher liegt als die der repressiven, insbesondere stationären Sanktionen.

6. Die so genannte Steuerungsverantwortung gem. § 36 a SGB VIII

Schließlich und endlich ist der neue § 36 a SGB VIII ein wesentlicher Grund für zunehmende Hemmnisse einer wirkungsvollen Kooperation. Mit dieser so genannten Steuerungsverantwortung der Jugendhilfe kann sich diese zurückziehen und die Jugendstrafjustiz im Regen stehen lassen. Über die rechtliche Reichweite des § 36 a SGB VIII gibt es bekanntlich viel Streit, der bis zum Bundesverfassungsgericht getragen worden ist. Es ist hier nicht der Ort, diesen Streit auszubreiten oder gar entscheiden zu wollen, zumal ich wiederholt hierzu Position bezogen habe.[10] Meine Grundposition lautet: *Die verfassungsrechtlich garantierte Sanktionskompetenz der Jugendstrafjustiz muss in der Praxis gewährleistet sein.* Obwohl der Vorlagebeschluss des Amtsgerichts Eilenburg[11] vom Bundesverfassungsgericht als unzulässig zurückgewiesen wurde, hat das Bundesverfassungsgericht einige hilfreiche Hinweise gegeben.[12] Hinsichtlich der Durchführung von Betreuungsweisungen scheint das Gericht die Steuerungsverantwortung bei der Jugendstrafjustiz einzuordnen: „Darüber hinaus verschließt sich das vorlegende Gericht einer in der Literatur – auch noch nach Einführung der angegriffenen Vorschrift – vertretenen Auslegung des § 38 Abs. 2 S. 7 JGG, die ihm die verbindliche Anordnung einer Betreuungsweisung gegenüber dem Angeklagten ermöglichte." Hilfreich erscheint vor allem die letzte Passage in dieser Ent-

---

[8] Trenczek, Die Mitwirkung der Jugendhilfe im Strafverfahren, 2003.
[9] Siehe Trede/Wische, ZJJ 2004, S. 120; Meißner, ZJJ 2004, S. 124.
[10] Ostendorf, ZJJ 2004, S. 294; ZJJ 2006, S. 160; Ostendorf, JGG, 7. Aufl., § 38 Rn. 19a.
[11] AG Eilenburg ZJJ 2006, S. 85.
[12] BVerfG ZJJ 2007, S. 213.

scheidung: „Schließlich erwägt das vorlegende Gericht nicht, dass es sich bei der angegriffenen Regelung des § 36 a Abs. 1 S. 1 SGB VIII auch um eine Kostenvorschrift handeln könnte, die die Anordnungsbefugnis des Jugendrichters und seine richterliche Unabhängigkeit grundsätzlich nicht beeinträchtigt, weil sie eine Kostentragungspflicht der Justiz unberührt lässt. Ein derartiges Verständnis der angegriffenen Vorschrift erscheint angesichts der im Gesetzgebungsverfahren zu Tage getretenen Überlegungen nicht fern liegend. Die fachliche und wirtschaftliche Steuerungskompetenz des JA sollte gestärkt und sein Missbrauch als bloße „Zahlstelle" für von dritter Seite angeordnete oder selbst beschaffte Leistungen verhindert werden (BT-Drucks. 15/5616, S 26). Das JA habe die Kosten grundsätzlich nur dann zu tragen, wenn es selbst vorab auf der Grundlage des SGB VIII über die Gewährung der Hilfe entschieden hat. Ordnet das Jugendgericht eine Betreuungsweisung gegen den Willen des JA an, schließt sich hieran die Frage einer Kostentragungspflicht der Justiz an (vgl. zu dieser Problematik bereits vor Einführung des § 36 a Abs. 1 S. 1 SGB VIII: Bizer ZfJ 1992, 616 [620 f.]; Mayer ZfJ 1993, 188 f.; DIJuF-Rechtsgutachten JAmt 2002, 62 f.; Ostendorf ZRP 1988, 432 [436]; Jans/Happe/Saurbier/Maas, Kinder- und Jugendhilferecht, 3. Aufl., 15. Lfg. 1998, Vorb. § 27 Rn. 42 sowie seit Einführung des § 36 a Abs. 1 S. 1 SGB VIII Rex, Kostentragung für jugendrichterliche Weisungen nach dem Jugendgerichtsgesetz, www.straffaelligenhilfe-sh.de/files/Stellungnahme%20Landesbeirat%20-%20KICK.pdf; Münder u. a. § 36 a Rn. 24 f.). Diese nahe liegende Möglichkeit erörtert das vorlegende Gericht in seinem Beschluss nicht." (ZJJ 2007, 216).

Der Streit über den § 36 a SGB VIII wäre danach vor allem ein Streit über die Überschrift „Steuerungsverantwortung", tatsächlich ist es ein Streit über die Kostentragung. Der muss allerdings geregelt werden.

D. Konsequenzen

1. Qualitätsverbesserung

Als erstes ist die Qualität der beteiligten Professionen zu verbessern. Hinsichtlich der Aus- und Weiterbildung von Jugendrichtern und Jugendstaatsanwälten verweise ich insoweit auf die Forderung nach Einrichtung einer Jugendakademie.[13] Darüber hinaus muss eine Aus- und Fortbildung vor Ort angeboten werden. Angesichts der Arbeitsbelastung erreicht man so am ehesten die Betroffenen, die es angeht. Wenn diese Fortbildungsveranstaltungen von dem Präsidenten des Oberlandesgerichts bzw. vom Generalstaatsanwalt, möglicherweise in Zusammenarbeit mit der DVJJ angeboten werden, wird ein zusätzlicher Anreiz geschaffen. Am verbindlichsten lässt sich die Qualitätsverbesserung durch eine Änderung der Soll-Bestimmung des § 37 JGG in eine Muss-Bestimmung erreichen. Die Fortbildung von Jugendrichtern und Jugendstaatsanwälten muss wie in anderen Berufszweigen verpflichtend werden. Für die Jugendgerichtshilfe ist eine spezialisierte Jugendgerichtshilfe zu fordern. Die Vorteile einer durchgängigen Betreuung wiegen die Nachteile der fehlenden Kenntnisse und der fehlenden Akzeptanz nicht auf.

---

[13] Zweite Jugendstrafrechtsreform-Kommission, DVJJ-Extra Nr. 5, 2002, S. 30.

2. Kostenabsprachen

So lange der § 36 a SGB VIII Bestand hat und ich befürchte, dass er im Hinblick auf die Nichtannahme des Vorlagebeschlusses noch lange Bestand haben wird, und so lange die Anregung des Bundesverfassungsgerichts, die Justiz müsse selbst für die von ihr angeordneten Sanktionen die Kosten übernehmen, nicht umgesetzt worden ist, muss über Kostenabsprachen zwischen den Ländern und den Kommunen ermöglicht werden, dass auch kostenträchtige Sanktionen von der Strafjustiz im ambulanten Bereich verhängt werden können. Die Kommunen dürfen nicht zu Unrecht hier einen Ausgleich erwarten. Die Bundesländer haben sich in einem Bundesratsbeschluss vom 14.5.2004 (BR-Drucksache 222/04) selbst dafür ausgesprochen: „Der Bundesrat sieht, dass durch richterliche Anordnungen im Rahmen des Jugendgerichtsgesetzes der örtliche Träger der Jugendhilfe verstärkt für die Finanzierung entsprechender Maßnahmen verantwortlich gemacht wird. Dies ist ein erheblicher Kostenaufwand, den die Kommunen zu leisten haben. Der Bundesrat ist der Auffassung, dass unter Beteiligung aller betroffenen Stellen geprüft werden muss, ob hierfür eine die Kommunen entlastende Lösung gefunden werden kann." Tatsächlich haben die Bundesländer insoweit aber bislang sehr wenig getan. Nach einer von mir durchgeführten Umfrage im Jahre 2003 erfolgt nur in den Ländern Niedersachsen, Rheinland-Pfalz und Schleswig-Holstein eine budgetierte Kostenerstattung an Träger der Jugendhilfe für die Umsetzung ambulanter Maßnahmen im Jugendstrafrecht. Zusätzlich finanziert im Stadtstaat Bremen grundsätzlich das Sozialressort soziale Trainingskurse und Betreuungsweisungen, während der Täter-Opfer-Ausgleich vom Justizressort finanziert wird.[14]

3. Verbindliche Kooperationsabsprachen

Auf Länderebene brauchen wir einen Finanzausgleich für die kommunale Inanspruchnahme für die strafjustizielle Sanktionsumsetzung, auf örtlicher Ebene brauchen wir verbindliche Absprachen zwischen Justiz, Jugendämtern und freien Trägern in der Jugendstraffälligenhilfe. Der Vertreter der Jugendgerichtshilfe muss im Rahmen seiner Stellungnahme zur Sanktionierung die Maßnahmen anregen, die aus fachlich-pädagogischer Sicht notwendig und geeignet sind, eine Straftatwiederholung zu verhindern. Wenn ein Antiaggressionskurs die beste Maßnahme darstellt, um einem Rückfall vorzubeugen, muss diese beste Maßnahme unabhängig von finanziellen Belastungen vorgeschlagen werden.

Von Seiten des Jugendamtes bzw. der Jugendgerichtshilfe ist in Absprache mit freien Trägern ein bedarfsgerechtes Angebot vorzuhalten. Hierbei kann eine Zuständigkeit freier Träger für bestimmte Maßnahmen festgeschrieben werden. Freie Träger brauchen mehr Planungssicherheit für ihre Mitarbeiter.

Für die freien Träger muss ein Finanzierungsmodell entwickelt werden, das im Rahmen einer Kostenvereinbarung gem. § 77 SGB VIII ein Jahresbudget gewährleistet, unabhängig von den gerichtlichen Einzelzuweisungen.

---

[14] Ostendorf, ZJJ 2006, S. 161.

An diesem Finanzierungsmodell haben sich auch die Länder über die jeweiligen Landesjugendämter zu beteiligen, so lange keine pauschale Kostenerstattung an die Kommunen erfolgt.

Und schließlich muss die Justiz diese Finanzierungsmodelle für freie Träger unterstützen, entweder dass über unmittelbare Geldbußenzuwendungen primär Straffälligenhilfe-Vereinigungen und kriminalpräventive Projekte bedacht werden oder über Geldbußenzuwendungen an einen Landesgeldbußenpool, woraus nach einem Verteilerschlüssel die jeweiligen freien Träger Geldmittel erhalten. Als Generalstaatsanwalt habe ich vormals eine entsprechende Weisung an die Staatsanwälte in Schleswig-Holstein herausgegeben, vorrangig die Straffälligenhilfevereine als Geldbußenempfänger einzusetzen.

In diesem Zusammenhang ist eine Kooperation der Jugendstrafjustiz mit den Agenturen für Arbeit anzustreben, wie sie z. T. bereits in Bayern sowie in Schleswig-Holstein initiiert bzw. praktiziert wird. Die Agenturen bieten neben Berufsvorbereitungslehrgängen und Berufsförderlehrgängen Sprachkurse sowie eine strukturierte Integrationsbegleitung an. Hier gibt es einen Gleichklang der Interessen der Agenturen für Arbeit sowie der Strafjustiz. Derartige Maßnahmen wären sicherlich förderlicher zur Erreichung des Jugendstrafziels als die massenhafte Verhängung von Arbeitsmaßnahmen, die nicht selten einmünden in den so genannten Ungehorsamsarrest. In Lübeck findet bereits eine so strukturierte Zusammenarbeit zwischen Strafjustiz und der Agentur für Arbeit statt. Die Erfahrungen werden als sehr gut beschrieben. Die Arge darf zwar nicht als Erfüllungsgehilfe der Justiz eingesetzt werden, wenn damit aber auch ihrem primären Ziel der Arbeitsintegration gedient wird, lässt sich so das leidige Kostenproblem lösen. In Lübeck klärt die Jugendgerichtshilfe mit der Arge zusammen ab, was aus der Sicht der Arge eine sinnvolle Maßnahme zur Integration wäre. Wenn diese Maßnahme zugleich eine angemessene justizielle Reaktion darstellt, so stellt die Staatsanwaltschaft oder das Jugendgericht das Verfahren entweder ein oder es wird eben diese Sanktion als Weisung ausgesprochen.

4. Selbsthilfeinitiativen

Selbsthilfeinitiationen von Jugendstrafjustiz und Jugendhilfe zur Durchführung des Täter-Opfer-Ausgleichs sowie der Schadenswiedergutmachung sind seit langem bekannt. Die Erfolge erlauben eine Propagierung. Einige Beispiele:

- Einrichtung von TOA/Schadenswiedergutmachungsfonds durch Geldbußenzahlungen. Aus diesem Fonds werden zinslose Darlehen zum finanziellen TOA sowie zur Schadenswiedergutmachung gewährt.

- In einigen Projekten – so in der Brücke Kiel – wird es den Beschuldigten ermöglicht, durch Arbeitsleistungen, die aus den Fonds entlohnt werden, die Schadenswiedergutmachung zu erbringen.

- In Dresden werden Schadenswiedergutmachung bzw. T-O-A dadurch ermöglicht, dass die Betroffenen Graffiti-Verunstaltungen an öffentlichen Gebäuden oder Verkehrseinrichtungen mit Hilfe des Bauhofs wieder beseitigen.

- In Lübeck hat das Jugendamt ein Sonderkonto eingerichtet, das von Geldbußen junger Straffälliger gespeist wird, aus dem heraus wiederum Anti-Aggressionskurse finanziert werden.

Straffällige finanzieren die jugendstrafrechtliche Sanktionierung. Ein Verstoß gegen das Verbot, im Jugendstrafrecht Geldbußen an die Staatskasse aufzuerlegen (§ 15 Abs. 1 Nr. 4 JGG), lässt sich im Hinblick auf die spezielle Aufgabenzuweisung derartiger Konten und Weitergabe an andere Verurteilte zurückweisen.

5. Offensive für die Jugend und für ein adäquates Jugendstrafrecht

Wir müssen offensiv für die Jugend, die nicht so schlecht ist, wie sie teilweise geredet wird, und wir müssen offensiv für das Jugendstrafrecht, das besser ist als das Erwachsenenstrafrecht, eintreten. Ich konstatiere eine zweigeteilte Jugend. Der Großteil der Jugend ist zielorientiert, leistungsbereit und durchaus wertebewusst. Obwohl oder gerade weil viele Kinder und Jugendliche keine intakte Familie erleben, steht die Familie hoch im Kurs. Ein kleiner Teil der Jugend droht wegzubrechen, ist frustriert auf Grund permanenter schulischer Misserfolge, sieht keine Zukunftsperspektive in der Arbeitswelt. Vor diesem Hintergrund ist die Scheinheiligkeit der Erwachsenen zu entlarven, die einerseits der Jugend hinterher rennt, andererseits sie schlecht redet. In der „Zeit" vom 28.8.2008 hieß es sogar „Charakterlose Jugend". Vormals waren Jugendliche kleine Erwachsene, heute sind die Erwachsenen verlängerte Jugendliche, d. h. Jugend hat wiederum ihre Eigenständigkeit durch eine umgekehrte Einverleibung verloren. In der Magdeburger Initiative zu Jugend und Kriminalität aus dem Jahr 1999 haben wir die Respektierung der Eigenart der Jugend verlangt, d. h. insbesondere auch einen Freiraum auf dem Weg zur Eigenständigkeit. Anderseits gilt es nicht nur die Erwachsenenkriminalität ins rechte Licht zu rücken, sondern auch die Verantwortlichkeiten der Erwachsenen für eben diese Jugendkriminalität. In der Magdeburger Initiative heißt es hierzu unter der Überschrift „Ausgrenzung und Fremdbestimmung in der 2/3-Gesellschaft": „Viele Jugendliche sind heute dazu gezwungen, ihr Leben in *sozialen Mangel- und Randlagen* und oft dazu in belasteten Familiensituationen zu gestalten, um nicht zu sagen: zu fristen. Nicht erst heute wissen wir aus praktischer Erfahrung und wissenschaftlicher Forschung, dass soziale Ausgrenzung insbesondere bei jungen Menschen sehr häufig zu normabweichendem Verhalten führt, also auch zu Kriminalität und insbesondere Gewalt. Solange die Randsituation ein vorübergehender Zustand ist und sich in absehbarer Zeit neue Perspektiven bieten, die auf gesellschaftliche Integration hindeuten, ist die Motivation zu normkonformem Verhalten noch verhältnismäßig groß. Sinkt die Wahrscheinlichkeit von Integration innerhalb eines überschaubaren Zeitraumes, sinkt auch die Motivation, sich an die Normen der Gesellschaft zu halten. Es darf dann nicht verwundern, dass mit langfristiger oder gar dauernder Ausgrenzung die Zahl der Jugendlichen wächst, bei denen wir mit ernsthaften Straftaten rechnen müssen." Wir müssen immer wieder darauf hinweisen, dass die Dramatisierung der Jugendkriminalität auf die Erwachsenengesellschaft zurück fällt, da Jugendkriminalität immer auch ein Spiegel gesellschaftlicher Fehlentwicklungen und Versäumnisse darstellt. Diesen Spiegel müssen wir der Gesellschaft vor Augen halten.

BERND-DIETER MEIER

Zusammenwirken von Jugendhilfe und Justiz – Diskussion

Die Diskussion machte deutlich, dass das Verhältnis von Jugendhilfe und Justiz derzeit von hoher Brisanz ist. In vielen Beiträgen wurde kritisiert, dass die Jugendgerichtshilfe heute nicht mehr in dem Maß am Jugendstrafverfahren mitwirke, das dem Wohl der Jugendlichen entspreche; die Regelung der Steuerungsverantwortung in § 36a SGB VIII und der auf den Kommunen lastende Kostendruck hätten die Probleme insoweit noch verschärft. Es fanden sich aber auch Stimmen, die das Auftreten der Justiz kritisierten und beklagten, dass die Jugendhilfe von der Justiz in unzulässiger Weise vereinnahmt werde. Eine gemeinsame Linie konnte in der Diskussion nicht gefunden werden.

Zunächst begann die Diskussion mit einer eher grundsätzlich gehaltenen Kritik an dem Referat von *Wiesner*. Es wurde gesagt, dass die Aufgaben der Jugendhilfe im Jugendstrafverfahren deutlich weiter gespannt seien als dies von Wiesner dargestellt worden sei; insbesondere habe die Jugendgerichtshilfe nach § 38 i.V.m. § 43 Abs. 1 Satz 4 JGG auch eine Ermittlungsaufgabe für die Justiz. Diese Ermittlungsaufgabe stehe gleichrangig neben der Aufgabe, durch geeignete Leistungen zur Förderung der Entwicklung der Jugendlichen und ihrer Erziehung beizutragen. Zudem sei es verkürzt, wenn gesagt werde, dass es die Aufgabe des Jugendstrafrechts sei, auf die Verhängung einer Strafe hinzuwirken. Im Jugendstrafrecht gehe es ausweislich des neugefassten § 2 Abs. 1 JGG nicht um den Schuldausgleich, sondern um die Rückfallprävention, die durch geeignete erzieherische Maßnahmen zu fördern sei. Hierzu bedürfe es nicht zwingend eines Urteils; auch mit Hilfe von Diversionsmaßnahmen könne erzieherisch gewirkt werden. Um ihre Aufgabe sachgerecht erfüllen zu können, seien die Jugendgerichte auf die Jugendgerichtshilfe angewiesen. Dies habe nichts mit der „Augenhöhe" zu tun, mit der sich Gerichte und Gerichtshilfen begegneten, sondern sei die Konsequenz aus der Täterorientierung des Jugendstrafrechts.

Im weiteren Verlauf der Diskussion wurden von etlichen Teilnehmern Beispiele geschildert, in denen die Jugendhilfe den Aufgaben, die ihr das JGG zuweise, nicht mehr gerecht werde. So wurde auf die Praxis im Landkreis Schmalkalden-Meiningen hingewiesen, wo die Förderung jugendgerichtlich angeordneter Betreuungsweisungen und sozialer Trainingskurse im Januar 2007 abgelehnt und erst auf eine Initiative der Landesregierung hin wieder aufgenommen worden sei. Dies ergebe sich so aus einer Landtagsdrucksache (LT-Drs. Thüringen 4/3204, S. 7). Andere Diskussionsteilnehmer berichteten, dass sich die Jugendgerichtshilfe zunehmend aus den Hauptverhandlungen zurückziehe. Die Entspezialisierung der Jugendgerichtshilfe, von der *Ostendorf* in seinem Referat berichtet habe, bedeute in der Praxis, dass die Kooperation eines Jugendrichters mit den zuständigen Bediensteten in den Jugendämtern immer schwieriger werde; zum Teil müsse ein Jugendrichter mit 20 bis 25 Mitarbeiterinnen und Mitarbeitern des Allgemeinen Sozialdiensts zusammenarbeiten. Leistungsangebote für die straffällig gewordenen Jugendlichen würden von den Landkreisen zunehmend seltener gemacht. Insbesondere sei zu beobachten, dass vor der Leistungsgewährung bürokratische Hindernisse aufgebaut würden, in dem z.B. zunächst ein Hilfeplanverfahren vorgeschaltet werde, das u.U. eine erhebliche Zeit in Anspruch nehme.

Von einigen Teilnehmern wurde allerdings auch (Selbst-) Kritik am Jugendgerichtsverfahren und den beteiligten Akteuren der Justiz geübt. Entgegen § 37 JGG seien in den Hauptverhandlungen typischerweise keine Jugendstaatsanwälte zugegen, sondern Referendarinnen und Referendare, denen die in § 37 JGG genannte Befähigung und Erfahrung noch fehle. Aber auch für die Richterinnen und Richter sei das Dezernat im Jugendstrafrecht oftmals lediglich eine Durchlaufstelle, die „frisch gebackenen" Assessorinnen und Assessoren ohne entsprechende Befähigung und Erfahrung nur für einen kurzen Zeitraum übertragen werde. Auf der Seite der Justiz sei der erforderliche Sachverstand dementsprechend häufig nicht mehr gegeben. Zudem sei zu bemängeln, dass die Jugendgerichtshilfe im Verfahren teilweise viel zu spät eingeschaltet werde.

Noch weitergehend wurde sogar das fehlende Selbstbewusstsein mancher Jugendgerichtshilfen bemängelt. Es bestehe die Gefahr, dass die Jugendgerichtshilfe im Jugendstrafverfahren „unter die Räder" komme. Es sei auch und gerade im Interesse der Jugendlichen zwingend erforderlich, dass zwischen den Jugendhilfeträgern und der Justiz Vereinbarungen über die Erbringung der notwendigen Leistungen geschlossen würden. Im Verfahren selbst dürfe die Kostenfrage niemals diskutiert werden müssen; dies gehe immer zu Lasten der Jugendlichen aus.

Wieder von einer eher grundsätzlichen Seite her wurde bemängelt, dass mit der Schaffung des neuen § 36a SGB VIII im Verhältnis von Jugendhilfe und Justiz alte Wunden wieder aufgerissen worden seien. Die 1990 geschaffene Regelung in § 12 JGG, wonach die jugendrichterliche Entscheidung an das „Einvernehmen" mit dem Jugendamt gebunden worden sei und die erheblichen verfassungsrechtlichen Bedenken ausgesetzt gewesen sei, sei 1993 bewusst aufgehoben worden. Es sei nicht zu verstehen, warum durch die Neuschaffung des § 36a SGB VIII der alte Streit wieder aufgegriffen werde. Hierzu habe kein Anlass bestanden.

Wiesner ging in seinen Schlussbemerkungen noch einmal auf die unterschiedlichen Funktionen von Jugendhilfe und Justiz ein. Er habe die Unterschiede vielleicht etwas überzeichnet; dies sei ihm jedoch wichtig gewesen, um einer zu vorschnellen Harmonisierung der beiden Rechtsbereiche entgegen zu wirken. Es sei aber kurzschlüssig zu behaupten, dass für alle Aufgaben, die die Justiz selbst nicht erledigen könne, immer die Jugendhilfe zuständig sei und dies auch aus der „eigenen Tasche" finanzieren müsse. Die Jugendhilfe könne nicht für die Defizite der Justiz gerade stehen. Im Übrigen wies er darauf hin, dass der Bundesgesetzgeber nicht bestimmen könne, wie die Kommunen ihre Arbeit zu organisieren hätten. Ob es eine spezialisierte Jugend(gerichts)hilfe gebe, sei eine Frage, die auf der kommunalen Ebene gelöst werden müsse.

Ostendorf machte in seinem Schlusswort deutlich, dass es vom Sinn und Zweck des JGG her geboten sei, dass am Verfahren eine spezialisierte Jugendgerichtshilfe mitwirke. Nur wenn dies gewährleistet sei, könne ein qualitativ gutes Jugendverfahren durchgeführt werden. Die Regelungen in den §§ 38 JGG und § 36a SGB VIII seien z.T. nicht miteinander zu vereinbaren. Dieses Problem müsse bis auf Weiteres von den Beteiligten vor Ort in der Hauptverhandlung geklärt werden. Er plädiere ohnehin dafür, die Hauptverhandlung in Zukunft wieder ernster zu nehmen. In der Hauptverhandlung müssten unabdingbar auch die Eltern des Jugendlichen mitwirken; es sei ein Fehlverständnis mancher Jugendstaatsanwälte, wenn diesen die Durchführung der Hauptverhandlung in Abwesenheit der Eltern vorzugswürdig erschiene. Ebenso wie die Eltern müssten aber auch die Jugendämter verpflichtend an jedem Verfahren mitwirken. Dabei sei es für ihn eine Selbstverständlichkeit, dass das Ergebnis, welches in der Hauptverhandlung unter Beteiligung des Jugendamts gefunden werde, für das Jugendamt auch eine Bindungswirkung haben müsse. Es könne nicht angehen, dass der Vertreter der Jugendgerichtshilfe sich mit dem Hinweis darauf, dass er zunächst noch eine innerbehördliche Genehmigung einholen müsse, von der verbindlichen Zustimmung zu der in der Hauptverhandlung gefundenen Lösung befreien könne. Im Interesse des Jugendlichen sei es geboten, in der Hauptverhandlung zu einer abschließenden Lösung zu gelangen.

VERZEICHNIS DER AUTORINNEN UND AUTOREN

Albrecht, Hans-Jörg
Prof. Dr. iur. Dr. iur. h.c.
Direktor des Max-Planck-Instituts für ausländisches und internationales Strafrecht
Günterstalstraße 73, 79100 Freiburg i. Br.

Bannenberg, Britta
Prof. Dr. iur.
Justus-Liebig-Universität Giessen; Professur für Kriminologie, Jugendstrafrecht und Strafvollzug
Licher Straße 64, 1. Etage , 35394 Giessen

Beelmann, Andreas
Prof. Dr. phil.
Friedrich-Schiller-Universität Jena; Institut für Psychologie; Abteilung Forschungssynthese, Intervention und Evaluation
Humboldtstraße 26, 07743 Jena

Bliesener, Thomas
Prof. Dr. phil.
Christian-Albrechts-Universität Kiel; Institut für Psychologie; Entwicklungspsychologie, Pädagogische Psychologie und Rechtspsychologie
Olshausenstr. 75, 24118 Kiel

Boers, Klaus
Prof. Dr. iur.
Westfälische Wilhelms-Universität, Institut für Kriminalwissenschaften
Bispinghof 24/25, 48143 Münster

Dünkel, Frieder

Prof. Dr. iur.

Ernst-Moritz-Arndt-Universität Greifswald, Rechts- und Staatswissenschaftliche Fakultät, Lehrstuhl für Kriminologie

Domstr. 20, 17487 Greifswald

Heinz, Wolfgang

Prof. em. Dr. iur.

Universität Konstanz, Fachbereich Rechtswissenschaft

Fach D 119, 78457 Konstanz

Holthusen, Bernd

Dipl.-Pol.

Deutsches Jugendinstitut München, Arbeitsstelle Kinder- und Jugendkriminalitätsprävention

Nockherstr. 2, 81541 München

Meier, Bernd-Dieter

Prof. Dr. iur.

Leibnitz Universität Hannover, Kriminalwissenschaftliches Institut, Lehrstuhl für Strafrecht, Strafprozessrecht und Kriminologie

Königsworther Platz 1, 30167 Hannover

Neubacher, Frank

Prof. Dr. iur., M.A.

Friedrich-Schiller-Universität Jena, Rechtswissenschaftliche Fakultät, Lehrstuhl für Strafrecht und Kriminologie

Carl-Zeiß-Straße 3, 07743 Jena

Ostendorf, Heribert

Prof. Dr. iur.

Christian-Albrechts-Universität Kiel, Rechtswissenschaftliche Fakultät, Forschungsstelle für Jugendstrafrecht und Kriminalprävention

Leibnizstraße 6, Raum 230, 24118 Kiel

Rössner, Dieter
Prof. Dr. iur
Philipps-Universität Marburg, Institut für Kriminalwissenschaften, Professur für Strafrecht und Kriminologie
Savignyhaus, Universitätsstraße 6, 35032 Marburg

Schöch, Heinz
Prof. em. Dr. iur.
Ludwig-Maximilian-Universität München, Juristische Fakultät, Lehrstuhl für Strafrecht, Kriminologie, Jugendrecht und Strafvollzug
Veterinärstr. 1/ III. Stock, 80539 München

Steffen, Wiebke
Dr. phil.
Bayerisches Landeskriminalamt München
Am Bühl 27, 88633 Heiligenberg

Streng, Franz
Prof. Dr. iur.
Friedrich-Alexander-Universität Erlangen-Nürnberg; Institut für Strafrecht, Strafprozeßrecht und Kriminologie, Lehrstuhl für Strafrecht und Kriminologie
Schillerstr. 1, 91054 Erlangen

Uslucan, Haci-Halil
PD Dr. phil., Dipl.-Psych., M.A.
Helmut-Schmidt-Universität, Universität der Bundeswehr Hamburg, Fakultät für Geistes- und Sozialwissenschaften, Professur für Pädagogische Psychologie
Holstenhofweg 85, 22043 Hamburg

Walter, Michael
Prof. Dr. iur.
Universität zu Köln, Rechtswissenschaftliche Fakultät, Institut für Kriminologie
Albertus-Magnus-Platz, 50923 Köln

Wiesner, Reinhard
Prof. Dr. iur., Dr. rer. soc. h.c.
Referat Rechtsfragen der Kinder- und Jugendhilfe
Bundesministerium für Familie, Senioren, Frauen und Jugend; 11018 Berlin

Winkler, Michael
Prof. Dr. phil.
Friedrich-Schiller-Universität Jena, Fakultät für Sozial- und Verhaltenswissenschaften, Institut für Bildung und Kultur
Am Planetarium 4, 07737 Jena

Zypries, Brigitte
Bundesministerin der Justiz
Bundesministerium der Justiz, Mohrenstraße 37, 10117 Berlin

Danksagung

Zur Verwirklichung dieses Tagungsbandes haben mit großem Engagement Frau ref. iur. Stefanie *Biewald*, Frau Dipl.-Psych. Jenny *Oelsner* sowie Frau stud. iur. Friederike *Ulrichs* wesentlich beigetragen. Sie haben die redaktionelle Koordination der Manuskripterstellung durch die Autorinnen und Autoren, Korrekturlektüre, Formatierung der Beiträge und schließlich die Erstellung der Druckvorlage in anerkennenswerter Weise besorgt. Außerdem haben sie wie auch Herr ref. iur. Mario *Bachmann*, Frau ref. iur. Nicole *Kolatzki* und Frau ref. iur. Denise *Kühn* sowie Frau Petra *Richter* und Frau Marlies *Eckervogt* wertvolle organisatorische Unterstützung bei der Vorbereitung und Durchführung des Symposiums selbst geleistet. Ihnen allen danke ich im Namen des Bundesministeriums der Justiz herzlich.

Dr. Michael Gebauer
Bundesministerium der Justiz
Berlin, im Juli 2009